Supplément du Catalogue

DE LA

BIBLIOTHÈQU

DE

LUXEMBOURG.

TROISIÈME PARTIE.

LUXEMBOURG.
Imprimerie Fr. BOURG-BOURGER.
1894.

Catalogue descriptif

DES

MANUSCRITS

DE LA

BIBLIOTHÈQUE DE LUXEMBOURG.

PAR

N. van Werveke

PROFESSEUR.

LUXEMBOURG.
Imprimerie Fr. BOURG-BOURGER.
1894.

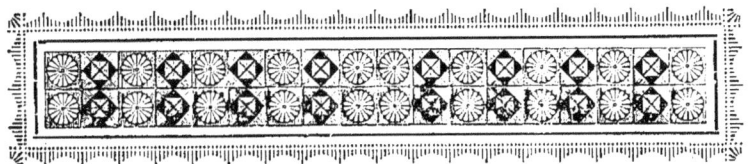

PRÉFACE.

Les manuscrits de la bibliothèque de l'Athénée de Luxembourg dont nous publions le catalogue, se divisent en deux parties bien distinctes, ceux qui proviennent des anciennes bibliothèques monastiques du pays de Luxembourg et ceux qui, dans le courant de ce siècle, ont été donnés à la bibliothèque par différents protecteurs des sciences et des arts parmi lesquels figurent en premier lieu l'ancien gouverneur du Grand-Duché de Luxembourg, Mr de la Fontaine, et la famille Pondrom. La plupart de ces manuscrits sont des trois derniers siècles, tandisque la première série comprend les manuscrits du neuvième au XVIe siècle.

Nos anciens manuscrits proviennent en grande partie des bibliothèques d'Echternach et d'Orval, d'où ils furent enlevés par les Français à leur entrée dans le duché de Luxembourg, il y a de cela cent ans. Ils furent déposés dans la bibliothèque de l'école centrale. Cependant la bibliothèque de Luxembourg ne possède plus tous ces manuscrits; un grand nombre d'eux, et notamment les plus anciens et les plus remarquables, furent transportés à Paris en 1807 et s'y trouvent encore. Ce sont presque uniquement des manuscrits d'Echternach qui nous furent enlevés en cette année, quelques un seulement d'Orval. Malheureusement, quand, après le second traité de Paris, les puissances coalisées contre la France se firent restituer les trésors littéraires et artistiques enlevés de leurs collections durant les guerres de la révolution et de l'empire par les armées françaises, personne ne songea à réclamer la restitution de nos manuscrits, qui par suite se trouvent toujours à Paris.

J'aurais désiré faire dans cette préface une esquisse historique sur les anciennes bibliothèques monastiques de notre pays, puisque ce sont elles qui ont fourni la meilleure partie de nos manuscrits. J'aurais voulu retracer, autant que possible, la naissance et le développement des bibliothèques d'Orval et surtout d'Echternach; j'avais rassemblé dans ce but tous les matériaux qui m'étaient accessibles. Je fus arrêté par une circonstance indépendante de ma volonté. Pour mener à bonne fin mon entreprise, j'aurais dû pouvoir consulter sur place, dans la bibliothèque Nationale de Paris, les quatre-vingt-dix volumes manuscrits enlevés par les Français en 1807, manuscrits dont j'avais relevé les cotes non seulement sur l'ancien catalogue des manuscrits d'Echternach, dressé en 1766, mais encore sur les catalogues imprimés de la bibliothèque Nationale. J'aurais alors pu reconstruire, presque en son entier, toute la bibliothèque manuscrite d'Echternach, indiquer ce que sont devenus tous les trésors littéraires amassés à Echternach par les soins des modestes bénédictins depuis l'arrivée de S. Willibrord jusqu'à la supression de l'abbaye. J'aurais pu, et c'était là le principal but que je poursuivais, fournir à ma patrie l'occasion de réclamer la restitution de nos manuscrits; et je crois que le gouvernement de la République aurait dû céder à la justice de notre réclamation. J'aurais de cette manière, indirectement, il est vrai, enrichi ma patrie de trésors que tous les pays nous auraient enviés. Il n'en fut rien. Il me fut impossible de me rendre à Paris. Je ne veux accuser personne, car je crois que le Gouvernement Grand-

Ducal, s'il lui avait été possible de me faciliter mes recherches, n'aurait pas hésité à le faire; mais je dois avouer que je fus vivement ému à la pensée que le catalogue descriptif auquel j'avais consacré tous mes moments de loisir durant plus de deux années, resterait œuvre incomplète et que la partie la plus intéressante, l'origine et l'accroissement successif de nos premières bibliothèques, y ferait défaut.

Cependant mon travail n'est qu'ajourné. Dès qu'il sera possible de poursuivre mes recherches à Paris, je le ferai.

J'ai décrit les manuscrits de la bibliothèque, en suivant l'ordre actuellement dans lequel ils sont arrangés. Le nombre n'en est pas si considérable que cette manière de procéder pût avoir des inconvénients sérieux. J'ai indiqué, page par page, feuillet par feuillet, tous les ouvrages ou articulets qui y sont insérés, quelque petite que pût paraître leur importance. Ce qui est sans valeur pour l'un, peut être d'un grand intérêt pour un autre. Là où il m'était possible de le faire, j'ai renseigné les sources imprimées. Tous les passages écrits dans les manuscrits à l'encre rouge, sont imprimés en italiques.

N. van Werveke.

BIBLIOTHÈQUE
DE
LUXEMBOURG.

Luxembourg, le .... décembre 1894.

M

J'ai l'honneur de vous remettre ci-joint un exemplaire de la troisième partie du supplément au catalogue de la Bibliothèque de Luxembourg.

Veuillez agréer, Monsieur .... l'assurance de ma considération la plus distinguée.

Le professeur-bibliothécaire,

Nic. Muller.

CATALOGUE DESCRIPTIF

DES

MANUSCRITS de la BIBLIOTHÈQUE

DE

LUXEMBOURG.

N° 1

(ancien numéro 124).

Manuscrit sur papier, écrit de 1542—1544 par Martin Masius, alors moine à Afflighem, plus tard abbé d'Echternach. — 223 feuillets. — H.: 210 mm.; L.: 130 mm.

Au commencement du volume, ainsi qu'à la fin, est un feuillet en parchemin; celui-ci est en blanc; sur le premier se trouvent les notices suivantes: „Ad usum F. Martini Masii sacerdotis et „monachi monasterii sanctorum Petri et Pauli Haffligimensis in „Brabantia professi 1541". — „Nunc autem sub custodia fratris „Bartholomei Heydenbergh". (XVIIe siècle). — „Martini Masii abb. „Epternacensis exercitia spiritualia". (XVIIIe siècle). — „Frater „Bartholomeus Heydenbergh monachus Epternacensis".

Suit sur 4 feuillets, non numérotés, un calendrier; les principales fêtes y sont inscrites à l'encre rouge.

Le manuscrit proprement dit contient 210 feuillets numérotés en chiffres arabes par la même main qui a écrit l'ouvrage entier, et 7 feuillets non numérotés.

„*Incipit prologus in* fasciculum *universi pulveris pigmentarii* „*et mirrhe ostendens quid in sanctorum solemniis agere debeamus* „*et quia utilis sit eorum memoria, et quare eos honorare triplici* „*ex causa debeamus*. Exercitii nostri tradente formula aliud exer-„citium ac studium ratione dictante. . . .

Dans la première lettre du mot Exercitii se trouve la date 1542.

Des exercices religieux sur les différentes fêtes de l'année alternent avec de petites dissertations; telles sont: (f⁰ 2⁰ R⁰) Quod „sanctos honorare debemus triplici ratione. — De redemptione „humani generis per verbi incarnati misterium (f⁰ 6⁰ R⁰). — Quo„modo angelus Gabriel ingressus est ad beatissimam virginem Ma„riam (f⁰ 8⁰ V⁰). — De desponsatione beate Marie virginis. — „Meditatio de nativitate Domini ex sanctorum dictis. Versus: Ascen„dit, peperit, servit, pandunt veniuntque (f⁰ 23⁰ V⁰). — Conquestio „compatientis (f⁰ 28⁰ V⁰). — Meditatio in circumcisione Domini (f⁰ 31⁰ R⁰). — Meditatio in die epiphanie Domini (f⁰ 34⁰ R). — Meditationes de factis Domini nostri Iesu ab anno 12. usque ad annum 30. ex doctorum scriptis."

Au f⁰ 208⁰ R: „Anno 1544. Per me fratrem Martinum Maes a „Meerbeck monachum Affligenensim".

A la fin de la préface l'auteur dit (f⁰ 3): Ut igitur festiva sanctorum memoria fructuosa in nobis inveniatur que languorem, teporem erroremque depellat, hoc est ut eorum intercessione iuvetur infirmitas nostra, consideratione beatudinis excitetur neglegentia nostra, exemplis eorum erudiatur ignorantia nostra et ut congruis dies solemnes frequententur exercitiis, iuxta exercitii nostri formulam, ne quod ordinatum est anthidotum, vertatur in venenum, hic fasciculus orationum ac meditationum ex diversis sanctorum patrum scriptis (que inquirere difficillimum foret) deflorando collectus est, non temeritate presumptionis, ut fore emulis videbitur et sue saluti inimicis ac in sanctos impiis, sed aviditate desiderii celestis, ut hoc monimento expergefacti ad verum summumque bonum, cum defluimus, recurramus, ex cuius lectione quoties torpescimus, in eius reaccendamur amorem.

Les auteurs cités sont: Bernardus, Bustius, Bonaventura, Franco, Augustinus, Richardus, Albertus, Iohannes Gerson, Ludolfus, Hugo de S. Victore, Origenes, Chrysostomus, Gregorius, Iohannes, Leo papa, Johannes Mamur.

N° 2

(ancien numéro 126).

Manuscrit sur parchemin, du XIIIe siècle; 179 feuillets à une colonne, de 33—35 lignes par page; H.: 148 mm., L.: 105 mm.; les deux derniers feuillets seuls ne sont pas numérotés; les autres le sont de I—CVIII à l'encre rouge, de CIX—CLXXVII à l'encre noire, à gauche du verso de chaque feuillet. Le manuscrit comprend 14 cahiers de 12 feuillets, le 15e est incomplet, il n'en a que 11.

Au bas du Recto du premier feuillet se trouve cette notice: „de conventu avesnen., ad usum fratris Iohannis [al. is] 1).

Au dos du volume se trouve comme titre: „Vocabularium „morale."

Le titre me paraît assez justifié, contrairement à ce qui a lieu pour la plupart des autres manuscrits de notre bibliothèque. Un certain nombre de mots se succédant dans l'ordre alphabétique, sont développés avec plus ou moins d'étendue.

Le premier de ces mots est „Ambitio". Comme je ne sais si cet ouvrage est inédit ou non, je vais donner en entier ce qui a rapport à ce mot et faire suivre la liste complète de tous les mots qui sont traités dans cet ouvrage.

„Ambitio. Per pecuniam adquiritur indebitus ordo et Deum „perdit. Caro suscipit dignitatem, et anima perdit honestatem. „Caro dominatur populis et anima servit demonibus. Quod dedit, „cum ordinaretur episcopus, aurum fuit; quod perdidit, anima fuit. „Cum alium ordinaret, quod accepit, pecunia fuit, et quod dedit, „lepra fuit. Idem supra Lucam: Non Evam cybus deflexerat, non man„datorum defluerat oblivio, sed promissi honoris ambitio illecebrosa „decepit. Qui laudem non appetit, contumelyam non sentit. O „ambitio, ambientium crux, quomodo omnes torquens omnibus „places? nil acerbius cruciat, nil molestius inquietat, nil apud mi„seros carnales celebrius negociis eius. Ambitio subtile malum, secretum „virus, pestis occulta, doli artifex, mater ypocrisis, livoris parens, „viciorum origo, criminum fomes, uirtum (sic) erugo, tynea sanctitatis, „excecatrix cordium, ex remediis morbos creans, generans ex medicina „languorem. Item: Vides totum ecclesiasticum zelum fluere pro „dignitate tuenda, honori totum datur, sanctitati nichil. Idem:

---

1) Ce dernier mot est effacé.

"Vivat, inquit, non ditetur, non infletur, non luxurietur, non ampla
"palacia fabricet, non extollatur de facultatibus ecclesie; consangui-
"neos non, nepotes nec filias ut impius tradat. Audientes Philistiim
"quod David unctus esset in regem, ascenderunt, ut eum quererent.
"Sic quantomagis quis exaltatur per dignitates, tanto magis querunt
"eum demones ad nocendum, ut per eum facilius noceant minores
"vel minoribus. Ut destruas aram Baal, nemus succide. Baal inter-
"pretatur superior. Altare Baal est cor appetens dignitates et
"honores, nemus carnalis voluptas. Unde propheta: Dedi eis
"frumentum, vinum et oleum, et ipsi edificaverunt Baal. Omnia
"vasa que fuerant Baal combussit Iosyas in vall Cedron, et tulit
"pulverem eorum in Bethel. Baal superior vel devorator est diabolus,
"vasa eius vicia. Iosyas qui interpretatur sacrificium, est quilibet
"penitens, in quo est sacrificium iusticie, qui comburere debet
"vasa compositionis igne; vasa Baal, id est vicia, et hoc in valle
"Cedron, id est imitatione humilitatis et passionis Christi et ferre
"pulverem in Bethel, id est memoriam peccatorum retinere in corde
"quod debet esse Bethel id est domus Dei. Succendam ignem in saltu
"eius, id est altis et in fructuosis dignitatibus. Nota similitudinem
"aranee: Aranee colligantur in locis superioribus ecclesie. Sic
"ambitio in mentibus sublimium."

Angelus. Anima. Ascensus. Amor. Avaricia. — Baptismus. Beatitudo. Benedictio. Caritas. Castitas. Cyrographum. Columba. Cogitare. Compassio. Confessio. Consentire. Consuetudo. Contritio. Crux. Caro. Consolatio. Conscientia. Cor aperitur. Corona. Celum. Comtemplatio. Clipeorum (quatuor genera). Convivium. Civitates. Columne. Collium (tria genera). Capillus. Cathedra. Candores. Cupiditas. Currus. — Dampnare. Desperatio. Detrahere. Devotio. Disciplina. Dolus. Domus. Deliciarum (tria genera). Deserta. Desiderabilis (est Christus corpore). Descensus. Descendit. Dextera. Dedicatio. Digitos. Dilectus. Dormitio. Doctor. Denarius. — Elemosina. Excommunicatio. Educimur. Effusio. Egreditur. Electio. Emissiones. Exploratores. Exitus. Ethiopia. Exultantium. — Facies. Fides. Folium. Fons malus. Filia. De filiis. Frater. Fercula. Fermentum. Fortitudo. Fossa. Foramina tria. Fuga. Flumina. Fumus. Fructus. — Gloria. Gloriosus (est Deus in se ipso). Gratia. Gula. Gladius. Gaudium. Gemitus. Gemina. Gene. Gressus. Germinantium (quatuor genera). Guttura. — Hereditas. Holocaustus. Humilitas. Habitatio. Hedus. Hebrei. Helyas. Hyemps. Honeravit. Homo. — Idolum. Ieiunare. Iezabel. Ymago. Infernus. Invidia. Ira. Iusticia. Ignis. Incendium. Inimicus. Infirmitas. Inventio. Insidie. Inccommoda. **Iohannes Baptista. Iuditium. — Labor. Lacrima. Laudate. Libertas.**

Luxuria. Lampas. Langor. Latebra. Lavachra (quatuor). Lectulus. Legifer. Levatio. Lilia. Lumen. Linguarum (quatuor sunt genera). Lux. Lapis. — Maledictio. Maria. Martyrium. Mendatium. Messis. Misericordia. Monachus. Mors. Mulier. Murmur. Malum. Matrimonium. Malorum (quatuor genera). Mensa. Myrra. Missio. Montes. Monili (assimilatur Christus). Murus. — Nativitas. Negare. Nox. Narium (tria genera). Nardus. Nebula. Nix. Nuptias. Nux. — Odor. Ostium. Osculum. Obedire. Occidere. Oratio. Ortus. Onerosus. Oblatio. Operatur (in nobis dilectus tripliciter). Ordinem (suum habet anima). Obprobria. Occulos. Os. Ostensus. Obligavit. Ovium (quatuor sunt genera). — Palea. Panis. Paradisus. Passio. Patria. Pedes. Palma. Paupertas. Pax. Peccatum. Penitentia. Proprietas. Prosperitas. Petra. Pretium. Perfectio. Prelatorum (sex sunt genera). Piscine. Poma. Porte. Pugnare. Putei. — Quercus. Quadrige. Queritur (Deus tripliciter). Quadragesime. — Rapere. Recidivum. Resurrectio. Radix. Reclinatorium. Reges. Retributio. Reversio. Rigor. Rivus. Ros. Rota. Rubor. Ruina. — Sacrificium. Sagena. Sacrilegium. Sanguis. Sanctus. Sapientia. Scandalum. Sequi. Serpens. Servire. Symonia. Speculum. Specula. Spes. Spiritus. Statera. Superbia. Sabbatum. Saphiri. Specierum (quedam conferunt sanitatem). Stellas. Sessio. Signacula. Signaculum. Signum. Sicitas. Soli (comparatur Deus). Sonorum (tres sunt species). Sponsa. Soror. Scola. Suscitatio. — Templum. Temptatio. Timor. Tribulatio. Trinitas. Tristicia. Tunica. Tabernacula. Tactus. Transgressores. Terra. Tribus (Iuda fuit laudabilis). Thus. Turres. Turris eburnea. — Ubera. Venenum. Ventus. Vestis. Vinum. Vinea. Vincula. Virginitas. Visitatio. Unguenta. Votum. Usura. Vulnus. Verba. Ventres. Umbilicus. Vanitas. Vie (difficultates sunt tres). Vigilie. Voluntates. Vocatio.

En marge sont écrits les noms des divers auteurs cités dans l'ouvrage. Le vocabularium finit au Recto du f° 178°.

Viennent ensuite deux petits traités, non intitulés, écrits d'une autre main que la première partie, du XIVe siècle.

Le premier commence par ces mots: „Dominus subtrahit se ab „homine contemplativo pro multis causis. Prima est ut tollatur „hominis presumptio etc".

Le second, qui commence au milieu du f° 179° R°, explique les différentes dénominations de la croix:

„Crux, pons, ara, ratis, vexillum, potio, clavis,
„Crux armatura, baculus, sceptrum, scala, libra,
„Virga magistralis hec sunt cur in cruce fidis.
„Crux Christi dicitur pons, quia Christus per crucem suam nobis pontem fecit".

Les deux dernières lignes du Verso du f° 179 donnent le petit fragment suivant : „Passio martyrum dicitur oleum propter IIII^{or}. „Oleum enim est splendidum, sapidum, efficax ab effectu quia curat. „preemi". En marge se trouve : (P)assio comparatur (o)leo (pro)pter IIII^{or}.

N° 3

(ancien numéro 129).

Manuscrit sur parchemin, de 72 feuillets à 19 lignes à la page, écrit d'un bout à l'autre avec beaucoup de soin par une seule main du XVIe siècle. — H. : 132 mm.; L. : 88 mm.

Il contient le premier et le quatrième livre du „de Imitatione Christi" de Thomas a Kempis.

Au premier feuillet se trouve cette notice : „Monasterii B. „Mariae Munsteriensis dono datus fratri Romano Edinger a generoso „domino Francisco .. autjean Theonisvillano 1673".

Le premier livre comprend les feuillets 1 à 37 V. ; pourtant la plus grande partie de cette page est laissée en blanc par le copiste. Il commence : *„De imitatione Christi et contemptu omnium „vanitatum mundi. Capitulum primum"*. Les inscriptions des différents chapitres sont écrites à l'encre rouge, et suivies du nombre qui indique leur succession.

Au folio 37, Verso : *„Explicit libellus"*. Le reste de la page et les bords inférieurs des feuillets 38, 39 et de 40 V. sont occupés par des exhortations qu'une main postérieure a ajoutées au XVI. siècle ou peut-être au XVII. Elles commencent par ces mots : „Ludovicus Blasius, monasterii Lętiensis (?) in finibus Hannonie „abbas, ordinis S. Benedicti : Neminem contemnas, temeraria iudicia „et pravas suspiciones magna diligentia e corde tuo profliga. Con-„suesce de omnibus bene sentire. (fin) : et quod in te est, facere „semper debes, ita tamen, ut de te tuisque conatibus prorsus des-„peres et in solo Deo, eiusque misericordia, bonitate et auxilio „gratie eius spem omnem reponas. Nam sine Deo nil nisi peccare „potes".

Au folio 38, occupé par la table des chapitres („*Incipiunt ca-*
„*pitula sequentis libelli*") commence le quatrième livre. Fol. 39
R.: „*Incipit devota exhortatio ad sacram Christi communionem.*
„*Vox Cristi*". — fol. 72 R.: „*Explicit libellus de sacramento*".

Le bord inférieur du fol. 71 V., ainsi que la plus grande partie
du Recto et tout le Verso du fol. 72 sont occupés par des prières,
écrites de la même main que les exhortations susdites des fol. 37—40.
Elles commencent par cette prière: „Ure igne, S. Spiritus domine,
„renes nostros et cor nostrum, ut tibi casto corpore serviamus et
„mundo corde placeamus. Per Christum".

N° 4

(ancien numéro 127).

Manuscrit fort endommagé sur parchemin, du XIVe siècle
avec des ajoutes du XVe et du XVIe siècle. — 50 feuillets. — H.: 148
mm.; L.: 110 mm.

Le manuscrit renferme un rituel incomplet; en outre:

1. Sur le feuillet de garde: *a*) Benedictio vini: Deus qui in
Chana Gallele signa .... *b*) Benedictio omnis quecumque (sic) volueris: Benedic, Domine, creaturam istam, ut sit remedium sallutare
generi humano....

2. Fol. 1, Recto: Quelques noms de personnes d'Eisenach et de
Menningen, faisant partie d'une confrérie de Menningen (XVe siècle.)

3. Fol. 12, Recto, à la marge inférieure: â wart geyren en
gebot geyben, dasselbe beys e...... sûllen wir halten ceyne gebot
.... sin doch cranker ..... (L'écriture de ce passage est presque
effacée).

4. Fol. 12, Verso, à la marge inférieure: Nota. Rerum usualium
quedam est consumpcio ut pecunia, quia ipsam expendimus ....
(5 lignes).

5. Fol. 13, Recto, à la marge inférieure: Nota. Si papa tri-
buerit uni pauperi rustico et suis heredibus nobile regnum ......
(6 lignes).

6. Fol. 14, Verso, à la marge inférieure : Sacris dotatus et sacris deditus atque dans sacra, sacra docens et dux sacer esto sacerdos.

7. Fol. 15, Recto, à la marge inférieure : Omnis missa est pro vivis et defunctis .... (4 lignes).

8. Fol. 17, Recto, à la marge inférieure : Clerici sine iusta causa arma portare non debent; iusta causa est, si transeant per loca periculosa, videlicet ubi sunt latrones, tunc .....

9. Fol. 36, Recto :

Non petit hospicium scrabo nisi stercus equinum.
Sic fatuus fatuum queritat in socium.

10. Fol. 30, Verso : Si quis in dorso vel in renibus dolet, grana tritici ....

11. Fol. 38—40 : Dit ist die bruderschoff sante Iohannes und sante Agathen zu Menningen (XVIe siècle).

12. Fol 50 : Dit sint die zinse die zu Menningen zu der kirchen hoerent (fin du XVIe siècle).

N° 5

(ancien numéro 21).

Manuscrit sur papier, du XVIe siècle (c. 1537—1540), provenant sans doute de l'abbaye d'Echternach; déposé à la Bibliothèque le 9 oct. 1848, par M. Wurth-Paquet, de la part de M. Charles München. — 84 feuillets. — H.: 170 mm.; L. : 120 mm.

Il se compose de plusieurs parties différentes :

I. Index de la principale partie du manuscrit, écrit sur 2 feuillets par une main du XVIIe siècle. Cet index annonce des actes pour les feuillets 124, 125, 135, 131, bien que la dite partie ne compte maintenant que 73 feuillets.

Un feuillet blanc.

II. 6 feuillets numérotés de 1—6, à l'encre noire. Au haut du fol. 1, Recto, se trouve la date : Anno aetatis 1591. Viennent ensuite deux courtes notices concernant Colbach (dépendance de la cour de Bech), et la forêt des seigneurs de Linster.

Fol. 1 V en blanc.

Fol. 2 Recto,—Fol. 2, Verso: „Der beganck marcken und „maelzeichen des walds Hemschart van Meiger Thesen vorgesagt, „und von myr fratre Wyllibrordo uffgezeichnett, wie folgt Anno etc. „xxxvij. — Dit ist der umbgank, da bynnent wisen dye scheffen „von Bech dye frauw von Oerren unn den herrn van Echternachen „vor grondtherren. ...."

Fol. 3, Recto: „Liber vicesimus", sans autre indication; le reste de la page, ainsi que fol. 3, verso—fol. 6 verso, sont en blanc.

III. La troisième et principale partie, écrite également par le frère Willibrord Schram de Vianden, comprend 73 feuillets numérotés à l'encre rouge. Voici le contenu de cette partie:

Fol. 1, Recto: Supplique que Wynand, abbé d'Echternach, adresse au lieutenant-gouverneur et aux membres du conseil provincial, pour obtenir que Jean d'Orley, seigneur de Beaufort, ne puisse empêcher les habitants de Bech, Rippig, Zittig et Kunsingen (Consdorf), d'aller chercher leur bois dans la forêt dite „Hemschart", comme il l'a fait dans les derniers temps, contrairement aux anciens us et coutumes. — Sans date.

Fol. 1, V. — La même supplique en latin.

Fol. 3, R. — Compromis entre Wynand, abbé d'Echternach, d'une part et Jean d'Orley, seigneur de Beaufort, d'autre part, au sujet de leurs prétentions sur la forêt dite *Hemshart*. Cet arrangement fut conclu à Luxembourg, devant le conseil provincial, en 1456, le mercredi après le dimanche Reminiscere (mittwochen na Reminiscere), sur l'intervention de Martin von Fispach et de Thilman van Roeldingen.

Fol. 16, R. — In eadem causa articuli latini.

Fol. 27, R. — Jugement rendu dans la cause susdite par le conseil de Luxembourg, entre l'abbé d'Echternach et le seigneur de Beaufort. 1462, 27 octobre.

Fol. 33, V. — Autre jugement (exécutoire) rendu par le même conseil, dans la même cause, à Luxembourg, le 27 octobre 1462.

Fol. 34, R. — Record de justice, pour constater les droits que l'abbé d'Echternach et le seigneur de Beaufort, Jean d'Orley, ont sur la forêt dite Hemshart. „Informatio iuris silve Hemshart „et de iurisdictione, consuetudine et iusticia uff der martschen"[1].

Fol. 36, V. — Autre record de justice, occupant seulement le verso du fol. 36, constatant le droit de chasse etc. que l'abbé d'Echternach et l'abbesse d'Euren à Trèves ont dans le même bois.

---

[1] La forêt dite Hemshart s'appelle communément Marscherwald.

Fol. 37, R.—44, R. — „Dicta eyns willen swintges in der „Hemshart dorch eyn hirden gefangen, unn dorch den meiger von „Repigen ghen Echternachen geliebert". — En 1528.

Fol. 44, V. en blanc.

Fol. 45, R.—55, R. — „Dicta contra prepositum iniuriantem de Bech". — En 1527.

Fol. 55, V. — „De decima in Gonsbruck. Testimoniales".

Fol. 56, V. — Engelbert Hirt, au nom de son maître Jacob von Fay, abbé d'Echternach, adresse une plainte à la justice et à la communauté de Bech, de ce que celle-ci lui a fait tort, les huit années écoulées, dans ses intérêts relativement à la cour de Bech. — Uff mantag nehst na S. Peters tag ad vincula anno 1488.

F. 57, R.—61, V. — 1383. in crastino Marie beate Marie Magdalene (sic). — Wyrich van Bech, fils de feu Thilman van Bech, et Gret, sa femme, font savoir qu'ils ont procédé à un échange de biens avec Diederich, fils de feu Johan Sliter d'Echternach, et ce du consentement de Phile van Berperch, mère dudit Wyrich. Celui-ci, en échange d'un bien sis à Manpach (Mompach) et mouvant en fief de Conon, archevêque de Trèves, reçoit un bien sis à Bech, et occupé jadis par feu Georges de Born. L'archevêque de Trèves ratifie cet échange. Témoins: maître Hilbrandt von Harderwich, rechtmeister der scholen zu Prum; maître Herman van Harderwich, rechtmeister der scholen zu Waldingen; Ioannes van Strasburg, clerc juré de la cour de Trèves.

Fol. 59, V. — Fragment d'un acte. „Ich Wynmer van Bech „thun kont vnd bekennen vor mich, myn erben und nakommen, „das ich angesehn und betracht hayn sulch liebd unn gunst ich „hayn vnd dragen byn zu mynem leben neffen Symon van Born, „auch sulch gross manichfeldige angeneme dienste, er myr disse nehst „vergangene seven jair und lenger getruwelichen gedhient hait, „indem er synen liff da enbynnent willenclichen vor mich stetlichen „in groissen sorgen gestalt und ergeben hait in dienst und allen „kregen, reysen unser gnedigster herre hertzog van Burgundi unn „von Lucc. bynnent der gemelter zyt so in Frankrich und in dat „lant von Lutge und Gelren, Lotringen und in andèren landen „stetlichen bisher uff gestalt vnd gestan hait. So . . . . . ." (Ce document doit être de c. 1475.)

Fol. 60 et 61 manquent.

Fol. 62, R. — La partie postérieure d'un contrat de mariage, passé en présence de Bernard d'Orley, seigneur de Linster, justicier des nobles du duché de Luxembourg, „vff sant Thomas abent iu

No 5.   11

„den iaren Christi 1476." — Suit: „Supplicatio incolarum Bech contra „Symonis uxorem Katherinam de Born". — Sans date.

Fol. 63, R,—64, R. — Actum et datum anno 1256. In die beati Gangolfi martyris. — Convention entre Arnold, abbé d'Epternach, et *Hugo, miles de Berpier* (Berbourg), avoué de Bech, au sujet de leurs prétentions sur un bois nommé *Messhover* et un pré sis au lieu dit Rosswinckel, près de Bech.

Fol. 64, R. — (en bas de la page): „Ex libro feudali: Nico„laus Lelch habet curtem in Roswinckell",

Fol. 64, V. — „Ex eodem libro feudali: Wynmarus de Bech „habet bona ibidem in Bech ex parte advocatie in feodum, scilicet „campos, nemora et alia; item unum maldrum siliginis, unum mal„drum avene, xxiiii sextaria vini Surani et Mosellani".

Littera feudalis advocatie Bech. — 1532, 1er févr., stile de Trèves. — Réversailles données par Mychel van Baesman à Roprecht van Monreall, abbé d'Echternach, à cause de l'avouerie de Bech.

Fol. 66, R.—68 R. — Record de justice de Bech, non daté, conçu en forme de lettre au docteur Jean Lelch.

Fol. 67 manque.

Fol. 69 R. en blanc.

Fol. 69, V. — „Anno 1491 ultima ianuarii ist myns herren „jargedinge besessen im hob van Bech, wie recht, und ingeroiffen „alle dyejhen dye zu dem hoef gehorig synt. — Item hantt myns „herren van Echternachen frunde, mit namen joncker Gerhart van „den Berge genant Kesselsteder, gesonnen huld und eyd van dem „scheffen . . . . ."

Fol. 70, R.–71, R. — „Census in curia Bech": Cet aperçu des rentes comprend Kunsingen, Repingen, Zuttingen et Bech.

Fol. 71, V. — 1495, more Treverensi ultima ianuarii. — „Locatio salice decime im Dail et molendini in Zuttigen ad xii „annos".

Fol. 72, R. — „1495, vff Sant Gregorius tag in den fasten. „Locatio trium pratorum in Bech IX annis".

Fol. 72, V. — „Von den selben dreyen wesen". — 1509. Die Walpurgis.

Fol. 73, R. — „Locatio curtis in Bech". Sans date.

Ces relaissements sont faits: le premier par „Peter van Scho„neck, amptmant und scholtis zu Echternachen", au mayeur Wilhelm zu Repingen, contre un rendement annuel de 4 maldres de scigle et un maldre d'avoine; le second par Jorg van Homburch, infirmier de l'abbaye d'Echternach, à Heynen van Bech, contre un rendement annuel d'un demi florin et de douze albus; le troisième, par l'abbé Robert de Monréal à Heynen van Bech, contre un rendement annuel d'un demi florin, monnaie de Luxembourg; le quatrième, par le même, aux frères Heynen et Peter van Bech.

Fol. 74, R. En blanc.

Fol. 74, V.—75, R. — „Anno 1529 vff mantag nae Cantate „ist diese vffzeichnong gemacht der hoffsgutter zu Bech, wie „folgt : . . . . .

Fol. 75, V. — „Zuttingen. locatio prati." 1516, uff scti Iohonnis Baptiste dach.

IV. Le reste du volume est formé par 2 feuillets, numérotés chacun „68", écriture du commencement du XVIIIe siècle; ils donnent un fragment d'un record de justice de Bech. Incomplet à la fin.

<blockquote>Frère Willibrord Schramm de Vianden était archiviste de l'abbaye St. Willibrord d'Echternach au commencement du seizième siècle ; il arrangea les archives et en fit une copie complète, conservée en partie aux archives du Gouvernement à Luxembourg, en partie à la bibliothèque de la section historique de l'Institut.</blockquote>

N° 6.

Manuscrit sur parchemin, de la fin du XVe ou du commencement du XVIe siècle. — 218 feuillets numérotés à l'encre noire. — H.: 130 mm.; L.: 93 mm.

Donné en 1856 par Monsieur Jos. Paquet, professeur et censeur à l'Athénée, en son nom et en celui des membres de sa famille, co-héritiers de feu Madame Pondrom, veuve de feu l'avoué Pondrom de Luxembourg.

Fol. 1—12. Calendrier, portant les notices suivantes : fol. 2 : CIƆIƆXIII[1]; fol. 2 V. : frater Iohannes Menot, minor Suessionensis, guardianus Metensis 1584, confess. 1603; fol. 5 (au 31 mai) : S. Anne Bossin, professe 1590; en bas : Claude Salasare, fidelle jusques

---

[1] La même date se retrouve encore au fol. 218 Verso.

à la mort (XVIIe siècle); fol. 6, au 3 juin: S. Lucie Riaville, professe 1590.

Fol. 14: Incipiunt hore sancte Crucis.

Fol. 23: Incipiunt hore de sancto Spiritu.

Fol. 29: Missa beate Marie virginis.

Fol. 42: Incipiunt hore beate Marie virginis, secundum usum romane curie.

Fol. 144: Incipiunt vigilie mortuorum.

Fol. 208: Passio domini nostri Ihesu Christi secundum Iohannem.

Reliure du XVIe siècle, avec couverture en cuir orné d'or; au dos: MISSALE 1514. — Des miniatures très soignées se trouvent fol. 13, 21, 28, 41, 53, 66, 72, 78, 83, 88, 97, 120 et 143.

N° 7

(ancien numéro 122).

Manuscrit sur parchemin, du commencement du XVIe siècle (1514). — 383 feuillets à 25 lignes par page. — H_i: 135 mm.; L.: 105 mm.

Sur le feuillet de garde: Codex monasterii S. Maximini extra mu..... ad usum fratris Martini..... Cette inscription a été effacée et remplacée par celle-ci: Codex monasterii S. Willibrordi quod Epternacum nuncupatur. Ad usum fr. Bartholomei Heydenbergh. Une autre main ajoute: Nunc vero inservio f. Valeriano Kilburger qui me hac veste ornari fecit anno 1606. — Au verso du dernier feuillet se trouve une mention analogue: Sub custodia fratris Valentini Kilburger, cenobite Epternacensis, anno salutis 1606.

Bréviaire précédé d'un calendrier, dans lequel on a ajouté plus tard les fêtes particulières à Echternach: à la fin du calendrier, dont les feuillets, au nombre de six, ne sont pas numérotés: Codex monasterii Sancti Clementis Willibrordi (ces trois mots sur rature) anno Domini 1515 (cette date sur rature).

La première partie du manuscrit proprement dit contient sur 97 feuillets, numérotés à la fin du XVIe siècle, la *pars vernalis* du bréviaire; à la fin de cette partie (fol. 97 verso): 1514. Deo gratias.

La seconde partie, comprenant 93 feuillets, comprend la *pars aestivalis* du bréviaire; à la fin: Codex monasterii divi Willibrordi archiepiscopi Ultraiectensis, sur une autre note analogue, grattée, qui contenait 5 lignes et se terminait par ces mots: frater Theoderic Tre*(verensis)*.

La troisième partie, comprenant 187 feuillets, donne la *pars autumnalis* du bréviaire; elle présente, aux fol. 20 et 70, de belles initiales.

Au recto du dernier feuillet se trouvent les vers suivants:

  Gallorum levitas Germanos iustificabit,
  Italia gravitas Gallo confusa vacabit;
  Annis millenis quadringentis bis quadragenis
  Atque quaterdenis consurgit aquila grandis,
  Constantia cadet et equi de marmore surgent,
  Et lapis erectus et multa palacia ruent,
  Gallus succumbet et erunt victricia signa,
  Mundus errabit, vix urbs erit presule digna,
  Papa cito moritur, Cesar regnabit ubique,
  Et subito vani cessabit gloria celi.

A remarquer les détails suivants: Fol. 37 verso de la seconde partie, l'initiale U contient les armes de Robert de Monréal, abbé d'Echternach: d'or à sept losanges en pal, quatre et trois, peintes à la place d'un autre ornement effacé. — Dans la troisième partie, fol. 86: De S. Willibrordo ymnus: Ave, preelecte splendor.... — Fol. 98—106 verso: Translatio patris nostri Willibrordi. — Fol. 166 verso—170 verso: Festivitas s. patris nostri Willibrordi.

N° 8.

Manuscrit sur parchemin de la fin du XVIe siècle. — 36 feuillets. — H.: 115 mm; L.: 80 mm.

Recueil de prières pour la messe: octo versus s. Bernardi (4); Iohannis Chrisostomi (14); Nicolaus Galicetus abbas (16); Iohannes Lantspergius (20); Beatus Thomas Aquinatus. etc, etc.

On a obtenu le parchemin en enlevant les larges marges d'un manuscrit du XIVᵉ s. circa, comme l'indiquent les restes des initiales qu'on a laissé subsister; cependant il ne reste pas de trace du texte primitif.

Provenance inconnue.

N° 9

(ancien numére 130).

Manuscrit sur parchemin, du XIIIᵉ siècle. — 114 feuillets dont le dernier est resté en blanc, de 15—17 lignes par page. — H. : 120 mm.; L. : 90 mm.

Au Fol. 1 : *Codex sancti Willibrordi. M 329 Continet aliqua perpulchra.* (Écriture du quinzième siècle).

Le manuscrit renferme un commentaire sur le traité de grammaire de Priscianus Caesariensis, se bornant à l'explication des mots. Il commence : *Eloquentiae doctrinam, id est trivium; et omne studiorum genus, id est quadrivium; celebrasse, id est celebriter imitatos fuisse.*

N° 10.

Manuscrit sur parchemin, du commencement du XVIᵉ siècle. — 119 feuillets. — H. : 120 mm.; L. : 85 mm.

En tête du manuscrit se trouve un calendrier, dans lequel nous remarquons les notes suivantes : 12 août, *octava s. Willibrordi*; 19 octobre, *Dedicatio ecclesie, s. Willibrordi et translatio s. Willibrordi*; 7 novembre, *Willibrordi archiepiscopi*; 14 novembre, *Octava S. Willibrordi*; 15 novembre, *Commemoratio sanctarum reliquiarum nostri monasterii servatur.*

Suit, fol. 9 verso, une table des fêtes mobiles, à partir de 1519.

Le restant, formé de parties de deux manuscrits différents, reliés pêle-mêle, renferme des prières et des chants sacrés, entre autres, fol. 52: *De sancto Willibrordo: Ave, preelecte splendor, Willibrorde.*

Nous remarquons en outre les notes suivantes: fol. 2: *Fr. Petrus Waltpilligh Hergenstein Treverensis.* — Fol. 81: *Ad gloriosissimam virginem Mariam .... oratio devota et multum efficax.* 1520. Ad sanctitatis tue pedes, dulcissimo virgo Maria corpore prostratus ....

Provient de l'abbaye S. Willibrord à Echternach. Acquis par échange en 1856.

N° 11

(ancien numéro 125).

Manuscrit sur parchemin, écrit en 1523—1524 par Guillaume Mair, religieux d'Echternach. — 393 feuillets (3 + 12 + 169 + 110 + 98), à 22 lignes par page. — H.: 115 mm.; L.: 82 mm.

Le manuscrit renferme:

1. Trois feuillets avec des prières, de la fin du XVI⁰ siècle.

2. Sur douze feuillets le tableau des fêtes mobiles et des lettres dominicales pour les années 1525—1658. Chaque année est désignée par un mot tiré d'un éloge de S. Willibrord, commençant ainsi: *Wilbrodi sancti dulcisona presagia, illius informata doctrine gratia, Germania, recolas sepius. Natalibus iustis gloriosus prodiit ....*

A la fin de la table:

Ista docet tabula scitu quamplurima digna
Scripta Wilibrordi ad laudem clare manifestans,
Quo celebrare die debes tu mobile festum.

3. Le bréviaire, *pars vernalis*, sur 169 feuillets; à la fin se trouve cette souscription: Sub reverendo patre Roberto abbate per me f. Wilhelmum Mair 1524.

4. La partie du bréviaire pour l'été, sur 110 feuillets, à la fin:

> Finem psalmiferi Davidis portumque libelli
> Cernere quod dederis, laus tibi, magnipotens.

6. La dernière partie, comprenant le bréviaire pour l'automne sur 98 feuillets, finit au fol. 98 verso par les vers:

> Laudifer ut cedat fraternis usibus iste
> Wilhelmi pietas efficit atque labor.

Au fol. 96 de cette partie est inscrit le millésime 1523. Provient d'Echternach.

N° 12

(ancien numéro 12).

Manuscrit sur parchemin, presque en entier de la fin du XVe siècle. — 527 feuillets de 28 lignes à la page. — H.: 130 mm.; L.: 90 mm.

Fol. 314. — Codex monasterii S. Willibrordi (écriture du XVIe siècle).

Le manuscrit renferme:
Fol. 1: De sanctis post Pascha. (Comm. du XVIe siècle).
Fol. 2—7: Calendrier.
Fol. 8: Ad missam preparatio. (Fin du XVIe siècle).
Fol. 11—16: Messe de la Vierge.
Fol. 17—527: Le bréviaire, écrit par une main de la fin du XVe siècle, sauf les feuillets 142 verso—146 et 354 verso—355 verso, qui sont d'une main du XVIe siècle.

Nous remarquons dans ce volume, fol. 209 ss. une litanie de tous les saints avec l'invocation: *Ut abbatem et congregationem, familiam S. Willibrordi conservare digneris.* — Fol. 223: *De S. Willibrordo: Ave, preelecte splendor* .... — Fol. 385 ss: *Officium Wigisli abbatis.* — Fol. 443 s: *In commemoracione s. Willibrordi.* — Fol. 495 verso—500: *In festivitate b. Clementis Willibrordi.*

Provient d'Echternach.

N° 13

(ancien numéro 105).

Manuscrit sur parchemin du commencement du XVIe siècle, intitulé, au dos de la couverture: Quaestiones de iure. — 144 feuillets à deux colonnes à 40 lignes par colonne. — H.: 175 mm.; L.: 118 mm.

Fol. 1: Bibliothecae Aureævallis (écriture de la fin du XVIIIe siècle). — En bas du même feuillet les notes suivantes, caractéristiques pour tous les manuscrits d'Orval, N — 7 et x n 1.

Le manuscrit renferme:

1. Fol. 1—14, un court traité sur le juge, l'accusateur et l'accusé, commençant ainsi: Licentiam omnes naturaliter appetunt, et eius fructus consistere in adquisitione rerum temporalium multi arbitrantur, licet et alius longe sit maior fructus eius quem fragilitas nostri corporis non attendit et usu .... tuosa theorica reputatur, nisi fructus ex practifica scientia colligatur. Inde est quod ego G. ad petitionem sociorum meorum ea que ad frequentem usum causarum vel ad cursum necessaria sunt, compendioso tractatu tandem proposui, sequens vestigia excellentissimi ingenii magistri P. Penercho. Quia ergo iudicium .... — Il finit: nisi fuerit actio a iudice reservata.

2. Fol. 15—17: Incipiunt cavillationes Bargarotis. Precibus et instantia congruenti nobilissimi domiciscon (sic) patris nostri Osimondi archidiaconi compulsus .... ego Bargarotus professor iuris civilis scientie paucis exponam....

3. Fol. 18—144, la *summa aurea* de W. de Drokeda: Cum omne artificium per exercitium ..... ego magister W. de Drokeda opus instans necessarium ac utile ad decisionem omnium causarum .... (fol. 19 Recto): In primo libro tractaturus de preparatoriis iudiciorum et de iudiciis et de arbitris et de actore et de reo, de iudice, de advocato, de assessore et de hiis que antecedunt litis contestationem. In secundo de litis contestatione et de hiis que antecedunt sententiam. In tertio de illa sententia et de hiis que secuntur. In quarto de appellatione per quam impeditur executio.

(Fol. 143, Verso) — *Explicit summa aurea.*

N° 14

(ancien numéro 110).

Manuscrit sur parchemin du XIIIe siècle et en partie du XIVe et du XVe siècle, de 196 feuillets à deux colonnes, de 37 à 39 lignes par colonne. — H.: 164 mm.; L.: 123 mm.

Fol. 194: Liber sancte Marie Aureevallis. Qui ipsum abstulerit, anathema sit. — Ancienne côte d'Orval: M. SS. S. 10.

Au dernier feuillet: Liber sancte Marie Aureevallis.
Qui ipsum abstulerit anathema sit.

On y distingue trois mains, comprenant les f. 1—166, 167—181 et 182—193.

Il contient une série de sermons latins pour les diverses fêtes de l'année:

Fol. 1 R. a: *Michaelis archangeli*. Stelle manentes in ordine suo....

Fol. 4 R. a: *De angelis*. Angeli eorum in celis....

Fol. 4 V. a: *De beato Francisco*. Surrexit Helyas propheta quasi ignis. (Citation, fol. 6 V. a: Avicenna in libro de animalibus).

Fol. 7 R. a: *Item de sancto Francisco*. Vidi alterum angelum ascendentem ab ortu solis.... Apoc. VII. Constitutus in spiritu....

Fol. 8 R. b: *Francisci confessoris*. Vidi alterum angelum etc. (In cruce autem secundum mgr^m in hystoriis quatuor fuerunt ligna, unde versus: In cruce pes cedrus stipesque cypressus,
Oliva tabula fit tytuli, brachia palma dedit.)

Fol. 9 R. a: *Dionisii*. Refulsit sol in clipeos aureos et resplenderunt montes ab eis.....

Fol. 10 V. b: *Sancti Luce ewangeliste*. Ros lucis ros tuus....

Fol. 12 V. a: *Sancti Luce, Bernardi et Benedicti*. Lumen illius super terminos erit. Iob XXVII. Per modum collacionis....

Fol. 13 V. a: *Apostolorum*. Posui vos ut eatis et fructum afferatis et fructus vester maneat. In verbo isto....

Fol. 14 V. b: *Omnium sanctorum*. Sancti per fidem vicerunt tempora. Hebr. Paulus. Verbum hoc legitur de prophetis....

Fol. 15 R. b: *Item omnium sanctorum*. Comedite, amici, bibite et inebriamini, karissimi.... Verba hec de cantico amoris prolata....

Fol. 16 V. b: *Item omnium sanctorum*. Comedite, amici, et bibite et inebriamini, karissimi. Quando Dei sapientia in celebracione ....

Fol. 17 V. b: Prothema: Beati qui audiunt verbum Dei etc. Luc(as) XI. Primo predicacionis est qui....

Fol. 18 R. a: Beati qui ad cenam nuptiarum agni vocati sunt. Apoc. XIX. Videns in spiritu beatus Iohannes....

Fol. 19 V. a: Beati qui ad cenam nuptiarum agni vocati sunt. Secundo non in verbis....

Fol. 20 V. b: Scribe beati mortui qui in Domino moriuntur. Apoc. XIIII. Vulgo dicitur: buer se travaille le jor qui au soir se repose. Hec sunt verba que Iohannes audivit in paradiso....

Fol. 21 V. b: *Sancti Martini.* Enoch placuit Deo et translatus est in paradisum, ut det gentibus sapientiam. Brevis commendacio beati Martini, quantum ad eius singularem perfectionem.....

Fol. 23 V. b: *De beato Martino.* Oculi mei semper ad Dominum quoniam ipse evellet de laqueo peccatorum meorum. Ps. Solet dici: ubi amor, ibi oculus. (Recitabat *magister Iacobus de Vitriaco,* quod nobilem .... quandam cognoscebat que maxime compatiebatur infirmis et specialiter leprosis....)

Fol. 25 R. a: *Sancte Elyzabeth.* Quesivit lanam et linum, et operata est consilio manuum suarum. Prov. ult. Hoc verbis allegorice potest....

Fol. 25 V. a: *De virginibus.* Prudentes virgines acceperunt oleum in vasis suis cum lampadibus.

Fol. 26 R. a: Gaudeamus et exultemus et demus gloriam Deo, quia venerunt nuptiae agni ..... Non bone nupcie que vertuntur.....

Fol. 26 V. b: *De sancto Andrea.* Suspendium elegit anima mea et mortem ossa mea. Iob VII. Hec verba expositionis de beato Andrea duo insinuant nobis de ipso....

Fol. 28 V. b: *De sancto Nicholao.* Homo ad laborem nascitur et avis ad volandum. Iob V. Etsi verba hec exponi possunt....

Fol. 30 R. a: *Sancti Nicholai episcopi.* Homo ad laborem nascitur etc. Innuitur hic nobis mos et ordo vivendi....

Fol. 30 R. a: *De virginibus.* Venit sponsus, et que parate erant, intraverunt cum eo ad nuptias ... Sub figura virginum ad nuptias procedentium ...

Fol. 32 V. b: Venit sponsus .... Hic dicitur anime fideli quid debet considerare ....

F. 34 R. a: *Thome apostoli.* Quia vidisti me, Thoma, credidisti.... Sicut dicit Gregorius in expositione huius lectionis ....

F. 36 R. a: *In adventum vel in vigiliam nativitatis Domini.* Dilectus meus descendit .... Can. VI. Considerans sponsa ....

F. 38 V. a: *Die nativitatis Domini.* Sanctus dies domini est. Neem. VII. Grave iugum super filios Adam ....

F. 40 V. b: *Nativitatis Domini.* Parvulus natus est nobis. Ysa. IX. Hodie magnus dominus et laudabilis nimis.....

F. 42 R. a: *Sancti Stephani.* Posuisti in capite eius coronam de lapide.... Hodie legimus b. Stephanum a fatuis·filiis lapidatum....

F. 45 R. a: *Sancti Stephani martyris.* Lapidabant Stephanum etc. Nota quod merentur homines lapidationem spiritualem....

F. 47 V. a: *Sanctorum Innocentium.* Filii tui sunt novelle olivarum in circuitu mense tue. Plorans Rachel representat nobis ecclesiam pro nece parvulorum suspirantem....

F. 48 R. b: *Die circumcisionis Domini.* Postquam consummati dies octo ut circumcideretur puer, vocatum est nomen eius Iesus. Lu. II. — Verba hec possunt exponi de Christo, et spiritualiter...

F. 50 R. a: *Die circumcisionis Domini.* Postquam consummati sunt dies octo.... Tibi, anima, spiritualiter hoc verbum proponitur.... — L'auteur cite Marcianus (Fol. 50 V. a.) et Seneca (Fol. 51 R. b).

F. 52 R. b: *De epyphania Domini.* Edificabunt filii peregrinorum muros tuos.... Previdens Ysaias in spiritu prophetico reprobationem synagoge....

F. 54 V. a: *Die epiphanie.* Tibi offerent reges munera. Psalmista. Previdens propheta David exaltationem ecclesie fiendam....

F. 58 V. a: *Sancte Agnetis martyris.* Mel et lac sub lingua tua.... Considerans Salomon in spiritu prophetico beate Agnetis excellentiam....

F. 60 V. a: *Agnetis virginis.* Tota pulcra es, amica mea, et macula non est in te.... Totus et solus pulcher et pulcherrimus ipse est....

F. 61 V. b: *Sancti Vincentii martyris.* Esto fidelis usque ad mortem, et dabo tibi coronam vite. Apoc. II. Ut inter martyres video....

F. 64 R. b: *In conversione sancti Pauli.* Accuiesce ei·et habeto pacem, et per hoc habebis fructus optimos. Iob XXII. Anima peccatrix decipitur per ignorantiam....

F. 66 R. b: *In purificatione beate Virginis.* Statim veniet ad templum sanctum suum dominator..... Hodie Simeon venit in templum, sed et Anna prophetissa....

F. 69 R. a: *In purificatione beate Virginis.* Sint lumbi vestri precincti etc. Lucas XII. Presens sollempnitas vocatur sollempnitas purificationis.... Fol. 69 V. a, en haut: hec ergo IIII^{or}. „pertinent ad castitatem corporis, et hoc est quod gallice potest „dici: On se chaint por soi garder d'enboer, 'et por plus legere„ment (a)ler, et por mix laborer, et por soi eschaufer."

Fol. 69 V. b: *In cathedra sancti Petri.* Pasce oves meas.... Verba hec competunt beato Petro cui commisit Dominus....

Fol. 70 V. a: *In cathedra sancti Petri.* Dilexisti iustitiam et odisti iniquitatem etc. Hec verba possunt de beato Petro....

Fol. 71 R. b: *Sancti Mathie apostoli.* Ascende mecum in sortem meam. Iudicum VI. Hystorice verba sunt Iude loquentis Symeoni....

Fol. 72 R. b: *Sancti Mathie apostoli.* Tu domine qui nosti corda hominum, ostende quem elegeris ex hiis duobus etc. et dederunt sortes etc. et cecidit sors super Mathiam. Act. I. Suspenso Iuda ne numerus appostolorum remaneret diminutus.... Fol. 73 R. b, en haut: „Sicut fibula londoniensis que venditur Parisiis „super parvum pontem, que frangi potest, plicari non potest".

Fol. 74 V. a: *In capite ieiunii.* Cum ieiunas, unge caput tuum.... Consuetudo est in omni terra quod servicia....

Fol. 76 V. a: *In capite iciunii.* Ecce nunc acceptabile tempus, ecce dies salutis.... Solet dici gallice: Toutes choses ont lor saison....

Fol. 79 V. b: *Sancti Benedicti abbatis.* Arbor bona fructus bonos facit.... Solet dici gallice: De bone espine, de pute espine pute sordine 1). Verba igitur....

Fol. 82 R. a: *In annuntiatione.* Que habitas in ortis amici auscultat te, fac me audire vocem tuam. Cant. VIII. Misso Gabrielle sollempni nuncio....

Fol. 85 R. a: *In annuntiatione beate Marie.* Benedicta in mulieribus et benedictus fructus ventris tui. Sicut preceptis salutaribus moniti....

Fol. 87 R. b: *In ramis palmarum.* Fulcite me floribus.... Hodie duo cantat ecclesia et ideo....

Fol. 89 R. a: *In ramis palmarum.* Hoc sentite in vobis.... In epistola hodierna admonet nos apostolus....

Fol. 92 R. a: *In cena Domini.* Ex utraque parte fluis,...... Verba hec sunt illius discipuli qui...

Fol. 95 R. a: *In cena parascheve.* Christus assistens pontifex.. Introducitur in verbo proposito....

Fol. 96 R. a: *In die sancto parascevem.* Sanguis Christi emundabit conscientiam nostram ab opibus mortuis. Sicut docet sacra scriptura.....

Fol. 97 V. a: *In pascha Domini.* Refloruit caro mea.... In hoc verbo...

Fol. 100 R. a: *Die pasche.* Refloruit caro mea,.... Ut conformemur...

---

1) Il manque un bout de phrase: De bone espine bone sordine.

Fol. 101 V. b: *Marchi ewangeliste.* Tu vero vigila, in omnibus labora.... Commendatur b. Marchus ex officio...

Fol. 103 R. b: *Sancti Marchi ewangeliste.* Tu vero vigila.... Quodammodo debent doctores esse...

Fol. 104 R. b: *Philippi et Iacobi apostolorum.* Clamaverunt iusti et Dominus exaudivit eos. Hec verba competunt b. Philippo....

Fol. 106 R. b: *In inventione sancte crucis.* Qui me invenerit, inveniet vitam...... Verba hec si ad litteram intelleguntur....

Fol. 108 R. b: *Iohannis ante portam latinam.* Dilectus meus mihi et ego illi.... Hodie discipulis....

Fol. 110 R. a: Même fête et même texte: Post familiaritatem mutuam..

Fol. 111 R. a: Même fête et même texte: Animalia dum declinant estum diei...

Fol. 112 R. a: Même fête et même texte: Utinam, Domini, inclinatis....

Fol. 113 V. b: *Sancti Francisci confessoris.* Inflammatum est cor meum.... Flamma combussit peccatores....

Fol. 116 R. b: *Sancti Francisci confessoris.* Veni, columba mea.... In hoc verbo conformitas beati Francisci....

Fol. 117 R. b: *In ascensione Domini.* Ascendit Deus in iubilatione. Verba hec allegorice exponuntur....

Fol. 118 R. b: *In ascensione Domini.* Fuge dilecte mi et assimilare capree hyrculoque cervorum.... Ascensionis gloria divine....

Fol. 120 V. a: Même fête et même texte: Postquam insinuatum est nobis....

Fol. 122 R. b: *In die sancto penthecostes.* Ierusalem, letaberis in filiis tuis.... Verba hec allegorice intelliguntur....

Fol. 125 V. a: *In die sancto penthecostes.* Ubi spiritus domini, ibi libertas.... Hec verba congruunt presenti sollempnitati....

Fol. 129 R. b: *Sancti Barnabe apostoli.* Hoc est preceptum meum ut diligatis invicem, sicut dilexi vos.... In verbo proposito invitat Dominus apostolos....

Fol. 130 R. a: *Sancti Antonii.* In corde prudentis requiescit.... Verba hec possunt exponi....

Fol. 132 R. b: *Sancti Iohannis Baptiste.* Ecce puer meus electus quem elegi.... Verba hec prophetica sunt....

Fol. 134 R. b: *Ad Vincula.* Misit Herodes Petrum in carcere tradens quatuor quaternionibus militum custodiendum.... Hodie nobis proponitur in epistola luctuosum spectaculum....

Fol. 137 R. a: *In inventione sancti Stephani.* Gloria et honore coronasti eum, Domine.... Dominus beatum Stephanum in corpore....

Fol. 139 R. a: *Sancti Laurentii martyris.* Ipse scit viam meam et probavit me.... Introducitur b. Laurentius in verbo ipso....

Fol. 143 V. b: *Sancti Laurentii martiris.* Probasti cor meum et visitasti nocte.... Quia nullus intrat paradisum sine examinatione....

Fol. 145 V. a: *De sancta Clara de ordine fratrum minorum.* Recordatus sum tui miserans adolescentiam tuam.... Verba hec videntur Domini esse ad beatam Claram....

Fol. 146 R. b: *In assumptione beate Marie.* Ecce nubecula parva quasi vestigium hominis ascendebat de mari.... Commendatur beata Virgo quantum ad perfectionem....

Fol. 146 V. b: *In assumptione beate Marie.* Signum magnum apparuit in celo....... Etsi hec verba....

Fol. 150 R. b: *Sancti Bartholomei apostoli.* Ioseph relicto pallio in manu domine fugit.... Proponitur nobis b. Bartholomeus....

Fol. 151 V. a: *De sancto Augustino.* Nemo potest venire ad me, nisi pater qui misit me traxerit eum.... Ibi notatur duplex status beati Augustini....

Fol. 152 V. a: *In decollatione sancti Iohannis Baptiste.* Ille erat lucerna ardens et lucens...

Fol. 156 V. b: *In nativitate beate Marie virginis.* Sacrificavit tabernaculum suum altissimum.... In spiritu prophetico David constitutus....

Fol. 161 R. a: *In nativitate beate Marie.* Afferte mihi vas novum.... Introducitur beata Virgo sub metaphora novi vasis....

Fol. 162, V. b: *In octavis beate Marie virginis.* Virga tua et baculus tuus.... Deflens David casum generis humani factum per Evam....

A partir du folio 167, où une autre main a écrit en caractères plus grands (32 lignes par page), les passages en langue française, rares jusque-là, deviennent plus fréquents.

Fol. 167, R. a: *In ascentione Domini sermo.* Prothema. Caro mea requiescet in spe.... Concordantia istorum duorum est de primitivo et dirivativo me et mea....

Fol. 171, R. b: *In nativitate beate Marie.* Fluvius egrediebatur de loco voluptatis... Hec verba intelligi possunt....

Fol. 176, V. b: *In ascentione Domini.* Ascendit Iesus in montem.... Hic tangitur eminentia elevationis in ascensu....

Gallice potes sic dicere: *Signeurs;* in verbo secundo preposito loquitur Deus noster predicatori et dicit sibi et precipit: *Qui vive en la divine contemplation et il saura la divine revelation et la demande sera mise à execution* .... (Fol. 177, R. a). *Mes quant vint le jor de croix aorée,* tunc fuit miles, *adonc fit-il le champ de bataille* ...... Ascendit thronus imperantis ibi in montem, de celi qui monta (sic) *la puissance et la debonaireté, Jesus de la sainte ascention la manifeste et la vérité.* Ascendit *dou liu où il monta la hautesse et la sublimité* ..... (Fol. 178, R. b): Ita, karissimi, quando veniet *au gran jour dou jugement,* quando Deus tenebit *et lez grans assizes,* quando examinabitur quilibet de qua fide, lege sic: *Bien si gari qui ara haute ceinte sa coroe* ..... (Fol. 178, V b).; Secundo observa *que tu ne t'abandonnes pas ta langue à murmure et à détraction* contra proximum tuum .....

Fol. 180, R. a: *In annunciatione dominica.* Ave, Maria, gratia plena, Dominus tecum. Mox violavit (sic) antiquitus qui usque ad nostra tempora ......

Fol. 181, R. b.: *De passione Domini.* Christo in carne passo et vos eadem cogitatione armamini ... Quando aliqua domina habuit unum maritum, hic eam dilexit ..... Et ideo rationabiliter sancta ecclesia consuevit quolibet anno die isto facere anniversarium suum et ob (hoc) sumus hic congregati, *vos por escouter, je por raconter, mentente nes pas m*1) *de parler de Rolant ne d'Oliver, de Charlemainne ne d'Oger ne de Willaume, pas parler de sa divinité, mes de soi selonc s'umanité selonc laquele il est hui mors pour nous de la prison au deauble geter.* Et quia hoc non possum facere sine adiutorio, ideo proposui secundo unum verbum scriptum Abacuc I: Domine, ad te vociferabor vini paciens. In quo *premierement je met avant sa grant puissance.* Domine, *je monstre ma grant indigence.* Vini paciens, *puis demande de sa grace pour moi et pour vous l'abondance.* Vociferabor ad te ..... Iohannes apostolus ..... *I diemenche matin* in aurora raptus est et vidit celum apertum et vidit exire unum militem qui habebat unum equum album ..... et dicit quod vestitus erat veste aspersa sanguine, *toute rouge et toute senglente et se trait pres de soi,* volens scire nomen eius...... *Per cel chevalier* ego intelligo Christum Iesum .... Per hoc quod dicit, pugnabat pro iusticia significatur, *que il ala avant en nostre besogne* ..... *De ce qu'il dit qu'il avoit a nom fiz Diu, dit il voir que il est vrais dieus et vrais hons.* Et sicut videmus quod mater quando Garo suus est mortuus, solet camisiam eius sanguino.. ..

---

1) Après le mot *pas* suit *m* surmonté de *o*.

A ce dernier mot finit la seconde partie de manuscrit; il y a donc évidemment une lacune d'un ou de plusieurs feuillets.

Fol. 182, R. a: *In conversione Sancti Pauli.* Serve bone et fidelis, intra ... Dedit Deus palam facere ....

Fol. 185, R. a: Edificavit Salomon atrium ... tribus ordinibus lapidum politorum .... Scriptura que vocatur canonica ....

Fol. 191, R. b: In isto loco debemus nos ei exponere et omnia nostra et eum quasi violenter retinere .....

Ce dernier sermon, écrit par la troisième main, est de nouveau entremêlé de passages en langue française: fol. 191, V. a: Habebit lumen vite, quia ipse est via ducens *por nos mener;* lumen lucens, *por nos enluminer;* vita vivificans, *por nos en santé tenir e garder de fornoier* ..... Vestitus erat veste aspera sanguine, *c'est le rouge chevallier, son escu e ses armes estoient toute rouge, taintes on sanc de la passion* .... Et sequere me. *Il te covient vestir de humilité,* quia via est tortuosa, gallice: *torte adamageuse.* Humilitas est via que ducit *droitement* ...... *Il te convient de issir par amor de povreté, por aler seurement,* quia via mondi et deliciarum est periculosa; paupertas est via ducens *seurement* .... qui ipsum reficit cibo oportuno, *qui le pest bien delicieusement* ...... Primo enim requiritur ad hoc quod canis venaticus predam capiat, quod se moveat, *il le convient ensuivre e esmovoir* .... *Esmoves vos. Esvellez vos, regardez ceste proie, leves vos qui estes pareceus* ...... (fol. 192, V. b): Ecce nunc tempus acceptabile: *veez ci le tens apertement d'aquerre nostre sauvement.*

Il est question de ce manuscrit dans un article de M. Bonnardot, intitulé „Les archives de l'Etat de Luxembourg" (Publ. soc. arch. de Luxembourg, vol. 40, p. 331—332). M. Bonnardot y reproduit une partie des passages français mêlés dans le texte latin 1).

---

1) M. Bonnardot a commis quelques erreurs. P. 332, ligne 3, il omet le met *aler* qui dans le manuscrit est écrit en marge. — Ligne 4, lisez fol. 177, au lieu de fol. 167. — Ligne 22, il a lu: ne de parler de Rolant; le ms. a: m de parler de Rolant. — Ligne 24, lisez *hui* au lieu de *lui*. — Ligne 5 d'en bas il lit: et se tint près de soi; le manuscrit offre: et se trait près de soi. — Ligne 5 d'en bas; lisez: *que il est,* au lieu *quar il est.*

No 15.

(ancien numéro 115).

Manuscrit sur parchemin, de la fin du douzième siècle; 146 feuillets, de 21 à 24 lignes par page. — H.: 180 mm.; L.: 112 mm.

Ce manuscrit, écrit d'une seule main d'un bout à l'autre, excepté un tiers de la dernière page, contient:

Fol. 4: l'évangile de St. Mathieu, mutilé au commencement, commençant par ces mots du chapitre VI, v. 30: „quanto magis vos minime fidei?"

Fol. 35 V.: l'évangile de St. Marc;

Fol. 63: l'évangile de St. Luc; et

Fol. 108: l'évangile de St. Jean;

Fol. 140—146: quelques prières, elles commencent ainsi: fol. 140: Domine Iesu Christe, rex eterne glorie, fili Dei vivi, te una cum patre vivo et Spiritu sancto unum verum omnipotentem Deum adoro, laudo, magnifico et glorifico. — Fol. 142 Verso: Quam bonus tu, Deus, his qui recto sunt corde et qui inter innocentes lavant manus suas. In te pono spem meam et te adoro. — Fol. 143 Verso: Domine, refugium factus es nobis a generatione in generationem. A seculo et usque in seculum tu es deus susceptor meus, refugium meum. — Fol. 144 Verso: Domine Deus, tu semper bonus, semper pius, semper misericors, qui sublevas animam inanem et animam esurientem sacias bonis.

En bas de la dernière page du manuscrit se trouve la petite notice suivante sur l'excommunication et la mort de Tietgaud et de Gunter:

„DCCC.L. anno dominice incarnationis rexit Tietgaudus epis-
„copus Trevericam sedem, Guntarius Coloniensem, quorum tempore
„fulgur Colonie stragem magnam fecit et Treveris visus est sedere
„canis super cathedram episcopi; qui duo propter stupri consensum
„Lotharii regis a Nicolao papa divino officio suspensi in synodo
„Rome sunt. Guntarius vero superbie spiritu inflatus vetitum sibi
„officium usurpare ausu temerario non expavit, parvipendens apo-
„stolicam excommunicacionem; novissime in Italia infirmitate pre-
„venti peregrini et exules moriuntur, communione laicali sibi tantum
„vix concessa."

Provenance inconnue.

N° 16.
(ancien numéro 111).

Manuscrit sur parchemin de la fin du quatorzième siècle, en 79 feuillets, écrit d'un grand nombre de mains, sur une seule colonne, sauf fol. 9 R. à partir du milieu jusqu'au Verso du folio 18, ainsi que les fol. 33—37 Recto qui sont à 2 colonnes. — H.: 170 mm.; L.: 118 mm.

Il contient:

1. un calendrier, du fol. 2—7. Le feuillet n° 1 avait servi de feuille de garde, avant que le manuscrit n'eût été relié de nouveau; le recto est en blanc, le verso contenait deux lignes effacées maintenant presque en entier ainsi que cette phrase: „Verba ambigua „secundum intentionem proferentis sunt accipienda. ff. de Ind. l. c. „si quis."

Dans le calendrier les noms des grandes fêtes sont marquées en rouge, les fêtes ordinaires en noir. Au fol. 5 V. et fol. 6 R. une main du 15 siècle (fin) a ajouté à quelques fêtes „celebretur" ou „non celebretur."

D'autres ajoutes se trouvent au fol. 3 V., idus aprilis: „Eufemie virginis dedicacio in Errincin." — Au fol. 5 R., pour le 6 des nones de juillet: visitatio beate Marie virginis. — Au fol. 6 R., pour le 6, resp. le 5 des nones d'octobre: „Leodegarii episcopi et „martyris." — „Duorum Ewaldorum presbyterorum".

Ce calendrier donne en outre les vers suivants:
pour le février:
„Quarta subit mortem, prosternit tercia fortem."
pour l'avril:
„Denus et undenus fit mortis vulnere plenus."
pour le juin:
„Venus pallescit, quindenus federa nescit."
pour le juillet:
„Tredecimus mactat iulii, denus labefactat."
pour le septembre:
„Tercia septembris et denus fert mala membris."
pour le novembre:
„Scorpinus est quintus et decimus est nece cinctus."

2. Le Recto du folio 8 contient l'énumération, écrite par trois mains du XIVe siècle, d'un certain nombre de legs laissés à la chapelle (d'Erntzen): Godardus Helewic uxor eius legaverunt IIII^{or} denarios supra domum apud pontem . . . . . .

3. Du folio 8 V.—31 R., diverses parties du rituel et de la messe, écrites de différentes mains, du XIVe et du XVe siècle, et incomplètes: Credo in unum Deum ...... (fol. 9): Suscipe, sancta trinitas, hanc oblationem.

4. Fol. 31 V.—32 V.:

„Hec est fraternitas sancti Marci in Ersem anno Domini „M°CCC°XLVII, in die decollationis Iohanis Baptiste, et hii sub„scripti fecerunt repaginari hunc codicem. It. Clais von Herspurch, Gela uxor et liberi ......"

Les noms qui suivent, ont été inscrits à différentes reprises, probablement par les vicaires ou curés successifs du lieu. On y trouve cités des personnes de Kruchten, le fermier de Froynburg, d'autres de Contzdorff, Hans uff Doissart, Hinrich Bode zu Bertorf, uxor Peter hoffman uff dem Hamme, Adam von Bollendorff, Clais hoffman uff Dedersburgh, Johann seyller zu Verswyler, Peter von Vressen uxor, der mayger von Prumme Hans, Clais von Overeck, Peter Thunissmeyger von Alstorff, Theillen Endres von Wysse, Tielen Peter von Irll, Lindenmans Peter von Oiswyller, Peter der hofman von Stheynhem, d'autres enfin de Guntzbruck, Errentzen, Byckendorf et Roisport.

La liste de ces membres est interrompue au Recto du folio 32 par le détail de quelques donations faites à l'église de St. Marc à Errentzen par Clais Heuntgen et Else, sa femme, et par une note relative à l'anniversaire pour Abelen Clais von Heirsberch.

5. A partir du fol. 33 R. jusqu'au feuillet 79, ainsi jusqu'à la fin du manuscrit, se trouvent de nouveau diverses parties de la messe et du rituel, écrites également de différentes mains.

Au dernier feuillet, ainsi qu'au fol. 76 V., se trouvent indiqués les noms des desservants de l'église à laquelle ce manuscrit appartenait anciennement; c'était sans aucun doute l'église d'Ernzen. Je vais transcrire ces notices:

Fol. 76 V.: Anno millesimo quingentesimo duodecimo fuit Joannes Fullen sacellanus huius ecclesie.

Item Clas Hoffman fuit anno Domini 1514.

Item Petrus Forpart anno 1521.

Fol. 79 R.:

Ego Iohannes qui dicitur Lingin fui capellanus huius capelle anno MCCCCXXXII. (Les signes XXXII ont été ajoutés par une autre main.)

Ego Conradus de Bollendorff capellanus huius capelle anno M°CCCC°XXVI.

Ego Petrus Fuellen de Luccemburg fui capellanus huius capelle anno M. V^c und VIII.

Nicolaus Andree ecc. capellanus.

Antonius Vitensis ecc. capellanus.

N° 17.

Manuscrit du XIVe siècle, écrit d'un bout à l'autre seulement de 2 mains, contemporaines ou peu s'en faut; ne sont postérieures que quelques petites parties. 380 feuillets à deux colonnes; H.: 174 mm.; L.: 115 mm.

I. Le fol. 1 contient une table indiquant les différents degrés de la parenté, au Recto depuis „Abavus abavia" jusqu'à „abnepos abneptis", au Verso la „consanguinitas et affinitas".

II. Fol. 2—9 R. a: la table des chapitres des 4 livres de la somme de Raimond de Pennafort: Quid sit symonia. Utrum sola voluntas... — Presque tout le recto et tout le verso du fol. 9 sont en blanc.

Fol. 10—198. La somme de Raimond de Pennafort: „Incipit „summa Reimundi. Quoniam, ut ait Ieronimus."

Les trois premiers livres, écrits de la première main, à l'exception des feuillets 154, 155, 155bis—160 (8 feuillets) et 172—196; Au fol. 198 V. b: „Explicit summa Reimundi. Incipiunt tituli." Après 6 lignes laissées en blanc, se trouve écrit à l'encre rouge: „Inci„piunt tituli de summa fratris Reimundi et primo de primo libro. Ca„pitulum primum."

Il en appert que les feuillets 2—9 contenant la table des chapitres, devraient être placés après ce feuillet 198, d'autant plus que cette table ne contient pas d'incipit pour le premier livre.

III. Brève instruction pour lire les abréviations des décrétales. Elle commence par ces mots:

„Corpus iuris dividitur in ius canonicum et ius civile; ius enim „canonicum dividitur in decretales et decretum, decretalis vero „dividitur in quinque libros quorum iura habentur in hiis metris.

„Pars prior officia creat ecclesieque ministros

„Alia dat testes et cetera iudiciorum . . . ."

Cette instruction remplit seulement le recto du fol. 199; le verso du même feuillet et le recto du f. 200 sont remplis de 102 différentes abréviations, à côté d'elles les mots en entier: Al—Albertus; A—Alanus; Ab—Abbas; Ap reappellacione remota; auti—autentica . . . .

IV. Fol. 201—228:

Le quatrième livre de la somme de Raimond de Pennafort.

„Incipit summa matrimonii. Quoniam frequenter in foro......"
„Explicit summa matrimonii a fratre Reimundo compilata."

Tout ce livre est écrit de la première main du manuscrit.

V. Fol. 229—230 V. a:

„Decretum de electionibus et confirmationibus factum in Ba-„silea in sessione vii^a publica: Anno Domini M°CCCC°XXX°, III die „lune mensis iulii scilicet die xiii^a celebrata fuit in ecclesia maiori."

Ce décret est écrit d'une main plus récente, vers la moitié du quinzième siècle.

VI. Fol. 231—376 Recto, 2 col.: Incipit prologus magistri Wilhelmi super summam Raimundi: Quoniam, ait Ieronimus . . . . .

Glossaire de Guilhelmus Rhedonensis Gallus, en quatre livres, sur la somme de Raimond; le premier livre finit fol. 265: dummodo de egritudine illa decedant. — Incipiunt tituli de secundo libro. De homicidio . . . . . . (fol. 289 Verso) qui sibi restitueret ex hac causa. Les 23 dernières lignes de ce feuillet sont restées en blanc. Fol. 290: Incipit liber tercius. De qualitate ordinandorum. Expeditis etc. . . . Fol. 349 Recto, 2. col.: Explicit tercius liber. — Une petite partie du recto et tout le verso de ce feuillet sont laissés en blanc. — Fol. 350: Prologus super summam de matrimonio. Quoniam frequenter . . . Fol. 376 Recto, 2. col.: et si voluntate mulieres facte sunt.

Tout ce glossaire est écrit de la même main que les feuillets 154—160 et 172—196 de la première partie.

Pour tout ce qui est écrit de la première main, les lignes sont tracées avec la plus grande régularité, pour l'autre partie il n'y a pas de lignes. Les deux mains ont indiqué, au haut de chaque feuillet, l'indication du livre et le titre du chapitre, en bas le numéro d'ordre du chapitre; mais la main A n'y a employé que de l'encre rouge, B emploie alternativement du bleu et du rouge pour les chiffres placés en haut des feuillets.

De nombreuses ajoutes ont été faites aux deux parties par une troisième et quelquefois une quatrième main.

VII. En bas du feuillet 376 R. b se trouve la notice suivante:
„Tempora labuntur vernantibus invida formis.
„Dives, te ledit res tua, nam miser es.
„Sperne foventia, respice cras, ea non tibi sumes.
„Multa recordes, cur ut moriens ea des
„Da celer est siqui tutum sic prevenies te.
„Per hos versus cognoscere potes quot causæ sint in decreto,
„et quot questiones in qualibet causa; sume verbum quodlibet loco
„cause et litteram verbi loco questionis."

VIII. Fol. 376 V.—378 V. b. Série de règles de droit, tirées, à ce qu'il paraît, de la somme de Raimond de Pennafort.

„— R. al. 1) dicit de militibus quod licite possunt militare, „dummodo hoc sine avaritia, gratia et invidia faciant, sed ut usum „discant armorum etc......

A la fin: Fr. R. lector dicit mulierem menstruatam nullo modo „consentire debere viro, sed viriliter reluctari....... hanc sen-„tentiam magis tene quam aliam quam dicit contrarium."

IX. Fol. 379 R. a:

Réponse à trois questions du droit canon, concernant surtout des cas d'excommunication: Queritur an personis quibus... à la fin: „super scriptas tres questiones determinaverunt pociores ma-„gistri de toto regno Francie."

X. Fol. 379 R. b—380 V. a:

„(I)ncipit modus legendi in decretis, summa de casibus et in „libris legum. Nota ergo distinctionem sequentem, quoniam quidquid in summa de casibus...... Explicit modus studendi et legendi „in iure, tam canonico quam legali."

Provenance inconnue.

---

1). Frater Albertus

Nos 18, 19, 20.

(ancien numéro 128).

Manuscrit sur parchemin du XIVe siècle; 50 feuillets dont le premier est enlevé presque en entier. — H.: 190 mm.; L.: 145 mm.

Les feuillets sont numérotés, en haut, jusqu'au chiffre XV, en chiffres romains, y compris le premier feuillet; en outre, en bas, en chiffres arabes de la fin du quinzième siècle, de 1—49, sans y comprendre le premier feuillet. Le manuscrit est du reste incomplet aussi à la fin du volume.

Il renferme des extraits de plusieurs classiques latins, savoir: fol. 2—13 verso, des extraits de Juvénal:

Fol. 2: satyre 4, vers 1—3, 8, 54—56, 68—72. — Satyre 5, vers 1, 14—15, 39—42, 46—54, 59—72, 76—87, 103—106, 123—137, 149—150, 153—154, 161—163, 166—170. — Fol. 3: Satyre 6, vers 1—12, 17—20, 94—102, 143—148, 162—163, 165, 177—181 etc. — Fol. 4 Verso, extraits de la 7. satyre, en tout 23 vers. — Fol. 4 Verso, 8. satyre, 89 vers. — Fol. 6, 9. satyre, 11 vers. — Ibid., 10. satyre, 179 vers. — Fol. 8, 11. satyre, 32 vers. — Fol. 8 Verso, 12. satyre, 5 vers. — Fol. 8 Verso, 13. satyre, 134 vers. — Fol. 10 Verso, 14. satyre, 186 vers. — Fol. 13, 15. satyre, 44 vers. — Fol. 13 Verso, 16. satyre, 6 vers.

Ibidem: Explicit Iuvenalis. Incipit poetria Horatii.

Fol. 15 Verso: Explicit Poetria Oratii. Incipit Horacius. (Une autre main plus jeune a ajouté *epistole*): Primo dicite mihi etc.

Fol. 21 Verso: Expliciunt epistole. Incipiunt sermones:
   Qui sit Mecenas ut nemo quam sibi sortem.

Fol. 23 Verso: Expliciunt sermones. Lucanus:
   Bella per Emathios summisque negatum est.

Fol. 26 Verso: Explicit Lucanus. Incipit Alexander:
   Primus Aristotilis rabutum nectare sacro
   Et molem carnis et quod cibus educat extra.

Fol. 30 Verso: Explicit Alex. — Incipit Moretum Virgilii:
   Iam nox hibernas bis quinque peregerat horas (en tout 6 vers.)

Fol. 31: Incipit Bucolica: Tytere, tu patule recubans... — Explicit Bucolica. Incipit Georica:
   Quid faciat latas segetes quo sydere terram.

Fol. 32: Incipit Eneis: Arma virumque cano...

Fol. 33: Ovidius magnus: Nova fert animus...

Fol. 40: Explicit Ovidius magnus. Incipit Ovidius de Ponto: Naso Tomitane....

Fol. 43 Verso: Explicit Ovidius de Ponto. Incipit Ovidius sine tytulo:
   Qui modo Nasonis fueramus quinque libelli...

Fol. 46: Explicit Ovidius. Incipit Ovidius de arte:
   Siquis in hoc artem populi non novit amandi..

Fol. 50 Verso: Explicit Ovidius de arte. Incipit Ovidius Remediorum:
   Si quis amat...

Le dernier vers est: Auferimur cultu gemmis auroque teguntur.

Des notes marginales et interlinéaires ont été ajoutées par plusieurs mains, tantôt bien rarement, tantôt avec une véritable profusion; ce sont ou des glosses servant à expliquer le texte (p. ex., fol. 2 Verso: squilla est species delicati piscis. Asparragis piscis mali saporis qui cito putrescit), ou d'autres extraits des auteurs cités.

Provenance inconnue.

N° 21

(ancien numéro 121).

Manuscrit sur parchemin, de la fin du XIIe siècle. — 14 feuillets. — H.: 180 mm.; L.: 130 mm.

Le recto du premier feuillet est en blanc. — Fol. 1 Verso, en haut: *M 36. Continet divisionem monocordi*, et en bas: *Codex sancti Willibrordi Epternacensis* (écriture du XVe siècle).

Titre: (D)e divisione monocordi. Illud est predicendum quod sive in mensura nervi sive in numeris . . . . .

Extraits tirés de l'ouvrage d'An. Maulius Severinus Boetius de Musica. (Cf. Migne, Patrologie latine, Vol. 63, col. 1253 ss.); ils finissent, fol. 11 Verso: Triplę proportionis dissonantiam et consonantiam reddat.

Suivent, fol. 12 Verso, jusqu'à la fin, d'autres extraits touchant la musique: fol. 12 Verso: Primus sonus quia gravissimus, grece protos dicitur vel archos, secundus deuterus . . . . donec vel ascendendo vel descendendo deficiant ita.

Fol. 13: Mensura monocordi: Monocordum a magada usque ad magadam in IIII equas divide partes . . . . (finissant par): Sic cetera invenies duplicatis acutis in gravibus.

Fol. 13: De mensura fistularum ad organa. Si fistulę ęqualis grossitudinis fuerint et maior minorem in sua longitudine bis habuerit . . . . . (finissant par) et insuper longitudinis eius sextam decimam partem, semitonum erit.

Fol. 13 Verso: Mensura unde supra. Primam fistulam quam longam et latam libuerit facias .... (finissant par) erit quinta decima bis diapason ad primam.

Fol. 14: Mensuram fistularum organici instrumenti quisquis scire voluerit .... (finissant par) quando prima concordat cum quinto decima.

Le dernier tiers du recto et le verso du fol. 14 sont restés en blanc.

N° 22

(ancien numéro 108).

Manuscrit sur parchemin, du XIIIe siècle. — 181 feuillets, dont le dernier est resté en blanc. — H.: 178 mm.; L.: 108 mm.

Fol. 1, en marge: Biblioth. Aureaevallis (fin du XVIIIe siècle); en marge N—7; X n 1. — Fol. 180: M. SS. S. 10. — Fol. 180 Verso, en haut: Liber beate Marie Aureevallis. Siquis abstulerit, anathema sit (XIIIe siècle); vers le milieu: Liber sancte Marie Aureevallis. Si qui eum abstulerit, anathema sit. Amen (XIVe siècle).

1. Fol. 1—13 V., à 38 lignes par page: (Sans titre). *De gradibus humilitatis*.

Il commence: Rogasti me, frater G., quatinus ea quę de gradibus humilitatis coram fratribus locutus fueram, pleniori tibi tractatu dissererem .... (Explicit): Hec scala est Iacob in somnis ostensa per quam angelos ascendentes et descendentes vidit.

2. Fol. 13 Verso—26 Recto, extraits tirés de divers auteurs ecclésiastiques:

a) Humilitas alia sufficiens, alia habundans .... (13 lignes).

b) Augustinus: Noli altum sapere, sed time ..... (9 lignes).

c) Item ipse: Sicut in ipsis sensibus corporis acutius audiunt qui non vident .... (7 lignes).

d) Fol. 14: Augustinus: Sicut non est impar meritum patientię in Petro .... (4 lignes).

e) Sex et novem, duodecim et decem et octo fiunt XLV .... **(4 lignes).**

f) Diffinitio animę. Anima est substantia quedam... (2 lignes).

g) Nuptiarum bonum semper quod est bonum.... (3 pages).

h) Fol. 15 Verso: Augustinus. Sunt ergo generationes ab Adam, Adam usque ad Noe X... (11 lignes).

i) Fol. 15: Augustinus: Nulla vita est nisi ex Deo... (14 lignes).

j) Augustinus: Hęc est lex divinę providentię ut nemo.... (3 lignes).

k) Augustinus: Ab homine non potest vinci qui vicia sua vicerit..... (8 lignes).

l) Augustinus: Inter temporalia et ęterna hoc interest.... (6 lignes).

m) Item: Soloecimus qui dicitur, nichil est aliud... (2 lignes).

n) Item: Adam in VI feria peccavit.... (10 lignes).

o) Fol. 16 Verso: Augustinus: Queris quomodo facta sit in nobis depressio liberi arbitrii.... (22 lignes).

p) Augustinus: Alia sunt peccata infirmitatis, alia imperitię.... (11 lignes).

q) Ieronimus: Non audeat homo Deum temptare.... (8 lignes).

r) Fol. 17: Augustinus: In illo uno peccato quod per unum hominem intravit..... (8 lignes).

s) Augustinus: Inquisitione dignum esse videtur cur Adam pariter cum ęva invidę obedientię pęnam promeruit..... (15 lignes).

t) Augustinus: Notandum de providentia Dei. Deus providet omnia futura.... (29 lignes).

u) Augustinus: Nota quia in elemosina facienda.... (12 lignes).

v) Augustinus: Est quoddam bonum quod si diligit anima.... (11 lignes).

w) Augustinus: Multi vero temporalia diligunt.... (5 lignes).

x) Fol. 18, Haymo: Queri solet utrum hec compensatio fieri debeat.... (5 lignes).

y) Ambrosius: Ostendit apostolus diaconos unius uxoris.... (3 lignes).

z) Item: Primę nuptię a Deo sunt factę.... (2 lignes).

aa) Item: Sepius nubendi licentia iam non est religionis.... (2 lignes).

bb) Hieronimus: Quid mirum si lascivientibus...... (6 lignes).

cc) Augustinus: Si in una domo litem inter se habent.... (3 lignes).

dd) Ambrosius : Adam per ęvam deceptus est, non Eva per Adam.... (2 lignes).

ee) Item : Mulier debet velare caput suum.... (5 lignes).

ff) Augustinus : Caro in scripturis ponitur pro uxore.... (6 lignes).

gg) Hieronimus : Cum caput vir mulieris sit.... (3 lignes).

hh) Augustinus : Adulterium dicitur cum vel proprię.... (2 lignes).

ii) Item : Si quis per errorem ancillam duxerit uxorem.... (8 lignes).

jj) F. 18 Verso: Augustinus : Notandum quia ubi non est consensus utriusque, non est coniugium.... (34 lignes).

kk) Augustinus : Constat diabolum nil facere.... (6 lignes).

ll) Fol. 19 : Augustinus : Accipimus de plenitudine Dei.... (8 lignes).

mm) Augustinus : Non quid faciat homo, sed quo animo.... (6 lignes).

nn) Augustinus : Non discernuntur filii Dei.... (6 lignes).

oo) Augustinus : Magna sunt opera Domini.... (12 lignes).

pp) Prologus brevis in epistolis Pauli : Cum omnis textus.... (26 lignes).

qq) Fol. 19 V. : Toletanum concilium hoc precipit : De Iudeis precipit.... (7 lignes).

rr) Innocentius Incano (sic) episcopo : Quę Christo spiritualiter nubunt.... (8 lignes).

ss) Gregorius Desiderio : Pervenit ad nos quod sine verecundia.... (5 lignes).

tt) Augustinus : Sacerdotes Dei omissis evangeliis.... (3 l.)

uu) Augustinus : Habet gratia novi testamenti adversarios.... (47 lignes).

vv) Fol. 20 V. : Boetius : Nichil secundum materiam esse dicitur, sed secundum propriam formam.... (40 lignes).

ww) Item : Decem omnino predicamenta traduntur .... (50 lignes).

xx) Fol. 21 V.—26 R. : Commentaire sur les epitres de S. Paul : Paulus servus.....

3. Fol. 26 R. : *Libellus domini Bernardi abbatis de libero arbitrio. Incipit prologus.* Domino W. abbati sancti Teoderici, Bernardus. Opusculum de gratia et libero arbitrio, quod......... (fol. 39 Recto, en haut) : Explicit libellus domini B. abbatis. Claræ Vallis de libero arbitrio. Amen.

4. Fol. 39 R.: Eiusdem super cantica canticorum. Canticum amoris . . . . .

Explication d'une partie du cantique des cantiques, également de St. Bernard. Une main du XVIe siècle ou de la fin du XVc a écrit en tête le mot „Sermo", à l'encre noire; antérieurement déjà une autre main, du XVe siècle, la même qui a écrit les en-tête des trois parties du manuscrit qui précèdent, avait écrit à l'encre rouge: Eiusdem super cantica canticorum.

Dans toute cette partie du manuscrit depuis le fol. 31, les feuillets ont souffert en haut lors de la reliure; presque à chaque page la première ligne est découpée.

5. Fol. 51 V.—54 R.:

Incipit libellus de mundi etatibus. Sex ętatibus mundi tempora distinguntur. Prima ętas ab Adam usque ad Noe, continens generationes X, annos vero M.DC.LVI. . . . . . . , . . (fol. 54) Iustinianus, filius Constantini annis X; Africa restaurata est imperio Romanorum. Leo, annis iii; Tiberius dehinc quintum agit annum, inde primum. Reliquum sextę ętatis Deo soli patet.

Le feuillet 54 ne contient que ces quatre lignes; il forme seulement une étroite bande de parchemin, le reste étant enlevé.

6. Fol. 55 R.—70 R.:

Incipit prologus Amphilochii episcopi. Dilectissimi, non erat indecorum fideles filios patris contristari defunctione, et lacrimam ei dare iustum. . . . . . . (fol. 55 verso). *Incipit vita beati Basylii.* Basylius itaque solus, ut ita dicam, in terra ęqualem et decentem ostendit vitam, et operibus verbisque divina sapientia vitam componens . . . . (Fol. 70). Requievit autem angelicam vitam agens in terra magnus Basylius mense ianuario die prima, quinto anno imperii Valentis et Valentiniani, memoriam sue vitę derelinquens ęcclesię quę est secundum operationem sancti Spiritus conscripta cum eo in cęlesti libro, in laudem et gloriam domini nostri Iesu Christi, cui cum patre est gloria, simul et sancto ac vivifico spiritu, nunc et semper et in secula seculorum. Amen.

7. Fol. 70 R.—86 et fol. 94:

De sobrietate. Novit dilectissima karitas vestra beatum principem apostolorum inter cętera divinę predicationis documenta taliter locutum fuisse: Sobrii estote . . . . .

Ce traité s'étend jusqu'au feuillet 86, en comprenant encore le feuillet 94; mais les diverses parties en sont transposées; les feuillets qui devraient se suivre pour l'ordre des idées, sont 70, 79—86, 71—78, le feuillet 94 contient la fin. Il se termine par le récit de la conduite de St. Ambroise envers l'empereur Théodóse et ces mots: sed illi qui in te operatur et velle et perficere pro bona voluntate, cui est honor et potestas et imperium per infinita secula seculorum. Amen.

8. Fol. 87—116 R.:

Un comput, incomplet au commencement (un feuillet étant enlevé entre les f. 86 et 87), provenant de différents manuscrits. Au Verso du fol. 87 se trouve *regula tabulę Mamboldi* ou *Mainboldi*.

En bas du fol. 93 V. se trouve la notice suivante:

„Dies enim egiptiaci sunt in quibus nullomodo nec per ullam „necessitatem licet nec hominem nec pecus sanguinem minuere nec „medicinam inpendere. Sunt autem et alii plures. Nam sunt III „dies qui sunt observandi per omnia, id est VIII Kl. aprilis, ille „dies lune observandus est per omnia. Intrante augusto ille dies „lune observandus est publice. Exeunte decembrio ille dies lune „est multa diligentia observandus, quia omnes venę plenę sunt. „Qui in istis diebus hominem inciderit aut pecus, aut statim „moritur aut in tertio die aut certe, si non moritur, infirmari solet. „Si autem factum fuerit, magnum periculum est."

Au Verso du fol. 96 se trouve la note suivante du XVe siècle: „Iste liber pertinet fratri Nicolao de Grangia Aureevallis, mo„nacho 1) eiusdem loci; qui eum abstulerit, anathema sit, anno „Domini millesimo quingentesimo undecimo." 2)

Le Verso du fol. 116 contient les préceptes suivants:

a) Quisquis prima die cuiusque mensis in infirmitate deciderit, sequens tercia dies timenda est, quam si transierit infirmus, usque ad XXXmum diem evadet, qui vero secunda die deciderit, XIIII. timenda est; quam si transierit, vix egrotans diu evadet. Qui vero tercia die deciderit, sine molestia liberabitur in proxima; qui autem in IIIIa deciderit infirmus, graviter usque ad XXVIII. evadet. Quinta die egrotans, licet graviter, patiatur, evadet. Sexta, licet sanari videatur, tamen in V° die alterius mensis morietur. Qui deciderit septima, absque molestia liberabitur; VIII. si non fuerit.

b) Quod (sic! avec d) mensi nonas, idem quod cuique Kalendas
Des, hinc percipitō. marscius, maius, iulius, october.
Isti sex captant, reliqui sibi quatuor artant;

---

1) Le dernier „o" se trouve placé par une main plus récente à la place de la syllabe „us".

2) Les deux mots „quingentesimo" et „undecimo" sont ajoutés par une autre main; le premier mot sans doute en 1500, l'autre en 1511, car les ajoutes sont de deux mains. Le date primitive qu'on ne peut plus lire, paraît avoir eu un seul mot outre „millesimo".

Hos et septenis signare memento Kalendis.
April., iun., sep., no., denis presstantur et octo.
Fe. sex et denis, ian., augus., de., de novenis.
Interpres fidus octo dedit omnibus idus.
c) Iunius aprilis september atque november
Tantum terdenis constant de more diebus;
Plus unum reliqui, sed februus octo viginti.
Et cum bisextus fuerit, super aditur unus.

9. Fol. 117 R.—147 V. et 156—164 R.
Arator, de actibus apostolorum.

En haut du premier feuillet 117 se trouve une courte notice sur le livre d'Arator, malheureusement tronquée. Il n'en reste plus que: „quia ter legit suum librum coram apostolico et Romanis. „Scripsit hanc epistolam ad Florianum abbatem, ut auctoritate „roboraretur."

Suit l'épître dédicatoire à l'abbé Florian:
„Qui meriti florem maturis sensibus ortu
„Nominis ore tui, iam, Floriane, tenes."

En bas du même feuillet 117: Incipit prologus Aratoris subdiaconi. Domino sancto beatissimo atque apostolico papæ Vigilio Arator subdiaconus:
(Fol. 117 V.) Menibus undosis bellorum incendia cernens
Pars ego tunc populi tela paventis eram.

Une main contemporaine à celle du copiste de cet ouvrage a ajouté un assez grand nombre de variantes et d'explications, tantôt en marge, et tantôt entre les lignes.

10. Fol. 148 R.—150 R.:
a) Un poème sur la destruction de Troie, en 124 vers.
„Viribus, arte, minis Danaum data Troia ruinis,
„Annis bis quinis fit rogus atque cinis.
„Urbs bona nunc dumi vi, flamine, turbine fumi.
„Non ita consumi digna resedit humi,
„Nutu Iunonis et iniqui fraude Sinonis,
„Clamque datis donis expoliata bonis."

Derniers vers:
Roma turrigerum capud effert maxima rerum
Tam dono superum quam studiis procerum;
Sic ex Enea crescunt Troiana trophea,
Sic gens Romulea surgit ab Hectorea.

11. Fol. 150—154 Verso :

b) Autre poême sur la prise et la destruction de Troie en 242 vers :

 Pergama flere velo, fato Danais data solo,
  Solo capta dolo, capta redacta solo.
 Ex Elicone sona que prima tenes Elicona
  Et metra me dona fingere posse bona.
 Est Paris absque pare; querit, videt, audet amare,
  Audet temptare furta, pericla, mare......

Derniers vers :

Hac igitur capta, sed frande, sed arte, sed armis
 Hinc perimunt Priamum Priamidasque simul;
Neve stet urbis honor, devastant cetera queque
 Mucrones, aries menia, tecta rogus.
Quod tamen urbs capta est, quod victa, quod obruta, totum
 Fraude Synon partus ligneus egit equus.

12. Fol. 154 Verso :

 c) 14 vers sur l'envie :

  Invidia reprobus, reprobat probitate probatum
   Dumque bonum carpit, carpitur ipse bono.

13. Fol. 154 Verso :

 d) Les 18 vers suivants sur l'inconstance du bonheur :

Quid recolo ventum, series et fata virorum,
Cum mihi sufficiant exempla gemenda meorum?
Quis nisi fortuna Mormannos (sic!) impia movit?
Quis nisi fortuna venientes undique fovit?
Quis nisi fortuna prostravit Huntonienses?
Quis nisi fortuna devicit Ludonienses?
Quis nisi fortuna   1) bellaque fregit?
Quis nisi fortuna regem populumque subegit?
Quis nisi fortuna vos Anglos debilitavit?
Quis nisi fortuna Normannos glorificavit?
Quis nisi fortuna de divite reddit egenum?
Quis nisi fortuna reddit de paupere plenum?
Pons modicus valeat septem sexuncla suorum,
Amodo Parisius non licet ire forum.
Vis agitur (sic!) quid amem? plus quam scola curia cara.
Si mihi credideris, sit tibi grata, para.

---

 1) Cette place est laissée en blanc dans le manuscrit.

Testor ut expertus, spoliat scola, curia ditat;
Sit scola cara tibi, curia grata mihi.

14. Fol. 165—174:
Traité de morale, incomplet au commencement, écrit en 2 col., paraissant n'être qu'un extrait d'un plus grand ouvrage: ..... aurium nondum exuit, sed ad hoc adulationibus delectatur.....

15. Fol. 175—179 R.:
Explication de quelques expressions des lettres et prologues de St. Jérôme.

„Preterivere in libris veteris noveque scripture iam plures „anni, posteaquam litteris suis quidam clericus, nomine Paganus, „britannus genere, quesivit a me, quid esset quod beatus Ieronimus „dicit in epistola quam scribit ad Paulinum de senatore presbiterum, „breviter argumenta prenotans librorum tocius noveque scripture. „quasi non legerimus omerocentonas et virgiliocentonas."

Ces explications sont réparties sur 38 petits chapitres, chacun d'eux traitant une expression, telles que : arche, ἀρχή; thema, quadriga et biga etc. Elles finissent par ces mots:

„Hec sunt de quibus lectores plurimum dubitare solent in di„versis pene prologis quos beatus Ieronymus libris scripture divine „prescribit, de quibus solvendis cum per plurimos sim sepe rogatus „nec usque nunc fraternis peticionibus in hoc mihi vacaverit satis„facere, nunc tandem per Dei gratiam nactus oportunam sationem „libenter atque devote crebroque petita complevi, vovens et petens „pariter per orationes eorum iuvari, quibus hec per me nota pro„fuerunt. Explicit."

16. Fol. 179 R.—180 R.;
„Item ad Alexandrum prepositum ex Datia.
„Quesivit a me nuper prudentia tua, Alexander, domine mi „frater atque dig (lacune) .... nomen per oblicos „casus proferri deberet in penultima sillaba. Libenter ergo tibi Deo „donante declarabitur protinus quod quesisti, cum prius non pa„tuerit quale sit hoc nomen vel unde sit tractum: charasso sive „caracto, nam per s geminum solent apud grecos huiusmodi verba „scribi......... (A la fin): Sit ergo opusculum, ut petisti, si „nihil melius per me forte p.... tuo nomini dedicatum. Explicit."

N° 23

(ancien numéro 103).

Manuscrit sur parchemin du XIVe siècle. — 296 feuillets à 2 colonnes de 43 lignes. — H.: 188 mm.; L.: 140 mm.

Fol. 1, en haut: Bibliothecæ Aureævallis (fin du XVIIIe siècle); en bas: N—7; x n 1. — Au dernier feuillet: Liber beate Marie Aureevallis; qui eum abstulerit, anethema sit (Ecriture du XVe siècle). — M. SS. S. 8.

Au dos de la couverture: Summa Monaldi.

Fol. 1: Quoniam ignorans ignorabitur, sicut ait Paulus egregius predicator..... Ego frater M.., minimus inter vos parvos ad honorem Dei et sanctissime matris sue atque beatissimi patris nostri Francisci necnon ad utilitatem simplicium quosdam casus maxime utiles.... sub singulis litteris alfabeti secundum mei parvitatem ingenii compilare studui.... — Fol. 296 Verso: Predictis igitur secundum parvitatem mei ingenii utcumque completis ad laudem omnipotentis Dei et sanctissime matris eius, studeamus causas sollicite addiscere que non solum utilia, sed etiam necessaria sunt volentibus consulere in foro penitentie ad salutem, ut expulsa iuris ignorantia que simplicibus erroris fomitem non sine magno periculo pluries administrat, possimus casus perplexos et difficiles sive canonicas sanxiones tam in inditiis quam in animarum consiliis lucide terminare, ut divina gratia et canonici iuris scientia plenius illustrati, quasi stelle in perpetuas eternitates cum hiis qui ad iustitiam multos erudiunt, in celesti gloria perhenniter fulgeamus. Amen. —. Hoc opus expletur. Gloria Christo detur. — Explicit summa fratris Monaldi de ordine fratrum minorum.

En bas de quelques feuillets, d'une écriture autre que dans le reste du manuscrit, mais qui est encore du XIVe siècle, quelques sentences: Fol. 74 Verso: Seneca: Nescientem ledit cum ebrio qui litigat. Boëtius: Modico natura humana contenta est. — Fol. 103 Verso: Michi vindictam ego retribuam, dicit Dominus. Nobile vincendi genus est patientia.

Abstinet eger, egens, cupidus gula simia virtus.
Est virtus licitis abstinuisse bonis.

Fol. 199: Deum time et mandata eius observa.

Tout le manuscrit est écrit d'une seule main; plusieurs autres mains ont ajouté des corrections interlinéaires et marginales. Les en-tête des différents chapitres sont toujours en rouge, les initiales en bleu et rouge, mais de manière que c'est alternativement le bleu, puis le rouge qui domine. A la tête de chaque page se trouve la lettre par laquelle commencent les mots traités par l'auteur, en encre rouge au verso et en encre bleue au recto de chaque feuillet.

N° 24

(ancien numéro 117).

Manuscrit sur parchemin du XVe siècle fin. — 454 feuillets à 2 col. — H.: 175 mm.; L.: 120 mm.

En haut du 2e feuillet une main du XVIIe siècle a inscrit: *Thiofridi abbatis breviarium*, inscription qui a été cause que plusieurs ont regardé ce manuscrit comme ayant appartenu à l'abbé Thiofrid d'Echternach.

La provenance n'est pas indiquée, mais il ne peut être douteux que le volume provient de l'abbaye S. Willibrord d'Echternach. Fol. 9—14 un calendrier. Nous y remarquons, au 15 juillet, la note suivante: Obiit venerabilis Colinus de Oyilwych, abbas monasterii sancti Willibrordi, anno etc. LXXVI, cuius anima requiescat in pace. (Ecriture de la fin du XVe siècle).

Le volume renferme un bréviaire à l'usage des religieux d'Echternach. Fol. 142 Verso, nous trouvons dans la litanie de tous les Saints, le verset: Ut abbatem et congregacionem et familiam Sancti Willibrordi conservare digneris. — Fol. 166 Verso: Ymnus de sancto Willibrordo: Ave, preelecte splendor, Willibrorde .... — Fol. 428: Willibrordi collecta ad nocturnas: Exaudi, quæsumus, omnipotens Deus ....

N° 25

(ancien numéro 107).

Manuscrit sur parchemin du XIVᵉ siècle. — 131 feuillets à 2 col. de 41 lignes chacune aux fol. 1—32, de 34 lignes aux folio 33—112 et de 35 lignes aux fol. 113—131. Il est écrit de deux mains, la première comprend les feuillets 1—32, l'autre les feuillets 32—131. Il est du reste formé par des parties d'au moins deux manuscrits différents, sinon de trois; car les quaternions formés par les 32 premiers feuillets, sont marqués n., o, p, q, tandis que ceux des feuillets 33 à 112 sont marqués, toujours au verso du dernier feuillet, .I'., .II'., .III'., .IIII'., .V'., .VI., .VII'., .VIII'., .IX'., .X'.; les feuillets suivants ne le sont pas. — H.: 180 mm.; L.: 122 mm.

Fol. 1, en bas: N—7; x n 1. — Fol. 167 Verso: Liber beate Marie virginis Aureevallis. Qui eum abstulerit, anathema sit. — M. SS. S. 10.

Recueil de sermons:

Fol. 1, col. 1: .... Dei genitrice Maria: Ave, maris stella. Presens seculum, fratres karissimi, mare est. Ad similitudinem namque maris fetet, tumet, falsum est et instabile ....

Fol. 2, col. 1: De nativitate Domini sermo. In principio erat verbum ...... Fratres karissimi. Propositum quidem negocii est iuxta quod mentis mee igniculum lux divina dignata est illuminare ....

Fol. 4, col. 1: Verbum caro factum est .... O homo, audi tue liberationis misterium, tue redemptionis pretium ....

Fol. 6, col. 4: Mandatum novum do vobis, ut diligatis invicem, sicut dilexi vos. O homo, ecce tu (sic) forma vite, tue regula discipline, tue religionis vinculum ....

Fol. 9, col. 1: Asperges me, Domine, ysopo .... Perlecto secunde legis volumine, aspersit lator librum et populum sanguine ....

Fol. 11, col. 3: Super muros tuos, Ierusalem, constitui ..... Si inter curie celestis senatores locuturus resideo .....

Fol. 14, col. 2: Fili, sedisti ad mensam divitis .... In hac verborum superficie manifeste ostenditur que pater ad filium loquitur ....

Fol. 16, col. 1: Preteriens Iesus iuxta mare Galilee etc. Celestis artifex qui fabricavit auroram et solem, sicut ad sui noticiam . . . .

Fol. 18, col. 4: Ductus est Iesus in desertum a spiritu etc. O miranda celestis magistri disciplina, o mirabilis nostri redemptoris pascientia . . , .

Fol. 21, col. 4: „Hierusalem edificatur ut civitas cuius participatio erit in id ipsum. In sacra scriptura Ierusalem omonimum est ad tria . . . . .

Fol. 23, col. 3: Homo cum in honore esset, non intellexit, etc. Deus ultionum dominus per scripturam sepe replicat nobis . . . . .

Fol. 25, col. 3: Sederunt in terra, conticuerunt senes, filie Syon. Verbum est Iheremie plangentis, quod audistis per os meum.

Fol. 27, col. 1: In ore duorum aut trium testium stat omne. Moyses in deuteronomio, immo Dominus per Moysem filiis Israël quibus formam iudiciorum dederat . . . .

Fol. 29, col. 3: Levavi oculos meos in montem . . . . Non dormit qui oculos levat, laborat qui auxilium exspectat. Itaque vigilantis et laborantis est vox ista quam audistis per os meum . . . . .

Fol. 31, col. 4: Moyses et Aaron in sacerdotes . . . . . Unus est sermo quem audistis per os meum, sed duos habet intellectus . . . . (Incomplet à la fin).

Fol. 33, col. 1: Sermo in die natalis Domini. Pastores erant in regione eadem . . . . . In nativitate Domini celum et terra letantur et obsequiorum suorum primitias offerunt . . . .

Fol. 36, col. 1: Item de nativitate Domini. Verbum abbreviatum faciet Dominus super terram. Festum Verbi est et in Verbi festo festivo utendum est verbo . . . .

Fol. 40, col. 1: Item de nativitate Domini. Et mulier peperit filium masculum qui recturus erat gentes in virga ferrea. De partu virginis eiusdem mulieris et ortu pueri masculi sollempnes egit dies ecclesia temporibus suis . . . . .

Fol. 43, col. 1: Sermo de pascha. Roseo agni cruore benignissimi empta f. m. hec aula. Magnus ille paterfamilias in cuius domo . . . .

Fol. 47, col. 2: De nativitate Domini. Natus est hodie salvator qui est Christus dominus etc. Verba proposita non solum evangelica sunt, sed et angelica . . . .

Fol. 51, col. 1: Item de nativitate Domini. In propria venit et sui eum non receperunt. Inproprie loquimur de Deo qui in propria venit . . . .

Fol. 54, col. 3: Item de nativitate Domini. Misericordia et veritas obviaverunt sibi. Sedebat iudex pro tribunali sine personarum acceptione iudicans....

Fol. 57, col. 1: In Quadragesima. Simile est regnum celorum homini patrifamilias qui exiit primo mane etc. Quadraginta circiter diebus qui nuper elapsi sunt cum puero qui natus est nobis....

Fol. 60, col. 2: Sermo in cena Domini. Presens ebdomada sicut gravis est suppliciis, sic est gravida sacramentis....

Fol. 61, col. 1: In die sancto pasche. Convertisti planctum meum.... Proponuntur in ecclesia Dei quandoque spectacula fructuosa, quandoque spectacula luctuosa....

Fol. 63, col. 3: Item de pascha. Hec est dies quam fecit Dominus; exultemus et letemur in ea. Philosophi seculares diffiniunt diem temporalem.....

Fol. 67, col. 4: Item de pascha. Postulavi patrem meum, alleluia.... Si consulamus auditoria iurisperitorum.......

Fol. 70, col. 3: Item de resurrectione Domini. Maria Magdalena et Maria Iacobi et Salome emerunt aromata etc. Proxima transacta ebdomada, sicut fuit gravis suppliciis, sic est gravida sacramentis....

Fol. 74, col. 1: Sermo in pentecosten. Spiritus sanctus discipline effugiet fictum nec habitabit in corpore subdito peccatis. Legitur in evangelio quia, cum paterfamilias seminasset....

Fol. 77, col. 1: In dedicatione ecclesie. Ponam te in superbiam seculorum etc. Gloriosa dicta sunt de te, civitas Dei; gloriam tuam alteri ne dederis, ne pertranseat per te......

Fol. 82, col. 1: Sermo ad sacerdotes. Qui habet sponsam, sponsus est. Amicus autem sponsi gaudio gaudet propter sponsum, quia audit vocem eius....

Fol. 85, col. 4: In festo omnium sanctorum. Sint lumbi vestri precincti. Tradunt qui originem dictionum varias in significationes deflectunt, quia succinguntur ituri, accinguntur preliaturi, precinguntur ministraturi....

Fol. 88, col. 3: In sollemnitate omnium sanctorum. In diademate capitis Aaron lapides preciosi fulgebant. Proposuit nobis in scripturis sanctis mater ecclesia quasi quedam theatra, loca....

Fol. 91, col. 3: In festivitate omnium sanctorum. Dignus es, Domine, accipere librum...... In proximo est ut aliquid de venerande sacrosancte romane ecclesie, matris nostre, concilio et audiamus gratanter et.....

Fol. 95, col. 2: De sancto Petro apostolo. Cum esses iunior, cingebas te.... Verba domini nostri Iesu Christi non magis gravia sunt sententiis quam gravida sacramentis....

Fol. 98, col. 3: De trina oblacione Domini. Oblatus est quia ipse voluit. Ter repete. Trinam legimus salvatoris oblationem....

Fol. 100, col. 3: In purificacione sancte Marie. Suscepimus, Deus, misericordiam tuam.... Dies presens dies purgationis, processionis, oblationis....

Fol. 103, col. 3: De sancta Genovefa vel unius virginis. Sapientia vincit maliciam etc. Commune gaudium civitatis, singulare facit nobis hodie virginis nostre presentia corporalis...

Fol. 106, col. 3: De sancta Genovefa virgine. Quesivit lanam et linum et operata est cum manu sua. Anno ab incarnatione Domini M°CC°XLVII° factum est verbum in palatio regis et tractum (sic) sollempniter et protractum fideliter et fortiter consummatum. Venerunt nuncii qui dicerent, ecclesiam apostolorum Petri et Pauli in monte Locucio sitam, in qua gloriosa virgo Genofeva requiescit in corpore, multis exponi periculis et informi statu suorum morum potius quam murorum minari 1) ruinam....

Fol. 109, col. 3: In die sancto pasche. Expurgate vetus fermentum, ut sitis etc. Fratres mei, cum vos sitis genus electum in Abraham.....

Fol. 113, col. 1: Facite plaustrum novum etc. Dictum est Philisteis, dicitur et Christianis: facite plaustrum novum...

Fol. 114, col. 1: Erat dies festus Iudeorum etc. Est sollempnitas Iudeorum, est angelorum, est salvatoris; festivitas Iudeorum est penitentia et confessio.....

Fol. 124: (V)os qui transituri estis Iordanem, edificate.... Cum ad multorum correctionem dirigi videatur hec sententiola, specialiter tamen duo genera monachorum percellit, eorum scilicet qui ficti et aliorum qui apostate nominantur.

En tête du fol. 33, où commence la seconde partie du manuscrit, se trouve une belle initiale en or et couleurs, P, formée par des feuillages entrelacés et en partie par un poisson. Hauteur maxima de cette lettre, 120 mm.; elle est accostée des autres lettres du mot Pastores, écrites alternativement en rouge et en bleu.

---

1) Le ms. a *mirari*.

N° 26

(ancien numéro 118).

Manuscrit sur parchemin du XIIIe siècle. — 240 feuillets numérotés à l'encre rouge, en chiffres latins, au verso et en marge, vers la moitié de la page. — H.: 156 mm; L.: 105 mm.

Fol. 1: Bibliothecæ Aureævallis. — N—7; x n 1. — En haut de la page, de même qu'au dos de la couverture: Varii casus conscientiæ. — Fol. 240 Recto: Liber beate Marie Aureevallis etc. (XVIIe siècle); Verso: M. SS. S. 10. Le dernier feuillet porte en bas le chiffre XXX, indiquant le nombre des quaternions; la plupart des autres indications pareilles ont disparu, sauf les chiffres XXIII, XXVI, XXVII, XXVIII, XXIX. — A partir du feuillet 200, la première ligne de chaque page a souffert par la reliure, vers la fin du manuscrit elle manque entièrement.

Ce volume renferme les lettres d'Ivon, évêque de Chartres, mais dans un autre ordre que dans l'édition de Migne. Sont incomplètes les lettres 31, 102, 103, 104, 107, 110, 116, 129, 133, 140, 141, 148, 153, 160, 168, 178, 194, 208, 210, 212, 219 et 249. Par contre les lettres 221, 222, 228—231 du manuscrit ne se trouvent pas dans l'édition de Migne.

TABLEAU

COMPARATIF DES LETTRES D'IVON.

Les chiffres de la première colonne indiquent le numéro d'ordre chez Migne, ceux de la seconde le numéro d'ordre du manuscrit.

1	1	8	124	15	8	22	15	29	139
2	2	9	5	16	9 & 129	23	16	30	140
3		10	125	17	10	24	136	31	18
4	122	11	126	18	11	25	137	32	141
5	123	12	128	19	12	26	138	33	202
6	3	13	6	20	13	27	130	34	203
7	4	14	7	21	14, 135	28	17	35	131

36	132	76	25	115	97	155	184	194	239
37	133	77	26	116	171	156	185	195	201
38	204	78	27	117	40	157		196	240
39	19	79	28	118	172	158	47	197	56
40	142	80	29	119	98	159	233	198	57
41	134	81	88	120	99	160	187	199	58
42	205	82	89	121	173	161		200	241
43	206	83	164	122	174	162	48	201	59
44	143	84	30	123	175			202	213
45	20	85	165	124	41	163	188	203	
46	207	86	31 et	125		164	234	204	
47	21		166	126	100	165	189	205	
48	22	87	32	127	101	166	49	206	
49	144	88	167	128		167		207	242
50	208	89	232	129	102	168	50	208	60
51	209	90		130	103	169	51	209	61
52	23	91	168	131	176	170	190	210	65
53	212	92	33	132	104	171	191	211	62
54	210	93	90	133	177	172	192	212	243
55	211	94	34	134	178	173	52	213	
56		95	35	135	105	174	235	214	249
57		96	91	136	225	175		215	250
58	145	97	121	137	226	176	193	216	66
59	146	98	92	138	106	177	194	217	67
60	147	99		139	107	178	53	218	68
61	149	100	223	140	179	179	195	219	64
62	148	101	93	141		180	236	220	214
63	150	102	224	142	108	181	54	221	215
64	154	103	36	143	180	182		222	245
65	151	104	94	144	42	183	196	223	69
66	152	105	161	145	227	184	55	224	
67	153	106	162	146	109	185	197	225	70
68	155	107	163	147	110	186	198	226	71
69	156	108	169	148	181	187	199	227	72
70	157	109	37	149	43	188	237	228	216
71	158	110	88	150	182	189	200	229	217
72		111	170	151	44	190	238	230	246
73	159	112	95	152	183	191		231	
74	160	113	39	153	45	192	244	232	218
75	24	114	96	154	46	193		233	219

234	220	245		256		267	119	278	247
235	74	246	80	257	111	268		279	248
236		247	81	258	112	269		280	
237		248	82	259	113	270	120	281	
238	75	249	83	260	114	271		282	63
239		250	251	261	115	272		283	73
240	76	251	84	262	116	273	127	284	
241		252	85	263		274		285	
242	77	253	86	264	117	275		286	
243	78	254	87	265	118	276	252	287	
244	79	255		266		277		288	

N° 27

(ancien numéro 108).

Manuscrit sur parchemin, du XIIe siècle. — 168 feuillets, côtés 1—16, 16bis, 17—167, à une colonne jusqu'au feuillet 156 et à deux colonnes aux feuillets 157—167. — H.: 210 mm.; L.: 148 mm.

Fol. 1, en marge: Bibliothecæ Aureævallis. — En bas: N—6, x n 4. — Au dernier feuillet M. SS. d. 3.

Le manuscrit renferme:

1. Fol. 1—149. Liber epistolarum Guidoni de Basochiis. Reverendo patri ac domino Henrico Remorum archiepiscopi Guido de Basochis . . . .

Décrit in extenso par M. W. Wattenbach, Sitzungsberichte der Berliner Akademie der Wissenschaften, 1890, p. 161—179. Le savant auteur admet, avec raison, que nous avons devant nous l'original de l'ouvrage, corrigé par Guy de Basoches lui-même. Le recueil comprend 38 lettres, dont cependant la 36e et la 37e sont les mêmes que celles qui figurent sous les numéros 33 et 34. Sont incomplètes à la fin les n°s 35 et 37.

2. Fol. 150—156, à une colonne de 40 lignes. — Incipiunt regule astrolabii. Quicunque astronomicę disciplinę peritiam et

cęlestium sperarum geometricalium mensurarum altiorem scientiam diligenti veritatis inquisitione altius rimari conatur.... (Explicit): Post hęc memor esto annotare infra minorem circulum qui scabellum dicitur, horarum quartum clima.

L'auteur de cet ouvrage est Hermannus Contractus de Vöringen, bénédictin à Reichenau, mort en 1054; l'ouvrage même se trouve imprimé dans Migne, Patrologie latine, vol. 143, col. 589 ss.

3. Fol. 156 Verso, 12 dernières lignes. — Quelques préceptes médicaux: Ad aciem oculorum emendandam. Collige ceram et tere in mortariolo et adde mel despumatum equo pondere et in cupreo vase repone et cum ieris dormitum, oculos inunge. — Ad paralisim. — Ad minutum lapidem qui est in renibus. — Ad morsum vel venenum serpentis. — Ad solutionem. — Ad vomitum sursum.

4. Fol. 157, à deux colonnes de 40 lignes. — Virgilii Maronis Muretum incipit:

Iam nox hibernas bis quinque peregerat horas.

Ce poême ne remplit que le recto et la première colonne du verso, plus 5 lignes de la seconde colonne; il finit: P. V. M. Muretum finit.

5. Le reste du feuillet 157 est rempli par plusieurs préceptes de médecine ou formules magiques. — Si homo vel femina facturatus fuerit, sic maleficium destrues. Accipe plenum IIIIIIIII et dicito: Exorcizo te IIII per illum qui in Chana Galilee aquas convertit in vinum et qui rubrum mare divisit filiis Israël, et per Mariam semper virginem et matrem domini nostri Iesu Christi, et per novem ordines angelorum et per XXIIII seniores et per eos qui Christo interfecti sunt innocentes et per merita apostolorum, martirum, confessorum et virginum et omnium sanctorum et per sanctum Christi evangelium et per IIII evangelistas Matheum, Marcum, Lucam et Iohannem, et per X verba legis et per V libros Moysi et per gloriosum nomen et virtutem summe et individue trinitatis, ut dividas plumbum istud vel inclavos vel imagines vel quamlibet formam, quomodocunque homo iste vel femina facturatus est et eandem similitudinem demonstra nobis + Christus vincit, + Christus regnat, + Christus imperat.

Ad cancrum: Atramenti ovum plenum; salis similiter, siliginis similiter, nigellę similiter, canapę feni similiter; hec omnia torre...... pulvisque fiat purus et delicatissimus et super cancrum sepius mittatur.

Ad fluxum sanguinis, undecunque manaverit, carmen: Sicut stetit sanguis de latere Domini, sic stet sanguis iste in nomine patris et filii et spiritus sancti, — Domine Iesu Christe, verus as...., per orationem servi tui Blasii festina in adiutorium famuli vel famule + butabas. borcons. desamges. malus. meton. borboron. ardissan. tassan. larden.

Ad cumque per nares sanguinat: In dextera aure eius cum oratione dominica dic III(ter?) + Max. nax. pax. Item: in dextra aure scribe de ipso sanguine C, in fronte O, in sinistra M. Plagato homini qui nimis sanguinat, da apium bibere.

Si mulier partu laborat, ista tria nomina in carta scripta super pectus eius pone: Urnum. burnum. blitbon, et statim ut liberata fuerit, breviculum tolle et combure.

Ad dolorem renum: Navum agrestem tere et cum veteri uncto commisce, sicque renes ad ignem fortiter inunge.

6. Fol. 158—161: Godefridi Remensis ad episcopum Lingonensem libellus. Incipit prologus: Domino suo Lingonensium episcopo H . . . . . .

L'auteur est Godefroid de Reims, mort à la fin du onzième siècle comme écolâtre de Reims; l'évêque de Langres à qui l'auteur a dédié son ouvrage, est Hugues, évêque de 1012 à 1049. — Cf. Wattenbach, Lateinische Gedichte aus Frankreich im elften Jahrhundert (Sitzungsberichte der Berl. Ak. d. Wissensch., 1891, p. 109—111); Wattenbach donne quelques extraits du poème, les vers 56—67, 77—78 et 101—113.

7. Fol. 161, col. 2:

Epytaphium Alberti abbatis. 1)

Maxime vir, rethor celebris, totis 2) que Sophię
Uberibus lactate, ruis, viduataque tanto
Preside nostra domus, quod post te vixerit, odit.
Te studio depicta tuo laquearia plangunt,
Te plangunt ornata tuo penitralia cultu,
Et tibi quanta fuit virtus, Alberte, loquuntur.
Ergo gemunt septem resonis ululatibus artes
Inque tuo casu percusse pectora plorant.

Epytaphium Guidonis archidiaconi.

Quid species, quid res, quid opes, quid sanguis avorum,
  Quid dedit ampla tibi gloria, Wido? nichil.
Vir magnę fidei, morum, generis, speciei,
  Dum quod eras, fies, hic tibi facta quies.

---

1) Ces trois épitaphes ont été publiées par M. Wattenbach, Sitzungsberichte der Berliner Akad. der Wissenschaften, 1891, p. 111—112. M. Wattenbach est d'avis que l'abbé Albert dont il est question dans la première de ces pièces, pourrait être l'abbé de Saint-Thierry, mort le 1er mars 1063.

2) Wattenbach donne *totus*.

Remorum populis ęternum, Guido, querende,
    Archidiaconii functus honore iaces,
In quo dum cęlum sol permeat et mare velum,
    Terraque dum steterit, par tibi nullus erit.
Apula terra sacrum cinerem complectitur, in qua
    Illecebris spretis monachus esse petis,
Claro pontifici memorandus sepe Manasse
    Occidis et nobis sepe dolendus obis.

Epitaphium Gualteri prepositi.

Preterit ut ventus, dum floret, nostra iuventus,
    Et cadit 1) ut fumus, nam velut umbra sumus.
Sed quoniam vento par est, studuisse memento,
    Ut sic semper eat quod placuisse queat.
Sic sibi Gualterus iuvenum gravis atque severus
    Vivere proposuit, vivere dum potuit;
Nec fuit huic lentę petulantia nota iuventę,
    Nec nisi quod decuit, dicere cura fuit.

8. En haut des quatres colonnes du feuillet 161 se trouvent les quatre vers suivants, dont le commencement et la suite ont été enlevés par le couteau du relieur:

Col. 1: Mars procurat opes, ducit per flumina naves.
Col. 2: Sepibus et fossis et vitibus instat aprilis.
Col. 3: Fert Maius fraga, tum prelia condit amara.
Col. 4: Iunius ecce secat fontem pontumque ministrat.

9. Fol. 161 Verso, en deux colonnes, des recettes de médecine: Betranicam sufficienter cum aqua in cacabo coques diu .... — Pulvis ad provocationem sternutationum. — Si vis scamoniam facere.... — Ad uvam tollendam. — Ad galvitiem. — Ad solutionem. — Ad stringendum ventrem. — Ad splenem. — Ad furem inveniendum.

10. Fol. 162—167, col. 1: Lettres de Symmaque, écrites d'une écriture très petite, à 57 lignes par colonne. Ce sont les lettres suivantes: Livre I, 96—107. — Livre II, 1—33, 35—37, 38 jusque *fama pervenerit.* — V. 78—96. — I, 50, 52—61, 63. — V, 59 et 60, réunies en une seule; et 70—72. — I, 33—38, 48 par extrait, 43 et 45.

11. En bas des feuillets 162—165 se trouvaient encore des formules magiques qui ont été découpées plus tard, sauf celle du

---

1) Wattenbach a lu: *Et ęadem*.

fol. 162 Verso : .... super pectus sangui .... nis scribe hoc [car]-
acteres et ipso .... XI B. C. P. O. X. A. E. q. m. m. sui credas (?)
scribe in cultello et occide porcellum et sanguis non exibit.

12. Fol. 167, col. 1 : Versus de Iohanne martyre (au nombre de 25.)

> Corpore non magnus Iohannes, mitis ut agnus,
> Exiit a cella mentis turbante procella,
> Silvas intravit, ibi dure se maceravit ....

13. Fol. 167, col. 1, 5e ligne, en bas : Contra guttam caducam.

14. Fol. 167, col. 2 : Lettre commençant ainsi : Solet equidem generalem salutationem familiaris sermo premittere .... (Explicit :) Succingatur ergo interim brevitas epistolaris, ut reponantur plura confabulationi. Vale. (27 lignes).

15. Fol. 167, col. 2—4 : Extraits de plusieurs lettres de Fulbertus Carnotensis episcopus : Consultus a quodam de agendis missis cum uno solo dyacono, scripsit : Sacerdotalis salvatio ....

16. Fol. 167, col. 4 : Recettes de médecine : Ad splenem. — Ad ficos omnes depellendos.

N° 28.

(ancien numéro 94).

Manuscrit sur papier, de la moitié du XVIe siècle. — 136 feuillets. — H. : 205 mm. ; L. : 138 mm.

Fol. 1 : Bibliothecæ Aureævallis. — N 8. — x n 1. — Fol. 136 Verso : M. SS. S. 8.

1. Fol. 1—102 : Ci commence la table du livre des bonne meurs, fait et composé par frere Jacque le Grant, religieux de l'ordre des augustin ; et est composé et devisé en cincq partie, la premire partie devise des sept péchiés mortelz ..... Fol. 102 : Explicit le livre des bonne meurs ; une pater nos et une ave maria pryés pour celluy qui l'at escript. N. Pierat.

Jacques le Grand, de Toulouse, moraliste, mourut entre 1415 et 1422.

2. Fol. 103—120: Description du siége de Rhodes de 1480:
„De Rodes l'assault ou gerre qui la vouldroit scavoir ou vraye „descripre, il me semble qu'il est expedient de congnoistre les causes „por lesquelles le tirant cruel le turc Machomet a esté esmeu de „envoier à Rhodes en sy grant couraige ......

Fol. 120: „Celluy qui a esté à ceste expédition, aux grans „perilz d'icelle obsidion et es dangiers, expert aiant publicque office „dessus lesdis seigneurs et maistre de Rhodes, a trestout veu et „bien congneu ce qui est par dessus escript, m'a composé et mis „par escript............ Explicit l'assault de Rhodes. Amen."

Copié vers 1886 par M. Furcy Rainaud pour M. le comte Riant.

3. Fol. 120 Verso—121: „Aulcuns noms communs du langaige „des turcs translateis en fraincois, desquelles tousiours la première „linge est francois: chef—ras; front—sahala; cheveux—jhar; oueil— „ain; oreille—eden .... (A la fin): S'ensuyt le nombre jusques à „trente: ung—voohent....

4. Fol. 122 Verso: „Le légende des sept dormans. Les sept „dormans furent nez en la cité de Ephesee et quant Dacin empe- „reur vient en Ephèse por la persécucion des cristien....

(Fol. 125 Verso): „Et ilz ressusciterent l'an de nostre seigneur „quatre cens quarante et huit. Et Dacyn regna ung an tant seul- „ment et trois mois et fust en lan deux cent cynquante et deux, „et ainssy ne dormyrent ils que cent quatre vingtz et treze ans. „Explicit le livvre des sept dormans."

5. Fol. 126: „Trois condicions requises à parfaitement prié Dieu: „Premièrement l'orateur ou celuy qui prie, doibt...."

6. Fol. 126: „VIII contemplacions des dis de saint Bernarde, „extraits au livre du condempnement du monde. Premièrement on „doibt penser et méditer en hault ès grandes joyes de paradis ....

7. Fol. 127: „Confession générale des dis de saint Augustin „on livre des confessions et le doibt-on dire après la confession „particulier: Mon père, je scay bien que mes péchiés sont infinis ....

8. Fol. 127 Verso: „Pour tosjours esmouvoir nostre dévocion „à amer, servir et honnourer la vierge mère, j'ay mis chy-après dix „nons lesquels sont escript en l'eclésiasticque ou 24e chapitre, et est „le espitre servant au jour de la nativité de ladite vierge mère. „Premièrement elle est appelleye vierge ou virginité ......

9. Fol. 130 Verso: „S'ensieult IX prouffis qui viennent du bien „qui est fait en péchié mortel. Le premier est délectation, car....

10. Fol. 133: „S'ensieult ung protestation pour obvier aux „temptations, malices et déceptions que l'annemy d'enfer s'efforce „de faire ....

11. Fol. 133 Verso: Exortation por fortifier le malaide en ferme foy: Tu dois croire et scavoir...

12. Fol 134 Verso: Confession à Dieu por remission. Mon créateur Jhésu Crist, je vous recongnoy et confesse estre vray et parfait Dieu....

13. Fol. 136 Verso: Dictes aux angeles. Très diverses espris, angeles, archangeles, saint Michiel et chascun d'eux du règne célestre....

En bas du fol. 130 se trouvent les mots: Iesus, Maria, Dominicus; en bas du fol. 136 Verso: Iesus, Maria, Iohannes.

N° 29

(ancien numéro 102).

Manuscrit sur parchemin du XIIe siècle. — 283 feuillets de 21 lignes, aux fol. 1—120, de 17—19 lignes pour le reste. — H.: 194 mm.; L.: 150 mm.

Il provient de l'abbaye d'Orval, comme l'indique une inscription du 18e siècle en tête du 2e feuillet; en bas du dernier feuillet se trouvent encore les trois mots: liber sancte........ abstulerit, présentant la même écriture que sur plusieurs autres manuscrits d'Orval, et devant être complétés par: Liber sanctè Marie Aureevallis; qui cum abstulerit anathema sit. — Fol. 2: N 6. — Dernier feuillet: M. SS. S. 8.

Le premier cahier du manuscrit a disparu; le premier même des feuillets qui restent, a pendant quelque temps servi de feuille de garde, de manière que le recto est presque effacé; le dernier feuillet aussi a beaucoup souffert dans la partie inférieure.

Le manuscrit était composé d'au moins 38 quaternions, ainsi marqués: Q. T. N. O. II., Q. T. N. O. III,.... XVI, XVII; à partir du 18e, ils ne sont plus marqués que par les chiffres romains XVIII, XVIIII, jusqu'à XXXIII; cependant les cahiers XXVIIII et XXXIII ne sont composés que de 6 feuillets au lieu de 8; le cahier XXXIII est en même temps le dernier qui soit numéroté, bien qu'il reste encore 31 feuillets.

Le manuscrit renferme:

1. Fol. 1—25: Un traité du droit ecclésiastique, subdivisé en un très grand nombre de paragraphes, fort peu étendus, mais non numérotés et dépourvus de titres. Dans le texte se trouvent un assez grand nombre d'extraits de lettres de souverains pontifes, portant celles-ci pour la plupart en tête le nom du pape: S. Clément, Félix in prima suorum decretalium epistola; Damasus; Innocentius papa ad episcopum Nucerianum; Sixtus; Eleutherius papa in epistola ad universas ecclesias per Gallie provincias. A la fin, fol. 24 R.: epistola Athanasii Alexandrinorum episcopi.... Felici pape directa. Vestro sancto suggerimus apostolatui....

Ce traité est incomplet, puisque le premier quaternion manque et que le recto du 1er feuillet restant est à peu près illisible. Le premier paragraphe lisible, fol. 2 Recto, porte: Si quis episcopus super certis accusatur criminibus, ab omnibus audiatur vel iudicetur qui sunt in provincia, episcopis.

2. A partir du fol. 25 V. jusqu'à la fin le manuscrit contient les deux livres de Réginon de Prum „de ecclesiasticis disciplinis", dans l'ordre suivant:

Fol. 25 V.: Cette page nous offre l'image d'un saint, représentant probablement l'abbé de Prum lui-même. Il tient de la main gauche un livre ouvert, dont il semble être en train d'expliquer le contenu. L'espèce de portique dans lequel il est assis, se termine des deux côtés par une tour carrée à trois étages. Sur le livre même que tient ledit personnage, mais en plus grande partie à ses côtés, se trouvent les mots suivants:

„Incipiunt cap. de ecclesiasticis regulis et canonicis disciplinis „in nomine Domini feliciter legenda atque servanda."

Fol. 26: Incipiunt capita primi libri: I Ut canonum statuta.....

Fol. 33 R.: Expliciunt capituli primi libri. Incipiunt libri secundi capita.

Cette table des chapitres s'étend depuis le fol. 26 au fol. 39 V.; écrite d'abord en une colonne, elle l'est sur deux colonnes à partir du fol. 29.

Le livre premier, commençant au fol. 39 V., s'étend jusqu'au fol. 158, le second livre jusqu'au fol. 280; les 3 feuillets restants sont remplis par les 20 premiers chapitres du premier appendice aux œuvres de Réginon, donné par Baluze et réimprimé d'après lui par Migne.

Les différents chapitres sont numérotés à l'encre rouge, jusqu'au chap. 350 du 2e livre; à partir de là les chiffres ont en partie été enlevés par la faute du libraire qui a trop rogné les feuillets; aux derniers feuillets ils ne sont plus indiqués du tout.

Une rapide comparaison du manuscrit avec le texte imprimé par Baluze et Migne m'a montré une grande différence entre les deux textes, en ce sens que souvent deux chapitres du manuscrit n'en forment qu'un seul dans Baluze, ou vice-versa; qu'un assez grand nombre de chapitres sont complètement omis, mais que d'un autre côté, le manuscrit renferme plusieurs chapitres qui ne sont pas contenus dans Baluze; tels sont pour le premier livre le chap. 136, les chap. 326—333, et quelques pages plus loin les chap. 346 et 347, 391, 403; pour le second livre les chapitres 297 et 298.

Voici quelques bonnes leçons du manuscrit qu'une rapide revue a fournies: L. I. Chap. LXX, (Baluze): Semperque sit super altare observatum propter mures et nefarios homines; — Le manuscrit porte: „obseratum".

L. II, ch. 167 B.; „Omnibus præterea publice et privatim de„nuntiet quantum piaculum sit qui sponsam alterius violat, quanto „magis reus maiestatis efficitur qui sponsam omnipotentis Dei cor„rumpit." — Le manuscrit porte: „Omnibus preterea publice et „privatim denuntiet, quantum piaculum sit qui sponsam Christi „viciare presumit. Si enim ille reus tenetur qui sponsam hominis „violat, quanto magis r. m. eff. qui sp. o. D. c." Cette dernière leçon avait du reste été proposée déjà par Baluze, ch. 167, note 298.

L. II, ch. 227: Si quis cum duabus sororibus, seu cum duobus fratribus." — Le manuscrit porte: „Si quis cum d. sor., vel si qua „cum duobus fratribus".

L. II, ch. 231: „Quod tu per nullum ingenium, nec propter „timorem, aut præmium...... celabis episcopo tuo." — Le manuscrit, chap. 230, donne: „Quod tu per nullum ingenium, nec „propter amorem, nec propter timorem aut præmium ..... celabis „episcopo tuo."

L. II, ch. 242: „Quod autem interrogasti de his...... an ille „aliam vel illa alium ducere possit. Quibus scriptum est." Cette phrase incomplète est bien plus complète dans le manuscrit: „Quod „autem interrogasti de his...... si ille aliam vel illa alium ducere „possit, non cum auctoritate, sed de quorundam statutis responde„mus in quibus scriptum est."

Ces quelques exemples suffiront pour donner une idée de l'importance que notre manuscrit peut avoir pour le texte de Réginon; une collation complète augmenterait sans aucun doute d'une manière notable le nombre des corrections à faire au texte tel qu'il a été imprimé par Baluze.

N° 30

(ancien numéro 106).

Manuscrit sur parchemin du XIIIe siècle. — 147 feuillets. — H.: 196 mm.; L.: 156 mm.

Fol. 2: Bibliothecæ Aureævallis. (XVIIIe siècle.) — N 7. — x n 1. — Fol. 147: M. SS. S. 10.

Il contient:

1. Fol. 1—25 (de 28 lignes à la page) la grammaire de Priscien: La préface (hormis la partie qui indique le contenu des différents livres), le livre I et une partie du livre II. *Incipit:* Cum omnis eloquentię doctrinam.

Le tout est écrit d'une seule main; les mots et les phrases en langue grecque sont pour la plupart fort mutilés et rendus en majuscules, en partie complètement omis.

Fol. 22 V.: „Explicitus est liber primus. Incipiunt capitula libri secundi . . . . Expliciunt capitula. Incipit liber secundus Prisciani grammatici de sillaba est comprehensio litterarum.

Le second livre, cessant fol. 24 V., se termine avec la page 46 de l'édition de Priscien par Keyl.

2. Fol. 25—96 et 99—100: Explication de divers passages de l'Ecriture Sainte.

a) Fol. 25: Quod in prima rerum creatione dicitur: Dixit Deus et fecit Deus et vidit Deus sive benedixit Deus, et in sequentibus: Faciamus et fecit, descendamus et confudit....

b) Fol. 26 Verso: In principio creavit Deus celum et terram. Scriptura sacra significatur per celum et terram, per celum intelligentia spiritalis.....

c) Fol. 31: In principio creavit D. c. et t., id est in filio qui dicit: Ego sum principium, angelicam et humanam naturam....

d) Fol. 32: Dixit Deus, fiat lux. Primus dies significat fidem per quam Dominus qui est lux vera, visibilis apparere dignatus est...

e) Fol. 33: Quod autem de operibus secunde die non dicitur: Vidit Deus quod esset bonum, significat non esse bonum numerum....

f) Fol. 33: Isaac et Rebecca mittunt filium Iacob ad domum Batuelis accipere uxorem, quia adeo per spiritum consilii mittuntur apostoli a Iudeis ad gentes....

g) Fol. 37: Producat terra bestias, peccora, serpentes, id est homines bestiales, simplices, prudentes et versutos....

h) Fol. 38: Sexta die, id est sexta etate cuius mane evangelium, vespera est de qua dicitur: filius hominis perveniens....

i) Fol. 39: Septem dies septem etatibus comparantur; in sexto laboratur, in septimum quies speratur....

j) Fol. 42: Mundane materie primordia tenebrosa, sed honoratus accessa meliorata...

k) Fol. 45: Dividitur in quatuor capita, que quatuor ewangelia, que sunt arche ligna inputribilia et quadrata....

l) Fol. 47: Item dividitur in quatuor capita, que sunt quatuor principales virtutes, ligna arche inputribilia et quadrata..

m) Fol. 48: Ibi invenitur lapis onichinus, sic dictus ab ungue qui grece onix, quia mixtum habet candorem...

n) Fol. 49: Ibi invenitur lapis onichinus vel carbunculus et prassinus quorum prior ab ungue dicitur qui grece onix....

o) Fol. 50: Formavit Deus hominem de limo terre, id est misit Christum ex virginis carne carnem assumere....

p) Fol. 56: Inmisit Deus soporem in Adam. Per soporem Adam mors Christi; Eva de latere dormientis Ade producitur, ecclesia de latere Christi morientis...

q) Fol. 62: Ab Adam usque ad Noe denarius numeratur, quia in operibus sanctorum completio mandatorum.....

r) Fol. 64: Archa lata in inferioribus, in superioribus angusta. Unde ad Abraham: sicut stele celi et sicut arena maris, sic erit semen tuum....

s) Fol. 66: Bicamerata fit archa, propter duo testamenta que significantur per Cayn et Abel....

t) Fol. 70: Edificavit Dominus Deus costam quam tulit de Adam, in mulierem. Non dicitur, fecit, formavit, creavit, sed edificavit tanquam domum....

u) Fol. 75: Porrectio manus significat crucem per quam vita eterna. Significat etiam crucem longitudo arche.....

v) Fol. 78: Posuit mihi Dominus semen aliud pro Abel qui luctus, Seth resurrectio vel positio. Mors Christi ex vita ex morte....

w) Fol. 82 : Cain interpretatur aquisitio, possessio, lamentatio ; Abel, luctus, vanitas, vapor miserabilis ....

x) Fol. 83 : Adam interpretatur homo vel terrenus vel indigena vel terra rubra, Seth resurrectio vel positio, Henos homo....

y) Fol. 85 : Item archa sit tricamerata propter tres intellectus sacre scripture, scilicet hystorialem vel moralem et tropologicum.....

z) Fol. 86 : Arche bitumen caritas, et latitudo que quinquaginta cubitorum. Hinc etiam archa bicamerata est.....

aa) Fol. 88 : Sem nominatus ille, scilicet populus Iudeorum, ex quo patres et ex quibus Christus.....

bb) Fol. 89 : Cham qui callidus propter hereticorum maliciam vel Iudeorum, vel calidus propter inpatientiam, servus constituitur....

cc) Fol. 92 : Ascendit Abraam ex Egypto vel per iter que (sic) venerat Christus per suos predicatores in fine advenerat ad gentem.....

dd) Fol. 93 : Ascendit Abraham ex Egypto per iter quod venerat Christus de mundo ad patrem secundum scripturas.....

ee) Fol. 94 : Per Moysen Christus, per vitulum cum corpore suo diabolus, qui aureus, quia dicentes se esse sapientes....

ff) Fol. 95 : Pharao masculos Hebreorum in flumine iactari precepit ; diabolus meliores in ecclesia vel forcia opera fluctibus seculi obruere querit....

gg) Fol. 96 : Atque Egyptiorum dogmata philosophorum vel hereses que parvulos sensu et intelligentia necaverunt....

hh) Fol. 99—100 : Rixa pastorum Abrahe et Lot discipulorum Christi et Iudeorum hereticorum, perversorum, infirmorum.....

Cette seconde partie du manuscrit, y compris les feuillets 99 et 100, est d'une seule main, différente de celle qui a écrit la première partie. Ce qu'il y a de remarquable, c'est que chaque commentaire est séparé entièrement des autres, souvent par une page entière qui est laissée en blanc; tel est, en tout ou en partie, le verso des fol. 30, 31, 32, 38, 41, 44, 46, 47, 48, 49, 55, 63, 65, 69, 74, 77, 81, 82, 83, 84, 85, 87, 91, 93, 94, 95, 96 et 100.

3. Fol. 97—98 : Commencement de l'Apologie de Guy de Bazoches : Sepe, karissimi mei fratres et domini reverendissimi, vestra sinceritas pro multa dilectione cum multa diligentia me rogavit..... (Explicit) : ut de me credi cupiam quod non decet edi, et paciar dici quecunque volunt inimici.

4. Fol. 101—117, cent trente-deux lettres papales, d'Alexandre III, Pascal II, Eugène, Léon III, la plupart seulement par extraits. Ce sont : Alexandre III. 1, le commencement est illisible. — 2. Pre-

positis et canonicis Ebrodinum ecclesie. Cum tu fili. — 3. H. Gradensi patriarche et tituli sancti Vitalis presbytero cardinali et priori sancte Crucis. Constitutis in presentia. — 4. Symoni abbati S. Albani. Consultionibus singulorum. — 5. Wintoniensi episcopo. Quamvis sumus multiplicitate negociorum. Data Venetiis in Rivo alto. XII. kl. augusti. — 6. Episcopo Wyntoniensi. Consulit nos tua fraternitas.... — 7. Episcopo Luxoniensi. In litteris quas nobis. Data Vest., III nonas martii. — 8. Symoni abbati sancti Albani. Sicut Romana ecclesia. — 9. Senonensi archiepiscopo. Super hoc quod nos.... — 10. I., basilice XII apostolorum presbytero cardinali. Quod diligentia tua. Data Senis, VIII idus aprilis. — 11. Placentino episcopo. Fraternitatis tue litteris. — 12. Ianitensi episcopo. Consulit nos tua fraternitas. — 13. Rothomagensi. Quesitum est a nobis ex parte tua. Dat. Toscolan. V. idus octobris. — 14. Universis Christi fidelibus. Redolet angelica flagrantia. — 15. Dulem. episcopo. Subiectum est auribus nostris. — 16. Magistro Fidantie canonico Civitatensi. Ad nostram noveris audientiam. — 17. Abbati S. Petri super Dinam. Ad nostram noveris audientiam. — 18. Cantuariensi archiepiscopo. Cum teneamur consultionibus. — 19. Cantuariensi archiepiscopo. Cum nos plurimum. — 20. Eboracensi archiepiscopo. Fraternitatem tuam scire volumus.

21. Decreta pontificis Paschalis pape II. Decimas a populo sacerdotibus. — 22. Exenon. episcopo. Sicut dignum est. — 23. Abbati et fratribus Triumfontium. Consulit nos vestra devocio. — 24. Episcopo Lucensi et eius capitulo. Lator L. presbyter in quodam conflictu. — 25. Claromontensi episcopo. In litteris tuis quas L., lator. — 26. Herdensi episcopo. Super eo quod quesitum est a nobis. — 27. Capitulo Magont. ecclesie. Consulit nos vestra devotio. — 28. Andrensi episcopo. Consulit nos tua fraternitas.

29. Alexander. Cantuar. archiepiscopo et suffraganeis eius. Indecorum admodum est. — 30. Karissimo in Christo filio Iohanni illustri et magnifico Indorum regi... Apostolica sedes cui licet immeriti presidemus. — 31. Salutem mittit archiepiscopo: licet preter solitum morem. — 32. Idem eidem. Utrum autem filii vel filie. — 33. Lexon. episcopo. Cum sis preditus scientia. — 34. Cantuarensi archiepiscopo et suffraganeis eius. Pervenit ad nos quod. — 35. Dilectis filiis decanis et canonicis Lenionensibus. Cum instituisset apud nos H. — 36. Londoniensi episcopo. Universalis ecclesie sollicitudo. — 37. Wigormensi episcopo. Cum aliquam causam. — 38. Barensi episcopo. Veniens ad nos P., civis tuus. — 38[bis]. Traniensi episcopo. Continebatur in litteris. — 39. Cantuariensi archiepiscopo. Cum in Cantuariensi provintia. — 40. Wigarmensi epis-

copo et dilecto filio abbati Evesani. Recepta conquestione a muliere quam W. filius R. — 41. Herfodensi episcopo. Querenti etiam tibi utrum laicus. — 42. Herfodensi episcopo. Litteras tue fraternitatis percepimus. — 43. Stringornensi episcopo et Colon. archidiacono. Coniugatus in monasterium converti. — 44. Illustri regi Francorum. Ex antiqua Romanorum pontificum. — 45. London. episcopo. Ad aures nostras noveris. — 46. Vigiliensi episcopo. Cum Romana ecclesia cui licet inmeriti. — 47. Sponsam autem alterius, si est nubili etate. — 48. Tullensi episcopo. Lator presentium cum litteris. — 49. Tolentano archiepiscopo. Questioni tue taliter respondemus. — 50. Wigormensi episcopo. Meminimus nos ex parte tua. — 51. Toletano archiepiscopo. Consulit nos tua fraternitas. — 52. Cantuariensi archiepiscopo a. s. l. Pervenit ad nos quod. — 53. Si autem quisque appellationi sue. — 54. Universis suffraganeis. Significavit nobis venerabilis. — 55. Bononiensi episcopo archiepiscopo. Consuluit nos vestra dilectio. — 56. Delatum est auribus nostris. — 57. Wigormensi episcopo. Preterea qui ad apostolicam. — 58. Super eo vero quod a nobis. — 59. Exoniensi episcopo. Si quis rei littigiose. — 60. Sane, si a nobis super aliqua causa. — 61. Preterea super hoc quod nos consulere voluisti. — 62. Significasti nobis per litteras. — 63. Intelleximus ex tue fraternitatis relatu. — 64. Ex parte tua quesitum est a nobis. — 65. Cum dilecti filii nostri Belvacenses canonici. — 66. S. S. Albini abbati. Propositum est nobis. — 67. Henrico Remensi archiepiscopo. Si in una causa. — 68. Eidem. De appellationibus vero que. — 69. Ianuensi episcopo. Utrum vero amicitia vel. — 70. Cantuariensi R. archiepiscopo. Questioni quam fecisti. — 71. Carnotensi episcopo. Preterea de hiis qui. — 72. Quesiviste ante, frater episcope, tue fraternitati rescribi. — 73. Toletano archiepiscopo. De hoc autem quod rex. — 74. Tanta est labes huius criminis. —

75. Paschalis papa secundus. Si dominus et magister omnium. — 76. Idem. Abbati et fratribus Triumfontium. Consuluit nos vestra dilectio. — 77. Wintoniensi episcopi prosa. Tercio quod nichil exigi debet. —

78. Alexander III. Willelmo Remensi archiepiscopo. Quod diligentia tua. —

79. Lucius III. Tolesano episcopo. Requisivit a nobis fraternitas tua. — 80. Ad hec presentibus tibi litteris innotescat. — 81. Indecorum admodum est et absurdum. — 82. Ad hec presentibus tibi litteris duximus indulgendum. — 83. Ceterum quia quandoque sicut accepimus. — 84. Wingorn. episcopo. Presentium auctoritate tibi. — **85. Contingit interdum quod, licet abbas. — 86. De certo**

noveris quod si laicus. — 87. Mulieres vel etiam alie persone. — 88. Idem. Eboracensi episcopo. Consuluit nos tue discretionis prudentia.

89. Eugenius capitulo Burdegalensi. Lator presentium nobis. — 90. Idem Vigilensi episcopo. Quia nos tua duxit prudentia.

91. Paschalis papa II. Volumus ac iuxta canonum scita.

91bis. Leo III. Nos instituta maiorum patrum. — 92. Idem Wintoniensi episcopo: Nichilominus tibi precipimus. — 93. Idem Cantuar. archiepiscopo. Preterea de hiis que iuramentum. — 94. Idem Eboracensi episcopo Dulmensi. Contingit interdum quod licet abbas. 1) — 95. Super eo vero quod clerici. — 96. Idem fratribus Hos.. Pervenit ad nos ex transmissa. — 97. Quoniam igitur non decet. — 98. De decimis solvendis nec a laicis tenendis. Fraternitatem tuam scire volumus. — 99. Ad audientiam vestram pervenisse.

100. Item Gregorius papa. Statuimus ut monasteria. — 101. Idem alias: Sanctorum patrum sancciones. — 102. Ne religiosorum virorum corda. — 103. Idem alias: Controversiam que inter monachos Martirienses. — 104. Idem Mauriciano episcopo. Ad aures nostras te significante pervenit. — 105. Idem Wintoniensi episcopo. Illud pretereundum non diximus (sic). — 106. Idem Lundoniensi episcopo. Si vero aliquando ordinatio. — 107. Idem Cantuariensi archiepiscopo. De iure vero patronatus. — 108. Idem Norm. epis. copo. Ceterum si episcopi post promotionem suam. — 109. De testibus. In causis ecclesiasticis. — 110. De cetero laicos in accusationem. — 111. Idem Wintoniensi episcopo. Porro si aliquis crimen obicit testi. — 112. Idem. Super eo vero quod quesivisti a nobis, utrum testes. — 113. Idem eisdem. Si qui testium valitudinarii sunt. — 114. Idem. Ex parte tua quesitum est a nobis utrum, cum causam. — 115. Idem Pysano archiepiscopo. Quidam intravit monasterium. — 116. Idem Exoniensi episcopo. Si quisquam qui se religioni. — 117. Idem s. Albini abbati. Propositum est nobis quod vir quidam. — 118. Consuluisti enim nos, utrum, si inter virum. — 119. Idem eidem Remensi archiepiscopo. Super eo vero quod de illo. — 120. Idem Wig. episcopo. Si aliquis parrochianorum tuorum. — 121. Idem B. Exoniensi episcopo. Pervenit ad audientiam nostram. — 122. Idem. Presentium lator P. cum litteris. — 123. Idem. Pictavensi episcopo. Veniens ad nos P. lator presentium. — 124. Idem Parvomitano (sic) archiepiscopo. In archiepiscopatu tuo quandoque contigere solet quod Sarraceni. — 125. Idem Cantuariensi archiepiscopo. Pervenit ad nos quod cum hii qui lepre morbum incurrunt. — 126. Idem. Tanta est vis matrimonii ut. — 127. Idem. Ex ques-

---

1) No 94 et 95 sont la même pièce que le num. 85.

tione M. mulieris. — 128. Idem Lundoniensi episcopo. Si autem clerici tue iurisdictionis. — 129. Idem Vigiliensi episcopo. Vir autem vel mulier.

130. Alexander III. Remensi archiepiscopo. Cum Christus perfectus sit Deus.

131. Augustinus. Duobus modis dicitur fides paccionis.

132. Idem Wing. episcopo. Litteras tue fraternitatis suscepimus.

5. Fol. 120—146. Practica Iohannis Platearii.

Incomplète au commencement et après le feuillet 129, où, chaque fois, trois feuillets sont enlevés.

La première page est illisible en partie, sourtout les premières lignes. A la seconde page commence un nouveau chapitre : Qui de egrotantium accidentibus, in singulis egritudinibus tractantes . . . . Fol. 146 Verso, dernière ligne: Explicit Practica Iohannis Platearii.

Ce traité est d'une autre écriture que le reste du manuscrit, très petite, de 44 lignes à la page.

6. Fol. 147 : Petit traité sur l'urine : Quoniam de urinarum significantia tractaturi sumus, ad huius rei evidentiam . . . .

N° 31

(ancien numéro 91).

Manuscrit sur parchemin, d'une seule main du XIVe siècle. — 105 feuillets de 30 lignes par page. — H.: 195 mm.; L.: 152 mm.

Fol. 1 : Bibliothecæ Aureævallis (XVIIIe siècle.) — N 7; x n 4. — Fol. 105 : M. SS. S. 8.

Sans titre, sinon qu'une main du XVIIIe siècle a mis en haut du premier feuillet : Explanatio evangeliorum. — L'ouvrage contenu dans le présent manuscrit est connu sous le nom de „Clavis scripturae sacrae" (Cf. Pitra, Spicilegium Solesmense). C'est une explication de différents mots arrangés par ordre alphabétique : Angelus est Christus vel spiritus . . . Angelus descendebat in piscinam et movebat aquam . . . .

En bas du dernier feuillet une main du XIVe siècle a écrit le mot : Cirographus (en capitales), une autre : Seneca. Cum illis conversare qui te possunt facere meliorem; illos dimitte, quos potes, meliores.

N⁰ 32

(ancien numéro 100).

Volume sur parchemin, de la fin du XII⁰ siècle. — 128 feuillets de 22 lignes. — H.: 200 mm.; L.: 135 mm.

En haut du fol. 1: Parvi sermones s. Bernardi (XVIII⁰ siècle fin). — Fol. 2: Bibliothecae Aureaevallis (XVIII⁰ siècle fin). — N 7. — x n 4. — Fol. 128 Recto: M. SS. D. 4. — Fol. 128 Verso: Liber sancte Marie Aureevallis; qui eum abstulerit, anathema sit. (XVI⁰ siècle.)

Fol. 1—2 Recto: Index du contenu: Hec continentur in hoc codice. De filio regis sedente in quadriga. . . . Cependant cet index est incomplet; fol. 74 s'en trouve un second donnant le contenu de la seconde partie du manuscrit.

Voici les titres des sermons, écrits dans le manuscrit à l'encre rouge:

Fol. 2 Verso: De filio regis sedente in quadriga. I.

Fol. 5: De filio regis sedente super equum. II.

Fol. 10: Item de filio regis sedente super equum. III.

Fol. 12 V.: Sermo ad clericos. De ecclesia que captiva erat in Egypto. IIII.

Fol. 16 V.: De tribus filiabus regis. V.

Fol. 19 V.: Desponsa filii regis que captiva erat in Babylona. VI.

Fol. 26: Quomodo anima per septiformem gratiam a VII viciis principalibus emundatur. VII.

Fol. 27 V.: Quomodo homo lapsus resurgit et proficit. VIII.

Fol. 28: De verbis apostoli. Sobrie et iuste et pie etc. VIIII.

Fol. 28 V.: De iugo suavi et onere levi. X.

Fol. 29: De tribus et IIII⁰ʳ sceleribus Ierusalem. XI.

Fol. 29 V.: De verbis Ysaię: Butirum et mel comedet. XII.

Fol. 30 V.: De verbis apostoli: Nolite conformari huic seculo etc. XIII.

Fol. 33 V.: De recuperatione hominis perditi. XIIII.

Fol. 35: De castello quo mittuntur a Domino duo discipuli. XV.

Fol. 36: De affectu apostoli pro fratribus suis. XVI—XXIII.

Fol. 37 V.: De primo seculo et tercio celo et de duobus Seraphin. XXIIII.

Fol. 38 V.: Naaman leprosus, id est quilibet peccator. XXV.

Fol. 39: Duo mala fecit populus meus. Me dereliquerunt aquę vivę. XXVI. (Suivent de petits extraits, côtés XXVII—XXXII.)

Fol. 40: Arma Golię que David posuit in tabernaculo suo. XXXIII—XXXV.

Fol. 41: In commemoratione sancti Michaelis archangeli de triplici causa qua pro nobis solliciti sunt angeli. XXXVI.

Fol. 44 V.: De verbis Domini. Qui scandalizaverit unum de pusillis istis etc. XXXVII.

Fol. 46: De octo beatitudinibus. XXXVIII.

Fol. 49: Item unde supra. Beati pauperes spiritu. XXXVIIII.

Fol. 49 V.: De verbis Ysaie: Urbs fortitudinis. XL.

Fol. 50: Petits extraits, côtés XLI—XLVII.

Fol. 51 V.: De verbis apostoli: Scimus quoniam diligentibus Dominum. XLVIII.

Fol. 53 V.: In festivitate omnium sanctorum. De statu eorum ante resurrectionem. XLVIIII.

Fol. 59: De plenitudine glorię quam habituri sunt sancti, quando sine macula et ruga intrantes in gaudium domini sui, sequuntur agnum, quocumque ierit. Cap. L.

Fol. 63: De sinu Abrahe et altari sub quo sanctorum voces apostolus audivit et de VII panibus ex quibus VII sporte remansisse leguntur. LI.

Fol. 68 V.: Petits extraits, côtés LII—LVIII.

Fol. 70: De Ruth Moabitide. Ruth Moabitis anima peccatrix. LVIIII.

Fol. 71: Piger sum, Domine, et tardus ad castra movenda. LX.

Fol. 72: Intra nos habemus castellum quod contra nos est. LXI.

Fol. 72 V.: De spiritali edificio. LXII.

Fol. 74—77: Seconde partie de l'index, comprenant les capita I—CLXXXIII.

Fol. 77: De visione prophetica. I.

Fol. 86: De sex aliis Seraphim. IIII.

Fol. 89: In dedicaticone ęcclesię. De munitione castri dominici. V.

Fol. 92 V.: Item de sacramento dedicationis. VI.

Fol. 97: Item in dedicatione ęcclesię. De ratione et voluntate et memoria.

Fol. 100 : De quatuor iudiciis. Caput VIII.

Fol. 100—128 Verso : Petits extraits, côtés VIIII--CLXXXIII.

Le manuscrit se compose de 16 quaternions, côtés, en bas de la dernière page de chaque quaternion, .a., .b., .c., .d., .e., .f., .g., .h., .i., .k., .l., .m., .n., .o., .p.; le dernier n'est pas côté.

Nº 33

(ancien numéro 81).

Manuscrit sur parchemin du XIVe siècle. — 318 feuillets numérotés par une main du XVIIe siècle, 2—319 ; il est écrit en deux colonnes, mais il n'est pas complet ; il manque un feuillet au commencement du livre et un autre, ou peut-être plusieurs à la fin. — H. : 200 mm. ; L. : 140 mm.

Au dos de la reliure il porte le titre: „Vitae Sanctorum Mss." Une notice manuscrite de la première page nous apprend qu'il appartenait à la bibliothèque d'Orval. Fol. 1: N 6; x n 4. — Fol. 317 : M. SS. d. 4.

Les différentes biographies sont précédées d'un petit article, intitulé presque toujours : *de etymologia nominis* ; vient ensuite la biographie du saint, portant en tête le nom de celui-ci et le chiffre indiquant la succession des vies.

La première biographie qui soit encore conservée en entier, est celle de S. Nicolas ; elle porte le chiffre III, ce qui nous prouve que, outre la vie de S. André l'apôtre qui n'est plus conservée qu'en partie, une autre est complètement perdue.

A la fin du livre, une main du XVIe siècle a ajouté un index alphabétique des différentes vies contenues dans le manuscrit.

II. De sancto Andrea apostolo. — La vie elle-même a disparu ; il ne reste plus que le récit de deux miracles opérés par le Saint.

III. De sancto Nycholao (fol. 2 V.) — Nous y trouvons cette notice : Eius legendam doctores argolici conscripserunt..... Alibi quoque legitur quod Methodius patriarcha eam grece scripsit, quam Iohannes dyaconus in latinum transtulit et plura addidit.

IV. De sancta Lucia (fol. 5 R. a.) — Lucia dicitur a luce. — Lucia virgo Syrecusana nobilis genere, audiens famam ..... passa est autem tempore Constantini et Maximiani circa annos Domini trecentos decem.

V. De sancto Thoma apostolo (fol. 6 R. a). — Thomas interpretatur abyssus vel geminus. — Thomas apostolus cum esset apud Cesaream, apparuit ei Dominus, dicens.

VI. De nativitate Domini (fol. 8 V. b). — Nativitas Domini nostri Iesu Christi sub carnem, ut quidam aiunt, completis ab Adam quinque milibus ducentis XXVIII annis. —

Ce chap. cite: ut frater Bartholomeus in sua compilatione testatur, et de libro infancie salvatoris sumptum est. — et plus loin, fol. 10 R. a, Orosius, Eutropius et Timotheus hystoriographus.

VII. De sancta Anastasia (fol. 11 V. a). — Anastasia dicitur ab ana quod est sursum. — Anastasia nobilissima Romanorum filia pretaxati illustris sed pagani. — Passa est autem sub Dyocletiano qui cepit circa annos domini ducentos octoginta VII.

VIII. De sancto Stephano protomartyre (fol. 12 R. b). — Stephanus grece latine dicitur corona. — Stephanus autem fuit unus de septem ..... Tercium in innocentibus.

Quelques miracles sont cités d'après la cité de Dieu de S. Augustin.

IX. De sancto Iohanne apostolo et evangelista (fol. 14 R.) — Iohannes interpretatur Deo gratia. — Iohannes apostolus et evangelista dilectus a Domino ...... prostratos in vite reparavit statum. Hec Ysidorus.

A la fin des notes sur l'étymologie: Eius vitam Miletus Laodicie episcopus scripsit, quam Ysidorus in libro de ortu, vita vel obitu sanctorum patrum abreviavit.

A la fin de la vie se trouve un miracle, en rapport avec Sanctus Eadmundus, rex Anglie.

X. De sanctis innocentibus (fol. 16 V. b). — Innocentes dicti sunt triplici ratione. — Innocentes ab Herode Abscalonita interfecti sunt ...... ordinaverat, interficit.

Sont cités: Cassyodorus in hystoria tripertita (fol. 17 V. b). — Macrobius in quadam cronica. — Fol. 18 R. b: Remigius in originali super Matheum.

XI. De sancto Thoma martyre (fol. 18 V. a). — Thomas interpretatur abyssus. — Thomas Cantuariensis dum in curia regis

Anglie consisteret .... alii amentes effecti miserabiliter interierunt.

XII. De sancto Silvestro (fol. 19 V. a). — Sylvester dicitur a syle quod est lux. — Sylvester a matre re et nomine iusta genitus — obdormivit circa annum Domini trecentesimum vicesimum.

(Fol. 19 V. b): Eius legendam compilavit Eusebius Cesariensis, quam beatus Gelasius in consilio septuaginta episcoporum a catholicis legendam commemorat, sicut in decreto habetur.

XIII. De circumcisione Domini (fol. 23 R. b). — Circumcisionis diem quatuor celebrem faciunt et sollempnem. — Arguite, corrigite, castigate. Hec Augustinus.

Sont cités: Fol. 24: Ricardus de sancto Victore; Petrus Ravennas.

XIV. De Epyphania (fol. 26). — Epyphania Domini quadruplici decoratur miraculo ..... Horum (sc. trium regum) corpora Mediolani ..... requiescebant, sed nunc Colonie quiescunt.

Sont cités: Fol. 26 V. a: Remigius in originali; Hylarius in secundo libro de trinitate.

XV. De sancto Paulo heremita (fol. 28 V. a). — Paulus primus heremita, ut testatur Ieronimus, qui eius vitam conscripsit..... Obiit autem circa annos Domini ducentos octoginta septem.

XVI. De sancto Remigio (fol. 29 R. a). — Remigius dicitur a remi quod est pascens — Remigius doctor egregius et confessor Domini gloriosus ...... in pace quievit circa annum Domini quingentesimum.

Citation: Eius vitam Igmarus Remensis archiepiscopus scripsit. (Fol. 29 R. a).

XVII. De sancto Hylario (fol. 29 V. b). — Hylarius dictus est quod hylaris. — Hylarius Pyctaviensis urbis episcopus, regionis Acquitanie oriundus ...... reliqua ad renitentem devenit.

XVIII. De sancto Machario (fol. 30 V. a). — Macharius dicitur a macha. — Macharius abbas descendit de loco deserti .... post hec multis clarus virtutibus in pace quievit.

XIX. De sancto Felice in Pincis (fol. 31 R. b). — Felix prenomine in Pincis dicitur vel a loco in quo requiescit vel a subulis .... in oratione se proiciens migravit ad Dominum.

XX. De sancto Marcello (fol. 31 V. b). — Marcellus dictus est quasi arcens malum a se. — Marcellus cum Rome summus pontifex esset — requievit circa annos Domini ducentos octoginta septem.

XXI. De sancto Anthonio (fol. 31 V. b). — Anthonius dicitur ab ana quod est sursum — Anthonius cum viginti esset annorum...... quievit sub Constantino qui cepit circa annum Domini trecentesimum quadragesimum.

Citation: Eius vitam Anastasius scripsit.

XXII. De sancto Fabiano (fol. 33 V. a). — Fabianus dicitur quasi fabricans beatitudinem. — Fabianus civis romanus fuit...... Passus est autem circa annum Domini ducentesimum quinquagesimum tercium.

Citations: ut ait Damasus papa; ut ait Haymo.

XXIII. De sancto Sebastiano (fol. 33 V. a). — Sebastianus dictus est a sequens et beatitudo. — Sebastianus vir christianissimus Narbonensis genere............ et inimicis apud te prestat auxilium.

Citations: (Fol. 35 R. a): Gregorius in primo libro dyalogorum — (Fol. 35 R. b): In gestis Longobaldorum. — (Fol. 35 V. a): Ambrosius in præfatione (vitæ).

XXIIII. De sancta Agnete (fol. 35 V. a). — Agnes dicitur ab agna. — Agnes virgo prudentissima, ut testatur Ambrosius qui vitam eius conscripsit..... est ei facta conformis.

Passion et quelques miracles.

XXV. De sancto Vincencio (fol. 37 R. a). — Vincencius quasi vicia incendens. — Vincentius nobilis genere, sed fide ac religione nobilior...... tu duas simul parasti laureas.

Citations: Eius passionem quidam beatum Augustinum dicunt et asserunt compillasse, quam Prudentius versibus luculenter exequitur.

XXVI. De sancto Basilio (fol. 38 R. b). — Basilius venerabilis episcopus et doctor precipuus. — Floruit circa annos Domini CCCLXX.

Citations: cuius vitam scripsit Amfilesius Yconii episcopus.

XXVII. De sancto Iohanne Elemosynario (fol. 40 V. a). — Iohannes Elemosinarius patriarcha Alexandrinus, quadam nocte..... Claruit circa annos Domini DC, tempore Foce imperatoris.

XXVIII. De conversione sancti Pauli (fol. 41 R. b). — Conversio sancti Pauli apostoli facta est eodem anno quo Christus passus est..... et econtra in Paulo abstinentia cibi liciti.

XXIX. De sancta Paula (fol. 42 R. a). — Paula fuit nobilissima matrona Romanorum.......... et cultoris tui ultimam senectutem orationibus iuva.

Cuius vitam beatus Ieronimus composuit in hec verba. Suit la vie extraite de S. Jérôme.

XXX. De sancto Iuliano (fol. 44 R. a). Iulianus quasi iubilus et ana quod est sursum. — Iulianus Cenomanensis episcopus fuit ..... Fuit et alius Iulianus de Alvergnia. .... — Fuit insuper alius Iulianus frater beati Iulii .... Fuit et alius Iulianus qui utrumque parentem nesciens occidit ...... De Iuliano apostata ......

Citation: ut in hystoria sancti Basilii legitur et Philbertus Carnotensis episcopus testatur (fol. 45 R. b). — Ut refert magister Beleth in summa de officio ecclesiastico (fol. 45 R. a).

XXXI. De septuagesima (fol. 46 R. b). — Septuagesima signat tempus deviationis.

Citation: in summa de officio magistri Iohannis Beleth (fol. 46 R. b).

XXXII. De sexagesima (fol. 47 R. a): Sexagesima inchoatur a dominica in qua.

XXXIII. De quinquagesima (fol. 47 R. b): Quinquagesima durat a dominica qua cantatur.

XXXIV. De quadragesima (fol. 48 R. a): Quadragesima incipit a dominica qua cantatur.

Même citation qu'au n° XXXI.

XXXV. De ieiuniis quatuor temporum. — Ieiunia quatuor temporum a Calixto papa instituta sunt.

Même citation qu'au n° XXXI. — Magistri Guillelmi Altissiodorensis.

XXXVI. De sancto Ignacio. — Ignatius quasi ignem paciens. — Ignatius fuit discipulus beati Iohannis .... et commendacio honoris immensi.

XXXVII. De purificatione beate virginis (fol. 50 R. b). — Purificacio beate virginis quadragesima die .... et integram sanitatem recepit.

XXXVIII. De sancto Blasio. — Blasius quia blandus. — Blasius cum omni mansuetudine et sanctitate polleret .... decollatus est circa annos Domini CCCLXXXVII.

XXXIX. De sancta Agatha (fol. 55 R. a). — Agatha dicitur ab agyos .... Agatha virgo ingenua, mente et corpore pulcherrima — indicat patrie liberationem.

Citation: Ambrosius in prefatione.

XL. De s. Vedasto (fol. 56 V. a). — Vedastus, quasi vere dans estus ..... Vedastus a b. Remigio in Attrabatensem ecclesiam — ad votum suum lumen amisit.

XLI. De s. Amando (fol. 56 V. b). — Amandus dicitur quia amabilis fuit .... Amandus ex nobilibus parentibus ortus .... Floruit circa annum Domini DCXX, tempore Eraclii.

XLII. De s. Valentino (fol. 57 R. b). — Valentinus quasi valorem tenens .... Valentinus reverendus presbyter fuit quem Claudius — decollari precepit circa annum Domini CCLXXX.

XLIII. De s. Iuliana (fol. 57 V. a). — Iuliana dum Eulogio prefecto — a feris et avibus sunt comesta.

XLIIII. De cathedra s. Petri (fol. 58 R. a). — Cathedra triplex esse dicitur ..... Cathedra s. Petri ab ecclesia festive recolitur — et simplices sicut columbe.'

Citation: ut ait magister Io. Beleth (fol. 59 V. a).

XLV. De s. Mathia apostolo (fol. 60 R. a). — Mathias hebraice, latine dicitur donatus Domino ..... Eius vitam que per ecclesias legitur, Beda scripsisse creditur. Mathias apostolus in locum Iude substitutus — Reliqui vero ad Dominum sunt conversi.

Citation: sicut dicit Beda (fol. 61 R. b). — In quadam vero alia legenda que Treveris invenitur, sic inter cetera legitur (fol. 61 V. b).

XLVI. De s. Gregorio (fol. 62 R. b). — Gregorius dicitur a grex et gere .... Gregorius senatoria stirpe progenitus. — Sicque iidem multo relicto lumine abierunt.

XLVII. De s. Longino (fol. 67 R. b). — Longinus fuit quidam centurio ... et in bonis operibus vitam finivit.

XLVIII. De s. Benedicto (fol. 68 R. a). — Benedictus dictus est vel quia multa benedixit ... Cuius vitam sanctus scripsit Gregorius. Benedictus ex Nursia provintia ortus — et floruit circa annos Domini DXVIII, tempore Iustini senioris.

XLIX. De s. Patricio (fol. 71 V. b). — Patricius qui circa annos Domini cepit CCCLXXX — post XXX dies in Domino feliciter requievit.

L. De annunciacione dominica (fol. 73 R. a). — Annunciacio dominica dicitur quia — demon abscedens evanuit.

LI. De passione Domini (fol. 75 V. a). — Passio Christi fuit ex dolore amara — (De Pontio Pylato: in quadam hystoria licet aprocrifa sic legitur) — propria se manu peremit.

LII. De resurrectione Domini (fol. 80 R. b). Resurrectio Christi tertio die — eripere, non manere.

LIII. De s. Secundo martyre (fol. 84 R. a). — Secundus dicitur quasi se condens .... Secundus miles strenuus, sed Christi athleta — Passus est autem III kl. aprilis.

LIIII. De s. Maria egyciaca (fol. 84 V. b). — Maria egypciaca que peccatrix appellatur — et senex ad suum monasterium glorificans Dominum venit.

LV. De s. Ambrosio (fol. 85 V. b). — Ambrosius ab ambra que est species .... Cuius vitam scripsit Paulinus Nolanus episcopus ad Augustinum. — Ambrosius filius Ambrosii prefecti Rome — tamquam eam celesti oraculo ceperim.

Fol. 89 V. a. — Vita et passio Tyburcii et Valeriani in passione s. Cecilie continetur.

LVI. De s. Georgio (fol. 89 V. a). — Georgius dicitur a geos quod est terra ..... Georgius tribunus genere Capadox — et Sarracenos occiderunt.

Citation: Ambrosius in prefatione (fol. 91 R. a); Gregorius Turonensis; in hystoria Anthiochina (fol. 91 V. a).

LVII. De s. Marcho evangelista (fol. 91 V. b). — Marchus interpretatur sublimis .... Marchus evangelista leviticus genere — in Domino feliciter obdormivit.

Citation: Circa annum Domini MCCXLI apud Papiam in conventu ordinis fratrum predicatorum ....

LVIII. De s. Marcellino (fol. 94 R. b). — Marcellinus annis IX et mensibus IIII^{or} Romanam rexit ecclesiam. — Qui statim ivit et iussa complevit.

LX. De s. Vitali (fol. 94 V. a). — Vitalis, quasi vivens talis .... Eius passio in libello Gervasii et Prothasii reperta fuisse putatur. Vitalis, miles consularis, ex Valeria. — Illi enim certaverunt hominibus, isti Deo. Hec Ambrosius.

Citation: Virgo quedam Anthiochie fuit cuius hystoriam Ambrosius in hec verba compilavit et in secundo libro de virginibus sic scripsit ...

LXI. De s. Petro martyre (fol. 96 V. b). — Petrus interpretatur agnoscens ... Petrus novus martyr de ordine predicatorum — cum viderent hominem pene mortuum tam subito liberatum.

Citation: Innocentius papa in sua epistola (fol. 97 R b et V b). — Anno Domini M°CCLIX, in civitate Compascellis fuit quidam vir (fol. 102 R. b).

LXII. De s. Philippo apostolo (fol 102 V. a). — Philippus dicitur os lampadum ..... Philippus apostolus cum XX annis per Sithiam predicasset — sed in hoc magis Ieronimo credendum.

LXIII. De s. Iacobo apostolo (fol. 103 R. a). — Iacobus supplantator vel supplantans ..... Iacobus iste apostolus est vocatus — penitus sunt exusti.

Citation: Egesippus apostolorum vicinus, sicut in hystoriis

ecclesiasticis legitur (fol. 103 V. a). — Sicut... narrat Iosephus (fol. 106 R. a).

LXIIII. De inventione sancte Crucis (fol. 106 R. b). — Inventio s. Crucis dicitur quia..... Inventio s. Crucis post annos CC et amplius — nisi quod eum coram dyabolo negare voluisset. Citation: Legitur in ewangelio Nichodemi (fol. 106 R. b); in quadam hystoria Grecorum licet apocrifa (fol. 106 V. a); secundum Gregorium Turonensem (fol. 106 V. b).

LXV. De s. Iohanne apostolo et ewangelista (fol. 109 V. a). — Iohannes apostolus et ewangelista dum Ephesi predicaret — cum multo honore est translatum.

LXVI. De letaniis maioribus et minoribus (fol. 110 R. a). — Letanie in anno bis fiunt, scilicet in festo s. Marci — demones adeo illud timent.

LXVII. De ascensione Domini (fol. 111 V. a). — Ascensio Domini XL° die a resurrectione facta est — et in te nobis.

LXVIII. De missione spiritus sancti (fol. 114 V. b). — Spiritus sanctus hodierno die, ut sacra actuum testatur hystoria — que fit in confessione.

LXIX. De s. Gordiano et Epymaco. Gordianus dicitur a geos ..... circa annum domini CCCLX sepelitur.

LXX. De s. Nereo et Achille (fol. 118 V. b). — Nereus interpretatur lucis concilium..... Nereus et Achilleus eunuchi — quorum corpora s. Cesarius illesa reperiens sepelivit.

LXXI. De s. Pancracio (fol. 119 V. a). — Pancracius a pan quod est totum..... Pancracius nobilissimis parentibus ortus — unde... observatur ut super reliquias s. Pancracii pro arduis iuramentum fiat.

LXXII. De s. Urbano (fol. 120 R. a). — Urbanus ab urbanitate dictus.... Urbanus Calixto pape successit — corpora honorifice sepelivit.

LXXIII. De s. Petronilla (fol. 120 V. a). — Petronilla cuius vitam s. Marcellus scripsit — et honorifice sepelitur.

LXXIIII. De s. Marcellino et Petro (fol. 120 V. b). — Petrus exorcista dicitur — postmodum in pace quievit.

LXXV. De s. Primo et Feliciano (fol. 121 R. b). — Primus quasi summus, magnus..... Primus et Felicianus apud Dyocletianum. — Passi sunt autem circa annos Domini CCLXXXVII.

LXXVI. De s. Barnaba apostolo (fol. 121 V. b). — Barnabas interpretatur filius venientis.... Eius passionem compilavit Iohannes qui et Marchus.... quam Beda de greco in latinum creditur transtulisse. — Barnabas levites Cyprius genere — episcopus Mediolanensium factus.

Citation: Sigibertus (fol. 123 R. a); Beatus Dorotheus ait (fol. 123 R. a).

LXXVII. De s. Vito et Modesto (fol. 123 R. b). — Vitus a vita. Distinguit autem Augustinus in libro de civitate Dei . . . . . Vitus puer egregius et fidelis. — Passi sunt sub Dyocleciano qui cepit circa annos Domini LXXXVII *(sic)*.

LXXVIII. De s. Quirico et Iulito (fol. 123 V. b). — Quiricus querens arcum vel a chisil . . . . Quiricus fuit filius Iulite — passi sunt autem circa annos Domini CCXXX sub Alexandro.

LXXIX. De s. Marina (fol. 124 R. b). — Marina virgo unica erat patri suo. — Obiit autem XIIII kal. iulii.

LXXX. De sanctis Gervasio et Prothasio (fol. 124 V. b). — Gervasius a gerar quod est sacrum et vas . . . . . Horum passionem Ambrosius in libello ad eorum capud posito scriptam repperit. — Gervasius et Prothasius gemini fratres fuerunt.

LXXXI. De s. Iohanne Baptista (fol. 125 V. b). — Iohannes Baptista multipliciter nominatur . . . . . Nativitas Iohannis Baptiste ab archangelo — et sic subito retro ruebat.

Citation: Paulus hystoriographus Longobardorum (fol. 128 V. a b); Io. Beleth (fol. 128 V. b).

LXXXII. De s. martyribus Iohanne et Paulo (fol. 129 R. a). — Iohannes et Paulus primicerii et prepositi — in uno semper domino gloriosi.

LXXXIII. De s. Leone papa (fol. 130 R. b). — Leo papa, ut in miraculis beate virginis legitur. — Obiit circa annos Domini CCCLX.

LXXXIIII. De s. Petro et Paulo (fol. 130 V. b). — Petrus trinomius extitit . . . Cuius martyrium Marcellinus papa, Egyssipus et Leo papa scripserunt. Petrus apostolus inter ceteros — tum quia primatum obtinuit Rome.

Citations: Ysidorus in libro de ortu et obitu sanctorum (fol. 133 V. b); Gregorius in registro, in dyalogo (fol. 134 V. b).

LXXXV. De passione s. Pauli (fol. 135 V. a). — Paulus interpretatur os tube . . Passionem s. Pauli Linus papa conscripsit. — Paulus apostolus post sui conversionem — flamma crescebat. Hec Crisostomus.

Citations: Refert Aimo (fol. 136 R. a); Dyonisius in epistola (fol. 137 R. b); Gregorius Turonensis (fol. 138 R. a); Gregorius in registro (fol. 138 R. a).

LXXXVI. De septem fratribus (fol. 142 V. b). — Septem fratres fuerunt filii beate Felicitatis.... Passi sunt circa annos Domini C et X.

LXXXVII. De s. Theodora (fol. 143 R. a). — Theodora, nobilis mulier et speciosa... in abbatem unanimiter est electus.

LXXXVIII. De s. Margareta (fol. 144 V. b). — Margareta dicitur a quadam pretiosa gemma... Eius legendam Theotinus vir eruditus scripsit. Margareta de civitate Antiochia — patri suo dilecto domino Iesu Christo.

LXXXIX. De s. Alexio (fol. 145 V. a). — Alexius fuit filius Eufemiani. — Obiit autem XVI kl. augusti circa annos Domini CCCXCVIII.

XC. De s. Praxede (fol. 147 R. a). — Praxedis virgo fuit soror. — Quievit circa annos Domini CLX sub Marcho Anthonio Nero (sic).

XCI. De beata Maria Magdalena (fol 147 R. a). — Maria interpretatur amarum mare..... Maria Magdalena a Magdalo castro — cum laudibus in celum sustulisse.

XCII. De s. Appollinari (fol. 151 R. b). — Appollinaris dicitur a pollens et ares.... Appollinaris Petri apostoli discipulus — predicat redemptorem.

XCIII. De s. Christina (fol. 152 R. b). — Christina dicitur quasi crismate uncta...... Christina nobilissimis parentibus orta — funditus est destructa.

XCIIII. De s. Iacobo apostolo (fol. 153 R. b). — Iacobus iste apostolus dictus est Iacobus Zebedei.... magnifice collaudatur.

Citations: Io. Beleth (fol. 154 V. a); Calixtus papa (fol. 155 R. a); Beda (l. c.); Humbertus Biscuntinensis (l. c.); Hugo de Sancto Victore (fol. 155 V. a); Hugo abbas Cluniacensis (l. c.); Humbertus Bissuntinus (fol. 156 R. b); Anno Domini MoCC.XXXo-VIIIo in vigilia s. Iacobi, in quodam castro quod dicitur Pratum... (fol. 156 V. b).

XCV. De s. Christoforo (fol. 157 R. a). — Christoforus ante baptismum dicebatur reprobus..... Christoforus genere Cananeus — suppliciter obtinuit.

XCVI. De septem dormientibus (fol. 158 V. b). — Septem dormientes in civitate Ephesi orti sunt. — Et ideo non dormierunt nisi annis CCIIII vel tribus.

XCVII. De sanctis Nazario et Celso (fol. 160 R. b). — Nazarius dicitur quasi Nazarenus.... Nazarius filius illustrissimi viri — lumina vultus. Hoc Ambrosius.

XCVIII. De s. Felice (fol. 161 V. b). — Felix loco Liberii in papam eligitur — circa annos Domini CCCXL.

XCIX. De s. Simplicio et Faustino (fol. 162 R. a). — Simplicius et Faustinus fratres — passi sunt autem circa annos Domini CCLXXXVII.

C. De s. Martha hospita Domini (fol. 162 R. b). — Martha autem hospita Christi, Syro patre. — in pace quievit.

CI. De sanctis Abdon et Senne (fol. 163 V. a). — Abdon et Sennes sub Decio imperatore. — Passi sunt autem circa annos Domini CCL.

CII. De s. Germano (fol. 163 V. b). — Germanus dicitur a germine et ana . . . . Germanus nobilissimus genere. — Fuit autem alius Eusebius sub quod istud quod narratur, evenit.

CIII. De s. Eusebio (fol. 165 R. b). — Eusebius dicitur ab eu quod est bonum . . . . Eusebius semper virgo existens — floruit circa annos Domini CCCL.

CIIII. De VII Machabeis (fol. 166 R. b). — Machabei sunt VII fratres. — Has tres ultimas rationes assignat magister Iohannes Beleth in summa de officio.

CV. Ad vincula S. Petri (fol. 166 V. a). — Festum s. Petri ad vincula dicitur quadruplici de causa — omnibus enarravit.

Citations: Beda (fol. 168 R. a). — Miraculum ad a. 944. ex hystoria tripartita (l. c.); in libro miraculorum b. Virginis (fol. 168 V. a).

CVI. De s. Stephano papa (fol. 168 V. b). — Stephanus papa secundus multos gentilium — in sua sede decollavit.

CVII. De inventione s. Stephani prothomartyris (fol. 168 V. b). — Inventio corporis prothomartyris Stephani anno Domini quadringentesimo XVIIo — didicit legendo, perfecit obediendo.

Citations: Beda in cronica sua (fol. 169 V. a); Augustinus (fol. 170 R. a, b).

CVIII. De s. Dominico (fol. 170 V. a). — Dominicus dicitur quia Domini custos . . . . . Dominicus ordinis predicatorum dux et pater — in domo fratrum predicatorum apud Ascoluta.

Citation: Legi in gestis cronicis Montis Fortis (fol. 171 R. a).

CIX. De s. Sixto (fol. 178 V. b). — Sixtus dicitur a Syos quod est Deus . . . . Sixtus papa Attheniensis natione. — Ita enim legitur in libro qui dicitur mitrale.

CX. De s. Donato (fol. 179 R. b). — Donatus dicitur quasi a Deo natus . . . . . Donatus cum Iuliano imperatore eruditus — eum decollari fecit.

CXI. De s. Cyriaco (fol. 180 R. b). — Cyriacus a Marcello papa dyaconus ordinatus — timere et venerari ceperunt.

CXII. De s. Laurentio (fol. 181 R. a). — Laurentius dicitur

quasi lauream tenens .... Laurentius martyr et levita genere Hyspanus — iste propter excellentiam passionis.

Citations: In vita s. Henrici imperatoris (f. 184 R. a); Gregorius in registro (fol. 184 R. b).

CXIII. De s. Ypolito (fol. 186 V. a). — Ypolitus dicitur ab yper quod est super .... Ypolitus postquam corpus s. Laurencii sepelivit — quod dyabolus assumpsisset.

Citations: Vincentius in chronica sua; Godofredus (folio 187 V. b).

CXIIII. De assumptione beate virginis Marie (fol. 188 R. a). — Assumptio beate virginis Marie qualiter facta sit, ex quodam libello apocrifo — nec ad eam postmodum accessit.

Citations: Dyonisius ... in libro de divinis nominibus (fol. 188 V. a); in revelationibus sancte Elizabeth legitur (fol. 190 R. b).

CXV. De s. Bernardo (fol. 197 R. b). — Bernardus dicitur a ber quod est puteus vel fons .... Eius vitam Guillelmus abbas s. Theodorici socius b. Bernardi, et Hernaldus, abbas Bone Vallis, scripserunt. Bernardus in Burgundia castro Fontanis ... per servum suum Deus operatus est.

CXVIII (sic). De s. Thimoteo (fol. 201 R. b). — Timoteus quasi timorem tenens .... Thymotheus sub Nerone a prefecto — circa annos Domini LVII.

CXVII. De s. Symphoriano (fol. 201 V. b). — Symphorianus a symphonia ...... Symphorianus in Augustudinensi urbe ortus — passus est circa annos Domini CCLXX.

Citation: Gregorius Turonensis.

CXVIII. De s. Bartholomeo apostolo (fol. 201 V. b). — Bartholomeus interpretatur filius suspendentis aquas. ..... Bartholomeus apostolus veniens ad Yndiam — insaciabiliter gaudes. Hec Theodorus.

Citations: Beatus Dorotheus dicit (fol. 203 R. b); legitur in quodam libro de miraculis sanctorum (fol. 203 V. b); Ambrosius in prefacione (f. 204 R. a).

CXIX. De s. Augustino (fol. 205 R. a). — Augustinus hoc nomen sortitus est vel propter ..... Augustinus doctor egregius in provincia Affricana — quantum in valitudinis opere conferri potest.

CXX. De decollatione s. Iohannis Baptiste (fol. 213 R. b). — Decollatio s. Iohannis Baptiste quatuor de causis instituta fuisse videtur — et brachium statim deposuit.

Citations: Beda in cronicis (fol. 214 V. a); in hystoria scolastica (fol. 214 V. b); in hystoria tripartita (fol. 215 V. a); in cronica quadam (fol. 216 R. b); Paulus in hystoria Longobardorum (fol. 216 V. a).

CXXI. De s. Felice presbytero (fol. 216 V. b). — Felix presbyter et frater suus similiter nomine Felix — passi sunt circa annos Domini CCLXXXVII.

CXXII. De sanctis Saviniano et Savina (fol. 217 R.) — Savinianus et Savinus fuerunt filii Savini — sub Adriano imperatore decollata est.

CXXIII. De s. Lupo Aurelianensi (fol. 218 R. b). — Lupus apud Aurelianenses ex genere regali ortus. — Claruit circa annos Domini DCX.

CXXIIII. De s. Mamertino (fol. 218 V. b). — Mamertinus, paganus prius, cum ydola — ubi in ecclesia s. Germani honorifice est sepultus.

CXXV. De s. Egidio (fol. 219 R. b). — Egidius dicitur ab e quod est sine.... Egidius Athenis ex regia stirpe progenitus. — Claruit circo annos Domini DCC.

CXXVI. De nativitate b. Marie (fol. 220 R. b). — Nativitas gloriose virginis Marie ex stirpe Iuda — ex hac vita vocavit.

Citation: sicut refert Iohannes Beleth (fol. 222 R. b).

CXXVII. [De s. Adriano (fol. 224 V. a). — Adrianus a Maximiano imperatore — illud posuerunt.

CXXVIII. De Gorgonio et Dorotheo (fol. 226 R. a). — Gorgonius et Dorocteus apud Nichomediam primi — et in Gorgociensi monasterio collocavit.

CXXIX. De s. Protho et Iacincto (fol. 226 R. b). — Protus et Iacinctus fuerunt domicelli et in studio philosophie socii — circa annum Domini CCLVI.

CXXX. De exaltatione s. Crucis (fol. 227 V. a). — Exaltatio s. Crucis dicitur quod tali die..... Exaltatio s. Crucis sollempniter ab ecclesia celebratur — interpretari vitam futuram.

Citation: in libro mitrali (fol. 227 V. b); in cronicis (fol. 228 V. a); in hystoria tripartita (fol. 228 V. b); Gregorius in libro dyalogorum (fol. 229 V. b).

CXXXIII. De s. Iohanne Crisothomo (fol. 230 R. a). — Iohannes cognomento Crisothomus filius Secundi. — Mortuus est autem circa annos Domini CCCCLXXX. Hic terminatur.

CXXXIIII. De s. Cornelio et Cypriano (fol. 233 V. b). — Cornelius interpretatur intelligens circumcisionem..... Cornelius papa successor sancti Fabiani — coronam suscepit circa annos Domini CCLVI.

CXXXV. De s. Eufemia (fol. 234 R. a). — Eufemia ab eu quod est bonum ..... Eufemia filia feneratoris iudei — illibata tibi prestet.

CXXXVI. De s. Lamberto (fol. 235 R. a). — Lambertus nobili genere — sepulture dederunt.

CXXXVII. De s. Matheo apostolo (fol. 235 R. b). — Matheus binomius extitit, Matheus et Levi ..... Matheus apostolus in Ethiopia predicans — continuo sanabant.

CXXXVIII. De s. Mauricio (fol. 237 V. a). — Mauricius dicitur a mauri et cis ..... Huius passionem scripsit et compilavit beatus Encherius Lugdunensis archiepiscopus. Mauricius in sacratissima legione — et subito eum extinxit.

CXXXIX. De s. Iustina (fol. 238 V. b). — Iustina a iusticia dicitur; ipsa enim per iusticiam ..... Iustina virgo de civitate Anthiochie, filia sacerdotis. — Passi sunt autem VI. kl. octobris circa annos Domini CCLXXX sub Dyocletiano.

CXL. De s. Cosma et Damiano (fol. 240 V. a). — Cosmas dicitur a cosma quod est forma ..... Cosmas et Damianus, germani fratres, in civitate — in tumulo positam repperierunt.

CXLI. De s. Forseo (fol. 241 V. a). — Forseus episcopus cuins hystoriam Beda scripsisse videtur — laudabiliter vitam finivit.

CXLII. De s. Mychaele archangelo (fol. 242 R. b). — Mychael interpretatur quis ut Deus ...... Michaelis archangeli sacra sollempnitas dicitur apparitio, dedicatio — quasi ventum roris flantem.

CXLIII. De s. Iheronimo (fol. 246 V. a). — Iheronimus dicitur a gerar quod est sanctum — Iheronimus Eusebii nobilis filius ab opido Stridonis — obiit circa annum Domini CCCCXCVIII.

CXLIIII. De s. Remigio (fol. 248 V. b). — Remigius dicitur a remige qui est navis ductor ..... Remigius et regem et gentem Francorum. — Floruit circa annum Domini quadringentesimum nonagesimum.

CXLV. De s. Leodegario (fol. 249 R. b). — Ludegarius dum omni virtute polleret. — Passus est autem tempore Constantini quarti, circa annum Domini DCLXXX.

CXLVI. De s. Francisco (fol. 250 R. b). — Franciscus prius dictus est Iohannes ..... Franciscus, servus et amicus Altissimi, in civitate Assisii ortus — nec aque gutta proximavit ad tunicam.

CXLVII. De s. Pelagia (fol. 255 R. a). — Pelagia prima feminarum Antiochie civitatis. — Obiit autem VIII die intrante octobri circa annos Domini CCLXXXX.

CXLVIII. De s. Margareta (fol. 255 V. b). — Margareta dicitur pelagius virgo pulcherrima — honorifice sepelitur.

CXLIX. De s. Tayse martyre (fol. 256 R. b). — Thaysis meretrix, ut in vitis patrum legitur, tante pulcritudinis extitit — illa confusa recessit.

CL. De s. Dyonisio Ariopagita (fol. 257 R. a). — Dyonisius interpretatur vehementer fugiens .... latine vero Anastasius, apostolice sedis bibliothecarius, Ignarus Remorum episcopus. Dyonisius Ariopagita a beato Paulo apostolo. — Idem testatur Iohannes Scotus in epistola ad Karolum, nec forte ratio ex compoto temporis contradicit, sicut aliqui obicere voluerunt.

CLI. De s. Kalixto papa (fol. 259 R. b). — Kalixtus papa anno Domini CCXXII sub Alexandro imperatore — et ipsum in cimiterio Calipodii sepelivit.

CLII. De s. Leonardo (fol. 259 V. b). — Leonardus, odor populi, a leos quod est populus ..... Leonardus fuisse dicitur circa annum Domini D — circa annos Domini quingentos LXX.

CLIII. De s. Luca (fol. 261 V. a). — Lucas interpretatur ipse consurgens ..... Lucas Syrus natione. — Cuius laus est in ewangelio per omnes ecclesias.

CLIIII. Sancti Crisanti (fol. 264 V. a). — Crisantus filius Pollini viri illustrissimi. — Horum sollempnitas hic celebrius recolitur.

CLV. De sanctis XI M. virginibus (fol. 265 R. a). — Undecim milium virginum passio hoc ordine celebratur: In Britannia — ipsum migrasse ad Dominum invenerunt.

CLVI. De s. Symone et Iuda (fol. 267 R. a). — Symon interpretatur obediens ..... Eorum passionem et legendam scripsit hebraice Abdias, episcopus Babylonie, ab ipsis apostolis episcopus ordinatus, quam tertio post Abdie discipulus transtulit in grecum, Affricanus in latinum. — Symon Cananeus et Iudas qui et Thadeus — in retractationibus suis.

Citations: Eusebius Cesariensis (fol. 269 V. b); Ysidorus et Beda in suis cronicis (fol. 270 R. a).

CLVII. De s. Quintino (fol. 270 R. a). — Quintinus genere nobilis et civis romanus — ad propria remeavit.

CLVIII. De s. Eustachio (fol. 270 R. b). — Eustachius antea Placidus vocabatur. — Passi sunt autem sub Adriano qui cepit circa annum Domini CXX, kl. novembris vel secundum quosdam XII. kl. octobris.

CLIX. De festivitate omnium sanctorum (fol. 273 R. a). — Omnium sanctorum festivitas quatuor de causis instituta — habere nequirent.

CLX. De commemoratione omnium fidelium defunctorum (fol.

276 V. a). — Commemoracio omnium fidelium defunctorum hac die ab ecclesia instituta est, ut — et ipsum de medio abstulerunt.

CLXI. De quatuor coronatis (fol. 281 R. b). — Quatuor coronati fuerunt Severus, Severianus — deinceps vocarentur.

CLXII. De s. Theodoro (fol. 281 V. a). — Theodorus in urbe Marmanitanorum sub Dyocletiano — celum apertum multi viderunt.

CLXIII. De s. Martino (fol. 281 V. b). — Martinus quasi Martem tenens .... Martinus Sabarie Pannoniorum opido oriundus — alios visu salvaret.

Cité : magister Iohannes Beleth (fol. 284 R. b).

CLXIIII. De s. Bricio episcopo (fol. 285 V. b). — Bricius sancti Martini dyaconus eiusque plurimum emulus — XLVII anno episcopatus sui in pace quievit.

CLXV. De s. Elyzabeth (fol. 286 R. b). — Elizabeth interpretatur Deus meus cognovit ...... Elizabeth illustris regis Ungarie nobilis — ad propria remeavit.

CLXVI. De s. Cecilia (fol. 291 V. a). — Cecilia quasi celi lilia ..... Cecilia virgo clarissima ex nobili Romanorum genere orta — passa fuit tempore Marcii Aurelii qui imperavit circa annos Domini CCXX.

CLXVII. De s. Clemente (fol. 294 V. b). — Clemens dictus est a cleos quod est gloria ..... Clemens episcopus ex nobili Romanorum prosapia ortus est — honorifice corpus cellatum fuit.

CLXVIII. De s. Grisogono (fol. 298 V. a). — Grisogonus iussu Dyocletiani in carcere recluditur — cuius corpus cum capite sanctus Zelus presbyter sepelivit.

CLXIX. De s. Katherina (fol. 299 R. a). — Katherina dicitur a catha quod est universum, et ruina ..... Katherina Coste regis filia — ut pro Maximino Maxentius poneretur.

CLXX. De s. Saturnino (fol. 301 R. b). — Saturninus ab apostolorum discipulis episcopus ordinatus — circa annos Domini CCLVI sub Galieno et Valeriano imperatoribus.

CLXXI. De s. Iacobo interciso (fol. 301 V. b). — Iacobus martir, cognomento intercisus, nobilis genere. — Passus est autem V kl. decembris.

CLXXII. De s. Pastore abbate (fol. 303 R. b). — Pastor in heremo multis annis in abstinencia magna. — Hoc in vitas patrum.

CLXXIII. De s. Iohanne abbate (fol. 303 V. b). — Iohannes abbas cum Episius per annos XL. — Hoc in vitas patrum.

CLXXV. De s. Moyse abbate (fol. 304 R. a). — Moyses abbas dixit fratri petenti a se sermonem. — Hoc in vitas patrum.

CLXXIIII. De s. Arsenio abbate (fol. 304 R. b). — Arsenius cum adhuc in palacio existeret.

CLXXVI. De s. Agathone abbate (fol. 305 R. b). — Agathon abbas per triennium lapidem in os suum mittebat.

CLXXVII. De s. Barlaam (fol. 305 V. a). — Barlaam, cuius hystoriam Iohannes Damascenus diligenti studio compilavit — ad quorum tumulum miracula multa fiunt.

CLXXVIII. De s. Pelagio papa (fol. 310 R. a). — Pelagius papa multe sanctitatis fuit ac in pontificatu.

L'auteur a inséré dans cette biographie l'histoire des Longobards, suivie de celle des Francs et de l'Allemagne. Elle finit ainsi: Hiis temporibus ordines predicatorum et minorum orti sunt. Innocencius tertius legatos ad Philippum regem Francorum misit, ut terram Albigensium invaderet et hereticos deleret. Qui omnes capiens concremari fecit. Deinde Innocentius Ottonem imperatorem coronavit et ut iura ecclesie servaret, ab eo iuramentum exegit. Qui statim ipso die contra iuramentum venit necnon et Romi petas (sic) expoliari fecit, unde papa eum excommunicavit et ab imperio deposuit. Eo tempore fuit sancta Elizabeth, filia regis Hungarie, que fuit uxor Lagurini, que inter alia innumera miracula plures mortuos, ut dicitur, suscitavit et cecum natum illuminavit; de cuius corpore usque hodie oleum fluere perhibetur. Ottone deposito, Federicus Henrici filius eligitur et ab Honorio coronatur. Leges optimas pro libertate ecclesie et contra hereticos edidit; hic super omnes diviciis et gloria habundavit, sed eis in superbia abusus fuit, nam tyrannidem exercuit contra ecclesiam, duos cardinales vinculavit, prelatos quos Gregorius nonus ad concilium convocaverat, capi fecit et ideo ab ipso excommunicatur. Denique Gregorius multis tribulationibus pressus moritur et Innocentius IIII natione Iannensis concilium apud Lugdunum convocans ipsum imperatorem deposuit. Quo deposito et defuncto sedes imperii usque hodie vacat.

CLXXIX. De dedicatione ecclesie (fol. 315 R. b—319 V. b). — Dedicatio ecclesie inter alias festivitates sollempniter — huius modi legunt non habentes ipsi sunt (incomplet à la fin).

Le recueil qui précède, doit avoir été fait après 1259 (Cf. fol. 102) ,mais avant 1273.

N⁰ 34

(ancien numéro 83).

Manuscrit sur parchemin, écrit d'une seule main du XIV⁰ siècle. — 239 feuillets à 2 colonnes de 40 lignes. — H.: 185 mm.; L.: 130 mm.

Fol. 1: Codex monasterii sancti Willibrordi. R. 16. Continet quinque libros decretales (écriture du XVI⁰ siècle.)

Sauf les feuillets 1, 2, 3 et 239 qui n'appartiennent pas à l'ouvrage principal, le manuscrit renferme les cinq livres des décrétales de Grégoire. — Fol. 4: Decretalium liber primus incipit. Gregorius servus servorum Dei dilectis filiis .... (Fol. 55). Explicit liber primus decretalium. — (Fol. 56). Incipit liber secundus. De iudiciis. — (Fol. 109): De vita et honestate clericorum. Liber tercius. — (Fol. 163): Explicit liber tertius decretalium. — (Fol. 164): Incipit liber quartus de sponsalibus et matrimoniis. — (Fol. 182 Verso): Explicit liber quartus. — (Fol. 183): Incipit liber quintus. De accusacionibus, inquisicionibus et denunciacionibus. — (Fol. 232): Explicit liber quintus decretalium.

Fol. 232 Verso—238, d'une autre main, d'autres décrétales, commençant: Innocencius servus .... universitati magistrorum et scolarum Parisiensi, salutem et apostolicam benedictionem. Cum nuper ...

Aux feuillets 1—3 et 239 d'autres mains ont ajouté des notes ou des extraits de différente nature:

Fol. 1: a) Pièce en vers, intitulée: Nicolao protraho modulum. Le commencement en a souffert et est peu lisible.

b) Deux hymnes en l'honneur de la Vierge, peu lisibles.

Fol. 1 Verso: Des vers sur des questions de droit, et sur la division de l'as; les premiers commençant par:

Quod tibi vis fieri, mihi fac; quod non tibi, noli.

les seconds par:

Assis bis sena pars dicitur uncia plena ....

Fol. 2—3: Index des décrétales.

Fol. 3 Verso: Isti sunt casus quibus pater potest exheredare filium; primus cum parentibus manum intulerit .....

Fol. 239 Verso: Six vers sur les cas réservés au pape:

Qui facit incestum, deflorans aut homicida,
Sacrilegus, patrum percussor vel sodomita.....

Suit une note commençant: Differentia est inter nothum, manserem, naturalem et spurium. Nothus est ille qui natus est in adulterio, constante matrimonio . . . . .

N° 35

(ancien numéro 77).

Manuscrit sur parchemin du XIVe siècle. — 43 feuillets en 5 quaternions, côtés au verso du dernier feuillet de chaque quaternion par I', II', III', IIII', (V'), plus 3 feuillets; les feuillets n'ont qu'une colonne à 25 lignes. — H.: 196 mm.; L.: 129 mm.

Fol. 1: Bibliot. Aureæ Vallis (XVIIIe siècle). — N 7. — x n 5. — Fol. 43: M. SS. S. 8.

Le volume ne renferme qu'un seul traité. Fol. 1: Incipiunt quare magistri Symonis. Quare septuagesima celebratur? Ideo ut quemadmodum . . . . — Fol. 43: Pro his dignum et iustum est ut semper a creaturis honorificetur et glorificetur Deus benedictus. Amen. Expliciunt quare magistri Symonis.

En bas des fol. 24 Verso, 35 Recto, 35 Verso, 36 Verso et 37 Verso se trouvent des notes tracées à la mine de plomb, fort effacées et presque tout à fait illisibles; quelques-unes semblent être des épitaphes.

N° 36

(ancien numéro 116).

Manuscrit sur parchemin du XIVe siècle. — 264 feuillets formant des cahiers de 12 feuillets, (le 5e en a 14, le dernier 10) numérotés au premier feuillet de chaque cahier, depuis I jusqu'à

XXII, précédés pourtant et suivis de 3 resp. 5 autres feuillets, en tout 272 feuillets à 2 colonnes de 43 lignes. — H.: 197 mm.; L.: 135 mm.

Fol. 2: Codex monasterii sancti Willibrordi Epternacensis. N 10. — Continet Huguicionem in suo vocabulario. (Écriture du XVe siècle fin).

Le volume contient le vocabulaire d'Ugution de Pise:

Derivationes magistri Uguitionis. Cum nostri prothoplasti suggestiva prevaricatione. Il finit par: Zoroastrum nimium sidus. Laus summe trinitati, patri et filio et spiritui sancto.

Cf. pour le vocabulaire, Ducange dans la préface.

Les feuillets ajoutés à ce manuscrit contiennent un assez grand nombre de sentences ou de locutions proverbiales, quelques-unes tirées de S. Augustin ou de S. Grégoire, mais la plupart sans indication de leur provenance. Ces feuillets présentent une douzaine d'écritures différentes:

1) Pro solo pomo subditur omnis homo.
2) Divus eris, terrenus eris, curabis utrumque,
   Consiliis mondum, religione deos.
3) Mus gaudet la ou
   dum sentit abesse miaou.
4) Adde quod et lusor se continuare lucrando
   Nessit; perdendo nescit dimittere ludum.
5) Si pigri scitis (sic), letabitur hostis, at ille
   Tristis erat, si vos viderit esse probos.
6) Bissextum sexte martis tenuere kalende.
7) Includit sortes, fortissimus est poëtarum.
   Excludit sortes, fortissimus est asinorum.
   Asolvit sortes, est vir fortissimus ipse.
8) Verus amicus erit qui plus me quam mea querit.
   Qui mea plus querit, flassus (sic) amicus erit.
9) In terris udis ubi plus solet esse paludis,
   Mingere mos asinis, sic et cunctis asininis etc.

N° 37

(ancien numéro 75).

Manuscrit sur parchemin du XIVe siècle. — 140 feuillets en 11 cahiers, côtés à la fin I, II etc., de 12 feuillets chacun et un autre de 8 feuillets, à 2 colonnes de 33 lignes. — H.: 215 mm.; L.: 143 mm.

Il porte en haut de la première page: Codex monasterii sancti Willibrordi Epternacensis, (écriture du XVe siècle), et plus bas, 1566; N. Thonnart, 1588. Au bas de la page: Continet quasdam narrationes secundum alphabetum. Compilatas per venerabilem dominum Iohannem de sancti Geminiano." (Écriture de frère Willlibrord Schramm).

Fol. 1: Incipiunt narraciones secundum alphabetum. Antiquorum patrum exemplo didici, nonnullos ad virtutes fuisse inductos narracionibus ..... Eodem modo eciam hunc alphabetum narracionum appello. — Fol. 140: Expliciunt narraciones. Incipit tabula. Abbas. Abbatissa ..... Zelotipus, Zelotipa.

N° 38

(ancien numéro 76).

Manuscrit sur parchemin du XIIIe siècle. — 123 feuillets à une colonne de 29 lignes, plus un feuillet de garde en papier. — H.: 216 mm.; L.: 145 mm.

Feuillet de garde: Codex monasterii s. Willibrordi Epternacensis. H. 11. Continet tractatus devotos de doctrina cordis, de cordis preparatione, de cordis custodia, apertione, stabilitate etc. Augustinum de querendo Deum (XVIe siècle).

Ce volume renferme:

Fol. 1: Incipit liber de doctrina cordis. Preparate corda vestra Domino. Verba sunt Samuelis ..... Fol. 2: Incipit liber. Preparate corda vestra Domino. Nota quod septem instructiones ..... Fol·

55 Verso: De custodia cordis. Post tractatum de preparatione cordis .... , restat ut ad tractandum de cordis custodia cor et stilum convertamus ..... Fol. 69: Expedito tractato de custodia cordis et oris, ad tractatum de eiusdem apertione nostre oculum considerationis convertamus ..... Fol. 78 Verso: Post tractatum de apertione cordis sub multiplici divisione diffusum, ad tractandum de ipsius cordis stabilitate accedamus ..... Fol. 114 Verso: Explicit liber de doctrina cordis. Benedictus Deus.

Fol. 115—123 (d'une autre main, mais qui est également du XIIIe siècle): Incipit liber beati Augustini de querendo Deo. Eia nunc etc. Homuntio, fuge paululum occupationes tuas ....

N° 39

(ancien numéro 96).

Manuscrit sur papier du XVe et du XVIe siècle. — 258 feuillets à une colonne, de plusieurs mains. — H.: 215 mm.; L.: 140 mm.

Fol. 1: H 3. Codex monasterii s. Willibrordi Epternacensis (XVIe siècle).

Contenu:

1. Fol. 1: Incipit viridarium consolacionis. Quoniam, ut apostolus Petrus ait, spiritu sancti affati (sic) loquuti sunt sancti Dei homines ..... Vocatur autem viridarium consolacionis istud opusculum, quia sicut in viridario flores et fructus inveniuntur diversimode ...... (Fol. 2 Verso): Incipit prima pars de superbia .... (Fol. 11 Verso): Incipit secunda pars. De peccato ...... (Fol. 16 Verso): Incipit tercia pars. De fide .... (Fol. 18). Incipit quarta pars. De humilitate ..... (Fol. 20): Incipit quinta pars. De confessione ..... (Fol. 27 Verso): Explicit viridarium consolationis in quo tractatur de virtutibus et viciis.

2. Fol. 27 Verso: Excerptum Innocencii pape de officio misse, de predicatione sacerdotum et de premissione psalmorum. Prima ratio mistica. Quinque psalmos dicit sacerdos .... (En bas du recto du fol. 43 un petit espace est laissé en blanc; une autre main

contemporaine y a noté: Sequitur Benedixit cum ad etc. et non est hic alias defectus, sed est vitium scriptoris. La page suivante commence par les mêmes mots: Benedixit cum ad.

3. Fol. 57 Verso: Tria sunt in quibus precipue lex divina consistit, mandata, promissa et sacramenta.

4. Fol. 60 Verso. — Cinq vers:
Per Dominum dicas, cum patrem, presbyter, oras,
Cum loqueris nato qui vivis str'e memento;
Si Christum memores, per eundem dicere debes.
Cum memoras Flamen, eiusdem dic prope finem;
Expellens Sathan, dicas in fine per ignem.

5. Fol. 61: Incipit exposicio canonis. (S)acerdos infra canonem intrare debet cubiculum cordis....

6. Fol. 65. — Nota de beata Virgine:
Annis virgo pia decies sex tresque Maria
Vixit per totum quod fit cunctis ita notum:
X semel Ique quater fit Christi filia mater;
X ter, adde tria, vixit cum prole Maria.
Ut scriptura legit, postquam Deus alta subegit,
Anno sedeno quasi flos processit ab ymo,
Mense minus; dicta fit cum Domino benedicta.

7. Fol. 65: Cinq sentences tirées des écrits des saints Grégoire, Augustin, Ambroise, Jérôme, Bernard: Post ingressum monasterii nulli relinquitur licencia testandi etc.

8. Fol. 65 Verso: De aratura spirituali. (D)icturi de spirituali aratura, est sciendum quod aratrum ad presens confessionem apellamus....

9. Fol. 69: Tabula de septem sacramentis (Index des chapitres du traité suivant, conçu en forme de dialogue entre Gilo et Petrus). (Fol. 73): Gilo. Petrus querit respondendum, et primo de sacramento baptismi. Petrus. Quero ex quibus constituitur baptismi sacramentum. Gilo. Ex verbis et rebus, sicut et quodcumque aliud sacramentum ..... (Fol. 139): Finem tractus accipe, Petre; ..... de scriptis fratris Thome de Aquino ac Petri de Charentoise, aliquorum aliorum dicta conserui. Si qua minus apta inveneris, non eorum scriptis, sed mee imputes ignorancie.....

Fol. 159: Nota aliquas auctoritates. (Recueil de sentences morales tirées des Saints Pères et de Platon, Aristote et Sénèque).

Fol. 162: Réponses à quelques questions touchant la liturgie: Queritur quid significat dextrum et sinistrum cornu altaris. Et est responsio quod..... (Fol. 165): De iuracione: Ante omnia, fratres, nolite iurare neque per celum neque per terram neque per aliud quodcumque......... (Fol. 165 Verso): De confessione facienda ..... (Fol. 167): Nota de statura et etate resurgentium et de etate Christi, ex quarto sententiarum librorum, distinctione XLIIII, capitulo primo etc...... (Fol. 168): De interdicto .... (Fol. 171 V.) Nota. Octo sunt turpitudines que (sic) coniugales quandoque simul solent exercere..... (répété fol. 257). — (Fol. 178): Conclusiones fratris Cardinalis, legati Bononiensis, in cappitulo primo de celebratione missarum.

10. Fol. 184. — Un Sermon: [In dedicatione ecclesie. Venite ad locum quem elegerit ....

11. Fol. 186 Verso: Extraits sur les apôtres et les vertus.

12. Fol. 192. — Sermons: a) In dedicatione templi. Domus mea domus orationis vocabitur.... b) Venit enim filius hominis querere et salvum facere...... c) Sermo de defunctis: Miseremini mei, miseremini mei, saltem vos, amici mei, quia ....

13. Fol. 196—217 et 227—248: Nota. Circa Iudeos debent se Christiani habere hoc modo. Christianus non debet cum Iudeis cohabitare .... — Suivent d'autres petits extraits ou traités: de forma iuramenti; de reliquiis; de decimis; de sepulturis; de testamentis clericorum; de hiis qui accipiunt dona raptoris; de hiis qui scienter emunt rem raptam; utrum peccata semel confessa teneatur quis iterum confiteri; (fol. 204 Verso) de aleatoribus; (fol. 205 Verso) de symonia; de emunitate ecclesie et cimiterii; (fol. 214 Verso) contra iudeòs.

14. Fol. 214. — Quatre vers:
Ungitur ecclesia, rex, ara, patena, propheta,
Presbyter atque calix et homo quicumque fidelis;
Ungor in extremo, ut fiat gratia maior,
Et morbus levior et mea peccata minor (sic).

15. Fol. 217: Treize vers sur l'ebrietas; en marge se trouve W'us (sans doute le nom de l'auteur.)
Nunc attendatis quis sit modus ebrietatis.
Ebrius atque satur totidem modis variatur,
Hic canit, hic plorat, hic est blasphemus, hic orat ....

15. Fol. 218. — Incipit quoddam opus horarum dicendarum. Septies in die laudem dixi tibi ....

16. Fol. 225. — Vint-quatre vers sur le même sujet:
Canonicas horas, si devote legis, oras:
Tunc orant hore, cum corde leguntur et ore;
Littera neglecta si sit, male lectio facta,
Colligit hec Sathanas, si non cum corde laboras .....

17. Fol. 226. — Sermo de defunctis: Flere cum flentibus. Paulus. Ubi duo sunt notanda, primo quare anime in purgatorio flent....

18. Fol. 248 Verso : De corea. Corea est detestanda.... (Fol. 257): Explicit disputatio facta inter spiritum cuiusdam nomine Guidonis et priorem quendam, ut patebit, anno Domini 1434, feria secunda ante nativitatem Marie virginis. Et sic est finis.

N° 40

(ancien numéro 92).

Manuscrit sur papier écrit en 1443 et 1445. — 257 feuillets. — H.: 210 mm.; L.: 140 mm.

Fol. 1: Codex monasterii S. Willibrordi. Continet collectiones cuiusdam de illuminacione anime et historiam (trium regum.) H 14. — Fol. 237 Verso: Iste liber pertinet Conrado Nydenstein, professum (et presbyterum?) in monasterio S. Willibrordi. (Ces mots, écrits à l'encre rouge, sont couverts d'une couche d'encre noire.) — Codex monasterii S. Willibrordi Epternacensis, anno 1592.

Il se compose de deux parties:

a) La première partie a été intitulée, au premier feuillet: collectiones cuiusdam de illuminacione anime. Elle se compose de 176 feuillets qui ont souffert de l'humidité:

L'ouvrage commence ainsi: Philosophus in libro sexto an.... ..... inquit: „In cunctis quidem mortuis pectus alcius solito ele-„vatur, cuius racio est." .... Il est divisé en 170 chapitres, numérotés en chiffres arabes, mais de manière que les chap. 110, 111 et suivants sont marqués 1010, 1011 etc.

Au feuillet 174 V., avant la table des chapitres, se trouve cet explicit: „Explicit lumen anime ex diversis libris compositum. „Scriptum per me Conradum Nydensteyn presbyterum ordinis „s. Benedicti. Sub anno a nativitate Domini millesimo CCCC°XLIII° „tercio kalendas septembris."

Voici la liste des auteurs cités aux 2 premiers feuillets: **Constantinus, Augustinus in libro de illustribus viris, Avicenna,**

Hugo de sancto Victore, Alexander super quarto meth'orum; Ambrosius in Exameron; Commentator in libro de impressionibus aeris; Simplicius; Augustinus contra Faustum; Egidius super quatuor diluviis Avicenne; Cassianus in libro collacionum sanctorum patrum; Plinius in speculo naturali; Fulgentius; Ypocras in epistolis de avibus; Cassianus in historia tripertita; Augustinus in historiis naturalibus; Sydonius in suo epistolari.

Fol. 175: Incipit registrum cum numero cuiuslibet capituli.
Fol. 177—179 en blanc.

b) Fol. 180: Incipit historia trium regum. — C'est celle qui a été écrite par Jean de Hildesheim, vers 1370; elle est divisée en 45 chapitres. Elle commence par ces mots: De materia trium regum dicendo, exordium sumpsit ex Balaam sacerdotis in Madian prophete gentilium. Elle est contenue sur 53 feuillets numérotés. A la fin, avant la table des chapitres:

Explicit historia trium regum. Scriptum per me Conradum Nydenstein, professum in (Epternaco?) sub anno domini M°CCC°-XLV°. Sequitur registrum.

Fol. 232: Nymant mach mid gerten
Kyndes zucht erherten;
Wer sich selver priemen mach,
dem ist eyn woirt as eyn slach.

Fol. 233: Dyt·is die medicina ind bacher, das die doctores van medicinen inne concorderen weder die suchte der pestilencien (incomplet.)

Fol. 254—257 en blanc.

N° 41

(ancien numéro 109).

Manuscrit sur parchemin du XIVe siècle. — 160 feuillets à 2 colonnes de 43 lignes. — H.: 210 mm.; L.: 142 mm.

Fol. 2: Codex monasterii sancti Willibrordi Epternacensis. K 15. Continet quinque libros decretalium.

Il contient, fol. 3—157, les cinq livres des décrétales, avec quelques notes marginales. Le manuscrit a beaucoup souffert de l'humidité; dans presque tout le volume, le coin à droite du haut des feuillets est complètement pourri.

Fol. 1--2 et fol. 74, quelques notices sur le droit canon. Fol. 160, vers:

Dic, homo, quid speres qui mundo cecus inheres?
Tecum nulla feres, licet omnia solus haberes.
Omnia nutrit humus. Quid homo nichil est nisi fumus?
Sed nichil est fumus, nos nichil ergo sumus.
Cum fex, cum limus, cum res vilissima simus,
Unde superbimus? de terra, et terra redimus.
Lancea, crux, clavi, spine, mors, que toleravi,
Ostendunt qua vi miserorum crimina lavi.
Res est certa mori, nichil est incertius hora.
Rex sedeo, montes video, culpas modo celo.
Nunc patiens, tunc percutiens, dum corda revelo,
Qui cor ad eterne patrie defigit amorem,
Aspera nulla timet nec mundi querit honorem etc.

N° 42

(ancien numéro 84).

Manuscrit sur parchemin du XIIIe siècle. — 117 feuillets. — H.: 188 mm.; L.: 132 mm.

Fol. 1: Bibliothecæ Aureevallis (XVIIIe siècle). — N 7; x n 4. — Fol. 117: M. SS. S. 10.

I. Fol. 1 R.—fol. 8 R. Écriture très serrée et petite du XIIIe siècle, en deux colonnes à 42 lignes par colonne.

Epistola sancti (Hieronymi) ad Eustochium de virginitate servanda. L'entête en rouge est presque illisible.

(Incipit): Audi filia et vide, et inclina aurem tuam, et obliviscere populum tuum et domum patris tui. — (finit): Aque multe non poterunt extinguere caritatem et flumina non cooperient eam.

La seconde colonne du fol. 8 R. et le Verso du même feuillet sont laissés en blanc.

II. Fol. 9 R.—fol. 11 V.: Écriture du treizième siècle, en une colonne de 24 lignes.

Lettre apocryphe de l'empereur de Constantinople à Robert, comte de Flandre. (Incipit): Domino et glorioso comiti Flandrensium Roberto et omnibus totius regni principibus christiane fidei amatoribus tam laicis quam clericis, imperator Constantinopolitanus salutem et pacem in eodem domino nostro Ihesu Christo et patre eius et spiritu sancto. — (Finit): Agite ergo dum tempus habetis, ne regnum Christianorum et, mains quod est, Domini sepulchrum perdatis et inde non iudicium, sed mercedem habeatis in celum. Amen.

Publiée par le comte Riant: Alexii Comneni epistola ad Robertum Flandrensem. Genevæ, 1879.

III. Fol. 11 V.—114 R: Écriture du treizième siècle, de la même main que les feuillets précédents.

Histoire de la première croisade, par Robert le Moine, divisée en 9 livres, avec prologue.

In Christi nomine incipit textus historie de expeditione Christianorum contra impiam gentem (Fol. 12 R.) *Turcorum et paganorum que facta est militibus Heinrici quarti, regis Alemannie et Philippi, regis Francie. Apologeticus sermo historiographi.* Universos qui hanc historiam legerint sive legere audierint et auditam intellexerint, deprecor ut cum in ea aliquid inurbane conpositum invenerint, concedant veniam, quia hanc scribere compulsus sum per obedientiam. — Siquis affectat scire locum quo hec historia composita fuerit, sciat esse claustrum cuiusdam celle sancti Remigii comstitute in episcopatu Remensi. Si nomen auctoris exigitur, qui eam composuit, Robertus appellatur. *Incipit prologus sequentis operis.* Inter omnes historiographos veteris ac novi testamenti Moyses sanctus obtinet principatum qui divine spiritu prophetie hebraicis litteris quarum Deo revelante auctor extitit, mundi descripsit exordium et prime etatis ac secunde facta mirabiliora nec non et patriarcharum gesta nobis adduxit in medium. — (Fol. 13 V.): Inferat ergo nobis Dei sapientia quod ad laudem sui nominis proferamus et sciant qui hec legerint vel audierint, quia nichil frivoli, nichil mendacii, nichil nugarum, nisi quod verum est, enarabimus. *Incipit liber primus. De concilio Clari Montis in Alevernia.* Anno incarnationis dominice millesimo non(a)gesimo VI magnum intra fines Gallie concilium celebratum est in Alvernia (s)cilicet in civitate que Clarus Mons appellatur, cui papa Urbanus secundus cum romanis episcopis et cardinalibus prefuit. — (Fol. 20 R.): His ita gressis (?) huic narationi terminum ponamus et stilum retro convertentes, quo modo illuc convenerit nobilis gens Francorum et cum quibus principibus disseramus. — (Fol. 20):

Explicit liber primus. Incipit liber secundus. Interea dum hec aguntur, de remotis occidentalium partibus a parte aquilonis excitavit Dominus comites duos, quibus unum nomen, una consanguinitas, equa potestas, idem vigor et armis et animis, etiam gloria consulatus compares, Normannus scilicet et Flandrensis comes. — (Fol. 28 R.) Et ideo bene debet Rome coequari dignitate sanctuarii et excellentia regie dignitatis, nisi quod Roma est papali apice sublimata, que caput et summa tocius christianitatis. De his igitur loqui sufficiat, et secundus liber hic finem acpiat (sic!) *Explicit liber secundus. Incipit tertius.* Confederatis igitur cum imperatore Gallorum principibus iussit imperator naves ad portum adduci, ut omnis exercitus sine magna dilatione posset transffretari. Primi itaque transsierunt dux Godefredus et Tanchredus, — (Fol. 39 V.) Quarta feria, XII kl. novenbris, obsidio circa Antiochiam posita fuit ad laudem et futuram gloriam domini nostri Ihesu Christi qui semper est mirabilis in operibus bonis. *Explicit liber III^{us}. Incipit quartus. De Antiochia civitate.* Quia vero urbs Antiochia non solum naturali situ, verum etiam menibus excelsis turribusque in altum porrectis densissimisque in cacuminibus murorum propunaculis premunita erat, consilium inierunt principes quod contra eam pugnarent non virtute, sed ingenio, arte, non marte, machinamento, non conflictu bellico. — (Fol. 50 V.) Matomum preceptorem suum in auxilium sui invocabant, sed Mathomus non potuit restaurare, quod Christus per suos milites voluit exterminare. *Explicit liber quartus. Incipit quintus.* Cumque hec crebro vicissitudinum actitarentur impulsu, preambulus quidam advenit, qui nuntios principis Babilonie in crastinum preconabatur advenire, et a principibus castrorum fidutiam querit veniendi secure. — (Fol. 58 V.) His evidentibus signis in celo radiantibus, et aurora terris lucem referente, exercitus Dei portas Antiochie intravit in virtute illius qui portas inferni ereas contrivit et vectes ferreos confregit, cui cum patre et spiritu sancto subicitur omne regnum et imperium, cuius potestas permanet in secula seculorum. Amen. *Explicit V^{us}. Incipit sextus. De fide Pirri.* Universi fideles huius Pirri fidem attendite, et si quid ex fide per fidem promittitis, absque ulla contradictione perficite. — (Fol. 70 R.) Sic igitur nostri omnes humano solatio destituti sunt, per XX^{ti} dies cum hostibus et fame et gladio et penuria indesinenter decertaverunt. *Explicit liber VI. Incipit septimus. Superna* pietas humano destitutis solatio nisi previdisset, ex francigenis iam civibus Antiochenis nullus superesset. — (Fol. 85 V.) Electus est igitur vir sapiens et personatus literarumque erudicione pollens, et utraque scientia preditus et ad ordinan (fol. 86 R.) dum Antiochie est missus. *Explicit liber VIImus. Incipit liber octavus.* Estivum tempus solis ardore represso cum iam transiret, noxque diem horarum numerositate transcenderet, milites Christi, quaquaversum estivaverant, ad Antiochiam remeaverunt, et in kalendis novembris die festo sollemnitatis omnium sanctorum ibi convenerunt. — (Fol. 99 R.) Direxit iter christianus exercitus in virtute illius qui in ea iacuit mortuus et die tercia resurrexit, cui est cum patre et spiritu sancto equa potestas, et gloria interminabilis. Amen. *Explicit liber VIII. Incipit nonus.* O bone Iesu, ut castra tua hujus terrene Iherusalem muros viderunt, quantos exitus aquarum oculi eorum deduxerunt, et mox terre procumbentia sonitu oris et nutu inclinati corporis sanctum sepulchrum tuum salutaverunt. — (Fol. 113 V.) Hec et multa alia invenimus in propheticis libris que congruunt huic liberationi facte nostris etatibus. Per omnia et super omnia benedictus Deus qui insto (fol. 114 R.) iudicio percutit et vulnerat et gratuita bonitate, quando vult, quomodo vult, miseretur et sanat, qui in trinitate perfecta vituit (sic) et gloriatur Deus, per omni seculorum secula. Amen.

(Fol. 114). *Explicit octavus de nullo dogmate parvus.*
Nec magis in re sunt quia nunc historia finit.
Exemplar epistole Iherosolimitani patriarchae.

Cette lettre occupe le Recto du feuillet 114 et au Verso du même feuillet 5 lignes. Le reste du même feuillet est en blanc, hormis les quelques lignes suivantes, mais qui sont grattées: „Vere „langores nostros ipse tulit, et dolores nostros ipse portavit, hu- „manis ergo affectibus sensibusque corporeis."

Au dessous de cette ligne se trouve: Liber sancte Marie Aureevallis.

La lettre dont il s'agit ci-dessus, commence par ces mots: Hierosolimitanus patriarca, et episcopi tam greci quam latini, universaque militia Domini et ecclesie, occidentali ecclesie consortium celestis Iherusalem et sui laboris premii portionem. — (explicit:) Nos autem non confisi multitudine nec viribus nec presumptione aliqua, sed clipeo et iusticia protecti, Georgio et Theodoro et Demetrio, atque Blasio milibus (sic) Christi vere nos committimus. Voir pour cette lettre, Archives de l'Orient latin, I. 155.

Au fol. 115 R. commence une lettre d'Amaury, patriarche de Jérusalem, imprimée par M. le comte Riant, d'après notre manuscrit dans les archives de l'Orient latin, I 386.

No 42.

(Incipit:) A., Dei gratia sanctissime dominice resurrectionis patriarcha, venerabilibus 1) fratribus, archiepiscopis, episcopis, abbatibus, prioribus, prepositis, principibus, 2) ducibus, palatinis, marchionibus, comitibus, et universis sancte matris ecclesie filiis ad quos iste littere pervenerint, salutem et pia orationum sufragia . . . . (explicit fol. 116 V.) Omnibus, si pie devocionis affectu dominicum sepulchrum pro instanti necessitate visitare volentibus, tam in itinere morte preocupatis (fol. 117 R.) quam ad nos usque pervenientibus, laborem itineris ad penitentiam et obedientiam atque remissionem omnium peccatorum suorum iniungimus et vitam eternam. Amen."

Le reste du Recto du feuillet 117 contient une pièce de vers sur la fragilité du monde; les vers sont distingués chacun par une majuscule, mais le copiste n'est jamais allé à l'autre ligne pour ces vers. Voici tout ce morceau; je le donne en entier, parce qu'il n'est pas étendu, ne comptant que 29 vers.

  Mundus deciduus, et homo fragilis,
  Totus in dubio, totus instabilis.
  Tam cito labitur, ut aqua labilis.
  Plus crede litteris scriptis in glatie
5. Quam mundi fragilis vane fallatie.
  Qui nichil habuit umquam fidutie,
  Credendum magis est auris fallacibus,
  Quam mundi miseri prosperitatibus,
  Falsis insaniis ac vanitatibus.
10. Dic ubi Salomon olim tam nobilis?
  Vel pulcher Absalon vultu mirabilis?
  Vel dulcis Ionatas multum amabilis?
  Quo Cesar abiit celsus imperio?
  Dic, ubi Tullius clarus eloquio.
15. Vel dives splendidus, totus in prandio,
  Tot clari proceres.
  Totum evanuit, ut ros, ut nebula,
  Ut breve theatrum, ut brevis fabula.
  Sicut breve festum est mundi gloria,
20. Vel breve somninum *(sic)* sunt eius gaudia,
  Que totum subtraunt eterna premia.
  O esca ver (fol. 117 V.) mium, o massa pulveris.
  O mors, o vanitas, cur sic extolleris?
  Ignoras etenim utrum cras vixeris.

---
1) Le ms. a *venerabis*. — 2) Le ms. a *princibus*.

,25. Nil tuum dixeris quod potest perdere,
Nil longum, poterit quod finis claudere.
Felix qui potuit mundum contemnere.
Felix qui potuit summa diligere.
29. Superna cogita, cor sit in ethere. Amen.

Cette pièce de vers est suivie d'une courte notice sur Godefroi de Bouillon, occupant les 3 quarts du fol. 117 Verso. Ce feuillet, ayant été le dernier du manuscrit, a beaucoup souffert par suite du frottement contre d'autres livres, à l'époque sans doute où ce manuscrit n'était pas encore relié. Voici cette notice, pour autant que j'ai pu la lire, sans employer des réactifs chimiques:

(D)ux Godefridus in regem electus filius fuit comitis Eustachii Boloniensis, qui per maternum genus ad magni Karoli lineam spectabat; mater eius Ida, Godefridi antiqui Lotaringorum ducis filia, habuit fratrem Godefridum Gibbosum, cuius fuit uxor Matildis marchissa. Godefridus autem, Ide filius, inperatori Henrico contra papam Hildebrandum militavit, et in oppugnando Romam partem muri que sibi obtigerat, primus irrupit. Postea pre nimio labore et nimia siti vinum nimium hauriens quartanam febrem [incurrit] nactus est. Audita autem fama vie Ierosolimitane, illuc se iturum vovit, si Deus ei redderet sanitatem. Quo voto emisso mox vires ejus penitus refloruerunt. In Anthiocena obsidione Turcum quendam singularem pugnam poscentem medium a lateribus gladio lotaringo disecuit, cuius dextera[m] medietate[m] jam in armis palpitante et cadente reliquit..... 1) tulit equus cui insederat; adeo firme Turcus ille insederat equo suo. Idem Godefridus alterum Turcum, eque agressum librato in caput ense a vertice usque ad inguina diffidit et ex eodem ictu sellam et spinam equi penitus [disecuit] discidit. In eadem obsidione militem quendam suum pabulatum progressum a leone invasum et clipeo se defendentem, tandem occisum adeo indoluit ut venabulo feram transdederit; que sausia et dolore acrius seviens in eum irruit, ita quod e fe [rr]o quod exstab[at e vul]nere tibiam eius sauciavit. Qui mox gladio bestiam evisceravit.

Observation: Une assez grande partie des feuillets qui composent ce manuscrit, avaient déjà fait partie d'un manuscrit; ils ont été grattés, de sorte que bien souvent on ne remarque que de très-faibles traces de l'ancienne écriture. Je n'ai pu employr de réactif chimique, aussi ne puis-je déterminer exactement à quel siècle (le IX?) le manuscrit primitif remonte.

1) Manque un mot, effacé, qui me semble être le mot *tulit*, que le copiste aura mis deux fois.

A partir du fol. 9 les quaternions dont se compose le manuscrit, sont numérotés à la fin de chacun d'eux, ainsi fol. 16 : I; fol. 24, II etc. jusqu'à XIII (fol. 112).

N° 43

(ancien numéro 95).

Manuscrit sur parchemin du XIVe siècle. — 160 feuillets à 21 lignes. — H.: 198 mm.; L.: 148 mm.

Le manuscrit contient les épîtres pour les dimanches, les féries et les fêtes. Les feuillets sont numérotés à l'encre rouge, en chiffres latins, de I—LXIX, LXXX—CLXX.

Les épîtres commencent en grande partie par des majuscules ornées de dessins; la première et sept autres (fol. 1, 8, 9, 10, 56, 63, 68, 115) en différentes couleurs, la première aussi avec de l'or, toutes les autres en encre rouge, se terminant en bas par divers dessins fort bien exécutés, presque tous différents, Ce sont: Fol. 2, tête d'homme; 3, une main; 13, un serpent; 16, un poisson; 18, tête couronnée; 24, homme qui prie; 25, une main tenant une pomme; 27, tête d'homme appuyée sur la main gauche; 42, tête de chien; 45, tête diadémée; 46, tête de dragon; 47, main tenant une épée; 55, main tenant une faucille; 57, tête d'homme; 63, bras étendu; 80, licorne; 84, buste d'homme, étendant le bras gauche; 88, bras tenant un vase; 97, tête d'homme à oreilles d'âne; 99, jambe humaine; 100, bras humain; 102, tête couronnée; 103, tête grotesque à longue barbe; 104, bras tenant un sceptre terminé en fleur de lis; 105, aigle; 106, main tenant une faucille; 113, tête de vieillard à longue barbe; 127, tête de bouc; 128, tête mitrée; 137, femme tenant une palme; 145, homme nu, étendant le bras gauche et tenant de la droite une épée qui repose sur l'épaule; 146, bras humain; 148, tête barbue, coiffée d'un entonnoir; 149, serpent.

Provenance inconnue.

N° 44

(ancien numéro 79).

Manuscrit sur parchemin du IXe siècle. — 129 feuillets. — H.: 212 mm.; L.: 130 mm.

Fol. 5: Codex Sancti Willibrordi. C 27. Continet libros dyalogorum Gregorii pape (XVIe siècle).

Le manuscrit renferme les dialogues de S. Grégoire. Ecrit d'une seule main d'un bout à l'autre, à l'exception du fol. 89 et de la moitié du recto du feuillet suivant qui datent du onzième siècle. Les entêtes des chapitres et les feuillets 2—4 sont écrits en lettres rouges qui malheureusement ont presque disparu en beaucoup d'endroits.

Le folio 1 formait la couverture; il est en blanc des 2 côtés, seulement en haut, au Verso, se trouvent les noms suivants: Vuilleram Brizo Adalbret Thieda Ruochilo Alonno | Reginza Rabtet (XIIe siècle).

- Fol. 2 R: *IN LIBER DIALOGORUM GREGORI. PAPÆ VRBIS ROME. LIBER PRIMVS.*
  Incipit de miracula | *italicorum patrum.*
  I. De Honorato *abbate.*
  II. *De Libertino preposito | Gregorius.*
  III. *De monacho hoP.. | lano in monast.*
  Fol. 2 V. IV. *de Equitio abbate.*
  V. *De Constanti mansionario.*
  VI. *De Marcellino episcopo Gregorius.*
  VII. *De Monnoso preposito Gregorius.*
  VIII. *De Anastasio abbate Gregorius.*
  VIIII. *De Bonefacio episcopo Gregorius.*
  XI. De marthirio monachi.
  XII. *De Severo presbytero.*
  Explicit liber primus. | Incipit dialogorum | liber IIII.

Le reste du folio 2 et les feuillets 3 et 4 contiennent ensuite la table des matières du 4e livre, mais seulement jusqu'au chapitre 47; le tout est écrit à l'encre rouge; un certain nombre de mots, quelquefois des lignes entières sont devenues illisibles.

Fol. 5: Incipit dialogorum Gregorii papæ urbis Romæ liber primus. Incipit prologus. Quadam die nimis quorundam sæcularium tumultibus depressus, quibus in suis negotiis .... Le manuscrit termine par ces mots: (fol. 129) qui longo post tempore ad uxorem reversus, quibus diebus vincula solverentur innotuit, eiusque coniux illos fuisse dies quibus pro eo .... Le verso du fol. 129 est illisible.

N° 45.

(ancien numéro 128).

Manuscrit sur parchemin du XIIIe siècle fin. — 141 feuillets à une colonne de 25 lignes. — H.: 210 mm.; L.: 133 mm.

Fol. 1: Bibliothecæ Aureævallis (XVIIIe siècle.) — N 6; x n 4. — Fol. 141: M. SS. d. 4. — Fol. 141 Verso: Liber Sancte Marie de Aureavalle. Si quis abstulerit, anathema sit. Amen. (XIVe siècle.)

Le manuscrit comprend 17 quaternions, côtés I, II ..... XVII à la fin du quaternion.

Il comprend:

1. Les trois livres de S. Ambroise „ad edificationem virginum." Fol. 1: Incipit liber I sancti Ambrosii episcopi Mediolanensis ad sororem suam Marcellinam ad edificationem virginum. Si iuxta celesti sententiam veritatis ... — (Fol. 2 Recto): Explicit prologus. — (Fol. 2 Verso): Incipit liber beati Ambrosii episcopi de laude virginitatis ad sororem suam Marcellinam: Natalis est Virginis.... (Fol. 17): Explicit liber primus. Incipit secundus. — (Fol. 28 V., commencement du troisième livre; un espace laissé en blanc pour recevoir l'explicit du deuxième et l'incipit du troisième, n'a pas été rempli.)

2. Le traité de S. Ambroise „de viduis", sans entête. Il commence, fol. 72 Verso: Bene accidit, fratres, ut quoniam tribus libris superioribus...

3. Le traité du même „de agenda penitentia." — Fol. 97: Incipit liber primus beati Ambrosii episcopi de agenda penitentia. Si vatum finis ille est maximus qui ...... — (Fol. 120 Verso): Explicit liber primus. Incipit liber secundus ...... — (Fol. 141, dernière ligne): Explicit liber II.

Au verso du fol. 162 plusieurs mains ont écrit quelques sentences, entre autres: Qui bien volt fauchier, bien doibt sa faus aguisser.

N° 46

(ancien numéro 89 ?)

Manuscrit sur parchemin du XIIIe siècle. — 109 feuillets. Les quaternions sont côtés comme suit: fol. 8, II (le premier manque en entier); fol. 24, IV; fol. 48, VII; fol. 80, XI; fol. 96, XIII; les autres côtes manquent. — H.: 213 mm.; L.: 148 mm.

Fol. 1: x n 2. — Fol. 109: M. SS. d. 12. Il provient donc de l'abbaye d'Orval

Le manuscrit renferme:

I. Le traité de l'abbé Smaragdus, intitulé: Diadema monachorum. Incomplet au commencement (il y manque un quaternion entier), il commence par ces mots du chapitre IV: est et omnia unum preceptum sunt, quia quicquid precipitur, in sola caritate solidatur..... (fol. 81 Verso): Explicit diadema monachorum.

II. Fol. 81 Verso: *Incipiunt sermones sancti C_ssarii numero undecim ad monachos.* a) Inter reliquas beatitudines quas in evangelio Dominus......

b) Fol. 84: *Explicit sermo I. Incipit II.* Sicut a nobis Dominus pro suscepti officii necessitate....

c) Fol. 87: *Explicit sermo II. Incipit III.* Ad locum hunc, karissimi, non ad quietem, non ad securitatem, sed ad pugnam....

d) Fol. 89: *Explicit III. Incipit IIII.* Scimus quidem spiritalis milicię cui nos mancipavimus....

e) Fol. 93: *Explicit sermo IIII. Incipit V.* Ad hoc ad istum locum convenimus, ut Deo nostro vacare possimus....

f) Fol. 94 Verso: *Explicit sermo V. Incipit VI.* Videte vocationem vestram, fratres karissimi; venire quippe ad heremum...

g) Fol. 96 Verso: *Explicit sermo VI. Incipit VII.* Sanctus ac venerabilis pater vester religiosa quidem humilitate....

h) Fol. 100: *Explicit sermo VII. Incipit VIII.* Quod supplicante et quodammodo cum caritate inherente....

i) Fol. 102 Verso: *Explicit sermo VIII. Incipit IX.* Miror, fratres dilectissimi, dominum meum patrem vestrum....

j) Fol. 105 Verso: *Explicit sermo VIIII. Incipit X.* Sanctus ac venerabilis pater dum se, ut cum venia sui dixerim....

k) Fol. 107 Verso: *Explicit sermo X. Incipit XI.* Vereor, venerabiles in Christo filii, ne dum pro conservanda quiete.......
(fol. 109): *Explicit sermo XI sancti Cesarii ad monachos.*

No 47

(ancien numéro 93).

Manuscrit sur parchemin du XIIIe siècle. — 110 feuillets, dont les 6 derniers ont beaucoup souffert, rongés par les souris à tel point que des trois derniers il ne reste plus que la moitié; 13 quaternions, annotés au verso de chaque huitième feuillet. — H.: 212 mm.; L.: 140 mm.

Fol. 1: Codex monasterii sancti Willibrordi Epternacensis. — A. 14. Continet Iohannis evangeliste totum evangelium cum parva glosa.

Le manuscrit renferme l'évangile de S. Jean, accompagné d'une explication continue; le texte est réparti sur trois colonnes, dont celle du milieu offre le texte de l'évangile, les deux autres les glosses; à celles-ci viennent s'ajouter encore de nombreuses explications interlinéaires. L'évangile est précédé en outre d'une préface tirée de S. Augustin, „de concordantia evangeliorum": Omnibus divinę scripturę paginis evangelium excellit, quia quod....

Initiale en or et en couleurs, I, fol. 3.

Nº 48

Manuscrit sur velin du XIIIe siècle. — 100 feuillets, répartis sur 12 quaternions côtés au verso de chaque huitième feuillet, plus 4 feuillets. — H.: 228 mm.; L.: 157 mm.

Fol. 1: Codex sancti Willibrordi Epternacensis cenobii. — A 13. Continet Marcum evangelistam cum parva glosa. (XVIIIe siècle).

Le manuscrit, renfermant l'évangile de S. Marc, est arrangé de la même manière que le nº 47 qui précède, et il semble même être écrit de la même main.

Belle initiales: M, au fol. 1er, et I au fol. 4.

Nº 49

(ancien numéro 73).

Manuscrit sur parchemin de la fin du XIIIe siècle. — 165 feuillets. — H.: 237 mm.; L.: 158 mm.

Nous distinguons dans ce manuscrit plusieurs mains: a) fol. 1—58, à 2 colonnes de 53 lignes. — b) fol. 49—55, à 1 colonne de 35 lignes, main plus ancienne que la première. — c) fol. 56—109, à 1 colonne de 42 lignes. — d) fol. 110—149, à 2 colonnes de 48 lignes. — e) fol. 150—165, à 1 colonne de 36 lignes.

Fol. 1: Bibliothecæ Aureævallis (XVIIIe siècle). — N—6; x u 4. — Fol. 165 Verso: M. SS. S. 7.

Le manuscrit renferme:

I. Fol. 1—48, un recueil de sermons:

Fol. 1 R. a: Deum time etc. Rex Salomon quem pre regibus et optimatibus universis insignivit Dominus . . . . .

Fol. 3 R. a: Quamdiu hic sumus, peregrinamur a Domino. Ecce quid dicit, ecce quid plangit vas electionis . . . .

Fol. 4 R. a: Legitur in exodo quod oppressit pharao filios Israël peccora taxatione, opus latericium ab eis exegerit . . . .

Fol. 4 V. a: **Neptalim cervus emissarius et dabit eloquia pul-**

critudinis. Quis audivit cervum alicui dentem?.....

Fol. 4 V. b: Serpentem esse aiunt, non curo utrum aspis an alio nomine vocetur, cuius in capite coalescit lapis pretiosus carbunculus....

Fol. 5 R. b: Salvatorem expectamus Dominum, id ęst Christum. Sacrosancti dies quos ex antiqua canonum et patrum auctoritate......

Fol. 6 R. b: Urbs fortitudinis nostre Syon. Hic loquuntur vasa misericordie cum gratiarum accione......

Fol. 7 R. b: Sobrie et iuste et pie vivamus etc. Series huius contextionis licet in verbis compendiosa....

Fol. 8 R. b: Nascitur nobis parvulus. Tria quedam in serie ista concurrunt, festiva de Christi futura incarnatione.....

Fol. 8 V. a: Hec dies quam fecit Dominus. David plenus gratia et benedictione celesti....

Fol. 9 R. b: Cantemus Domino, gloriose enim etc. Celebritas huius diei, fratres, summe preciosa, sed valde gratiosa est.....

Fol. 10 R. b: Celi distillaverunt a facie.... Hodierne diei celebritas inter ceteras, immo pre ceteris festivitatibus.....

Fol. 10 V. b: Petrus apostolus et P., doctor gentium.... Gloriosa nobis sollempnitas illuxit quam preclari martyres.... morte clarissima consecraverunt.....

Fol. 11 V. b: Oleum effusum nomen tuum, etc. Os nostrum patet ad vos, sermo noster ad vos, virgines sacratissime.....

Fol. 12 R. b: Pastoralis officii credita nobis dispensatio distat *(sic)* et monet nostre parvitatis inertiam, quatinus vel pauca proferamus in medium....

Fol. 13 R. a: Venite et videte opera Domini etc. Magna sunt et exquisita valde universa opera Domini.....

Fol. 14 V. a: In verbis istis loquitur spiritus consilii voce suavi, sed et terribili: vox suavitatis obedientibus, vox terroris contempnentibus....

Fol, 15 V. a: Docet nos, fratres, actus apostolorum, quod beatus Petrus circa horam VI^{am} ascendit in cenaculum....,

Fol. 16 R. a: Quotiens, fratres karissimi, sanctorum martirum sollempnia colimus, debemus imitari que colimus.....

Fol. 16 R. b: Celebritas hodierne festivitatis ammonet, dilectissimi fratres, ut in laudibus perpetue virginis immoremur; dignum namque valde est ut in die eius assumptionis delectemur.....

Fol. 16 V. a: Beati archangeli Michaëlis merito veneranda sollempnitas.....

Fol. 16 V. b: Karitati vestre, fratres dilectissimi, intimare statuimus qua de causa omnium sanctorum merita hodierna die commemorare consuevit sancta mater ecclesia....

Fol. 16 V. b: Creator et reparator humane nature dominus Iesus Christus, fratres dilectissimi, cupiens genus humanum......

Fol. 17 R. a: Quantam et quam multiplicem gratiam sancti apostoli a domino Christo meruerunt, audivit in lectionum serie sepe dilectio vestra.

Fol. 17 R. b: Mirabilis Deus in sanctis suis..... ut mirabilia in sanctis suis non taceamus et per hoc in divinis cultibus nos exerceamus....

Fol. 17 V. a: Festivitatem beatissimi Yll. celebrantes, spiritali iocunditate, summa devotione mentis repleri et exultare debemus....

Fol. 17 V. b: Dulce quidem lumen est, ut ait ecclesiastes, et delectabile oculis videre sol est....

Fol. 18 R. b: Sicut celum diversis ornatur sideribus, sic sancta ecclesia per anni circulum variis illustratur festivitatibus....

Fol. 18 V. a: Quoniam, fratres karissimi, ad dedicationem huius ecclesie vos devota mente venisse credimus.

Fol. 18 V. a: Misteria illa, fratres karissimi, que antiquis patribus sub velamine littere fuerunt premonstrata....

Fol. 18 V. b: Cum apostolus Paulus dicat: quecunque scripta sunt, ad doctrinam nostram scripta sunt.....

Fol. 19 R. a: Emitte agnum, domine, dominatorem terre, de petra deserti ad montem filie Syon...

Fol. 19 V. b: Paulus dicit: Omnes nos unum sumus in Christo Iesu. Iocunda multum et gratiosa verba.....

Fol. 22 R. a: Tria sunt loca, Egiptus, desertum, terra promissionis. In Egipto sumus servi et miseri, in deserto sumus miseri et liberi....

Fol. 23 V. a: Intravit Iesus in quoddam castellum..... In scriptura sacra res una et eadem multoticns invenitur diversa significare....

Fol. 24 R. a: Puto, sermonem a nobis expetit tam martir iste conventus quam adventus harum honorabilium personarum quas de longinquo gratulamur adesse.....

Fol. 25 R. a: Preciosa.... mors sanctorum eius. Audiat peccator....

Fol. 25 V. a: Beati Andreę apostoli solemnitas hodie celebratur. Etatem quam si pia solicitudine perscrutemus....

Fol. 26 R. b: Sit procul ab his conventibus, fratres, increpatio illa prophete iudaica reprobantis conventicula....

Fol. 27 R. a: In sanctorum vigiliis necesse est vigilare hominem spiritalem qui sollempnitates eorum celebrare desiderat in spiritu . . . . .

Fol. 27 R. b: Gloriosa nobis illuxit sollempnitas quam preclari martires, martirum duces, apostolorum principes, morte clarissima consecrarunt . . . . .

Fol. 27 V. a: Ad monumentum properat vita nostra, que triduanum reducat a monumento et Lazarum querat . . . .

Fol. 28 R. a: Quis vestrum habebit amicum etc. Quid est quod amicum unum perhibet advenisse . . . . .

Fol. 28 V. a: Festivitas hodierna, fratres, tanto nobis debet esse devotior quanto familiarior est . . . .

Fol. 28 V. b: Olim rex gloriosus et propheta Domini David sanctus religiosa quadam cepit cogitatione moveri . . . . .

Fol. 29 R. b: Domus hec, fratres, eterni regis est opidum, sed obsessum ab inimicis . . . .

Fol. 29 V. a: Hodie, fratres, sollempnitatem agimus et preclara atque id quidem facile dixerim, sed si pergitis querere cuius sancti illud iam forte, non ita . . . . .

Fol. 30 R. a: Domestica nobis celebritas dedicatio ecclesie nostre, magis autem domestica nostra ipsorum est dedicatio . . . .

Fol. 30 V. a: Dignus est agnus qui occisus est etc. Venerat ad nos calciata maiestas, divinitas incarnata . . . .

Fol. 31 R. b: Accepimus ab apostolo habitare Christum per fidem in cordibus nostris, unde videtur non incongrue intelligi posse . . . . .

Fol. 32 R. a: Sicut in corporum medicina prius purgationes adhibentur, deinde refectiones, ut scilicet prius exinaniatur corpus . . . . . .

Fol. 33 V. a: Angelorum hodie memoria celebratur et exigis debitum pro tanta sollempnitate sermonem . . . . .

Fol. 34 R. a: Audistis, fratres, evangelicam lectionem adversus eos qui pusillos scandalizant . . . . .

Fol. 34 R. b: Festivitas sanctorum omnium celebratur, et dignum est ut cum omni devotione celebretur . . . . .

Fol. 34 V. a: Legimus in evangelio hodie, quoniam videns Iesus turbas ascendit in montem; predicantem enim . . . . .

Fol. 35 V. b: Festivitas nobis est hec dies et inter precipuas sollempnitates hodierna festivitas numeratur . . . .

Fol. 36 V. a: Qui non humiliaverit se sicut parvulus iste, non intrabit in regnum celi. Verba sunt salvatoris que audistis . . . .

Fol. 37 R. b: Et rex David senuerat nec calefiebat, cum operiretur pellibus; **inventa est Abisach Sunamitis** . . . . .

Fol. 41 R. a: Maria unxit pedes Iesu. Videtis, fratres, quam sim avidus instructionis et edificationis vestre? ....

Fol. 42 R. a: Castra Dei sunt hic. Audis castra, audis castra hic esse, in eis te positum esse ....

Fol. 43 R. a: Veritas mea et misericordia mea cum ipso. Verba sunt, fratres, David ....

Fol. 44 V. a: Egredere in occursum Achaz tu et qui relictus est Iasub filius tuus ....

Fol. 45 V. a: Beatus et sanctus qui habet partem in resurrectione prima et in his secunda mors non habet potestatem .....

Fol. 46 V. b: Sancti per fidem vicerunt regna. Certo certius est quod sancti omnia regna mundi vicerunt ....

Fol. 47 V. b: Corpora sanctorum in pace sepulta sunt .... Si unius sanctorum preminentiam et laudes ......

II. Fol. 49—55. — Second recueil de sermons:

Fol. 49: Sancti per fidem vicerunt regna .... Convenientibus nobis in unum ad audiendum verbum salutis, magnus mihi timor est ne ....

Fol. 50: *Sermo.* Succidite arborem, precidite ramos, excutite folia, dispergite fructum. Quid miramini, fratres? Non est vox nostra hec, ...

Fol. 52 Verso: Egrotavit Ezechias et intravit ad eum Isaias propheta ..... Magno gaudio recolendum, fratres, est, quod Deus ....

III. Fol. 56—109: Extraits des *Decreta Iconis.*

Le recueil commence par l'entête suivant: *Ortodoxus recte doctus vel credens.* Exceptiones ęcclesiasticarum regularum partim ex epistolis Romanorum pontificum ...... Il finit, fol. 109, par ces mots du livre 4, chap. 105: De cuius intentionibus et moribus sit decretum. Maximum.

Initiales aux fol. 71 Verso, 85 et 86 Verso; celle du fol. 85 représente, pour la lettre I, un prêtre, chaussé de souliers rouges, vêtu d'une tunique blanche et d'un manteau bleu tombant jusqu'aux genoux, levant la main droite et tenant de la gauche un livre rouge.

IV. Fol. 110—149: *Iohannes Saresberiensis in Polycration,* traité incomplet à la fin.

Il commence: Perierant artes, evanuerant iura, fides corruerat, ipseque recti defecerat usus eloquii, et finit par: et primum autem **in magistris, secundum in discipulis. Libamina.**

V. Fol. 150—165 : Décrets du concile de 1215, incomplets à la fin : Anno ab incarnatione verbi M⁰CC⁰XV⁰, celebrata est sancta et universalis synodus in ecclesia sancti Salvatoris que Constantiniana vocatur mense novembri, presidente domino Innocentio tertio ..... Ils finissent par ces mots du chap. 57 : Ne si hoc modo singulas eiusdem loci ecclesias visitarent.

N° 50

(ancien numéro 90bis).

Manuscrit sur parchemin du XIII° siècle. — 97 feuillets, dont les feuillets 1—18, à 2 colonnes de 37 lignes, et le reste à une colonne de 38 lignes. — H. : 250 mm.; L. : 150 mm.

Fol. 1, en marge : Bibliothecæ Aureævallis (XVIII° siècle.) — N—6 ; x n 4. — Fol. 97 : M. SS. S. 7.
Une main du XVII° siècle a inscrit en tête du premier feuillet : Formularum antiquarum Ivonis Carnotensis episcopi. Le manuscrit renferme en effet le recueil d'Ivon de Chartres, plus quelques autres lettres que je citerai plus loin ; plusieurs mains du XIV° siècle ont mis en marge, tantôt en bas, tantôt en haut ou à coté, un court résumé des différentes lettres. Celles-ci sont au nombre de 281, dont 273 appartiennent au recueil d'Ivon. En voici le tableau comparatif, indiquant les numéros d'ordre du manuscrit et de l'édition de Migne.

Msc.	Migne	Msc.	Migne	Msc.	Migne	Msc.	Migne	Msc.	Migne
1	1	8	8	15	15	22	22	29	29
2	2	9	9	16	16	23	23	30	30
3	3	10	10	17	17	24	24	31	31
4	4	11	11	18	18	25	25	32	32
5	5	12	12	19	19	26	26	33	33
6	6	13	13	20	20	27	27	34	34
7	7	14	14	21	21	28	28	35	35

Msc.	Migne	Msc.	Migne	Msc.	Migne	Msc.	Migne	Msc.	Migne
36	36	76	79	116	119	156	159	195	202
37	37	77	80	117	120	157	160	196	201
38	40	78	81	118	121	158	161	197	203
39	38	79	82	119	122	159	162	198	204
40	41	80	83	120	124	160	163	199	205
41	42	81	85	121	125	161	164	200	206
42	43	82	84	122	123	162	165	201	207
43	44	83	86	123	126	163	166	202	208
44	45	84	87	124	127	164	167	203	209
45	46	85	88	125	128	165	168	204	212
46	47	86	89	126	129	166	169	205	192
47	49	87	90	127	130	167	170	206	211
48	50	88	91	128	131	168	171	207	282
49	51	89	92	129	133	169	172	208	219
50	52	90	93	130	132	170	173	209	210
51	53	91	94	131	135	171	174	210	216
52	55	92	95	132	134	172	175	211	217
53	56	93	96	133	136	173	176	212	218
54	57	94	97	134	137	174	177	213	220
55	58	95	98	135	138	175	178	214	221
56	59	96	99	136	139	176	179	215	222
57	60	97	100	137	140	177	180 et	216	227
58	62	98	101	138	141		182	218	228
59	61	99	102	139	142	178	183	219	229
60	63	100	103	140	143	179	184	220	230
61	65	101	104	141	144	180	185	221	231
62	66	102	105	142	145	181	186	222	232
63	67	103	106	143	146	182	187	223	233
64	64	104	107	144	147	183	189	224	234
65	68	105	108	145	148	184	188	225	235
66	69	106	109	146	149	185	190	226	224
67	70	107	110	147	150	186	191	227	225
68	71	108	111	148	151	187	193	228	278
69	72	109	112	149	152	188	195	229	279
70	73	110	113	150	153	189	194	230	213
71	74	111	114	151	154	190	196	231	214
72	75	112	115	152	155	191	197	232	215
73	76	113	116	153	156	192	198	233	223
74	77	114	117	154	157	193	199	234	280
75	78	115	118	155	158	194	200	235	236

No 50.   113

Msc.	Migne	Msc.	Migne	Msc.	Migne	Msc.	Migne	Msc.	Migne
236	238	244	246	252	254	260	262	268	270
237	239	245	247	253	255	261	264	269	272
238	240	246	248	254	256	262	265	270	273
239	241	247	249	255	257	263	215	271	274
240	242	248	250	256	258	264	266	272	275
241	243	249	251	257	259	265	267	273	276
242	244	250	252	258	260	266	268		
243	245	251	253	259	261	267	269		

Fol. 96, après la 273ᵉ lettre: Expliciunt epistole Ivonis.

Indépendamment du recueil d'Ivon, le manuscrit renferme encore deux autres lettres, au fol. 18, écrites d'une main du XIVᵉ siècle, ainsi qu'aux fol. 96—97 six lettres écrites de la même main que la seconde partie du manuscrit. En voici le texte:

1. Fol. 18: Rescribit quod exprimatur condicio et modus quibus servire debeat episcopo.

A tempore quo recessistis de curia, multiplices vobis direxi litteras nova curie et alia que scribenda occurrebant pro tempore continentes, sed nunquam a vobis aliquam habere merui que desiderata in sumaⁿᵉ cor meum reficeret, saltem de .... status vestri quem utique tamquam fidelis, devotus et humilis clericus vester fore incolumem, prosperum et felicem affectione plena desidero et efficaci attencione deposco. Sane veniens ad me nuper venerabilis dominus Alb., decanus veteris cappelle Ratisponensis, ex parte vestra mihi retulit oraculum vive vocis quod, cum reverendus in Christo pater dominus episcopus Ratisponensis indigere notario noscatur ad presens, vos personam meam licet insufficientem et indingnam in tantum recommendastis eidem, quod ipse volebat in suum me recipere notarium, dummodo ad partes illas di[ri]gerem gressus meos; unde mandastis quatenus super hoc deliberatione prehabita, si mihi videretur expediens, illuc ven[irem] vel alias vobis de intentionis mee proposito responderem. Ex quo evidenti argumento cognosco quod favorem quem erga per[sonam] meam hactenus sola vestri gratia concepistis, continuare benignis affectibus non cessatis, grandem mihi de vestra benivolentia fiduciam relinquentes, de quo tanto uberius, tanto humilius vestre paternitati ad merita graciarum assurgo, quanto id preter mea merita de maiori vestro affectu procedere dubium non existit. Verum, reverende pater, quamvis desiderem attencione devota vestris in omnibus obsecundare mandatis et me placitis inherere, tria tamen sunt que in hac parte quandam mihi videntur perplexitatis gravedinem generare, primum videlicet quia cum super hoc nullam mihi scripsistis litterulam que æqualem certitudinem prebuisset et expres[sisset] condicionem ac formam quibus deberem servire domino meo episcopo antedicto, quia nisi aliqua emolumenta utpote [de] sigillo et talibus possem percipere, non videretur consultum ut statum meum de quo vobis constat, aliquatenus inmutare[m] seu dominum meum qui tanta mihi bona exhibuit, ingrato more refutarem ad presens. Secundum quia per promocionem dicti domini mei in ecclesia Wiss. canonicatum obtinens prebendam exspecto; videretur dampnosum, si exierim eu ... antequam huiusmodi gratia mea effectum debitum sortiatur. Ter[tium] quia, sicut scitis, satis bonum statum habeo cum domino meo, cuius promotione iam in tam brevi tempore duas gratias sum adeptus, unde si cum domino episcopo predicto sub fo[rma] simplicis clerici stare deberem, nulla de sigillo et aliis percepturus emolumenta, prout alii notarii percipere consueverunt, non videretur consultum ut certum proventum dimittens recederem de curia, maxime antequam predicte gratie mee effectum ... debitum consecute, nisi ipse dominus episcopus mecum dingnaretur agere adeo graciose quod de benivolentia et promocione sua securus audacter possem dimittere statum meum. Super quo, si gratiam in oculis vestris inveni, mihi dingnemini plenius scribere condicionem exprimentes et modum quibus debeam cum predicto domino episcopo commorari et melioracionem .... in hac parte cont(?)dum(?) exspectare.

2. Fol. 18 Verso : Frater fratribus scribit qui (?) sibi (?) maie (sic) subvencionis .... propter quod invehitur contra eosdem et litteras eorum eis ad similia respondendo. 1)

Honorabilibus viris talibus .. fratribus suis dilectis .. in Romana curia moram trahens cum humili recommendacione se ipsum. Sumpta de vestra dilectione fiducia, aliquod dicam, licet asperum, confidenter, eo quia amor habet plagas suas que dulciores fiunt cum amarius inferuntur, unde si quid amarius scripti asperitas inferat, id tolleret amica dulcedo legentis. Porro litteris vestris affectione plena receptis et earum intellecto tenore, manifeste inveni quod, unde michi contra vos conquerendi graviter erat materia, vos vulpis gerentes astuciam in excusationis vestre suffragium contra me conquestiones multiplices intentastis. Vestrarum siquidem litterarum tenor habebat quod, cum a multis de prosperis meis successibus

---

1) La première ligne de l'entête a été enlevée à moitié lors de la reliure.

forent vobis multa relata, cordium vestrorum intima admiracio magna pulsabat quod de promocionibus vestris michi non esset aliquis cogitatus nec vobis unquam singnificare curarem continentiam status mei, sicque intentio vestra aut in me multe derisionis invexit obbrobrium vel spinam vestris pedibus inmorantem plantis meis infigere nitebatur. Et ut derisionis seu adulationis augeretur materia, subinferebant etiam vestre littere supradicte, ne illud pretenderem quod aliquando prompti effusis bursis ad mea desideria non fuistis, promittentes tales defectus oportuno tempore resarcire. Sane licet considerato ex hiis quod cordium vestrorum duricia nullum prorsus erga me gratie sen affectionis rorem admittit, mea duxisset intencio super hiis preterire responsum, amaritudinis tamen stimulus qui super hoc cor meum exaggerat, me compellit ut clamem: dicite mihi, queso, estne hoc fraterne dilectionis indicium? estne hoc magne affectionis quam ad me habere vos dicitis, evidens argumentum quod, tacito etiam de toto alio tempore preterito quo michi fraterni auxilii debitum subtraxistis, tribus annis cum dimidio iam elapsis quibus adeo longe fui absens et multa tam pro vobis quam pro me et aliis amicis, si non defuisset pecunia, potuissem comoda procurasse, manum vestre subventionis michi penitus subduxistis et maxime vos, domine H., quem eo maior quoadhoc nota cupiditatis redarguit, quo uberiori pre alio opum affluentia habundatis. Et ut maioris duriciei monstraretis effectum, nunquam mihi aliquam curavistis destinare litterulam, saltem vestri singnificantem tenorem et mei continentiam exquirentem, licet ad scribendum vobis frequenter tot occupaverim membranas et digitos adeo fatigarim quod iam manus sit fessa et papirus deficiat at scribendum. Ad ultimum vero presentem ad me nuncium expensis quibus ad vos posset redire, omnino vacuum transmisistis, magna quidem petentes, sed parva impendere dubitantes, cui re vera me magis exhibuissem liberalem, nisi vestre parcitatis consideratio obstitisset. Potuissetis mihi namque per ipsum transmississe aliquid quod culpam preteritam aboleret. Quando autem sit tempus illud venturum quo preteritos vos promittitis emendaturos defectus, nescio, nisi tunc forte cum sathanas diem claudet extremam et mater sua alteri viro nuptiali consortio coniungetur; si enim ad presens quamdiu tempus est messis, extrema siti messorem exspirare dimittitis, post lapsum messis spacium spe concepta frustrati, fasciculos tritici in vestris non invenietis horreis colligatos. Spero etiam quod, cum beneficiorum meorum que exspecto, de quibus infra fiet mencio, possessionem fuero pacificam assecutus, non tantum vestro indigebo suffragio, sicut indigerem ad presens et indigui temporibus retroactis. Ceterum ne super hiis que vestre petebant littere, consolacio vobis per me denegetur, sciatis quod ad promotionem ipsorum faciam omnimode posse meum. Quod autem vos facere debeatis, ut huiusmodi negotia suum consequantur effectum, dominus Cl., avunculus noster, plenius vobis scribet et nomius (?) lator presentium quem de hoc plenius informavi, vobis referet viva voce. Et ut de statu meo certifiemini, sciatis me grata corporali sospitate vigere et canonicatum et prebendam in ecclesia Wiss(eradensi?) necnon primum beneficium spectans communiter vel divisim ad collacionem episcopi et capituli Pragensis in ecclesia tuu[ce] et dyocesi Pragensi auctoritate apostolica exspectare. Dat. etc.

3. Fol. 96. Serenissimo domino et patri suo summo pontifici pape Innocentio frater Odo abbas sancti Remigii, abbas Mosomi, abbas de Altovillari, abbas sancti Theoderici, abbas sancti Basoli, abbas sancti Nichasii, abbas sancti Dionisii, G. archidiaconus, H. archidiaconus, F. prepositus, L. decanus, G. cantor totusque cum eis clerus, ordo et populus Remensis, debite reverentie et subiectionis obsequium. Sicut filios patri equum est humiliter obedire, ita pacem Dei debet pater filiis providere. Defuncto siquidem bone memorie R. archiepiscopo, post exsequias funeris ipsius omnes nos assistentes Deo coram altari, premissa invocatione Spiritus sancti et facta sicut decus ad Deum oratione communi, ad auxilium Dei confugimus et cum magna mentis anxietate manus et corda levantes in celum, non ab homine, sed ab ipso domino Deo de eligendo pastore consilium querere decrevimus. Quia ergo Deus noster sua non potest benignitate privari, quia etiam omnibus pie petentibus semper presto est, credimus gratiam et misericordiam Dei in medio nostrum affuisse. Cum enim prius per varias disceptiones et per diversas voluntates multimodis divisi et distracti essemus, Deus omnipotens omnium nostrum in unam sententiam corda convertit. Communi igitur voto, communi voce et libera omnium voluntate, si quidem salva apostolica auctoritate, elegimus domnum B. laudunensem episcopum, virum vere humilem et modestum, nobis a puero sufficienter cognitum et probatum, cuius caritas, cuius benignitas, quanta sit erga ecclesias et erga pauperes Christi, plus opera ipsa quam verba testantur. Quia ergo persona quam elegimus, Deo et hominibus amabilis est, quia etiam electio nostra auctore Deo sana, digna atque laudabilis est, Deo et vobis, domine pater, omnes nos filii, immo servi vestri, qua possumus precum instantia supplicamus quatinus ecclesie laboranti et pro electione confirmanda **communi omnium nostrum petitioni sicut pius, sicut benignus pater**

et dominus misericordię operam impendatis. Valeat sanctitas vestra in Christo.

4. Fol. 96 Verso: Domino et sanctissimo patri suo pape Innocentio F. prepositus, L. decanus, G. cantor totaque Remensis ęcclesię congregatio, debitam in omnibus reverentiam. Ad vestrum, domine pater, spectat examen, et pie fovere bonos et male perdere incorrigibiles et malos. Audivimus quod dominus Atrebatensis episcopus qui in lege Dei zelum habet et scientiam, domno abbati sancti Vedasti quedam capitula criminosa in presentia domni archiepiscopi nostri et aliorum episcoporum qui non solum de nostra diocesi, sed de aliis ad diem convenerant, testificantibus quidem et acclamantibus cum eo in abbatem multis religiosis abbatibus, libera et aperta voce obiecit, scilicet non fide de servata (sic), de vita tam ipsius quam fratrum suorum inordinata, de dampnosa et multimoda possessionum et utensilium illius ęcclesię distractione et de multis aliis quę ipse per singula suo loco et tempore plenius vobis referre poterit et exponere. Quia ergo domnus episcopus ductus fervore spiritus et zelo magno in tanto quidem labore non sui corporis vires attendit, sed ut possit stare pro domo Dei, etiam se supra se elevat totumque se periculo vitę mancipat et exponit, paternitatem vestram multa cum devotione filii vestri petimus et precamur ut paterno affectu bonam atque laudabilem ipsius episcopi emulationem in tali negotio, sicut vos decet, attendatis, et predicti abbatis inobedientiam digna ultione et apostolica auctoritate coerceatis. Valete.

5. Fol. 97 Verso: Serenissimo patri et domino suo summo pontifici pape Innocentio, F. prepositus, L. decanus, G. cantor et cum eis fratres Remensis ęcclesię debite subiectionis reverentiam. Sicut patres bonis debent filiorum profectibus congaudere, ita eorum calamitatibus et miseriis humanum est condolere. Novit equidem prudentia vestra, domine pater, quod a multo tempore Cameracensis ęcclesia gravem intus et foris vexationem sustinuit, unde a suo statu et antiquo decore inminuta pene iam omnino defecit. Nos igitur qui tantam illius ęcclesię desolationem materno affectu plangimus, ad hostium vestre discretionis, domine pater, etiam cum multa importunitate pulsamus, ut electionem illam quam ad honorem Dei et ad utilitatem regni clerus, ordo et populus cum assensu principis concorditer fecerunt, tum pro instantis temporis necessitate, tum pro ipsius electi multimoda utilitate vos misericorditer dispensando et illi ęcclesię laboranti salubriter consulendo approbare dignemini.

6. Fol. 97: Domino et serenissimo patri suo summo pontifici pape Innocentio A. archidiaconus, H. archidiaconus, F. prepositus, L. decanus, G. cantor, et tota cum eis Remensis ęcclesię humilis et devota congregatio, totius devotionis obsequium. Periculosum nimis est asserere falsitatem neque minus est ubi necessitas exigit, abscondere veritatem. Quod ergo vidimus, hoc testamur. Presentibus enim nobis et mediantibus episcopis et abbatibus qui ex precepto vestro convenerant, questio illa diu agitata inter dominum archiepiscopum et abbatem sancti Remigii sub certa diffamatione ita penitus decisa fuit quod sine omni calumnia, immo cum bona et libera voluntate utraque pars finitivam sententiam concessit, voluit et laudavit. Nos igitur qui utrique parti sine fraude quod suum est servare debemus et volumus, vestram, serenissime pater, benignitatem multa precum instantia suppliciter imploramus, ut cognita veritate dominum archiepiscopum fidelem vestrum a vexatione huius negotii tam longa et molesta, quod vestrum est, absolvere dignemini, et inter utramque personam pacis vinculum et antiquam gratiam reformetis.

7. Fol. 97: L...... Dei gratia Romanorum imperator augustus, R. Remensi archiepiscopo, salutem et omne bonum in domino. 1) Primum quidem non parum te suspectum habuimus, credentes quod non simplici oculo nos et ipsam respiceres. Quod quia aliter esse per reverendam ęcclesię tuę personam cognovimus, clementius de te sentimus, grates tibi referentes quia ad honorem imperii et prefate Cameracensis per eundem honestam nobis fecisti legationem. Scias itaque quia ex consulto principum precunte canonica electione eidem ęcclesię melius consulere non potuimus, quam prepositum maioris ęcclesię N., unde electionem de ipso canonice factam ex parte tua confirmes et pro necessitate ęcclesię ratam cam esse velis. Qui licet ordines sit *(sic)*, tamen pro loco tempore salubri dispensatione utendum est.

8. Fol. 97: A(nselmus) Dei gratia sancte Bethleem humilis episcopus et omnis ecclesie conventus, domino Leoni, nutu divino venerabili Remensis ęcclesię decano, salutem et initium sapientię. Spiritualis desiderii affectum quem circa gloriosam nativitatis Dei ecclesiam et nos eius utinam dignos servos vos habere ex tonore *(sic)* missarum ad nos litterarum percepimus, ille divinus amor nobis inspiravit, qui ubique fideles suos dominum Ihesum confiteri facit. Sancte Remensis ecclesie orationibus nos in fratres per vos

---

1) Au-dessus de la ligne: Pro Cameracensi ecclesia.

unitos esse congaudemus et vestrum sanctum conventum, prout vestra postulavit caritas, bethleemitice ecclesie participem esse in futurum alacri devotione instituimus. Quam benigna menti vestre virginei diversorii insit recordatio, illud optimum psalterium ostendit, quod ex dono vestro nobis gratissima oblatio venit. Obsecramus ut dominum archiepiscopum et omnem ecclesie vestre sapientissimum clerum ex parte nostra fratrum et intercessorum eorum videlicet in gratia Dei salutetis. Valeatis omnes in Domino.

Cette dernière lettre a été imprimée d'après notre manuscrit dans les Archives de l'Orient latin I, p. 383.

N° 51

(ancien numéro 64).

Manuscrit sur parchemin du Xe siècle. — 85 feuillets à 25 lignes. — H.: 220 mm.; L.: 173 mm.

Fol. 1: Bibliot. Aureævallis (XVIIIe siècle). — N 6. — Fol. 2: Bibliothecæ Aureævallis (XVIIIe siècle). x n 4. — Fol. 86 Verso: M. SS. d. 12. — Reste la côte du quaternion IIII (fol. 7).

Il renferme le traité de S. Augustin „de consensu evangelistarum", incomplet au commencement et à la fin. Il commence, fol. 1: non repugne..... habebas duobus quia secundius tum dicetur quod vobis videtur de Christo cuius est filius. Suit la table des matières des chapitres 71—77 du deuxième livre. — Fol. 1 Verso, commencement du deuxième livre: Quoniam sermonem non brevi et admodum necessarium quem libro uno compleximus, reputavimus..... — Fol. 62, fin du deuxième livre: **Nihil adferunt questiones etiam ceteri evangeliste qui talia commemorant.** Une autre main plus récente, d'une écriture imitant celle du manuscrit, a écrit sur les trois lignes et demie qui séparent le deuxième livre du troisième: Deus quies sanctorum tuorum, splendor mirabilis, qui odierna die beatorum martirum tuorum Stephani Nichomedi imaque zamer *(sic)*. — Suit alors la table des matières du troisième livre: De cena Domini et de expresso traditore eius quem admodum inter se quattuor conveniant. De predicta negatione Petri ..... — Fol. 63. commencement du troisième livre: (I)am quoniam omnium quattuor narratio in eo versatur loco in quo necesse est usque in finem pariter ambulare.... — Fol. 85 Verso, fin du manuscrit par les mots suivants du livre 3, chap. 13: Ergo ne quisquam cogitatione in tanti criminis adversus Iudaeis in milites illos converteret.

N° 52.

Manuscrit sur parchemin de la fin du XVe siècle. — 141 feuillets à 20 lignes. — H.: 208 mm.; L.: 142 mm.

Livre d'heures à miniatures.

Fol. 1: Monasterii b. Marie Virginis Munsteriensis, ordinis sancti Benedicti, Luxemburgi, abbate Willilrordo Anno 1684.

Le manuscrit renferme, quant au texte:

I. Fol. 3—8: Calendrier; les lettres Kl, au commencement de chaque mois, sont en or, rouge et bleu, les lettres dominicales en or; en tête de chaque mois se trouve, réparti sur deux lignes, un vers sur les qualités médicales de certains jours, en bas, en lettres rouges: Nox habet horas..., dies.... — Ces vers sont: Prima dies mensis et septima trinitat *(sic)* ut ensis. — Quarta subit mortem, prosternit tertia fortem. — Primus mandantem disrumpit, quarta bibentem. — Denus et undenus est mortis vulnere plenus. — Tertius occidit et septimus ora relidit. — Denus pallescit, quindenus federa nescit. — Tredecimus mactat iulii, denus labefactat. — Prima necat fortem perditque secunda cohortem. — Tertia septembris et denus fert mala membris. — Tertius et denus est sicut mors alienus. — Scorpius est quintus et quartus est nece cinctus. — Septimus exanguis, virosus denus ut anguis.

II. Fol. 10: *Oratio devota ad virginem Mariam.* Obsecro te, domina sancta... — Fol. 12 Verso: *Alia oratio beate Marie virginis.* O intemerata et in eternum benedicta.... — Fol. 14 Verso: *Memoria de sancto Iohanne Baptista.* Inter natos mulierum.....
— Fol. 15: *Memoria de sancto Anthonio.* Da patris Anthonii......
— Fol. 15 Verso: *Memoria de sancto Sebastiano.* O beate Seba-

stiane. — Fol. 16 :' *Memoria de s. Adriano.* Iste sanctus pro lege
...... — Fol. 16 Verso: *Memoria de s. Barbara.* Simile est regnum
..... — Fol. 17 : *Memoria de s. Katherina.* Virgo s. Katherina
Gretie .... — Fol. 17 Verso: *Memoria de s. Maria Magdalene.*
In diebus illis mulier ....

III. Fol. 19: *Incipiunt hore de sancto Spiritu.* Domine, labia
mea aperies .... — Fol. 23 Verso: *Incipiunt hore sancte crucis.*
Domine, labia mea aperies ...... — Fol. 28 Verso: *Hic incipit
missa de domina nostra.* Et introibo .. — Fol. 33: *Inicium sancti
evangelii secundum Iohannem.* Gloria tibi, Domine. In principio....
— Fol. 34 Verso: *Sequentia sancti ewangelii secundum Lucam*
...... — Fol. 36 : *Sequentia sancti ewangelii secundum Matheum* ....
— Fol. 37 Verso: *Sequentia sancti ewangelii secundum Marcum.....*

IV. Fol. 39: *Incipiunt hore beate Marie virginis secundum
consuetudinem ecclesie Romane.*

V. Fol. 80: *Incipiunt septem psalmi penitenciales.* — Fol. 87
Verso: Litanie de tous les saints. — Fol. 94: *Incipiunt vigilie
mortuorum.*

VI. Fol. 124: *De sancto Claudio.* O desolatorum consolator....
— Fol. 125: *De sancto Godone.* Godo crucem Domini .... —
Fol. 125 Verso: *De s. Nicolao.* O Xpristi *(sic)* pietas ..... —
Fol. 126: *De s. Fiacro.* Ave, pater gloriose .... — Fol. 126 Verso:
De s. Iacobo. Adiutor omnium seculorum .... — Fol. 127 Verso:
De s. Francisco. O stupor et gaudium .... — Fol. 128: *De s.
Margareta.* Simile erit regnum .... — Fol. 128 Verso: *De s.
Agnete.* Beata Agnes in medio .... — Fol. 129: *De sancta Lucia.
De s. Agatha.* — Fol. 129 Verso: *De s. Apollonia.* — Fol. 130:
De s. Anna. — Fol. 132 Verso: *De Iacobo.* — Fol. 133: *De s.
Bertholomeo. De s. Christoforo.* — Fol. 134: *De s. Iohanne. De
s. Michaele.* — Fol. 134 Verso: *De sancta lacrima.* Tremuit spiritu Ihesus ...... — Fol. 135: *De sancto Petro et Paulo.* —
Fol. 135 Verso: *De s. Blasio.*

VII. Fol. 136: *Orison dévote à la élévacion du précieus corps
de nostre signiour Ihésus.* Je te salue, Ihésu Crix, parole du peire,
fil de vierge, aignel de Dieu, salus du monde, hostie sacrée, parole
en char, fontaine de pitié. Je te salue, Ihésu Crix, resplandisseur
du père, prince de paix, porte du ciel, pain vif, port de virginité,
vaisseil de déitey. Je te salue, Ihésu Crix, loange des angles, gloire
des sains, vision de paix, deytey entière, flours et fruit de virginité. Je te salue, Ihésu Crix, lumière du ciel, loer du monde, nostre
ioye, pains des angles, liesse du cuer, roy espous de virginitey. Je
te salue, Ihésu Crix, voye douce, véritey parfaite, nostre louyer,

soverain charitey, fontaine d'amour, paix douce, nostre repous, vie pardurable. Amen.

C'est là la seule pièce en français qui se trouve dans le manuscrit.

VIII. Fol. 136 Verso: Litanie de la Vierge, suivie d'un hymne à la Vierge.

Miniatures. Fol. 1 Verso: Sainte Véronique tenant le suaire avec l'image de Jésus-Christ, le tout sur un fonds rouge entouré d'un cadre blanc, portant en lettres d'or:

> Salve, sancta facies nostri redemptoris,
> In qua nitet species divini splendoris
> Impressa panniculo nivei candoris. Amen.

Fol. 2 Verso: Jésus flagellé debout dans une espèce de sarcophage, entouré des instruments du supplice.

D'autres grandes miniatures se trouvent fol. 10, 18, 23, 28, 33, 34, 36, 37, 39, 59, 62, 65, 68, 71, 77, 80, 94, de plus petites, fol. 14 Verso, 15, 15 Verso, 16, 16 Verso, 17, 17 Verso, 124, 125, 125 Verso, 126, 126 Verso, 127 Verso, 128, 128 Verso, 129, 129 Verso, 130 et 135 Verso.

Reliure en cuir doré, offrant sur les deux plats les mêmes ornements; au milieu un grand écusson couronné, surmonté d'un bras armé d'une épée sortant de nuages à droite, entouré de 8 petits écussons séparant les mots de l'inscription: ET — AD — HVC — SPES — DVRAT — AVO — RVM — 1587. L'écusson du milieu est coupé d'un trait parti de trois autres qui font huit quartiers: 1º un fascé de 8 pièces; 2º un semé de fleurs de lis brisé d'un lambel à 5 pendants; 3º à la croix recroisetée et potencée; 4º à 5 pals; 5º à un semé de fleurs de lis; 6º à un lion couronné, contourné; 7º à un lion contourné; 8º à deux bars adossés accompagnés de trois croisettes. Sur le tout l'écusson de Lorraine à la bande chargée de trois alérions disposés en bande. — Les huit petits écussons portent: le premier les armes de Lorraine; le second la croix recroisetée et potencée; le troisième, à un fascé de huit pièces; le quatrième à un semé de fleurs de lis; le cinquième parti, au 1 au lion contourné, au 2 au lion; le sixième à deux bars adossés sur un semé de croisettes; le septième à un semé de fleurs de lis, brisé d'un lambel à quatre pendants; le huitième à cinq pals.

Donné à la bibliothèque en 1856, par M. J. Paquet, en son nom et en celui des autres héritiers de feu Mad. Pondrom.

N° 53

(ancien numéro 80).

Manuscrit sur papier, daté de 1467 et 1468. — 377 feuillets (le premier et le dernier d'eux en parchemin); les feuillets 2—104, 181 Verso—262, 277—292 et 296—311 sont à deux colonnes, les autres à une seule. — H.: 220 mm.; L.: 151 mm.

Fol. 1: Codex monasterii s. Willibrordi Epternacensis. M. 18. (XVe siècle).

Fol. 1: *Hic habetur compendiose reigistrum (sic) huius codicis.*

I. Fol. 2—56, en 2 colonnes. Commentaire sur les livres de Scot, en 3 livres:

Circa innicium primi libri de anima Scoti super Arestotulem queritur primo utrum corpus animatum....... — Fol. 10: Finitum in Zayms 1468 in vigilia Viti. — Fol. 11: Circa inicium secundi libri de anima doctoris subtilis queritur primo, utrum anima.... Fol. 38 Verso, à la fin: Et hoc de secundo libro de anima, finitum in die Margarete pre vesperis Thanis anno Domini 1468.

Fol. 38 Verso: Circa inicium tercii libri de anima queritur, primo utrum intellectus.... A la fin, fol. 56 Verso: Et hec de ultima questione tertii libri et per presens de toto de anima doctoris subtilis dicta sufficiunt. Finita in Zayms in vigilia Vincula (sic) sancti Petri anno Domini MCCCCLXVIII.

II. Fol. 57: Circa inicium librorum de anima Arestotulis queritur, utrum inter partes........ A la fin de ce traité, embrassant les trois livres, fol. 103 Verso: Finitum in Zainis in die Bartholomei precise hora 5ta anno incarnacionis Christi 1468.

III. Fol. 105: *Summa pauperum Alberti Magni.* Elle commence: Titulus et summa incipit naturalium. Philosophia dividitur in tres partes, scilicet in logicam, ethicam et phisicam, seu in rationalem, naturalem et moralem, de quibus primis duabus obmissis ad presens de sola philosophia naturali hic intendimus....... Traité accompagné de nombreuses gloses marginales. — Fol. 119 Verso: *Secundus tractatus, libris de celo et mundo Arestotulis correspondens:* Quia dictum est de corpore mobili..... — Fol. 126: *Tercius tractatus correspondens libris de generatione et corrupcione.* Post quod dictum est de corpore mobili..... — Fol. 130:

Tractatus quartus metheororum libris correspondens. Dicto de corpore generabili et corruptibili... Fol. 152 Verso: *Tractatus quintus libris de anima correspondens.* Sicut dicit Damascenus.... Fol. 163: Explicit faciliter summa pauperum Alberti Magni quondam episcopi Ratisponensis viri expertissimi. In Zayms in die tercio anno incarnationis dominice 1468.

IV. Fol. 165. Traité d'Albert le Grand super secreta.
Tractatus Alberti de Saxonia super secreta. Incipit se (sic). Dilecto sibi socio et amico et de tali loco vere sapientie....., Fol. 181: Et hec de secretis mulierum. Finitum Zwickavie in die Gerdrutis per me Leonhardum Nurenberga sub anno Domini 1468, V^a hora.

V. Fol. 181 Verso: *Circa commentarium formale textus precedentis assumitur hec prepositio:* Homo generat hominem...... Fol. 206: *Et hec nostra finita sunt in Zaynis in die vincula Petri 1468.*

VI. Fol. 207: *Circa propleumata Arestotulis.* Circa propleumata Aristotulis assumitur primo auctoritas eiusdem...... Fol. 228: Expliciunt problemata Arestotulis finita in Czwickavia dominica ante Vestris moniti, 1467.

VII. Fol. 229: *Circa inicium libri de sensu.* Circa inicium primi libri parvorum naturalium Arestotulis de sensu et sensato queritur, utrum corpus animatum sit....... Fol. 241: Et hec de questione et per presens de toto libro de sensu et sensato Arestotulis dicta sufficiunt. Et est finitus Czwickavie feria quarta ante vincula Petri anno Domini MCCCCLXVII.

VIII. Fol. 241 Verso: *Circa librum de memoria et reminiscentia.* Queritur primo utrum memoria sit..... Fol. 244 Verso: Et hec de questione et per presens de toto libro Arestotulis de memoria et reminiscentia. Et est finitus in vigilia vincula Petri Czwickavie per me Le(onhardum) Nu(renberga) anno Domini 1467.

IX. Fol. 245: *Circa librum de sompno et vigilia.* Queritur primo utrum sompnus sit..... Fol. 249 Verso: Et hec de questione et per presens...... e libro de sompno et vigilia per me Leonardum de Nurenberga. Et est finitus Czwickavie in die vincula Petri hora 7., anno 1467.

Le copiste, après le recto du fol. 245, avait sauté 2 feuillets qu'il remplit plus tard; il l'indique par des renvois en bas du fol. 246 et par la notice suivante inscrite en haut du fol. 245 Verso: *Hi fantisiret ich mit dem geist und wendet 2 pleter um.*

X. Fol. 250: *Circa librum de longitudine et brevitate vite* queritur primo utrum in viventibus et . . . . Fol. 251: Explicit hoc de libro de longitudine et brevitate vite. Finitus Czwickavie proxima die post vincula Petri per me Leonardum de Nurenberga anno 1467.

XI. Fol. 251 Verso: Circa inicium de pomo et morte Arestotulis. Cum homo creaturarum dignissima . . . . Fol. 255 Verso: Explicit de pomo et morte Arestotulis. Finitus Czwickavie per me Leonardum de Nurenberga in vigilia Laurenci anno Domini MCCCCLXVII.

XII. Fol. 256: *Moralia documenta*. Tractatus Ysyderi de modo vivendi incipit. Age, fili, ut . . . ., age, ut decet . . . . . — Fol. 258 Verso: Et tantum de illo tractatu Ysideri. Et finitus Czwickavie in vigilia carnisprivii 1468.

XIII. Fol. 259: *Pro inicio cuiuslibet loice scientie tale movetur thema:* in hac vita summa nobilitas est scientia, due vie ad regnum glorie . . . . . . — Fol. 262 Verso: Et de inicio . . . . quantum agredimur tractatum secundum exigentiam. Finitum in Zanis in die Petri et Pauli anno Domini 1468.

XIV. Fol. 263: Tractatus Francisci Maronis de ecclesiasticis et . . . ditatibus. Ab initio et ante secula creata sunt omnia eclisiastice . . . . — Fol. 270: Et sic finitur tractatus qui dicitur sirculus (?) Francisci Maronis, doctoris sacre theologye ordinis minorum de eere et extrane (?). Per me Leonhardum de Nurenberga tunc temporis scolarem in Czwickavia, sabatina die post corporis Christi, quinta hora vespertina, sub anno Domini 1467. Laudetur Deus.

XV. Fol. 271: *Circa inicium primi libri m theororum Arestotulis* queritur primo utrum corpus sit mobile ad formam mixti inperfecte . . . . . Fol. 281: Circa inicium secundi libri metheororum Arestotulis queritur primo . . . . Fol. 288: Et hec de secundo libro metheororum dicta sufficiant. *In vigilia Egidii 1467.* Circa inicium tercii libri metheororum queritur primo utrum . . . . . Fol. 292 Verso: Et hec de questione et per presens de tertio libro metheororum dicta sufficiunt. Die proxima post rest. crucis in Czwickavia 1467. —

Fol. 293, la suite du traité précédent. — Fol. 295 Verso : Finitur in Zainis anno Domini 1468 in vigilia crucis.

XV. Fol. 296 : *Philozophia est multum mirabilis digna scientia.* Hanc propositionem scribit Apolonius in quodam libro ..... Fol. 311 : Et ... de isto tractatu Avicenne de mirabilibus. Finitus in Zaynis in die Lamperti anno Domini 1468.

XVI. Fol. 312 : *Tractatus Augustini de spiritu et anima incipit faciliter.* Interrogasti me de ...... Fol. 317 Verso : Et hec de tractatu Aggustini de spiritu et anima sufficiunt. Finita in Zaynis in vigilia Bartolomei anni Domini 1468.

XVII. Fol. 318 : Circa inicium huius libri qui intitulatur parvulus philosophie moralis Senica dicit : Illud est summum bonum ..... Fol. 343 : Et hec de parvulo philosopho Arestotulis dicta sufficiunt. Finita Czwickavie in vigilia vigilie nativitatis Christi, in nocte, hora undecima, anno Domini 1467.

XVIII. Fol. 345 : Quoniam de anima secundum se determinatum est in libro de anima et de virtutibus ipsius, nunc determinandum est de istis que per se insunt vitam habentibus.

XIX. Fol. 335 : Registrum libri de memoria et reminiscentia.

XX. Fol. 359 : Registrum libri de sompno et vigilia.

XXI. Fol. 369 Verso : Registrum libri de longitudine et brevitate vite.

XXII. Fol. 368 : Registrum libri de iuventute et senectute.

XXIII. Fol. 373 Verso : Incipit libellus parvus de mundo ipsius venerabilis.

XXIV. Fol. 375 Verso : Sequitur tractatus de motu cordis faciliter.

XXV. Fol. 376 : Sequitur tractatulus de morte et vita ... , . Finitus Czwickavie in vigilia Katerine anno Domini 1467.

Les traités XIX—XXV sont accompagnés de gloses marginales, finissant par ces mots : In Czwickavia per me Leonhardum de Nurenberga in vigilia s. Nicolai 1467.

Fol 377 : Trois notices, se rapportant sans doute à Léonard de Nuremberg, le copiste de cet ouvrage :]

Item transivit ad studium alme universitatis Erffurtensis dominica ante Michaelis 1469. — Item expost eodem anno fuit immatriculatus quarta feria ante Galli. — Item promotus in baccalarium arcium feria quarta post annunciacionis Marie 1471.

N° 54

(ancien numéro 114).

Manuscrit sur parchemin du XIIIe siècle. — 72 feuillets à deux colonnes, le premier feuillet à 50 lignes, les autres à 88—90 lignes par colonne. — H.: 220 mm.; L.: 150 mm.

Le manuscrit contient:
Casus decretalium magistri Bernardi.
Il commence: Rex pacificus. Premissa salutatione. Et sic pone casum in ista constitutione: Rex pacificus, id est dominus Iesus Christus pia sua miseratione. — Fol. 22 Verso: Explicit liber primus decretalium.. equo vult Deo quidam impetebat, quo vult..... — Fol. 37: Explicit liber secundus. Qui scripsit scibat et longe tempore vivat. — Fol. 38 en blanc. — Fol. 39: Et layci. Casus dicitur quia layci non debent.... — Fol. 55: Explicit liber tertius. De Francia quidam nobilis...... — Fol. 60: Explicit liber quartus. Incipit quintus. Si legitimus. Casus si huiusmodi.... — Fol. 72 Verso: Expliciunt casus decretalium magistri Bernardi.

Cf. Fabricius, bibliotheca latinitatis, I, p. 229, au mot: Bernardus de Montemirato, presbyter Compostellanus. — Dupin, histoire des controverses et des matières ecclésiastiques, Paris, 1698, p. 266, dit que les cas sur les cinq livres des Décrétales ont été imprimés à Nuremberg en 1493, et à Strasbourg en 1498. — A la bibliothèque de Luxembourg se trouve une autre édition antérieure à celles citées par Dupin: arte et ingenio Michaelis Wenslers Basilee impressus....., anno 1479; in 4°.

N° 55

(ancien numéro 82).

Manuscrit sur papier, écrit en 1456 par ordre de l'abbé Winandus d'Echternach. — 106 feuillets à 33 lignes par page. — H.: 215 mm.; L. 138 mm.

Au Verso du feuillet de garde se trouve cette notice: Anno 1622, 6 Decembris, iturus in Bickendorff incidi in pagum vulgo Fliessem nuncupatum, ubi hospitatus apud Ven. D. Pet. Wolfsfeldt, presbyterum, ibidem reperi hoc parvum opusculum, scriptum manu propria a ter venerando et religiosissimo viro ac domino domino Vinando abbate Epternacensi toparchæ. Presentavi huncce libellum reverendissimo domino meo prelato P. Richardoto 10 Decembris quem antiquitatum amantissimus gratanti vultu susceptavit. — F. Petrus Fisch Rosportanus.

Le manuscrit contient:

I. Fol. 1: Tractatus Bonaventuræ de quatuor exercitiis, incomplet au commencement. — A la fin: Explicit tractatus Boneventure de quatuor exercitiis, utilis et devotus.

II. Fol. 32 Verso: Le premier livre de l'imitation de J. Ch., de Thomas a Kempis: Pensandum quippe est....

III. Fol. 47 Verso: De quatuor novissimis: Deum dilexi....

IV. *Incipit speculum peccatorum.* Quoniam, karissimi, in via.

V. Fol. 104: *Incipit speculum proficuum valde peccatori.* Fratres mei karissimi.....

A la fin du volume: 1456.

Et sic speculorum istorum est finis, detur gloria trinis.
Anno milleno C quater quino X quoque sexto,
Modeste festo fac quod hoc memor esto;
Me fecit scribi gratia pneumatis almi
De Gluel natus Winandusque vocatus,
De Reno natus Epternochque locatus.

Dans le courant du XVIe siècle le volume paraît avoir appartenu à François d'Eltz, dont le nom est inscrit au verso du feuillet de garde.

En marge du fol. 93 Verso: Meinen willichen dienst zuvor. Hertzalleleibsten Margretta von Beumelberg genant von Lenstein. — La même main a écrit au Verso du fol. 106: Meinen willichen dinst zuvor. Leber juncker. Ist main bett an euch, eir wollet doch meir mein abscheit gefen und abfertigen. Hans Manderscheitt von Trier, 1573.

Nº 56

(ancien numéro 99).

Manuscrit sur parchemin, écrit par 5—6 copistes différents du XIVe siècle. — 168 feuillets à 29 lignes. — H.: 204 mm.: L.: 140 mm.

Fol. 1: Bibliot. Aureævallis (XVIIIe siècle). — N 6. — x n 4. — Fol. 168: M. SS. d. 4.

Il contient, fol. 1—95, des commentaires sur cinq livres de l'ancien Testament.

I. Fol. 1: In principio creavit Deus, scilicet pater in filio, qui principium de principio, sine principio....., (fol. 22) que per centenarium dari.

II. Fol. 22: Hellemot hebraice, exodus grece, exitus latine, dicitur liber iste in quo scribitur Iacob ingressus Egiptum........

III. Fol. 42 Verso: Tercius liber legis divine vagecra dicitur hebraice, leviticus grece et latine, vel offertorius vel sacrificatorius et sacerdotalis, quia de sacrificiis et cerimoniis agit......

IV. Fol. 70: Divinis numeris non omnes digni sunt, sed certis prerogativis designati. Unde in quarto libro legis divine, qui vaiedaber id est numeri dicitur......

V. Fol. 93 Verso: Deuteros grece dicitur, secunda latine, nomos vero lex; inde liber iste dicitur deuteronomium, id est secunda lex.

Le reste du manuscrit (fol. 96—168) contient le traité de Guy de Basoches, connu sous le nom de l'apologia adversus maledicos. Cependant il est incomplet. Sont complets: les trois premiers livres, contenant l'apologie proprement dite, et le quatrième livre, qui donne un aperçu des connaissances géographiques au douzième siècle. La fin du cinquième et le commencement du sixième, qui forment les deux premiers livres de la chronique de Guy de Bazoches, manquent dans le manuscrit. Le septième paraît être complet. Le reste de l'ouvrage, les 4 derniers livres de la chronographie, manque également. Cet ouvrage commence: *Guidonis de Basochis incipit apologye contra maledicos liber primus.* Sepe, karissimi mihi fratres ...... — Fol. 103 Verso: ad audienciam vestris secundus obsequiis humiliter obsecundans. Fol. 104: *Liber secundus.* Resumptis igitur viribus et animis innovatis..... Fol. 109. Super quo mihi vocis iter interrumpens nimius dolor et ex oculis fletuum fluctus erumpens, presens negotium hic intermitere me compellit et secundum terminare libellum suscepte defensionis detractionis et invidie contra bellum. Fol. 109 Verso : *Liber tercius*. Quis leget et neget hec, cum nullum lateant, sed toto totum videantur ab orbe per orbem? . . . . Fol. 117 : Et quoniam hac triplici responsione triplicem funiculum causarum vestrarum solvisse videor aut rupisse, videtur congruum ut operis huius tertius liber hic finiat et transitus fiat ad quartum. Fol. 117 Verso : *Liber quartus*. Precedentibus in libellis quia quam melius potui, studui duas abolere de tribus obiectionibus emulorum . . . . Fol. 129 : Et quia ductam per quatuor partes mundi descripcionem orbis terrarum in hoc ipsius fine finimus, par est ut quartum suscepti libellum operis pariter finiamus. Fol. 129 Verso : *Liber quintus*. Ecce qui scripturarum amatores reprehendere non erubescimus, nisi pre dolore clauditis oculos . . . . Fol. 135 Verso à Fol. 136 il y a une lacune ; manquent la fin du cinquième livre et le commencement du sixième. Le cinquième livre finit dans notre manuscrit par : alia filia regum Israël Achaz et Ieza . . . . ; le sixième commence par : trecentis vulturibus dividi facit, Ioachim asserente quod nunquam pater eius resurgeret . . . . Il finit, fol. 149 Verso : Finitur in hac Christi nativitate liber huius operis sextus cum quinta que cepit a transmigratione Babilonis etate. — Le septième livre commence fol. 150 : Nativitas igitur Christi quinte finis et sexte principium est etatis, anno Cesaris Augusti . . . . Il finit par : At Constancius annis XX quatuor in principatu transactis, dum Iulianum patruelem suum quem Cesarem constituerat ad Gallias ab incursione barbarica defensandas bello deturbare molitur, ab usurpato culmine simul et nomine dignitatis auguste merito civilis perit anxietate discordie et gladio corruptionis ; inter fideles vinculum pacis abruperat et a fidei se separaverat unitate.

Le présent manuscrit (Cf. le comte Riant, Note sur les œuvres de Guy de Bazoches, Paris, 1876) est le seul qui donne l'apologie sous le nom de l'auteur. De même que le manuscrit des lettres du même auteur, il paraît avoir été revu sous les yeux même de Guy qui y a ajouté, en marge, les en-tête des chapitres et quelques additions.

N° 57

(ancien numéro 63).

Manuscrit sur papier du XVᶜ siècle. — 302 feuillets. — H.: 214 mm.; L.: 138 mm.

Sur le feuillet de garde: Societatis Iesu Luxemburgi (XVIIᵉ siècle).

I. Fol. 1: Liber de profectu religiosorum et forma novitiorum (titre écrit par une main du XVIIᵉ siècle fin). Si vis in 'spiritu proficere et homo esse, propter quod ut homo fieres ad scolam virtutum, id est ad religionem venisti, ne fias eis similis.... Fol. 7 Verso: *Incipiunt distinctiones primi libri qui intitulatur de reformatione mentis.* (Index des chapitres). Fol. 8: *Prologus in librum primum profectuum religiosorum*.... Fol. 36: *Hic incipit tabula secundi libri profectus religiosorum.* Profectus religiosi septem processibus distinguitur..... Fol. 37: *Secundus liber profectuum religiosorum.* Profectus religiosi septem processibus distinguitur..... Fol. 78: *Incipit prologus septimus. De profectu vite contemplative*..... Fol. 103 Verso: Explicit, Deo gratias; iste liber vocatur profectus religiosorum et formula noviciorum.

Fol. 104—108, en blanc.

II. Fol. 109: *Incipit prologus in summa magistri Halani de virtutibus.* Vidit Iacob scalam a terra usque ad celum attingentem.... Fol. 139: Huius pigmentarii pulvis universus est multiplex virtus a qua ungentum orationis conficere debemus. Explicit Alanus de virtutibus.

III. Fol. 139 Verso: Traité intitulé *Viridarium consolationis.* Il commence: Quoniam, ut ait apostolus Petrus: Spiritu sancto affati locuti sunt..... Unde magno desiderio laboravi istud opusculum compilare...... Vocatur autem istud opusculum Viridarium consolacionis quia, sicut in viridario flores et fructus inveniuntur diversimodi, ita in hoc opusculo plura reperiuntur et diversa que devoti legentis animum miro modo demulcent'; ut autem compilata clarius elucescant, in quinque partibus et octoginta tractatibus distinguuntur.

IV. Fol. 167 Verso: *Sermo in die cinerum.* Agite penitentiam quia cito ad vos veniam......

V. Fol. 169: *Incipit liber beati Bernhardi abbatis de conscientia.* Domus hec in qua habitamus, ex omni parte sua....

VI. Fol. 196 Verso: *Prologus in librum de consolatione theologie*. Quoniam secundum apostolum quecumque scripta sunt, ... Sane sicud olim insignis ille Boecius, dum regis Theoderici favere tyrannidi recusaret, missus in exilium et in carcerem retrusus de consolatione philosophie librum edidit, sic et ego ab inpugnatoribus iustitie pariter et obedientie Romane ecclesie a proprie mansionis loco eiectus, quandam exilii speciem sustinens, prefatum opum *(sic)* agressus, ipsum, si legentibus placeret, de consolacione theologie appellandum iudicare . . . . Ipsum librum istum in quindecim libros parciales distinxi. . . . . — Fol. 277 Verso: Explicit liber qui intitulatur de consolacione theologie. Deo gratias.

VII. Fol. 278: Traité „de utilitate tribulatioɴum", sans titre. Il commence: Da nobis, Domine, auxilium de tribulacione. Ubi anime tribulate et temptate proponitur verbum hoc . . . . — Fol. 297 Verso: Explicit tractatus optimus de utilitate tribulacionum, temptacionum seu adversitatum.

VIII. Fol. 298: *Visiones beati Richalmi abbatis*. Horrendum est nobis contra hostes invisibiles pugnare et nichil vel parum de insidiis eorum congnoscere; unde non pingit *(sic)* me vel ad me ipsius vel ad aliorum utilitatem revelaciones factas beate memorie abbati Richalmo quas ex opere eius diversis vicibus scripsi, hic simul conscribere, ut aliqua caliditatis demoniace vestigia quasi palpando possimus deprehendere. Igitur ad narracionem accedamus. Dixit abbas Richalmus: In missa . . . . . — Fol. 302: et non magis vult hiis semper intendere.

Au sujet de Richalm, Cf. Fabricius, VI 72: Richalmus abbas Speciosæ Vallis in Franconia.

N° 58

(ancien numéro 78).

Manuscrit sur parchemin du XIVe siècle. — 112 feuillets à 2 colonnes de 41 lignes.

Fol. 1: Bibliothecæ Aureævallis. N 6. — x n 4. — Fol. 112 Verso: M. SS. S. 8, et, d'une main du XVe siècle: Liber beate Marie datre . . .

Le manuscrit renferme deux recueils de sermons, le premier aux fol. 1—63, le second aux fol. 64—112, écrits par une seule main; à la fin de la première partie se trouve la souscription suivante: Expliciunt sermones super epistolas et ewangelia de dominicis scripti a fratre Iohanne de Rure monacho de S. Benedicto in Vepria. Orate pro eo. — A la fin de la seconde partie la même main a ajouté:

Vivat tot felix quot vivit tempora fenix,'
In proprio cetu monachus sine ve, sine fletu,
Scripta manu cuius sunt verba voluminis huius.

Le manuscrit renferme les sermons suivants:

I. 1. Fol. 1 R. a: *Dominica prima in adventu Domini.* Dominus iudex noster .... Ysa. XXXIII. In verbis propositis duo principaliter possunt ostendi .....

2. Fol. 2 V. a: *Item de epistola.* Abiciamus opera tenebrarum .... Rom. XIII. Hic hortatur nos apostolus ad duo ....

3. Fol. 3 V. b: Celum et terra transibunt. Lucas XXII. Duo hic specialiter nominantur .....

4. Fol. 4 V. a: *Dominica II de adventu.* Deus spei repleat nos ...... Ro. XV. In verbis propositis optat apostolus fidelibus Christi duplex bonum .....

5. Fol. 6 R. b: *Dominica tertia.* Tu es qui venturus es .... Mat. XI. In verbo proposito tria de Christo ostenduntur .....

6. Fol. 7 R. a: *Dominica quarta in adventu.* Gaudete in Domino semper. Phil. ultimo. In verbo proposito hortatur apostolus fidelem specialiter ad tria ....

7. Fol. 7 R. a: *Ultimus sermo.* Dominus prope est. Phil. ultimo. In verbo isto duo ostendit apostolus ....

8. Fol. 7 V. a: *Item de adventu.* Qui post me venit, ante me factus est. Io. I. Verba sunt Iohannis Baptiste .....

9. Fol. 7 V. b: Dirigite viam Domino, sicut dicit Ysaias propheta. Io. I. In verbis istis possumus tria attendere ....

10. Fol. 8 V. b: *Dominica quinta.* Sic nos existimet homo .... Cor. IIII. In propositis verbis duo facit apostolus ....

11. Fol. 9 V. a: *Item de eodem.* Nolite ante tempus iudicare... Cor. III. In verbis istis duo facit apostolus ....

12. Fol. 10 R. a: *Item sabbato ad ordines.* Omnis vallis implebitur. Lucas III. In verbo isto secundum spiritualem intelligentiam de quolibet fideli duo possunt attendi .....

13. Fol. 10 V. a: *Dominica infra nativitatem Domini.* Quanto tempore heres parvulus est .... Gal. IIII. In verbo proposito commendatur Christus ....

14. Fol. 11 R. b: *Dominica II post nativitatem Domini.* Et ubi venit plenitudo temporis .... Gal. IIII. In verbis propositis quatuor considerari possunt ....

15. Fol. 12 R. a: *Item de eodem.* Puer crescebat et confortabatur ... Lucas II. In verbis istis iuxta litteram intellectis duplex ostenditur status Christi ....

16. Fol. 12 V. b: *Dominica infra octavam epyphanie.* Multi unum corpus sumus .... Ro. XII. In propositis tria principaliter ostenduntur ......

17. Fol. 14 R. a: Fili, quid fecisti nobis ... Lucas II. Verba sunt gloriose virginis ad filium suum in quibus quemlibet fidelem quadruplici informat exemplo .....

18. Fol. 15 R. b: *Dominica prima post octavam epyphanie.* Odientes malum, adherentes bono. Ro. XII. In verbo proposito exhortatur apostolus fidelem quemlibet ad duplicem partem iusticie....

19. Fol. 15 V. b: Sollicitudine non pigri spiritu ferventes .... Ro. XII. In propositis verbis declarat apostolus qualiter .....

20. Fol. 16 V. a: *Item de eodem.* Crediderunt in Iesum discipuli eius. Io. I. In proposito verbo triplex nobis ostenditur exemplum .....

21. Fol. 17 R. a: *Dominica tercia.* Vince in bono malum. Ro. XII. In proposito verbo duo possunt principaliter ostendi ....

22. Fol. 17 V. a: *Item de eodem.* Volo mundare. Mat. VIII. Verbum Domini est ad leprosum in quo nobis duo principaliter consideranda occurrunt ....

23. Fol. 18 R. a: *Dominica tercia.* Qui diligit proximum, legem implevit. Ro. XIII. In proposito verbo duo tangit apostolus ....

24. Fol. 18 V. a: *Item de eodem.* Domine, salva nos .... Mat. VIII. Verba sunt discipulorum ad Christum, in quibus ad instructionem fidelium tria faciunt discipuli .....

25. Fol. 19 R. b: *Dominica quarta.* Super omnia caritatem habentes .... Col. III. Verba sunt apostoli ad caritatis virtutem fidelem quemlibet exortantis ....

26. Fol. 19 V. b: *Item de eodem.* Cum dormirent homines..... Mat. XIII. In propositis verbis quatuor ostenduntur .....

27. Fol. 20 R. b: *Dominica in LXX^a.* Sic currite ut ... I. Cor. IX. In propositis verbis exortans apostolus fidelem quemlibet ad profectum iusticie, duo specialiter ostendit .....

28. Fol. 20 V. b: *Item de eodem de epistola.* Omnis qui in agone contendit .... I. Cor. IX. In proposito verbo apostolus tangit duo circa viros iustos .....

29. Fol. 21 R. a: *Item de eodem de evangelio.* Quid hic statis tota die ociosi? Mat. XX. In verbis propositis duo possunt ostendi....

30. Fol. 21 V. a: *Item de eodem.* Voca operarios et redde illis mercedem suam. Mat. XX. In verbis istis duo principaliter ostenduntur.....

31. Fol. 22 R. a: *Dominica in LX^a de epistola.* Libenter gloriabor in infirmitatibus meis...... II Cor. XII. In propositis verbis tria occurrunt principaliter consideranda.....

32. Fol. 22 V. b: *Item de eodem.* Exiit qui seminat, seminare semen suum. Lucas VIII. Verbum Domini est in quo ad informationem nostram specialiter duo tanguntur....

33. Fol. 23 R. b: *Item de eodem.* Karitas patiens est. Mat. I. Cor. XIII. Verbum est apostoli multipliciter laudantis....

34. Fol. 23 V. b: *Sermo secundus.* Tradetur gentibus..... Lucas XVIII. In verbis istis describitur salvatoris nostri passio secundum triplicem sui partem......

35. Fol. 24 R. b: *Ultimus sermo.* Cecus quidam sedebat.... Lucas XVIII. Secundum spiritualem intelligentiam peccatorem quemlibet cecus designat secundum triplicem sui statum.....

36. Fol. 24 V. b: *In die cinerum.* Ieiunaverunt die illa.... Math. III. In verbis istis nobis in exemplum ostenditur vita triformis....

37. Fol. 25 R. a: *Item de eodem.* Cum ieiunatis, nolite.... Mat. VI. In verbis istis tria facit salvator....

38. Fol. 25 R. b: *Item de eodem.* Sermo. Convertimini ad me.... Joel II. Verba Domini sunt ad peccatorem quemlibet in quibus tria principaliter facit.....

39. Fol. 26 R. b: *Item de eodem.* Derelinquat impius viam suam.... Ysaias V. Exortatus propheta spiritu sancto afflatus....

40. Fol. 27 R. a: *Item de eodem.* Querite Dominum..... Ysaias LV. In verbo proposito exhortatur propheta quemlibet fidelem ad duo....

41. Fol. 27 R. b: *Dominica in quadragesima sermo primus.* In omnibus exhibeamus nosmet ipsos.... II Ro. XII. In proposito verbo exhortatur apostolus fidelem quemlibet.......

42. Fol. 27 V. a: *Sermo secundus.* Ut castigati et non mortificati. II Cor. VI. In hoc verbo duo tanguntur....

43. Fol. 27 V. b: *Sermo tercius.* Cum ieiunasset Iesus....· Mat. VII. Circa ieiunium Christi quatuor consideranda occurrunt....

44. Fol. 28 R. a: *De eodem.* Dominum Deum tuum adorabis... Mat. XXIII. In proposito verbo ostenduntur duo....

45. Fol. 28 R. b: *Dominica secunda quadragesime*. Hec est voluntas Domini ..... I Tess. IIII. In proposito verbo declarat apostolus .....

46. Fol. 28 V. a: *Sabbato ad ordines*. Levantes oculos ..... Mat. XVII. Tria ostenduntur in verbo isto ....

47. Fol. 28 V. b: *Dominica tercia quadragesime*. Miserere mei, Domine fili David. Mat. XV. Oracio est Chananee mulieris ....

48. Fol. 29 R. b: *Item de eodem*. Ambulate in dilectione ..... Eph. V. Duo facit apostolus in verbo isto .....

49. Fol. 30 R. a: *Item de eodem*. Dum immundus spiritus exierit .... Luc. XI. In verbis istis tria possunt specialiter considerari .....

50. Fol. 30 V. a: *Ultimus sermo*. Beati qui audiunt ... Luc. XI. In proposito verbo tria ponuntur ....

51. Fol. 30 V. b: *Dominica quarta quadragesime*. Non sumus ancille ... Gal. IIII. In propositis verbis commendatur status iustorum tripliciter ....

52. Fol. 31 R. b: *Ultimus sermo*. Sequebatur Iesum multitudo .... Io. VI. In proposito verbo ad nostram instructionem ostenduntur tria ....

53. Fol. 32 R. b: *Dominica in passione*. Sanguis Christi qui per spiritum sanctum .... He. IX. In verbo premisso describitur passio Christi multiplex .... *(Explicit)* Qualiter autem Deo serviendum sit, require in sermone S. Iohannis ewangeliste.

54. Fol. 33 R. a: *Item de eodem*. Qui est ex Deo ... Io. VIII. In proposito verbo duo tanguntur ....

55. Fol. 33 R. b: *Dominica in ramis palmarum*. Humiliavit semet ipsum .... Ph. II. In proposito verbo ostendit apostolus viris iustis opus triforme ad imitandum Christum ....

56. Fol. 33 V. a: *Item de eodem*. Secundum gloriam eius .... Mach. I. Verbum istud iuxta spiritualem intelligentiam sumptum..... *(Explicit)*. In quibus autem gloriantur mali, require in sermone dominice in quadragesima.

57. Fol. 34 R. a: *In cena Domini*. Lavi pedes meos .... Can. V. Verbum est iuxta sensum mysticum anime penitentis ....

58. Fol. 34 V. b: *Item de eodem*. En morior .... Gen. XLVIII. Verbum est Iacob ad filios suos ....

59. Fol. 35 R. b: *In vigilia pasche*. Sanctificamini, cras comedetis carnes. Numeri IX. In proposito verbo duo specialiter possunt considerari .....

60. Fol. 35 V. b: *In die pasche*. Epulemur, nam .... I Cor. VI.

Verbum est apostoli ad spiritualem comestionem fidelem quemlibet exhortantis....

61. Fol. 36 R. a: *Item unde supra.* Iesum queritis Nazarenum crucifixum. Marcus ultimo. Circa propositum verbum tria specialiter considerari possunt.....

62. Fol. 36 V. a: *Item unde supra.* Surrexit Dominus vere.... Lucas ultimo. Duo tanguntur in verbo isto....

63. Fol. 37 R. a: *Item unde supra.* Stetit Iesus in medio... Luc. ultimo. In propositis verbis tria specialiter possunt notari....

64. Fol. 37 V. b: *Dominica post pascha.* Gavisi sunt discipuli... Io. XII. In proposito verbo datur nobis exemplum triplex....

65. Fol. 38 R. a: *Item unde supra.* Omne quod natum est.... Io. ultimo. Duo dicuntur in verbo isto...

66. Fol. 38 R. b: *Dominica secunda.* Peccatum non fecit... I. Pe. II. In proposito verbo commendatur Dei filius a duplici innocentia....

67. Fol. 38 V. a: *Item unde supra, sermo secundus.* Bonus pastor animam suam... Io. X. In verbis istis.... quatuor specialiter ostenduntur....

68. Fol. 39 R. b: *Dominica tertia, de epistola.* Omnes honorate. I. Pe. II. Verbum propositum ob sui brevitatem divisione caret.

69. Fol. 39 V. b: *Item unde supra.* Amen dico vobis... Mat. XVI. In verbis istis duplex ostenditur hominum status.....

70. Fol. 40 R. a: *Dominica quarta.* Abicientes omnem inmundiciam... Io. I. In verbo proposito tria principaliter Iacobus ponit....

71. Fol. 40 V. a: *Item unde supra.* Cum venerit ille spiritus veritatis.... Io. XVI. In verbo isto quatuor tangit salvator....

72. Fol. 41 R. a: *Dominica quinta.* Estote factores verbi... Ia. I. Tria dicuntur in verbo isto ad instructionem nostram.....

73. Fol. 41 V. a: *Item de eodem.* Relinquo mundum.... In proposito verbo salvator triforme dat nobis exemplum vite spiritualis.....

74. Fol. 42 R. a: *In rogationibus.* Orate pro invicem... Ia. ult. In proposito verbo describit Iacobus cuiuslibet fidelis a duplici condicione...... *(Explicit)*: Quales autem salvet Dominus, require supra in sermone dominice post octavas epyphanie.

75. Fol. 42 R. b: *Item de eodem.* Querite et invenietis. Lucas XII. Duo in verbo isto notari possunt principaliter....

76. Fol. 42 R. b: *Item de eodem.* Querite et dabitur vobis. Lucas XI. In proposito verbo duo possunt specialiter attendi.....

77. Fol. 42 V. b: *In vigilia ascensionis.* Unicuique nostrum data est gracia . . . . Eph. IIII. In proposito verbo tria ostendit apostolus . . . .

78. Fol. 42 V. b: *Dominica infra octavas.* Estote prudentes . . . . . I. Pe. IIII. In hoc verbo monet apostolus fidelem quemque ad duo . . . . . *(Explicit)*: Qualiter autem debeat fieri oratio, require supra in primo sermone predicte diei.

79. Fol. 43 R. b: *Item de eodem.* Vos testimonium perhibebitis . . . . . In verbo proposito duo principaliter ostenduntur . . . .

80. Fol. 43 V. b: *In die pentecostes.* Repleti sunt omnes . . . . . . Actus. In verbo proposito tria principaliter occurrunt consideranda . . . . .

81. Fol. 44 R. a: *Item unde supra.* Si quis diligit me . . . . . Io. XIIII. Quatuor tangit salvator noster principaliter in hiis verbis . . . .

82. Fol. 44 V. a: *Item unde supra.* Spiritus Domini ornavit celos. Iob XXVI. In proposito verbo duplex s. Spiritus commendatio designatur . . . . . *(Explicit)*: De aliis effectibus Spiritus sancti require supra in ultimo sermone dominice in octavis ascensionis.

83. Fol. 44 V. b: *Item unde supra.* Dabo vobis spiritum . . . . Eze. XXXVIII. In proposito verbo tria tanguntur . . . . . *(Explicit)*: De quibusdam sancti Spiritus effectibus require in ultimo sermone dominice infra octavas ascensionis.

84. Fol. 45 R. a: *Dominica prima post Trinitatem.* Hoc mandatum habemus a Deo . . . . In proposito verbo tanguntur duo . . . . . *(Explicit)*: Quantum autem Deus diligendus sit et quid ex eius dilectione proveniat homini et quid consequatur, require supra in primo sermone dominice secunde post octavas epiphanie.

85. Fol. 45 R. b: Dominica I post Trinitatem. Mortuus est dives . . . . Lucas XVI. In verbis istis duplex ostenditur figuraliter peccatorum status . . . . *(Explicit)*: De diviciis temporalibus quales sint et quantum noceant, require supra in primo sermone dominice VIII post penthecosten.

86. Fol. 45 V. a: *Dominica secunda.* Estote misericordes . . . . Lucas VI. In proposito verbo duo principaliter ostendi possunt . . . .

87. Fol. 46 R. a: *Item dominica secunda, de eodem.* Qui odit fratrem suum, homicida est. I. Io. III. In verbo isto duo tanguntur . . .

88. Fol. 46 R. a: *De eodem.* Homo quidam fecit cenam . . . Lucas XIIII. In verbis istis circa salvatorem nostrum quatuor ostenduntur . . . . .

89. Fol. 46 V. a: *Dominica tertia, primus sermo.* Humiliamini sub potenti manu Dei .... I. Pe. ult. In proposito verbo ad infirmationem fidelium quatuor tangit Petrus apostolus .....

90. Fol. 47 R. b: *Sermo secundus.* Erant appropinquantes .... Lucas XV. Duo tanguntur in verbo illo ....

91. Fol. 47 V. b: *Dominica quarta.* Sanitati creatura subiecta ..... Ro. VIII. In proposito verbo describitur humane conditionis qualitas ad tria ....

92. Fol. 48 V. a: *Item unde supra.* Preceptor, per totam noctem .... Lucas IX. In verbo isto tria principaliter possunt considerari .....

93. Fol. 49 R. b: *Dominica quinta.* Si quid patimini .... I. Pe. III. In proposito verbo duo dicuntur ....

94. Fol. 49 V. b: *Item de eodem.* Nisi habundaverit iusticia vestra .... Mat. VI. In hoc verbo tanguntur duo .... (*Explicit*): Qualis autem debeat esse iusticia, require in primo sermone sancꝛtorum martyrum inter pascha et penthecosten. Circa sententiam quales intrent in regnum Dei et quales non, require in sermone Innocentium.

95. Fol. 50 R. a: *Dominica sexta.* Si mortui sumus ..... Ro. VI. In proposito vero duo principaliter sunt attendenda ....

96. Fol. 50 V. a: *Item de eodem.* Misereor super turbam .... Math. VIII. In verbo isto ad informationem nostram duo possunt attendi ....

97. Fol. 50 V. b: *Dominica octava (sic).* Nunc liberati a peccato ... Ro. VII. In verbo isto duo principaliter ostenduntur ....

98. Fol. 51 R. a: *Item de eodem.* Qui facit voluntatem patris mei ... Mat. VII. Duo tanguntur in verbo isto ..... (*Explicit*): Qui autem intrent et qui non, require in primo sermone Innocentum.

99. Fol. 51 R. b: *Dominica octava.* Si filii et heredes. Ro. VIII. In proposito verbo duo principaliter sunt attendenda .... (*Explicit*): Qui autem hanc heredidatem accipiant, require supra in primo sermone dominice infra octavas natalis Domini.

100. Fol. 51 V. a: *Secundus sermo de eodem.* Filii huius seculi .... Luc. In proposito verbo salvator noster tria tangit .....

101. Fol. 52 R. a: *Dominica nona, sermo.* Non simus concupiscentes .... I. Cor. Duo tanguntur in verbo isto ....

102. Fol. 52 V. a: *Item de eodem.* Erat Iesus docens in templo. Lucas XV. In verbis istis duo considerari possunt ....

103. Fol. 52 V. b: *Dominica X^a.* Divisiones comparationum.... III. Cor. XII. Duo considerari possunt in verbis istis ......

104. Fol. 52 V. b: *Item de eodem*. Qui se humiliat, exaltabitur. Lucas XVIII. In proposito verbo duplex status viri iusti et iniusti ostenditur . . . .

105. Fol. 53 R. b: *Dominica XIa*. Novissimo omnium tamquam . . . . . I. Cor. XII. In propositis verbis ad informationem fidelium apostolus Paulus duplex ostendit exemplum . . . .

106. Fol. 53 R. b: *Item de eodem*. Bene omnia fecit . . . . Mat. VII. In verbis propositis commendatur salvator a duobus specialiter . . . . .

107. Fol. 53 V. b: *Dominica XIIa de epistola*. Non sumus sufficientes cogitare . . . . II. Cor. III. In verbo isto duo specialiter ostenduntur . . . . .

108. Fol. 54 R. b: *De eodem*. Homo quidam descendebat . . . . Lucas X. In verbis istis describitur peccator a multiplici dampno quod ex peccato incurrit . . . . .

109. Fol. 54 V. a: *Dominica XIIIa de epistola*. Deus unus est. Gal. Credendum est . . . . . . (*Explicit*): De hac unitate require supra in primo sermone dominice post octavas epyphanie.

110. Fol. 54 V. b: *Item de (eodem)*. Dum iter Iesus . . . . . Lucas XVII. In verbis propositis tria specialiter ad nostram informationem Lucas intendit . . . . .

111. Fol. 55 R. a: *Dominica XIIIIa sermo primus*. Spiritu ambulate . . . . Gal. V. In propositis verbis hortatur apostolus specialiter ad duo . . . . .

112. Fol. 55 V. a: *Item de eodem*. Primum querite regnum Dei . . . Mat. VI. In proposito verbo ostendit salvator noster duo specialiter . . . .

113. Fol. 55 V. b: *Dominica XV*. Que seminavit homo . . . . Duplex ostenditur status hominis in verbo isto . . . .

114. Fol. 55 V. b: *Item de eodem*. Accepit omnes timor . . . . Lucas VII. In verbis istis duplex datur fidelibus ad imitandum exemplum . . . . .

115. Fol. 56 R. b: *Dominica XVI*. Obsecro vos . . . . Eph. III. Tria hic tanguntur . . . . (*Explicit*): In quibus autem gloriantur iniusti, require supra.

116. Fol. 56 V. b: *Item de eodem*. Amice, ascende superius. Lucas XIII. Triplex status attenditur hic . . . . . (*Explicit*): Que autem necessaria sunt volenti ascendere, require in sermone ascensionis Domini.

117. Fol. 57 R. a: *Dominica XVII*. Solliciti servate . . . . Eph. IIII. Tria notantur hic . . . . (*Explicit*): De hac ultima uni-

tate require supra in primo sermone dominice infra octavas epyphanie.

118. Fol. 57 V. b: *Item de eodem.* Diliges dominum deum teum .... Duo dicuntur hic principaliter ....

119. Fol. 58 R. a: *Dominica XVIII.* In omnibus facti estis.... I. Cor. I. Duo dicuntur hic ....

120. Fol. 58 V. a: *Secundus sermo.* Confide, filia ... Mat. XX. Duo principaliter dicuntur hic ....

121. Fol. 59 R. a: *Dominica XIX de epistola.* Deponentes mendatium .... Eph. IIII. Tria hic dicuntur ....

122. Fol. 59 V. a: *Secundus sermo.* Ligatis manibus .... Mat. XXII. Hic describitur dampnatorum pena multipliciter ....

123. Fol. 60 R. a: *Dominica XX de epistola.* Videte quomodo caute ambuletis .... Hebr. V. Tria principaliter hic notantur ....

124. Fol. 60 R. b: *Secundus sermo.* Domine, descende ..... Io. IIII. Tria facit hic regulus ....

125. Fol. 60 V. a: *Dominica XXI. Sermo primus.* Induite vos armatura Dei ...... Eph. ult. Duo dicuntur hic ....

126. Fol. 61 R. a: *Sermo secundus.* Misertus est dominus .... Mat. XVIII. In hiis verbis ..... (*Explicit*): Circa totale verbum quibus misereatur Dominus, require supra in secundo sermone post IIII in quadragesima; item in quibus appareat misericordia Dei require supra in ultimo sermone dominice prime post penthecosten; item de servis bonis et malis require in sermone s. Iohannis ewangeliste.

127. Fol. 61 R. a: *De eodem.* Redde quod debes. Mat. XVIII. Verbum istud ob brevitatem sui divisione caret .....

128. Fol. 61 R. b: *Dominica XXII.* Hoc oro ut caritas .... Phil. I. Hic duplex informatio ad imitandum fidelibus datur .....

129. Fol. 61 V. a: *Sermo secundus.* Magister, scimus quia ... Mat. XXII. In verbo isto commendatur Christus dupliciter ....

130. Fol. 62 R. a: *Dominica XXIII.* Nostra conversatio in celis est. Ph. III. Verbum istud divisione caret, quia breve est ....

131. Fol. 62 R. b: *Sermo secundus.* Ecce mulier que ..... In serie huius littere triplex status peccatoris describitur ....

132. Fol. 62 V. b: *Sermo tertius.* Confide, filia, fides tua ... Mat. IX. Duo facit Christus in verbo isto ....

133. Fol. 63 R. a: *Dominica XXIIII.* Ambulemus digne, Deo .... Col. IIII. Quatuor notantur hic .....

134. Fol. 63 R. b: *Sermo secundus.* Ubicunque fuerit corpus .... Mat. XXIIII. Duo dicuntur .....

135. Fol. 63 R. b : *Dominica XXV.* In diebus illis salvabitur Iuda. Ie. XXIII. Duo specialiter dicuntur .... (*Explicit*): Qualiter autem ista confessio fieri debeat, require in sermone s. Ambrosii.

136. Fol. 63 V. a : Hic est vere propheta qui .... Io. VII. Christus hic dupliciter commendatur ....

La seconde partie du manuscrit renferme les sermons pour les fêtes des Saints.

1. Fol. 64 R. a : *Sermo de s. Andrea apostolo.* Omnis qui audit verba mea.... Mat. VII. In verbo proposito tria possunt specialiter attendi in honorem beati Andree apostoli....

2. Fol. 65 R. b : *Nycholai episcopi et confessoris.* Dispersit, dedit pauperibus .... In verbo isto commendatur b. Nicholaus a duobus ....

3. Fol. 66 R. a : *Ambrosii episcopi et confessoris.* Ipse tamquam ymbres..... Ecc. XXXIX. In verbis commendatur Ambrosius specialiter a quatuor....

4. Fol. 67 R. b : *Lucie virginis.* Tota pulcra es .... Cant. IIII. In verbis istis commendatur beata Lucia a tribus....

5. Fol. 68 R. a : *Thome apostoli.* Dedit abyssus vocem suam.....

6. Fol. 69 R. a : *In nativitate Domini.* Ecce ego mittam angelum ......

7. Fol. 70 R. a : *Item unde supra.* Parvulus natus est nobis.....

8. Fol. 71 V. a : *Item unde supra.* Verbum caro factum est.....

9. Fol. 72 R. a : *Stephani.* Stephanus plenus gratia....

10. Fol. 73 R. a : *Iohannis ewangeliste.* Mortuus est Moyses....

11. Fol. 74 V. a : *Innocentum.* Nisi conversi fueritis....

12. Fol. 75 V. b : *De circumcisione Domini*: Dum implevit Dominus ....

13. Fol. 77 R. b : *Item.* Postquam consummati sunt....

14. Fol. 77 V. a : *De apparitione.* Vidimus stellam eius ....

15. Fol. 78 R. b : *Item unde supra.* Ambulabunt gentes....

16. Fol. 78 V. b : *Agnetis virginis.* Gaudens gaudebo....

17. Fol. 79 V. b : *Sancti Vincentii.* Sancti per fidem vicerunt.....

18. Fol. 80 V. b : *In conversione Pauli.* Super aquam refectionis ...

19. Fol. 81 V. b : *In purificatione.* Statim veniet ad templum....

20. Fol. 82 R. b : *Item unde supra.* Postquam impleti sunt....

21. Fol. 82 V. a : *Agathe virginis.* Liberasti corpus meum....

22. Fol. 83 R. b : *In cathedra s. Petri.* Exaltet eum in ecclesia ....

23. Fol. 84 R. a: *Mathie apostoli*. Beatus quem elegisti....
24. Fol. 84 V. a: *Gregorii pape*. Lingua eucharis in bono homine....
25. Fol. 85 R. b: *In annuntiatione*. Descendi in ortum....
26. Fol. 86 V. b: *Item unde supra*. Ave, Maria, ...
27. Fol. 87 V. a: *De martyribus*. Stabunt iusti in magna constantia...
28. Fol. 88 R. b: *De martyribus*. Qui manet in me....
29. Fol. 89 R. b: *Marci ewangeliste*. Iustus quia leo.....
30. Fol. 89 V. b: *Philippi et Iacobi*. Hii sunt duo filii....
31. Fol. 90 V. a: *In inventione sancte crucis*. Qui me invenerit.....
32. Fol. 91 R. a: *Iohannis ante portam latinam*. Dilexisti iusticiam....
33. Fol. 91 V. b: *In die sancto pasche*. Consurgens diluculo....
34. Fol. 92 V. a: *De s. Francisco*. Dedit Dominus Caleph.....
35. Fol. 93 R. a: *De s. Trinitate*. Benedicamus patrem.....
36. Fol. 93 V. a: *Anthonii confessoris*. Neptalim servus....
37. Fol. 93 V. b: *Sancti Iohannis Baptiste*. Vox Domini in virtute....
38. Fol. 94 V. a: *Petri et Pauli apostolorum*. Zabulon et Neptalim....
39. Fol. 95 R. a: *Marie Magdalene*. Fornicata es....
40. Fol. 95 V. a: *Iacobi apostoli*. Occidit Herodes Iacobum....
41. Fol. 96 V. a: *Ad vincula Petri*. Dirupisti, Domine, vim.....
42. Fol. 97 R. b: *De inventione s. Stephani*. Beatus vir qui inventus....
43. Fol. 97 V. b: *Laurentii martyris*. Probavit me quasi aurum....
44. Fol. 98 V. b: *In assumptione beate Marie virginis*. Mulier gratiosa.....
45. Fol. 99 V. b: *Item unde supra*. Quasi cedrus exaltata....
46. Fol. 100 R. b: *Sancti Bartholomei*. Dilectus meus candidus....
47. Fol. 101 R. b: *Augustini*. Ecce intelliget servus meus....
48. Fol. 101 V. b: *In decollatione s. Iohannis*. Non amat pestilens....
49. Fol. 102 R. b: *In nativitate beate Marie*. Sapientia edificavit....
50. Fol. 103 V. a: *Item unde supra*. Egredietur virga....
51. Fol. 104 R. a: *Michaelis*. Dico vobis quod angeli....

52. Fol. 104 V. b : *De s. Ieronimo.* Esdras autem paravit.....
53. Fol. 105 R. b : *De s. Francisco.* Vidi in medio candelabrorum.....
54. Fol. 106 V. a : *Luce evangeliste.* Disciplina medici....
55. Fol. 107 R. b : *Symonis et Iude.* In conspectu magnatorum.....
56. Fol. 107 V. b : *De omnibus sanctis.* Beati pauperes.....
57. Fol. 108 V. b : *In die animarum.* Sicut in Adam omnes.....
58. Fol. 109 R. b : *De s. Martyno.* Honorat Deum.....
59. Fol. 109 V. b : *De s. Cecilia.* Esto fidelis usque ad mortem.....
60. Fol. 110 R. b : *De s. Clemente.* Cum pertransieris.....
61. Fol. 110 R. b : *Katherine virginis.* Non est talis mulier....
62. Fol. 111 V. b : *Saturnini martyris.* In caritate perpetua....
63. Fol. 112 R. b : *Barnabe apostoli.* Erat Barnabas....

Au Verso du dernier feuillet une autre main a ajouté les vers suivants :

Si lacrime vel opes animas revocare valerent,
Cerberus et Pluto soli sua regna tenerent.

Albe nigreque me casus ovis movet eque.

N° 59

(ancien numéro 89).

Manuscrit sur parchemin du XIVe siècle. — 262 feuillets numérotés en marge, au verso des feuillets, en chiffres latins de I—LXXVIII, puis de LXXXIIII—CCLXIX ; les feuillets numérotés anciennement 79 à 83 manquent. — H.: 195 mm.; L.: 151 mm.

Fol. 1 : Bibliothecæ Aureævallis (XVIIIe siècle.) N—7. — Fol. 269 Verso : M. SS. S. 8.

Le manuscrit comprend deux parties bien distinctes, écrites de deux mains différentes, mais de la même époque ; la première partie va du fol. 1—79, à deux colonnes à 33 lignes ; la seconde partie comprend le reste du manuscrit, également à 2 colonnes à 33 lignes; dans cette partie les cahiers, de douze feuillets chacun, sont numérotés au verso du dernier feuillet de chaque cahier, depuis I jusqu'à XVI, cependant le 11e cahier (fol. 204—213) n'a que 10 feuillets et le 16e seulement huit.

Le manuscrit renferme, comme le n° précédent, des sermons.

1. Fol. 1 R. a: *Dominica prima in adventu Domini.* Hora est iam nos .. Hoc tempus dicitur tempus adventuum, quia .... (Explicit): De diversis vero speciebus peccatorum a quibus surgendum est, require in tractatu de viciis secundum diversitatem illorum quibus predicabis.

2. Fol. 3 R. a: Dies appropinquabit, abiciamus ergo opera tenebrarum etc. Dies iste potest intelligi ....

3. Fol. 3 R. b: Quecumque scripta sunt, ad nostram doctrinam etc. Nota quatuor libros esse scriptos ad eruditionem nostram ....

4. Fol. 6 R. b: Quecumque scripta sunt etc. Ad Ro. XV. Filius sapiens letificat patrem suum, ut legitur Proverbiis X, et etiam glorificat ....

5. Fol. 8 R. b: Sic nos existimet homo ut ministros Christi. I Cor. II. |Christi quilibet christianus minister est vel servus.....

6. Fol. 9 R. b: Même texte. Cum quilibet christianus minister Christi sit et pro ministerio suo ....

7. Fol. 10 V. a: Même texte. Apostolus intellegebat se esse ministrum, non dominum ....

8. Fol. 11 V. b: Queritur inter dispensatores ut fidelis quis inveniatur. I Cor IIII. Licet multa commendabilia sint ....

9. Fol. 14 R. b: Gaudete in Domino semper, iterum dico, gaudete. Phil. ult. Ecclesia sicut in festo natalis recolit ortum filii Dei....

10. Fol. 16 V. b: Dominus prope est. Phil. ult. Hoc verbum frequentat ecclesia, quia ista frequentia signum est quod verbum sit valde bonum ....

11. Fol. 18 R. a: Dominus prope est. Hoc verbum multum frequentat ecclesia hoc tempore, volens in cordibus hominum ....

12. Fol. 18 V. b: Dominus prope est triplici ratione. Verbum istud frequentat ecclesia tempore isto, primo ut fideles audientes....

13. Fol. 20 V. b: Quanto tempore heres parvulus est, nichil differt etc. Modo recolit ecclesia qualiter iste qui sine estimatione magnus est ....

14. Fol. 22 V. a: Obsecro vos per misericordiam Dei etc. Ro. XII. Primo monet ad regimen corporis ....

15. Fol. 23 V. a: Nolite conformari huic seculo. Nota quod huic seculo non debemus nos conformare, quia seculum istud monstrum est ....

16. Fol. 24 V. a : Qui preest in sollicitudine, presit supple. Nota quod sollicitudinem solis illis qui presunt, appropriat . . . .

17. Fol. 25 R. a: Qui miseretur in hylaritate . . . . II Cor. IX. Hylarem enim datorem dicit Deus. Quatuor debet attendere ille...

18. Fol. 25 R. b : Qui miseretur in hylaritate, etc. Notandum quod elemosina XII bona facit, propter quod multum esset elemosinis insistendum . . . .

19. Fol. 26 R. a : Nolite fieri prudentes apud vosmet ipsos etc. Secundum unam exposicionem dissuadetur . . . . .

20. Fol. 28 R. a: Nemini quicquam debeatis etc. Sic credendum : ita solvite ut nichil aliud debeatis nisi caritatem . . . . .

21. Fol. 29 R. a : Induite (?) vos sicut electi Dei sancti . . . . Sicut pueri solent spoliari vestibus, quando furantur fructus alienos et deprehenduntur . . . .

22. Fol. 31 R. b : Dominica in septuagesima. Sic currite, ut comprehendatis. Cursus de quo apostolus loquitur, ...

23. Fol. 32 V. b : Item. (Même texte). Quatuor sunt necessaria alicui ut sic currat quod bravium comprehendat . . . .

24. Fol. 33 V. a : Item. (Même texte). Tria solet perpendere minister intelligens, cum dicitur ei a domino suo . . . . .

25. Fol. 34 R. a : Item. Omnis qui in agone contendit, ab omnibus se abstinet. I. Cor. Hoc plane verum est de contendentibus . . . .

26. Fol. 36 R. b : In Sexagesima. Ministri Christi sunt et ego . . . . Nota quod secundum verbum Gregorii vita presens laboribus plena est . . . .

37. Fol. 39 R. b : Item de eodem. Libenter gloriabor in infirmitatibus meis . . . . Cum homo sit creatura nobilis . . . .

40. Fol. 40 V. a : In quinquagesima. Si linguis hominum loquar et angelorum etc. Quando mercatores sunt in nundinis, ...

41. Fol. 11 V. a : Item. Caritas patiens est etc. Apostolus ad commendationem caritatis VII bona apponit . . . .

42. Fol. 42 V. b : Item unde supra. Caritas nunquam excidit. Hoc tripliciter potest intelligi . . .

43. Fol. 43 V. a : Item de eodem. Cum essem parvulus . . . . Et nos exemplo Pauli puerilia evacuare debemus . . . . .

44. Fol. 44 V. b : In quadragesima dominica prima. Hortamur vos ne in vacuum etc. II Cor. VI. Solent principes, quando pugnaturi sunt . . . . .

45. Fol. 46 R. a : De eodem. Ecce nunc tempus acceptabile . . . . . Legitur quod sit tempus acquirendi et in verbo proposito demonstratur ecclesia . . . .

46. Fol. 47 V. b : Item. (Même texte). Si quis peregrinus transiturus esset mare, valde gauderet si . . . .

47. Fol. 49 V. a : Dominica secunda. Hec est voluntas Dei sanctificatio vestra . . . . In hoc verbo ostendit apostolus tria . . . .

48. Fol. 51 V. a : Dominica tertia. Estote imitatores Dei sicut filii karissimi. Eph. V. Necessarium verum est exemplum qui falsum librum corrigere vult . . . .

49. Fol. 53 R. a : (Même texte). Primo monet apostolus hic quod Deum imitemur . . . . .

50. Fol. 54 V. b : (Même texte). Notandum quod iste articulus . . . .

51. Fol. 55bis R. a : Dominica quarta. Illa que sursum est, Ierusalem libera est . . . . Gal. IIII. Quando aliquis crucem transmarinam assumpsit . . . . .

52. Fol. 56 V. a : Letare sterilis . . . Gal. IIII. Spiritus sanctus a quo ordinatum est officium ecclesie . . . . *(Explicit)* : De gaudio bonorum invenies amplius in sermone de fructibus spiritus.

53. Fol. 58 V. a : Dominica quinta. Christus assistens pontifex . . . . In hoc sermone primo ostenditur qualiter in hac dominica . . .

54. Fol. 59 V. b : (Même texte). Notandum quod in verbo proposito docet nos apostolus quatuor . . . .

55. Fol. 61 R. b : In ramis palmarum. Hoc sentite in vobis etc. Phil. II. Ecclesia officio hodierno duo ostendere intendit . . . .

56. Fol. 63 R. b : (Même texte). Tripliciter debemus sentire quod fuit in Christo . . . .

57. Fol. 64 V. b : Dominica prima in adventu Domini. Dicite, filie Syon : ecce rex tuus venit . . . . Mat. XXX. Ysa. LXII. Zac. IX. Primo videamus quales debent esse illi . . . .

58. Fol. 66 V. a : Secunda dominica. Videbunt filii hominis. . . . In precedenti dominica habitum est de primo adventu Domini . . . .

59. Fol. 67 V. b : Tercia dominica. Quid existis in desertum videre etc. Mat. XI. Primo videamus unde exeundum est . . . .

60. Fol. 68 V. b : Dominica quarta. Ipse est qui post me venturus est . . . . Hec verba dixit Iohannes Baptista. Io. I. Et ibidem . . . .

61. Fol. 70 V. a : Dominica infra octavas nativitatis. Quam ipsius animum pertransibit gladius etc. Luc. II. Hec verba dicit Symeon . . . .

62. Fol. 72 R. a : Dominica infra octavas apparitionis. Post triduum invenerunt eum . . . . . Lucas II. Nota quod dicit : invenerunt post triduum . . . .

63. Fol. 73 V. a: Prima dominica post octavas epiphanie. Die tercia nuptie facte sunt..... Io. II. Hec verba primo possunt exponi....

64. Fol. 75 R. a: Cum descendisset Iesus de monte..... Mat. VIII. Hec verba primo possunt exponi de Christo....

65. Fol. 76 V. b: Ascendente Iesu in naviculam..... Mat. VIII. In hoc ewangelio fides confirmatur de humanitate Christi....

68. Fol. 78 V. b: Sinite crescere utraque usque ad messem. Math. XIII. Scilicet bonum semen et zizania, id est bonos et malos....

69. Fol. 84 R. a: *In die pasche.* Expurgate vetus fermentum. I Cor. V. Tripliciter solent peccare homines paschali tempore....

70. Fol. 86 V. a: Pascha nostrum, immolatus Christus. Hoc verbo ostendit ecclesia fidelibus quod Christus....

71. Fol. 90 R. a: Epulemur non in fermento veteri etc. In verbo illo invitat nos ecclesia ad escam angelorum.....

72. Fol. 91 R. b: Dominica prima post octavas pasche. Omne quod natum est ex Deo, vincit mundum etc. Io. V. Sicut Christus a die resurrectionis....

73. Fol. 95 R. b: (Même texte). Postquam unigenitus Dei dignatus est fieri filius hominis....

74. Fol. 96 V. b: Christus passus est pro nobis.... Notandum est memorandam esse passionem Christi fidelibus omni tempore....

75. Fol. 98 R. a: (Même texte). Quatuor causas quare passio....

76. Fol. 98 V. b: Obsecro vos tamquam advenas et peregrinos etc. I. Pe. In epistola prime dominice post pascha instruxit ecclesia....

77. Fol. 100 R. b: (Même texte). Tria sunt que caro desiderat....

78. Fol. 103 R. a: Omne datum optimum et omne donum etc. Ia. I. Duo sunt necessaria his qui de novo....

79. Fol. 105 V. b: Estote factores verbi.... Iac. II. In epistola hodierna invitantur fideles ad quatuor....

80. Fol. 108 R. b: Estote prudentes.... Legitur quod tempore medio inter ascensionem Christi et missionem Spiritus sancti....

81. Fol. 109 R. b: (Même texte). Monemur in epistola hodierna ad prudentiam....

82. Fol. 112 R. a: (Même texte). Prudentes esse debemus, id est previdentes futura pericula....

83. Fol. 112 V. a: Erant omnes discipuli pariter in eodem loco. Act. II. Celebrat hodie ecclesia sollennitatem Spiritus sancti....

84. Fol. 114 V. a: Apparuerunt apostolis.,... Act. II. Circa quod verbum tria nobis attendenda sunt....

85. Fol. 115 V. b: (Même texte). Nota Spiritum sanctum significatum esse tribus personis....

86. Fol. 119 V. a: Dominica secunda post penthecosten. Apparuit caritas Dei in nobis..... Unum de deterioribus que sunt in mundo isto, est hoc quod....

87. Fol. 121 V. b: Perfecta caritas foras mittit timorem. I. Io. III. Duo specialiter sunt necessaria homini....

88. Fol. 126 R. b: Humiliamini sub potenti manu Dei.... Ecclesia multas exhortationes facit fidelibus in epistola hodierna....

89. Fol. 127 V. b: Dominica quarta. Vigilate quia adversarius .... In his verbis facit ecclesia tres exhortationes....

90. Fol. 129 R. a: Dominica quinta. Non sunt condigne passiones etc. Passiones amare sunt, sed tamen salubre......

91. Fol. 129 V. b: Dominica quinta. (Même texte). Octo sunt ex quibus apparere potest quod fideles....

92. Fol. 131 R. b: Dominica sexta. Omnes unanimes in oratione estote. I. Pe. III. Sicut dicit glosa super primo: apud me....

93. Fol. 136 R. a: Dominica septima. Quicumque baptizati sunt.... Rom. VI. In Christo Iesu baptizatus est.....

94. Fol. 139 R. b: *Item de eodem.* Si mortui sumus cum Christo.... Ro. VI. Valde deberet homo desiderare esse cum Christo....

95. Fol. 141 R. a: Dominica octava. Sicut exhibuistis etc. Serviunt peccatores iniquitati velociter, letanter, incessanter....

96. Fol. 141 V. b: (Même texte). Immunditia et iniquitas possunt vere sumi pro immundo et iniquo....

97. Fol. 142 V. b: Dominica nona. Debitores sumus etc. Non secundum carnem debemus vivere....

98. Fol. 143 R. b: Item. (Même texte). Triplici ratione non debemus vivere ad corporis imperium....

99. Fol. 143 V. a: (Même texte). Debitores sumus Deo, nobis et proximo....

100. Fol. 144 R. b: Dominica decima. Non simus concupiscentes malorum etc. I Cor. X. In verbo isto nos monet ecclesia.....

101. Fol. 145 V. a: Neque ydolatria efficiamini etc. Quatuor vitia dissuadet apostolus....

102. Fol. 146 V. a : Qui se existimat stare, videat ne cadat. I Cor. X. Nota quod non dicitur : qui stat, sed qui existimat stare . . . .

103. Fol. 148 R. a : De eadem. (Même texte). Qui vult a casu cavere, necesse habet fugere . . . .

104. Fol. 149 R. b : Dominica undecima. Nemo potest dicere.... I Cor. XIII. Habent in usu omnes christiani . . . .

105. Fol. 152 V. a : [De eadem. Unicuique datur manifestatio spiritus etc. I Cor. XII. Manifestatio Spiritus sancti gratia . . . . .

106. Fol. 155 R. b : Dominica XII. Tradidi vos in primis. . . . I Cor. XI. Hoc dicit apostolus Chorinthiis quibus . . . .

107. Fol. 157 R. a : De eodem. Gratia Dei sum id quod sum etc. I Cor. XV. Nota gratiam Dei in presenti summe necessariam . . . .

108. Fol. 158 R. a : De eodem. (Même texte). Valde necessarium est homini ut se ipsum cognoscat . . . .

109. Fol. 159 R. b : Dominica XII. Sufficientia nostra ex Deo est. Cor. III. Multum solet placere homini magnum defectum patienti, ...

110. Fol. 161 R. a : (Même texte). Qui vult salvare animam suam, debet habere in corde suo . . . .

111. Fol. 162 R. a : Dominica XIIII. Abrahe dicte sunt promissiones . . . . Gal. III. I. Cor. XIIII. In ecclesia volo quinque verba meo sensu loqui . . . .

112. Fol. 166 V. a : De eodem. (Même texte). Promissa est Abrahe vita eterna et eius imitatoribus . . . . .

113. Fol. 168 R. b : Dominica XV. Fructus Spiritus est caritas . . . Gal. VI. Nota inter creaturas hominem esse mirabilem . . . .

114. Fol. 179 V. b : De eodem. Qui Christi sunt, carnem suam crucifixerunt . . . . Gal. V. Dupliciter dicitur aliquis esse Christi . . . . .

115. Fol. 181 V. a : Dominica XVI. Si vivimus spiritu . . . . Gal. V. I. Cor. XIIII. In ecclesia volo quinque verba sensu meo loqui . . . . .

116. Fol. 183 V. a : De eodem. Alter alterius onera portate etc. Gal. VI. Unum de maximis christiane religionis mandatis . . . .

117. Fol. 185 V. a : Dominica XVII. Flecto genua mea . . . . Ephe. III. In epistola hodierna tangit apostolus quinque . . . .

118. Fol. 187 V. b : Dominica XVIII. Obsecro vos, vivatis in Domino . . . . Ephe. XIII. Hoc dicit apostolus Rome existens in carcere . . . .

119. Fol. 189 V. a: Dominica XVIII. (Même texte). Cum omni humilitate et mansuetudine, in omnia patientia ......

120. Fol. 190 R. a: Dominica XIX. Gratias ago Deo meo semper .... In quo verbo exemplo apostoli monemur ad tria ....

121. Fol. 192 V. b: Dominica XX. Renovamini .... Eph. IIII. Que est illa ammonitio, cum fere nullus se senem agnoscat? ....

122. Fol. 194 R. a: (Même texte). Ad tria monet nos apostolus. Primo ad mentis renovationem .....

123. Fol. 195 R. a: Dominica XXI. Videte quoniam caute ambuletis. Ephe. V. Et vivatis recte. Vivere dicit ambulare ....

124. Fol. 196 V. a: Dominica XXII. Confortamini in Domino etc. Eph. VII. Abac. II. Iustus ex fide sua vivit ....

125. Fol. 198 V. a: De eodem. Accipite armaturam Dei etc. Nota hanc armaturam triplicem esse .....

126. Fol. 199 V. b: Dominica XXIII. Confidamus in Domino.., Phil. I. Hoc verbum dicit apostolus Philippensibus .....

127. Fol. 200 V. b: De eodem. Testis mihi est Deus .... Ecclesia in officio hodierno instruit circa dilectionem ....

128. Fol. 202 R. a: Dominica XXIIII. In confusione eorum qui terrena sapiunt. Philipp. III. Sapientia huius mundi valde inimica est Deo ....

129. Fol. 203 R. a: De eodem. Conversatio nostra in celis est etc. Phil. III. In principio epistole hodierne monuit apostolus ....

130. Fol. 204 R. b: Dominica XXV. In diebus illis salvabitur Iuda. Iere. XXXIII. et Osee X. Tempus requirendi Dominum cum venerit ....

131. Fol. 209 R. a: Surrexit, non est hic. Mat. XXVIII. Est resurrectio Christi ... Expecta me in die resurrectionis mee ....

132. Fol. 212 R. a: Venit Iesus ianuis clausis ..... Io. XI. Sciendum quod Dominus venit ad nos ad quatuor ....

133. Fol. 215 R. a: Ego sum pastor bonus .... Io. X. Primo dicendum est de bono pastore, secundo de ovibus ....

134. Fol. 217 V. b: Amen, amen, dico vobis quia plorabitis.... Io. XVI. Tria verba apponit hic Dominus .....

135. Fol. 220 V. a: Cum venerit ille, id est Spiritus sanctus, arguet .... Io. XVI. Spiritus sanctus venit ad tria que notantur...

136. Fol. 223 R. a: Petite et accipietis ..... Io. XVI. Primo monet nos Dominus hic ut petamus ......

137. Fol. 225 V. b: Cum autem venerit paraclitus ...... Io. XV. In verbis his possumus notare tria ....

138. Fol. 228 R. a: Spiritus sanctus quem mittet pater in no-

mine meo etc. Io. XIIII. Verba ista bene conveniunt huic tempori....

139. Fol. 230 V. a: Nisi quis renatus fuerit ex aqua.... Io. III. In hoc ewangelio ostenditur primo quomodo Nichodemus....

140. Fol. 233 R. a: Dominica II. Factum est autem ut moreretur mendicus.... Luc. XV. In hoc ewangelio primo describitur....

141. Fol. 234 V. a: Dominica III. Homo quidam fecit cenam magnam.... Luc. XX. In hoc ewangelio primo agitur de cene dominice preparationis (sic)....

142. Fol. 236 V. b: Dominica IIII. Que mulier habens dragmas X etc. Lu. XV. In hoc ewangelio agitur primo de peccatorum profectu....

143. Fol. 238 R. b: Dominica V. Date et dabitur vobis. In hoc ewangelio Dominus primo ad virtutem......

144. Fol. 239 V. a: Et hoc tamen eris capiens homines. Luc. X. Hec verba Dominus dixit Petro. Notandum quod homines possunt dici pisces....

145. Fol. 240 V. b: Dominica VII. Nisi habundaverit iustitia vestra.... Mat. V. Hec sunt verba Domini ad discipulos suos....

146. Fol. 242 V. a: Dominica VIII. Accipiens Iesus VII panes... Mat. VIII. In hoc ewangelio Dominus ostendit primo potentiam....

147. Fol. 244 R. a: Dominica IX. Omnis arbor bona... Mat. VII. In hoc ewangelio Dominus monet nos cavere ab hereticis....

148. Fol. 246 R. b: Dominica X. Homo quidam erat dives.... Luc. XV. In hoc ewangelio primo agitur de villici subiectione....

149. Fol. 248 R. a: Dominica XI. Domus mea domus orationis vocabitur etc. Luc. XIX. In hoc ewangelio primo agitur de Dei lacrimatione....

150. Fol. 249 R. a: Deus, propicius esto mihi peccatori etc. In hoc ewangelio ostenditur quid publicanus et phariseus.....

151. Fol. 250 V. a: Bene omnia fecit et surdos fecit audire etc. Mat. VIII. In hoc ewangelio primo ostenditur per quem locum......

152. Fol. 253 R. a: Et factum est, dum irent, mundati sunt etc. In hoc ewangelio primo ostenditur quod leprosi....

153. Fol. 253 V. b: Dominica XV. Querite primum regnum Dei.... Nota quod duplex est sollicitudo.....

154. Fol. 254 V. b: Dominica XVI. Accessit Iesus et tetigit loculum.... Lu. VII. Primo videndum est quomodo Deus ad nos accedit....

155. Fol. 255 V. b: Dominica XVII. Recumbe in novissimo loco etc. Lu. XIIII. In prima parte huius ewangelii....

156. Fol. 257 R. b : Diliges dominum Deum..... Mat. XXII. In hoc ewangelio primo agitur quomodo phariseus Dominum temptavit . . . .

157. Fol. 258 V. b ⁄ Ascendens Iesus in naviculam.... Mat. IX. In hoc ewangelio primo agitur de Dei transfretatione.....

158. Fol. 260 V. a : Dominica XX. Misit servos suos vocare... Mat. XXII. In hoc ewangelio primo potest notari......

159. Fol. 262 R. b : Heri hora septima reliquit eum febris. Io. IIII. In hoc ewangelio primo agitur de filii cuiusdam reguli egrotatione . . . .

160. Fol. 263 V. b : Serve nequam, omne debitum ...... Mat. XXVIII. In his verbis primo possumus notare servi malitiam . . . .

161. Fol. 265 V. a : Cuius est imago et superscriptio hec ? Mat. XXII. De hac materia dicitur Lu. XX.: ostende mihi denarium . . . .

162. Fol. 268 V. a : Est puer unus hic qui habet V panes etc. Primo videamus quare hoc evangelium bis legatur per annum . . . . *(Explicit)* : Caritas autem est piscis marinus, ut dictum est.

N° 60

(ancien numéro 101).

Manuscrit sur parchemin de la fin du XIIIe siècle. — 295 feuillets à 24 lignes. — H.: 213 mm.; L.: 117 mm.

Fol. 2 : Bibliothecæ Aureævallis (XVIIIe siècle). — N—6. — x n 4. — Fol. 295 : Liber sancte Marie Aureevallis. Si qui eum abstulerit, anathema sit. Amen (XIVe siècle). M. SS. S. 7.

Les quaternions sont côtés comme suit : fol. 9, 17 et 25 par I, II et III ; ils sont alors de nouveau côtés par I, II, III etc: jusqu'à XXXII aux fol. 33, 41, 49, 57, 65, 72bis, 80, . . . 280. Les feuillets 281—295 sont d'une autre main et les deux cahiers y correspondants ne sont pas côtés.

Fol. 1 : Une main du quatorzième siècle a mis le court index suivant : In hoc volumine continentur ista : libellus de arte lectoria. Arimeticha domni Guillermi abbatis de numerorum. Dominus Gaufridus de sacramento numerorum a XIII. Excerpte de policraticon. Nonni reric . . . .

Le manuscrit renferme :

I. Fol. 2 : *Incipit libellus de arte lectoria.* Omnis pars monosillaba, hoc est unius sillabe, in lectione tenetur nec inclinatur, ut hic est de quo dixi ... (fin): Hic margo. Ovidius :

> Nec brachia longo
> Margine terrarum porrexerat Amphitrites.

Iuvenalis : In summa margine libri.

Epilogus: Ecce novus toti codex hic cuditur orbi,
> Librum composui quem miro fonte resuxi,
> Hoc monstrans opere, que sillaba longa brevisque ;
> De mediis tantum lectori pandimus usum,
> Plana leget certus qui legerit hec mea captus.
> Nec ne spernantur, si vili pelle locantur,
> Novi presagus, dans hec presagia luctus,
> Lumen erit tantum latitans ubicunque reconsum.
> Invidie pestis celabit talia terris.

Christo domino grates, cui placere in opusculo tantillo voluimus, pecuniam Domini terris suffodere recusantes, ne obnoxii teneremur talenti reconditi. *Explicit libellus de arte lectoria.*

II. Fol. 26 : *Ex libro III. beati Ysidori ethimologiarum.* Mathematica latine dicitur doctrinalis scientia....

III. Fol. 26 Verso : *Exceptiones ex libro Boetii arithmetice institutionis* : Numerus alius par ...

IV. Fol. 27 V.: *Divisio tocius numeri secundum relationem:* Nunc de multitudine....

V. Fol. 28 V.: *De numero lineari et de superficialibus vel solidis.* Numerorum igitur....

VI. Fol. 29 : *Item unde supra. Regule a domno Guillelmo abbate excepte.* Boëtius : Plato in Tymeo eiusdem nature....

VII. Fol. 42 V.: *Incipit tractatus domini Guillelmi abbatis Alberipe de sacramentis numerorum a ternario usque ad XII^{rium}. Proemium.* Miror nonnullos religiosi ordinis viros prudentes numerorum scientiam tanquam pro nomine litterature secularis adeo abhorrere..... Fol. 58 V: *Explicit de undenario. Incipiunt capitula super duodenarium*..... Fol. 59: Expliciunt capitula. *Incipit tractatus duodenarii. Capitulum I. De sacramento trium numerorum de evangelio.* Ut iam me mee debito promissionis stilus absolvat..... (Explicit): ubi secunda perfectio cui nichil deest, non est ulterius quid requiras. *Explicit tractatus domini Guillelmi abbatis a ternario usque ad duodenarium.*

VIII. Fol. 76 : *Incipit epistola eiusdem ad Stephanum monachum de sacramento quadragenarii.* De quadragenario numero utrumne ad placitum an certi cuiuspiam ratione mysterii penitentie dicatur numerus, queris, dilecte in Domno fili et frater Stephane.... (Fol. 80) : *Explicit de quadragenario.*

IX. Fol. 80 V.: *Incipit tractatus domni Gaufridi abbatis a XIII^{rio} usque ad XX^{rium}. Proemium in quo VII. differentie describuntur, quibus significationes numerorum aperiuntur.* Numerorum significationes septem .... Fol. 88 Verso : *Explicit tractatus domni Gaufridi abbatis de sacramentis numerorum a XIII^{rio} usque ad XX^{rium}.*

X. Fol. 88 V.: *Item eiusdem de generatione perfectorum et sacramento.* Perfectos numeros creat impartibilium aggregatio numerorum .... Fol. 91 V.: *Explicit tractatus de perfectis numeris.*

XI. Fol. 91 V.: *Incipiunt capitula sequentis opusculi* .... Fol. 92 V.: *Incipit tractatus magistri Theobaldi Lingonensis de IIII^{or} modis quibus significationes numerorum aperiuntur :* Domine, quinque talenta tradidisti mihi ....

Prima pars : De generatione numerorum eiusque generibus (fol. 92 Verso).

Secunda pars : De significatione secundum se et eius speciebus (fol. 100 Verso).

Tercia pars : De compositione numerorum eiusque partibus (fol. 106 Verso).

Quarta pars : De habitudine et partibus eius (fol. 110 Verso).

Fol. 113 Verso : *Explicit tractatus magistri Theobaldi Lingonensis de sacramentis numerorum feliciter. Deo gratias. Amen.*

XII. Fol. 114: *Johannes Saresberiensis in prologo policraticon.* Perierant artes, ...

Ce n'est autre chose qu'un extrait de cet ouvrage. Pour donner une idée de la manière dont a agi le copiste, je vais copier en partie le prologue :

Perierant artes, evanuerant iura, fides corruerat ipseque recti defecerat usus eloquii, nisi in remedium infirmitatis humane litterarum thesauros mortalibus divina misericordia procurasset. Quid enim memorabile superesset, nisi pia sollicitudo scriptorum et triumphatrix inercie diligentia eadem ad posteros transmisisset ? Siquidem vita brevis, sensus hebes, negligentie torpor, inutilis occupatio paucula nos scire permittunt, sed et hec excutit fraudatrix scientie, memorie noverca, oblivio. Quis sciret Lamias, Catones, Cesares, Alexandros, alios, stoicos, peripatheticos, nisi eos insignirent monumenta scriptorum? prophetas, apostolos posteris sapientia patris consecravit. Nullus umquam constanti gloria claruit, nisi vel suo scripto vel alieno. Eadem est asini et regis Asie memoria, nisi quatinus temporis gloria scriptorum beneficio prorogatur. Nichil ergo consiliatius captantibus gloriam, quam scribentium qui litterati sunt, gratiam promereri. Sepelitur enim cum ipsis ipsorum fama, cuius laborarunt fame, nisi luce clarescat litterarum, unde frequenter legis. Reliqua etc.

Fol. 295 V.: Item pour faire nostre maison d'Yvoix en perduez-ruez, 40 s. (XIVe s.)

N° 61

(ancien numéro 86).

Manuscrit sur parchemin du commencement du XIIIe siècle. — 228 feuillets à 26 lignes aux fol. 1—180, et à 33 lignes aux fol. 181—228. — H.: 225 mm.; L.: 152 mm.

Fol. 1: Bibliothecæ Aureævallis (XVIIIe siècle). N—6; x n 4.—
Fol. 228: Liber sancte Marie Aureevallis (XVe siècle). — M. SS. d. 3.

Il est formé de deux parties; la première non numérotée anciennement sauf les feuillets 127, 135, 143, 151, 159, 167, 175 qui portent la côte XVI, XVII, XVIII, XVIIII, XX, XXI, XXII; dans la seconde les quaternions sont côtés de I à VI.

La première partie contient:

Fol. 1: *Incipit prefatio explanationis Iheronimi presbiteri in hecclesiasten.* Memini me ante hoc ferme quinquennium..... Fol. 73 Verso: Finit.

Fol. 73 V.: *Incipit explanatio venerabilis Bedę presbyteri super parabolas Salomonis:* Parabolę Salomonis, filii David, regis Iherusalem. Parabolę....

La seconde partie contient les sermons suivants:

1. Fol. 181: *Sermo in adventu Domini.* Discite, pusillanimes, confortamini..... Ante adventum Domini, fratres karissimi, in tanta caligine....

2. Fol. 182 Verso: *Sermo in natali Domini.* Sanctam ac desiderabilem, gloriosam ac singularem sollempnitatem, hoc est, nativitatem Domini. fratres karissimi, devotione fidelissima....

3. Fol. 183 V.: *Item de natali Domini.* Apparuit benignitas et humanitas nostri Dei non ex operibus....

4. Fol. 185 V.: *In natali s. Stephani.* Diligite inimicos vestros .... Dominus ac redemptor noster, fratres karissimi, venerat.....

5. Fol. 186 V.: *In festivitate s. Iohannis ewangeliste.* Vulpes foveas habent..... De impietate hominum dominus et redemtor noster, fratres karissimi, querimoniam facit...

6. Fol. 188: *In epiphania Domini.* Cum natus esset dominus Iesus in Bethleem.... Cum creator omnium, fratres karissimi, formam servi pro servis accipiens....

7. Fol. 189: *Dominica prima post epiphaniam.* Cum descendisset dominus Iesus de monte, secute sunt.... Quando Christus, fratres karissimi, voluit inter homines habitare....

8. Fol. 190 V.: *In purificatione s. Marie.* Postquam impleti sunt dies purgationis.... Consuetudo, fratres karissimi, erat in veteri lege ut, si mulier masculum peperisset....

9. Fol. 192 V.: Audi, Israel, mandata... Ammonet, fratres karissimi, nos Dominus per Ieremiam prophetam.....

10. Fol. 194: Si quis diligit me, sermonem meum servabit.... Hec sunt verba patris querentis de ecclesia. Vinea est ecclesia....

11. Fol. 196: Maria soror Moysi peccavit murmurando contra eum.... Ultiones, fratres karissimi, veteris testamenti....

12. Fol. 198: Excutere de pulvere, consurge.... Audite, fratres karissimi, quam dulciter, quam affectuose.....

13. Fol. 200 V.: Noli emulari in malignantibus.... Multi in mundo sunt, fratres karissimi, qui cum videant homines huius seculi florere, in omnibus bonis habundare....

14. Fol. 202: *Dominica in ramis palmarum.* Dicite, filie Syon: Ecce rex tuus venit.... Mandat vobis rex celi, fratres karissimi, per prophetam Zachariam....

15. Fol. 205 V.: Dominus noster Iesus Christus ut sanctificaret per suum sanguinem..... Satis, fratres karissimi, audivistis ordinem redemptionis nostre,.....

16. Fol. 207 V.: Scitote, fratres karissimi, quia vetus homo vester simul crucifixus est, ut destruatur corpus peccati.....

17. Fol. 210: *Item in ramis palmarum.* Ecce odor filii mei sicut odor..... Aggratulatur vobis, dilectissimi, pater celestis.....

18. Fol. 212: *Sermo in cena Domini.* Dominus noster Iesus

Christus in qua nocte tradebatur, accepit panem.... Iminente, fratres karissimi, Domini passionis articulo.....

19. Fol. 214 : Estote imitatores Dei..... Ammonet nos, fratres, apostolus, ut si filii Dei estis, non a tanto patre degeneretis....

20. Fol. 216 : *Item in cena Domini.* Cum intinxisset dominus Iesus panem, dedit Iude Simonis Scariothis..... Satis novit caritas vestra, dilectissimi fratres, quod tota perfectio nostre edificationis....

21. Fol. 218 Verso : *Sermo in parasceve.* Popule meus, quid feci tibi.... Diu, fratres karissimi, toleravit nos Dominus, diu distulit penam....

22. Fol. 220 Verso : *Sermo in die pasce.* Paulus apostolus ait : etenim pascha nostrum immolatus est Christus. Si igitur pascha Christus....

23. Fol. 222 V. : Divina scriptura, fratres karissimi, nos aliquando ad lacrimas, aliquando ad gaudium invitat....

24. Fol. 223 V. : Dominus noster nolens aliquem nostrum perire, excolens ecclesiam suam velud agrum suum....

25. Fol. 224 V. : *De sancta cruce.* Verbum crucis pereuntibus quidem stulticia est, his autem qui salvi fiunt, virtus est Dei. Fratres karissimi, quia fidelibus locuturi de misterio crucis sumus.....

26. Fol. 226 : Quis vestrum habebit amicum et ibit ad illum media nocte..... Modo sunt dies, fratres karissimi, rogationum et orationum et ideo dignum duximus ut aliquid de oratione vobis annuntiemus...

27. Fol. 227 V. : Confitemini alterutrum peccata vestra.... Cum in aliis, fratres karissimi, ad confessionem..... (Incomplet à la fin ; il finit par) Ista autem graviora peccata per lepram sunt in antiqua lege designata.

N° 62

(ancien numéro 60).

Manuscrit sur parchemin du XIIIe siècle. — 114 feuillets à 25 lignes. — H. : 228 mm. ; L. : 162 mm.

Fol. 1 : Bibliothecæ Aureævallis (XVIIIe siècle). — N—5. — x n 4. — Fol. 124 Verso : Liber sancte Marie Aureevallis. Qui eum abstulerit, anathema sit. (XIVe siècle). — M. SS. d. 3.

Le manuscrit renferme les quatre omélies d'Origène, avec le prologue, sur le Cantique des Cantiques : Fol. 1 : *Origenes super cantica canticorum*. Epitalamium libellus, id est nuptiale carmen.... Fol. 35 V. : *Fusca sum et formosa, filię Ierusalem* .... Fol. 71 V. : *Ecce es speciosa proxima mea* ....

No 63

(ancien numéro 76).

Manuscrit sur parchemin du XIIIe siècle. — 284 feuillets à 30 lignes. — H. : 234 mm. ; L. : 169 mm.

Fol. 2 : Liber bibliothecæ B. M. de Aureavalle (XVIIIe siècle). — N—5. — x n 4. — Fol. 284 Verso : Liber beate Marie Aureevallis (XIVe siècle). Deo gracias (XVe siècle fin). — M. SS. d. 12.

Le manuscrit renferme les sermons de Guibert de Tournay „ad diversa statuum et officiorum genera". Il commence : Executis inspirante Domino sex partibus secundi tractatus cuius titulus de conditione doctoris, restat pars septima quam habemus in manibus difficilior et diffusior quam alie, de doctrina videlicet hominis pertinente ad predicatores, sed experimentum practice. Sed quoniam de dominicalibus et sanctorum festivitatibus ad pie memorie papam Alexandrum quintum scribentes eius imperio et precepto nos expedivimus, ideo de hiis que pertinent ad diversa statuum et officiorum genera, prout Dominus dederit, subiungamus et titulos subnectamus : De diversis statibus et officiis ....

Fol. 2 R. : *De electione prelatorum. Sermo primus.*
Fol. 8 : *Sermo secundus. In electione prelatorum.*
Fol. 11 V. : *In synodis sermo primus.*
Fol. 19 : *In synodis sermo secundus.*
Fol. 21 : *In synodis sermo tertius.*
Fol. 23 V : *In synodis sermo quartus.*
Fol. 25 V. : *Sermo quintus in synodis.*

Fol. 28 V.: *In celebracione ordinum* (sermones tres).
Fol. 35 V.: *In dedicationibus* (sermones tres).
Fol. 42 V.: *In visitationibus* (sermones duo).
Fol. 45 V.: *In capitulis fratrum minorum* (sermones sex).
Fol. 70: *Ad contemplativos et solitudinem diligentes* (sermones quinque).
Fol. 85: *Ad theologos et predicantes* (sermones tres).
Fol. 93 V.: *Ad scolasticos et seculares* (sermones tres).
Fol. 104 V.: *De beata virgine Maria.*
Fol. 106: *De anima iusta sermo.*
Fol. 107: *Ad canonicos seculares sermo primus.*
Fol. 109 V.: *De triumphante ecclesia sermo.*
Fol. 112: *Ad clericos simplices sermo.*
Fol. 116 V.: *Ad monachos nigros* (sermones tres).
Fol. 126: *Ad canonicos regulares sermo.*
Fol. 129 V.: *Ad novicios* (sermones duo).
Fol. 132 V.: *Ad monachos griseos* (sermones duo).
Fol. 140: *Ad iudices et advocatos* (sermones duo).
Fol. 146: *Ad servientes et hospitalarios* (sermones tres).
Fol. 154: *Ad pauperes et afflictos* (sermones quatuor).
Fol. 161 V: *Ad leprosos et abiectos* (sermones tres).
Fol. 169: *Ad crucesignatos et crucesignandos* (sermones tres).
Fol. 174 V.: *Ad peregrinos.*
Fol. 177: *Ad potentes et milites.*
Fol. 180 V.: *Ad cives reipublice vacantes.*
Fol. 183: *Ad cives communiter viventes.*
Fol. 187: *Ad mercatores* (sermones duo).
Fol. 192: *Ad agricolas* (sermones duo).
Fol. 195: *Ad mechanicos artifices* (sermones duo).
Fol. 199: *Ad coniugatas* (sermones tres).
Fol. 204: *Ad viduas.*
Fol. 207: *Ad virgines et puellas* (sermones novem).
Fol. 225: *Ad moniales et religiosas.*
Fol. 226 V: *Ad eos qui dolent propter amicos mortuos* (sermones quatuor).
Fol. 234: *Commendatio et testimonium in sepultura prelatorum.*
Fol. 235 V.: *Ad ancillas et servos* (sermones tres).
Fol. 241 V.: *Ad adolescentes et pueros* (sermones duo).
Fol. 248: *Ad eos qui addiscunt in scolis pueros.*
Fol. 250 V.: *Ad viros et mulieres in processionibus congregatis (sic).*

Fol. 153 : *De sacramentis.*

Fol. 274 : *De penis et gaudiis* (sermones tres).

Fol. 280 V. : Expliciunt sermones fratris Guiberti ad omnem statum. Incipiunt rubrice. — Chaque sermon est énuméré par le titre qu'il porte au manuscrit, accompagné du commencement du texte et d'un renvoi au feuillet où il commence. — Fol. 282 V. : Expliciunt rubrice. Qui scripsit hanc litteram, sit benedictus. Amen.

Fol. 282 Verso—284, index des passages de l'Écriture sainte figurant dans le recueil précédent, avec le prologue suivant : Gen., Exo., Levi., Num., Deut. : iste quinque dictiones non ponuntur hic pro quinque libris Moysi, sed accipiuntur materialiter, quia hec dictio Gen. continet sub numero suo LX folia, Exo. LX., Levi. L., Num. L., Deut. LVIII ; et sic per assignationem dictarum dictionum et dictorum numerorum poteris quicquid quesieris, in subsequentibus concordantibus valde velociter invenire.

Les feuillets du manuscrit sont, en effet, au verso des feuillets, côtés, comme l'indiquent les mots précédents : Gen. I, II, III, ... LX ; Exo. I, II . . . . LX ; Levi. I, II . . . L. ; Num. I, II . . . L. ; Deut. I, II, . . . LVIII.

Fol 1, en haut : Diete Iohannis in hoc opere : I, II, III . . . . XXII.

Fol. 2, une initiale, E, en or et en couleurs, allongée de manière à entourer trois côtés du texte, et portant sur ses branches, en haut un corbeau et un chien, en bas un chien poursuivant un lièvre.

N° 64

(ancien numéro 65).

Manuscrit sur parchemin du XIIe siècle. — 70 feuillets à 25 lignes. — H. : 228 mm. ; L. : 163 mm.

Fol. 1 : Bibliothecæ Aureævallis (XVIIIe siècle). — N—6. — x n 4. — Fol. 70 V. : Liber sancte Marie Aureevallis (XIVe siècle). — M. SS. d. 3.

Les quaternions étaient côtés, comme à l'ordinaire, au verso de chaque huitième feuillet; les côtes IIII, VI, VII et VIII aux fol. 32, 48, 56 et 64, sont seules conservées.

Le manuscrit renferme:

I. Le traité de S. Grégoire sur le cantique des cantiques: Fol. 1: *In nomine sanctę trinitatis incipit explanatio super cantica canticorum Gregorii papę urbis Romę.* Postquam a paradisi.... Fol. 10: *Explicit omelia prima. Incipit secunda.* Introduxit me rex..... Fol. 17: Equitatui n eo te adsimilavi, id est electis meis similem te attendi. *Explicit liber qui dicitur Cantica canticorum Gregorii papę urbis Romę.*

La première omélie embrasse le prologue et le livre premier jusqu'au chapitre III (Migne, col. 397—407), la seconde les chapitres 4—8 (Migne, col. 407—414).

II. Un second traité sur le même cantique, attribué à Cassiodore, imprimé dans Migne (vol. CXV, col. 295 ss.) parmi les œuvres d'Haymon. Fol. 17 Verso: *Item incipit tractatus in cantica canticorum.* Osculetur me osculo oris sui. Salomon inspiratus divino spiritu composuit hunc libellum...... (Explicit): Nostra conversatio in cęlis est. Et alibi: Christi bonus odor summus Deo in omni loco.

N° 65

(ancien numéro 87).

Manuscrit sur parchemin de la fin du XIIe siècle. — 254 feuillets à 19 lignes. — H.: 218 mm.; L.: 157 mm.

Fol. 1: Bibliothecæ Aureævallis (XVIIIe siècle). — N—5. — x n 4. — Fol. 254 Verso: Liber beate Marie Aureevallis. Qui eum abstulerit, anathema sit (XIVe siècle). — M. SS. d. 3.

Le manuscrit comprend 32 quaternions, côtés au verso de chaque huitième feuillet, en bas: I, II, III..... XXXI, le dernier ne l'est pas. Lacune de 2 feuillets entre les fol. 128 et 129.

Il renferme:

I. Fol. 1: (Titre moderne du XVIIe siècle): Doctrina de rebus et signis sacri eloquii. Il commence: In sacra scriptura non solum voces, sed etiam res ipse de rebus locuntur. Rerum autem quedam ad significandum sumuntur et signa vel sacramenta dicuntur..... (Explicit, fol. 244 Verso: Non ergo sanctorum beatudinem pena reproborum aspecta decolorat, sed intelligentia vel visione manifesta ad vivendos non dolore afficientur, sed leticia sociabuntur, agentes gratias de sua liberatione visa impiorum calamitate etc.

II. Fol. 244 Verso: Traduction de mots hébreus, arrangés dans l'ordre alphabétique: Aleth, id est doctrina. Adam, home sive terrenus sive indigentia vel terra rubra. Abel, luctus vel vanitas vel vapor aut miserabilis..... (Explicit, fol. 254 Verso): Zacharia memoria Domini vel memor Domini. Zacheus, iustificatus vel iustus aut iustificans.

N° 66

(ancien numéro 57).

Manuscrit sur parchemin du XIIIe siècle. — 144 feuillets de 30 lignes par page. — H.: 245 mm.; L.: 178 mm.

Fol. 1: Bibliothecæ Aureævallis (XVIIIe siècle). — N—5. — Fol. 144 Verso: Liber beate Marie de Aureavalle (XVe siècle). — M. SS. d. 12.

Le manuscrit renferme:

I. Fol. 1—140: Les conférences de Iohannes Cassianus. (Une main du XIVe siècle a écrit en bas des fol. 5—6: Iohannes Cassianus has collationes composuit.) Elles se composent, comme suit:

a) Fol. 1: *Incipiunt capitula prime collationis abbatis Cheremonis de perfectione.* Capitulum primum: Descriptio Theneseos oppidi. II. De episcopo Archebio.... *Expliciunt capitula. Incipit prefacio super septem collationes*..... Fol. 1 Verso: *Explicit prefatio. Incipiunt collationes S. Cheremonis de perfectione.* Cum in cenobio Sirię consistentes...... Fol. 8 Verso: *Explicit collatio prima abbatis Cheremonis de perfectione.*

b) Fol. 8 Verso: *Incipiunt capitula secundę collationis eiusdem*..... *Expliciunt capitula.* Fol. 9: *Incipit collecta* 1) *secunda*

---

1) Collecta est effacé et remplacé par collatio.

eiusdem de castitate. Refectione transacta quę doctrinę cibum desiderantibus nobis.... Fol. 19: *Explicit secunda collatio.*

c) Fol. 19: *Incipit recapitulatio eiusdem beati Cheremonis.* Prohemium. Cap. I. II. Interrogato quare....... Fol. 19 Verso: *Finiunt capitula. Incipit abbatis Cheremonis collatio III de protectione Dei.* Cap. I. Cum ad sinaxim matutinam.... Fol. 32: *Explicit abbatis Cheremonis collatio tertia de protectione Dei.*

d) Fol. 32: *Incipiunt abbatis Nesteronis de spiritali scientia feliciter capitula.* Cap. I. Verba abbatis Nesteronis de religiosorum scientia.... *Expliciunt capitula. Incipit abbatis Nesterotis collatio de spiritali scientia.* Cap. I. Sponsionis nostrę et itineris ordo conpellit ut abbatis Nesterotis, preclari in omnibus........ Fol. 41: *Finit de spiritali scientia collatio prima abbatis Nesterotis.*

e) Fol. 41: *Incipit recapitulatio eiusdem de divinis carismatibus....* Fol. 41 Verso: *Finiunt capitula. Incipit collatio secunda abbatis Nesteronis de divinis carismatibus.* Post sinaxim vespertinam, ad repromissam narrationem intenti........ Fol. 45: *Explicit abbatis Nesterotis collatio de diversis carismatibus.*

f) Fol. 45: *Incipit recapitulatio abbatis Ioseph....* Fol. 45 Verso: *Expliciunt capitula. Incipit collatio prima abbatis Ioseph de amicitia.* Beatus Ioseph •cuius nunc instituta........ Fol. 53 Verso: *Explicit abbatis Ioseph de amicitia collatio prima.*

g) Fol. 53 Verso: *Incipit recapitulatio eiusdem....* Fol. 54: *Expliciunt capitula. Incipit collatio secunda abbatis Ioseph de diffinienda.* Cap. I. Precedente igitur collatione finita pariterque nocturno intercedente silentio..... Fol. 66: *Explicit collatio abbatis Ioseph secunda de diffiniendo.*

h) Fol. 66: *Incipiunt capitula abbatis Piamonis de tribus generibus monachorum......* Fol. 66 Verso: *Finiunt capitula. Incipit prefacio.* Emensis iuvante gratia Christi septem collationibus patrum...... *Explicit prefacio. Incipit collatio abbatis Piamonius de tribus generibus monachorum in Egypto.* Post conspectum atque colloquium trium illorum senum.... Fol. 76 Verso: *Explicit collatio abbatis Piamonis de tribus generibus monachorum.*

i) Fol. 77: *Incipiunt capitula abbatis Iohannis...... Finiunt capitula. Incipit collatio abbatis Iohannis de fine cenobitę et heremitę.* Post dies admodum paucos maioris doctrinę desiderio pertrahente.... Fol. 84: *Explicit collatio abbatis Iohannis.*

j) Fol. 84: *Incipiunt capitula collationis abbatis Pinophii.....* Fol. 84 Verso: *Incipit textus.* Preclari ac singularis viri abbatis Pinuphii.... Fol. 90: *Explicit abbatis Pinufii collatio.*

k) Fol. 90: *Incipit abbatis Theonę collationis capitulatio*.....
Fol. 90 Verso: *Expliciunt capitula. Incipit abbatis Theonę collatio prima. Quomodo Theonas ad abbatem Iohannem venerit.* Priusquam verba collationis huius habita... Fol. 105 Verso: *Explicit collatio abbatis Theonę prima.*

l) Fol. 105 Verso: *Incipiunt capitula secundę*..... Fol. 106: *Expliciunt capitula. Incipit collatio secunda eius abbatis Theonę. De iterato ad abbatem Theonam reditu nostro eiusque exhortatione.* Post dies fere septem quinquagesimę sollempnitate transacta .... Fol. 113 Verso: *Explicit collatio secunda abbatis Theone.*

m) Fol. 113 Verso: *Incipiunt capitula*.... Fol. 114: *Expliciunt capitula. Incipit collatio abbatis Theone tertia de anamartheton.* Reversa igitur luce, cum ad perscrutandum abyssum.... Fol. 124: *Explicit abbatis Theone collatio tertia.*

n) Fol. 124: *Incipiunt capitula collationis abbatis Abraham*.....
Fol. 124 Verso: *Incipit collatio abbatis Abraham. Quomodo abbati Abrahę cogitationum nostrarum prodiderimus archana.* Quarta atque vicesima collatio abbatis Abraham Christo favente producitur ...... Fol. 139: *Explicit collatio abbatis Abraham.*

II. Fol. 140—144. Le traité de Martinus Dumiensis episcopus (Martin, abbé. puis évèque de Dumium, dit de Braga, mort 580), intitulé Formula vitæ honestæ. Il commence: Gloriosissimo ac tranquillissimo et insigni catholicę fidei predito pietate Mironi regi Martinus humilis episcopus. Non ignoro.... (Explicit, fol. 144): aut ruentem compos ipse devitet insaniam aut deficientem contempnat ignariam. Finit feliciter.

III. Fol. 144. Recueil de 26 formules, pour mettre en tête des lettres: Bendicto (sic) in Christo omni mihi fide et delectione venerabili N. N. salutem optat. — Glorioso regi N. N. humilis N. ęcclesię minister salutem et servicium. — N. humilis N. ecclesię minister N. abbati monasterii S. N. salutem in Domino.......

IV. Fol. 144 Verso, un court extrait de Bède: Beda. Sciendum est quod triplex est modus cogitationum nequam..... (Explicit): has, in quantum possumus, inmissione bonarum cogitationum et maxime frequenti scripturarum meditatione fugemus.

N° 67

(ancien numéro 58).

Manuscrit sur parchemin du commencement du XIIIe siècle. — 144 feuillets de 30 lignes par page. — H.: 280 mm.; L.: 190 mm.

Fol. 1: Bibliothecæ Aureævallis (XVIIIe siècle). — N—5. — Fol. 144 Verso: M. SS. S. 9.

Au premier feuillet se trouve cet index du contenu, n'embrassant cependant qu'une partie du volume: In hoc volumine continentur libri VIII Gregorii Nazanzeni episcopi. Apologeticus (id est excusatorius) liber unus. De epiphaniis liber I, sive de natale Domini. De communibus sive secundis epiphaniis liber I. De pentecoste sive de Spiritu sancto liber I. In semetipso de agro regressus liber I. De Iheremiae dictis presente imperatore, apud quem et intercedit pro quadam periclitata liber I. De reconciliatione monachorum liber I. De grandinis vastatione, cum pater episcopus reticeret, liber I.

Plus loin (fol. 72) se trouve encore: Ab hinc continentur Iohannis Crisostomi de compunctione libri duo. Quod nemo possit ab alio ledi, nisi prius a se ipso ledatur, liber unus. De reparatione lapsi, liber unus. De penitentia liber unus. De duobus temporibus sancti Laurentii liber unus.

Le manuscrit contient en effet la traduction par Rufin de Grégoire de Naziance, des ouvrages suivants, précédés fol. 1 du prologue de Rufin: Incipit prefatio Rufini ad Adpronianum. Proficiscenti michi ex urbe tantopere iniungebas... Fol. 1 V.: Explicit prefatio.

I. Fol. 2: *Incipit apologeticus liber primus Gregorii Nazanzeni episcopi.* Victus sum et fateor me esse superatum........ (Fol. 27): *Explicit apologeticus liber I Gregorii Nazanzeni episcopi.*

II. Fol. 27: *Incipit liber II de epiphaniis sive de natale Domini.* Christur nascitur, gloriamini........ Fol. 34: *Explicit liber de epiphaniis sive de natale Domini Gregorii Nazanzeni episcopi.*

III. Fol. 34: *Incipit liber de communibus, sive secundis epiphaniis tercius.* Iterum Iesus meus et iterum mysterium.... Fol. 42 Verso: *Explicit liber III. de communibus sive secundis epiphaniis.*

IV. Fol. 42 Verso: *Incipit liber IIII de pentecoste sive de Spiritu sancto.* De sollempnitate huius diei pauca dicenda... Fol. 49 Verso: *Explicit liber IIII de pentecoste sive de Spiritu sancto.*

V. Fol. 49 Verso : *Incipit V. in semet ipso de agro regressus.* Desiderabam vos, filioli........ Fol. 57 : *Explicit liber V.*

VI. Fol. 57 : *Incipit VI. de Iheremię dictis presente imperatore, apud quem et intercedit pro quadam periclitata.* Ventrem meum, ventrem meum doleo...... Fol. 61 V.: *Explicit liber VI.*

VII. Fol. 61 V.: *Incipit VII de reconciliatione monachorum* (il y a au titre une ligne entière d'effacée). Linguam nostram soluit..............

Au milieu de ce livre, entre les fol. 65 et 66, il y a une grande lacune formée par le manque d'un quaternion entier.

VIII. Fol. 72 : *Incipit Iohannis Crisostomi liber primus de conpunctione.* Cum te intueor...... Ce traité, avec lequel commence la seconde partie du manuscrit, suit immédiatement ce qui précède. — Fol. 84 Verso : *Explicit liber I. de conpunctione.*

IX. Fol. 84 Verso : *Incipit liber II. unde supra.* Et quomodo fieri poterit...... Fol. 93 : *Explicit liber II. de conpunctione.*

X. Fol. 93 : *Incipit liber III. quod nemo possit ab alio ledi, nisi prius a se ipso ledatur.* Scio quod crassioribus....... Fol. 106 Verso : *Explicit liber III.*

XI. Fol. 106 Verso : *Incipit IIII. de reparatione lapsi sancti Iohannis Crisostomi.* Quis dabit capiti meo aquam ?.... Fol. 130 Verso : *Explicit liber de reparatione lapsi.*

XII. Fol. 130 Verso : *Incipit sermo eiusdem de penitentia.* Provida mente et profundo cogitatu....... Fol. 133 Verso : *Explicit sermo sancti Iohannis de penitentia.*

XIII. Fol. 133 Verso : *Incipit liber sancti Laurentii de duobus temporibus.* Duo sunt tempora...... Fol. 144 Verso : **Explicit liber sancti Laurentii de duobus temporibus. Deo gratias.**

N° 68

(ancien numéro 53).

Manuscrit sur parchemin du Xe siècle. — 141 feuillets de 26 lignes par page. — H.: 272 mm.; L.: 160 mm.

Le manuscrit provient d'Echternach, comme la prouve une inscription en haut du 2ᵉ feuillet: Codex monasterii sancti Willibrordi Epternacensis (écriture du XVᵉ siècle). En haut du fol. 1 V. se trouve: A. Continet Augustinum super partem psalterii.

Il contient en effet les expositions de S. Augustin sur les psaumes 41 à 50, copiées d'un manuscrit fort ancien, comme le prouve l'inscription: Fol. 1: *Incipit expositio Aurili Agustini episcopi in psalmos*, et collationnées encore une fois ou sur le même ou sur un autre manuscrit. En effet, à la fin des différents cahiers, au nombre de 17, dont se compose le manuscrit, plus 5 feuillets, une main tout à fait contemporaine au copiste, sinon la même, a ajouté, après les signatures des différents cahiers, le mot „contuli", tantôt en abréviation (Qt. contuli (9 feuillets); qt. II. contuli; qt. III. contuli; qt. IIII. contuli; qt. V. contuli (seulement 6 feuillets); qt. VI. contuli; qt. VII. contuli; qt. VIII. contuli; qt. VIIII. contuli; quad. X. ct.; q. XI. contuli; q. XII. contl.; q. XIII. contl.; q. XIIII. contuli; q. XV. c.; q. XVI c.; q. XVII contuli). La même main qui a écrit ces signatures, a ajouté aussi quelques corrections qui cependant sont assez rares.

Le manuscrit contient:

I. Fol. 1 Verso: *Incipit expositio Aurili Agustini episcopi in psalmos*. Olim est ut deserat anima nostra .... *Explicit expositio psalmi XLI.*

II. Fol. 14: *Incipit XLII psalmus. Brevis est, sic satisfacit* mentibus auditorum .... *Explicit psalmus XLII.*

III. Fol. 20: *Incipit in psalmo XLIII. Psalmus iste filiis Chore dicitur, sicut eius* titulus refert .... *Explicit de psalmo XLIII.*

IV. Fol. 30: *Incipit de psalmo XLIIII. IIII nonas septembris, quarta feria sermo habitus in basilica restituta de psalmo XLIIII. Hunc psalmum, sicut vobiscum cum exultatione* cantavimus .... *Explicit psalmus XLIIII.*

V. Fol. 51: *Incipit tractatus de psalmo XLV.* Iam caritati vestre ...... *Explicit expositio psalmi XLV.*

VI. Fol. 61 Verso: *Incipit expositio psalmi XLVI*. Dominus Deus noster .... *Explicit tractatus psalmi (de) psalmo quadragisimo (sic) sexto.*

Cet explicit, écrit en caractères beaucoup plus grands que le reste, forme 7 lignes et constitue la moitié inférieure de la page. Cependant une main autre que celle du copiste, après avoir enlevé le mot *de* et les voyelles finales des trois derniers mots, y a remplacé o par i.

VII. Fol. 70 Verso : *Incipit tractatus* de psalmo *quadragisimo* Septimo (en 4 lignes). Titulus psalmi est locus............ *Explicit psalmus XLVII.*

VIII. Fol. 82 Verso : *Incipit psalmus XLIII.* Omnia divina eloquia..... *Explicit.* — Fol. 95 Verso : *Incipit de eodem psalmo.* Hesterno die...... *Explicit tractatus de psalmo quadragensimo VIII.*

IX. Fol. 106 : *Incipit tractatus de psalmo XLVIIII.* Quantum nobis valeat sermo Dei.......... *Explicit tractatus de psalmo XLVIIII.*

X. Fol. 128 : *Incipit tractatus de psalmo L.* Multitudinis huius nec frequentia....................

Ce dernier est incomplet : il se termine en effet par les mots : Noli extrinsecus tura comparare, sed dic in me sunt Deüs vota quæ reddam laudis tibi. Noli extrinsecus pecus quod mactes inquirere, habes in te quod occidas.

N° 69

(ancien numéro 54).

Manuscrit sur parchemin du commencement du XIVe siècle. — 172 feuillets à 2 col., côtés 1—72, 72bis, 73—171. — H. : 272 mm.; L. : 190 mm.

Fol. 1 : Bibliothecæ Aureævallis (XVIIIe siècle). — N 4. — x n 5. — Fol. 171 : M. SS. S. 9. — Fol. 172 : Liber beate Marie Aureevallis. Qui eum absthulerit, anathema sit.

Le volume se compose de plusieurs parties distinctes :

I. La première, commençant par une table des matières : *Annotatio sancti Augustini episcopi operum plurimorum libri duo*, et contenant les titres des ouvrages de Saint-Augustin, donne les deux livres des retractations de S. Augustin. A la fin de cette table : *Hic finiunt capitula de retractationum libro beati Augustini episcopi Aurelii.* — Fol. 2 : *Incipit liber retractationum beati Augustini episcopi. Iam diu istud facere...* L'ouvrage est écrit sur deux colonnes à 38 lignes. Les en-tête des diffèrents chapitres, écrits à l'encre rouge, sont répétés en bas de la page à l'encre noire. — Fol. 22 Verso: Expliciunt Aurelii Augustini episcopi retractationum libri II.

II. La seconde partie se distingue de la première, en ce qu'elle est écrite en plus grands caractères, également à deux colonnes, mais à 39 lignes par colonne. Il n'y a pas d'en-tête pour les différents chapitres: les incipit et explicit sont écrits à l'encre rouge. A la fin (fol. 101) se trouve, écrite de la même main que toute cette partie de l'ouvrage, une notice indiquant le contenu:

In hoc volumine continentur XIII. libri beati Augustini de confessionibus. Magnus es Domine et laudabilis valde (fol. 23). Recordari volo (fol. 27 V.). Veni Carthaginem (fol. 29). Per idem tempus annorum (fol. 33). Accipe sacrificium, confer (fol. 38). Spes mea a iuventute (fol. 43). Jam mortua erat adol. (fol. 49). Deus meus recorder (fol. 55). O domine, ego servus tuus (fol. 61 V.) Cognoscam te, cognitor meus (fol. 68). Nunquid Domine cum tua sit eternitas (fol. 79). Multa satagit cor meum (fol. 86 V.) Invoco te, Deus meus, misericordia mea qui fecisti me (fol. 93 V.).

III. La troisième partie, écrite également en deux colonnes à 36 lignes, contient les ouvrages suivants de S. Augustin:

a) Fol. 102: *Incipit retractatio sancti Augustini episcopi, in libro de ordine*. Per idem tempus ... *Explicit retractatio. Incipit liber sancti Augustini episcopi de ordine primus* .... Fol. 109 Verso: *Explicit liber primus de ordine sanctissimi Augustini episcopi et confessoris. Incipit secundus eiusdem* .... Fol. 122 Verso: *Explicit liber secundus sancti Augustini de ordine*.

b) Fol. 122 Verso: *Retractatio in libro soliloquiorum eiusdem* .... Fol. 123: *Explicit retractatio. Incipit soliloquiorum sancti Augustini primus* .... Fol. 131: Explicit soliloquiorum sancti Augustini liber primus. Incipit secundus ... Fol. 140: *Explicit soliloquiorum liber secundus sancti Augustini*.

c) Fol. 140: *Incipit retractatio eiusdem in libro de anime immortalitate* ...... *Explicit retractatio. Incipit liber sancti Augustini de anime immortalitate*.

Ce dernier livre est tout à fait incomplet, le manuscrit n'en offre qu'une seule colonne, jusqu'aux mots: cui non impedire satis est. Item nemo sine discipli.

IV. Fol. 142—151, à deux colonnes de 43 lignes: *Incipit vita prologus in vita sancti Dominici primi patris ordinis predicatorum*. (M)ultipharie multisque modis .... (une colonne). — *Incipit vita eiusdem sancti Dominici. Quod beatum Dominicum Deus ecclesie sue providit.* (B)eatus Dominicus predicatorum dux.

C'est, si nous ne nous trompons pas, la vie écrite par Constantin Urbevetanus et imprimée par Quétif et Echard.

Suit fol. 149: *enumeratio quorumdam miraculorum viri sancti Dominici.*

V. Fol. 152: Deux feuillets avec des chants d'église, avec notes de chants; le commencement manque: ..... ne virgo graciosa,

               Virgo mater gloriosa,
               Mater regis glorie.

Fol. 152 V.: Profitentes unitatem
               Veneremur trinitatem
               Pari reverencia.
               Tres personas asserentes
               Personali differentes
               A se differencia.

Explicit par le *Gloria* et par *l'Agnus Dei.*

VI. Fol. 154: Partie d'un vocabulaire, pour la liturgie, écrit en 2 colonnes à 34 lignes, contenant la lettre C, la liste de 43 mots à traiter sous la lettre D et le mot „Deus". Il commence par: (c)aput matteriale celeste, spirituale et infernale.

N° 70

(ancien numéro 51).

Manuscrit sur parchemin du XIVe siècle. — 83 feuillets à 2 colonnes de 26 lignes. — H.: 272 mm.; L.: 200 mm.

Provient d'Orval: Fol. 1: N 5. — x n. — Fol. 83: M. SS. d. 10.

Le manuscrit renferme:

I. Fol. 1—78, le liber usuum ordinis s. Bernardi Clarevallensis. — Fol. 1 à fol. 2 R. b, la table des chapitres au nombre de 118. — Fol. 2 R. b.: *Incipit liber usuum. Capitulum primum. De adventu Domini.* In adventu Domini, dominica prima ....

II. Fol. 79: *Prefatio institutionum generalis capituli.* In carta caritatis inter cetera continetur ..... Suit la table des chapitres, suivie des mots: *quatuor ultima capitula hic desunt.* — Fol. 80:

Instituta capituli generalis. Cap. I. In civitatibus, castellis, villis . . . . .

Le manuscrit est incomplet; il ne renferme que les 8 premiers chapitres et le commencement du neuvième: *IX. De redditibus.* Ecclesias, altaria. Une main du XVIIIe siècle a ajouté aux fol. 81—82 les chapitres 69—88.

III. Fol. 83 (feuillet en papier). Une main du XVIIIe siècle donne la liste des fêtes quibus diebus duæ missæ canuntur: In die nativitate Domini . . . . Fol. 83 Verso: Omnibus predictis festis canuntur vigiliae ex integro, sicut et in omnibus sequentibus festis duodecim lectiones in quibus laboramus: Festum S. Silvestri . . . . Luciæ virginis. — Ce dernier passage est la répétition du chapitre 48 de la première partie du manuscrit, dans lequel un certain nombre de fêtes sont effacées et remplacées par une main postérieure, par d'autres.

N° 71

(ancien numéro 41).

Manuscrit sur papier de 1476. — 123 feuillets de 41—45 lignes par page. — H.: 270 mm ; L.: 203 mm.

Provient d'Echternach. Il contient:

I. Fol. 1: *Incipit liber secundus mali granati de statu proficientium.* Accepta igitur informatione a te, pater . . . — Seulement trois pages.

II. Fol. 2 Verso: a) Formule magique: De viro virgo, de virgine vir. Elizabeth peperit sanctam Mariam, Maria peperit Salvatorem mundi; sic mulier ista hec p. salvata pariet mitigata dolore. ✠ Christus vincit. ✠ Christus regnat. ✠ Christus imperat. ✠ Adiuro te, infans, per patrem et filium et Spiritum sanctum, si sis masculus vel femina, ut exeas de vulva ista. Exinnanite exinanite etce·

b) In agnos pontificios preconium (17 vers).

Misticus agnus erit confectus virgine cera
Crismatis et fundens opobalsama miscet olivum . . .

c) Item alios versus super agnos a summo pontifice consecratos (10 vers):

Balsamus et munda cera cum crismatis unda
Conficiunt agnum quem do tibi munere magnum...

d) Item de columpna que est una de duodecim circiter altare sancti Petri et Pauli in curia romana posita et a Iherusalem translata, ubi obsessi a demonibus cito liberantur: Hec est illa columpna in qua dominus noster Iesus Christus appodiatus, dum populo predicabat........ et multa miracula quotidie facit. Per reverendissimum patrem et dominum dominum cardinalem de Ursinis ornata, anno Domini 1438.

e) Item versus de Veronica seu ymagine Christi que habetur Roma (8 vers):

Dicor Veronica Christi solius amica
Si ego demonstro Christi faciem tibi pando....

III. Fol. 3—123 : Un traité de singulis viciis: De vitio gule. Dicturi de singulis viciis incipiemus a vicio gule, quia dicit glosa super Mattheum 4: In pugna Christi prius contra gulam agitur...

A la fin:

Explicit summa de viciis, anno etc. 76. sabbato post Adriani, videlicet 5 mensis martii.

IV. Fol 123 : Decem plage Egiptiorum.

Prima rubens unda, quia in Deum non crediderunt; ranarum plaga secunda, quia nomen Domini blasmaverunt.......... Primam necat ultima prolem, quia avaricie studuerunt.

N° 72

(ancien numéro 7).

Manuscrit sur parchemin du XIIIe siècle. — 131 feuillets à 2 colonnes de 30 lignes jusqu'au fol. 16, de là à 1 colonne. — H.: 270 mm.; L.: 188 mm.

Fol. 1 : Bibliothecae Aureaevallis (XVIIIe siècle). — N 4. — x n 5. — Fol. 131 : M. SS. d. 10. — Fol. 131 Verso : Liber beate Marie Aureevallis (XIVe siècle).

Il contient les commentaires de Paterius.

Fol. 1: *Incipiunt capitula libri psalmorum* ...... Fol. 2: *Expliciunt capitula psalmorum. Incipiunt testimonia. In libro regulę pastoralis titulo LVI. Dum de canendis* .... Fol. 40: *Explicit testimoniorum liber quem Paterius de diversis opusculis sancti Gregorii pape urbis Romę summo studio excerpere curavit.*

La même main a ajouté quelques lignes plus bas: *Liber scę Marię de Aureavalle*. Il est donc probable que le manuscrit a été écrit à Orval même.

A partir du fol. 41 suivent les témoignages recueillis par Patère pour les diverses parties de l'Écriture Sainte, précédées, chacune, d'une liste des chapitres expliqués.

Ces témoignages sont: Fol. 41: Ex evangelio Mathei. — Fol. 61: Ex evangelio secundum Marcum. — Fol. 64: Ex evangelio secundum Lucam. — Fol. 78: Ex evangelio secundum Iohannem. — Fol. 88: Ex actibus apostolorum. — Fol. 96: Ex epistola beati Iacobi apostoli. — Fol. 96 V.: Ex epistola beati Petri apostoli prima. — Fol. 98 V.: Ex epistola Petri II. — Fol. 99 V.: Ex epistola beati Iohannis prima. — Fol. 104: Ex epistola beati Iohannis tercia. — Fol. 104 V.: Ex epistola beati Iude apostoli. — Fol. 105: Ex apochalypsi Iohannis. — Fol. 115: Ex evangelio secundum Matheum. — Fol. 115: Ex epistola Pauli ad Romanos. — Fol. 116 V.: Ex epistola Pauli ad Corinthios. — Fol. 119: Ex epistola Pauli secunda ad Chorinthios. — Fol. 122: In epistola Pauli apostoli ad Galathas. — Fol. 123: Ex epistola Pauli ad Effesios. — Fol. 123 V.: Ex epistola Pauli ad Phylipenses. — Fol. 124 V.: Ex epistola Pauli ad Colosenses; ad Thessalonicenses. — Fol. 126 V.: Ad Thimotheum. — Fol. 127 V.: Ad Titum, ad Hebreos. — Fol. 128 V.: Ex actibus apostolorum. — Fol. 129: Ex epistola Iacobi, ex epistola Petri. — Fol. 130: Ex epistola beati Iohannis. — Fol. 130 V.: Ex apochalypsi Iohannis. — A la fin: Explicit liber Paterii.

N° 73

(ancien numéro 42).

Manuscrit sur parchemin du XIVe siècle. — 100 feuillets. — H.: 280 mm.; L.: 208 mm.

Fol. 1: Bibliothecae Aureaevallis (XVIIIe siècle). — N 4. —
Fol. 106 Verso: M. SS. d. 12.

Contenu du manuscrit:

I. Fol. 1—3 à deux colonnes de 56 lignes. Explication mystique de plusieurs lieux de l'Écriture Sainte, incomplète au commencement. Elle commence: di possunt; semper enim caro superflua generat et spiritus ferro sollicitudinis recidat. — Moyses ascendit et Dominus in montem descendit. Mons et contemplatio in qua homo ...... (Explicit): omnia sonant ferramenta, sed tibi non est malleus afflictio nec securis que foris aliquem proiciat, nec terramenta, id est minima flagella..

II. Fol. 4: Livre de Job, précédé des prologues de S. Jérôme, accompagné d'une explication continue et de nombreuses gloses marginales et interlinéaires: *Incipit prologus Ieronimi super librum Iob*. Cogor per singulos scripture divine libros ....

Incomplet; lacune, entre les feuillets 19 et 20, depuis le chap. 9, vers 12 jusqu'au chap. 15, vers 12. — A partir du fol. 51 les gloses marginales deviennent plus rares et cessent complètement à partir du fol. 54. — Fol. 62, à la fin: Explicit liber Iob. Deo gratias.

 Est finis libri mensis qui finis et anni,
 Nam tu, sancte Thomas, gratum finem mihi donas.

III. Fol. 63: Explication mystique de quelques lieux de l'Écriture Sainte: Nunquid poteris coniungere micantes pliades? pliades ab oriente, arcturus ab aquilone surgit, et quanquam se per gyrum verterit, pliades ostendit. Per arcturum ergo lex notatur.....

IV. Fol. 64: Le livre de Tobias, avec le prologue de S. Jérôme, accompagné d'une explication continue: Cromatio et Heliodoro episcopis Iheronimus presbiter..... Fol. 73 Verso: Explicit liber Thobie, habens versus numero DCCC.

V. Fol. 74: Explication continue du livre d'Esther, avec le prologue de S. Jérôme. — Incomplet à la fin; manque chap. 10, vers 4 jusqu'à la fin. — Fol. 82: Explicit liber Hester.

 Prima dies martis iubet hiis finem dare cartis.

VI. Fol. 82 Verso: Le livre de Judith, traité comme les livres précédents: Incipit prefatio sancti Ieronimi presbiteri in libro Iudith. Apud Hebreos liber Iudith.... Fol. 94 Verso: Explicit liber Iudith habens versus numero MC.

VII. Fol. 95: Le livre de Ruth, traité comme les livres précédents, mais sans préface: Incipit liber Ruth. In diebus unius iudicis ... — Fol. 99: Explicit liber Ruth.

Hic liber est scriptus, sit Christus ob hoc benedictus.
Convenit hiis cartis hic finis qui quoque martis.

VIII. Fol. 100. Extrait de St. Augustin, de son troisième livre *de doctrina chr:stiana*.: Augustinus in tertio libro de doctrina christiana loquitur de septem regulis Tyconii in hunc modum: Tyconius quidam qui contra Donatistas invictissime scripsit.... (Explicit, fol. 100 Verso): ut in translatis que faciunt tropicas locutiones, ubi aliud ex alio intelligendum est. Hucusque quantum visum est, satis egimus. Hucusque sunt verba Augustini loquentis de regulis Tychonii.

N° 74

(ancien numéro 55).

Manuscrit sur parchemin du XIVe siècle. — 168 feuillets à 2 colonnes de 52 lignes. — H.: 263 mm.; L.: 166 mm.

Fol. 1: N—4. — x n 5. — Fol. 168: M. SS. S. 9. — Liber sancte Marie Aureevaliis; qui eum abstulerit, anathema sit (XVe siècle).

Le manuscrit renferme la Somme de Godefroid de Trano, suivie d'un petit index. — Fol. 1: *Summa super titulos cimpilata a magistro Goffrido de Trano, domini pape subdiacono et capellano*. Glosarum diversitas intelligenciam textus nonnunquam obtenebrat ...... Fol. 50 V. a: *Incipit liber secundus de iudiciis*. Explicitis quibusdam iudiciorum preparatoriis..... — Fol 85 R. a: *Incipit liber tertius de vita et honestate clericorum*. Finito tractatu iudiciorum, quilibet clerici..... Fol. 114 R. a: *Incipit liber quartus de sponsalibus*. Postquam de hiis que ad clericos pertinent...... — Fol. 131 R. b: *Incipit liber quintus de accusationibus, inquisitionibus et denunciationibus*. Proxime tractavimus de accusatione matrimonii...... — Fol. 168 R. b: Explicit summa magistri Goffridi de Trano. — Fol. 168 Verso, sur 3 colonnes, index des chapitres.

N° 75

(ancien numéro 183).

Manuscrit sur papier de la fin du XV° siècle. — 269 feuillets, fol. 1—118 à 31 lignes par page, fol. 131—269 de 37—41 lignes par page. — H.: 270 mm.; L.: 200 mm.

Provient de l'abbaye de Munster à Luxembourg, comme le prouve un ex-libris de Pierre Roberti, abbé de Munster, collé sur le feuillet de garde. Haut de 11, large de 9 centimètres, cet ex-libris présente dans un cartouche richement orné l'écu aux armes de l'abbé, coupé, en chef à un lion ailé passant à dextre, en pointe à trois roses, deux et une, l'écu sommé d'une crosse à dextre et d'une mitre à senestre; entre celles-ci P. R. Légende entourant l'écu : OPERE ET VERITATE.

Le manuscrit renferme les ouvrages suivants de Tertullien :

1. Fol. 1 : (De carne Christi). La suscription manque en grande partie; il n'en reste que les mots: *liber unicus qui floruit anno Domini ducentesimo. Qui fidem resurrectionis*... (Fol. 14 V.): *Finit liber de carne Christi*.

2. Fol. 15 : *Q. Septimii Florentis Tertuliani incipit liber de carnis resurrectione. Fiducia Christianorum resurrectio*....

3. Fol. 48 : *Q. Septemii Florentis Tertuliani incipit liber de corona militis. Proxime factum est*...

4. Fol. 55 : *Q. Septimii Florentis Tertuliani ad martiras incipit liber. Inter carnis elimenta*....

5. Fol. 57 : *Q. Septimii Florentis Tertuliani incipit liber de penitencia. Penitenciam hoc genus hominum*....

6. Fol. 63 Verso : *Q. Septimi Florentis Tertuliani incipit liber de virginibus velandis. Proprium iam negocium passus*....

7. Fol. 71 Verso : *Q. Septemii Florentis Tertuliani incipit liber de habitu muliebri. Si tanta in terris*....

8. Fol. 74 Verso : *Incipit liber eiusdem de cultu feminarum. Ancille Dei vivi*....

9. Fol. 79 Verso : *Q. Septimii Florentis Tertuliani incipit liber primus ad uxorem. Dilectissima in Deo conserva*.... Fol. 82 V.: *liber secundus*.

10. Fol. 86 : *Q. Septimii Florentis Tertuliani incipit liber de fuga in persecutione. Quesisti proxime*.....

11. Fol. 94 : *Q. Septimii Florentis Tertuliani incipit liber ad Scapulam. Nos quidem neque expavessimus*....

12. Fol. 96 : *Liber de exhortatione castitatis.* Non dubito, frater, ...

13. Fol. 102 : *Liber de monogamia.* Heretici nupcias auferunt....

14. Fol. 112 V. : *De pallio.* Principes semper Affrice . . . .

15. Fol. 121 : *Incipit liber Q. Septimii Florentis Tertulliani presbiteri Carthaginensis de paciencia Dei; floruit anno CC°.* Confiteor ad Dominum . . . .

16. Fol. 138 : *Liber adversus Praxean.* Varie diabolus emulatus est . . . .

17. Fol. 138 : *Liber adversus Valentinianos.* Valentiniani frequentissimum plane . . . .

18. Fol. 145 Verso : *Liber primus adversus Marcionem.* Si quid retro . . . — Fol. 156 : *liber secundus.* Occasio reformandi opusculi . . . — Fol. 167 Verso : *liber tertius.* Secundum vestigia pristini operis . . . . — Fol. 179 Verso : *liber quartus.* Omnem sentenciam et . . . . — Fol. 214 : *liber quintus.* Nichil sine origine . . . .

19. Fol. 233 : *Adversus Iudeos.* Proxime accidit disputacio . . . .

20. Fol. 245 Verso : *Liber adversus omnes hereses.* Quorum hereticorum ut plura . . . .

21. Fol. 248 Verso : *De prescripcionibus hereticorum.* Condicionem presencium temporum . . . .

22. Fol. 257 Verso : *Adversus Hermogenem.* Solemus hereticis compendii . . . .

Cet ouvrage, incomplet à la fin, a été complété aux fol. 268 et 269 par une main du XVII° siècle.

N° 76

(ancien numéro 71).

Manuscrit sur parchemin de la fin du XV° siècle. — 64 feuillets. — H. : 260 mm.; L. : 192 mm.

Manuscrit incomplet au commencement.

Missel, renfermant outre les prières pour la messe, fol. 9 V. : *Exorzismus salis.* Exorzizo te, creatura salis . . . . . — Fol. 11—13 :

calendrier; les noms des principales fêtes sont écrites à l'encre rouge, et notamment les noms des évêques de Trèves.

Les feuillets 63 et 64 sont en blanc.

Fol. 3 : Grande initiale, T, en or, argent et rouge, suivie de deux lignes en caractères d'or.

N° 77.

(ancien numéro 52).

Manuscrit sur parchemin du commencement du XIVe siècle. — 95 feuillets, numérotés en chiffres latins au verso des feuillets. — H.: 284 mm.; L.: 180 mm.

Fol. 1 : Bibliothecæ Aureævallis (XVIIIe siècle). — N 4. — x n 5. — Fol. 95 V.: Liber sancte Marie Aureevallis cyst. ordinis Treverensis dyocesis; qui eum abstulerit, anathema sit (XIVe siècle). — M. SS. S. 9.

Le manuscrit renferme les actes des apôtres avec des explications, écrites en petite partie entre les lignes, en majeure partie des deux côtés du texte des actes qui remplit le milieu des pages; les explications sont tirées surtout de Bède et de Rhaban Maur.

Initiale très-belle, P, au fol. 2.

N° 78

(ancien numéro 62).

Manuscrit sur parchemin, du commencement du XIIIe siècle. — 85 feuillets, en général de 41 lignes par page. — H.: 260 mm.; L.: 170 mm.

Fol. 1.: Iste liber pertinet monasterio sancti Willibrordi Epternacensi (XVIe siècle, comm.).

Si quis furatur, suspendia quod paciatur;
Si quis invenerit, nisi reddat, eique nocebit. (XIVe s.)

E 14. Continet Iohannem Beleth de ecclesiastico officio et de legendis sanctorum multorum. (Comm. du XVIe siècle).

Le manuscrit renferme:

I. Fol. 1.: Deux miracles. Le premier commence: Legitur quod quidam iugiter aut legerit aut ymnis vel psalmis laudem Dei in ore habuerit. — Le second: Legitur quod quidam nobilis secularia relinquens, monasterium in quo quingente puelle erant, intravit.

II. Fol. 1.: Petit recueil de sermons. a) Sur la fête de St. Benoit. *Benedictus*. Exultandum nobis est hodie .... in solemnitate sanctissimi patris ....

b) Fol. 2.: *De sancta Maria*. Qualiter beata Maria se invocantibus subvenire soleat, dilectionem vestram non audire ... viter libeat. Quidam puerulus indeus ....

c) Fol. 2 Verso: *Intravit Iesus*. In scriptura sacra res una et eadem locutionis invenitur diversa significare, sicut leo, hedus, agnus, aqua vel sol et alia multa ......

d) Fol. 3 Verso: *De resurrectione Christi*. Levyathan piscis marinus instar draconis formatus, multitudinem piscium devorat....

e) Fol. 4: *Item*. Seculi sapientes scribunt tres syrenes in insula maris fuisse et suavissimam cantilenam cecinisse .....

III. Fol. 5: *Incipit summa magistri Iohannis Beleth de ecclesiasticis officiis*. In primitiva ecclesia prohibitum erat, ne quis.....

Cet ouvrage est incomplet; il finit, en bas du fol. 28 Verso, par les mots suivants du chapitre *de ornatu templi*: Unde in evangelio: dilatant philacteria sua et.

Après le fol. 28 il y a une lacune de 24 feuillets; les fol. 12, 20 et 28 ont en effet les côtes I, II et III, le feuillet 36 à la côte VII, et à partir de là les quaternions sont côtés régulièrement jusqu'à la fin.

IV. Fol. 29—73, recueil de légendes ou passions; la première est incomplète. Suivent alors:

1. Fol. 29: *Vita Pauli primi heremite*. Venerabilis igitur pater Paulus quem primum heremitam fuisse tradunt .....

2. Fol. 29 Verso: *Passio Sebastiani martyris*. Sebastianus igitur vir christianissimus Mediolanensium parcium civis....

3. Fol. 30 : *Passio sanctę Agnetis virginis.* Beatissima siquidem Christi virgo cum esset etatis annorum XIII . . . .

4. Fol. 30 Verso: *Passio s. Patrocli martyris.* Audiens preses Aurelianus virtutes et miracula beati Patrocli . . . . .

5. Fol. 30 Verso : *Passio s. Vincentii martyris.* Quoniam igitur invictissimi martyris huius et beati levite Christi . . . .

6. Fol. 32 : *Vita Thimothei.* Sicut igitur vitam et conversacionem ac transitum beati Thymothei apostoli a beato Policrate presbytero pie memorie contraditam audivimus, sic nostro stilo diligenter perarare curavimus. Fuit siquidem . . . .

7. Fol. 32 : *Vita s. Valerii.* Igitur post transitum beatissimi Eucharii, Treverorum urbis archiepiscopi, beatus Valerius . . . .

8. Fol. 32 : *Vita sanctę Brigidę virginis.* Fuit vir quidam nobilis lagiensis genere, nomine Duptachus, qui emit ancillam nomine Brosech . . .

9. Fol. 33 : *Passio s. Blasii episcopi et martyris.* Beatus itaque Blasius, vir mire innocencie . . . .

10. Fol. 33 Verso : *Passio beatę Agathę virginis.* Igitur in Sicilia Quincianus proconsul audiens famam et . . . . .

11. Fol. 34 : *Eulalię.* Itaque beatissima virgo Dei Eulalia ex Barcinonensium civitate . . . .

12. Fol. 34 : *De s. Mathia apostolo.* Mathias igitur qui et Dei parvus interpretatur, ...

13. Fol. 34 : *Vita sancti Gregorii papę.* Cernens summus pontifex qui romane preerat ecclesie, virum Dei beatum Gregorium . . . .

14. Fol. 35 Verso : *Vita sancti Heriberti.* Gloriosus Domini confessor Heribertus claris ex natalibus Wormacia Galliarum urbe extitit oriundus . . . . .

15. Fol. 37 : *Vita sanctę Gertrudis virginis.* Itaque clarissima Dei virgo Gertrudis, patre Pippino duce, matre Iduburga nobilissimis . . . .

16. Fol. 38 : *Ambrosii.* Natus itaque beatissimus prefecto quodam nobilissimo patre eius puer Ambrosius . . . .

17. Fol. 38 Verso : *Marię egipciacę.* In monasterio Palestinorum fuit vir venerabilis vite, Zozimas nomine . . . .

18. Fol. 40 Verso : *De sancto Georgio martyre.* Eo tempore quo Dacianus, Christi fidelium persecutor avidissimus, romane arcis imperium tenebat . . . . .

19. Fol. 42 : *De s. Marco evangelista.* Igitur princeps apostolorum Petrus, fundata apud Antiochiam pontificatus apicis cathedra . . . .

20. Fol. 42 Verso: *Passio Vitalis*. Igitur Vitalis, Gervasii et Prothasii pater, miles, adhuc quidem gentilis . . . . . .

21. Fol. 42 Verso: *Passio s. Quirini*. Igitur Quirinus martyr Dei electus, cum de fide Christi contra sevissimum disputaret Aurelianum . . . . .

22. Fol. 43: *De invencione sanctę Crucis*. Beata et religiosissima Dei famula, Constantini mater, Helena . . . . .

23. Fol. 43 Verso: *Eodem die Alexandri*. Alexander quidem etate iuvenis, fide vero senior . . . . .

24. Fol. 44: *De s. Servatio*. Eo tempore quo beatus Servacius Tungrensium civitatis episcopali cathedre presedit, ...

25. Fol. 44 Verso: *Passio sancti Herasmi*. Beatus igitur Herasmus civitatis Antiochene venerabilis antistes . . . . . .

26. Fol. 45 Verso: *Passio s. Bonefacu*. Cum adisset aliquando beatus Bonefacius orationis gratia beatissimorum Petri et Pauli apostolorum limina . . . . .

27. Fol. 45 Verso: *De s. Medardo*. Vitam igitur et conversacionem beatissimi antistitis Medardi . . . . .

28. Fol. 45 Verso: *Barnabe apostoli*. Ioseph qui cognominatus est Barnabas, qui dicitur in sermone latino filius consolacionis . . . .

29. Fol. 46: *Viti, Modesti*. Quam sit Deus mirabilis, pius et laudabilis, declarat in cunabilis vita Viti probabilis. Nam puer hic dum . . . . . .

30. Fol. 46 Verso: *Passio Albani martyris*. Temporibus Honorii impiissimi regis Persarum, cum plurimi Christiani pro fide Christi persecucionem paterentur, Theonestus episcopus . . . . .

31. Fol. 46 Verso: *Albini martyris*. Eo tempore cum maxima vigeret Christianorum persecucio, Albinus, vir clarissimus . . . . . .

32. Fol. 47: *De s. Iohanne Baptista*. Iohannes igitur Baptista hic et precursor eius dicitur, nam sicut lucerna . . . . .

33. Fol. 47: *Passio Iohannis et Pauli*. Iohannes et Paulus dum essent primi in romano palacio tempore Iuliani apostate . . . . . .

34. Fol. 47 Verso: *De sanctis septem dormientibus*. Audiens Decius, imperator quod Maximianus, urbis Ephesiorum prefecti filius . . . .

35. Fol. 48: *Passio Petri et Pauli*. Paulus igitur perlustratis ubique Grecie partibus, tandem post multam predicationem . . . . .

36. Fol. 48 Verso: *Passio Processi et Martiniani*. Tempore quo Simon magus . . . . .

37. Fol. 49: *De s. Udalrico*. Igitur beatus Udalricus Auguste urbis episcopus vita et conversacione sancta . . . . *(Explicit)*. Utile quoque et dignum duximus hiis predictis continuandum, quare apud

nostram Coloniensem ecclesiam dies ista celebris habeatur. Fuit siquidem in ea urbe quodam tempore archiepiscopus quidam de ipsa civitate Augusta, cuius presulatum beatus tenuit Udalricus, oriundus, et hic ita eiusdem dilectionis intuitu festum beati Udalrici in Colonia constituit celebrari, et ... illic beati Severini celebrari fecit natalicia, pie itaque animadvertens ut qui unius celebrem agat memoriam, alterius consequatur benignus et gratiam.

38. Fol. 49: *Kiliani et sociorum eius*. Itaque parentibus non infimis scottica tellus Kilenam edidit quem postea nomine mutato ....

39. Fol. 49 Verso: *Passio s. Agilolfi martyris*. Defuncto itaque honorabili rege Pippino filius eius Karolus successit imperio....

40. Fol. 49 Verso: *Passio septem fratrum*. Temporibus Antonii imperatoris facta est manifesta inquisicio de Christi fidelibus ...

41. Fol. 50: *Felicis et Naboris*. Regnante impiissimo imperatore Maximiano erant in civitate Mediolanensi ....

42. Fol. 50: *Margaretę*. Beatissima igitur Dei virgo Margareta de civitate Antiochia orta natalibus cuiusdam idolorum pontificis ....

43. Fol. 50 Verso: *Sanctę Praxedis*. Post transitum itaque sacratissime virginis Potenciane soror eius, beata Praxedis....

44. Fol. 51: *De s. Maria Magdalena*. Itaque, fratres karissimi, sollempnitatem hodiernam ad honorem beate Marie Magdalene ......

45. Fol. 51 Verso: *Passio s. Apollinaris martyris*. In diebus Claudii Cesaris, predicante Rome apostolorum principe Petro .....

46. Fol. 51 Verso: *Passio sancti Iacobi apostoli, fratris Iohannis evangeliste*. Apostolus domini nostri Iesu Christi Iacobus .....

47. Fol. 52: *Passio s. Christofori*. Tempore quo regnabat rex Dagnus in civitate Samos que sita est infra terminos Sirie, ...

48. Fol. 53: *Passio s. Pantaleonis*. In civitate siquidem Nicomedia senator quidam erat honorabilis nomine Eustorgius....

49. Fol. 53 Verso: *Passio s. Felicis pape et martyris*. Tempore Constancii augusti orta est Rome .....

50. Fol. 53 Verso: *Eodem die Simplicii, Faustini, Beatricis*. Temporibus sceleratissimorum imperatorum Dyocleciani et Maximiniani .....

51. Fol. 53 Verso: *Passio Abdon et Sennes*. Audiens itaque Decius cesar ......

52. Fol. 54: *Ad vincula s. Petri*. Itaque investigandum nobis

occurrit quare hoc sollempne festum attituletur vinculis beati Petri . . . .

53. Fol. 54: *Conversio et passio sancte Afre martyris.* Eo tempore quo maxima vigebat Christianorum persecucio, Narcissus episcopus . . . .

54. Fol. 54 Verso: *Passio s. Ciriaci dyaconi.* Tempore imperatoris Diocleciani cum maxima ubique inhorruisset christianorum persecucio . . . . .

55. Fol. 55: *Passio s. Laurencii.* Cum igitur beatus Sixtus, Romane sedis episcopus, ad locum fuisset perductus . . . . .

56. Fol. 55: *Passio s. Ypoliti martyris.* Tempore Decii imperatoris impiissimi tiranni quo maxima sevit christianorum persecucio . . . . .

57. Fol. 55 Verso: *Passio Sixti, Felicissimi et Agapiti.* Cum igitur beatus Sixtus, urbis Rome pontifex sacratissimus et diaconi eius duo . . . .

58. Fol. 55 Verso: *Passio s. Tiburtii martyris.* Audiens Fabianus index nomen et virtutes beati Tiburcii . . . . .

59. Fol. 55 Verso: *Passi s. Eupli martyris.* Temporibus sceleratissimorum principum Dyocleciani et Maximiniani erat in civitate Cathanensium . . . .

60. Fol. 56: *Agapiti.* Comprehendens rex Antiochus puerum Agapitum etate ter quiennium . . . . .

61. Fol. 56: *Passio s. Magni vel vita.* Intra partes Apulie in civitate Tranas fuit natus suis parentibus filius unicus . . . . .

62. Fol. 56 Verso: *Simphoriani martyris.* Beatus Simphorianus apud civitatem Eduam nobili prosapia ortus . . . . . .

63. Fol. 56 Verso: *Passio s. Bartholomei apostoli.* Beatus igitur Bartholomeus, domini nostri Iesu Christi apostolus . . . . .

64. Fol. 57: *Conversio et vita s. Augustini episcopi.* Temporibus victoriosissimi imperatoris Theodosii natus est ille . . . .

65. Fol. 57 Verso: *In decollatione s. Iohannis Baptiste.* Solet a quibusdam dubitari cuiusmodi agatur sollempnitas in decollatione beati Iohannis Baptiste, cuius profecto obscuritas et ignorancia prorsus excluditur, dum in pascha precursor eius decollatus esse pro certo sciatur . . . . . .

66. Fol. 58: *Eodem die. De s. Sabina.* Igitur post obitum Valentini illustrissime memorie viri . . . .

67. Fol. 58: *Sancti Egidii.* Sanctus igitur Egidius natione Grecus a preclaris parentibus originem duxit . . .

68. Fol. 60: *In exaltatione sancte crucis.* Eo tempore quo Constantinus augustus contra Maxencium . . . .

69. Fol. 60: *Miraculum de sancta cruce.* Tempore itaque Constantini iunioris et Herene eius uxoris civitas quedam que est in Siria ....

70. Fol. 61: *Eodem die. Passio sancti Cornelii.* Itaque Cornelius romane sedis antistes vir christianissimus multa interim cum ......

71. Fol. 61: *Passio s. Cipriani episcopi et martyris.* Postea vero decurrente tempore Valerianus et Galienus Decio defuncto succedunt imperio ....

72. Fol. 62: *Passio sancti Lamberti.* Beatus vir Dei Lambertus de oppido Traiectensi nobili prosapia exortus ....

73. Fol. 62: *Passio s. Mathei apostoli et evangelistę.* Beatus igitur Matheus apostolus et evangelista segregatus a theloneo.....

74. Fol. 62: *De sancto Mauricio.* Presidentibus romane reipublice sceleratissimis imperatoribus Diocletiano et Maximiano .....

75. Fol. 62 Verso: *Passio sanctorum Cosmę et Damiani martyrum.* Temporibus imperatorum Diocleciani et Maximiniani apud civitatem Egeam in partibus Arabie ....

76. Fol. 63: *De s. Michahele.* Sepius audistis, mei fratres dilectissimi, quomodo facta est in tempore illo venerabilis memoria beati archangeli Michaelis in monte Gargano ....

77. Fol. 63 Verso: *De novem ordinibus angelorum.* Novem vero angelorum ordines esse diximus, quia videlicet esse testante sacro eloquio scimus ....

78. Fol. 64 Verso: *Vita sancti Ieronimi presbiteri.* Beatus igitur Iheronimus preclarus valde et genere et moribus ....

79. Fol. 65 Verso: *Vita s. Remigii.* Perscrutantibus nobis ortum dignissimum preclari antistitis Remigii ......

80. Fol. 66: *Duorum Ewaldorum.* Erant tempore venerandi Francorum ducis Pippini duo venerabiles presbyteri .....

81. Fol. 66: *Passio s. Dionisii et sociorum eius.* Domicianus imperator audiens opinionem beatissimi antistitis Dyonisii ......

82. Fol. 66 Verso: *Passio s. Gerconis.* Interfecto itaque beato duce Mauricio apud Agaunum opidum .....

83. Fol. 66 Verso: *Maurorum.* Eodem vero tempore de Mauritania que est pars Affrice ....

84. Fol. 66 Verso: *Passio sancti Eliphii martyris.* Iulianus apostata divinis a puero instructus eloquiis .... (Explicit): Et tu, sancta Colonia, venerare nunc Eliphium, ama destinatum a Deo tibi patronum; advocatum eum in hac vita tibi provideas, ut defensorem in futuro habere valeas prestante Domino.

85. Fol. 67: *De sancto Luca evangelista.* Igitur hic gloriosissimus evangelista Christi Lucas, Syrus, Antiocensis nacione, arte medicus ....

86. Fol. 67: *Passio XI. milium virginum.* Fuit in Brittanie partibus rex quidam nobilis et famosus ....

87. Fol. 68: *Sanctę Cordulę.* Erat autem timo de eodem sanctissimo virginum contubernio quedam nomine Cordula ....

88. Fol. 68: *Severini episcopi.* Eo tempore quo gentis Hunorum effera barbaries, ut iam paulo superius audivimus, peccatis hominum exigentibus, ...

89. Fol. 68 Verso: *Adventus sancti Severini episcopi Coloniam.* Iam itaque transacto post transitum beatissimi pontificis Severini aliquot annorum curriculo, Coloniensium finibus universis .... *(Explicit):* Hinc ergo usque hodie nostris Coloniensium civibus venerabilis consuetudo inolevit, ut uno die per singulas ebdomadas ad sancti Severini domum oracionis causa concurrant et quatinus per totam sequentem ebdomadam eius fideli patrocinio fulciantur, supplici devocione deposcunt.

90. Fol. 68 Verso: *Evergisli.* Fuit beatissimus vir Dei Evergislus Tungrorum civitate parentibus ingenuis oriundus .....

91. Fol. 69: *Passio Simonis et Iude.* Sancti itaque apostoli Christi Iudas Zelotes et Simon Chananeus .....

92. Fol. 69 Verso: *Passio s. Cesarii.* In civitate Terracina erat quidam luxurius homo infidelis ac prophanus ....

93. Fol. 70: *Willibrordi.* Temporibus illis mulier quedam venerabilis Oronio nomine filium peperit sacroque baptismate regenerato nomen illi Willibrordo inposuit ....

94. Fol. 70 Verso: *De s. Martino.* Igitur beatus Martinus secundum dignitatem seculi huius parentibus non infimis natalicii originem duxit ....

95. Fol. 71: *De s. Kuniberto.* Erat puer Kunibertus ex provincia Mosellensi clara stirpe oriundus. Qui dum esset ....

96. Fol. 71 Verso: *De s. Brictio.* Igitur post excessum summi et inconparabilis viri beati Martini Turonice civitatis episcopi sanctus Brictius ....

97. Fol. 71 Verso: *De s. Cecilia.* Audiens hanc vocem Domini in evangelio dicentis: beata virgo, Cecilia ....

98. Fol. 72 Verso: *De s. Clemente.* Quartus ecclesie romane pontifex beatus Clemens ita Petri apostoli disciplinam secutus est ....

99. Fol. 73 Verso: *De s. Katerina.* Impiissimus imperator Maxencius cum die quadam quamplurimas ....

100. Fol. 74 : *De s. Andrea apostolo.* Andreas, Christi famulus, dignus Deo apostolus, germanus Petri . . . . .

Après la passion de S. André : Expliciunt passiones sanctorum.

V. Fol. 74—76 : *Sermones utiles.*
1. Ubi duo vel tres congregati . . . .
2. Misit Deus filium suum natum . . . .
3. Lux orta est iustis et rectis corde leticia . . . .
4. Tamquam sponsus dominus processit . . . . .
5. Quomodo cantabimus canticum Domini . . . .
6. Querite Dominum, dum inveniri potest . . . .
7. Ecce nunc tempus . . . .
8. Letare Yerusalem et conventum facite omnes . . .
9. Dicite, filie Syon, ecce rex tuus venit . . . .

VI. Fol. 77 : Sequitur de missa et institutione ac significatione : Multos multiphariis vesanis modis raptos tedet me considerare . . . .

VII. Fol. 83—85. Deux lettres de S. Jérôme :

1. (Ad Nepotianum). Petis a me, Nepotiane karissime, litteris transmarinis . . .

2. (Ad Oceanum). Sofhronius Eusebius Ieronimus Oceano salutem. Deprecatus es ut tibi breviter exponerem . . . . . . (Incomplète à la fin ; elle finit par : sed pretereundum non est superiorum explaudere.)

N° 79

(ancien numéro 61).

Manuscrit sur parchemin du XIVe siècle. — 100 feuillets à 2 colonnes de 32 lignes. — H. : 252 mm. ; L. : 169 mm.

Fol. 1 : Bibliothecae conventus Luxemburgensis, fratrum praedicatorum (XVIIe siècle fin).

Fol. 1 Verso, un index du contenu, écrit à l'encre rouge : *In hoc codice continentur collationes patrum X . .*

I. Fol. 2 : *Incipit prefatio in collationes patrum*. Debitum quod beatissimo pape Castori . . . . — Fol. 3 R. a : *Incipit collatio abbatis Moysi de destinatione vel fine monachi. Primum capitulum.* Cum in heremo Scithi . . . . . — Fol. 13 R. a : *Incipit eiusdem senis collatio de discretione.* Degustato itaque matutino sopore . . . . — Fol. 22 R. a : *Incipit collatio abbatis Pafnutii de tribus abrenuntiationibus. Cap. I.* In illo sanctorum choro . . . . . — Fol. 30 V. b : *Incipit collatio abbatis Danielis de concupiscentia carnis et spiritus. I.* Inter ceteros christiane phylosophie viros . . . . — Fol. 38 R. b : *Incipit collacio abbatis Serapionis de octo principalibus vitiis.* In illo cetu . . . . . — Fol. 47 V. b : *Incipit collacio abbatis Theodori de nece sanctorum. I.* In Palestine partibus . . . . — Fol. 55 V. b : *Incipit collatio abbatis Screni de anime mobilitate et spiritalibus nequitiis. Cap. I.* Summe sanctitatis et . . . . — Fol. 66 V. b : *Incipit eiusdem 'senis collatio secunda de principatibus. Cap. I.* Consummatis que diei . . . . . . — Fol. 76 R. b : *Incipit collatio abbatis Ysaac de orationibus. De perpetua orationis* . . . . . . — Fol. 87 R. b : *Incidit collatio secunda eiusdem senis.* Inter hec anachoritarum . . . . — Fol. 95 R. a : *Explicit collatio secunda abbatis Ysaac de oratione. Deo gratias. Amen.*

Fol. 100 V. a, ainsi après les extraits qui suivent sous les numéros II et III, une autre main du XIV⁰ siècle a ajouté : *Explicit liber collationum patrum. Amen.* — Chaque conférence est précédée d'un index des chapitres.

II. Fol. 95 R. a : Quelques extraits *in laudem virginitatis*, tirés de S. Jérôme : *Quantam in celestibus beatitudinem virginitas sacra possideat* . . . .

III. Fol. 99 V. a : *Ieronimus in epistola ad Eustochium filiam Paule de virginitate :* Audi, filia, et vide . . .

N° 80

(ancien numéro 72).

Manuscrit sur parchemin du XIV⁰ siècle. — 187 feuillets à 2 colonnes de 45 lignes. — H. : 241 mm.; L. : 177 mm.

Fol. 1: Bibliothecæ Aureævallis (XVIIIe siècle). — N 5. — Fol. 187: M. SS. S. 7.

Le manuscrit renferme le Doctrinale puerorum d'Alexandre de Villa Dei, avec un commentaire fort étendu. L'ouvrage commence: Antequam ulterius in dictis procedam, queso, Dei filius, lingue mee redam ditignat *(sic)* ut melius ad verum procedam.

Fol. 187 R. a: Explicit iste liber, sit scriptor crimine liber.
Finito libro sit laus et gloria XPisto.

Belles initiales avec miniatures aux fol. 1 et 7.

N° 81

(ancien numéro 69).

Manuscrit sur parchemin du XIIe siècle fin. — 123 feuillets à 40—41 lignes par page. — H.: 248 mm.; L.: 155 mm.

Fol. 2: N 5. — x n 5. — Fol. 123 Verso: Liber beate Marie Aureevallis (XVe siècle). — M. SS. S. 7.

Le manuscrit renferme les commentaires de S. Jérôme sur les petits prophètes.

I. Fol. 1 Verso: *Incipit explanatio in Naum prophetam, liber unus ad Paulam et Eustochium. Prefacio* .... Iuxta LXX interpretes in ordine .... *Explicit prologus. Incipit expositio in Naum prophetam.* Deus emulator et ..... — Fol. 17: *Explicit explanatio in Naum liber unus.*

II. Fol. 17: *Incipit prefatio in Abacuc ad Chromatium.* Primum, Cromati, episcoporum doctissime .... — Fol. 17 Verso: *Explicit prefacio. Incipit liber primus in Abbacuc prophetam.* Usquequo, Domine, clamabo .... — Fol. 29 Verso: *Explicit in Abbacuc liber primus. Incipit prefacio libri secundi.* Iterum, mi Chromati.... — Fol. 40 Verso: *Explicit explanatio libri secundi in Abbacuc propheta.*

III. Fol. 40 Verso: *Incipit prefacio Hieronimi in Sophonia propheta ad Paulam et Eustochium.* Antequam Sophoniam aggrediar ... *Finit prefatio. Incipit explanatio Sophonia propheta.*

Verbum Domini quod factum est.... — Fol. 57: *Explicit Sophonie tractatus.*

IV. Fol. 57: *Incipit prefacio in Aggeum prophetam.* Secundo anno Darii....... *Explicit [prefatio]. Incipit explanatio S. Ieronimi presbiteri in Aggeum prophetam.* In anno secundo..... — Fol. 67: *Explicit explanatio in Aggeum prophetam.*

V. Fol. 67: *Incipit prefacio beati Iheronimi ad Exuperium Tolosanum episcopum in Zachariam prophetam.* Ultimo iam autumni tempore.... Fol. 68 Verso: *Explicit prologus. Incipit explanatio prima* (fol. 80 V.: *liber secundus;* fol. 96: *liber tercius*) *in Zachariam prophetam.* In mense octavo.... — Fol. 111: *Explicit explanatio in Zachariam prophetam.*

VI. Fol. 111: *Incipit explanatio (prefatio) in Malachiam prophetam beati Iheronimi presbiteri ad Minervum et Alexandrum.* Ultimum duodecim prophetarum... — Fol. 123 Verso: *Explicit explanatio beati Iheronimi in Malachiam prophetam.*

Un grand nombre des mots grecs insérés dans le texte latin sont, surtout au commencement du volume, reproduits en marge en caractères latins.

Le volume n'est pas folié anciennement; mais en haut des feuillets se trouve toujours le nom du prophète dont le texte est expliqué; fol. 1—16 le nom, Naum, se trouve en haut de chaque page; fol. 17 Verso—38 verso, le verso porte le nom du prophète, le recto du feuillet suivant le mot prophéta; fol. 39—114 le nom du prophète seul se trouve en haut du recto; fol. 115—123 il manque, enlevé, à ce qu'il paraît, par le relieur.

N° 82

(ancien numéro 59).

Manuscrit sur parchemin du XIIe siècle fin ou commencement du XIIIe siècle. — 111 feuillets à 28 lignes par page. — H.: 261 mm.; L.: 173 mm.

Fol. 1: Bibliothecæ Aureævallis (XVIIIe siècle). — N 5. —

x u 4. — Fol. 111: Liber sancte Marie Aureevallis. Qui eum abstulerit, anathema sit (XVe siècle). — M. SS. S. 9.

Le volume renferme:

I. Fol. 1: *Incipit tractatus s. Augustini episcopi in epistola b. Iohannis apostoli et evangelistę ab initio epistolę usque ad ad (sic) quod scriptum: Quoniam tenebrę ęxcęcaverunt oculos eius. Meminit sanctitas vestra* ...... Les chapitres suivants de ce traité commencent fol. 8 V., 15 V., 21 V., 27 V., 34, 42 V., 47 V., 55 V., 62 V.

II. Fol. 69 Verso: Retractation du livre de S. Augustin contre Fortunat. *Incipit retractatio. Scripsi adhuc presbiter librum in quo contra Fortunatum quendam* ..... Fol. 70 V., la disputation contre Fortunat: *V. kl. septembris, Archadio augusto bis et Rufone viro iam clarissimo consule acta disputatio adversus Fortunatum Manichenum presbiterum in urbe Ypponensium in balneis Sossi sub presentia populi. Augustinus dixit:* Ego iam errorem ...... — Fol. 83 Verso: *Explicit de duabus animabus contra Manicheos (sic).*

III. Fol. 83 V.: *Item eius supra (sic) ex libro retractationum.* Scripsi adhuc presbiter contra Manicheos de duabus animabus ..... — Fol. 86 V.: Incipit liber *Aurelii Augustini de duabus animabus contra Manicheos.* Opitulante Dei misericordia ..... — Fol. 100: *Explicit de duabus animabus contra Manicheos.*

IV. Fol. 100: *Item eius supra ex libro retractationum.* — Suit la même retractation qui se trouve au fol. 69, mais ici elle est barrée d'un bout à l'autre.

V. Fol. 100 V.: *Sancti Cipriani de duodecim abusivis seculi.* Duodecim abusiva sunt seculi ....

VI. Fol. 110: *De situ locorum sancte civitatis Ierusalem.* Si quis in Ierusalem ire voluerit, ortum solis semper teneat, per portam sancti Stephani intret. Ibi enim extra portam lapidatus fuit. Iherosolimitana loca hoc ordine inquirat .... *(Explicit):* Iuxta quem locum est sepulcrum Iosaphat regis per quem eciam vocatur ipsa vallis Iosaphat. Ibi est ęcclesia ubi sanctus Iacobus et sanctus Simeon senex et sanctus Zacharias fuerunt sepulti.

Ce dernier traité est écrit d'une autre main que le reste du manuscrit, mais appartient encore au commencement du treizième siècle.

Le manuscrit se compose de 13 quaternions plus sept feuillets; ils sont côtés au verso de chaque huitième feuillet, ainsi aux fol. 8, 16, 24, 32, 40, 48, 56, 64; mais comme le neuvième cahier a

9 feuillets, les côtes se trouvent dès lors aux fol. 73, 81, 89, 97 et 105.

N° 83

(ancien numéro 67).

Manuscrit sur parchemin du XIIIe siècle. — 38 feuillets, aux fol. 1—8 de 34 lignes par page, et à partir du fol. 9 où commence une seconde main, de 40 lignes, jusqu'au fol. 27; fol. 28—38 qui sont d'une troisième main, à 35 lignes. — H.: 247 mm.; L.: 130 mm.

Le volume renferme la grammaire de Priscien:
1. Fol. 1—5: Livre XI, incomplet au commencement; il commence: Accidunt autem participio VI (Édition de Keil, p. 555).
2. Fol. 5—10: Livre XII.
3. Fol. 10—15: Livre XIII.
4. Fol. 15—22: Livre XIV.
5. Fol. 22—31: Livre VIII, commençant par ANATINOCKESTo pro eo autem (Cf. Keil, p. 409).
6. Fol. 31—38: Livre IX, finissant par: ubi integrum anserem adoluerunt. (Cf. Keil, p. 489).

En bas et en marge du fol. 17 V. et 18 R., une note en français, écrite à la mine de plomb et illisible en grande partie; elle commence: Il doibt estre dit et preschiey....

En marge du fol. 20 Verso: Pro defuxu *(sic)* sanguinis. Agla, pater noster qui es in celis, sanctificetur nomen tuum; alfa, advenies regnum tuum; o, fiat voluntas tua sicut in celo et in terra; onai, panem nostrum codidia[num da nobis hodie;..., et di]mitte nobis debita nostra sicut et nos dimittimus debitoribus nostris; metcias, et ne nos inducas in tentationem; soter, set libera nos a malo. Amen. Emanuel, sa.... — Il y a une lacune au milieu et à la fin, provenant de ce que le bord inférieur de ce feuillet est découpé sur une hauteur de trois centimètres.

Provenance inconnue.

N° 84

(ancien numéro 88).

Manuscrit sur parchemin du commencement du XIVe siècle. — 190 feuillets à 34 lignes par page. — H.; 241 mm.; L.: 168 mm.

Fol. 1: Bibliothecae Aureævallis (XVIIIe siècle). — N 5. — x n 5. — Fol. 190: M. SS. S. 7. — Iste liber est de abbacia Clarifontis (XIVe s.); le nom Clarifontis a été remplacé plus tard par Aureævallis.

Le volume renferme le commentaire un peu abrégé de Thomas, moine de l'abbaye de Cîteaux, sur le cantique des cantiques. Il commence: *Incipiunt cantica canticorum. Osculetur me osculo oris sui. Tria sunt epithalamia, primum hystoricum, secundum philosophicum, tercium theologicum*....... — Il finit au recto du fol. 189. Suivent alors quelques chapitres du même traité, copiés une seconde fois: *de quatuor montibus, de tribus mensis, de monte, de tribus saphiris.*

N° 85

(ancien numéro 6).

Manuscrit sur parchemin du XIVe siècle. — 205 feuillets à 2 colonnes à 36 lignes. — H.: 242 mm.; L.: 193 mm.

Fol. 1: Bibliothecæ Aureævallis (XVIIIe siècle). — N—6. — Fol. 205: M. SS. S. 9.

Le manuscrit renferme les cinq livres des décrétales du pape Grégoire.

N° 86

(ancien numéro 74).

Manuscrit sur parchemin de la fin du XIIIe siècle. — 143 feuillets, côtés en chiffres latins (I—XXX, XXXbis, XXXI—LX, puis de nouveau XLI—LX, LXI—CXXII) à la marge inférieure du Recto, à 33 lignes par page. — H.: 233 mm.; L.: 156 mm.

Fol. 1: N 5. — x n 4. — Fol. 122 V.: Liber beate Marie Aureevallis (XVe siècle). — M. SS. S. 7.

Le manuscrit renferme le même commentaire de Thomas de Cîteaux sur le Cantique des Cantiques que les numéros 84 et 93. Il commence: Capite vobis vulpes parvulas que demoliuntur vineas ..... Il finit: Hac beatitudine beatissimam predicaverunt regine. Amen.

N° 87

(ancien numéro 115).

Manuscrit sur parchemin des XIIIe et XIVe siècles. — 114 feuillets; fol. 1—97 à une colonne et fol. 97—113 à deux colonnes. — H.: 225 mm.; L.: 141 mm.

Fol. 1: Bibliothecæ Aureævallis (XVIIIe siècle). — N—7. — x n 2. — Fol. 113 V.: M. SS. S. 8.

Le manuscrit renferme:

I. Fol. 1—46 V., du XIIIe siècle à 36 lignes par page, les livres 17 et 18 du grammairien Priscien. Le livre 17 commence: De partibus orationis in plerisque Apollonii auctoritatem sumus secuti ....; il finit: Macte virtute esto, pro mactus virtute. — Fol. 29 Recto commence le dix-huitième livre: In superiore libro de articulis ....., incomplet à la fin et au milieu. Il ne va que jusqu'à la page 723 de l'édition de Bâle de 1554 et ne comprend pas les pages 654—665 de cette édition. Presque tous les passages grecs sont omis; ceux qui ne le sont pas, sont copiés ou dessinés plutôt par quelqu'un qui ne connaissait pas le grec; μ est p. ex. rendu par αχ.

II. Fol. 47—56 V., à 41 lignes par page, d'une main du XIIIᵉ siècle autre que celle qui a écrit les feuillets 1—46; explications sur le livre des Nombres, tirées d'Augustin, Isidore, Raban-Maur, Grégoire-le-Grand, Jérôme, Origène etc. Elles commencent: Ista est religio victime quam constituit Dominus. Precipe filiis Israel ut adducantur ᵗad te vaccam rufam sanguine passionis....

III. Fol. 57—66, à 29—31 lignes par page, du XIIIᵉ siècle. — En haut du fol. 57 se trouve l'index du contenu de ces feuillets: De iniciis exodi. De obstetricibus et nativitate Moysy. De eo quod scriptum est: ego autem gracili voce. De decem plagis quibus percussa est ęgiptus. De profectione filiorum Israël. De cantico Moysy.

Recueil de sermons sur les sujets indiqués dans cet index:

a) Fol. 57: Hec sunt, inquit, nomina filiorum Israel.... Simile huic misterio et illud esse puto quod per prophetam dicitur :....... (fol. 58 V.) *Finit omelia I.*

b) Fol. 58 V.: *Incipit II. De obstetricibus et nativitate Moysi.* Et dixit, inquit, rex Egipciorum obstetricibus Iudeorum..... (Fol. 59 V.): *Finit omelia II.*

c) Fol. 59 V.: *Incipit III.* Donec esset Moyses in Egipto et erudiretur.... (Fol. 60): *Finit omelia III.*

d) Fol. 60: *Incipit IIII de X plagis Egipti.* (H)istoria quidem famosissima nobis recitata est quod ingentibus signorum ac prodigiorum verberibus Egiptus cum Pharaone rege castigata sit....

e) Fol. 62: *Incipit omelia V. De profectione filiorum Israël.* Profecti igitur filii Israël in primis....

f) Fol. 63: *Omelia VI. De cantico quod cantavit Moyses populo et Maria cum mulieribus.* Tu ergo, si mare rubrum transieris, si Egiptios submergi videris....

g) Fol. 64: *Incipit VII. Damaritune (sic) aque mirre..* Post transitum maris rubri, post triumphales ymnos venitur ad Mirram....

h) Fol. 65 V.: *Incipit omelia VIII. De inicio dechalogi·* Omnis qui discit contempnere presens seculum et ad futurum festinat.......

i) Fol. 66 V.: Si quis intelligat ex Egipto Hebręorum profectiorum (sic) vel transitum maris rubri.... — Ce sermon est incomplet à la fin; il finit: ascendas ad celum adque magnificenciam.

IV. Fol. 67—70. — Partie de la chronique de Guy de Bazoches, portant en marge des notes de la même main que le manuscrit no 67. — XIIIe siècle; 26 lignes par page. — Les trois premières lignes sont rayées; il est à croire que leur contenu se trouvait déjà dans quelque autre manuscrit, auquel les feuillets 67—70 devaient être ajoutés. Le fragment commence: angelum se confessus et invitans eos ad laudes.... Il finit: et quod magnus Alexander ad sepulcrum illius veniens et de eo bona multa connoscens, transtulit ipsum.

V. Fol. 70bis—85. — Explications exégétiques sur le livre des Nombres, sur le Lévitique (fol. 70—77 V. et 80—85 V.) et sur l'Apocalypse (fol. 76—79 V.): In libro Numeri mulieres non educuntur ad numerum, pro feminea scilicet infirmitate.....

Tirées de Raban Maur, Isidore, Grégoire-le-Grand, Augustin, Beda, Jérôme. — Ces feuillets sont de la même main que les feuillets 47—56.

VI. Fol. 86—91. — Recueil de sermons; XIIIe siècle; 43 lignes par page. Le premier est incomplet; il ne reste que 8 lignes de la fin.

b) Fol. 86: (M)oabitę veniunt et Ammanite, et omnes illi reges et gentes invisibiles quas superius memoravimus.....

c) Fol. 86': (S)i enim ęvi prolixitate appellandus quis presbyter vel senior videretur, quem magis alium oportebat hoc nomine censeri quam primum Adam ...?

d) Fol. 87: (E)rat ergo in cęlis veritas, umbra vero et exemplar veritatis in terris....

e) Fol. 87': (I)gitur illam terram que est trans Iordanem, Moyses distribuit, ...

f) Fol. 88: (T)um demum cum consuetudo sit sanctę scripturę quatuor partes orbis terre quas axes et plagas nominant, appellare, ...

g) Fol. 88': (V)erumtamen illud etiam admoneo, non parum ex hoc ipso animę utilitatis conferri....

h) Fol. 89: (U)t filii Iuda volebant disperdere vel interimere Iebuseos de Ierusalem, non potuerunt......

i) Fol. 89: (C)hananei tercio dicti sunt esse in filiis Effrem.

j) Fol. 90: (S)ed videamus Pharaom, si forte in scripturis invenimus aliquid positum, quod nobis quid virtutis contineatur in sortibus, manifestet.....

k) Fol. 90': (D)e Iebuseis qui habitabant in Ierusalem, dudum dictum est, quomodo eos exterminare non potuerunt filii Iude.....

l) Fol. 91: Omnes filii Israël acceperunt sortes suas in terra, levitis autem in hereditatem solus Deus sufficit.....

m) Fol. 91: (I)n monte, inquit, Effrem hoc est in monte fructifero. Qui putas in nobis sunt montes fructiferi in quibus habitat Iesus?....

n) Fol. 91': (S)icut in novissimis diebus verbum Dei ex Maria carne vestitum processit in hunc mundum. (incomplet, seulement 10 lignes).... *(Explicit)*: Si homo munus offeret Deo, offeret...

VII. Fol. 92—95: Seconde partie de la chronique de Guy de Bazoches, avec les mêmes notes marginales qu'aux fol. 67—70. Elle commence: Apud predictum vero Constantinum imperatorem uxor regis Persarum nomine Cesarea.... (finit, fol. 95): set usum recuperant, dum accepta presumptione desistere se promittunt.

VIII. Fol. 96—97: Remarques sur l'office divin (XIVe siècle): Nec propter hoc tantum circa matutinale tempus obsequiis invigilando divinis, Domino consecranda tradebant operum primordia diurnorum... (finit): elevatis manibus pro nostra salute sacrificium obtulit vespertinum.

IV. Fol. 98—113: Fragment de bréviaire du XIVe siècle, à deux colonnes de 47 lignes: Domine, ex. Collecta. Omnipotens sempiterne Deus qui ecclesiam tuam....

No 89.[1]

Manuscrit sur parchemin du IXe—Xe siècle. — Quatre feuillets trouvés dans la reliure d'un volume manuscrit (no 109) provenant d'Echternach. — H.: 248 mm.; L.: 174 mm.

Fragment de l'ouvrage „Hisperica famina". — Une note de M. H. Bradshaw, bibliothécaire de l'université de Cambridge, en dit: The first three leaves contain fragments of a set of *Hisperica famina* (Western utterances) by the same author as those printed by the cardinal Mai in his „Classicorum auctorum ex codicibus Vaticanis editorum tomus V". The *glossae collectae* on the last leaf

---

[1] Le numéro 88 n'est pas manuscrit; ce n'est qu'un exemplaire des planches du codex Balduineus de Coblence, représentant le voyage de Henri VII en Italie.

are evidently taken from a third set of *Hisperica famina* by the same author; but as the scribe has only copied those words which had glosses, and has omitted all the interweaving words of the text, it is quite impossible to form more than a very vague idea of the drift of the complete work. — From the forms of the British glosses, which are here copied by one who clearly did not understand what he was copying, it seems probable that the original must have been glossed in Brittany or Cornwall rather than in Wales. But, though the text is professedly of Irish origin, these uncouth Hisperic words, which abound here, are (so far as I know) only found elsewhere in the *Lorica* of Gildas (printed by Mone, *Hymni latini* I 367, as Hymnus quem Lathacan scotigena fecit), in a poem adressed to the redbreast (rubisca) in the Cambridge University Library, and in several manuscripts of the Xth century more or less closely connected with Brittany.

Les glosses ont été publiées entre autres par F. J. Mone: Die gallische Sprache und ihre Brauchbarkeit für die Geschichte, Karlsruhe, 1851, p. 74; réimprimées d'après cet ouvrage dans les publications de la section historique de l'Institut, vol. XXIV, p. 311—315, et accompagnées d'un facsimile.

N° 90

(ancien numéro 25).

Manuscrit sur parchemin du XIIIe siècle. — 185 feuillets numérotés, en marge du recto, d'abord à l'encre rouge de I—VIII, ensuite à l'encre noire de IX—LXI, LXIbis—CXXX; suivent quatre feuillets non numérotés, suivis de 55 feuillets numérotés de la même manière que les premiers de I—XXXV, XLIIII—LXIII, suivis encore de 3 feuillets non numérotés. Un feuillet est en outre intercalé entre les fol. 96 et 97, contenant la *Benedictio palmarum*. — Lacune de 8 feuillets entre fol. 161 et 162. — H.: 325 mm.; L.: 215 mm.

Fol. 1: N -4 (4 remplacé par 2). — Bibliothecæ Aureævallis (XVIIIe siècle). — Dernier feuillet: M. SS. S. 4.

No 90.

Le manuscrit, relié en cuir (au XVIIe siècle), porte au dos le titre: Missale, pars hyem. M. SS. — C'est en effet un missel, commençant: *Dominica I in adventu Domini. Ad te levavi animam meam*..... Les feuillets 1—125 renferment les messes pour le premier dimanche de l'avent jusqu'à Pâques; suivent alors les fêtes des Saints: fol. 126: *Vigilia Andreę apostoli.* — Fol. 128 V.: *Crisanti, Mauri martyrum et Darię; Nicholai.* — Fol. 129 V.: *Damasi pape.* — Fol. 130: *Lucię virginis.* — Fol. 130 V.: *Thomę apostoli.* — Fol. 131 (intercalé et écrit d'une autre main): *De beata Barbara.* — Fol. 132 V.: *Stephani.* — Fol. 134: *Iohannis.* — Fol. 135 *Innocentum.* — Fol. 136 V., une autre main a mis en marge: Thome episcopi et martyris, sicut Vincentii, XVII (c'est-à-dire au fol. peu après suivant et côté XVII). — *Silvestri pape.* — Fol. 137 V.: *Pauli primi heremitę; Remigii et Hylarii.* — Fol. 138: *Felicis in Pincis.* — Fol. 139: *Mauri abbatis; Marcelli pape et martyris.* — Fol. 140 V.: *Speusipi, Eleusippi et Meleusippi; Priscę virginis et martyris.* — Fol. 141 V.: en marge ... *Will... o totum ... sancto Nicholao*, avec renvoi au fol. III (128). — *Fabiani et Sebastiani.* — Fol. 143: *Agnetis virginis.* — Fol. 144: *Vincentii martyris.* — Fol. 145: *Emerentianę virginis; In conversione s. Pauli.* — Fol. 147 V.: *Agnetis.* — Fol. 148 V.: *Ignatii martyris; Brigidę virginis.* — Fol. 149: *In purificatione sanctę Marię.* — Fol. 150: *Agathę martyris.* — Fol. 151: *Vedasti et Amandi episcoporum.* — Fol. 151 V.: *Sotheris virginis; Scolastice virginis.* — Fol. 152: *Valentini martyris.* — Fol. 153: *Vitalis, Feliculę et Zenonis; Iulianę.* — Fol. 153 V.: *Cathedra S. Petri.* — Fol. 154 V.: *Mathię apostoli.* — Fol. 156: *Albini confessoris; Gregorii pape.* — Fol. 156 V.: *In transitu Benedicti.* — Fol. 157 V.: *In annuntiatione S. Marię.* — Fol. 158 V.: *Ambrosii episcopi.* — Fol. 160 V.: *Unius martyris.* — Fol. 161 V.: *Plurimorum martyrum.* — Fol. 162 V.: *Missa pro familiaribus.* — Fol. 163 V.: *Missa pro pace.* — Fol. 164 V.: *De sancta Cruce.* — Fol. 165: *Missa de sancta Maria.* — Fol. 166: *Missa de sancta Maria in adventu.* — Fol. 167: *Pro qualicumque tribulatione.* — Fol. 168: *Missa pro infirmo.* — Fol. 168 V.: *Missa de sancta Maria per annum.* — Fol. 169: *Missa ad suffragia poscenda sanctorum.* — Fol. 169 V.: *Missa pro episcopis vel abbatibus; missa pro sacerdote.* — Fol. 171: *Missa pro pace.* — Fol. 171 V.: *Pro adversitate ecclesie; pro qualicumque tribulatione; pro peccatis.* — Fol. 172: *Ad pluviam postulandam; missa pro serenitate; missa ad repellendam tempestatem.* — Fol. 172 V.: *Pro iter agentibus; missa votiva.* — Fol. 173: *Pro salute vivorum.* — Fol. 173 V.: *Pro in-*

firmo; missa pro defunctis. — Fol. 174 V.: *Pro episcopo defuncto; in anniversario defuncti; missa pro defunctis.* — Fol. 175: *Pro femina defuncta; alia pro defunctis.* — Fol. 175 V.: *Pro fratribus congregationis; pro his qui in cimiterio iacent.* — Fol. 176: *Pro fidelibus defunctis; pro patre et matre.* — Fol. 176 V.: *Missa generalis.* — Fol. 179 V.: *Missa pro castitate; in dedicatione ecclesię.* — Fol. 181: *De s. Nicholao; pro elemosinariis.* — Fol. 182: *In vigilia epiphanie Domini.* — Fol. 182 V.: *Pro mortalitate animalium.*

En bas du fol. 182 V., une autre main a ajouté quelques prières pour la messe des morts et pour celle en l'honneur de S. Thomas martyr.

Fol. 183—185, écrits d'une main plus récente que le reste du manuscrit, renferment les messes suivantes: fol. 183: *In vigilia epiphanie Domini.* — Fol. 184 V.: *De mysteriis Domini.* — Fol. 185: *De sancta Anna.*

N° 91

(ancien numéro 11).

Manuscrit sur parchemin du XIVe siècle. — 141 feuillets à 2 colonnes à 43 lignes. — H.: 318 mm.; L.: 220 mm.

Fol. 1: Bibliòthecæ Aureævallis (XVIIIe siècle). — N 3. — Fol. 141 V.: Liber sancte Marie Aureevallis; qui eum abstulerit, anathema sit. Amen. (XIVe siècle). — M. SS. S. 4.

Le manuscrit renferme:

I. Fol. 1—8: Henrici Salteriensis de purgatorio s. Patricii. Cet ouvrage commence: Patri sancto in Christo preoptato domino H. abbati de Sarcis frater H. monachorum minimus de Psalteria cum continua salute ..... Il finit, fol. 8: a qua eripiat nos pius Iesus qui cum patre et Spiritu sancto vivit et regnat per omnia secula seculorum. Amen.

Après la préface suit le chapitre III de l'édition de Messingham: Florilegium insulæ sanctorum seu vitæ et acta sanctorum Hiberniæ (Parisiis, 1624, in-fol., p. 89). Tout l'ouvrage présente des variantes nombreuses.

II. Fol. 9—52: Les trois livres des sentences de l'évêque Isidore. Fol. 9: *Incipiunt capitula libri sequentis* ...... *Expliciunt capitula. Incipit liber primus sententiarum beati Ysidori episcopi. Capitulum I. Quod Deus summus et incommutabilis sit.* Summum bonum Deus est...... Fol. 19: *Explicit liber primus sententiarum Ysidori episcopi. Incipiunt capitula libri secundi* .... *Expliciunt. Incipit liber secundus. Capitulum primum de sapientia.* Omnis qui secundum Deum sapiens est........ Fol. 34: *Explicit liber secundus. Incipiunt capitula libri tercii* ..... *Expliciunt capitula. Incipit liber tercius. Capitulum primum de flagellis Dei.* Divine sapientie sublimitas sicut interius. ... Fol. 52 V.: *Explicit liber tercius sententiarum Ysidori episcopi.*

III. Fol. 52 V.—85. — *De tropis.* Ouvrage écrit d'une autre main que l'ouvrage précédent. Il commence: Videmus nunc per speculum in enigmate, tunc autem facie ad faciem. Hoc autem verbum apostolicum multiplicem habet expositionem .... Il finit: secundo modo dicitur transfigurare in se membra, quando propter idemptitatem capitis et membrorum nostros defectus sibi attribuit, que tamen in idemptitate sibi convenire non possunt. *Expliciunt trope.*

IV. Fol. 85 V.—115: *Incipit liber de arte predicandi.* Vidit Iacob scalam a terra usque ad celos attingentem .... Septimus occurrit gradus quando in manifesto predicat, quod in sacra scriptura cepit; sed quia de aliis gradibus satis patet, quomodo vel quando per eos ascendendum est, de quibus varii varium proposuere tractatum; de predicatione vero qualis esse debeat et quorum et quibus proponenda et de quo, quomodo vel quando et ubi, a paucis quia sunt dicta, dignum duximus aliquem conpingere utilem tractatum ad utilitatem proximorum. *De predicatione quid sit.* Primo ergo .... L'ouvrage finit: Nube ergo illi de quo dicitur: Potestati eius quis resistet, et alibi: Regni eius non erit finis. *Explicit liber de arte predicandi.*

V. Fol. 115 V.—141: Sentences tirées des pères de l'église, de l'Écriture sainte et de différents auteurs sur divers sujets de piété. Cet ouvrage commence: *Quia peccata nostra et Christi beneficia debemus ad memoriam reducere.* Adam, ubi es? Pietas Christi monentis peccatorem ad penitentiam hic notatur ..... Au fol. 115—120 les noms des auteurs sont inscrits en marge, à l'encre rouge; à partir du fol. 121 ils se trouvent en partie dans le texte, en partie en marge, mais toujours à l'encre rouge. Outre l'Écriture

sainte nous trouvons: Gregorius, Ieronimus, Beda, Augustinus, Boetius, Ysidorus, Ambrosius, Cenomanensis episcopus, Poëta :
Principiis obsta, sero medicina paratur,
Cum mala per longas convaluere moras (fol. 123 V. a).

Les quaternions ne sont côtés que très irrégulièrement dans le manuscrit: fol. 16 V., I; fol. 24 V., II; fol. 32 V, III; fol. 40 V., IIII; fol. 48 V., V.; ensuite de nouveau, fol. 88 V., I; fol. 96 V., II; fol. 104 V., III; fol. 112 V., IIII, et fol. 113 R., V.

N° 92

(ancien numéro 39).

Manuscrit sur parchemin du XIVe siècle. — 178 feuillets à 2 colonnes de 49 lignes. — H.: 313 mm.; L.: 223 mm.

Fol. 1 : Codex monasterii s. Willibrordi Epternacensis. — K. 13. Continet domini Godefridi dyaconi et capellani pape glosam decretalium. (XVIe siècle in.).

Fol. 1 V.: Table des matières: De fide katholica. De errore Ioachim.

Fol. 2 : Livre premier: *Glosarum diversitas* intelligentiam textus nonnumquam obtenebrat et dum per eas infra et supra discurritur, studentis distrahitur animus..... Idcirco ego Gofridus de Trano, domini pape subdyaconus et capellanus tam frequentibus quam devotis scolarium precibus exoratus...... — Fol. 52 V. b : Commencement du deuxième livre : Explicitis quibusdam iuditiorum preparatoriis.... — Fol. 90 R. b : Explicit liber secundus de summa Gamfridi. — Fol. 90 V. et 91 R. en blanc. — Fol. 91 V., index du 3e livre. — Fol. 92, commence le 3e livre : Finito tractatu iudiciorum, a quibus clerici abstinere debent.... — Fol. 117 V. a : Explicit liber tercius. — Fol. 117 V. b : Index du 4^e livre. — Fol. 118 : *Incipit liber quartus de sponsalibus et matrimonio.* Postquam de hiis que ad clericos pertinent..... — Fol. 136 R. b : Explicit liber quartus. — Fol. 136 V.: Index du 5^e livre. — Fol. 137 : Commencement du 5^e livre: Proxime tractavimus de accusatione... — Fol. 178 R. b : Explicit.

Au commencement de chaque livre se trouve une belle miniature en or et couleurs.

Fol. 178 V.: Ego Wynandus abbas monasterii Epternacensis allego, dico et propono, qualiter ecclesia parrochialis in Epternaco heu quondam per ignis consumpcionem sit devastata, sic quod eadem ecclesia indiget reformacione in tectura et in fenestris, quare parrochiani ibidem dicunt, arguunt et concludunt quod ego eam reformare debeam racione abbacialis dignitatis, eo quod pociorem porcionem decimarum ibidem visus sum habere; attento eciam quod de eadem reformacione facienda non possum me excusare, sed pocius eam conplere inducar; sunt tamen quamplures tam de officiatis monasterii mei et vasalli qui habent quasdam particulas decimarum infra bannum seu limites Epternacensis confinii. Quero igitur, an ipsi sic habentes decimas in districtu eiusdem ecclesie parrochialis teneantur contribucionem secundum exigenciam suarum decimarum ad reformacionem ecclesie predicte an non.

Responsio magistri Conradi de Fryburg, decretorum doctoris.

Reverende pater et domine. In reformandiis (sic) ecclesiis multum ponderamus consuetudinem communem; non enim iura ita clare determinant, quis ad talem ecclesiarum reformacionem teneatur, sed consuetudo in hoc attenditur, presertim ubi est consuetudo. Ad casum ergo propositum respondendo, premitto quod communis consuetudo habet quod pastor ad reformacionem chori tenetur, patroni vero id est percipientes decimas ad navim ecclesie, communitas autem ad turrim etc. Unde dico quod omnes percipientes decimas in hoc casu, salvo iudicio meliori, teneantur ad reformacionem navis ecclesie sive ventris iuxta proporcionem decime quam percipiunt, ut qui plus percipit, plus contribuat, et qui minus, minus solvat. Ad hoc facit: Non est ferendus qui lucrum amplectitur, onus autem subire recusat C. de cadu. toll. l. una § pro s⁰ in fine. Ad idem facit regula: Qui sentit onus, et regula: Racioni li. VI. In talibus tamen ut predixi, consuetudo valde operatur que attendenda est, quis et quantum contribuere debeat. Et si non est consuetudo, de percipientibus decimas dicerem quod omnes qui percipiunt decimas, tenentur contribuere iuxta quantitatem decime quam percipiunt ab ecclesia ut supra.

Responsio magistri Iacobi Clant decretorum doctoris.

Sicut subiungit vestra peticio, an habentes particulares decimas in parrochia igne consumpta debeant contribuere pro illius reedificacione, dico quod si illas possident ab ecclesia, quod debent pro rata contribuere ut habetur in c. 12, c. de hiis de ecc. edifi. et in c. si monachus XVI q. 1. Qui enim emolumentum percipit, merito et onus sentire debet, iuxta illum versum: Commoda si sentis, iungas onus emolumentis. C. de cadu. toll. l.ta § pro so § ne autem. Hec not. ost. in summa de ecc. edifi. § primo dicit eciam quod in quibusdam regionibus servatur de consuetudine quod layci suis expensis reedificant ecclesias, cum ipsorum interest, cum ibi percipiunt sacramenta ecclesiastica et missas audiunt; maxime ubi layci male solvunt decimas, hoc erit observandum et sunt conpellendi ad huiusmodi consuetudinem observandam; preterea si parrochiani aliquo tempore contribuissent, bonum esset implorare auxilium dyocesani, ut eos conpelleret ad contribuendum, cum, ut estimo, male solvunt decimas.

N° 93

(ancien numéro 14).

Manuscrit sur parchemin de la fin du XIIIe siècle. — 168 feuillets, numérotés en chiffres latins en bas du recto, distribués en 16 cahiers de 10 feuillets, plus un cahier de 8 feuillets; 2 colonnes à 50 lignes. — H.: 318 mm.; L.: 173 mm.

Fol. 1: Bibliothecæ Aureævallis (XVIIIe siècle). — N, 3. — Fol. 168: Liber sancte Marie Aureevallis. Qui eum abstulerit vel furatus fuerit, anathema sit. Amen (XIVe siècle). — M. SS. d. 9.

Le manuscrit renferme le commentaire de Thomas, moine de Cîteaux, sur le Cantique des Cantiques: Osculetur me osculo oris sui. Tria sunt epythalamia, primum hystoricum..... *(Explicit)*: Iam eam osculo oris sui osculatur, id est eius presentia delectatur qua perpetuo perfruatur, ipso prestante qui vivit et regnat in secula **seculorum. Amen.**

Nº 94

(ancien numéro 49).

Manuscrit sur parchemin du XIIIe siècle. — 157 feuillets, d'abord à une colonne de 30 lignes, et fol. 105—156 à 2 colonnes à 30 lignes. — H.: 290 mm.; L.: 208 mm.

Fol. 1: Bibliothecæ Aureævallis (XVIIIe siècle). — N 4. — Fol. 156: M. SS. S. 6.

Le manuscrit renferme:

I. Fol. 1—22: *Incipiunt glosę divinorum voluminum id est de prologo libri Genesis.* (Une main du XVIIIe siècle a indiqué pour titre: Prologi in omnes s. Scripturæ libros): Prologus, id est prelocutio. Proemium initium dicendi. Presagium, prescientia. Pentatheucum, id est quinque librorum.....

II. Fol. 23—56: *Sophronii Eusebii Ieronimi in libris hebraicarum questionum prologus incipit ante se inauditis tam grecis quam latinis omnibus.* Qui in principiis librorum debebam.... Fol. 24: *Explicit prologus. Incipiunt hebraice questiones. In libro Geneseos, capit. I.* In principio fecit Deus..... — Fol. 56: *Expliciunt questiones hebraice libri Geneseos.*

Ouvrage complet, divisé en 223 chapitres.

III. Fol. 56—58: Du même auteur, S. Jérôme: *Incipit explanatio decem temptationum in Deuteronomio.* Hęc sunt verba que locutus est Moyses...

IV. Fol. 58—61 V.: *Explanatio cantici Debborę et Barach ex libro Iudicum.* Cecineruntque Debbora et Barach....

V. Fol. 61 V.—82 V.: *Incipiunt hebraice questiones de libris regum. Questiones ex libro Samuelis prophetę. Capitulum I.* Fuit vir unus de Ramathaim........ — Fol. 70 V.: *Incipiunt hebraice questiones. Liber II. I.* In die autem tercia apparuit...... — Fol. 81: *Expliciunt questiones libri secundi. Incipiunt libri tercii. I.* Erat autem Adonyas pulcher valde.......

VI. Fol. 82 V.—101: Incipiunt hebraice questiones prioris partis libri Dabreiamin. In diebus Heber divisa est terra...

VII. Fol. 101—104 V. — Extrait de S. Jérôme sur le prophète Habacuc: Ubicumque onus verbi Domini ponitur....

VIII. Fol. 104 V.—129 R. a: *Incipit prologus sancti Iheronimi presbiteri in libro de nominibus urbium vel locorum quę in divinis libris habentur.* Eusebius qui a beato Pamphilo martyre cognomen sortitus est.... — Fol. 129 R. a: *Finis huius libri.*

IV. Fol. 129 R. a—156 R. b: *Prefatio sancti Ieronimi de interpretationibus nominum hebreorum.* Philo vir disertissimus Iudeorum .... — Fol. 156 R. b: Sina mensura sive mandatum vel temptatio. *Explicit.*

X. Fol. 156 V. a—157 R. b: Traité sur la confession, écrit par une main du XIVe siècle: Confessio est proprie conscientie acusatio cum timore Dei vel oris locutio cordi consona .... *(Explicit):* Vera religio habet compassionem, falsa indignationem. Quare illud apostoli: qui stat, videat ne cadat.

XI. Fol. 157 V. a (19 lignes), extrait de S. Jérôme: *Decem nomina quibus apud Hebreos Deus dicitur. Iheronimus.* Primum el quod dicitur yschirros ...... Decimum sadday id est omnipotens.

Le manuscrit se compose de 19 quaternions complets plus 5 feuillets; les quaternions sont côtés au verso de chaque huitième feuillet, de I—XIX.

No 95

(ancien numéro 19).

Manuscrit sur papier, commencement du XVIe siècle. — 360 feuillets à 24 lignes par page. — H.: 285 mm.; L.: 197 mm.

Sur le feuillet de garde: Je suis à Monseigneur le comte de Lalaing (XVIIe siècle).

Le manuscrit renferme l'ouvrage connu sous le nom de *Ménagier de Paris*, (publié à Paris par la Société des Bibliophiles français, 1857; 2 vol. in-8º). Il commence: Chiere suer, pour che que vous estans en l'eaige de quinze ans et la sepmaine que vous et moy feusmes espousez, me priastes que je espargnasse à vostre josnesse et à vostre petit et ignorant service .... une lection générable vous sera par moy escripte et à vous baillée sur trois distinctions, contenans dix-neuf articles principalement: la première distinction d'icelles trois est nécessaire pour acquérir l'amour de Dieu et la salvacion de vostre ame ...... La seconde distinction est nécessaires pour le prouffit du meisnaige à croistre, acquérir amis et salver le sien, pour soy se covrir et aidier contre les males fortunes.... La troisiesme distinction est de jeux et esbatemens......

(Fol. 355 V.) *(Explicit)*:

Et est finis, sit laus et gloria trinis,
Explicit iste liber, de pena sum modo liber.

Suit fol. 356—360: Pour faire ung lot de bon ypocras; pour avoir des caourdes et pompons; pour lappreaulx rostir; item pignons au sucre rostissiés etc.; pour faire encre sans boulir.

Cf. Publ. de la section hist. de l'Institut R. G. D. de Luxembourg, vol. XLI, p. 334—5.

N° 96

(ancien numéro 37).

Manuscrit sur parchemin du commencement du XIVe siècle. — 89 feuillets à deux colonnes de 50 lignes. — H.: 293 mm.; L.: 206 mm.

Fol. 1: N 4.

Le manuscrit renferme:

I. Fol. 1—85 V.: L'ouvrage connu sous le nom de Bibliotheca ou Aurora de Pierre de Riga, suivant la correction de Gilles de Paris. Il est précédé d'un prologue en prose: Incipit prologus in Auroram.... Sodalium meorum frequens petitio cum quibus conversando.... — Suit un second prologue en vers:

Scire cupis, lector, quis codicis istius actor,
   Audi quid breviter dicat ad ista liber.
Petrus et Egidius me conscripsere, sed ille
   Actor, corrector ultimus iste fuit.
Ille prior Remi, hic Parisiensis alumnus,
   Hic levita gradu, presbiter ille fuit........

L'ouvrage finit fol. 85 R b.: *Finit de patribus novis; incipit* de novis:

Sancti sunt in lege nova Baptista Iohannes,
Cum patre, cum matre, virgo Maria parens....

Expliciunt recapitulationes.

II. En marge du fol. 1, quelques vers sur les livres de l'ancien testament: De numero et ordine librorum versus secuntur .... et primo de veteri testamento ......

Suit un passage sur la quadruple signification des différents passages de l'Écriture Sainte: Et sciendum quod omnis sermo sacre scripture accipit quadruplicem intellectum vel potest quadrupliciter intelligi ....

Fol. 1 V., à la marge inférieure, explication du mot Bibliotheca: Vocatur iste liber bibliotheca a biblis iunctis *(sic)* marinis ex quarum medulla extracta conglutinatur papirus et scribitur in eo maxime in transmarinis partibus et in Lombardia frequenter, et ponitur continens pro co[ntento], videlicet bibli pro scripturis vel libris et thesis grece depositio, lattor (?) unde biblioteca sonat tantum sicut positio librorum, quia plures libri in ea sunt, positi sunt. Dicitur etiam quandoque per consimilem rationem biblioteca locus seu armareolum ubi libri ponuntur.

III. Fol. 85 V. b, un vers sur la sainte Croix:

Menbra crucis sunt palma, cedrus, cypressus, oliva.

Après ce vers la souscription finale de l'Aurora par le copiste:

Gloria sit Christo per quem finis datur isti
Libro, quem laudent qui secum vivere gaudent.

Suit un passage, expliquant le mot historia: Est autem hystoria testis temporum, lux veritatis, magistra vite, via memorie.......

IV. Fol. 86 R.: Vers pour l'explication du droit canon, commençant par une *species contumelie*:

Non venio, cito discedo, non exhibeo rem,
Inpedis, occultas ius, respondere recusas,
Non iuro, loquor obscure, non restituo rem.
Casibus hiis nonis merito contemptor haberis ......

V. Fol. 86 V.: De preceptis decalogi secundum fratrem Bonam fortunam: Si vis ad vitam ingredi, serva mandata. Matheus X. Ad servanda mandata plurima nos invitant .... (Finissant, fol. 87 V. b): et hoc secundum magistrum G. de Albrevilla. Explicit.

VI. Fol. 88: Extrait d'un ouvrage de droit de Bagarotus: Precibus et instancia congruenti nobilissimi domini et socii conpatris nostri Osmundi Parisiensis archidiaconi conpulsus, quam variis exceptionibus seu obiectionibus circa omne inicium actoris intentio repellatur, reo iuditium declinante, prout iuris prudencia ministrabit, ego Bagarotus professor iuris civilis sapientie paucis exponam. Agitur ergo quis aut criminaliter aut civiliter .....

N° 97

(ancien numéro 35).

Manuscrit sur parchemin du XIe siècle. — 215 feuillets à une colonne à 19 lignes. — H.: 294 mm.; L.: 204 mm.

Provient d'Echternach. En haut du fol. 2: Codex mon. s. Willibrordi Epternacensis. L. 10. Continet diversas legendas et passiones sanctorum atque sanctarum.

Fol. 1: en bas 3 lignes que je ne puis lire en entier: Thomas? comes de .... In parte (?) Dulg. Asranus, Inter insulam Sardiniam et Pisa, Calips, ultra Nubiam et Lidiam (?) Gurgia eps. sirac. Conradus dux Spol., Reinaldus dux Venet., Iacobus a ...... Aven. Constat. XV datas (?) ....

Il manque au commencement 9 feuillets; le premier restant (5 lignes; les autres sont illisibles): *prima lectio*. Beata quoque Dei genetrix et semper virgo Maria.

Le restant du manuscrit contient, outre la vie de la Sainte-Vierge, incomplète, encore les légendes suivantes:

II. Fol. 5 R.—20 V: *Incipit passio beatae Caeciliae virginis et martyris X kalendas decembris*. Humanas laudes et mortalium infulas videmus aut ęre inciso conscriptas, aut auro radiantibus litteris ad posteritatis memoriam commendatas .... — (fol. 20 V.): Domum autem eius in ęternum sanctę ecclesię consecravit, in qua beneficia Domini exuberant ad memoriam beatę Cęcilię usque in hordierno *(sic)* die feliciter. Amen.

III. Fol. 21 R.—23: *III. Passio sancte Eulalie virginis et martiris*. (Ce titre se trouve encore au Verso du fol. 20): In Barzilonia civitate provintię Spanię sub Daciano pręside seva fuerat christianis horta tempestas. Iam enim benedictus Vincentius primus ad martyrium accesserat una cum episcopo Glorioso. Illic etiam erat virgo quędam nomine Eulalia ..... — (fol. 23 R.): Sepelivit eam Donatus presbiter qui primitus eam ad martyrium concitaverat. Cęlebratus merito natalis in Barzalonia civitate die IIII id. decembris. Regnante domino nostro Iesu Christo qui cum patre et Spiritu sancto vivit et regnat in secula seculorum. Amen.

Cf. Acta Sanctorum, mensis Aprilis t. II, col. 577. Cette vie n'est pas celle qui y est imprimée.

IV. Fol. 23—29 V.: *Incipit passio sanctae Agnetis virginis et martyris*. Une autre main du XIVe siècle a ajouté au dessous de ce titre, entre les lignes: Ambrosius servus Christi virginibus sacris.

C'est la passion de St. Agnès, imprimée dans les Bollandistes, Acta sanctorum, Mensis Ianuarii, t. II, p. 351—354. Elle possède pourtant d'assez nombreuses variantes, et il y manque le dernier alinéa. — Elle commence: Diem festum sacratissimę virginis memorabimus; hinc psalmi resonant, inde concrepant lectiones, hinc populorum turbę lętantur, inde sublevantur pauperes Christi .... — Elle finit (fol. 29 V.): usque hodie multę virgines Romę Agnen beatissimam quasi in corpore manentem adtendunt et eius exemplo et amore provocante integrę viriliter perseverant, credentes sine dubio quod perseverantes perpetuę victorię palmam adquirant, ipso adiuvante qui vivit et regnat Deus per omnia secula seculorum. Amen.

V. Fol. 29 V.—35: *Incipit passio sancte Agathe virginis et martiris*. Quincianus consularis Sicilię audiens sanctam oppinionem virginis Deo dicate Agathę, multifaria intentione perquirebat ut ad eam pertingeret ...... — (fol. 35): ut conprobaret dominus noster Iesus Christus quod a periculo mortis incendii meritis sanctę martyris eos liberaręt, cui est honor et gloria in secula seculorum. Amen.

Acta Sanct. Bolland., februarii t. I, p. 615—618. La passion du manuscrit ne diffère de celle des Bollandistes que légèrement. — Le nom de Quintianus présente partout, où il se rencontre, une petite lacune derrière Quinti; il semble qu'il y avait Quintilianus.

VI. Fol. 35—46: *In nomine patris et filii et Spiritus sancti*. Incipiunt passiones apostolorum XII. *Incipit passio sanctorum apostolorum Petri et Pauli:* Cum venisset Paulus in urbem Romam, convenerunt ad eum omnes Iudei dicentes: nostram fidem in qua natus es, ipsam defende; non est enim iustum. — *(Explicit):* et cucurrit populus romanus et conprehenderunt eos in loco qui dicitur catacumba via Appia miliario tertio, et ibi custodita sunt anno uno et mensibus VII, quousque fabricarentur loca in quibus fuerunt posita corpora eorum, et illic revocata sunt cum gloria hymnorum et posita sancti Petri in Vaticano Naumatię, et sancti Pauli in via Ostiensi miliario secundo, ubi prestantur beneficia orationum eius in secula seculorum. Amen.

Cf. Bollandistae, acta sanctorum mensis Iunii, t. V. p. 399 F. Je n'ai pu comparer cette vie avec aucune de celles qui y sont indiquées.

VII. Fol. 46 V.—51 V.: *Incipit passio sancti ac beatissimi Andreae apostoli Domini quod est.*

Cette passion paraît être celle qui est donnée par Surius pour le 30 novembre; je ne puis indiquer à quel degré le manuscrit est d'accord avec le texte de Surius que je n'ai pu consulter que dans une traduction allemande. Elle commence par ces mots: Quam oculis nostris vidimus, omnes presbiteri et diaconi ecclesiarum Achaię, scribimus universis ecclesiis quę sunt in oriente et occidente. — Elle finit: Tantus autem timor invasit universos ut nullus remaneret qui non crederet salvatori nostro Deo qui vult omnes salvos fieri et ad agnicionem veritatis venire; ipsi gloria in secula seculorum. Amen.

VIII. Fol. 51 V.—52 V.: *Incipit passio sancti ac beatissimi Iacobi apostoli. Quod est kl. mai.* Iacobo apostolo pręsidente cathedram, ecclesię sue Hierosolimorum orta est perturbatio Iudeorum. — (*finit*, fol. 52 V.): Populi autem cum omni honore sepelierunt eum ibi iuxta templum, credentes in Christum filium Dei vivi, in quo loco colitur sancta passio eius usque in hodiernum diem.

IX. Fol. 52 V.—54: *Incipit passio sancti Philippi apostoli domini nostri.* Philippus apostolus domini nostri Iesu Christi post ascensum salvatoris per annos XX instanter prędicavit gentibus per Scithiam evangelium. — (*finit*): hęc et his similia pręedicans apostolus Domini annorum LXXXVII perrexit ad Dominum, ... orante apostolo Philippo omnibus qui credunt regnum patris et filii et Spiritus sancti qui regnat in sęcula seculorum. Amen. *Explicit passi Philippi apostoli.*

C'est la même vie que celle donnée par les Bollandistes à la page 11 du 1er volume des acta sanctorum du mois de mai. Pourtant celle donnée par nostre manuscrit est privée du commencement, ne commençant qu'aux mots indiqués ci-haut.

X. Fol. 54—59: *Incipit passio sancti Iacobi apostoli filii Zebedei.* Apostolus domini nostri Iesu Christi Iacobus, frater beati Iohannis apostoli et ęvangelistę, omnem Iudeam et Samariam visitabat. — (*Finit*): atque ita perfectus in fide domini nostri Iesu Cristi cum apostolo una hora simul martyr effectus perrexit ad Dominum, cui est honor et gloria, laus et potestas in secula seculorum. Amen.

XI. Fol. 59—73 V.: *Incipit passio sancti Thome apostoli, quod est XII kl.* Cum apostolus Thomas qui et Didimus esset apud Cęsaream, apparuit ei dominus Iesus Christus et ait . . . . (*Explicit*):

Domino Deo gratias agamus semper qui vivit et regnat in sęcula sęculorum. Amen.

XII. Fol. 73 V.—80 V.: *Incipit passio sancti Bartholomei apostoli Domini*. Indie tres esse ab historiographis asseruntur. Prin a est India quę ad Ethiopiam mittit, 1) secunda quę ad Medos, tercia quę finem facit . . . . . — *(finit)*: Fuit autem in episcopatu annis XX, et perfectis omnibus atque bene compositis et bene constabilitis migravit ad Dominum, cui honor est et gloria in sęcula sęculorum.

Imprimée dans les acta sanctorum Bolland., tome V du mois d'août, p. 34—49.

XIII. Fol. 80 V.—91: *Incipit passio sancti Mathei apostoli et ewangelistae*. Quoniam Deo cura est de hominibus ut plus animarum eorum curam gerat quam corporum . . . . erant itaque duo magi Zaroes et Arfaxar apud Ethiopas in civitate eorum magna quę dicitur Necdaber. 2)

Imprimée dans les Acta Sanctorum Bolland., tome 6 du mois de septembre, p. 220—225. Elle a pourtant un autre commencement; elle en diffère également par la fin que voici: Omnes autem provincię Ethyopum ecclesiis repletę catholicis usque in hodiernum diem, per eufigeniam benedicunt Deum et fiunt mirabilia magna ad confessionem beati apostoli Mathei, qui primus hebreo sermone scripsit evangelium domini nostri Iesu Christi qui cum patre et Spiritu sancto vivit et regnat in secula seculorum. Amen. — Zaroes autem et Arfaxar illi duo magi ab ea hora qua suscitavit Matheus in nomine domini nostri Iesu Christi filium regis mortuum, fugientes ab Ethyopia in Persidem devoluti sunt; ibi nihilhominus peiora facientes, sicut pręfati sumus, quia Deo cura est de hominibus et est homo carum animal; quod si se ipse vult, non faciet, neglegendo, missi sunt ad Persidam sancti apostoli duo, Iudas Iacobi et Symon Cananeus, qui qualiter cum eis conflixerint et superaverint in Dei nomine, sequens libellus ostendit.

XIV. Fol. 91 V.—102: *Incipit passio sanctorum Symonis Cananei et Iudae fratris Iacobi*. Symon Cananeus et Iudas Iacobi apostoli domini nostri Iesu Christi cum per revelacionem Spiritus sancti Persidis fuissent regionem ingressi . . . . . . In quo loco beneficia consequuntur qui, credentes in dominum Iesum Christum, illuc meruerint pervenire. Scripsit autem gesta apostolorum Abdias episcopus Babylonię qui ab ipsis apostolis ordinatus est, sermone ębraico,

---

1) Ethiopiam mit, ajouté par une autre main. 2) Necdaber changé en Nadaber.

quę omnia a discipulo eiusdem Abdię Eutropio nomine in grecum translata sunt, quę universa nihilominus ab Africano in his librorum latino sunt translata sermone, ex quibus decem libris ista descripsimus inicia de primo et ultima de decimo. Gloria Deo patri et filio et Spiritui sancto qui vivit et regnat in secula seculorum. Amen.

XV. Fol. 102—112: *Incipit assumptio sancti Iohannis apostoli. etea. quod est VI kl. ian.* Melito servus Christi episcopus Laodicię universis episcopis et ecclesiis catholicorum in Deo ęterno salutem. — (*finit*): et fiunt virtutes orationum eius meritis, cum ab omnibus infirmitatibus et periculis liberantur omnes et precum suarum consequuntur effectum. In nomine domini nostri Iesu Christi in secula seculorum. Amen.

XVI. Fol. 112—128 V.: *Incipit passio sanctorum martyrum Sixti, L[au]renti et Yppolyti, mensis aug. die X.* Orta tempestate sub Decio, multi christianorum necati sunt, pręsidente in urbe Roma Galba. — (*finit*): cum intencione ferventes mori lęti, quam vivere male, cui est honor et gloria in secula seculorum. Amen. *Explicit passio sanctorum Policronii, Parmeni, Abdon et Sennes, Sixti, Laurenti et Ypoliti et aliorum multorum.*

Cette passion comprend:

1º la passion de Polychronius, évêque de Babylone; imprimée aux Aa. Ss. Boll., février, t. III, p. 5—6, sauf la lettre de Décius au préfet de la ville Valérien qui n'y est pas reproduite (fol. 112—113 R. avant-dernière ligne d'en bas).

2º celle des prêtres Parmenius, Elymas et Crisotelus et des diacres Lucas et Mucius — ibid., avril, t. III, p. 11—12. — fol. 113—114, 9e ligne d'en haut.

3º celle d'Abdon et de Sennes. — ibid., juillet, t. VII, pages 137—138. — fol. 114 R.—114 V., 5e ligne d'en haut, et 115 R. troisième ligne d'en bas — fol. 117 R.

4º les deux parties de cette description sont séparées par la passion des martyrs Olympias et Maximus. — Acta sanct. Boll., avril, t. II, p. 375.

5º la passion de Sixte II. — ibid., août, t. II, p. 140—142. — fol. 117 R.—120 R., 11e ligne d'en bas.

6º la passion de St. Laurent. — Cf. Aa. Ss. Bolland., août, t. II, p. 510—511; Surius, t. IV. — fol. 120 R.—125 R., 6e ligne d'en bas.

7º celle de St. Hippolyt, de St. Concordia etc. — Cf. ibid., août, t. III, p. 12 F.—13 A. Surius ad diem 10. augusti.

8º la mort de Hyreneus et de Abundus; celle de Décius et de Valerianus, de Tryphonia, femme de Décius; élection du pape Dionysius, conversion et martyre de 46 soldats.

XVII. Fol. 126 V.—133 V.: *Incipit passio sancti Quintini martyris, quod pridie kl. Novembris.* Igitur in illo tempore sub Maximiano imperatore multi christiani persecucionem paciebantur propter regnum Dei . . . . sanctus vero Quintinus una cum beatissimo Luciano . . . . ab urbe Roma se in hanc transtulerunt regionem . . . . Cum igitur intra Gallias Ambianensium civitatem pervenissent . . . . — *(finit):* Quod ne corpus beati viri Quintini a populo christiano honorem et laudem accipiat. Consumavit autem martyrium suum pridie kl. Novembris. A qua autem fuit tumulus eius annis circiter quinquaginta quinque. *Explicit passio sancti Quintini martyris.*

XVIII. Fol. 133 V.—135: *Incipit inventio sancti Quintini ab Eusebia.* Expletis his diebus voluit Deus ostendere huic plebi occultatum thesaurum et mysterium copiosum. Suscitavit autem dominus Deus quandam Dei matronam ab urbe Roma nomine Eusebiam. — *(finit):* Sepelivit autem corpus beatissimi viri Quintini martyris VIII kl. iul. post gloriosam resurreccionem domini nostri Iesu Christi, cui est gloria et honor, laus et imperium in secula seculorum. Amen.

XIX. Fol. 135 V.—140: *Incipit passio sancti Georgii martyris, quod est VIIII kl. mai.* Tantas itaque ac tales martyrum laudes roseis cruorum passionibus consecratas nullus omittit. — *(finit):* Martyr vero sanctus Georgius [ab angelo] coronatus est in cęlis; regnante domino Iesu Christo cum patre et Spiritu sancto cui est honor et gloria in secula seculorum. Amen.

XX. Fol. 140—146 V.: *Incipit inventio sanctae Crucis ab Helena Matris* (sic!) *Constantini quod est V nonas maias.* Anno ducentesimo tricesimo tertio post passionem domini nostri Iesu Christi, regnante venerabili Dei cultore magno viro Constantino, in sexto anno regni eius, gens multa barbarorum congregata est super Danubium parata ad bellum contra Romaniam. — *(finit):* Demandans omnibus qui Christum diligunt viris ac mulieribus cęlebrare commemorationem diei in qua inventa est sancta Crux, V. nonas maias; quicumque vero memoriam faciunt crucis, accipiant partem cum Dei genetrice Maria per infinita seculorum. Amen.

XXI. Fol. 146 V.—149 V.: *Incipit de exaltatione sanctae Crucis.* Tempore illo postquam Constantino augusto contra Maxcencium tyrannum properante ad bellum — (finit): perseverante in sanctę Crucis miraculo, miraculorum plurima incrementa donante domino Iesu Christo cui est honor . . . .

XXII. Fol. 149 V.—152 V.: *In dedicatione ecclesiae beati Michahelis archangeli.* Memoriam beati Michahelis archangeli toto orbe venerandam. — (finit): Quia angeli administraturi spiritus in ministerium missi propter eos qui hereditatem capiunt salutis in Christo Iesu domino nostro.

XXIII. Fol. 152 V.—158: *Incipit passio beati Clementis martyris atque pontificis; mense novembri die XXIII.* Tertius romanę ecclesię prefuit episcopus Clemens, qui disciplinam apostoli Petri secutus. — (finit): Explicit passio S. Clementis.

XXIV. Fol. 158—160 V.: *Incipit expositio Gregorii episcopi Tyronensis ecclesiae; liber miraculorum beati Clementis.* In divinis voluminibus refertur, quod secretum regis abscondere bonum est. — (Explicit): ammirantibus populis inmensę Domini gratię referuntur qui et martyris virtutem prodidit et fidelis sui oracionem implere dignatus est Christus dominus noster, cui est honor et gloria in sęcula seculorum. Amen.

XXV. Fol. 160 V.—167 V.: *Incipit vita sive transitus sancti Gaugerici episcopi et confessoris, quę recitatur III. idus augusti.* Beatus igitur Gaugericus Evosio Galliarum oppido quod ecclesię Treverensi subiacet oriundus.

C'est la première vie de ce saint, publiée par les Bollandistes, août, t. II, p. 672—675; mais elle est encore suivie de deux miracles dont le sujet est le même que celui des miracles racontés aux nos 65, 66 et 69 de la seconde vie de ce saint, éditée par les Bollandistes; quant au texte, ils diffèrent complètement.

XXVI. Fol. 163—180 V.: *Incipit prefatio suscepti operis, et quo modo vir Dei sanctus Vedastus regi Hlodoveo adiunctus est.* Postquam Deus et dominus noster Iesus Christus ovem querere perditam de cęlis in hunc mundum.

Cf. Acta Ss. Boll., février, I, p. 794—798. Cette vie et celle de notre manuscrit sont presque identiques jusqu'au n° 20: Quibus ille respondit. A partir de ces mots, le texte donné par **notre manuscrit** diffère complètement de ce qui est donné **par les Bollandistes**. Tout ce qui précède, est divisé en 9 chapitres ou leçons, ayant en tête une courte indication du contenu.

Suit alors, fol. 178 R.: *Omilia in die natalis sancti Vedasti pontificis dicenda ad populum* (cf. Acta Ss., ibid., p. 800).

XXVII. Fol. 180 V.—191 V.: *In Christi nomine incipit vita VII. Dormientium* qui in Epheso dormierunt, quorum nomina sunt haec *Maximianus, Malchus, Martinianus, Dionisius, Iohannes, Seraphion, Constantinus*. In illo tempore regnavit Decius imperator, et descendit in civitatem Constantinopolim et rursus Kartaginem et Ephesum....

Cette vie diffère complètement, pour le texte, de celles publiées par les Bollandistes; elle est du reste beaucoup plus étendue.

XXVIII. Fol. 192—198: *In natale unius apostoli. Lectio sancti evangelii secundum Iohannem*. In illo tempore.......... *Omelia beati Gregorii papę de eadem lectione.*

Omélie XXVII du 2ᵉ livre. Cf. Opera S. Gregorii, Parisiis, 1705, Vol. I, col. 1560.

XXIX. Fol. 198—201 V.: *De confessoribus. Lectio sancti evangelii secundum Lucam.* In illo tempore dixit Iesus discipulis suis: Sint lumbi vestri.......... *Omelia beati Gregorii papę de eadem lectione.* Sancti evangelii, fratres karissimi....

Omélie 13 du 1ᵉʳ livre. Cf. Opera S. Gregorii, Parisiis, 1705, Vol. I, col. 1480.

XXX. Fol. 201 V.—205: *De martyribus. Lectio sancti evangelii secundum Matheum.* In illo tempore videns turbas Iesus ascendit in montem............ *Expositio venerabili Bedae Bresteri (sic) secundum Lucam de eadem lectione:* Ipse elevatis oculis in discipulos suos dicebat.....

XXXI. Fol. 205—209: *In natale virginis. Lectio sancti evangelii secundum Matheum.* In illo tempore dixit Iesus discipulis suis: Simile est regnum caelorum....... *Omelia beati Augustini de eadem leccione.* Inter parabolas a Domino dictas solet querentibus multum exerere ista, quæ decem virginibus posita est....

XXXII. Fol. 209—210 V: *Lectiones de Isaia propheta ad nocturnam in nativitate Domini legendae.* Primo tempore alleviata est terra Zabulon et terra Neptalim.....

XXXIII. Fol. 210 V.—211 V.: *Sermo beati Ysydori episcopi de natale Domini.* Natalis Domini dies eadem causa a patribus votivę [....] sollempnitatis institus *(sic)* est, quia in eo....

XXXIV. Fol. 211 V.—213 V.: *Relatio de beato Iohanne evangelista.* Audi fabulam non fabulam, sed rem gestam de Iohanne apostolo et memoriis omnium traditam.

XXXV. Fol. 213 V.—215 : Sermo beati Severiani de innocentibus. Zelus quo tendat, quo prosiliat livor, invidia quo feratur, Herodiana hodie patefecit immanitas..... (*finit*): capere de iniuriis gloriam, de morte vitam, non virtutis humanę, sed muneris est divini.

XXXVI. Fol. 245 : *In epiphania. Sermo Leonis pape.* Celebrato proximo die quo intemerata virginitas humani generis edidit salvatorem.....

Incomplet; le feuillet 215 est le dernier du manuscrit en son état actuel.

Les quaternions sont côtés à partir du numéro II (fol. 7), jusqu'au numéro XXVIII (fol. 215).

Nº 98

(ancien numéro 32).

Manuscrit sur papier du milieu du XVe siècle. — 276 feuillets à 40 lignes. — H.: 297 mm.; L.: 215 mm.

Provenance inconnue.

Le manuscrit renferme les parties suivantes de la bible :

1. Fol. 1 : Leviticus, incomplet au commencement, car il ne commence que vers le milieu du chapitre 16 avec les mots: omnes iniquitates eorum.

2. Fol. 7 V.: Incipit liber Numeri. Locutus est Dominus.....

3. Fol. 29: Incipit liber Deutromii (*sic*). Hec sunt verba que locutus est Moyses....

4. Fol. 47 V.: Incipit prologus in libro Iosue. Tandem finito penthatento Moysi velud gratia Dei fenore liberati ad Iesum filium Naue manum mittimus..... — Fol. 48: Liber Iosue. Et factum est post mortem Moysi...

5. Fol. 61 V.: Liber Iudicum. Post mortem Iosue consuluerunt filii Israel....

6. Fol. 76 : Incipit liber Ruth. In diebus unius iudicis....

7. Fol. 78 : Incipit prologus libri regum. Viginti duas litteras esse apud Hebreos, Syrorum quoque lingwa et Caldeorum....

Fol. 79: Incipit liber. Fuit vir unus de Rematha .... — Fol. 97 V.: Explicit liber primus regum. Secundo regum. Factum est autem.... — Fol. 114 V.: Tertius liber regum. Et rex David senuerat.... — Fol. 132 V.: *Incipit regum quarto.* Prevaricatus est autem....

8. Fol. 150: Prologus parolipomenon. Si septuaginta interpretum pura..... — Fol. 150 V.: Primus liber. Adam Sechenos Chanaan.... — Fol. 160 V.: Incipit palipomenon secundus. Confortatus est....

9. Fol. 187 V.: Prologus Esdre. Utrum difficilius sit facere quod poscitis an negare...... — Fol. 188 V.: Incipit liber Esdre primo. In anno primo Ciri regis... — Fol. 195 V.: Post eum edificavit Neemias filius Atzboch.... — Fol. 203: Incipit liber Esdre secundus. Et fecit Iosias pascha....

10. Fol. 212: Incipit prologus Tobie. Hunnatio et Heliodoro episcopis Ieronimus presbiter..... — Incipit liber Thobie. Tobias ex tribu et civitate Neptalim....

11. Fol. 217 V.: Prologus libri Iudith. Aput Hebreos liber Iudith inter agiographa legitur.... Arphaxat itaque rex Medorum....

12. Fol. 225: Incipit prologus Hesther. Librum Hesther variis translationibus..... In diebus Assueri qui regnavit......

13. Fol. 232 V.: Incipit prologus libri Iob. Cogor per singulos scripture divine libros..... — Fol. 233 V.: Incipit liber Iob. Vir erat in terra Hus....

14. Fol. 247: Incipiunt parabole Salomonis. (Prologus): Iungat epistola quos iungit sacerdocium.... — Fol. 247 V.: Parabole Salomonis filii David....

Avant les Proverbes le copiste a omis les Psaumes, en écrivant: Hic sequitur psalterium, quod abmisi quia communis est.

15. Fol. 259: Incipit prologus in libro Ecclesiastices. Memini me hoc ferme quinquennio....

16. Fol. 263: Incipiunt cantica canticorum. Osculetur me osculo oris sui....

17. Fol. 267: Incipit liber sapientie. Diligite iusticiam...

18. Fol. 273—276: Incipit prologus in Ecclesiasticum: Multorum nobis et magnatorum....

Ce dernier ouvrage est incomplet; il s'étend jusqu'au chap. 8, vers 19, finissant par: cum racundo (*sic*) non facias rixam et cum audace non eas in desertum.

N° 99

(ancien numéro 46).

Manuscrit sur papier du XV⁰ siècle. — 153 feuillets à deux colonnes à 56 lignes, d'une écriture très petite et surchargée d'abréviations. — H.: 297 mm.; L.: 222 mm.

Feuillet de garde: Codex monasterii sancti Willibrordi Epternacensis. Continet quandam summam de casibus secundum ordinem alphabeti perutiliter digestam etc. K. 18 (XVI⁰ siècle in.)

Le manuscrit renferme:

I. Fol. 2—147: Summa de casibus conscientie, par Bartholomæus Pisanus ou de sancta Concordia. Elle commence: Quoniam, ut ait Gregorius . . . . ., ideo a pluribus nostri predicatorum fratribus ordinis huiusmodi sacrificium offerre Deo cupientibus et proximorum salutem zelantibus frequentibus et assiduis sum precibus requisitus, in quo ut opus darem de casibus et consiliis ad animam et conscientiam pertinentibus studiose tractare . . . . — Fol. 149 V. b: Explicit summa de casibus conscientie. Consummatum fuit hoc opus in civitate Pysana per fratrem Bartholomeum ordinis predicatorum, doctorem decretorum, anno Domini M⁰CCC⁰XXXVIII die mensis decembris, tempore sanctissimi patris et domini domini Benedicti pape XI. Predictus autem frater Bartholomeus conpositor huius libri optimi obiit anno Domini M⁰CCC⁰XLVII, secunda die iulii, cuius anima requiescat in sancta pace.

II. Fol. 147 V., recueil de recettes médicales: ad lacrimas constringendas; collirium optimum ad constringendum lacrimas et auferendum ruborem oculorum; contra surditatem et tabem aurium; contra fetorem oris et stomachi; ad dolorem dencium; pillule contra rouma descendens; pillule contra omne caput, renes, et pectus et pulmonem; ad vocem clarificandam; syrupus ad humores frigidos in pectore; contra apus . . a pectoris et in aliis visceribus; contra omnem dolorem costarum; ad ptisim; pillule contra defectum cordis; ad dissolutionem lactis de mamilla; ad dolorem ventris; contra dolorem stomachi et capitis ex indigestione et contra debilitatem tocius corporis; contra vomitum; (fol. 148 V. b) ad constringendum vomitum; pulvis expertus ad stipationem et . . . . et ad bonum colorem inducendum; ad purgandum humores melancolicos; claretum ad purgandum meliam; contro fluxum ventris; clister constrictioni ventris quando est fluxus colericus; ad constipandum ventrem; ad constringendum sanguinem emoroydarum; ad provocationem urine; syrupus contra impedimenta renum et vesice; pillule utiles nefreticis; ad dolorem lumborum et renum; ad mitigandum dolorem vel exscoriationem renum vel vesice; ad eos qui nesciunt mingere; ad stranguriam; ad educendum arenulas ex renibus et vesica; (fol. 149 R. a): ad ardorem urine; contra intollerabilem ardorem urine; ad stringendum urinam et menstrua; ad frangendum lapidem; ad provocandum menstrua; ad stringendum menstrua; ad difficultatem pariendi, sive fetus sit vivus sive mortuus; ad expellendum fetum mortuum; (fol. 149 R. b): conveniens eis qui non possunt coyre propter frigiditatem; emplastrium optissimum de aniso quod humidis et tussientibus .... appetitum excitat commedendi; ad coytum; si vis extinguere libidinem; contra fluxum ventris; epythyma pro epate; pro asmaticis et renaticis; ad prohibendum malariam reumaticam; contra fluxum humorum ad oculos et ipsorum delicatum; ad restaurandum; claretum ad debilitatem cordis; (fol. 149 V. a): ad caput purgandum ex humoribus; ad stomachum confortandum et vomitum restringendum et appetitum excitandum; ad preservandum corpus in pestilentia et in omni epydimia; contra febres tertianas; ad omnem febrem et precipue acutam; ad frigiditatem epatis et stomachi et intestinorum; contra debilitatem visus; contra dolorem tussium et pectoris; (fol. 149 V. b): contra ydropisim et icteriteam; nota signa retentionis menstruorum; (fol. 150 R. a): ad purgandum sanguinem syrupus; syrupi frigidi sunt isti, syrupus rosaceus, syrupus violaceus, surupi neuferinus, syrupus acetosus ....

III. Fol. 150 R. b—152 V. b : Description des maladies, commençant par : Quando medicus venit ad infirmum, tunc debet primo videre qualem infirmitatem est paciens ....

IV. Fol. 152 V. b, petit glossaire latin-allemand: conetum, dil; aculeya, acoley; atriplex, melde; acetosa, surkel; borago, bernaedse; barba Iovis, husloet; balsamita, heylege; cast. dulcis, balsem; edera, gondraet; lappacium acutum, pertich; lappacium rotundum, ladich; lavendula, gouden blome; millissa confili, greyne; tapsus barbatus, weltwort.

V. Fol. 153: Recettes de médecine, suivies de: de coloribus urine.

Fol. 154 V.: Iste liber est Iacobi Clant de Groningen decretorum doctoris canonici s. Severini Coloniensis (XVe ou XVIe siècle).

N° 100

(ancien numéro 13).

Manuscrit sur parchemin de la fin du XIII° siècle. — 160 feuillets à 2 colonnes; fol. 1—29 à 27 lignes par colonne; fol. 30 R. b et V. a, à 43 lignes; fol. 31—79, à 35 lignes; le reste à 33 lignes. — H.: 292 mm.; L.: 200 mm.

Provient d'Orval. Fol. 1: N 3. — Fol. 160 V.: Liber sancte Marie de Aureavalle. Qui eum abstulerit, anathema sit (XIV° siècle). — Liber beatæ Mariæ Aureævallis (XVII° siècle). — M. SS. d. 10.

I. Fol. 1—30: *Prologus in vita sancti Lamberti episcopi et martyris.* In nomine Domini. Nicholaus per misericordiam Dei ecclesie sancte Marie sanctique Lamberti in Leodio humilis canonicus...... Fol. 2 V. b: *Incipit vita sancti Lamberti Leodiensis episcopi.* Gloriosus vir Lambertus..... Fol. 26 R. a: *Explicit vita et passio sancti Lamberti episcopi et martyris. Incipit translatio.* Legia que illustrari meruit..... — A la fin, fol. 39 R. a: une miniature représentant le meurtre de S. Lambert.

Entre les feuillets 11 et 12 il y a une lacune d'un feuillet, depuis: ambiguum utrum eius industria (Texte imprimé des Bollandistes, t. V, p. 608, § 34), jusqu'à: prete sermo conserebatur (l. c., p. 609, § 37).

II. Fol. 30 R. b: Incipit nova historia de sancto Benedicto, super psalmos. Antiphona. Favent cuncta Benedicto, vas sponte manat oleo, fugit vita, spernit terra eius privatum gratia. R. Puer fletum.....

III. Fol. 31—80: Extraits de Césaire de Heisterbach. Une partie des légendes est reproduite en entier, d'autres ne le sont qu'en partie: en outre les extraits se trouvent pêle-mêle, sans ordre apparent. Ils commencent: *Exemplum de beata virgine quod beatus Gregorius ponit in dialogo, quod ei placet gravitas et maturitas, et quod displicet levitas ei dissolutio.* Probus Dei famulus de sorore sua Musa nomine.....

IV. Fol 81—160: *In nomine Domini incipit codex a beato Ysidoro Yspalensis (sic) episcopo de quinque libris Moysi vel ceterorum librorum veteris fundamenti explanatum a tot diversis actoribus in unum colectum luculentius et expositum.* — *Ysidorus lectori salutem, vel sic: Incipit prologus Ysidori episcopi in veteri* testamento. Historia sacrę legis non sine aliqua prænuntiatione futurorum gesta atque conscripta est ...... (fol. 81 V. a): *Explicit prefatio. Incipiunt capitula* ...... (fol. 81 V. b): *Finiunt capitula. Incipit textus.* Creatura cęli et terrę quomodo historialiter ..... (fol. 110 R. a): *Explicit liber Genesis. Incipiunt capitula libri Exodi* .... (fol. 110 R. b): Expliciunt capitula. (fol. 110 V. a): *Incipit prologus.* Quedam mysteria ex libro Geneseos .... *Explicit prologus. Incipit liber Exodi.* Primo omnium LXX animę cum Iacob introierunt in Egiptum ..... (fol. 122 R. a): *Explicit liber Exodi. Incipiunt capitula de libro Levitici* ..... *Expliciunt capitula. Incipit liber Levitici.* Sequens Leviticus liber hostiarum diversitates exequitur ..... (fol. 128 V. a): *Explicit liber Levitici. Incipiunt capitula in libro Numeri.* .... (fol. 128 V. b): *Expliciunt capitula. Incipit liber Numeri.* Ideo hic liber unus ex quinque libris Moysi .... (fol. 136 V. b): *Explicit interpretatio libri Numeri. Incipiunt capitula libri de uteronomii (sic)* ..... (fol. 137 R. a): *Expliciunt capitula. Incipit textus libri de uteronomii.* Liber de uteronomii repetitio est precedentium IIII librorum legis .... (fol. 140 V. b): *Explicit liber de uteronomii. Incipiunt capitula de Iesu Naue* ..... (fol. 141 R. a): *Expliciunt capitula. Incipit interpretatio in libro Iesu Naue.* Post mortem Moysi loquitur Dominus ..... (fol. 144 R. a): *Explicit interpretatio in Iesu Naue.* Incipiunt capitula in librum Iudicum ..... *Incipit interpretatio in libro Iudicum.* Historia iudicum non parva ..... (fol. 148 R. b): *Explicit de libro Iudicum. Incipit de Ruth.* Veniamus nunc ad Ruth .... (fol. 149 R. a): *Incipiunt capitula de libro regum* ..... (fol. 149 R. b): Incipit liber Regum. Post librum Iudicum sequitur Regum .... (fol. 156 R. a): *Explicit interpretatio de libro primo. Incipiunt capitula libri secundi* ...... *Expliciunt capitula. Incipit interpretatio libri secundi.* Post mortem itaque Saul ungitur David ...... (fol 157 R. b): *Explicit interpretatio libri secundi. Incipiunt capitula libri tertii* .... *Expliciunt capitula. Incipit liber III.* Succedit deinde Salomon .... (fol. 158 V. b): *Explicit interpretatio libri III. Incipiunt capitula libri Regum quarti* ...... (fol 159 R. a): Expliciunt capitula. Incipit liber Regum IIII. Mittit rex impius duos quinquagenarios ..... (fol. 160 R. a): *Explicit liber Regum quartus. Incipiunt capitula libri Esdre* ..... *Incipit interpretatio in Esdram.* Nam quod etiam post septuaginta annos .... (fol. 160 V. a): *Explicit interpretatio Ysidori Hispalensis episcopi super vetus testamentum. Feliciter. Amen.*

Les quaternions ne sont côtés, au verso de chaque huitième feuillet, que dans cette dernière partie du manuscrit, aux fol.

88 (I), 120 (V), 128 (VI) et 136 (VII); les autres côtes ont disparu.

Nos 101—102

(ancien numéro 68).

Manuscrit sur parchemin de la fin du XIIe siècle. — 66 feuillets à 34 lignes par page. — H.: 284 mm.; L.: 180 mm.

Fol. 1: Codex monasterii sancti Willibrordi Epternacensis. D. 10. Continet Crisostomum de eo quod nemo leditur nisi a se ipso; eundem de cordis compunctione, et de reparatione lapsi (XVII siècle in.).

I. Fol. 1 V.: *Incipit tractatus sancti Iohannis Crisostomi id est oris aurei, ubi dicit neminem posse ledi ab alio nisi a se ipso.* Scio quod crassioribus quibuscunque ..... (*Explicit*, fol. 14): nequaquam poterunt ei qui a semetipso non leditur. Explicit neminem posse ledi ab alio nisi a se ipso.

II. Fol. 14: *Incipit eiusdem sancti Iohannis de cordis compunctione liber primus.* Cum te intueor, beate Demetri, ... (fol. 29 V.) sermonem suum, vitam vero suam atque opera neglegenti. *Finit liber primus. Incipit liber secundus XLI de conpunctione cordis.* Et quomodo poterit fieri quod ...... (fol. 39 V.): effecti cybus inextricabilibus inmortalibus flammis. *Explicit Iohannis episcopi de cordis compunctione liber II. Incipit eiusdem de reparatione lapsi liber III.* Quis dabit capiti meo aquam..... (*Explicit*, fol. 46 V.): non solum in parabolis dicta, sed in rebus impleta.

III. Fol. 46 V.: Epistola prima, cap. VI. Apud Corinthios erat quidam vir ut videtur non ignobilis ....

Le manuscrit a beaucoup souffert dans la dernière partie par le feu, de telle manière que les derniers feuillets sont devenus presque tout à fait noirs et illisibles. Fol. 66 est écrit d'une autre main, en petits caractères, mais illisible en grande partie.

No 103

(ancien numéro 31).

Manuscrit sur parchemin de la fin du XIIIe siècle. — 186 feuillets à 2 colonnes de 40 lignes. — H.: 276 mm.; L.: 208 mm.

Fol. 1: Bibliothecæ Aureævallis (XVIIIe siècle). — N 3. — x n 5. — Fol. 186 V.: M. SS. d. 11.

Fol. 180: *Hunc librum dedit ecclesie Aureevallis magister Nicholaus cantor beate Marie in Hoio. Anima eius requiescat in pace. Amen. Qui cum abstulerit, anathema sit. Amen.*

Le manuscrit renferme:

I. Fol. 1—180, les quatre livres des sentences de Pierre Lombard. Fol. 1: *Incipit prefatio magistri Petri Lumbardi.* Cupientes aliquid de penuria ac tenuitate nostra...... (fol. 1 R. a): *Explicit prologus. Incipiunt capitula* .... (fol. 2 V. b): *Expliciunt capitula.* (fol. 3 R. a): *Incipit liber I sententiarum magistri Petri Lumbardi.* Veteris ac nove legis continentiam diligenti indagine......... (fol. 53 V. a): *Incipiunt capitula secundi libri.* — Après l'index du second livre: (fol. 55 R. b): Que ad misterium divine unitatis atque trinitatis licet ex parte cognoscendum pertinere noscuntur, quantum valuimus, diligenter executi sumus. Nunc ad considerationem creaturarum transeamus. *Hic finitur primus liber de misterio trinitatis. Incipit secundus de rerum creacione et formatione corporalium et spiritualium et aliis pluribus eisdem pertinentibus. Incipit secundus liber.* Creaturam rerum insinuans scriptura....... (fol. 95 V. b): *Explicit liber secundus.* (fol. 96 R. a): Incipiunt capitula tercii libri....... (fol. 96 V. b): *Incipiunt capitula quarti libri.* (Fol. 98 R. b et 98 V. sont laissés en blanc). — Fol. 99, prologue du troisième livre: Iam nunc his pertractandis atque intelligendis..... *Incipit liber tercius de incarnatione verbi.* Cum venit igitur plenitudo temporis..... (fol. 133 V. b): *Explicit liber tercius.* His tractatis que ad doctrinam rerum pertinent, quibus fruendum est et quibus utendum est et que fruuntur et utuntur, ad doctrinam signorum accedamus. *Incipit sententiarum liber quartus.* Samaritanus enim vulnerato appropinquans curationi eius..... (Explicit, fol. 180 R. b): qui a facie exorsus sedentis per media ad pedes usque via duce pervenit.

En marge de l'ouvrage qui précède, une main postérieure a ajouté de temps en temps: d. I., d. II (distinctio prima, secunda) etc.

Ces notes se rapportent au second ouvrage contenu dans le présent manuscrit, fol. 181—186 et que l'on pourrait nommer

II. Distinctiones in quatuor libros sententiarum Petri Lumbardi. Ces distinctions sont groupées en quatre livres, correspondant aux quatre livres de Pierre Lombard, et renferment, sous forme de vers, le principal contenu de cet ouvrage. Dans chaque livre les distinctions sont côtées par les lettres de l'alphabet: A, B, C ......, le premier livre en renferme 47, le second 45, le troisième 39, le quatrième 51. Le tout est précédé de: Res et signa sunt doctrine duo membra; rem voco nil signans, signum rem signantem.

Commence ensuite le premier livre:
  A. Factis uteris, sed te faciente frueris.
     Plene re patria partimque frui via spe dat.

Fol. 182 R. a: *Incipit liber secundus. De creatione mundi.*
  A. Cum principio tres errores fugat uno
     Cum creat, ille facit, si vertis, id inproprie fit.
     Est Domino facere quod res nova prodit in esse.

Fol. 184 V. b: *Liber tercius.*
  A. Non pater aut Flatus, sed filius est homo factus,
     Nam per quem fecit, Deus omnia iure refecit.
     A nullo pater est, sed filius a patre. Quare?
     Ens a se mittit, sed mittitur ens aliunde.

Fol. 185 V. b: *Incipit liber quartus.*
  A. Sacramenta distinguit, signa bipertit,
     Sacramenta docent, exercent atque tumorem
     Pellunt, in rebus et verbis perficiuntur.

(Explicit, fol. 186 V. a): Ecclesie vetitum necnon tempus feriatum Impediunt fieri, prohibent factumque teneri.

N° 104

(ancien numéro 95).

Manuscrit sur parchemin du XIe siècle. — 95 feuillets à 25 lignes par page. — H.: 273 mm.; L.: 196 mm.

Le manuscrit renferme :

I. Fol. 3—80, les epîtres pour les fêtes religieuses, recueil incomplet au commencement. La première leçon, intitulée : Lectio epistolæ beati Pauli apostoli ad Hebreos, commence : Fratres. Festinemus ingredi in illam requiem...... — Suivent ensuite les epîtres pour: *dominica in sexagesima* (fol. 3); *feria IIII in LX* (fol. 4); *in quinquagesima ad s. Petrum* (fol. 4 V.); *feria IIII ad s. Sabinam* (fol. 5); *feria V infra L., feria VI ad sanctos Iohannem et Paulum* (fol. 5 V.); *feria VII infra L.; in quadragesima ad Lateranis* (fol. 6 V.); *feria II ad vincula* (fol. 7); *feria III ad s. Anastasiam* (fol. 7 V.). — *Incipiunt lectiones mensis primi, feria IIII ad sanctam Mariam; item ut supra ad s. Mariam* (fol. 8); *feria V ad s. Laurentium* (fol. 8 V.); *feria VI ad apostolos* (fol. 9); *sabbato ad s. Petrum* (fol. 9 V.); *Dominica prima vacat mensis primi; lectio epistolae beati Pauli apostoli ad Thessalonicenses; feria II ad s. Clementem* (fol. 11 V.); *feria III ad s. Balbinam* (fol. 12); *feria IIII ad s. Ceciliam* (fol. 12 V.); *feria V infra XL., ad s. Mariam; feria VI ad s. Vitalem* (fol. 13); *sabbato ad s. Marcellinum et Petrum* (fol. 14); *Dominica in XXX, ad s. Laurentium* (fol. 15 V.); *feria II ad s. Marcum* (fol. 16); *feria III ad s. Potentianam* (fol. 16 V.); *feria IIII ad s. Syxtum* (fol. 17); *feria V ad sanctos Cosmam et Damianum* (fol. 17 V.); *feria VI, ad s. Lauren[tium] in Lucinae, ebdomada III* (fol. 18); *sabbato, ad s. Susannam* (fol. 18 V.). — *Dominica ad Hierusalem* (fol. 20 V.); *feria II, ad s. quatuor coronatos* (fol. 21); *feria III, ad s. Laurentium in titulo Damasi* (fol. 21 V.); *feria IIII, ad s. Paulum in Mediana* (fol. 22); *feria V, ad s. Silvestrum* (fol. 22 V.); *feria VI, ad s. Esebium* (fol. 23); *sabbato, ad s. Laurentium in Mediana* (fol. 23 V.). — *Dominica in XV., ad s. Petrum in Mediana* (fol. 24 V.); *feria II, ad s. Chrisogonum* (fol. 25); *feria III, ad s. Cyriacum* (fol. 25 V.); *feria IIII, ad s. Marcellum* (fol. 26); *feria V, ad s. Apollinarem* (fol. 26 V.); *feria VI, ad s. Stephanum; sabbato, vacat, quando elemosina datur* (fol. 27). — *Dominica, indulgentia ad Lateranis* (fol. 27 V.); *feria II, ad sanctos Nereum et Achilleum* (fol. 28); *feria III, ad s. Priscam in ebdomada VI* (fol. 28 V.); *feria IIII, ad s. Mariam* (fol. 29 V.); *[feria V], quando crisma confi[citur] ad Lateranis* (fol. 30 V.); *feria VI, ad........* (fol. 31). — *Expliciunt lectiones de quadragesima. Incipiunt lectiones de vigilia paschae* (fol. 31 V.); *finiunt lectiones de vigilia paschae* (fol. 41); fol. 41 V. et 42 R. en blanc. — *Incipiunt lectiones de pascha sabbato sancto, ad miss. stat. ad Lateranis;* .... *dominica sancta, ad s. Mariam; feria II, ad s. Petrum* (fol. 42 V.);

feria III, ad s. Paulum (fol. 43); *feria IIII, ad s. Laurentium; feria V, ad basilicam apostolorum* (fol. 43 V.); *feria VI, ad s. Mariam ad Mariam* (fol. 44); *sabbato, ad Lateranis in albas* (fol. 44 V.). — *Dominica in octabas paschœ ad Lateranis* (fol. 45); *feria IIII; — Dominica I post octabas paschae* (fol. 45 V.); *feria IIII. — Dominica II post octabas paschae* (fol. 46); *feria IIII* (fol. 46 V.). — *In pascha annotinum* (fol. 47). — *Dominica III post octabas .pasche; feria IIII* (fol. 47 V.). — *Dominica IIII post octabas; in Letania maiore, die XXV. mensis aprilis* (fol. 48). — *In vigilia de ascensa Domini* (fol. 48 V.). — *In ascensione Domini* (fol. 49). — *Ebdomada I post ascensam Domini; feria IIII* (fol. 49 V.); *sabbato in vigilia pentecosten* (fol. 50). — *In dominica pentecosten* (fol. 50 V.); *feria II, ad vincula* (fol. 51); *feria III, ad s. Anastasiam; feria IIII, ad s. Mariam* (fol. 51 V.); *feria V, ad apostolos* (fol. 52); *feria VI, ad sanctos Iohannem et Paulum; sabbato, ad s. Stephanum* (fol. 52 V.). — *Dom[inica in oc]tabas pentecosten* (fol. 53); *feria IIII, ebdomada quo supra* (fol. 54 V.). — *CXV. ebdomada II post pentecosten* (fol. 55); *feria IIII. — Ebdomada III post pentecosten* (fol. 55 V.). — *Incipiunt lectiones mensis IIII, feria IIII, ad s. Mariam* (fol. 56); *feria VI, ad apostolos* (fol. 56 V.); *sabbato, ad s. Petrum* (fol. 57). — *Ebdomada IIII post pentecosten; feria IIII* (fol. 58 V.). — *Ebdomada V post pentecosten* (fol. 59); *CLVI. Ebdomada quo supra. — Ebdomada VI post pentecosten* (fol. 59 V.); *feria IIII* (fol. 60). — *Ebdomada VII post pentecosten* (fol. 60 V.); *feria IIII* (fol. 61). — *Ebdomada VIII post pentecosten* (fol. 61); *feria IIII* (fol. 61 V.). — *Ebdomada VIIII post pentecosten*, et ainsi de suite jusqu'au fol. 75 V. — *Incipiunt lectiones de adventu Domini ebdomada ta (sic) ante natale Domini* (fol. 75 V.); *feria IIII. — Ebdomada IIII ante natale Domini* (fol. 76); *feria IIII. — Ebdomada III ante natale Domini* (fol. 76 V.); *feria IIII ebdomada quo supra* (fol. 77). — *Ebdomada II ante natale Domini* (fol. 77 V.). — *Incipiunt lectiones mensis X, feria IIII, ad sanctam Mariam* (fol. 78); *feria VI; sabbato in XII lectiones* (fol. 78 V.) — *Ebdomada prima ante natale Domini, lectio epistolae beati Pauli apostoli ad Philipenses.* Fratres, Gaudete in Domino semper .... *(Explicit)*; custodiat corda vestra et intelligentias vestras in Christo vivo domino nostro.

Fol. 80 — 95: *Secuntur lectiones e libris veteris novique testamenti collectae, legendae in festivitatibus sanctorum per totius anni circulum. VII. kl. ian. Natale S. Stephani.* — Les fêtes qu'indique notre manuscrit, sont les suivantes : VI. kl. ian., natale S. Iohannis evangelistae; V. kl. ian., natale Innocentum; pridie kl.

ian., natale s. Silvestri; XVIIII kl. febr., natale s. Felicis in Pincis; XVII kl. febr., natale s. Marcelli papæ; XV kl. febr., natale sanctæ Priscæ virginis; XIII kl. febr., nat. sanctorum Fabiani atque Sebastiani; XII kl. febr., natale sanctae Agnae virginis; XI kl. febr., natale s. Vincentii; X kl. febr., natale sanctorum martirum Emerentiani et Macharii; VIII kl. febr., conversio s. Pauli; V kl. febr., octaba sanctae Agnetis; IIII non. febr., purificatio sanctae Mariae; non. febr., natale sanctae Agathę virginis; IIII idus febr., natale sanctorum Zotici, Hirenei et Iacincti; XVI kl. mar., natale s. Valentini martyris et Feliculae atque Vitalis; VIII kl. mar., cathedra s. Petri; IIII idus mar., natale s. Gregorii papae; XII kl. aprilis, natale s. Benedicti abbatis; VIII kl. aprilis, conceptio s. Mariae; III idus aprilis, natale s. Leonis papae; XVIII kl. maius, natale sanctorum martyrum Tiburtii et Valeriani; VIII kl. maius, natale s. Georgii martyris; kl. maius, natalae sanctorum Philippi et Iacobi; V non. maius, natale sanctorum Alexandri, Eventi et Theodoli; eodem die inventio sanctae Crucis; VI idus maius, natale sanctorum Gordiani et Epimachi; IIII idus maius, natale sanctorum Nerei et Achilei et Pancrati; III idus maius, dedicatio ecclesiae beatae Mariae; XIIII kl. iun., natale sanctae Potentianae virginis; IIII non. iun., natale sanctorum Petri et Marcellini; V idus iun., natale sanctorum Primi et Feliciani; II idus iun., natale sanctorum Basilidis, Cirini, Naboris et Nazarii; XIIII kl. iul., natale sanctorum Marci et Marcelliani; XIII kl. iul., natale sanctorum Gervasi et Protasii; VIIII kl. iul., vigilia s. Iohannis Baptistae; VIII kl. iul., natale s. Iohannis Baptistae; VI kl. iulii, natale sanctorum Iohannis et Pauli; IIII kl. iul., vigilia s. Petri apostoli; III kl. iul., natale s. Petri; eodem die vigilia s. Pauli apostoli; pridie kl. iul., nat. sancti Pauli apostoli; VI non. iul., natale sanctorum Processi et Martiniani; IIII non. iul., translatio sancti Martini; pridie non iul., octaba apostolorum Petri et Pauli; VI id. iul., natale sanctorum VII fratrum, id est Felicis, Philippi, Vitalis, Marcialis, Alexandri, Silvani, Ianuarii; V idus iul., natale s. Benedicti abbatis; XII kl. agusti, natale sanctae Praxedis; X kl. agusti, natale s. Apollinaris; VIII kl. agusti, natale s. Iacobi apostoli; IIII kl. agusti natale sanctae (sic) Simplicii, Faustini et . . . . . . cis; eodem die natale s. Iohannis; III kl. agusti, natale sanctorum Abdo et Sennes.

Les leçons pour les saints Abdon et Sennes sont les dernières que le manuscrit donne en entier. Suit le commencement de la leçon pour la fête des Machabées: *In sanctorum Machabeorum kl. agusti, . . ise et Felicitatis; lectio libri Sapientiae.* Mulierem fortem quis inveniet procul, et de ultimis finibus pretium eius. Confidit in ea cor viri sui et holus non indigebit. *Gimel.* Reddet ei bonum et non malum omnibus diebus vitae suae. *Delec.* Quaesivit lanam edinam et operata est.

II. Les deux premiers feuillets ont servi de feuillets de garde. Le premier, blanc au Recto, donne au Verso une liste de reliques conservées dans une église, qui ne peut-être que celle d. S. Willibrord d'Echternach d'après le passage suivant: in loco quo pausat beatus Willibrordus, puisque nous savons que S. Willibrord fut enterré à Echternach. Voici le texte de l'inventaire de ces reliques:

In scedulis. De corpore s. Petri. De corpore s. Andree. De corpore s. Larrentii. De corpore s. Christofori. De corpore s. Peregrini m.. S. Gregorii. S. Crispini mr.. S. Lucie v.. S. Gertrudis v.. S. Cecilie v.. S. Agnetis v.. De lecto s. Mathei ewangeliste. S. Sulpicii confessoris. De ligno Domini. Reliquie s. Marie. Reliquie s. Petri apostoli, s. Iohannis evangeliste, s. Nicholai episcopi, s. Willibrordi, s. Georgii mr., s. Clementis mr., Antonini mr., s. Martini episcopi, Lamberti episcopi et martyris, Valerii episcopi, de corpore s. Margarete v., Basilice v., Abdon et Sennes mr.; reliquie sanctorum Maurorum; de pallio s. Willibrordi episcopi; de corpore Mansueti episcopi; de corpore s. Alderici; de corpore Iusti Simeonis; de anulo s. Marie; de sanguine s. Sebastiani; de cil.... s. Adalberti; de corpore s. Cristofori; de vestimento Domini; virga Moysi; de sanguine s. Stephani; de sepulchro s. Iohannis ewangeliste; de reliquiis s. Verene virginis; de templo Domini; Maximiani martyris.

De sepulchro Domini; de lecto in quo natus est Dominus; de pallio Helie; de presepio Domini; de sepulchro de quo suscitavit Dominus Lazarum; de loco in quo Dominus ascendit in celum; de lapide super quem innocentes pro Christo occisi sunt; de eo loco quo sancta Maria assumpta est celum; de lapide quo sedebat Dominus, quando misit binos discipulos ante faciem suam; de ligno sancte Crucis; de Calvarie loco ubi crucifixus est Dominus; de vestimento sancte Marie; de pane quem dedit Dominus discipulis; item (de) V panibus quos benedixit Dominus; de virga Moysi; de illa cripta ubi apostoli dormierunt in Monte Oliveti; de funiculis Domini unde ligatus erat; de vestimento s. Iacobi et s. Bartholomei; et item s. Iacobi et s. Thatei; de reliquiis s. Petri et s. Symonis, et s. Thome et s. Matheii; de reliquiis s. Stephani martiris; de corpore s. Concordi martiris, et Iusti sancti pape et martiris, et sancte Anastasie virginis et martiris; sanctorum martirum Felicissimi et Agapiti; sancti Ciriaci; de brachio s. Vincencii; de corpore

s. Lamberti et s. Lauderici, et s. Gangulfi, et de reliquiis s. Constancii; de cingulo s. Gregorii pape; s. Sabiny episcopi reliquie; s. Martini, s. Huberti et s. Adalberti; de corpore s. Veronice (?) virginis; de corpore Walburgis virginis et de corpore s. Barbare virginis et s. Lucie virginis.

In filacteriis. [Ce qui suit, est d'une autre encre, mais paraît être de la même main]. Pars de s. Cruce; de s. Medardo; de s. Agate; s. Sulpitii episcopi; s. Marie; s. Petri et de s. Iohanne Babtista; de s. Petro; de vestimento s. Marie; item s. Petri et Pauli; Gregorii pape; item Dei genitricis; s. Stephani martiris; Iohannis et Pauli, Cosme et Damiani, Ciriaci, Cecilie; de dentibus s. Pancracii; item Petri et Pauli; Martie; s. Martini; s. Benedicti; s. Silvestri; Cecilia; Agnetis, Lucie; de ligno Dei; de capite s. Iohannis Baptiste; os s. Andree .... Georgii; item de s. Stephano; de peplo s. Marie; de virga Aaron; item de s. Cruce; item de s. Medardo; item s. Sulpitii; de sanguine Agate virginis; item s. Marie virginis; item de s. Petro et Paulo; Iohannis Baptiste; de omnibus apostolis; de capite s. Augustini.

(Deuxième main): In teca marmore sigillata: de ligno Domini; de fimbria eius; de velo s. Marie; de apostolis omnibus; item de virga Moysi; Amos prophete; de s. Stephano; de s. Laurentio; Magni martiris; Cristofori; de ...... s. Gangolfi; Pancracii, Vincentii, Romani, Ciriaci, Nicolai, Martini, Georgii, Lamberti, Baptiste.

(Troisième main): In loco quo pausat beatus Willibrordus, de sanguine et sudario Domini; de plepo (*sic*) et veste aspersa sanguine Domini; et mirra qua Maria unxit eum; reliquie matris Domini et Iohannis Baptiste et X[II] apostolorum et Leonis et Gregorii pape et aliorum.

III. Fol. II, une liste très étendue de noms propres, probablement ou des mancipes que l'abbaye de S. Willibrord possédait dans les localités y énumérées, ou des membres de quelques confréries fondées dans les mêmes églises. Cette page a beaucoup souffert par le frottement et en partie par l'humidité, de sorte que beaucoup de noms sont devenus illisibles ou ne peuvent pas être déchiffrés avec la sûreté voulue.

De wrren ....., ..., ..., Randolf et Ida, Haderich et Laib ... Henrich, Henrich, Gude, Cunegunt, Herio, Herman, Ia., Gerart, ...

De Kaldekirke. Christoforus, Elswint, Wilhelm, Lisgart, Giselbret et Lambert, ..., Irmegart, Herio, Irmigart, Sigere, Ilden, Henricus, Curadus, Burcardus, Berta, Aleidis, Gunter, Mettildis,

Berta, Wallebet, Burcart, Lufret, Wernerus, Gunt ......, Egidius, Heregart, Willemmus, Mabilia; Cunradus; filius ippsius Cunradus, Mattildis, Berta, Herwinus, B ....., Wolfram, Berengerus, Heidvoit, Eirchwinus, Mabila, Hansolinus, Isflart, Henricus, Bluicero (?), ..., Elaana, Ludofl, Gertadus, Wifero, Albero, Margereta, Gisel, Henricus, Cunradus, ..., Heiwif, Iohannes, Berta, Hildegart, Cunradus, Hirmetrut, Hetwif, Odilia, Cunradus, W......, Wacto, Rudolfus, Bertolfus, Bertolfus, Hirmentrut, Demuth, Hericus, Albertus, Gertrudis, Henricus, Margareta, Odilia, Osilia, Odilia, Alet, Henricus, Henricus, Nidetildis, Effrac, Wila, Clabalt, Iuda, Gerrat, Arnolt, Heilwif, Gernit, Arnolt, Bernero, civ; Helsebe, Line, Blome, Reinerus, Elisabet, Osilia, Henricus, Henricus, Herman, Aleit, Octo, Henricus, Aleidis, Cunradus, Ricardus, Hetwif, Herman, Herman, Beatrix, Ulrich, Henricus, Greta, Hiota, Wicart, Guetta, Offradus, Elsebet, Herman, Cunradus, Lufra, Symon, Ragebado, Yda, Etboldo, Baldewinus, Cunegunt, Cristina, Yda, Gola (sic), .œnilt, Henricus, Berterat, Cunradus, Herman, Gersvint, Hereman, Mettildis, Gertrudis, Adam, Adolfus, Ada, Haunius, ..., Gerradus, Yda, Subile, Willemmus, Aleit, Godefridus, Henricus, Subilia, Egidius, Hildewart, Aleit, Sibile, Gertrudis, Margareta, Yda, Willemmus, Gerrat, Helwif, Arnolt, Tidericus, Odilia, Cunradus et Orrich, Hadulen, Herwif, Libet et Henricus, Gerrach, Gerlach, Godelif, ..., Eppo, Eswif, H., Willeburh, Gerlach; de Tungria Gerrolf.

De Bolsuene: Iohannes, Nicolaus, Ava, Walterus, Wilelmus, Uda, Arnoldus, Aledis, Olo ...., Thil .., Iohannes, Cristianus, Adelbert, Adleidis, Iohannes, Mettildis, Sophia, Co .. acus, Gil ...., ..., Stephanus, Boemudus, Walterus, Oda, Henricus, Heifent, Henricus, mol .., Rabolt, Mettilt, ..., ..., ..., Altun, Hirmegart, Henricus, Hirmegart, Gowif, Gueta, Heynricus, Mettildis, Rudofus, ..., Cunradus, Aleis, Hartart, Gutta, Sifert, Aleit, Somere, Cunrat, Oetrus, Wernerus, ..., Arnolt.

De Sullen: Sophia et Henricus, Iohannes, Beatrix, Henricus, Druda, Hinricus, Iutta, Wilhermus, ...

De Vusenck: Elisabet, Edlif, Sobilia, Metilt, Cunrat, Sophia, Philippus, H ....., ..., Iohannes.

De ... eneim iuxta Bolandiam: Off ...., , ..., W ..... bus, Albertus, Cynegunt, Adeleit, Beatrix, Ildegart, Grunicho (?), Bece..., Henricus pater et Henricus filius, Metiltis et Aldetrut, Wernerus et filius Micho, Gudrat, ..., Gertrudis et alia Gertrudis, Cunrat, Wolfram et uxor eius, Hadewif. — De Loifin, Ernest. — De

Bettencoden: Petrus, Lucart, Otto, Agnes, Albret, Metilt, Wilhelmus, Ildegart, ..., ... Everart, Gertrud, Cristianus.

IV. Fol. 2 Verso, d'une main du XIIIe siècle: Willibrordi patris festo sit lectio talis. *E libro Sapientię*. Ecce sacerdos magnus qui in vita sua suffulsit .... *(Explicit)*: quasi lilia quę sunt in transitu aquę et quasi thus redolens in odorem suavitatis.

N° 105

(ancien numéro 47).

Manuscrit sur papier du XVe siècle. — 220 + 50 feuillets. — H.: 272 mm.; L.: 198 mm.

Fol. 220: Codex monasterii sancti Willibrordi Epternacensis.

Le manuscrit, antiphonaire, comprend trois parties; la première commence, fol. 2: Incipit pars estivalis de tempore, avec les chants de l'église pour le jour de Pâques: Alleluia ... Evovae. R. Dum transisset sabbatum. Elle s'étend jusqu'au fol. 87.

Fol. 87 V. et 88 sont laissés en blanc.

Fol. 89: Antyphonarii pars estivalis de sanctis in nomine Iesu incipit. Ambrosii episcopi. — Nous y remarquons, fol. 153 V.: Translationis sancti Willibrordi, et fol. 190—198: In sancti patris nostri Willibrordi festo. En voici quelques passages: O Domine, beatus antistes cuius festum colimus letantes, vere servus tuus extitit, quia laudis hostiam sacrificando vota sua in conspectu populi tibi reddidit. — In gentem Fresonum specialis predicator positus sanctissimus pontifex Willibrordus et presul sedis episcopalis in Traiectum delegatus, cunctas illinc vetusti erroris tenebras expulit, omnesque illius patrie populos evangelica luce perfudit. Et quocumque pius perrexit precö, salutis gracia celsi throni semper prevenit euntem, effectum tribuens factis verbisque docentis. — Egregius Christi pontifex Willibrordus omni dignitate extitit preclarus, statura decens, vultu honorabilis, facie venustus, corde letus, consilio sapiens, ore iucundus, moribus compositus atque in omni opere Dei strennuus. — Sancti patris Willibrordi sacra nativitatis fuerunt exordia et mox in utero matris divine electionis presagia.

Sicut precursor Domini Iohannes sanctissimus, ita et sanctus Willibrordus in salutem plurimorum ex religiosis progenitoribus est editus. Sic cottidie bone indolis puer proficiebat ut teneros puericie annos morum gravitate transcenderet. — In sacris igitur erudicionibus et in omni sobrietate morumque honestate beatissimus adolescens institutus est usque ad annum vigesimum etatis sue. Arcioris itaque vite ardore successus et peregrinacionis studio instigatus cum Dei voluntate et spiritualium patrum permissione in Hyberniam contendit propere. — Beatus puer Willibrordus sacro baptismatis fonte regeneratus, postquam est ablactatus, statim traditus est religiosis studiis et sacris litteris erudiendus. Ut fragilis etas validioribus invalesceret disciplinis et quo nichil audiret nisi sancta, nichil videret nisi honesta .... Principis Francorum omniumque unanimitate fidelium victus tandem sanctus consensit Willibrordus ut Romam directus apostolica benedictione sacraretur episcopus. Igitur sanctus confessor antequam Romam perveniret, eius adventus pape Sergio angelico nuncio est revelatus. Dumque urbi propinquaret, dominus apostolicus summo cum honore obvius eum suscepit illique potestatem concessit ut quicquid vellet, de reliquiis sanctorum secum inde auferret. Sanctus itaque Willibrordus ad archiepiscopum ordinatus inestimabiles sanctorum reliquias sumens rursus ad regnum Francorum celeriter remeavit et in Traiecto constitutus populum Dei verbo celesti fideliter enutrivit .....
(Explicit): Dum presulis almi Willibrordi sacratissima reconderent membra cum ymnis et psalmodiis omnique honoris frequencia, miri odoris fragrancia cunctorum perfudit nares et pectora, ut perspicue intelligeretur ad viri Dei exequias angelica venisse ministeria.

Fol. 217, 219 et 220 en blanc; fol. 218 manque.

La troisième partie, dont les feuillets sont côtés à part, I—50, contient la suite de l'Antiphonaire, commençant: in natale unius apostoli vel plurimorum. En tête une initiale, I, ornée de l'écusson de l'abbé Robert de Monréal (d'or à 7 lozanges en pal, 4 et 3).

A la fin du manuscrit une main de la fin du XVIIe siècle a ajouté: Hymnus ad vesperas de Sancto Willibrordo (en huit strophes):

    Ave, præelecte
    Splendor, Willibrorde,
    Quem Deus tam mire
    Dedit rutilare.

N° 106.

Manuscrit sur parchemin du XV° siècle. — 6 + 169 feuillets. — H.: 278 mm.; L.: 193 mm.

Provient d'Echternach.

Comprend: 1° sur 6 f. non numérotés, un calendrier; les fêtes ordinaires y sont inscrites à l'encre noire, les autres à l'encre rouge; le copiste a encore employé l'encre bleue pour les fêtes de S. Sébastien (XIII kl. febru.), Benoît (21 mars), Willibrordi archiepiscopi patris nostri (7 novembre) et Noël.

En tête de chaque mois un vers:

Iani·prima dies et septima fine tenetur.
Ast Februi quarta est, precedit tercia finem.
Martis prima necat cuius sub cuspide quarta est.
Aprilis decimo est undeno et fine minatur.
Tertius in maio lupus est et septimus agnus.
Iunius in decimo quindenum a fine salutat.
Tredecimus iulii decimo innuit ante kalendas.
Augusti nepa prima fugat de fine secundam.
Tercius septembris vulpis ferit a pede denam.
Tercius octobris gladius decimum ordine nectit.
Quinta novembris acus vix tercia mansit in urna.
Dat duodena cohors septem in decimoque decembri.

II. Missel romain, sur 158 feuillets numérotés en chiffres romains, à l'encre rouge, au verso de chaque feuillet, plus 11 feuillets non numérotés.

Fol. 1 une E initiale en couleurs, renfermant un écusson aux armes de Robert de Monréal, abbé d'Echternach de 1506—1539 (d'or à 7 lozanges de sable en pal, 4 et 3); d'autres initiales moins grandes se trouvent: fol. 5, 37', 40', 49, 51', 65, 122', 128 et 133.

Fol. 127 office de S. Willibrord: *In sancti patris nostri Willibrordi archiepiscopi festivitate.*

N° 107.

Manuscrit sur parchemin du commencement du XIVe siècle. — 137 feuillets à 2 colonnes à 33 lignes; les feuillets ne sont pas numérotés, les quaternions le sont au verso du dernier feuillet de chaque cahier, par XXII (qui contient 9 feuillets), XXIII, XXIIII, XXV, XXVI, XXVII, a, b, c, d, e, f, g, h, i, k, l, plus le tiers d'un feuillet. — H.: 350 mm.; L.: 231 mm.

Provient d'Orval.
Premier feuillet: N—I; dernier f.: M. ss. d. 9.
La première colonne du premier feuillet est laissée en blanc.
Le manuscrit contient: Gregorius in Iob, livre 9—16: *Incipit liber nonus; secunda pars: Perverse mentis.*

Le manuscrit n'est que la seconde partie d'un manuscrit plus complet, comme l'indiquent deux notices, écrites d'une main du XIVe siècle, aux derniers feuillets: Secunda pars moralium continens (XVIII) XVI capitula a nono usque ad vicesimum (sextum) quintum. — Terminatur istud volumen in vicesimo quarto capitulo prope finem ubi dicitur: Non sit in recordacione, sed conteratur quasi lignum infructuosum; et comme l'indiquent du reste aussi les côtes des quaternions, dont les 21 premiers manquent.

N° 108

(ancien numéro 24).

Manuscrit sur parchemin du commencement du XIVe siècle. — 32 feuillets à deux colonnes à 43 lignes. — H.: 343 mm.; L.: 247 mm.

Fol. 1: E 7. Codex monasterii S. Willibrordi Epternacensis. Continet omelias quasdam a dominica prima adventus Domini usque in dominicam quadragesime. (Comm. du XVIe siècle).

Le manuscrit renferme les homélies suivantes:

a) Fol. 1: *Dominica prima in adventum Domini... Secundum Matheum.* (C)um appropinquassent.... *Omelia beati Iohannis episcopi*. Puto res ipsa exigit ut queramus. Frequenter quidem Iesus venit in Ierusalem.

L'initiale C manque, le copiste a laissé un blanc pour cette lettre, de 85 sur 70 mm.

b) Fol. 2 V. b: *Dominica II. Secundum Lucam*. In illo tempore dixit Iesus discipulis suis. Erunt signa in sole ...... *Gregorii pape*. Dominus ac redemptor noster paratos nos invenire desiderans ......

c) Fol. 3 V. b: *Feria quarta. Secundum Matheum*. In illo tempore Iohannes testimonium perhibet de Domino et clamat......... *Bede presbiteri*. Redemptoris nostri precursor testimonium de ipso perhibens celsitudinem humanitatis eius pariter ......

d) Fol. 5 R. a: *Dominica tertia. Secundum Matheum*. In illo tempore cum audisset Iohannes in vinculis opera Christi ..... *Omelia sancti Gregorii pape*. Querendum nobis est, fratres karissimi, Iohannes propheta et plus quam propheta.., ..

e) Fol. 6 R. a: *Feria IIII. Secundum Lucam*. In illo tempore missus est angelus Gabrihel a Deo in civitatem Galilee .... *Omelia venerabilis Bede presbiteri*. Exordium nostre redemptionis hodierna nobis lectio sancti evangelii commendat ....

f) Fol. 7 V. a: *Feria VI. Secundum Lucam*. In illo tempore exurgens Maria abiit in montana cum festinatione .... *Bede presbiteri*. Lectio quam audivimus sancti evangelii, et redemptionis nostre nobis semper veneranda primordia predicat .....

g) Fol. 9 V. a: *Sabbato. Secundum Lucam*. Anno quintodecimo imperii Tiberii Cesaris, procurante Pontio Pylato Indeam .... *Gregorii pape*. Redemptoris precursor quo tempore verbum predicationis acceperit, memorato romane rei publice principe .....

Incomplète à la fin, elle finit: ut non solum exteriora queque et minus necessaria, sed; un renvoi en bas du feuillet donne les mots: et ipsa.

h) Fol. 11: Homélie incomplète au commencement; elle commence: volare, cunctis animantibus clarius solis radiis infigere consuevit obtutus .... Elle finit: sed et incommutabilem nobis essentiam divine maiestatis sue ostenderet, in qua vivit et regnat cum patre in unitate Spiritus sancti Deus per omnia secula seculorum. — Il semble donc que tout au moins un cahier de 8 feuillets fait défaut entre les feuillets 10 et 11.

i) Fol. 12 R. b: *Dominica infra octavas nativitatis Christi. Secundum Lucam*. In illo tempore erant pater Iesu et mater ammirantes super hiis que dicebantur de illo. Et reliqua. *Origenis*.

Congregemus in unum ea que in ortu Iesu descripta sunt, et tunc scire poterimus ......

j) Fol. 13 V. b: *Circumcisionis. Secundum Lucam.* In illo tempore cum consummati essent dies octo .... *Bede.* Sanctam venerandamque presentis festi memoriam paucis quidem verbis evangelista comprehendit ....

k) Fol. 14 R. a: *In die epiphanie Domini.* Secundum Matheum. Cum natus esset Iesus in Bethleem Iude in diebus Herodis regis ..... *Omelia beati Gregorii.* Sicut ex lectione evangelica, fratres, audistis, celi rege nato rex terre turbatus est .....

l) Fol. 16 R. a: *Dominica infra octavas epiphanie. Secundum Lucam.* In illo tempore cum esset Iesus annorum duodecim, ascendentibus illis in Iherosolimam ..... *Bede presbiteri.* Aperta nobis est, fratres karissimi, sancti evangelii lectio recitata neque opus est ut in ea quid exponendo loquamur ....

m) Fol. 16 R. b: *In octava epiphanie. Secundum Iohannem.* In illo tempore vidit Iohannes Iesum venientem ad se et ait........ *Bede.* Iohannes baptista et precursor domini salvatoris quem diu venturum populis verbo predicaverat ......

n) Fol. 17 R. b: (Sans entête, mais en marge, d'une écriture très petite: oct .... Math .... Bede). In illo tempore venit Iesus a Galilea in Iordanem ad Iohannem, ut baptizaretur ab eo. Et reliqua. *Omelia Bede.* Lectio sancti evangelii quam modo, fratres, audivimus, magnum nobis et in domino et in servo ....

o) Fol. 20 R. a: *Dominica secunda post epiphaniam. Secundum Iohannem.* In illo tempore nuptie facte sunt in Chana Galilee ...... *Omelia Bede presbiteri.* Quod dominus noster atque salvator ad nuptias vocatus non solum venire, sed et miraculum .....

p) Fol. 21 V. b: *Feria quarta. Secundum Lucam.* In illo tempore regressus est Iesus in virtute spiritus in Galileam ...... *Bede.* Virtutem spiritus signa miraculorum dicit, sicut et alibi Iudei ammirantes ......

q) Fol. 22 V. b: *Dominica tercia post epiphaniam Domini.* In illo tempore cum descendisset Iesus de monte, secute sunt eum turbe multe ..... *Omelia Origenis.* Docente Domino in monte, discipuli venerunt ad eum sicut alacres, ...

r) Fol. 24 V. b: *Dominica quarta post epiphaniam. Secundum Matheum.* In illo tempore, ascendente Iesu in naviculam .... *Origenis.* Ingrediente Domino in naviculam secuti sunt eum discipuli eius .....

s) Fol. 25 V. b: *Dominica in septuagesima. Secundum Matheum.* Simile est regnum celorum homini patrifamilias qui exiit primo mane ..... *Omelia beati Gregorii.* In explanatione sua multum ad loquendum sancti evangelii lectio postulat......

t) Fol. 27 R. b: *Dominica in sexagesima. Secundum Lucam.* In illo tempore dixit Iesus turbis similitudinem hanc: Exiit qui seminat..... *Gregorii.* Lectio sancti evangelii quam modo, fratres karissimi, audistis, expositione non indiget....

u) Fol. 28 R. a: *Dominica in quinquagesima. Luce 18.* In illo tempore assumpsit Iesus duodecim discipulos suos...... Gregorii. Redemptor noster previdens ex passione sua discipulorum animos perturbandos,....

v) Fol. 29 R. a: *Dominica in quadragesima. Secundum Mattheum.* In illo tempore ductus est Iesus in desertum a spiritu..... *Omelia beati Gregorii.* Dubitari solet a quibusdam a quo spiritu sit Iesus ductus in desertum....

w) Fol. 29 V. b: *Feria VI post Invocavit. Secundum Iohannem.* In illo tempore erat dies festus Iudeorum et ascendit Iesus Iherosolomis. Et reliqua. *Bede.* Duo pariter miracula humane sanationis hodierna nobis sancti evangelii lectio tradit......

x) Fol. 30 V. b: *Sabato. Matheus.* In illo tempore post dies sex assumpsit Iesus Petrum et Iacobum.... Paulo superius premissum est a beato Matheo evangelista quia, cum Dominus discipulis multa de sua passione dixisset.... (Explicit, fol. 32 R. b): quatenus ad illam felicissimam divine visionis festivitatem ipso opitulante pervenire mereamur qui cum patre et Spiritu sancto vivit.

N° 109.

Manuscrit sur parchemin du XIe siècle. — 300 feuillets à deux colonnes à 31 lignes, répartis sur 38 quaternions marqués q I, q II etc.; cependant le 27e cahier ne contient que 4 feuillets. — H.: 334 mm.; L.: 248 mm.

Provient d'Echternach. Au premier feuillet: Codex s. Willibrordi; si quis abstulerit, anathema sit. Amen. (XIIe siècle). — Codex sancti Willibrordi Epternacensis cenobii. A 20. Continet Augustinum super primam quinquagenam psalterii (XVIe siècle in.)

Le manuscrit renferme :

I. Verso du feuillet de garde, sous une arche dessinée à la plume une notice sur des biens d'Echternach, Xe siècle: Inventum est in illa manso quę dicitur in villa Crucinaco inter curtilis et pratis et de terra araturia sunt iugeras XXX et insuper pariter cum iugeras XVI; super hoc vero quod ad stirpandum est, sunt iugeras XXIIII quod est in summa iugeras super omnia iugeras LXX.

II. *In nomine Dei summique auctori fidelium. Incipit liber decadarum in psalmis sancti Augustini episcopi.* Beatus vir qui non abiit.

Commentaires de S. Augustin sur les 50 premiers psaumes de David.

Au 4e feuillet du 26e cahier, en bas, un dessin à la plume bien réussi, représentant un Saint assis prêchant.

III. Dernier feuillet, au recto: Martha super pontem maris stabat, harenam maris numerare tantum quantum possit, harenam maris numerare tantum quantum possit. Vermes in isto caballo nec vivere nec crescere nec multiplicare nec nocere nec malefacere. Pater noster, usque: libera nos a malo. Amen.

Item aliud contra vermes: + Alluviam. Zalabandum. decastres. transuadron. plantandum hi ad remedium dandum + + + Gilubiam dandum. alabandum. trorsum. matuus. Agyos. agyos. agyos, sanctus sanctus sanctus. — Ista verba pro vermis; talpis: Agyos. agyos. agyos. crux + crux + crux + sanctus, sanctus, sanctus. Crux, filius, crux. In nomine patris et filii et Spiritus sancti mortuus est.

Un peu plus bas 9 notes tironiennes.

Au verso du même feuillet une série d'invocations à la divinité, du XIIe siècle: Ab imminentibus peccatorum nostrorum periculis eripiat nos Deus totius consolationis.

No 110

(ancien numéro 22).

Manuscrit sur parchemin du commencement du XIVe siècle, et en partie (fol. 45—128) du Xe siècle. — 190 feuillets. — H.: 315 mm.; L.: 238 mm.

Fol. 1 : Bibliothecæ Aureævallis (XVIIIe siècle). — N 2. — Fol. 174 V. : Liber sancte Marie Aureevallis. Quis eum abstulerit, anathema sit. (XIVe siècle). — Fol. 190 : M. SS. S. 5.

Le manuscrit renferme :

I. Fol. 1—29 (à 2 colonnes à 38 lignes) : Liber Solini de rememorabilibus mundi. Solinus Advento salutem. Cum et aurium clementia et optimarum artium studiis prestare te ceteris sentiam........ Fol. 29 R. b : ideoque non penitus ad nuncupationem sui congruere insularum qualitatem. *Explicit liber Solini de rememorabilibus mundi.*

II. Fol. 29 R. b—37 V. b : Epitomé de Jules Valère, sans titre, précédé des 12 vers suivants :

    Omnipotentis Alexandri hic conscripta tenentur,
    Ortus et occasus necnon et prelia seva
    Per mare, per terras que quondam' gesserat ipse,
    Ipse manu valida que nulli parcere novit ;
    Omnia quin potius igni ferroque peremit
    Ac pene per totum bellorum incendia mundum
    Miscuit atque omnes excelsas subruit urbes ;
    Qui mare, qui terram quique aera terruit ipsum
    Classibus et populis, iaculis pariterque sagittis.
    Vis queque quem ferri hominumve potentia nunquam
    Vincere prevaluit, vino pariterque veneno
    Victus et extinctus herebi penetralia scandit.

L'épitomé commence : Egypti sapientes sati divino genere feruntur permensique sunt terram ingenii pervicacia ......, et finit : Et quem orbis universus ferro superare non potuit, vino et veneno superatus atque extinctus occubuit. Finit ortus, vita et obitus A(lexandri).

III. Fol. 37 V. b—40 V. b : Epistola Alexandri Macedonum regis ad Aristotelem magistrum suum. (Titre ajouté entre les lignes par une main de la fin du XVIe siècle). Semper memor tui, etiam inter dubia bellorumque nostrorum pericula ...... La lettre est incomplète à la fin ; elle finit par ces mots : Una tamen res fuit saluti, quia momento temporis he delete sunt nives, ymbre superve ..... (page 42, 3e ligne d'en bas, de l'édition d'Andreæ Paulini, Giessen, 1706). — Une autre main contemporaine a ajouté entre les lignes d'assez nombreuses variantes.

IV. Fol. 41—138 : (Fol. 41—44 sont du XIVe siècle, à deux colonnes à 54 lignes ; fol. 45—128, du Xe siècle, à une colonne à

30 lignes; fol. 129—138 de nouveau du XIVe siècle, de la même main que fol. 41—44, à 2 colonnes à 54 lignes). Un des rares manuscrits, comprenant l'histoire complète de Fréculfe, jusqu'à la naissance de Jésus Christ.

Fol. 41: *Incipit prefatio Frechulfi episcopi ad Elysacharum.* Domino preceptori desiderantissimo Elycharo Freculfus episcoporum minimus in Christo Dei filio. Dum torpentia quorumdam ingenia..... Fol. 41 R. b: *Incipiunt capitula libri primi Freculfi episcopi...* — Fol. 41 V. b : Expliciunt capitula. Incipit liber primus Freculfi hystoriarum. I. Cum aliquam temporum seriem ..... — Fol. 44 V b finit avec les mots suivants du chapitre XXVI: Illi namque cum essent religiosi et ab ipso Deo facti cumque eis pabula opportuniora ad maius tempus existerent preperata, tantorum annorum circulis rite vivebant. Deinde propter virtutes et gloriosas utilitates quas iugiter perscrutabantur, id est astrologiam et geometricam, Deus eis am. — Fol. 45 commence la main du Xe siècle; il n'y a pas de lacune entre les deux parties, puisque le fol. 45 répète même une partie des lignes que je viens de copier; il commence en effet: religiosi et ab ipso Deo facti cumque eis pabula oportuniora ad maius tempus existerent præparata, tantorum annorum circulis rite vivebant. Deinde propter virtutes et gloriosas utilitates quas iugiter perscrutabantur, id est astroligiam et geometricam, Deus eis ampliora vivendi spatia condonavit..... — Fol. 53 V.: In sequentibus vero libris historiæ veritatem secundum propositum studii nostri indagare curabimus. — Fol. 54: Incipit prologus libri secundi. Primus itaque institutionis nostræ libellus continet historię veritatem ..... Explicit prologus. Incipiunt capitula libri secundi..... — Fol. 55: Expliciunt capitula libri secundi. Incipit eiusdem liber. I. Igitur eo tempore quo Abraham natus est........ — Fol. 73 V.: Hinc metam secundi nostri operis inponimus libri. — Fol. 74: Incipiunt capitula libri tercii ..... Fol. 74 V.: Incipit liber tertius. Capitulum primum eiusdem. Igitur in precedenti libro iudicum Israhelitici populi sive regum nomina .... — Fol. 87 V.: fin du 3e livre, par ces mots: iuxta vero Ioseppi adsertionem quadringentos quadraginta. — Fol. 88: Incipiunt capitula libri quarti ..... — Fol. 89: Expliciunt capitula. Incipit liber quartus. Capitulo I. Igitur Darius Hydaspis filius qui Persis tertius regnat annis XXXVI ..... — Fol. 105 V., fin du quatrième livre par les mots: ad interitum Alexandri Magni annos circiter CLXXXVI. — Fol. 106: Incipiunt capitula libri V....... Fol. 106 V.: Expliciunt capitula. Incipit liber quintus. Capitulum I. Ptolomeus qui et Philadelphus, annis XXXVIII, a reaedificatione vero templi anni erant transacti

CCXXVI...... — Fol. 118 : Explicit liber quintus. Fol. 118 V. : Incipiunt capitula libri VI.... Fol. 119 V., commencement du VIe livre : Cap. I. Eodem autem tempore quo Ptholomeus Fiscon in Alexandria regnabat...... — Fol. 128 V., cesse la main du Xe siècle par ces mots : ita libere per urbem cędes percussoribus passim vagantibus ut quemque vel ira vel preda (chap. 13 du 6e livre vers la fin). — Fol. 129 recommence de nouveau la main du XIVe siècle ; un passage assez grand y est reproduit encore une fois, depuis les mots : Sylla deinde cum Camponio Samnitum duce.... jusqu'à : ut quemque vel ira vel preda, de sorte qu'ici encore il n'y a pas de lacune. — Fol. 130 V. a : *Explicit liber VI. Incipiunt capitula libri septimi*..... Fol. 130 V. b : *Expliciunt capitula. Incipit liber VII. Freculfi. I.* Igitur Hircanus qui pontifex Iudeorum erat, ... — Fol. 138 V. : *Explicit liber VII historiarum Freculfi.*

V. Fol. 139—170 V. b (à 2 colonnes à 43 lignes). — Titre d'une main du XVIIe siècle : De rege et septem sapientibus. — L'ouvrage commence : Reverendo patri ac domino Bertranno Dei ordinatione Metensi episcopo frater Iohannes qualiscumque in Altasilva monachus, beate vivere........ (Explicit) : et cum hec negare omnia non possit, nostra quoque ut recipiat necesse sit.

Imprimé pour la première fois, d'après notre manuscrit, par Oesterley (Strasbourg, 1873). — Cf. Studemund, Zeitschrift für Deutsches Alterthum, VI, p. 221—249. — L'épître dédicatoire est imprimée déjà par Martène, Amplissima Collectio, I 948.

VI. Fol. 170 V. b—174 R. a : *Dicta venerabilis Turpini Remorum archiepiscopi de Karolo Magno.* Vitam et conversationem et ex parte non modica resgestas domini et nutritoris mei Karoli excellentissimi et merito famosissimi regis..........

VII. Fol. 174 R. a—174 V. a : Généalogie de Godefroid de Bouillon depuis Charlemagne : Karolus magnus genuit Ludovicum piissimum augustinum. Ludovicus genuit Lotarium, Pippinum et Ludovicum ex Ermengarde et Karolum Calvum ex Iudith. Karolus Calvus genuit Ludovicum Balbum qui duobus annis regnans obiit. Ludovicus Balbus genuit Karolum Simplicem et Karleman. Karolus vero simplex ab Heriberto captus est. Qui Karolus ex Ogiva genuit Ludovicum. Ludovicus genuit Lotarium regem et Karolum ducem ex Gerberga. (Une autre main a ajouté à la marge inférieure : Tempore istius Lotarii constituti sunt fratres in cenobio Mosom.

anno Domini DCCCCLXXI, VII. idus novembris). Lotharius rex genuit Ludovicum iuvenem et Karolus dux, frater Lotharii regis, genuit Ermengardem et Gerbergam. Ermengardis genuit Albertum comitem de Nammuco, et Albertus genuit Albertum et fratrem eius comitem de Durbio. Gerbergo vero, soror Ermengardis, genuit Henricum seniorem de Bursella. Henricus senior genuit Lambertum et Henricum fratrem eius et Matildem sororem eorum. Hanc Matildem duxit uxorem comes Eustachius de Bolonia et genuit ex ea duos filios, Eustachium et Lambertum. Eustachius vero accepit uxorem filiam Godefridi ducis, Idam nomine, nobilem genere et moribus et genuit ex ea tres filios, Eustachium, Godefridum et Balduinum. Eustachius, frater Balduini, regis Iherusalem, duxit Mariam filiam regis Scothie et genuit Matildem. Mathildis nupta Stephano, filio Stephani comitis Blesensis, genuit Mariam abatissam. Cumque defecissent in Bolonia legitimi heredes, Matheus filius Theoderici comitis Flandrensis licet illicite duxit abbatissam et suscitavit semen hereditarium, duas filias generando, et remisit eam ad suum locum. Albertus autem de Nammuco genuit Godefridum et Henricum comitem de Rupe, patrem Mathildis que genuit Iacobum Avesnensem, Godefridus autem frater eius genuit Hericum *(sic)* comitem de Nammucensem *(sic)* et sororem eius Alitiam que nupta Haynonemsi comiti Balduino genuit Balduinum. Qui duxit Margaretam filiam Theoderici comitis Flandrensis et genuit filium equivocum sibi. Karolus Magnus. Ludovicus augustus. Karolus Calvus. Ludovicus Balbus. Karolus Simplex. Ludovicus. Karolus dux. Ermengardis et soror eius. Albertus de Nammuco. Albertus, Godefridus et frater eius Enricus de Rupe. Matildis. Iacobus Avesnensis. Alitia. Balduinus comes de Henau. Erberga. Henricus senior de Bursella. Matildis. Eustachius de Bolonia. Eustachius et frater eius. Matildis. Maria abbatissa.

En marge, fol. 174, une autre main a ajouté encore : Karolus Calvus fecit monasterium sancti Dagoberti in Satanato *(sic)*.

On remarque qu'après la déduction plus explicite de la généalogie, la même main a ajouté encore, dans un ordre un peu différent, les mêmes noms qui s'y trouvent cités. Nous supposons que ces noms sont copiés, dans leur présente succession, d'un petit arbre généalogique conçu à peu près comme suit :

Karolus Magnus.

Ludovicus augustus.

Karolus Calvus.

Ludovicus augustus.

Karolus Simplex.

Ludovicus.

Karolus Dux.

Ermengardis et soror eius (Erberga).

Albertus de Nammuco. — Henricus senior de Bursella.

Albertus. — Matildis.

Godefridus et frater Enricus de Rupe. — Eustachius de Bolonia.

Alitia. — Matildis. — Eustachius et frater eius.

Balduinus comes de Henau. — Iacobus Avesnensis. — Matildis.

Maria abbatissa.

VIII. Fol. 175—187, à deux colonnes à 30 lignes: *Incipit prologus in hystoria Tartharorum edita a fratre Iohanne de Pilatio Carpini, ordinis fratrum minorum et sedis apostolice nuntio in anno Domini MCCXLVI*. Omnibus Christi fidelibus ad quos presens scriptum pervenerit, frater Iohannes de Platio Carpini, ordinis fratrum minorum, sedis apostolice nuntius ad Tartharos et ad nationes alias orientis .... Mandatum enim a summo pontifice habebamus ut omnia perscrutaremur et videremus omnia diligenter, quod tam nos quam frater Benedictus Polonus eiusdem ordinis qui nostre tribulationis fuit socius et interpres, fecimus studiose. *Explicit prologus. Incipiunt capitula sequentis operis ...... Expliciunt capitula. Incipit hystoria I.* Volentes igitur facta scribere Tartharorum .... Divisé en huit chapitres, l'ouvrage finit fol. 187 R. a: Est etiam hoc sciendum quod multi in exercitu sunt cum eis qui, si viderent tempus et haberent fiduciam quod nostri non occiderent eos, ex omni parte exercitus, sicut ipsimet nobis dixerunt, pugnarent cum ipsis et peiora mala facerent eis quam alii qui sunt eorum adversarii manifesti.

IX. Fol. 187 R. a— R. b: *Quot Bela rex Hungarorum velut dominus papa nuntios ad Thartharos direxit*. Anno dominice incarnationis MCCXLVI Bela rex Hungarie audiens nuntios domini pape sibi per omnia manifestantes vitam et mores ut superius dictum est Thartarorum, nec mora et ecce nuntii sui aulam intrantes quos ad eosdem Tartharos direxerat, eorum gesta et secreta scrutando, qui per omnia, ut frater Iohannes regi nuntiaverat, enucleaverunt in hunc modum. Tempore illo quando Tartari qui malleus orbis a pluribus nuncupantur, Polloniam et Hungariam debellarunt, Occoday Can imperator eorum in terra sua a sorore sua male potionatus interfectus est. Habebat enim illa filium quem regnare cupiebat et ob hanc causam ad eorum partes redire sunt compulsi, et sic sine imperatore per annos fere X remanserunt. Completo vero termino et die electionis assignato convenerunt ad eligendum imperatorem omnes principes et magnates eorum. Et facta electione elegerunt in imperatorem filium Occoday imperatoris defuncti qui Cuyuc Can nominatur, quem cum in solio ponere voluissent VIII kl. augusti, cedidit grando mixta pluvie in tanta quantitate quod ex eius subita resolutione X Tartharorum cum multitudine pecorum mortui ceciderunt et ideo intronizationem ipsius usque ad assumptionem beate Virginis distulerunt. Quo intronizato in die iam dicto statim fuit vexillum erectum et expeditio edicta per XIX annos contra occidentales populos. Bellatores autem sunt electi ita quod de X hominibus tres fortiores cum uxoribus et pueris et pecoribus et omni substantia debent ire. Rex autem Bela hiis rumoribus auditis motus et perterritus, filium suum in regem electum dedit filie regum Romanorum nuptieque noviter in Hungaria sunt celebrate. In his autem nuptiis X Romanorum convenerunt iurantes super canem gladio bipertitum iuxta eorum consuetudinem quod terram Hungarorum tamquam regis fideles contra Thartharos et barbaras nationes obtinebunt.

Imprimé pour la première fois dans la Zeitschrift für deutsches Alterthum, par M. Studemund, VI, p. 224.

X. Fol. 187—190 V. (d'abord à 2 colonnes à 30 lignes, et à partir du milieu de fol. 190 R. a, à 2 colonnes à 60 lignes). Histoire anonyme des Huns jusqu'à la mort d'Attila: De regno Hunorum quod in omni pene Scithia tenebant principatum, ipsa gentis barbaries me silere faceret, nisi illud famosum Galliarum et Italie excidium me loqui cogeret, quando per Attilam eorum iuditium Dei se longe lateque effudit..... Après avoir raconté l'origine des Huns et cité les noms de leurs rois: Balamber, Mudruch, Octhar, Rugila, Bleda, Attila, l'auteur raconte la destruction de Metz, de Reims, de Cambrai, d'Arras, Trèves, Tongres, „Morina, Bolonia, Ambianus, Belvacum, Parisius circumiacentiaque castella quorum nomina ob legentium fastidium omissa sunt", jusqu'à l'arrivée des Huns devant Orléans. Il continue alors: Supersedendum est nunc, quoniam tempus est meminisse quis fuerit iste Attila Hunorum, que eius regio, que gens, que gentium manus tot Germanorum et Galliarum nobiles attemptaverit ausa regiones. *De tribus partibus mundi*. Veterum relatore hystoriarum totius terre circulum occeani limbo circumseptum triquadum statuerunt .... Après une longue digression sur les Goths, les Vandales et les Huns, l'auteur revient ensuite, fol. 190 R. b, au siège d'Orléans et à l'armée qu' Aétius rassembla contre les Huns, cui in auxilio affuerunt rege Theoderico et filio eius Thorismundo Gothi id est Langobardi, Franci, Burgundiones, Sarmate, Armoriciani, Litigiani, Ribarii, Olibriones, romani quondam milites. Après avoir raconté la bataille de Châlons (l'auteur reproduit les discours que les trois chefs, Aétius, Théoderic et Attila, auraient adressés à leurs troupes), suit l'histoire de la campagne d'Italie, depuis la destruction d'Aquilée jusqu'à son entrevue avec le pape Léon devant la ville de Rome, le mariage d'Attila avec Ildilco et sa mort. L'ouvrage finit : Eadem nocte, ut prediximus, qua Attila rex suffocatus est in sanguine suo, Dominus in sompnis apparuit Martiano imperatori, arcum Attile fractum ostendit. Hic Martianus imperator tunc temporis apud Constantino morabatur, vir ammodum religiosus et timens Deum qui in letaniis pedibus excalciatis incedebat, multa egentibus beneficia prestans. Hic fundavit ecclesiam beate Marie in Blachernis et ecclesiam Laurentii archidiachoni et martyris.

N° 111.

Manuscrit sur parchemin de la fin du XVe siècle. — 22 feuillets à 2 colonnes à 47 lignes. — H.: 333 mm.; L.: 238 mm.

Contenu: *Incipit secunda pars vite domini nostri Ihesu Christi edita per venerabilem patrem dominum Ludolfum ordinis Carthusiensium. Lege ergo evangelica* .... *(Explicit)*: flagellari, conspui, spinis (chap. 59).

Grande initiale au fol. 1.
Provenance non indiquée.

N° 112

(ancien numéro 71).

Manuscrit sur parchemin du XVIe siècle. — 148 feuillets numérotés en chiffres romains, à l'encre noire, au verso de chaque feuillet, au milieu de la marge à droite, à 2 colonnes à 32 lignes. — H.: 332 mm.; L.: 251 mm.

Le manuscrit est mal relié, différents cahiers sont mal placés. Les feuillets se suivent ainsi: 1—8, 49—95, plus 6 feuillets non numérotés, ensuite de nouveau 1—16, 25—56. Suivent alors les feuillets 9—48, omis dans la première partie.

Le manuscrit est un *missel*.

Au fol. 47 de la seconde partie la notice suivante: Benevole lector, opus misericordiæ a te peto, ut animam scribentis commendatam habeas; invenies enim hic inferius causam si successeris:

Salutem in Domino sempiternam. Anno a virgineo partu 1613 fui ego Matthias Billich Epternacensis præsentatus a reverendo et generoso d. domino Petro Richardoto s. theologiæ licentiato, abbate dignissimo ac d. domino Epternacensi perpetuoque collatore parochiæ in Crochten Alsatiæ, ipso die decollationis sancte Iohannis Baptistæ; anno vero tertio post curavi fieri summum altare meis expensis in honorem s. Crucis et s. patris Willibrordi ac s. Sebastiani; alia duo etiam eodem tempore cum cathedra ex liberalitate devotorum hominum. Anno 1619 propriis expensis curavi ædificare domum pastoralem, non quod debuerim ego, sed ex opere misericordiæ erga parochianos qui id facere debuissent; timebam enim ruinam; eodem anno horreum cum omnibus granariis. Anno 1620 emi monstrantiam cum uno calice a magistro Valentino Diekirgense, 63 daleris, partim ex oblatis bonorum hominum, partim etiam ex avena; solebam enim singulis annis parochianos rogare, ut seminarent in terram locatam in commodum fraternitatis; nullos enim inveneram reditus quibus subvenire potuissem inopiæ ecclesiæ quæ quidem maximæ erant (sic), nam in templo nullam inveni tabulam, nullam cathedram, unam casulam, unum solummodo calicem, domum destructam adeo ut ne quidem stabulo comparari potuisset.

Provenance inconnue. — Les initiales rappellent celles qui se trouvent dans les manuscrits d'Echternach du temps de l'abbé Robert de Monréal; Cruchten appartenait à cette abbaye.

Nº 113.

(ancien numéro 27).

Manuscrit sur parchemin du XIVᵉ siècle. — 96 feuillets non numérotés, avec des réclames à la fin de chacun des 12 quaternions; 2 colonnes à 30 lignes. — H.: 334 mm.; L.: 215 mm.

Provient d'Echternach; dernier feuillet: Codex sancti Willibrordi (XVIᵉ siècle).

A la première page, première colonne, les 13 premières lignes sont laissées en blanc, pour y mettre le commencement du livre. — Le volume contient: S. Gregorii moralia in Iob, livre I—VI, ch. 21. — (Incipit): In Constantinopolitana urbe .... (Explicit): quia humilis fidelium (renvoi: populus redemptore).

Espace blanc laissé pour des miniatures fol. 8, 18, 36, 49', 68, 89, au commencement de chacun des 6 livres.

Nº 114

(ancien numéro 9).

Manuscrit sur parchemin du XIVᵉ siècle. — 162 feuillets non numérotés, à 2 colonnes à 50 lignes, répartis sur 8 cahiers de 12 feuillets, avec réclames à la fin de chaque cahier; les feuillets 97—112 forment 2 quaternions. — H.: 338 mm.; L.: 237 mm.

Fol. 1: N—2. — Fol. 162 V: liber beate Marie Aureevallis, une fois du XVᵉ et une fois du XVIIᵉ siècle. — M. SS. d. 9.

Contient le troisième livre des *quaestiones* de Richardus de Mediavilla; il commence: Vestitus erat veste .. — Fol. 159 V.: Explicit tertius fratris Richardi de Media villa de ordine fratrum minorum. — Fol. 162 V.: Expliciunt tituli questionum tercii libri fratres Richardi de Mediavilla super sententias que sunt numero IIIIᶜ et XLII.

N° 115

(ancien numéro 26).

Manuscrit sur parchemin du XIVe siècle. — 160 feuillets en 20 quaternions, ceux-ci numérotés en chiffres romains au verso du dernier feuillet, à 2 colonnes à 34 lignes. — H.: 310 mm.; L.: 215 mm.

Fol. 1: N—2. — Fol. 160: M. SS. S. 4. — Liber sancte Marie Aureevallis Cyst. ordinis Treverensis dyocesis; qui eum abstulerit, anathema sit auctoritate domini nostri Iesu Christi. Amen. (XIVe siècle).

Contenu. Fol. 1: *In hoc libro continentur omelie beati Iohannis Crisostomi in evangelio sancti Mathei evangeliste numero XXV. Domino vere sancto* ..... — Fol. 160 V.: *Explicit omelia vicesima quinta Iohannis Crisostomi Constantinopolitani episcopi super Matheum.*

Une main du XVIe siècle a ajouté à la fin du manuscrit: Omnes Crisostomi homelie super Matheum insimul sunt numero LXXXIX. — Omnia Chrisostomi opera tomis quinque continentur; possent redimi 8 scutis aureis.

N° 116

(ancien numéro 28 e).

Manuscrit sur parchemin du XIVe siècle. — 298 feuillets non numérotés, à 2 colonnes à 55 lignes, divisés en cahiers de 12 feuillets, ainsi désignés au verso de chaque dernier feuillet: III^{us}, IV, V, VI, VII prime partis apparatus decretorum; I—XVIII secunde partis apparatus decretorum, XIX et ultimus, celui-ci de 10 feuillets. Ne se trouvent pas dans le manuscrit les 2 premiers cahiers; celui qui est marqué par le chiffre III, compte 14 feuillets. — H.: 318 mm.; L.: 207 mm.

Provient d'Orval; fol. 1: N 3. — Fol. 298 V.: M. SS. S. 6. — Liber beate Marie Aureevallis (XVIIIe siècle).

Contenu :
I. Questiones Bartholomei Brixiensis: Quoniam novis supervenientibus causis ......,
II. Regula iuris. Regula est brevis (seulement 12 lignes).

N° 117

(ancien numéro 4).

Manuscrit sur parchemin du XIIIe siècle. — 147 feuillets à 2 colonnes à 34 lignes, non numérotés; les quaternions ne sont marqués en chiffres romains qu'à partir du 6e, les autres côtes ayant été enlevées par le relieur. — H.: 312 mm.; L.: 205 mm.

Provient d'Orval; fol. 1: N 3. — Fol. 147 V.: M. SS. S. 5. — Liber beate Marie Aureevallis; qui eum abstulerit, anathema sit (XIVe s. fin).
Contient les homélies de S. Grégoire sur Ezéchiel.
Fol. 1: *Incipit prefacio beati Gregorii pape in expositione libri Ihezechielis prophetę*. Dilectissimo fratri Mariano .... — *Explicit prefacio. Incipit omelia prima sancti Gregorii pape in prima parte Ihezechielis prophetę.*
Fol. 72 V: *Explicit pars prima Ihezechielis prophete. Incipit omelia prima sancti Gregorii papę urbis Romę in extrema parte Ihezechielis prophetę.*
Fol. 147 V: *Explicit omelia decima.*

N° 118

(ancien numéro 2 c).

Manuscrit sur parchemin du commencement du XIIIe siècle. — 166 feuillets non numérotés, à 2 colonnes à 31 lignes; les quaternions sont marqués en chiffres arabes I—XIX, XXI; les 6 derniers feuillets n'ont pas de marque. — H.: 313 mm.; L.: 210 mm.

Provient d'Orval; fol. 1: N 3. — Fol. 166: M. SS. S. 5. — Liber sancte Marie de Aureavalle (XIVe siècle).

Contenu: *Incipiunt capitula librorum qui continentur in hoc volumine. Capitula libri primi.* Principium Lucę evangeliste.

I. S. Ambroise sur l'évangile de S. Luc. — Incomplet, il manque le quaternion XX, contenant les chapitres 2—10 du 9e livre. — A la fin: *Explicit liber nonus s. Ambrosi super evangelium secundum Lucam.*

II. Verso du dernier feuillet (XIIIe siècle in.) *Oratio sancti Eugenii Toletani episcopi.*

Rex deus immensi quo constat machina mundi
Quod miser imploro supplex, tu perfice clemens.
Sit mihi etc. (24 vers).
Explicit: Concedas veniam, cui tollit culpa coronam.

III. Verso du dernier feuillet: + In nomine patris et filii et Spiritus sancti. Amen. Pater noster. Sanctus Tranquillinus, sanctus Nazarinus et sancta Aquilina iusta (sic) mare sedebant. Dicit sanctus Tranquilinus: ambulemus. Dicit sanctus Nazarinus: ambulemus; et sancta Aquilina dicit: non, sed deleamus maculam ab hoc famulo Dei. Si sunt albe, deleantur, si sunt nigre, destruantur, et si sunt rubee, deficiant. Omnipotens Deus et misericors Dominus. Agyos agyos agyos, sanctus sanctus sanctus, qui est et qui erat et qui venturus est. Et hoc ter dicatur.

N° 119

(ancien numéro 90).

Manuscrit sur parchemin du XIIIe siècle. — 184 feuillets à 2 colonnes à 39 lignes. — H.: 314 mm.; L.: 218 mm.

Le manuscrit renferme:

I. Fol. 1: *Incipit tractatus domini Anselmi Cantuariensis archiepiscopi de assumptione beate Marie virginis.* Intravit Iesus in quoddam castellum. Et reliqua. In scriptura sacra res una et eadem invenitur diversa significare, sicut leo, hedus.......

Cf. S. Anselmi opera, ed. Gerberon, Lutetiae Parisiorum 1721, p. 178; *neuvième homélie*.

II. Fol. 2 V. a.: *Ave Maria gratia plena, Dominus tecum*. Sillabas celestibus sacramentis plenas proferre timor est michi et verecundia, quia vir pollutus labiis ego sum....

III. Fol. 5 V. b: *Item de assumptione beate Marie virginis matris Christi*. Adest vobis, dilectissimi fratres, dies valde venerabilis, dies omnium sanctorum sollempnitates precellens....

IV. Fol. 9 R. a: *Sermo S. Ieronimi de assumptione sancte Marie virginis*. Cogitis me, o Paula et Eustochium, immo caritas Christi me compellit qui vobis dudum......

V. Fol. 9 R. a: *Incipit tractatus super canticum sancte Marie domine nostre Magnificat*. Maximam hanc in divinis scripturis difficultatem invenio quod tibi magna quedam.......

VI. Fol. 28 R. b: *Prefacio sequentis operis*. (fol. 28'): Ego quidem Bomesanus licet indignus presbiterii tamen ordine functus in finibus Pampylone Albaildense monasterio.... — Préface de Bomesanus au traité suivant de l'évêque Hildefonse, avec la vie de cet évêque. (*De Hildefonso episcopo qualis fuerit*). Cf. Fabricius, bibl. III, 259.

VII. Fol. 29 R. b: *Prefatio Hildefonsi episcopi de virginitate sancte Marie virginis*. Deus lumen verum. — Fol. 30 R. b: *Explicit prefacio. Incipit liber*. Domina mea, dominatrix mea, domina michi, mater domini mei, ancilla filii tui......

VIII. Fol. 50 R. b: *Sermo quod in sabbato fiat memoria domine nostre*. Sollempnem memoriam sacrosancte virginis Marie matris Dei decet filios ecclesie sollempni officio celebrare....

IX. Fol. 51 R. b: *Lectiones per estatem de beata virgine*. O beata Maria, aula universalis pietatis, causa generalis reconciliationis, vas misericordie, ...

X. Fol. 53 V. a: *Item quedam de beata virgine*. Fons ortorum, puteus aquarum viventium que fluunt impetu de Lybano. Quis fons vite, nisi Christus dominus?.....

XI. Fol. 57 R. b: *Item sermo* (de incarnatione domini et laude Marie). Gaudete in domino semper, iterum dico, gaudete. Gaudete, inquit, de exhortatione, iterum gaudete de promissione.....

XII. Fol. 58 R. a: Annunciacionis Marie. Vidimus certe divicias salutis et vite, vidimus gloriam eius quasi unigeniti a patre. Queris a quo patre?....

XIII. Fol. 59 V. a: *Expositio domni Bernardi Clarevallensis abbatis de annunciatione dominica.* Scribere me aliquid et devotio iubet.... — *Sermo beati Bernardi.* Quid sibi voluit ewangelista tot propria nomina rerum in hoc loco tam signanter exprimere? ...... — Fol. 62 R. b: (Sermo II). Sanctum quidem canticum illud quod solis dabitur in regno Dei cantare virginibus..... — Fol. 66 V. b: *Sermo de beata virgine.* Libenter ubi congruere videro, verba sanctorum assumo quo vel ex vasculorum pulchritudine...... — Fol. 70 R. b: *Item sermo:* Non est dubium quicquid in laudibus virginis matris proferimus, ad filium pertinere....... — Fol. 74 R. b: *Explicit expositio. Excusatio operis premissi.* Lectionem evangelicam exposui, sicut potui nec ignoro quod non omnibus placebit....

XIV. Fol. 76 V. a: *Sermo de purificatione beate virginis.* Veritas de terra orta est et insticia de celo prospexit. Christus, fratres karissimi, ideo veritas dicitur.......

XV. Fol. 75 V. b: *In nativitate Marie. Sermo de beate virgine.* Letemur, fratres karissimi, diem celebrantes natalis eximii in quo mundo stella refulsit.....

Au fol. 77 commence une seconde partie du manuscrit, également à deux colonnes à 38 lignes.

XVI. Fol. 77 R. a: *Incipit prefacio sancti Ieronimi ad Cromacium episcopum de ortu sancte Marie gloriose virginis.* Petis a me peticiunculam opere quidem levem, sed cautela falsitatis.... Fol. 77 R. b: Explicit prefacio. Item Ieronimi ad Cromacium et Eleodorum scribit. Petitis a me ut vobis rescribam quid mihi.... Fol. 77 V. a: Incipit libellus de ortu sancte Marie virginis. Igitur beata et gloriosa virgo Maria ex regia stirpe.....

XVII. Fol. 80 R. b: *Incipit prologus miraculorum sancte Dei genitricis et virginis Marie.* Ad omnipotentis Dei laudem cum sepe recitentur sanctorum miracula..... Fol. 80 V. a: *Incipiunt miracula gloriose semper virginis Marie.* Fuit in Toletana urbe quidam archiepiscopus nomine Hildefonsus. (Mussafia, 1).

2. Fol. 81 R. a: *De quodam secretario.* In quodam cenobio quidam erat monachus secretarii officio functus. (Mussafia, 2).

3. Fol. 81 V. b: *De quodam clerico.* Quidam clericus in Carnotensium urbe degebat qui erat levis moribus, seculi curis deditus..... (Mussafia, 3).

4. Fol. 82 R. a: *De altero clerico.* Alter quoque clericus quidam in quodam loco commorabatur..... (Mussafia, 4).

5. Fol. 82 V. a: *De quodam paupere.* Vir quidam pauper degebat in quadam villa, qui dum egeret stipe cottidiana...... (Mussafia, 5).

6. Fol. 82 V. a: *De quodam fure.* Sicut exposuit beatus Gregorius de septem stellis quod se quidem non contingant..... Fur quidam qui vocabatur Ebbo, multociens res alienas rapiebat..... (Mussafia, 6).

7. Fol. 83 R. b: *De quodam monacho.* In monasterio sancti Petri quod est ante urbem Coloniam, erat quidam frater.... (Mussafia, 7).

8. Fol. 83 V. b: *De quodam monacho.* Neque hoc debemus silere quod beate memorie dominus Hugo abbas Cluniacensis de quodam sui monasterii fratre solebat narrare. Idem vero frater dicebatur Giraldus....... (Mussafia, 8).

9. Fol. 84 R. b: *De quodam sacerdote.* Sacerdos quidam erat parrochie cuiusdam ecclesie serviens, honeste vite et optimis studiis preditus.... (Mussafia, 9).

10. Fol. 84 V. b: *De duobus fratribus.* Erant duo fratres in urbe Roma quorum unus vocabatur Petrus, prudens et strenuus.... (Mussafia, 10).

11. Fol. 85 V. a: *De quodam seculari viro.* Erat vir quidam secularis rurali opere deditus et aliis mundanis rebus occupatus.... (Mussafia, 11).

12. Fol. 85 V. b: *De quodam monacho.* Apud civitatem que vocatur Papia, in monasterio sancti Salvatoris fuit quidam monachus.... (Mussafia, 12).

13. Fol. 66 R. b: *De quodam clerico.* In supradicta civitate Papia fuit quidam clericus qui dicebatur Ieronimus.... (Mussafia, 13).

14. Fol. 86 V. a: *De quodam iuvene.* Sancti Mychaelis archangeli nomine consecrata quedam est ecclesia que Clausa dicitur ab incolis.... (Mussafia, 14).

15. Fol. 87 R. a: *De ymagine sancte Marie virginis.* Est et alia ecclesia in honore s. Michaelis in monte qui dicitur Tumba in periculo maris.... (Mussafia, 15).

16. Fol. 87 R. b: *De quodam clerico.* In territorio civitatis que dicitur Pysa, erat quidam clericus ecclesie sancti Cassiani canonicus.... (Mussafia, 16).

17. Fol. 87 V. a: *De quadam muliere.* Miraculum me referre non piget, minimum quidem, quantum ad grande sancte Marie.....

Quedam mulier nomine Mulerdis, coniunx cuiusdam militis Rogeri, filii Gwimundi, manens prope Fiscannum .... (Mussafia, 17).

18. Fol. 88 R. a : *De tribus militibus.* Sicut iam ex relatis de sancta Dei genitrice Maria pluribus miraculis intelligere possumus.... Tres quidam milites, cum odio haberent quendam virum et quere‑ rent occidere eum..... (Mussafia, vol. 113, p. 956, n° 60).

19. Fol. 89 R. a : *Incipit vita Theophili abnegantis Deum qui postea conversus meruit indulgentiam delictorum suorum per interventum sancte Marie virginis.* Factum est, priusquam incursio fieret execrande Persarum gentis, ... (Mussafia, p. 941, n° 43).

20. Fol. 93 V. a : *De quadam matrona.* Asserunt quidam antiqui relatores Brittanniam dictam maiorem ad distantiam minoris..... Igitur in hac regione, sicut relatione fidelium didicimus, erat quidem vicus cuius nomen excidit.... (Mussafia, p. 953, n° 9).

21. Fol. 94 R. a : *De Elsimio abbate.* Tempore quo Nortmanni Angliam invaserunt, erat quidam abbas nomine Elsimius ...... (Mussafia, p. 940, n° 19).

22. Fol. 94 V. a : *De ymagine Domini nostri.* Ad excitanda corda humilium, ut percipiant gaudia celestium, sub brevitate sermonis ut in proverbio dicitur........ In urbe Toletana cum ab archiepiscopo in die assumptionis beate Marie misse sollempnia agerentur..... (Mussafia, p. 956, n° 41).

23. Fol. 95 R. a : *De quodam .... sanato.* Sacrosancta Marie Dei matris preconia que proferre conamur pronis intentionibus.... Cum a diversis gentibus et plurimis nationibus locorum innumerabilium in urbe Vivaria gratia sanitatis recuperande...... (Mussafia, p. 940, n° 18).

24. Fol. 95 V. a : *De quodam monacho.* Quam dulcis et quam pia sancta sit virgo Maria..... Sicut Certesii vir venerabilis Edricus mihi qui hec scribo retulit..... quidam monachus West monasterio Leuricus nomine fuit.... (Mussafia, p. 943, n° 38).

25. Fol. 96 V. a : *De quodam infantulo.* Iudei cuiusdam vitrii filius cum apud christianos pueros ad studia litterarum excitaretur .... (Mussafia, p. 921, n° 10 ; tiré de Grégoire de Tours).

26. Fol. 97 R. a : *De quadam muliere.* Civiacus villa est episcopii Laudunensis, ab ipso oppido ferme dunm milium distans passuum .... (Mussafia, p. 926, cap. 10 ; tiré de Guibert de Nogent, de laude s. Mariæ).

27. Fol. 99 R. a : *De quádam virgine.* Non est silendum quod Probus Dei famulus de sorore sua Musa nomine puella parva narrare consuevit.... (Mussafia, p. 951, n° 19 ; tiré des dialogues de Grégoire le Grand, l. IV, ch. 7.).

28. Fol. 99 R. b: *De ymagine beate virginis.* In Libia civitate que vocatur Diespolim, est ymago quedam sancte Dei genitricis Marie que non est facta manu hominum, ... (Mussafia, p. 940, n° 20).

29. Fol. 99 V. b: *De ymagine beate Marie.* In sancta Gethsemani que inter Ierusalem et montem Oliveti in medio est posita, ubi monumentum beate Marie extat . . . . (Mussafia, p. 940, n° 21).

30. Fol. 100 R. a: *De quodam ceco illuminato.* Temporibus beati Bonefacii pape qui, ut in ecclesiasticis hystoriis legitur, a Foca imperatore eximiis optinuit precibus . . . . (Mussafia, p. 946, n° 47).

31. Fol. 101 R. a: *De quadam abbatissa.* Celebre est ad illum medicum certatim currere languentes quem in arte sua . . . . Fuit igitur, ut veracium fideli narratione virorum refertur, quedam sanctimonialium spiritualis mater que abbatisse officium et nomine et actione tenebat . . . . (Mussafia, p. 943, n° 36).

32. Fol. 103 R. a: *De quodam secretario.* In gallica regione scilicet Burgundionum finibus gesta res esse perhibetur . . . . Fuit in illa provincia congregatio monachorum . . . . . (Mussafia, p. 944, n° 39).

33. Fol. 107 V. a: *De quodam contracto miraculum.* Cuinsdam fratris relatione cognovi quod narrare aggredior miraculum qui a quodam venerabili presbitero Meritonensis cenobii canonico se hoc audisse referebat . . . . Erat quidam Theutonicus, genere quidem clarus, sed . . . . (Mussafia, p. 944, n° 40).

34. Fol. 108 V. a: *De quodam christiano et iudeo.* Fuit quidam religiosus Leodicensis ecclesie archidiaconus qui orationis studio sanctorumque locorum visendi gratia multa peragrans loca Bysanteam tandem devenit ad urbem . . . . . . Fuit civis quidam qui nominis sui famam volens extendere . . . . (Mussafia, p. 942, n° 33).

35. Fol. 109 V. b: *De quodam clerico.* Quoniam cogitatio sancta mentem contra illicita munit . . . . . Quidam itaque religiosus clericus, boni studii, ut religiosorum prodit ratio, sancta loca orandi gratia peragrans, ad Cameracensis regionis viciniam eadem devotione pervenit . . . . . (Mussafia, p. 943, n° 34).

36. Fol. 111 R. b: *De quodam homine a periculo maris erepto.* Duo beate Marie Dei genitricis miracula narrare disposui . . . . . Erat navis in medio maris mediterranei peregrinis honusta . . . . (Mussafia, p. 941, n° 27).

37. Fol. 112 R. a : *Item aliud miraculum*. Aliud quoque sancte Dei genitricis narro miraculum quod ab ipso abbate didici..... Fuit enim aliquando in maris medio Brittannici....... (Mussafia, p. 941, n° 28).

38. Fol. 112 V. b : *Item gloriosum miraculum*. In Gallie partibus est quoddam monasterium in honore et nomine beate Virginis dedicatum.... (Mussafia, p. 941, n° 24).

39. Fol. 113 V. a : Quomodo quedam mulier vicina partui per s. Mariam sit liberata. Piissimo Dei genitricis miraculo in ipsis aeris spiritibus patrato, nostro pro posse prelibato, quid in aquoso etiam elemento ipsius misericordia exercuerit, paucis aperiendum videtur. In loco qui Tumba dicitur, quedam ecclesia est in honorem s. Michaelis archangeli.... (Mussafia, p. 941, n° 22).

40. Fol. 114 R. b : *De quodam infante*. Spiris locus est famosus, opulentus, episcopalis, ibique adoratur ymago sancte Dei genitricis..... Huc quidam parvulus matre eminus orante.... (Mussafia, p. 956, n° 44.)

41. Fol. 114 V. a : *De quodam milite*. Fuit quidam miles nobilitate et dignitate conspicuus et in rebus seculi locuples valde.... (Mussafia, p. 955, n° 40).

Cf. Mussafia, Studien zu den mittelalterlichen Marienlegenden (Sitzungsberichte der k. k. Akademie der Wissenschaften zu Wien, Bd. 113). Notre manuscrit renferme, en partie du moins, les mêmes légendes que celles publiées par Pez, en 1731, sous le titre: Venerabilis Agnetis Blannbekin.... vita et revelationes auctore anonymo. Les 17 premières légendes se suivent dans le même ordre; à elles s'ajoutent encore les n°s 43, 19, 18, 38, 20, 21, 36, 39, 40, 33, 34, 27, 28, 24 et 22, augmentées de 9 autres légendes qui ne se trouvent pas dans l'édition de Pez, mais qui toutes pourtant ont été analysées par Mussafia, trouvées dans d'autres manuscrits.

XVIII. Fol. 114 V. b : *Incipit prologus de miraculis domine nostre factis in civitate Suessonica*. Ad laudem et honorem beate et gloriose semperque virginis Marie genitricis Dei et domini nostri Iesu Christi temporibus nostris virtutem mirabilium suorum dignatus est Dominus ostendere populo suo..... Fol. 116 R. a: *Incipiunt miracula sancte Dei genitricis et virginis Marie*.

C'est l'ouvrage de Hugues Farsit, publié par Migne, CLXXIX, 1778 : cependant il n'est pas complet, notre manuscrit n'en donne que les légendes suivantes :

1. Fol. 116 R. a : Anno ab incarnatione Domini M°C°XXVIII,

quo indicio Dei, quibus de causis intelligat qui valet, concessa est potestas.... (Farsit, ch. 1).

2. Fol. 117 R. b : *De infirmo sanato*. Inter inicia benedictionis huius celitus effuse quidam puer ardens pedibus a matre sua deductus est... (Farsit, ch. 9).

3. Fol. 117 V. b : *De tribus mutis*. Tres muti ad eandem memoriam beate Virginis advenerant quorum unus dum nocte sompno excutitur.... (l. c., ch. 10).

4. Fol. 118 R. a : *De surdo et muto*. Vidimus et alium mutum de pago Laudunensi desuper fluviolum Sera nomine.... (l. c., ch. 11).

5. Fol. 118 R. b : *De quadam femina ceca*. Femina quedam oculum dolens celidoniam seu quaslibet herbas dolori obviare temptans adhibuit....... (l. c., chap. 13).

6. Fol. 118 V. a : *De quodam surdo et muto*. Quidam surdus et mutus de pago Atrebatensi..... (l. c., chap. 14).

7. Fol. 119 R. a : *De alio muto sanato*. Sed et quidam puer natione Coloniensis nutriebatur in pago Belvacensi apud castrum Clarummontem nomine.... (l. c., chap. 15).

8. Fol. 119 V. a : *De quodam furioso sanato*. Preterea ex castro quod dicitur Doacus quidam furiosus nomine Warinus..... (l. c., chap. 16).

XIX. Autre recueil de légendes de la vierge Marie, comprenant :

Fol. 120 V. a : 1. *De muliere ceca*. Quedam mulier ceca adducta est ad ecclesiam Dei genitricis....

2. Fol. 120 V. b : *De quodam infirmo sanato*. Sicut ex relatione fideli agnovimus, fuit quidam infirmus qui infirmitatis sue doloribus multum gravatus....

3. Fol. 121 R. b : *Miraculum domine nostre de quadam muliere*. Erat in territorio Lemovicensi mulier quedam honeste conversationis....

4. Fol. 122 R. a : *De quodam captivo sanato*. Guillelmus quidam de Curzei Avernensis in terra Sarracenorum multis diebus......

5. Fol. 122 R. b : *De quodam clerico*. Tempore illo cum catholici contra Albinenses hereticos fuissent signati....

6. Fol. 122 V. b : *Relatio auctoris*. Hoc nomen Maria in tantum est suave....

7. Fol. 123 R. b : *De quodam sacerdote*. Fuit quidam sacerdos in ecclesia Bumiensi nomine Petrus; iste nescio quo Dei iudicio dicitur se ipsum interfecisse......

8. Fol. 123 V. a : *De duobus pauperibus*. Confessionis benefi-

cium sine confitenti consecuti sunt duo pauperes prorsus a beata virgine . . . . .

9. Fol. 123 V. b : *De quodam monacho.* Monachus quidam, sicut frequenter contingit, cum nocte quadam dormire non posset....

10. Fol. 124 R. a : *De quodam milite.* Miles quidam adolescens etate cum quodam milite domino suo a quo beneficiatus erat, habitabat . . . . . (Cæsarius, VII, n° 32).

11. Fol. 124 V. a : *De quodam monacho.* In domo quadam Hyspanie que Pumerane vocatur, duo adolescentes erant conversi....

12. Fol. 124 V. b : *De quadam sanctimoniali.* In monasterio quodam sanctimonialium ante non multos annos virgo quedam degebat nomine Beatrix . . . . . (Cæsarius, VII, n° 34).

13. Fol. 125 R. a : *Item de sancta moniali.* Quedam sanctimonialis virgo a quodam clerico verbis luxuriosis stimulata, in tantum . . . . . (Cæsarius, VII, n° 33).

14. Fol. 125 V. a : *De quadam inclusa.* Inclusa quedam diu a demone sub specie angeli illudebatur . . . . .

15. Fol. 125 V. b : *De quadam matrona.* Matrona quedam honesti cuiusdam militis uxor instinctu diaboli militem alium admisit . . . . (Cæsarius, VII, n° 27).

16. Fol. 126 R. a : *De ymagine sancte Marie.* In introitu Frisie iuxta civitatem Gruningen cenobium quoddam sanctimonialium constructum est vocabulo Iesse ; ibi quedam est ymago beate Marie virginis . . . . (Cesarius, VII. n° 46).

17. Fol. 126 V. a : *De quodam phisico.* Fuit in ordine Cysterciensi quidam phisicus magis habitu quam actu monachus . . . . . (Cæsarius, VII, n° 47).

18. Fol. 126 V. b : *De quodam latrone.* In vicinia civitatis Tridentine latro quidam nominatissimus versabatur . . . . . (Cæsarius, VII, n° 58).

19. Fol. 127 V. b : *De quodam milite.* Miles quidam nobilis, sed criminosus tempore quodam ab inimicis suis captus est . . . . . (Cæsarius, VII, n° 57).

20. Fol. 128 R. a : *De alio milite.* Iuxta Floreffiam cenobium Premonstrensis ordinis in dyocesi Leodicensi adolescens quidam nobilis habitabat . . . . . (Cæsarius, II, n° 12).

21. Fol. 129 R. b : *De quodam incluso.* Iuxta ecclesiam s. Severini in Colonia habitabat quidam inclusus, in Thuscia apud sanctum Sebastianum quandoque episcopus . . . . . (Cæsarius, VII, n° 49).

22. Fol. 129 V. a : *De quodam cive Coloniensi.* **Civis quidam**

Coloniensis habebat illam consuetudinem ut quotiens solus esset, semper oraret.... (Cæsarius, XII, nº 50).

23. Fol. 129 V. b: *De quodam sacerdote*. Temporibus beati Thome martyris Cantuariensis episcopi hoc quod dicturus sum quoddam delectabile et ammirabile memoratur contigisse miraculum. Cum esset sacerdos ydiota.... (Cæsarius, VII, 4).

24. Fol. 130 R. a: *De quodam canonico*. Canonicus quidam s. Gereonis in Colonia Herderidus nomine vir nobilis.... (Caesarius Heisterbacensis, VII, 5).

25. Fol. 130 R. b: *De ymagine beate Marie virginis*. Tempore cum Greci terram sanctam inhabitarent, fuit apud Damascum civitatem metropolim Sirie quedam venerabilis matrona....

26. Fol. 132 R. a: *De quodam paupere liberato*. In episcopatu Coloniensi villicus quidam erat in possessione monasterii ancillarum Dei quod Iuliche nuncupatur.....

XX. Fol. 134—151 V. a: *Incipiunt miracula domine nostre de Rupe Amatoris. Feliciter. Amen*. Scripturus miracula beate Dei genitricis et perpetue virginis Marie Rupis Amatoris paraclyte Spiritus sancti deploro auxilium.........

Les légendes de la Vierge Marie de Rocamadour sont inédites, cependant M. G. Servois en a traité dans la Bibliothèque de l'école des chartes, vol. IV, 3, 21 et 228. Voici les légendes de notre manuscrit :

1. Fol. 134 V. a: *De duobus submersis per Dominam nostram liberatis*. Temporibus nostris multi Guasconum beatam Mariam ecclesie Rupis Amatoris orationis causa adierunt......

2. Fol. 134 V. b: *De quodam sacerdote*. Sacerdos quidam Bernardus de Suxus de territorio Caturcensi, capellanus sancte Dei genitricis......

3. Fol. 135 R. b: *De quadam ceca muliere*. In Vienne metropolitane partibus quedam mulier utroque lumine diu orbata, ceca permansit....

4. Fol. 135 V. a: *De quodam peregrino*. Quia ubique terrarum famose crebrescit fama gloriose virginis Rupis Amatoris.....

5. Fol. 136 R. a: *De furioso quodam*. Quidam iuvenis corpore sanus, acer viribus Guasconum fretus catervis limina Marie sine penitentia et sacerdotali benedictione adiit....

6. Fol. 136 V. a: *De muto per gloriosam virginem sanato*. Non multo post tempore quidam de pago Tolosano cum ceteris peregrinis.....

7. Fol. 136 V. b : *De quodam milite et eius uxore.* Miles quidam cum uxore sua quam plurimum diligebat, iocabatur et iocans loquebatur. Illa autem . . . .

8. Fol. 137 R. b : *De quadam puella sanata.* Premonstracensis ordo habet Buciliensem abbatiam in Laudunensi episcopio, in qua pro sui antiquitate contigit antiquam ecclesiam ruere . . . . .

9. Fol. 137 V. b : *De quodam milite.* Castrum quoddam est in Herbipolensi episcopio Stolberch nomine quod divina ultione peccatis exigentibus habitantium fulgure funditus crematum est . . .

10. Fol. 138 R. a : *De quodam ab incendio liberato.* Cum bardorum quidam apud dominum suum gravi crimine accusatus igne cremari adiudicatus est . . . . .

11. Fol. 138 R. b : *De captivo per gloriosam virginem liberato.* In Gasconie partibus erat quidam beate Marie fidelis servus qui singulis annis orationis causa Rupis Amatoris frequentabat ecclesiam . . . . .

12. Fol. 138 V. a : *De quodam milite.* Nobilis quidam in terra comitis Amelii per valles Maurianas minus caute per abrupta montium una cum sociis suis equitabat . . . . .

13. Fol. 138 V. b : *De quodam submerso liberato.* Quidam adolescens regionis Gothorum cum matre sua flumen transire disponebat, ...

14. Fol. 139 R. b : *De quodam trasfosso (sic) sanato.* Guillelmus miles quidam Rotonensium trans viscera transfossus fuit lancea . . . . . .

15. Fol. 139 V. a : *De quodam milite.* Robertus comes de Mons-Lens casu equi super brachium dextrum cadens a superiori iunctura semotum gerebat disiunctum . . . .

16. Fol. [139 V. b : *De puero ceco illuminato.* In Remensi diocesi episcopio Attrebatensi vico Hosden vir quidam Robertus nomine, Macer cognomine, filium habuit, nomen suum imponens ei. . . .

17. Fol. 139 V. b : *De dentibus cuidam militi restitutis.* A milite quodam sexagenario, dum esset in prelio, capulo gladii a genis quatuor dentes anteriores excussi sunt . . . . .

18. Fol. 140 R. a : *De quodam captivo liberato.* Boso de Linge Richardum Gebennensem iniuste captum intrusit in carcerem . . . .

19. Fol. 140 R. a : *De animalibus cuiusdam restitutis.* Bramnovolensis partibus quidam multo habundabat pecore, volensque . . . . .

20. Fol. 140 R. b : *De tribus cecis illuminatis.* Cameracensi episcopio Valentinensi burgo mulier quedam Harmudis nomine, coniux Galteri de Belram, ydropisis morbo septem circiter annis

laboravit..... (Le titre de cette légende est mal choisi; il appartient à la légende suivante).

21. Fol. 140 V. a: *De tribus cecis illuminatis*. Claremontensi episcopio haud procul ab urbe tres in sola villa ceci morabantur, quorum duo .....

22. Fol. 140 V. b: *De quodam contracto*. Beati Antonii honore dicata Burgundie partibus constat ecclesia. Revolvente autem anni circulo .....

23. Fol. 141 R. a: *De ceco nato et illuminato*. Gallicanus quidam cum uxore sua que iam in diebus suis processerat, sobolem petiturus Rocham Amatoris adiit ......

24. Fol. 141 R. b: *De tribus peregrinis*. Tres de Gorzya peregrini per solitudines et deserta sancti Guillelmi transitum habentes, a latronibus per invia et devia ....

25. Fol. 141 V. a: *De quodam frenetico*. Clericus enim quidam frenesi correptus diu circa ecclesiam beatissime Dei genitricis de Rochamador conversatus, clamans furebat et furens clamabat ....

26. Fol. 142 R. a: *De quodam fure*. Sancia Eduensis pago de vico Clavalinus, ubi beatus Lazarus quem Dominus a mortis sompno excitavit, quiescere fertur ......

27. Fol. 142 R. b: *De quodam milite*. Matheus dux Lotharingie accipitrem inestimabiliter propter sui valorem diligebat .....

28. Fol. 142 V. a: *De quodam Tolosano*. Tolosanus quidam exstruxerat tugurium ad columbas inhabitandum .....

29. Fol. 142 V. a: *De abbate Cluniacense*. Stephanus venerabilis Cluniacensis abbas languore gravi languebat ....

30. Fol. 142 V. b: *De presule Aurelatensis ecclesie*. Aurelatensium nichilominus Manasses felicis memorie presul corruptibili carnis sarcina depressus ......

31. Fol. 143 R. a: *De quadam muliere sanata*. Diligam te, Domine, virtus mea, quia universe vie Domini misericordia et veritas ...... Rutenensi etenim pago quadam tempestate flagellum grave perdomuit populum Domini ...... Anno ab incarnatione verbi M°C°LX°VI contigit istud in Rutenensi territorio. Nos autem scripsimus post prescriptam supplicationem anno VI .....

32. Fol. 144 R. b: *De quodam clerico*. In primevo iuventutis flore Mathiam Lothariensem clericum de Guasconia melancolia gravatum uterque parens non sine difficultate ad Rochamador perduxit .....

33. Fol. 144 V. a: *De quodam compedito redempto*. Petrus Bromedans de Beluari captus ab hostibus ad complex carceri mancipatus ......

34. Fol. 144 V. a: *De quodam ceco.* Capecensi pago, Auribellensi castro, Guillelmus Boacii viribus strennuus, corpore sanus, manibus laboriosus . . . .

35. Fol. 145 R. a: *De muliere ceca.* Mulier quoque cuius non accepi nomen, de Burgundia, gravida Ierosolimis in hospitali s. Iohannis Baptiste peperit et parturiens perdidit oculorum officium . . . . .

36. Fol. 145 R. b: *Miraculum gloriosum de beata virgine.* Anno dominice incarnationis M°C°LX°IX°, orientis partibus et in terra promissionis, exigentibus peccatis hominum multas urbes, oppida et villas terremotus subruit . . . . . . Inter ceteros . . . . Herimannus quidam Vienensis, Anthiochie vero educatus, cum esset in castro Cursario . . . .

37. Fol. 145 V. a: *De quodam infirmo sanato.* Ecclesia Cluniacensis in Avernia prioratum habet Salsinenges nomine ubi bubullorum quidam languore crurium correptus graviter cubans lecto . . . . .

38. Fol. 146 R. a: *De quodam decano.* Venerabilis decanus Mauriacensis Matfredus febrem patiebatur acutam . . . .

39. Fol. 146 R. b: *De abbate Cisterciensi.* Alio quoque tempore cum domino Rennardo pie memorie Cisterciensi abbate equitans febre terciana tenebatur veniensque ad Obasmensem ecclesiam . . . . . .

40. Fol. 146 R. b: *De quodam a caduco morbo sanato.* Illustris Guasconum quidam iuvenis de Bosaco habundans rebus, corpore strennuus . . . . .

41. Fol. 147 V. b: *De custode ecclesie Rupis Amatoris.* Reinaldus Bollez custos ecclesie lapidem proiciens ad passerem sanctissimam basilicam de Rochamador subintrare nitentem, brachii perdidit valitudinem et quoad vixit, aridum permansit.

42. Fol. 147 V. b: *De quodam artifice.* Petrus Guarneri volens ecclesiam exterius reparare, amoto canali novum repositurus, Gerberto sacriste precepit lapidem angularem amovere . . . . .

43. Fol. 148 R. a: *De quodam adolescente.* Adolescens quidam civis Lugdunis Gallie, colore niger, statura brevis, per Rodanum remigabat navi vino referta, ecclesie beatissime Marie de Rochamador confrater . . . . .

44. Fol. 148 R. b: *De muliere mirabiliter sanata.* Non puto pretereundum mirum et mirandum et a seculo inauditum miraculum. Mulier etenim de Gottorum partibus suscepto virili semine triginta mensibus gravida . . . . . .

45. Fol. 148 V. a: *De peregrinis mulieribus.* Mulieres devote

de Gallia Comata venientes ad ecclesiam beatissime Marie de Rochamador, per Petragoricensem pagum transeuntes......

48. Fol. 148 V. b: *De quodam infirmo.* Willelmus Ulrici de Montepessulano pro languente filio afficiebatur consultumque est ei ut ymaginem cere pondere pueri mitteret beate Marie de Rochamador.....

49. Fol. 149 R. a: *De quodam arido.* Retulit nobis idem Willelmus de quodam iuvene Montispessulani paralysi graviter possesso.....

50. Fol. 149 R. a: *De christianis liberatis.* Willelmus de Tortosa in galea biremi cum viris quinquaginta quedam ferens venalia equora sulcabat....

51. Fol. 149 V. a: *De quodam a periculo sagitte liberato.* Robertus de Petralata de Burgundia sagitta vulneratus in pectore sub mamilla dextera.....

52. Fol. 149 V. b: *De incendio sedato.* Rutenensi pago exigentibus hominum peccatis domus oppidi Sancti Genesii cremabantur........

53. Fol. 150 R. a: *De quodam peregrino.* Petrum Turonice sedis civem et beate Marie de Rochamador et sancti Iacobi limina adeuntem raptores spoliis et pecunia nudare temptaverunt.....

54. Fol. 150 R. b: *De quodam vulnerato.* Ruricula quidam Pictavensis de vico qui dicitur Ser, dum agriculture inserviret, antequam a Brabanteis capi posset, ictu gladii manum sinistram perdidit....

55. Fol. 150 V. a: *De quodam milite.* Eadem die in eodem anno ab eisdem Brabanteis innumeris in turre reclusis ecclesie miles quidam et serviens.....

56. Fol. 150 V. a: *De quodam peregrino.* Peregrinum de Duaco Attrebatensis episcopii ad limina beate virginis Marie properantem, duo gladiatores cum gladiis agressi inermen......

57. Fol. 150 V. b: *De quodam musico.* Petrus Iverni de Sigelar instrumenta personando musica victum queritabat.....

58. Fol. 151 R. a: *De quodam contracto.* Armiger quidam nobilis de Monreial, unigenitus matris sue, ludens cum aleis, membra domini nostri Iesu Christi iurans, quantum in ipso erat, vili tenebat......

XXI. Fol. 151 V. a: *Sequitur liber miraculorum Iacobi apostoli maioris a sancto Calixto papa compositus et aliis. Prefatio sancti Kalixti pape de miraculis sancti Iacobi apostoli.* Calixtus episcopus servus servorum Dei sanctissimo conventui Cluniacensis basilice . . . . Miracula beati Iacobi que in hoc codice continentur, diebus festis eius per unamquamque ebdomadam tali scilicet die qua eius festivitas olim fuit, in refectorio legantur. Idem de historia Karoli que in hoc codice post miracula s. Iacobi continentur, et a beato Turpino Remensi archiepiscopo describitur, statuimus. *De translatione sancti Iacobi apostoli.* Hanc igitur beati Iacobi translationem a nostro codice excludere nolui, cum . . . . . Fol. 155 R. a: *Epistola Leonis pape de translatione sancti Iacobi apostoli.* Noverit fraternitas vestra . . . . . Fol. 155 V. b: *Sermo Kalixti pape de tribus sollempnitatibus sancti Iacobi apostoli.* Beatus Lucas ewangelista . . . . Fol. 157 R. a: *Kalixti pape argumentum de miraculis.* Summopere precium est . . . . Fol. 157 R. b: *Miraculum s. Iacobi a domino Kalixto papa editum de XX viris a captivitate per sanctum Iacobum liberatis.* Beatus Iacobus qui sub obedientie fervore . . . . Fol. 158 R. a: *Miraculum s. Iacobi a beato Beda doctore conscriptum de viro cuius peccatum divinitus super altare inventum deletum est.* Temporibus beati Theodemiri, Compostellanensis episcopi, ... Fol. 158 R. b: *Miraculum s. Iacobi a domino Kalixto papa conscriptum de puero quem in nemore apostolus suscitavit.* Anno dominice incarnationis M°C°VIII° in Gallie horis . . . Fol. 159 R. a: *Miraculum s. Iacobi a magistro Huberto Bisuntine ecclesie canonico editum de XX viris et mortuo quem apostolus a portibus Cesereis usque ad monasterium suum una nocte tulit.* In hoc beati Iacobi Zebedei apostoli Galecie presenti miraculo approbatur verum . . . . anno incarnationis Domini M°LXXX° . . . . . . Fol. 160 R. a: *Miraculum s. Iacobi a domino Kalixto papa editum de peregrino quem apostolus liberavit.* Memorie tradendum est quosdam Theutonicos sub peregrinationis habitu anno dominice incarnationis M° nonagesimo ad beati Iacobi limina euntes . . . . Fol. 160 V. a: *Miraculum s. Iacobi a domino Kalixto papa editum de quodam peregrino.* Anno dominice incarnationis M°C° instante, Willelmo Pictaviensium comite . . . . . Fol. 161 R. b: *Miraculum s. Iacobi a domino Kalixto papa conscriptum de Frisone nauta quem apostolus de profundo maris eripuit.* Anno dominice incarnationis M°C°I°, cum quidam nauta nomine Frisonus . . . . . Fol. 161 V. a: *Miraculum s. Iacobi a domino Kalixto papa editum de antistite a maris periculo liberato.* Anno dominice incarnationis M°C°II°, cum quidam antistes a Iherosolimis rediens . . . . . Fol. 161 V. b: *Miraculum s. Iacobi a domino Kalixto papa editum de quodam milite.* Anno dominice incarnationis M°C°III°, quidam inclitus de genere Francorum miles nobilissimus apud Thabariam in Iherosolimitanis horis . . . . . Fol.

162 R. b: *Miraculum s. Iacobi a dominō Kalixtō papa editum de quodam peregrino.* Anno dominice incarnationis M°C°IIII, dum peregrinus quidam ab Iherosolimis rediens .... Fol. 162 V. a: *Miraculum s. Iacobi a domino Kalixto papa editum de quodam quem apostolus mirabiliter a carcere liberavit.* Anno dominice incarnationis M°C°V° exstitit quidam nomine Bernardus apud castrum nomine Corzanum .... Fol. 162 V. b: *Miraculum s. Iacobi a domino Kalixto papa conscriptum de quodam milite.* Anno dominice incarnationis M°C°VI° instante miles quidam in Apuliẹ horis .... Fol. 163 R. a: |*Miraculum s. Iacobi a domino Kalixto papa conscriptum de quodam milite.* Anno dominice incarnationis M°C°XXX°V° quidam Alobros miles nomine Dalmacius de Cavannis..... Fol. 163 R. a: *Miraculum s. Iacobi a domino Kalixto papa editum de quodam negociatore a carcere liberato.* Anno dominice incarnationis M°C°VII° quidam negociator volens ad nundinas cum suis mercibus proficisci .... Fol. 163 V. a: *Miraculum s. Iacobi a domino Kalixto papa conscriptum de quodam milite a beato Iacobo liberato.* Anno dominice incarnationis M°C°X° ex duabus civitatibus Ytalie inter se dissidentibus .... Fol. 163 V. b: *Miraculum s. Iacobi a domino Kalixto papa editum de comite s. Egidii.* Nuper comes Sancti Egidii nomine Pontius cum fratre suo causa orandi ad s. Iacobum venerunt ...... Fol. 164 R. b: *Miraculum s. Iacobi a domino Kalixto papa editum de Stephano episcopo greco.* Notum est omnibus tam clericis quam laicis Compostelle commorantibus.... Fol. 165 R. a: *Miraculum s. Iacobi a domino Kalixto papa editum de quodam milite Guillelmo.* Multorum itaque temporum labente curriculo, cum iam nostris temporibus ..... Fol. 165 V. a: *Miraculum s. Iacobi a domino Kalixto papa editum de quodam contracto.* Nostro itaque tempore quidam vir inclitus Burgundie nomine Guibertus ..... Fol. 165 V. a: *Miraculum s. Iacobi a domino Kalixto papa conscriptum de quodam viro vendito erepto.* Anno dominice incarnationis M°C° quidam civis Barcinonensis Iacobi basilicam in horis Galetie .... Fol. 166 R. b: *Miraculum a domino Alberico Vizelacense abbate atque Hostiensi episcopo et Romanorum legato editum de quodam peregrino s. Iacobi.* Anno dominice incarnationis M°C°XXX°VIIII° Ludewico rege Francorum regnante, Innocentio papa presidente, vir quidam nomine Brunus de Vizeliaco villa S. Marie Magdalene a s. Iacobo rediens ..... Fol. 166 V. a: *Miraculum s. Iacobi a domino Kalixto papa editum de quibusdam festum s. Iacobi non colentibus.* Hec sunt mirabilia memoranda..... — *Miraculum.* Inter Wascones apud Albinetum s. Iacobi diem plebs colere rennuens .... *Item miraculum.* In episcopatu Bisun-

tiensi Bernardus de Maiora die s. Iacobi manipulos tritici cum carro tota die vicinis contradicentibus duxit.....

Fol. 167 : La vie de Charlemagne par Turpin de Reims : Turpinus Domini gratia archiepiscopus Remensis..... (Explicit, fol. 184 R. b) : Quot autem et quanta Karolus pro animarum eorum salute die passionis eorumdem egenis usus sit impertiri, superius legendo fas est inveniri.

   Qui legis hoc carmen, Turpino posce iuvamen,
    Ut pietate Dei subveniatur ei. Amen.

Une main du XIVe siècle ajoute : Expliciunt miracula beate Marie virginis.

Fol. 76, à la fin de la première partie :
Ne cum dampnatis peream, mater pietatis
Hunc pro peccatis librum tibi confero gratis.
Sis memor abbatis Arnoldi meque beatis
Iunge coronatis, cum Christo fons bonitatis. **Amen.**

Fol. 184 Verso, d'une main du XVe siècle : Anno Domini millesimo quadringentesimo primo, ipso die feria scilicet sexta quatuor temporum post Lucie, facta est unio et convencio (per totum conventum in loco capitulari, ita videlicet quod celerarius ipsius conventus amplius non debet se intromittere de allecis emendis, sed ipse conventus per se debet emere ad nutum suum. Acta sunt hec in loco quo supra, coram venerabili patre et domino domino Thilmanno de Eydel, abbate pro tunc. Firmiter servanda sunt hec.

Thilmann d'Eidel fut abbé de Münster à Luxembourg ; un Arnold fut abbé de la même abbaye de 1220 à 1240 à peu près. Il faut donc admettre que le présent manuscrit en provient et que peut-être il y a été écrit, d'autant plus que Münster était dédié à la Vierge.

Les côtes des quaternions sont presque toutes enlevées par la reliure ; il ne reste plus que VI (fol. 46 V.), VII (fol. 62 V.), XI (fol. 92 V.), XIII (fol. 106 V.), XIIII (fol. 115 V.), XV (fol. 123 V.), XVI (fol. 130 V.), XVII (fol. 138 V.), XVIII (fol. 145 V.), XIX (fol. 153 V.), XX (fol. 161 V.), XXI (fol. 169 V.) XXII (fol. 177 V.)

N⁰ 120.

Manuscrit sur parchemin du XIII⁰ siècle. — 222 feuillets à 17 lignes. — H.: 293 mm.; L.: 222 mm.

Evangéliaire.

Le manuscrit est remarquable surtout par le grand nombre d'initiales toutes en or et en couleurs. Les unes se prolongent en encadrement complet de trois côtés; les autres ne forment qu'un encadrement partiel au milieu de la page, dans le sens de la longueur ou de deux côtés, aux coins à droite ou à gauche. La lettre I revient non moins de 304 fois; la lettre A—3; la lettre C—1; D—1; E—2; F—1; P—1; T—1 et V—1 fois. De ces initiales il n'y en a pas deux qui se ressemblent tout à fait.

Je me bornerai à décrire en détail celles qui sont encore ornées de la représentation de divers saints ou d'animaux ou êtres plus ou moins fantastiques.

1. Fol. 1: La lettre I est une bande perpendiculaire longeant toute la page, haute de 280 mm., large de 29 mm. Le tout représente une tour surmontée de deux petites coupoles; chacune d'elles était surmontée d'un petit être fantastique, manquant actuellement par la faute du relieur; entre eux une oie debout à gauche. La tour est subdivisée en quatre étages, formant autant de niches gothiques; dans la première est représenté Jésus-Christ, passant sur un âne; dans la seconde, le prophète Isaïe, dans la troisième Jérémie et dans la quatrième Daniel. Au dessous de la niche renfermant Daniel se trouve un compartiment plus petit avec deux petits personnages qui me semblent représenter David armé de la fronde et Goliath. Au haut et au bas de la page, des bras perpendiculaires à la bande principale, qui se subdivisent, dans divers sens, en branches plus petites portant toutes des êtres plus ou moins fantastiques, de ce ridicule monstrueux particulier aux capitales historiées du XII⁰ et XIII⁰ siècle. C'est ainsi qu'en haut nous trouvons, en premier lieu, la figure d'un ange, habillé de rouge, aux ailes noires rehaussées d'or, portant dans les deux mains un suaire, mais l'ange se termine en bas par des jambes de canard; derrière l'ange un ours gris, un petit personnage faisant la niche à un autre placé devant lui qui porte un bâton de la main droite, mais dont les jambes sont celles d'un âne, avec une longue queue.

2. Fol. 7 Verso, une L capitale, dans l'angle de l'aquelle un médaillon carré représente, sur un fonds d'or, un appartement divisé en deux par une colonne formant avec les parois latérales deux

niches gothiques. Sur un lit élégant couvert de draps blancs est assise la Vierge Marie, habillée de rouge ou de pourpre, le bas du corps étant couvert d'une couverture bleue ; elle tient des deux mains l'enfant Jésus emmailloté ; derrière le lit, en face de la Vierge, S. Joseph ; en haut l'âne et le bœuf. Sur les prolongements de l'initiale se trouvent de nouveau plusieurs êtres plus ou moins fantastiques.

3. Fol. 10, la lettre I rappelle par sa forme celle du premier feuillet ; large en générale de 29 mm., elle s'élargit vers le haut en un médaillon carré, large de 41 mm., à deux voûtes gothiques, dans lequel est représentée la sainte Cène. Jésus est debout derrière la table, tenant, couché dans son sein, son disciple favori, autour de lui sont groupés les autres disciples. Au-dessous de ce médaillon trois autres niches gothiques ; la première représente deux ânes placés vis-à-vis l'un de l'autre, dont les cous démesurément longs s'entrecroisent et sont terminés par des têtes d'homme couvertes d'un capuchon rouge ; elles représentent, à n'en pas douter, des fous. Dans le cintre de la dernière niche se trouve une vipère qui se lève, mais la queue se termine par une tête de fou.

4. Fol. 104, la lettre I est formée d'une bandelette chargée de belles arabesques bleues et rouges sur un fonds d'or ; au bas de la page, vis-à-vis de l'endroit où commence l'évangile pour le jour de pâques, une niche gothique avec S. Marc, les pied nus, habillé de bleu et couvert d'un manteau de pourpre ; il tient de la gauche une bandelette avec les mots Secundum Marcum. Sur les branches prolongées des êtres fantastiques, en partie aïlés, à longues queues.

5. Fol. 120, de nouveau la lettre I, formée et ornée comme celle qui précède, seulement la niche qui contient S. Marc, est placée en haut de la page. De plus, variété dans les arabesques et les êtres fantastiques qui ornent les branches.

6. Fol. 126, la lettre I avec une niche gothique dans laquelle se trouve S. Jean.

7. Fol. 128 V., la lettre I, avec une niche gothique dans laquelle est représenté S. Jean. — De la même manière les initiales I des fol. 177, 178 V. et 183 V. représentent S. Luc.

8. Fol. 188, I initiale offrant dans deux niches gothiques superposées la Vierge avec l'enfant Jésus et S. Luc ; sous celui-ci des arabesques surmontées d'un paysan grotesque assis, portant des oreilles d'âne.

9. Fol. 196, I initiale plus simple, ne portant que des arabesques et deux êtres fantastiques sur le prolongement inférieur.

Le manuscrit commence : *Dominica prima adventus Domini.*

Sequencia sancti ewangelii. Secundum Matheum. In illo tempore....
— Suivent alors les évangiles pour les dimanches et les jours de la semaine pour toute l'année, jusqu'au fol. 176. Ce feuillet était resté en blanc; une main postérieure y a ajouté ensuite l'évangile pour la fête des Innocents. Fol. 177—217 suivent les évangiles pour les fêtes des saints; nous remarquons parmi ces fêtes: Aldegondis virginis (fol. 178 V.); Germani episcopi et martyris, translatio s. Nicholai episcopi (fol. 181 V.), sanctorum Medardi atque Gildardi episcoporum (fol. 182); translatio s. Martini (fol. 185); translatio s. Benedicti abbatis (fol. 186 V.); Kunegundis virginis (fol. 189); Humberti confessoris (fol. 190); Lamberti episcopi et martyris (fol. 191); sanctorum Vedasti, Germani, Bavonis, Trudonis atque Wasnulfi (fol. 192 V.).

Fol. 218—222, d'une autre main postérieure, mais encore de la fin du XIIIe siècle ou du commencement du XIVe siècle, à 25 lignes par page: *Feria quinta in cena Domini lectio ad mandatum monachorum in capitulo legenda.* Ante diem festum pasche, sciens Iesus quia venit eius hora . . . . . . (fol. 218 V.): *Alia lectio.* Amen, amen, dico vobis . . . . — (fol. 220): *Hic discedunt de capitulo et vadunt in refectorium et postea bibunt. Lectio.* Surgite, eamus hinc. Ego sum vitis vera et pater meus agricola est . . .

Le manuscrit se composait de 27 quaternions, côtés, comme à l'ordinaire, au verso de chaque huitième feuillet; cependant les côtes I, II, III, IIII, V et XXI sont seules conservées, les autres ont disparu. Indépendamment de ces côtes il y avait à la fin de chaque quaternion une réclame, indiquant les premiers mots du feuillet suivant; ces réclames sont presque toutes conservées, en tout ou du moins en partie; le reste a disparu, rogné par le libraire.

Donné en 1856 par feu M. Jos. Paquet, professeur-censeur à l'athénée de Luxembourg, en son nom et en celui des membres de la famille Pondrom.

Provenance inconnue.

Décrit par M. Antoine Namur, professeur-bibliothécaire à Luxembourg: **Notices bibliographiques diverses,** I 15 (Bruxelles, 1860).

No 121

(ancien numéro 50).

Manuscrit sur papier du milieu du XVe siècle, écrit d'un bout à l'autre d'une seule main. — 178 feuillets à 2 colonnes à 38 lignes. — H.: 294 mm.; L.: 230 mm.

Il contient au recto du premier feuillet les deux notices suivantes: „Christophorus Ittelius altarista summe ædis Treverice hunc librum iure possidet" (écriture du XVIe siècle, fin), et au dessous: „Franciscus Nicolaus Aegh hunc librum iure possidet anno Domini 1636." — Au Recto du 2e feuillet une main de la fin du dernier siècle a écrit: „Sum Fratrum Prædicatorum Luxemburgensium".

Le manuscrit contient:

I. Fol. 1—103: Les cinq livres de la consolation de la philosophie de Boëce, avec des gloses interlinéaires et marginales. Le traité commence: Circa inicium libri venerabilis Boecii de consolacione philosophica. Est primo sciendum ex quo debitus processus in unaquaque scientia summe est necessarius testante venerabili Boecio in presenti libro prosa 2ª libri quarti sic inquiente....

A la fin se trouve cette notice: *Expliciunt quinque libri parciales venerabilis magistri Bohetii senatoris Romani de consolatione philosophie finiti et conpleti sub anno Domini MCCCCXLIXº, duodecimo die mensis marcii, per me Teilmannum Pluynsch de Euskirchen, canonicum ecclesie sanctorum Crisanti et Darie Monasterii Eyfflie.*

II. Fol. 104: Vers léonins:

a) sur l'inondation de Munster-Eifel (6—7 juillet 1417):

(P)roch dolor in nocte Julii sexta precor hoc te,
Ut flendo moneat, aqua quanta nociva movebat.

b) Ista metra sunt edita contra ydeotas et invidiosos dicentes etc.:

Cristi vindicta quod in hiis sit, sola relicta
Dicunt iam multi proboque sint dogmate stulti.

c) *Nota rigmata de generali diluvio quod fuit tempore Noe.*

Tempore diluvii
Dum diffusi fluvii
Mundum deleverunt,
Tunc planete pariter

Presto socialiter
Invicem luxerunt.

A la fin:

Ista sunt edita per magistrum Laurentium van der Wye phisicum domini Reynardi ducis Julie, Gelrie comitisque Zutphanie anno Domini millesimo quadringentesimo decimo sexto, octava apostolorum Petri et Pauli in nocte.

Le tout a été publié par le professeur Floss de Bonn, dans une brochure, sans date, imprimée à Cologne: „Munstereifeler Chronik", p. 25—28.

III. Fol. 105—112: *Incipit vita seu passio sanctorum martirum Chrisanti et Darie cum quibusdam aliis exemplis postea annexis.* Polemius vir illustrissimus Allexandrie urbis honoratus et primus . . . . (Explicit, fol. 109 R. a): quia martyres suos dominos Chrisantum et Dariam cum multis filiis in triumpho martyrii et glorie. *Sequuntur quedam miracula que omnipotens per suos gloriosos martires operatus est:* Hec passio sanctorum . . . . . . — Au Verso du même feuillet suit la translatio: Explicata sanctorum martirum passione, non absurdum videtur ... — Suivent fol. 110—112 V. b, d'autres miracles.

Le tout a été publié par le Dr H. J. Floss: Romreise des Abtes Markward von Prüm und Uebertragung der hh. Crysanthus und Daria nach Münstereifel. Köln, 1869, p. 63—90. Comparez pour la passion des deux Saints, Act. Sanct. Boll. Oct. XI, 470 ss; pour le reste Gregor. Turon. Mirac. I, 38 Opp. ed. Ruinart 764, Migne Patrologie lat. LXXI, 739; Mabillon, Act. Sanct. Ord. S. Benedicti, V, 576 s., et Acta Sanct. Boll. Oct. XI, 490 ss.

IV. Fol. 113—114 R. a: *Sequitur passio et legenda sancti Longini militis qui latus Christi aperuit.* In diebus domini nostri Iesu Christi fuit quidam miles centurio, nomine Longinus, qui illo tempore cruci Domini astans. — *(finit):* Hec acta sunt in Cesarea Capadocie die tertio kalendas Decembris sub preside Octavio, regnante domino nostro Iesu Christo cui est cum patre in unitate Spiritus sancti honor, virtus, inperium, potestas, eternitas, nunc et per inmortalia secula seculorum. Amen.

Cf. Acta Sanct. Boll., Martis II, p. 386.

V. Fol. 114 R. b—125 V. a: Recueil de prières et d'exorcismes:

a) Fol. 114 R. b: *Iudicium panis et casei. In primis fac letaniam, deinde benedic panem vel caseum hiis verbis:* Domine Deus omnipotens agye, agye, agye, qui in celo consistis.... — *Alia benedictio.* Deus angelorum, Deus archangelorum, ... *Exorzismus panis et casei.* Exorzizo te, creatura panis et casei, per Deum .... *Ammonicio ad circumstantes.* Ammoneo vos, fratres, in nomine Iesu Christi Nazareni, ut si quis ex vobis istas res furatus est etc. vel .... Post hec debes ista facere: panis ordeaceus debet esse, et antequam illum dividas, Pater noster in illo pane scribe et pensare debes de illo pane mediam unciam et de caseo similiter .....

2. Fol. 115 R. b: *Benedictio ferri igniti ad iudicium.* Benedic, Domine, per invocacionem sancti nominis tui ..... *Alia benedictio.* Deus omnipotens, Deus Abraham, Deus Ysaac, ...

3. Fol. 116 V. a: *Iudicium aque ferventis.* Deus, iudex iustus, fortis et paciens qui cultor et misericors es ..... *Exorzismus aque ferventis.* Exorzizo te, creatura aqua. .... *Oracio.* Domine Iesu Christe qui es iudex iustus .... *Alia.* Te, Domine Deus, suppliciter deprecamur qui in Chana Galilee .... *Alia.* Iterum te, Deus omnipotens, nos indigni et peccatores famuli ......

4. Fol. 116 R. a: *Iudicium aque frigide.* Cum hominem vis mittere in aquam frigidam ad comprobacionem, ista facere debes.... (*Coniuracio*): Adiuro vos, homines, per patrem .... *Oratio.* Domine Deus omnipotens qui baptismum in aqua fieri iussisti .... *In baculo qui inscrendus est inter brachia pueri, scribe:* Ecce crucem Domini, fugite, partes adverse; vicit leo de tribu Iuda; radix David ad faciendum rectum iudicium. + Et sanctus Iohannes Baptista benedicat aquam istam. Amen. *Scribetur etiam in eo suprascripta benedictio: Domine Deus; post hec coniuret sacerdos aquam hiis verbis*: Adiuro te, aqua, in nomine .... *Alia oracio.* Deus qui maxima queque sacramenta .... *Coniuracio alia.* Adiuro te, homo, per invocationem domini nostri .... *Post coniuracionem exuat illum vestimentis et faciat osculari ewangelium et crucem Christi et spargat super eum aquam benedictam et proiciat eum in aquam.*

5. Fol. 116 V. b: *Sequuntur coniuraciones super demoniacum.* In nomine patris et filii et Spiritus sancti. Coniuro te et obtestor, dyabole, ...

6. Fol. 118 V. a: *Benedictio ad fruges novas.*

7. *Benedictio ad omnia que volueris.*

8. *Benedictio panis.*

9. *Benedictio uve vel fave.*

10. *Benedictio frugum arborum.*

11. *Super vasa reperta:* .... ut hec vascula arte fabricata

gentilium sublimitatibus tua potencia ita emundare dignetur, ut omni immundicia depulsa sint tuis fidelibus tempore pacis et tranquillitatis utenda. Per Christum dominum nostrum. Amen.

12. *Benedictio putei.*

13. Fol. 118 V. b: *Benedictio salis pecoribus dandi.*

14. *Contra vermes que sata commedunt.*

15. *Benedictio aque contra vermes.*

16. *Benedictio domus nove. — Item alia.*

17. *Benedictio librorum.*

18. Fol. 119 R. a: *Benedictio patene.*

19. *Benedictio calicis.*

20. *Benedictio crucis.*

21. *Benedictio vasis ad reliquias.*

22. Fol. 119 R. a: *Incipit maior benedictio salis et aque.*

23. Fol. 121 R. b: *Sequitur benedictio signi ecclesie sive campane.*

24. Fol. 122 R. a: *Oratio contra tempestates.*

25. *Oracio in sacrario; in dormitorio; in refectorio; oracio (in) cellario; in coquina; ubi vestimenta conservantur; in pocionario; in lardario; in pistrino; in domo infirmorum; in granario; oracio in introitu ecclesie; item alia; ad clericum faciendum; pro eo qui primum barbam tondet; oracio ad capillaturam.*

26. Fol. 123 R. a: *Missa ad agape pauperum.*

27. Fol. 123 R. b: *Benedictio vestium virginum vel viduarum.*

28. Fol. 123 V. a: *Benedictio virginis ab episcopo dicenda.*

29. *Benedictio. Ad sponsas benedicendas missa.*

30. Fol. 124 R. b: *Sequitur condictum super homicidas ex consilio Tribuerensi.* Ut penitencia super homicidiis non diverso more ut prius, sed in episcopiis singulis uno more agatur. . . .

31. Fol. 124 V. a: *Item alio ordine iudicium panis et casei.* Ex pane ordeaceo inlevato accipiat presbiter pensante denariis duodecim et de caseo similiter et mittat super altare ad dexteram partem iuxta corpus Domini, quando missam celebret, antequam dicat: Per quem omnia, Domine, semper bona creas; dicat has oraciones: Sanctus, sanctus, sanctus qui es invisibilis . . . . . *Oracio 2ª.* Domine Iesu Christe qui liberasti Moysen . . . . *Coniuratio.* Exorzizo te, immundissime draco basilisce, per Dominum . . . . . . *Oracio 3ª.* Deprecor, omnipotens pater, eterne Deus, ... *Oracio quarta.* Domine Deus qui ostendisti ossa patris nostri Ioseph, fac . . . . *Coniuracio hominum.* Coniuro te etc. per patrem et filium et per Spiritum sanctum . . . . *Iudicium panis ordeacei.* In primis preparet se sacerdos cum dyacono et presbiter faciat aquam benedictam,

et dyaconus preparet farinam ordeaceam quam et ipse pistret cum benedicta aqua et coquat, cantantibus ambobus interim septem penitenciales psalmos cum letania et precibus istis: Non nobis, Domine, non nobis ..... et psalmum istum: At te levavi oculos meos qui habitas in celis, usque in finem. *Oratio.* Deus qui in monte Calvarie .... Cocto autem pane accipiat presbiter et ponat retro altare et celebret missam que illo die fuerit; finita missa faciat crucem in medio panis et in medietate crucis mittat fusum et in summitate fusi vertiginem, et reponat presbiter apud se quamdiu panis inputribilis sit. Cum vero aliquis accusatur in crimine furti vel fornicacionis vel homicidii et venerit coram sacerdote, accipiat sacerdos benedictum panem et det duobus fidelibus viris ut per vertiginem pendet inter duos illos iudices et dicat hanc coniuracionem. Et si ille culpabilis est, turnatur; si inculpabilis est, non movetur quicquam. *Coniuratio panis ordeacei.* Adiuro te, panis ordeacee, per Deum ....

32. Fol. 125 V. a: *Contra morsum rabidorum canum.* Scribe in pane siligineo, id est ruchinemo, et da seu hominibus aut pecoribus: + Bis gurra. + Bersibis. + Sigurramina. Graon. Dicton. Pax tibi. + N. Alus. Tronus. Alm. In nomine Domini. Amen.

VI. Fol. 125 V. a: *Incipit penitenciale.* Fecisti homicidium aut casu aut nolens aut pro vindicta parentum ..... — 34 articles, dont quelques-uns dirigés contre ceux qui se servent de moyens magiques quelconques. Ils finissent: Misisti filium tuum super tectum aut in fornacem pro aliqua sanitate, quinque annos peniteas. — Arsisti grana, ubi mortuus homo erat, quinque annos peniteas.

VII. Fol. 126 R. a: *In nomine sancte Trinitatis. Incipit letania.* — Cette litanie, où les saints Chrysanthus et Daria occupent une des premières places, a été publiée avec les prières qui la suivent, par Floss: Romreise des Abtes Markward, p. 102—113.

VIII. Fol. 129—155 V. a: Tabula libri de terra sancta. — Cette table comprend un feuillet; elle précède la description de la Terre Sainte, par Ludulphus, recteur de l'église paroissiale de Suchen.

Outre ce premier feuillet, cette description contient encore 26 feuillets, numérotés en chiffres arabes par une main du XVe siècle. — En voici le commencement: Reverendissimo in Christo patri ac domino domino suo generoso Baldewino de Steynvordia, Baderburnensi episcopo, Ludulphus rector parrochialis ecclesie in Suchen. — *(finit):* Et hec ad deductionem et reverentiam reverendissimi in

Christo patris ac domini domini Baldewini Paderbunnensis episcopi incepi et gratia Dei omnipotentis complevi, cui laus et gloria per infinita seculorum secula. Amen.

Cf. Deycks, Vol. 25 des „Public. des Liter. Vereins zu Stuttgart, 1851".

IX. Fol. 155 V. b—156 V. b: Petite description de la Terre Sainte; elle comprend 5½ colonnes du manuscrit. — Situs civitatis Iherusalem sancte, quo nunc est, murorumque ambitus, licet a prisca et illustri veterum compositione statuque illo quo erat Iesu Christi temporibus valde discrepet . . . . . . *(finit)*: Constatque cum ambitu murorum cum decenti magnitudine, ita ut nec parvitate nec amplitudine umquam fastidiosa videatur; que sita est in loco arido, montoso, lapidoso, rivis, silvis et fontibus undique carens.

Ce sont, sauf de nombreuses omissions de mots et même de phrases entières, les chap. 31—33 de Bartolfus de Nangeio (Gesta Francorum expugnantium Iherusalem; Recueil des historiens des Croisades, t. III, pp. 509—512). Collationné pour la société de l'Orient latin en mai 1878.

X. Fol. 156 V. b—157 V. b: *Sequuntur indulgencie in Iherusalem et in terra sancta.* In Nazareth est locus ubi Gabriel beatam virginem Mariam salutavit. — *(finit)*: Summa indulgenciarum, demptis indulgenciis templi Domini, est vigesies semel a pena et a culpa; ducenti viginti quatuor anni cum duobus milibus ducentis quadraginta diebus.

XI. Fol. 159 V. b—175 V. b: Extraits des ouvrages de Marco-Paolo, sur l'Arménie, la Perse, la Turquie et l'Inde. Il commence par le titre suivant: Narracionem morum, operacionum sive occupacionum et rituum diversarum gentium habitantium in diversis provinciis ad orientalem plagam nec non ad septentrionalem, meridionalem plagas constitutarum discretus vir Marchus civis Venicus (Iste fuit istius libelli auctor) 1). Narrat etiam condiciones provinciarum . . . . .

Cet abrégé remplit 17 feuillets qui, comme ceux de la description de la Terre Sainte, sont numérotés en chiffres arabes.

Au Recto, col. 1re du 2e feuillet se trouve la notice: *Johannes: 1448 Dominus Tilmannus me scripsit.*

Le dernier chapitre qui traite „de provincia sive terra Roscia", se termine par ces mots: „Est etiam in Roscia tanta et sempiterna

---

1) Les mots entre parenthèses sont écrits en marge, à l'encre rouge.

frigiditas, quod vix ibi potest vivere homo vel animal. *Et sic est finis. Scriptum et conpletum per me Tilmannum Pluntsch, canonicum ecclesie sanctorum Chrisanti et Darie Monasterii Eyfflie, anno Domini MCCCCXLVIII°, ipso die Urbani pape.*

XII. Fol. 175 V.—178 V.: Chronique de Munstereifel, de 1270—1451, publiée sous ce titre, d'après notre manuscrit, par le professeur Floss de Bonn. Elle commence ainsi: Anno domini MCCLXX wart greve Ailff van Ravensberghe gekoeren tzoe eyme roempschen konynghe.

Cette chronique est écrite de la même main que le reste du volume, elle provient par conséquent du chanoine de Munstereifel Thilmann Pluynsch ou Pluntsch et a été écrite en son entier en 1448. Ce qui nous détermine à adopter cette date, c'est que les deux dernières notices, celles qui se rapportent aux années 1449 et 1451 ont été ajoutées plus tard et écrites d'une encre plus pâle.

N° 122

(ancien numéro 12).

Manuscrit sur parchemin du XIIIe siècle. — 164 feuillets à 2 colonnes à 40 lignes, répartis sur 20 quaternions plus 4 feuillets. — H.: 290 mm.; L.: 208 mm.

Fol. 1: N 3. — Fol. 164 V.: Liber sancte Marie Aureevallis. Qui eum abstulerit aut furatus fuerit, anathema sit. — M. SS. S. 6.

Le manuscrit renferme :

I. Fol. 1—151: *Incipiunt analectica numerorum et rerum in theographiam. Capitula in distinctione prologi sunt hec . . . . . Expliciunt capitula in distinctione prologi. Tractator.* Sciri volo tractatum hunc in alio volumine usque ad armoniam dualitatis et fidei 1) scriptum a me et accommodatum, inemendatum et perditum, et hoc habentem principium: Ascendit in animum; quem qui invenerit, secundum hunc curet illum corrigere, et non erit scisma, sed liber

---

1) Ce chapitre figure dans notre manuscrit au fol. 89 V. b.

unus et veritas una. *Incipit prologus in quo materia operis, utilitas rei, eminentia numerorum et future dictionis partes aperiuntur. Capitulum primum. Que sit materia operis.* Velle adiacet mihi numerorum et rerum figurationes . . . . . Fol. 6 R. b : *Explicit prologus.ˑ Incipiunt capitula in primam subdivisione(m) clausule prime de institutionibus figurarum* . . . . . *Expliciunt capitula. Incipit prima subdivisio clausule prime de institutione figurarum. Que sint inquirenda de numeris et in quibus virtus subsistit eorum.* Cupientem scire mysticas ac multiplices potentias numerorum . . . . Fol. 8 V. : *Sententia Bede super eadem supputatione* (cap. XV.); *sententia Cassiodori super tribus figuris* (cap. XVI). — Fol. 9 R. a : *Explicit prima subdivisio clausule prime. Incipiunt capitula secunde subdivisionis. De appellationibus nominum et numeris litterarum* . . . . *Expliciunt capitula. Incipit secunda subdivisio. Comprehensio dictorum et dicendorum. I.* Breviter pro rebus et tempore ubi et cur institute sunt . . . Fol. 13 V. a : *Explicit secunda divisio. Incipiunt capitula tercie subdivisionis de mysteriis figurarum et significationibus numerorum.* Quid dictum sit . . . . *Expliciunt capitula. Incipit tertia subdivisio de mysteriis figurarum et significationibus nominum. Quid dictum sit et quid dicendum breviter aperitur.* In his duabus quas preieci subdivisionibus . . . . . . Fol. 20 R. a : *Explicit prima clausula de figuris numerorum. Incipit secunda de proprietatibus cuius prime subdivisionis capitula hec sunt* . . . . . Fol. 20 R. b : *Expliciunt capitula. Incipit secunde clausule prima subdivisio de speciebus generationum et regulis. Quid sit dictum et quid dicendum.* Consequentia premisse disputationis . . . . Fol. 24 V. a : *Explicit prima subdivisio. Incipiunt capitula secunde..... Expliciunt capitula. Incipit secunda subdivisio de cognominationibus numerorum et interpretationibus. Comprehensio dictorum et dicendorum cum divisione numeri et speciebus. Generationum* species et regulas . . . . . . Fol. 27 R. b : *Incipit tercia subdivisio de relationibus et mysteriis earum. Ordo dicendorum cum distinctionibus exprimitur.* Relationum quas hec tercia subdivisio prosequitur . . . . . Fol. 32 V. a : *Explicit subdivisio secunde clausule de proprietatibus numerorum. Incipit tercia clausula de significacionibus numerorum cuius prime partis capitula sunt hec* . . . . *Expliciunt capitula. Incipit tractatus de significationibus unitatis. De tempore tractatus. De diversis diversa* me diu multumque versantem . . . . Super lustra duo triennio iam sub habitu monastice conversationis exacte, cum ante habitum bis fere ter trinos annos volverem annos, suspiro sine quiete, ocium et quietem . . . . Sic est cernere maxime diebus istis quibus Francorum electa iuventus et invida bello nobilitas procerum amicta signaculo crucis, crucis aggreditur expugnare inimicos et transmarinam barbariem tollere de loco suo et gente. Rex ipse clarissimus Lodoicus annos animo, virtute superans etatem, rem fortiorem annis ausus magni viri puer aggreditur. In eandem expeditionem cum manu gravi magnificus quoque rex Romanorum accingitur.... Fol. 38 V. a: *Expliciunt significationis (sic) unitatis. Incipit tractatus de sacramentis dualitatis sub cuius prima distinctione continentur quinque significationes cum capitulis istis.... Expliciunt capitula. Ordo dictorum et dicendorum. Sequentia* suscipiende disputationis.... Fol. 47 R. a: *Explicit prima distinctio de sacramentis dualitatis. Incipit secunda distinctio sub qua continetur sexta et septima et octava significatio dualitatis cum capitulis istis..... Expliciunt capitula. Sexta significatio cur et qualiter dualitas significet animam et descriptio appetitus et sensus. Anima quam* si quis expostulet locus, binario exprimitur... Fol. 52 R. a: *Explicit secunda distinctio. Incipit tercia sub qua continetur nona dualitatis significatio et decima et undecima cum capitulis istis....... Expliciunt capitula. Incipit tercia distinctio. Nona significatio cur caritati ascribatur dualitas. Karitatis etiam* significativus est binarius tam secundum materiam..... Fol. 60 R. a: *Explicit tercia distinctio. Incipit quarta sub qua continetur duodecima significatio cum capitulis istis.... Expliciunt capitula. Incipit quarta distinctio, duodecima significatio. Cur compunctioni dualitas assignetur. Ad videndum cur* binarius compunctioni comparetur... Fol. 69 R. b: *Explicit quarta distinctio. Incipit quinta sub qua continentur significationes a terciadecima usque ad nonamdecimam cum capitulis istis... Expliciunt capitula. Incipit quinta distinctio. Terciadecima significatio quare binarius ecclesiam significet et exempla significationis cum expositione exemplorum. Electorum* beata societas ecclesia vocatur...... Fol. 76 V. a: *Explicit quinta distinctio. Incipiunt capitula sexte distinctionis sub qua continentur significationes a vicesima usque ad vicesimam secundam cum capitulis istis....... Expliciunt capitula. Incipit sexta distinctio. Vicesima significatio. Cur iusticia dualitate signetur. Iusticia* similiter per binarium exprimitur..... Fol. 88 V. a: *Explicit sexta distinctio. Incipit septima sub qua continentur significationes a vicesima tercia usque ad vicesimam sextam cum capitulis istis........ Expliciunt capitula. Incipit septima distinctio. Vicesima tercia significatio. Cur et qualiter resurrectioni comparetur dualitas. Dormitantem* me a tedio curarum et vite votiva resurrectionis expectatio suscitat........ Fol. 101 R. a: *Expliciunt significationes dualitatis numero viginti sex. Incipit*

tractatus de analeticis ternarii sub cuius prima distinctione continentur due significationes eiusdem cum capitulis istis ......
Expliciunt capitula. Incipit prima distinctio de significationibus ternarii. Quid dicendum sit et qualiter. Ad quas quarum rerum et cur significationes in theographia ternarius excipiat excipiendum ...... Fol. 106 V. b: *Explicit prima distinctio. Incipit secunda sub qua continetur tercia significatio cum capitulis istis* ...... *Expliciunt capitula. Incipit secunda distinctio. Quod quinque modis Spiritus sanctus significetur a tryade et unusque illorum sit tripertitus.* Unus atque idem spiritus ut septenario pro efficientiarum septiformi differentia subintelligitur .... Fol. 116 V. b: *Explicit secunda distinctio. Incipit tercia sub qua continetur quarta significatio cum capitulis istis* ..... *Expliciunt capitula. Incipit tercia distinctio. Qualiter theologia mediatorem tripliciter commemorat. Mediatorem* tripliciter theologia commemorat .... Fol. 122 V. a: *Explicit tercia distinctio. Incipit quarta sub qua continentur novem significationes ternarii cum capitulis istis* ..... *Expliciunt capitula. Coaptatio ternarii ad ordines fidelium secundum antiquam distributionem.* Statuuntur in tryade ordines quoque fidelium .... (Fol. 130 l'auteur insère un chapitre: *De obitu celebris memorie Bernardi Clarevallensis abbatis.* Subit pretitulationis a serie tryadis ad regnum Dei aptitudo, at arripit sibi calamum que et animum preripuit, rememoracio eius cuius memoria in memoriam evasit eternam ..... Fol. 130 V. b: et ante dies octo avulsus a sinibus diligentium .....) — Fol. 137 V. a: *Explicit quarta distinctio. Incipit quinta sub qua continentur quindecim significationes cum capitulis istis* ..... *Expliciunt capitula. Tryadis ad sapientiam associatio secundum triplicem eius materiam.* Sapientiam tryadi associatam edocebimus a triplici eius materia.... (*Explicit*, fol. 151 V. b): Ego interim secedens ad meipsum, reperiendis significacionibus quaternarii attentius adsistam, vacabo placitius. *Expliciunt significationes tryadis.*

II. Fol. 151 V. b: *Incipit tractatus beati Ambrosii episcopi de sancto Ioseph patriarcha.* Sanctorum vita ceteris norma vivendi est. Ideoque digestam plenius ....

III. Fol. 164 V. a, une autre main du treizième siècle a ajouté un poëme intitulé: *de essentia divinitatis*, composé de 55 vers, tous terminés par le mot esse; il commence:

Esse quod est ex se, Deus est per quem datur esse.
Quod non est ex se, deitatis non habet esse.

Esse quod est, Deus est cui verum competit esse.
Convenit huic soli quod nulli convenit esse.

Il finit :
Taliter alta fides de vero disputat esse
Taliter ut credant rem omnibus esse necesse.
Et non credamus nisi confiteamur id esse
Firmiter et sane, sane non possumus esse.

N° 123

(ancien numéro 34).

Manuscrit sur papier du XVe siècle. — 250 feuillets (les 6 derniers en blanc), à deux colonnes à 50 lignes. — H.: 294 mm.; L.: 216 mm.

Provient d'Echternach. — Fol. 1: F 15. Continet sermones perutiles ad adventum Domini usque in pasca, et meditaciones Bernardi de passione Domini et pauca alia. (XVIe siècle in.)

Le manuscrit contient :

I. Fol. 1—218, un recueil de sermons, pour l'avent et le carême jusqu'à Pâques :

1. Ecce rex tuus venit..... Si aliquem amicum suscepturi sumus....

2. Fol. 2 R. b : Sermo secundus. Preparate in occursum.... Quando rex vel princeps aliquis magne dignitatis....

3. Fol. 2 V. b : Sermo tertius. Ecce rex tuus venit.... In verbis propositis specialiter tria notantur....

4. Fol. 3 R. b : Sermo quintus *(sic)*. Dicite, filie Syon. Mat. XXI. Quis est iste, iste rex glorie....

5. Fol. 3 V. b : Sermo quintus. Ecce rex tuus. Quando aliquis ex longinquis partibus venit,....

6. Fol. 4 R. b : Dominica secunda. Tunc videbant filium hominis venientem.... Luc. XXI. In precedente dominica peregit ecclesia adventum salvatoris.....

7. Fol. 4 V. a : Sermo secundus. Erunt signa in sole....

Ioh. Sciatis, viri isti, ista signa que contingunt in sole materiali . . . .

8. Fol. 5 R. a: Sermo de eadem. Tunc videbunt filium hominis. Lucas. Nota quod sapiens iudex in iudicio suo . . . . .

9. Fol. 5. R. b: De eodem. Tunc apparebit signum . . . . Math. Summa ewangelio dabantur signa. Considerandum autem quod.....

10. Fol. 5 V. b: Dominica tercia. Cum audisset Iohannes..... Math. Legitur quod Herodes Antipas posuit Iohannem in vinculis triplici de causa . . . . .

11. Fol. 6 R. a: Sermo secundus. Cum audisset Iohannes. Legitur quod multi audiverunt opera Christi . . . . .

12. Fol. 6 V. b: Sermo tercius. Cum audisset Iohannes. In isto ewangelio tria considerantur . . . . .

13. Fol. 7 R. a: Quartus sermo. Cum audisset Iohannes. Quando dominus positus est in carcere et gravibus cathenis vinctus . . . . .

14. Fol. 7 V. a: Dominica quarta. Audite in Domino semper . . . . Philist. (sic) IIII°. Sicud in ecclesia in festo natalis Domini . . . . .

15. Fol. 7 V. b: Sermo secundus. Ego vox clamantis . . . . Luc. IIII. Apud iudeos tres opiniones videbantur a Iohanne . . . . .

16. Fol. 8 V. a: Sermo tercius. Gaudete in Domino semper. In verbis istis hortatur nos apostolus ut gaudeamus . . . . .

17. Fol. 8 V. b: Sermo de eodem. Dominus prope est. Nota quatuor generibus Dominus prope est, scilicet innocentibus, ...

18. Fol. 9 R. b: In vigilia natalis. Vir Dei docet nos quid facere debemus de puero qui nasciturus est. Legitur Iudith XIII° quod erat . . . . .

19. Fol. 9 V. b: In die nativitatis Cristi. Exivi a patre, et veni in mundum. Ioh. Hodie celebramus natalem diem . . . . . .

20. Fol. 10 R. b: Sermo secundus. Ecce nova facta omnia. Legitur in apocalipsi quod Iohannes raptus fuit in spiritu . . . . .

21. Fol. 10 V. a: Tercius sermo. Apparuit benignitas . . . . . Ad Tytum IIII. Dicitur in vulgari quod si . . . . . .

22. Fol. 11 R. a: Sermo quartus. Ewangelizo vobis gaudium magnum. Luc. II. Verba ista sunt angeli ad pastores . . . . .

23. Fol. 11 V. a: Sermo quintus. Inveniens infantem . . . . Luc. 2. In verbis istis circa nativitatem Christi tria notantur . . . . .

24. Fol. 12 R. b: Dominica infra nativitatem. Erant Ioseph et Maria . . . . Luc. 2. In ewangelio hodierno septem persone ponuntur . . . .

25. Fol. 12 V. a: Sermo secundus. Tuam ipsius animam pertransibit gladius. Lucas. Hec verba dixit Symeon beate Virgini....

26. Fol. 12 V. b: Sermo tercius. Tuam ipsius. Lucas 2. Cymeon plenus spiritu sancto prophetavit de passione.....

27. Fol. 13 R. a: Sermo quartus. Ecce positus est in ruinam... Lucas I. In Deo sunt duo, scilicet iusticia et misericordia....

28. Fol. 13 R. b: Sermo 5. Vocatum est nomen eius Iesus.... Lucas II. In istis verbis agitur de hoc nomine Iesus quod quadrupliciter....

29. Fol. 14 R. a: Sequitur sermo sextus. Vocatum est nomen ..... In istis verbis agitur de hoc nomine Iesu, unde dico qualiter....

30. Fol. 14 V. b: In epyphania Domini. Cum natus esset Iesus..... Primo narrat hystoria quod isti tres reges fuerunt.....

31. Fol. 15 R. b: Sermo secundus. Intrantes domum.... Mat. II. Christus Iesus qui propter nos venit in mundum.....

32. Fol. 15 V. b: Sermo tercius. Apertis thesauris suis... Math. Hodiernam festivitatem recolimus quod tres reges....

33. Fol. 16 R. a: Quartus sermo. Vidimus stellam eius. Legitur quod nato Domino magi venerunt Iherosolimam....

34. Fol. 16 V. b: Infra octavam. Cum esset Iesus annorum duodecim. Lucas II. Mirabile fuit, ut dicit glosa de Iesu perdito....

35. Fol. 17 R. b: Sermo 2. Cum factus esset Iesus annorum duodecim. Nota. Dum heres nascitur, septem fiunt, sed ecce....

36. Fol. 17 V. a: Sermo tercius. Dolentes querebamus te. Nota quod septem sunt que cum dolore queruntur....

37. Fol. 17 V. b: In octava epyphania. Iesus baptisatus conestim de aqua descendit. Nota effectus baptismi in ewangelio....

38. Fol. 18 R. a: Dominica prima post octavam. Deficiente vino, ait mater Iesu.... Ewangelium istud Iohanni ewangeliste imputatur. In verbis istis duo notantur....

39. Fol. 18 V. a: Sermo secundus. Viri, diligite uxores vestras, sicud.... Nota quatuor sunt que possunt dici viris ad diligendum uxores suas....

40. Fol. 18 V. b: Sermo tercius. Nupcie facte sunt in Chana... Homines maxime hoc tempus cogitant nupciis.....

41. Fol. 19 R. a: Dominica secunda. Cum descendisset Iesus de monte..... Mistice per adventum de monte significatur adventus Christi in mundum....

42. Fol. 19 V. a: Sermo secundus. Domine, si vis, potes me mundare. Mat. Legitur quod turbe secute sunt eum....

43. Fol. 20 R. b: Sermo tercius. Ecce leprosus veniens ado-

ravit eum. Math. VIII. In verbis propositis duo notantur; primo misericordia ....

44. Fol. 20 V. b: Dominica tercia. Domine, salva me, nos perimus. Hec verba sunt discipulorum peraclitancium *(sic)* ad Iesum ....

45. Fol. 21 V. a: Sermo secundus. Surge, Iesus; imperavit ventis et mari. Math. VII. Ewangelium dicit istud quod Iesus cum discipulis ....

46. Fol. 22 R. b: Dominica quarta. Ascendens Iesus in naviculam. Mat. VII. Unde notatur navicula in qua Christus quievit.....

47. Fol. 22 V. b: Dominica quinta. Domine, bonum est semen ... Mat. V. Deus enim seminavit in celo ....

48. Fol. 23 R. b: De eodem. Simile est regnum celorum homini qui seminat ..... Math. Nota per hominem istum qui seminat ....

49. Fol. 24 R. a: Dominica in septuagesima. Exiit qui seminat semen suum. Lucas IIII. In verbis istis duo notantur ....

50. Fol. 24 V. a: Sermo secundus. Quod autem cecidit ..... Lucas. Semen, id est verbum Dei. Nota quod verbum Dei est audiendum .....

51. Fol. 25 R. a: Dominica in quinquagesima. Quod tibi vis, ut faciam .... Lucas III. Legitur in ewangelio quod Domino transeunte ....

52. Fol. 25 V. a: Sermo secundus. Ecce ascendimus Ierosolimam ..... Mat. XXVI. Legitur quod Iesus sumpsit secum Petrum, ...

53. Fol. 28 V. a: In capite ieiunii, sermo primus et est liber XL^{is}. Cum ieiunatis ..... Mat. V. Sciendum quod tempus quadragesimale hoc die incipit ....

54. Fol. 29 V. b: Sermo secundus. Filia populi mei, indue cilicio .... Ieremie LXVI. Quamvis solempnitas quadragesime ....

55. Fol. 31 R. a: Sermo tercius. Superatus sum luto .... Iob XXX. Miseriam condicionis humane describit Iob in verbis istis ....

56. Fol. 32 R. a: *Feria quinta.* Sermo quintus. Cum intrasset Iesus Capharnaum ..... Mat. VIII. Iudea tributaria erat Romanis ....

57. Fol. 33 R. a: Sermo secundus. Accessit ad eum centurio. Tota intentio ecclesie in ista quadragesima est ut peccatores .....

58. Fol. 34 R. a: Sermo primus in sexta feria. Audistis quia dictum est: diliges .... Mat. V. Sicut a sanctis dicitur et verum est tempus .....

59. Fol. 35 V. b: Sermo secundus. Audistis quia dictum est.... Math. V. Sicut est de amore cordis, sic est de calore naturali corporis ......

60. Fol. 36 V. a: Sermo tercius in sexta feria. Attendite ne iusticiam vestram ..... Mat. V. Inter fideles qui salvantur sunt quidam actim .....

61. Fol. 37 V. a: Sermo primus in sabbato. Cum sero esset factum die illo. Math. VI. In hoc ewangelio agitur de Christi bonitate .....

62. Fol. 38 V. b: Sermo secundus in sabbato. Cum sero factum esset, ... Mat. VI. Sicut dicitur Io. VI: postquam Christus quinque milia hominum .....

63. Fol. 39 V. b: Sermo de domina nostra. Erat navis in medio mari. Sicud dies dominica est dedicata dominice resurrectioni ....

64. Fol. 40 V. a: Dominica prima in quadragesima. Sermo primus. Ductus est Iesus in desertum a spiritu ... Mat. IIII. Quia tempus quadragesimale est tempus penitencie ....

65. Fol. 42 V. a: Sermo secundus. Ductus est ..... Mat. IIII. Sicut Christus voluit mori, ut per suam mortem nostram destrueret .....

66. Fol. 43 V. b: Sermo tercius. Et cum ieiunasset XL diebus ..... Processus et ordo temptacionis Christi talis fuit ....

67. Fol. 45 R. b: Secunda feria sermo primus. Cum venerit filius hominis .... Mat. XXV. Notandum est quod tempus quadragesimale est institutum .....

68. Fol. 47 R. b: Sermo secundus. Cum venerit .... Sicut dicit beatus Ysidorus in libro de summo bono, in quolibet iudicio tres persone relinquuntur ......

69. Fol. 48 R. b: Sermo tercius. Esurivi et dedisti mihi manducare. Sicud dicit Augustinus: si aliquis esset qui de tota scriptura .....

70. Fol. 49 R. b: Feria tercia sermo primus. Cum intrasset Iesus Ierusalem, commota est. Mat. XXII. Quia tempus quadragesimale est tempus in quo standum est purgacioni ....

71. Fol. 51 R. a: Sermo secundus in tercia. Cum intraret Iesus ..... Mat. XXI. Sicut patet ex superioribus, illud quod in isto ewangelio legitur ......

72. Fol. 52 R. a: Sermo tercius in tercia. Domus mea domus oracionis vocabitur. Quandocunque Dominus in Ierusalem ibat, ...

73. Fol. 53 R. a: Feria quarta. Sermo primus. Accesserunt ad

Iesum scribe et.... Mat. XIII. Quia sepe dicitur et verum est, omne tempus.....

74. Fol. 55 R. b: Sermo secundus. Accesserunt..... Mat. XII. Semper a principio mundi fuit duplex generacio....

75. Fol. 56 V. a: Sermo tercius. Quicumque fecerit voluntatem patris mei.... Superius Dominus agit de generacione malorum, hic ait de generacione bonorum.....

76. Fol. 57 V. a: Sequitur quinta feria, sermo primus. Dicebat Iesus ad eos qui crediderunt etc. Io. VIII. Quia valde periculosum est cum tempore.....

77. Fol. 59 R. b: Sermo secundus. Dicebat Iesus..... Dominus igitur direxit sermonem suum ad istos qui de novo erant.....

78. Fol. 60 R. b: Sermo tercius in quinta. Si manseritis in sermone meo..... Cum quidem (sic) de Iudeis ad fidem Christi fuissent conversi.....

79. Fol. 61 V. a: Sexta feria sermo primus. Erat dies festus Iudeorum. Io. V. Quia omnis peccator dicitur infirmus infirmitate locali....

80. Fol. 53 R. a: Sermo secundus in sexta feria. Erat dies festus.... Io. V. Cum esset festum pentecostes, Dominus ad templum ivit....

81. Fol. 64 V. b: Sermo tercius. Surge, tolle grabatum tuum et ambula. Peritus medicus adhibet medicinam, prout infirmo expedire videtur.....

82. Fol. 65 V. b: Sabbato, sermo primus. Assumpsit Iesus Petrum..... Mat. XVII. Quia melius crederent exemplis quam verbis, idcirco.....

83. Fol. 67 V. b: Sermo secundus in sabato. Assumpsit Iesus Petrum.... Mat. XVII. Ista transfiguracio Deum significat et gloriam beatorum.....

84. Fol. 68 V. b: De domina nostra. Hic est filius meus dilectus.... Cristus in celis patrem sine matre et in terris habet matrem sine patre.....

85. Fol. 69 V. b: Dominica secunda in quadragesima. Egressus Iesus cecessit in partes Tyri et Sydonis. Mat. XV. Tempus perdendi et tempus acquirendi....

86. Fol. 71 V. b: Sermo secundus in secunda. Egressus Iesus..... Mat. XVIII. Ista mulier volens filie sue sanitatem inpetrare......

87. Fol. 73 V. a: Sermo tercius in dominica. Ecce mulier chananea.... Si aliquibus vestris in exemplum ponerentur sancti.....

88. Fol. 75 R. b: Secunda feria sermo primus. Ego vado et

queritis me . . . . Ioh. VIII. Quia in quadragesima frequenter predicatur . . . . .

89. Fol. 76 V. b: Sermo secundus. Ego vado . . . . In isto ewangelio Dominus ponit verba que pertinent ad ipsum . . . . . .

90. Fol. 77 V. b: Sermo tercius. Cum exaltaveritis filium hominis . . . . . Ad terram venit ut homini ascensum prepararet . . . . . .

91. Fol. 78 V. b: Feria tercia sermo primus. Super kathedram Moysi sedent scribe et pharisei. Mat. XXIII. Qui vult servare quadragesimam . : . . .

92. Fol. 80 R. b: Sermo secundus. Super kathedram . . . . In presenti Dominus vita esse voluit quosdam prelatos et quosdam subditos . . . . .

93. Fol. 82 R. b: Sermo tercius in tercia feria. Qui se humiliat, exaltabitur etc. Postquam Dominus scribas et phariseos de superbia . . . .

94. Fol. 83 V. a: Feria quarta post Reminiscere. Ascendens Iesus Ierosolimam, assumpsit duodecim discipulos . . . . Mat. XX. Quia tempus quadragesimale est tempus in quo homines . . . . .

95. Fol. 86 V. b: Sermo secundus. Ascendens . . . . Sepe Dominus passionem et resurrectionem suam . . . . .

96. Fol. 88 R. b: Sermo tercius in quarta feria. Potestis bibere calicem . . . . Isti duo discipuli in petitione sua non fuerunt discreti . . . . .

97. Fol. 89 V. b: Feria quinta, sermo primus. Homo quidam erat dives . . . . . Lucas XVI. Sepe Dominus id quod docebat verbo, postmodum . . . . .

98. Fol. 91 R. b: Sermo secundus. Homo quidam . . . . Secundum beatum Augustinum status hominis tripliciter consideratur . . . . .

99. Fol. 92 V. b: Sermo tercius. Mortuus est dives et sepultus est in inferno. Post quam Dominus descripsit, considerantes penam, mutemus vitam . . . . .

100. Fol. 93 V. b: Feria sexta sermo primus. Homo erat pater familias qui . . . . Mat. XXI. Istud ewangelium secundum litteram et misticum suum spiritualem sensum . . .

101. Fol. 96 R. a: Sermo secundus in sexta feria. Homo erat . . . Exponendo istud ewangelium, sicud exponunt glose . . . .

102. Fol. 97 V. a: Sermo tercius in sexta feria. Homo erat . . . . Per istam vineam potest intelligi anima . . . .

103. Fol. 98 V. b: Sabbato in Reminiscere, sermo primus. Homo quidam habuit duos filios . . . . . . Lucas XV. Omnis predicacio que fit in quadragesima . . . .

104. Fol. 100 V. b: Sermo secundus in sabbato. Homo qui-

dam..... Lucas XV. In isto ewangelio fit mencio de filio prodigo reverso.....

105. Fol. 102 R. a: De domina nostra, sermo sabbato. Fili, tu semper mecum es.... Quamvis ista verba pater dixit filio suo qui secum remanserat.....

106. Fol. 104 V. a: Dominica tercia, sermo primus. Erat Iesus eiciens... Lucas II. Tempus tacendi et tempus loquendi, sicud summa fatuitas est....

107. Fol. 106 V. a: Sermo secundus. Erat Iesus eiciens.... Lucas XI. Quia diabolus in isto tempore quadragesimali magnos exercet conatus.....

108. Fol. 108 R. b: Sermo tercius in dominica. In Belczebuk principe demoniorum eiecit demonia. Iudei miracula Christi dampnabant.....

109. Fol. 109 V. a: Secunda feria in dominica Oculi. Quanta audivimus.... Lucas IIII. Quia tempus quadragesimale est tempus ieiunii.....

110. Fol. 111 V. a: Sermo secundus in secunda feria. Quanta ..... Lucas IIII. Ad intelligendam historiam huius ewangelii notandum est quod.....

111. Fol. 113 R. a: Sermo tercius in secunda feria. Multi leprosi erant..... Inter ceteros morbos lepra est abhominabilior apud homines....

112. Fol. 114 V. a: Feria tercia, sermo primus. Respiciens Iesus discipulos suos.... Mat. XVIII. Tempus presens scilicet quadragesimale habet triplicem nobilitatem....

113. Fol. 116 R. a: Sermo secundus in tercia feria. Si peccaverit in te frater tuus.... Mat. XVIII. Dominus noster ostendebat aliquando miracula....

114. Fol. 117 R. b: Sermo tercius in tercia feria. Si peccaverit..... Quia sepe fit peccatorum transgressio, ideo....

115. Fol. 118 V. b: Feria quarta, sermo primus. Accesserunt ab Ierosolimis scribe.... Mat. XV. In ewangelio hodierno de quatuor.....

116. Fol. 121 R. b: Sermo secundus in quarta feria. Accesserunt.... Ad intelligendum id ewangelium notandum est quod pharisei....

117. Fol. 123 R. a: Sermo tercius in quarta. Omnis plantacio quam non plantavit.... Homo dicitur planta, sicud arbor perversa.....

118. Fol. 124 V. b: Quinta feria sermo primus. Surgens Iesus

de synagoga .... Luc. IIII. Quia homo infirmus in corpore sollicitus est ....

119. Fol. 126 V. a: Sermo secundus in quinta feria. Surgens Iesus .... In presenti ewangelio ostenditur quod Christus fecit tria opera ....

120. Fol. 128 R. b: Sermo tercius in quinta. Socrus autem Symonis .... Per febrem significatur peccatum mortale, quia sicud febricitans ....

121. Fol. 129 V. b: Sexta feria, sermo primus. Venit Iesus in civitatem Samarie .... Io. IIII. Tempus quadragesimale est institutum ad refrenandum ....

122. Fol. 132 R. b: Sermo secundus in sexta feria. Ihesus fatigatus est .... Ioh. IIII. Dum Dominus noster per diversa loca predicando ....

123. Fol. 133 V. b: Sermo tercius. Omnis qui bibit ex aqua hac, siciet iterum. Ponit hic Dominus tres aquas; una est que.....

124. Fol. 135 V. a: Sabbato, primus sermo. Perrexit Iesus in montem Oliveti ..... Io. VIII. Quia tempus quadragesimale, peccatores .....

125. Fol. 138 R. a: Sermo secundus. Adducunt scribe et pharisei .... Io. VIII. Isti scribe semper volebant capere Iesum in sermone .....

126. Fol. 140 R. a: Sermo tercius. Ihesus autem inclinans...... Ista inclinacio significat Christi humilitatem .....

127. Fol. 142 R. b: Dominica quarta scilicet letare. Abiit Iesus trans mare Galilee .... Io. VI. Quia penitentes et observantes quadragesimam .....

128. Fol. 145 V. b: Sermo secundus in Letare. Abiit Iesus ... In presenti ewangelio fit de tribus generibus personarum ......

129. Fol. 148 R. a: Sermo tercius in dominica letare. Accepit Iesus panes etc. Ista dominica vocatur dominica rosa triplici racione ....

130. Fol. 149 V. a: Feria secunda sermo primus in dominica letare. Prope erat pasca iudeorum ..... Io. II. Licet omni tempore servanda .....

131. Fol. 153 V. b: Sermo tercius. Invenit Iesus in templo.... Quia Christus semper avariciam condempnabat .....

132. Fol. 154 V. b: Feria tercia, sermo primus. Iam die festo appropinquante .... Io. VII. Quia tempus quadragesimale est tempus devocionis .....

133. Fol. 157 R. a: *Sermo secundus.* Iam die festo mediante.... Ioh. VII. Inter Iudeos erant qui diversimode de Christo senciebant.....

134. Fol. 158 R. a: *Sermo tercius.* Totum hominem sanum fecit in sabbato. Magnum est sanare hominem corporaliter . . . . .

135. Fol. 159 R. a: *Feria quarta sermo primus.* Preteriens Iesus vidit hominem cecum . . . . Io. IX. In tempore quadragesimali sepe predicatur de hiis tribus, scilicet de peccato . . . . .

136. Fol. 160 V. b: *Sermo secundus.* Preteriens . . . . Dominus noster sanando sensus corporales . . . . .

137. Fol. 161 V. b: *Sermo tercius.* Abiit ergo et lavit . . . . Quod aliquis cecus id est peccator sit illuminatus, ...

138. Fol. 162 V. b: *Feria quinta, sermo primus.* Ibat Iesus in civitatem que vocatur Naym . . . . . Luce VII. Quia historia huius ewangelii nota . . .

139. Fol. 164 R. a: *Sermo secundus.* Ibat Ihesus . . . . Quia in quadragesima solent peccatores in peccatis mortui resurgere.....

140. Fol. 165 R. b: *Sermo tercius.* Et hec vidua erat etc. Ista vidua multum flebat ex eo quod filium suum unigenitum perdiderat . . . . .

141. Fol. 166 V. b: *Feria sexta, sermo primus.* Erat quidam languens Lazarus . . . . Iac. XI. In quadragesima solent homines libenter audire . . . . .

142. Fol. 169 R. a: *Sermo secundus.* Erat quidam languens... Cum quadam vice Ihesus Iherosolomis predicaret . . . . .

143. Fol. 170 R. a: Diligebat Ihesus Mariam et sororem eius et Lazarum. In isto ewangelio quedam ponuntur unde iusti et boni . . . . .

144. Fol. 171 V. a: *Sabbato sermo primus.* Ego sum lux mundi. Ioh. VIII. Quia dominus Ihesus Christus pro peccatis nostris salvandis . . . .

145. Fol. 172 V. a: *Sermo secundus.* Ego sum lux mundi, etc. Super hunc locum dicit Augustinus: hec verba Domini . . . .

146. Fol. 173 V. b: *Sermo de beata Maria.* Ego sum lux mundi, etc. Si secundum Augustinum tanta est unitas capitis ad membra . . . . . .

147. Fol. 175 R. a: *Dominica quinta sermo primus.* Quis ex vobis arguet me de peccato? Iohannis VIII. Hec dominica duobus nominatur vocabulis . . . . .

148. Fol. 178 R. b: *Sermo secundus.* Quis ex vobis arguet..... Una magna causa quare iudei Christum persequebantur, ...

149. Fol. 179 V. b: *Sermo tercius.* Tulerunt lapides iudei . . . . Omnia que Christus dicebat et faciebat ad utilitatem nostram......

150. Fol. 181 R. a: (Feria secunda) *sermo primus.* Miserunt

principes et pharisei..... Iohannis VII. In ewangelio hodierno fit mencio principaliter......

151. Fol. 182 R. a: *Sermo secundus*. Miserunt.... Ideo dicit supra inmediate: Multi de turba crediderunt in Christum....

152. Fol. 183 V. a: *Sermo tercius*. Si quis sitit, veniat ad me et bibat qui credit in me. Sicut dicit scriptura, flumina de ventre eius fluent.....

153. Fol. 184 V. b: *Feria tercia* sermo primus. Ambulans Ihesus in Galileam.... Ioh. 7º. Licet omni tempore sit vitanda inanis gloria....

154. Fol. 185 V. a: *Sequitur sermo secundus*. Ambulans.... Sicut ex isto ewangelio patet, inter iudeos quidam erant.......

155. Fol. 186 V. b: *Sermo tercius*. Vos ascendite ad diem festum etc. Iohannes scribit nobis tria festa; primum est quod....

156. Fol. 187 V. a: *Feria quarta sermo primus*. Facta sunt encenia in Ierusalem.... Io. X. Quia penitentes dicuntur oves Christi, idcirco....

157. Fol. 188 V. b: *Sermo secundus*. Facta sunt.... Encenia erat festum dedicacionis templi et dicitur encenia, enceniorum, in plurali, quia.....

158. Fol. 189 V. a: *Sermo tercius sequitur*. Opera que ego facio...... Dominus ponit hic duas differentias ovium; quedam sunt....

159. Fol. 190 V. a: *Feria secunda* (en marge: 5.) **sermo primus**. Rogabat Ihesum quidam phariseus..... Luc. VII. Sancta mater ecclesia in ista....

160. Fol. 192 R. b: *Sermo secundus*. Rogabat.... Ecclesia universaliter supponit quod fuit Maria Magdalena, soror Lazari.....

161. Fol. 193 R. b: *Sermo tercius*. Ecce mulier que erat.... Status mulieris describitur quantum ad tria, primo quantum ad statum culpe.....

162. Fol. 194 R. a: *Feria sexta sermo primus*. Colligerunt pontifices et pharisei concilium.... Ioh. XI. Quia fuimus in hac quadragesima in abstinenciis.....

163. Fol. 195 R. b: *Sermo secundus*. Collegerunt..... **Quando aliquis**.... audit aliquod signum sive negocium.....

164. Fol. 195 V. b: *Sermo tercius*. Expedit vobis ut unus moriatur homo etc. Spiritus sanctus in veris prophetis **tangit eorum corda**.....

165. Fol. 196 R. b: *Sabato sermo primus*. Sublevatis Ihesus oculis in celum..... Ioh. XVII. Hoc ewangelium non **habet historiam alicuius appeticionis**.....

166. Fol. 196 V. b: *Sermo secundus.* Sublevatis..... Quia in isto ewangelio sepe fit mencio de clarificacione, ideo notandum est....

167. Fol. 198 R. a: *Sermo de beata virgine.* Mea omnia tua sunt. Quamvis ista verba Christus dixit ad patrem.....

168. Fol. 199 R. b: *Sermo in die palmarum.* Cum appropinquasset.... Mat. 21. In exposicione huius ewangelii procede sic: Christus videns.....

169. Fol. 200 R. b: *Feria secunda post palmarum, sermo.* Ante sex dies pasche...... Ista septimana habet unam devocionem singulariter.....

170. Fol. 202 V. b: *In cena Domini, sermo primus.* Probet autem se ipsum homo..... Chor. XI. Si aliquis debet aliquem cibum accipere.....

171. Fol. 203 V. b: *Sermo secundus.* Ante sex dies pasche.... Ioh. 13. Hec dies sortita est unum nomen quod nunquam.....

172. Fol. 205 V. a: *Sermo de passione Domini.* Egressus Ihesus.... Ioh. 18. Passio domini nostri Iesu Christi quatuor ewangeliis descripta est....

173. Fol. 210 V. b: *Sermo secundus sequitur.* Egressus Ihesus .... Tres tribulacionis et angustie dies, amaritudinis et tristicie dies....

174. Fol. 211 R. a: *In vigilia pasce, sermo.* Vespere autem sabbati..... Mat. ult. Heri in sero post vesperas fuit sepultus dominus noster.....

175. Fol. 212 R. b: *Sermo de domina nostra.* Fasciculus mirre dilectus meus.... Cant. I. Virgo beata Maria in Christi passione habuit.....

176. Fol. 213 R. b: *Sermo in die pasce.* Maria Magdalena et .... Marci ultimo. Hodie celebramus resurrexionem domini nostri....

177. Fol. 214 V. b: *Feria secunda sermo.* Duo ex discipulis Ihesu etc. Luce ultimo. Dominus noster volens in die resurrexionis.....

178. Fol. 216 V. a: *Feria tercia.* Stetit Iesus in medio discipulorum..... Luce ultimo. Ea que dicuntur in hoc ewangelio, facta sunt in die pasche.....

II. Fol. 219 R. a: *Capitulum quare Gloria in* (sic) *non semper cantetur.* Secundum Symachum papam Gloria in excelsis interdum in dominicis diebus, apostolorum, martyrum,.......

Fol. 219 V. et 220 en blanc.

III. Fol. 221 R. a: *Incipiunt meditaciones sanctissimi Bernardi*. Multi multa sciunt et se ipsos nesciunt, alios inspiciunt et se ipsos deserunt....

IV. Fol. 239 R. b: *Ammonicio predictarum* (=predicatorum). Cum sermonem facis, non debes protenta manu quasi verba in faciem populi iactare..... — Cette *ammonicio*, très-courte (12 lignes), est suivie d'un sermon dans lequel l'auteur, s'adressant aux prêtres, aux riches, aux pauvres, aux soldats, marchands, laboureurs, leur enseigne les moyens de venir au ciel: Venite, filii, audite me, timorem Domini docebo vos: Hodiernum sermonem, dilectissimi, debetis omnes intentissima aure percipere, quia hodie dicturus sum vobis quomodo divites vel pauperes, domini vel servi, viri vel mulieres ad gaudia eterna possitis pertingere. *De sacerdotibus*. Nos sacerdotes debemus....

V. Fol. 243 V. b: *In capite ieiunii sermo*. Querite Dominum, dum inveniri potest; invocate eum, dum prope est. Karissimi, in hac vita est Deus querendus, in hac vita invocandus....

Nº 124

(ancien numéro 33).

Manuscrit sur papier de 1451. — 278 feuillets à 38 lignes par page. — H.: 286 mm.; L.: 217 mm.

Provenance inconnue.

Contenu: I. Fol. 1—237, sans titre: Casus decretorum Bartholomei Brixiensis. L'ouvrage commence: Quoniam suffragantibus antiquorum laboribus minores possunt interdum perspicacius intueri et quia per continuum exercicium sciencia recipit incrementum et semper in melius reflorescit, idcirco ego Bartholomeus Brixiensis inter studentes Bononie minimus, casus decretorum quondam ab Evencasa compositos, pro modulo sciencie mee duxi in melius reformandos..... — Fol. 237 V.: Expliciunt casus decretorum magistri Bartholomei Brixiensis sub anno Domini etc. 51º.

II. Fol. 240 : Lettre du pape Jean XXII : Iohannes episcopus servus servorum Dei venerabilibus fratribus archiepiscopis, episcopis ac dilectis filiis ad quos presentes littere pervenerint, salutem et apostolicam benedictionem. Vas electionis, doctor eximius, predicator egregius mundum docuit universum.... Datum Avinione, IX kl. augusti, pontificatus nostri anno quinto.

III. Fol. 241 V.—252 : Explication de la lettre qui précède : Idcirco vero petitur declaracio istius constitucionis quia fratres publice predicant.... Fol. 252 V. : Expliciunt exposiciones et declaraciones capituli Vas electionis secundum reverendum patrem dominum Rycardum archiepiscopum Archidynacanum, primatem Hybernie, excellentissimum in teologia magistrum.

IV. Fol. 252 R., en bas de la page, la même main a écrit : Nota.
F R A N C I S
Franciscus. Furta rapina accipimus, nostros conventus inde struimus,
C U S
complacere universis studemus.

V. Fol. 253 R. — 278, à deux colonnes à 44 lignes, d'une autre main contemporaine. Ouvrage sans titre. C'est la summa ecclesiastici interdicti de Iohannes Caldrinus. L'ouvrage commence : Quamvis dubia plura circa materiam ecclesiastici interdicti pocius papalem determinacionem quam magistralem solucionem exposcant, dominorum tamen et subditorum virorum .... — Fol. 276 R. a : Explicit summa ecclesiastici interdicti Iohannes Caldrini. — Fol. 276 R. b—278 R. a, suit la table des chapitres du précédent ouvrage.

Nº 125

(ancien numéro 45).

Manuscrit sur parchemin du XIVᵉ siècle. — 202 feuillets à 2 colonnes à 49 lignes, côtés 1—188, 188ᵇⁱˢ, 189—201. — H. : 290 mm. ; L. : 188 mm.

Provient d'Orval. Fol. 1 : Bibliothecæ Aureaevallis (XVIIIe siècle). N 4. — Fol. 201 : M. SS. d. 11.

Le volume contient :

I. Fol. 1—72, les explications des prophètes Isaïe, Jérémie, Ezéchiel et Daniel par S. Jérôme : *Incipit prologus S. Iheronimi presbiteri in Ysaiam prophetam.* Nemo cum prophetas .... Fol. 1 R. b : *Explicit prologus. Incipit Ysaias propheta.* Visio Ysaie filii Amos quam vidit .... — Fol. 18 R. a : *Explicit Ysaias propheta. Incipit prologus sancti Ieronimi presbiteri in Iheremiam prophetam.* Iheremias propheta cui hic prologus scribitur .... *Explicit prologus. Incipit Iheremias propheta.* Verba Ieremie filii Helchie .... Fol. 39 V. a : *Incipit lamentatio Iheremie prophete quod est in titulo Chinoth cum absolutione litterarum hebraicarum.* Et factum est .... — Fol. 42 R. a : *Explicit Iheremias propheta. Incipit prologus sancti Iheronimi presbiteri in Ihezechiele propheta.* Hiezchiel (sic) propheta cum Ioachim .... — Fol. 64 R. b : *Explicit Ihezechiel propheta. Incipit prologus sancti Iheronimi presbiteri in Daniele propheta.* Danielem prophetam ..... Fol. 64 V. b : *Explicit prologus. Incipit Danihel propheta.* Anno tercio regni Ioachim .... — Incomplet à la fin, ce traité finit par les mots : Annon vides quanta comedat et bibat cotidie ?

Cette première partie se compose de neuf cahiers d'inégale grandeur, côtés au verso de chaque dernier feuillet, aux fol. 5, 15, 25, 29, 37, 45, 53, 61 et 69, plus trois feuillets.

II. Fol. 73—201, l'ouvrage de Pierre le chantre de Paris, intitulé Abel. Il commence : Abel dicitur principium ecclesie propter innocentiam, unde Christus perhibet testimonium, dicens ...... — Les deux colonnes sont séparées par un espace assez large, dans lequel ainsi qu'à la marge à gauche, le copiste a inscrit les mots à expliquer. — A la fin, fol. 201 Verso : *Explicit liber qui vocatur Abel.*

Cette partie se compose de 16 quaternions côtés I, II, III, IV, V, VII, VIII, XII, XIII, XIIII, XV, XVI, aux fol. 80, 88, 96, 104, 112, 128, 136, 165, 173, 181, 188bis, 196, plus 5 feuillets ; les autres côtes n'ont jamais été inscrites, à ce qu'il paraît.

N° 126

(ancien numéro 1).

Manuscrit sur parchemin du commencement du XIVe siècle. — 142 feuillets à 2 colonnes à 33 lignes, répartis sur 19 quaternions; cependant le 5e cahier n'a que 6 feuillets, le 16e 2 et le 19 en a 4. — H.: 293 mm.; L.: 210 mm.

Fol. 1: N 1. — Fol. 142: Liber s. Marie Aureevallis. Qui eum furatus fuerit, anathema sit (XIVe siècle). — M. SS. S. 6.

Le manuscrit renferme:

I. Fol. 1—138: *Incipiunt sermones Gylleberti monachi super cantica canticorum*. Varii sunt amantium affectus..... — Fol. 4 R. a: Sermo II. Super hesterno capitulo.... — Fol. 6 R. b: III. Non solet sponsus semper.... — Fol. 8 R. b: Circuitus iste non est parvagationis.... — Fol. 11 V. a: *Sermo quintus*. Longum hesternus sermo.... — Fol. 14 V. a: *Sermo VI*. Sponsa moram in querendo patitur.... — Fol. 17 R. a: *Sermo VII*. Improbi exactores estis.... — Fol. 20 R. a: *Sermo VIII*. Pertranssisti, o sponsa Domini.... — Fol. 22 V. a: *Sermo nonus*. Tenui nec dimittam illum..... — Fol. 24 R. a: *Sermo decimus*. Que infirmitatis exempla sunt..... — Fol. 25 V. b: *Sermo XI*. Delicata species est amoris affectio... — Fol. 28 V. b: *Sermo XII*. Adhuc capituli huius nos discussio tenet..... — Fol. 31 R. b: *Sermo XIII*. Adiuro vos etc. Patet illam obdormisse..... — Fol. 34 V. b: *Sermo XIIII*. Que est ista que ascendit.... — Fol. 38 V.: *Sermo XV*. Quam delicata sponsa ascendit.... — Fol. 42 V. a: *Sermo XVI*. Audistis, sponse Christi, audistis hesterno sermone.... — Fol. 45 R. b: *Sermo XVII*. Lignis Libani incorruptio carnis.... — Fol. 48 R. a: *Sermo XVIII*. Novum aliquid vultis audire.... — Fol. 52 R. b: *Sermo XIX*. Audistis quo invitate sunt.... — Fol. 56 V. b: *Sermo XX*. Et vos audeo confidenter.... — Fol. 59 V.: *Sermo XII* (sic). Non veretur ne.... — Fol. 62 R. b: *Sermo XIII* (sic). Celeste, ut bene nostis,... — Fol. 66 V. a: *Sermo XXIII*. Audistis precedenti commendatos sermone.... — Fol. 69 R. a: *Sermo XXIIII*. Quam suaves sunt.... — Fol. 71 V. a: *Sermo vicesimus quintus*. Iam fortia ad sponsam.... — Fol. 75 V. a: *Sermo XXVI*. Videtis, fratres, quomodo.... — Fol. 78 V. b: *Sermo vicesimus VII*. Ubera, inquit, tua sicut hynnuli...... — Fol. 81 V. a: *Sermo XXVIII*. Tota pulchra es, amica mea..... — Fol.

85 R. a: *Sermo XXIX.* Cor durum et male durum .... — Fol. 88 R. a: *Sermo tricesimus.* Leniter sunt a nobis perstringenda.... — Fol. 91 R. a: *Sermo XXX primus.* Exiguum est michi ... — Fol. 94 R. a: *Sermo XXX secundus.* Dies ista dominice resurrectionis.... — Fol. 97 V. b: *Sermo XXXIII.* Favus distillans labia tua.... — Fol. 101 R. a: *Sermo XXXIIII.* Ortus conclusus es,.... — Fol. 103 V. b: *XXXV.* Emissiones tue paradisus .... — Fol. 106 V. b: *Sermo XXXVI.* Fons ortorum puteus.... — Fol. 110 R. b: *Sermo XXXVI* (sic). Affectiones dulces et sancte .... — Fol. 113 R. a: *Sermo XXXVIII.* Exple, Iesu bone, quod iubes.... — Fol. 115 V. a: *Sermo XXX nonus.* Quam longe, fratres, a conversatione mea.... — Fol. 119 V. b: *Sermo XL.* Messui myrram meam .... — Fol. 124 V. a: *Sermo XLIII.* Hodie nobis, fratres.... — Il y a une lacune entre les fol. 121 et 122 et de nouveau entre 123 et 124. — Fol. 128 R. a: *Sermo XLIIII.* Cum tibi fuerit dilectus..... — Fol. 131 V. a: *Sermo XLV.* Ordo conveniens post exhortationem.... — Fol. 134 R. a: *Sermo XLVI.* Qualis est dilectus tuus.... Fol. 137 R. b: *Sermo XLVII.* Dilectus meus candidus .... — Ce sermon finit, fol. 138 R. b: Qui approximat illi, approximat igni.

II. Fol. 138 R. b—142: Recueil de lettres d'Anselme de Canterbury.

1. Domino fratri amico Henrico frater Anselmus dictus abbas Becci bone voluntatis perfectionem et effectum. Quoniam dulcis michi vestra dilectio sit.....

2. *Sermo quinquagesimus* (sic). Domino et amico karissimo Hugoni incluso frater Anselmus dictus abbas Becci a malis excludi et in bonis excludi *(sic).* Duo viri laici nuper ad me venerunt, dicentes ....

3. Frater karissime, regnum celorum clamat Deus se habere venale ... *(Explicit):* Si tamen de plenitudine beatitudinis eterne aliquid a me latius dictum sanctitas vestra legere voluerit, in fine libelli mei qui proslogeon appellatur, ubi de pleno gaudio tractavi, reperire hoc poterit. Valete et orate pro me.

4. Domino et patri reverendo epyscopo Parisiensi Iosffrido frater Anselmus Dei disponentis omnia dispositione electus archiepyscopus Cantuarie, presentis vite Deo placitam sanctitatem et future eternam felicitatem. Quamvis divina dispositio ....

5. Domino et amico karissimo Waleranno, olim cantori Parisiensis ecclesie, frater Anselmus electus archiepiscopus Cantuarie,

semper ad meliora proficere et nunquam deficere. Audivi, amice karissime, quia propositum . . . .

6. Anselmus Dei ordinatione archiepyscopus Cantuarie, sorori et filie dilecte, regis Karoli secundum carnem filie Gunnulde, mundum, non Christum contempnere et ipsum plus quam mundum diligere. Libentissime, si possem, tecum loquerer, filia..... *(Explicit)*: Omnipotens Deus visitet cor tuum et infundat in te amorem suum, filia karissima. Rogo manda michi per epystolam quomodo suscipias hanc paternam monitionem meam.

N° 127

(ancien numéro 3).

Manuscrit sur papier, écrit en 1463. — 175 feuillets à deux colonnes à 47 lignes. — H.: 313 mm.; L.: 213 mm.

Provient d'Orval. — Fol. 1: N—10. — Fol. 175 Verso: M. SS. d. 11.

I. Sermons de S. Bernard; le premier sermon est tronqué au commencement et commence par: sumus ve nobis quia mori non possumus. Secundo docemur ire ad sanctorum ..... — Fol. 74 V: Et est finis per me Iohannem de Stolpert de Bastonia in Hildynsem anno ab incarnacione M.CCCC.LXIII, feria tercia post festum Iacobi apostoli circa horam sextam post horam cene.

Fol. 7 V., dessin à la plume; de même fol. 95', 111, 122, 126, 134, 139', 145, 146'.

II. Fol. 74'—78': Sermones *in dedicacione templi*. Adcendit in arborem sycomorum . . . .

Entre les fol. 77—78 quatre à cinq feuillets sont arrachés.

III. Fol. 79—98 R. a: *Libellus de confessione*. Ouvrage en vers accompagné d'une très-ample explication et commençant:

Sperne voluptates ludosque spectacula mundi,
Fuge consortem pravum populique tumultum;
Secretasque preces et opus pietatis amato.

Fol. 98 R. a: Et sic est finis huius libelli, continens (sic) de confessione quamplurima pulchra etc. Iohannes Bastonia complevit.

IV. Fol. 98 V. a: Divers petits extraits concernant la théologie et la liturgie, entre autres: Hec sunt ante missam a quovis sacerdote servanda; à la fin de cet extrait: Frater Bonaventura cardinalis romane ecclesie hanc figuram compilavit.

V. Fol. 100—110: Calendrier de 1456, suivi de vers sur les signes du zodiaque et du tableau des fêtes mobiles.

VI. Fol. 111—130: Incipit liber de contemplacione beati Bernardi quomodo debeat edificari domus consciencie interior. (La même main ajoute): Nota quod ista quindecim folia continent Hugonem de sancto Victore de consciencia nec sunt a sancto Bernardo. Domus hec in qua habitamus, ex omni parte . . . . .

VII. Fol. 130 V: *Sequitur tractatus de amore Dei in quo* contemplacio solidatur: *(S. Bernardi).* Anima insignis Dei ymagine illustris similitudinem habet in se . . . .

VIII. Fol. 139 V—147: *Hic incipiunt meditaciones sancti Bernardi.* Multi multa sciunt et semetipsos nesciunt . . . . . . — Fol. 147: *Finis de meditacionibus sancti Bernardi* per me Iohannem Stolpert de Bastonia.

IX. Au fol. 148 commence un autre manuscrit, également du XVᶜ siècle. à 2 colonnes à 41 lignes.

Fol. 148—159: Traité sur le décalogue et les sept sacrements: Primum preceptum ad Deum pertinens est: non adorabis Deum alienum . . . . . — Fol. 157': Nunc vero de septem sacramentis et eorum effectibus dicendum est per ordinem; et primo super diffinicionem sacramenti in generali; et diffinitur sacramentum Alberto atque Augustino sic . . . . . . (Incomplet à la fin, finissant par): cui respondet beatus Augustinus dicens quod melius est abstinere, nisi quis in se ipso experiatur, per hoc Dei reverentiam et suam graciam augmentari . . . . . Est etiam notandum quod quibusdam.

X. Fol. 158—170: Sermons ou explications de divers passages de l'Écriture Sainte: (M)utavit rex Israel habitum suum et ingressus est bellum. Quamvis presens verbum de rege Israël sit dictum litteraliter . . . .

XI. Fol. 171—175: Cantiques pour la nativité de N. S. avec une très ample explication, le tout incomplet. Les cantiques commencent: Grates nunc omnes reddamus, l'explication: Iste liber quantum ad previam distinctionem dividitur in tot partes . . .

N° 128

(ancien numéro 56).

Manuscrit sur parchemin du XIV° siècle. — 228 feuillets à 2 colonnes à 54 lignes. — H.: 293 mm.; L.: 202 mm.

Provient d'Orval. Fol. 1: Bibliothecæ Aureævallis (XVIII° siècle). N 4. — Fol. 228: M. SS. d. 10.

Le manuscrit renferme: *Distinctiones fratris Mauricii*. Circa abiectionem nota qualiter in scriptura dicitur, qualiter dividitur et que abicienda nobis ostendantur. Circa primum nota quod..... — Fol. 225 R. a: *Expliciunt distinctiones fratris Mauricii*. — Fol. 225 V. b: *Hec sunt vocabula distinctionum*. I. Abiectio. II. Abire ..... — Fol. 228 R. b: *Sequitur Z*. I. Zelus. II. Zona.

Le manuscrit comprend 19 cahiers de 12 feuillets, non côtés, mais munis d'une réclame à la fin de chaque cahier.

N° 129

(ancien numéro 38).

Manuscrit sur parchemin du XIII° siècle fin. — 167 feuillets à 2 colonnes à 33 lignes. — H.: 293 mm.; L.: 197 mm.

Provient d'Orval. Fol. 1: Bibliothecæ Aureævallis (XVIII° siècle). N 4. — Fol. 167 V.: M. SS. S. 6.

Le volume renferme: *Prologus in derivationibus grammaticis secundum ordinem alfabeti*. Cum multe lucubrationis pervigilio plurimoque in lichinis olivo depasto usque ad conticinium ferme nictitassem, in letheum tandem saporem squarroso me lectisternio utpote perrara farragine hirtisque sagis acceptantibus artus defeciscentes conquexi.......... (Fol. 2 R. a): Cumque paululum occellis in humum defixis obticuisset, sic tandem cepit ex alto. *Incipit primus tractatus prime littere*. Amo, amas, avi, amatum, tu; verbum activum. Inde hic amator, oris. Unde amatorius, ria, rium, et hic amatorculus, li, diminutivum, id est parvus amator. Unde

Plautus in Penulo: Vix, inquit, egreque amatorculos invenimus.....
— Il finit, fol. 167 V. b: Specula, altus locus ad conspiciendum.
Suttim, subtiliter vel punctim. Suillus, porcinus. Subucula, camisia
interula; Oratius:
Subucula trite pexa subest tunice
Suris, musculus brachiorum. Subul.

Sont cités: Marcianus Capella, Plautus in Penulo, in Cassia,
in Captivis, Prudentius in libro hymnorum, Augustinus, Persius,
Priscianus, Iosephus in nono annalium librorum, Macer de viribus
herbarum, in actibus apostolorum, Iuvenalis, Plautus in Aularia, in
evangelio, Varro, Gregorius Namzazenus, Cicero, Horatius, Quintilianus, Terentius, Ovidius, Nevius, Affranius; (fol. 10 R. a: ardea,
e, id est quedam avis ardua petens que gallice dicitur hairons).
Avianus in expositione super Matheum; Plautus in Captivis; (fol.
11 R. a: alvearia, alveariorum, vasa scilicet in quibus apes dilestescunt, que gallice rusche dicuntur); Salustius. etc.

Plusieurs parties sont mal reliées et l'étaient déjà anciennement. Fol. 20 V. b, en bas: Consequentia huius pagine quere inferius ad hoc signum. § Verte quatuor folio. (La suite se trouve en
effet quatre feuillets plus loin). — De même, fol. 24 V. b. en bas:
Horum sequentia post quatuor folio reperies signo simili B.

N° 130

(ancien numéro 10).

Manuscrit sur papier du XVe siècle. — 209 feuillets; les
58 premiers à une colonne, à 45 lignes; le reste, d'une autre
main, à 2 colonnes à 52 lignes. — H.: 295 mm.; L.: 208 mm.

Provient d'Orval. Fol. 1: Bibliothecæ Aureævallis (XVIIIe
siècle.) — Fol. 205: M. SS. d. 10.

Le manuscrit renferme:

I. Fol. 1—58, un martyrologe incomplet au commencement; les
deux premiers feuillets du manuscrit manquent; il commence avec
le 10 janvier par les mots: et prophetarum chorus ad celum ab
angelis ferri vidit sanctus Anthonius. — Parmi les saints figurent

entre autres, fol. 8: S. Cunégonde et S. Thomas d'Aquin; S. Adelbertus episcopus Pragensis qui claruit anno Domini 1000 (fol. 15 V.): S. Petri novi martyris de ordine predicatorum (fol. 16); Sancti Gothardi qui primo fuit abbas, sed a sancto Heinrico imperatore qui regnavit anno Domini 1000 ad Hildensum episcopatum vocatur (fol. 17); sancti patris Anthonii ..... obiit anno Domini 1231 (fol. 23 V.) — En marge du fol. 27: *Nota. Eadem die inicium et prima dies extendere suarium Aquisgrane; perpetue duratur.*

En marge une main du XVIe siècle a ajouté beaucoup d'autres notes tirées d'un autre martyrologe.

II. Fol. 60—205: Recueil de sermons, divisé en deux parties; la première, pars hyemalis, comprend les fol. 60—107, la pars estivalis le reste du manuscrit.

Au Verso du fol. 59 un grand dessin à la plume représentant la Vierge et S. Jean au pied de la Croix; dans le coin supérieur à droite une A initiale; à la hauteur de la poitrine de Jésus Christ un ange, un peu plus bas Dieu le Père bénissant. En bas de la page, un prêtre assis disant: Deus propicius esto mihi peccatori; devant lui, un chapeau sur une petite table, et un chien couché. D'autres dessins à la plume se trouvent encore fol. 60, 61 V., 63 et suivants, au commencement de chaque nouveau sermon.

Ces sermons sont:

1. Fol. 60: Scientes quia est iam ..... Verba proposita originaliter ad Romanos XIIIº sunt scripta et est epistola hordierna leccionaliter recitata ....

2. Fol. 61 V. b: *Dominica secunda in adventu Domini. Epistola ad Romanos.* Fratres. Quecumque scripta sunt.... Iohannes de Geminiano dicit, quod summa perfeccio nostra in cognicione sacrarum scripturarum videtur consistere ...

3. Fol. 63 V. b: *Sequitur dominica in adventu videlicet tercia* .... Sic vos existimet homo ut ministros Cristi. Prima ad Corintheos IIIIº. Wilhelmus Ludinensis: Quilibet homo christianus minister et servus Christi est ...

4. Fol. 65 V. a: *Dominica quarta in adventu.* Gaudete in Domino semper .... Ita scribitur ad Philipenses cap. IIIIº originaliter et in epistola occurrentis dominice trassubstantie *(sic)* et lectionaliter. In quibus verbis apostolus ortatur nos ....

5. Fol. 67 V. a: *Sermo quintus in nativitate Domini.* Multiphariam multisque modis .... Ita scribitur ad Hebreos primo originaliter et in epistola hodierna transsumptive et lectionaliter. Queritur a nonnullis ecclesie doctoribus si opus creacionis mundi....

(Cité, fol. 89 V. b: Iohannes Nider, doctor sacre theologie in libro qui dicitur fornicarius).

6. Fol. 71 R. b: *Sequitur dominica prima post epiphaniam.* Obsecro vos per misericordiam Dei.... Ad Romanos XII°. Quia maxima pars merendi et demerendi consistit in exercitatione corporis.... (Fol. 72 R. b: Unde Hugo de Sancto Victore nono; fol. 72 V. b: Humbertus; fol. 73 R. b: et de hoc plenius habetur in discipulo de tempore sermone LIIII.

7. Fol. 73 V. b: *Dominica secunda post epiphaniam Domini. Epistola ad Romanos.* Fratres. Habentes donaciones.... Prelatis sollicitudo appropriatur quia sunt pastores.... (Explicit): Ultimo nota exemplum horribile de Ottone episcopo Meydenburgensi. Quere in prumptuario p. CXXII.

8. Fol. 76 V. a: *Feria dominica post epiphaniam. Epistola ad Romanos. Fratres.* Nolite esse prudentes.... Iohannes de Sancto Geminiano: Filii huius seculi a filiis regni in hoc discernuntur et distingwuntur...... (Cité: Raymundus; sanctus Thomas).

9. Fol. 79 R. b: *Dominica quarta post epiphaniam. Epistola ad Romanos.* Fratres. Nemini quicquam debeatis.... Iohannes de Sancto Geminiano: Si ad invicem dileccionem habuerimus, proximo nostro.... (Cité: secundum Henricum de Frimaria).

10. Fol. 80 V. b: *Quinta dominica post epiphaniam. Epistola ad Colonicenses.* Fratres. Induite vos sicud electi Dei..... Primus homo vestem innocencie perdidit quando fructum prohibitum...

11. Fol. 82 V. b: *Dominica in septuagesima. Epistola ad Corinthios.* Fratres. Nescitis quod hii qui in stadio currunt.... Iohannes de S. Geminiano: In presenti vita multi sunt qui currunt ut fidem recipiant..... (Cité: Hugo de Sancto Victore; Basilius; secundum Thomam; Aristoteles).

12. Fol. 85 V. b: *Dominica in LX. Epistola ad Corinthios XI. etc.* Fratres. Libenter suffertis insipientes... Ad distrahendum homines illo tempore carnisbrivii a vanitatibus et a crapulis ..... (Cité: Iohannes Nider doctor sacre theoloye; Cassiodorus; Hugo).

13. Fol. 88 V. b: *Dominica in L. Epistola ad Corinthios XIII°.* Fratres. Si linguis hominum loquor... Mercator multum merces suas laudat ut eas cicius vendat..... (Cité: secundum Willelmum Ludinensem; Petrus Damianus; secundum Hostiensem; Iohannes Nider).

14. Fol. 91 V. a: *Dominica in XL. Epistola ad Corintheos VI°.* Fratres. Hortamur vos ne in vacuum.... Si quis mutuo

bonum equum vel aliquod animal ab homine accepisset ad laborandum..... (Cité: secundum Petrum; secundum Damascenum).

15. Fol. 94 R. b: *Secunda dominica in XL. Ad Tessalonicenses IIII⁰*. Fratres. Rogamus vos et obsecramus..... Sicud aliquis servus sperans bonam remuneracionem a domino suo, cavet ne cum aliquando provocet ad iracondiam..... (Cité: secundum Holgolt supra libro sapientie cap. IIII⁰; secundum Albertum; Wilhelmus; Raymundus; Henricus de Oyta in tractatu de contractibus mundi.)

16. Fol. 97 R. a: *Tercia dominica in quadragesima. Epistola ad Ephesios*. Estote imitatores Dei..... Quia modo fideles christiani viam regni celestis per penitenciam sunt aggressi..... (Cité: prumptuarium discipuli; Schotus; beatus Anselmus in libro de similitudinibus).

17. Fol. 99 V. a: *Quarta dominica in quadragesima. Epistola ad Gallatas*. Fratres. Scriptum est enim.... Cum iam illo sacro tempore crucem penitentie assumpsimus.... (Cité: Wilhelmus; Senica libro IIII⁰ declamacionum).

18. Fol. 102 R. a: *Dominica in passione Domini. Epistola ad Hebreos nono*. Fratres. Cristus assistens pontifex..... Dominica ista vocatur dominica in passione Domini, quia in eius officio agitur de passione Domini.... (Cité: magister sentenciarum; Iohannes Nider; Beda in quadam homelia; in libro de naturis rerum; in prumptuario discipuli).

19. Fol. 105 V. b: De dominica palmarum. Hoc sentite in vobis. Ad Philipenses II⁰. Secundum beatum Gregorium libro VII⁰ moralium tanto quisque perfectus est.... (Cité: Albertus in tractatu de virtutibus).

Après ce sermon le copiste a ajouté: Et sic est finis huius partis hyemalis sermonum discipuli super epistolas. Incipit pars estivalis.

20. Fol. 107 V. b: *In die pasce. Epistola ad Corintheos V⁰*. Expurgate vetus fermentum...... In qua epistola apostolus invitat nos ad escam angelorum......

21. Fol. 110 V. a: *Karissimi etc. Dominica prima post pasca*. Karissimi. Omne quod natum est de celo.... Nos videmus ad sensum quod obpressus a potenciore se requirit succursum et defensionem ab alio....... Vers la fin: Quantum ad terciam partem illius sermonis scilicet de veneracione reliquiarum que ostenduntur in proxima sexta feria Noringburge, tunc movende sunt alique questiones, et primo queritur utrum clavi et lancia sunt reliquie cruce et corona digniores; respondet magister Henricus de Hassya in homelia de lancia Christi......

22. Fol. 113 R. b: *Dominica secunda post pasca.* Karissimi. Cristus passus est pro nobis ... Prima Petri 2º. Spiritus sanctus qui bonarum mencium institutor est et rector .... (Cité: magister sententiarum).

23. Fol. 115 R. b: *Dominica tercia post pasca.* Karissimi. Obsecro vos tamquam advenas ...... In quibus verbis apostolus Petrus hortatur nos ad habendum timorem Dei ....

24. Fol. 118: Dominica quarta post pasca. Karissimi. Omne datum optimum .... Iacobi primo. Ex quo sumus dotati cum magnis bonis; ne igitur propterea extollamur ....

25. Fol. 120 V. a: Quinta dominica post pasca. Karissimi. Estote factores verbi .... Iacobi primo. Quia dies illius epdammode dicuntur dies rogacionum atque oracionum ..... (Cité: Wilhelmus Luddinensis).

26. Fol. 122 V. b: In die ascensionis domini nostri Iesu. Primum quidam *(sic)* sermonem feci .... Et nubes suscepit eum ab oculis eorum. Actuum primo. Festivitas hodierna est sera omnium festivitatum domini nostri .....

27. Fol. 125 R. b: Dominica infra pentecosten .... Estote prudentes et vigilate in orationibus. Prima Petri IIIIº. Quando princeps aut rex venturus est ad aliquam civitatem, prediciturillis hominibus in civitate ...... (Cité: Scotus super IIIIº libro sententiarum, Wilhelmus Lugdinensis.)

28. Fol. 127 V. a: *In die penticosten.* Cum complerentur dies penticostes .... Ita habetur actuum IIº .... Venerabilis Beda super illo verbo Iohannis IIIIº: Paraclitus autem spiritus quem mittet pater .... (Cité: Wilhelmus Ludinensis; magister sententiarum; Hugo in libro de anima).

29. Fol. 130 V. a: *De sancta Trinitate* .... Gracia Dei sum... IIª Corinthiorum ultimo. Ex quo hodie celebramus festum sancte Trinitatis et dividue scilicet patris et filii et Spiritus sancti ....

30. Fol. 132 V. a: *De sacramenti die epistola.* Ego accepi a Domino .... Dominus noster in qua nocte tradebatur .... Prima Corinthiorum XIº. Ex quo hodie solempniter in ecclesia Dei peragitur institucio illius venerabilis sacramenti ....

31. Fol. 155 V.: *Prima dominica post festum Trinitatis.* Karissimi. Deus caritas est ...... Prima Iohannis IIIIº. Cum secundum Augustinum nichil predicatur dulcius, nichil audiatur utilius quam de caritate .... (Cité: Wilhelmus Lugdinensis; Bernardus; Iohannes Nider; Cassiodorus; Hugo in libro de arra anime; Humbertus super glosa beati Augustini).

32. Fol. 138 R. b: *Secunda dominica post festum Trinitatis*. Karissimi. Nolite mirari ... Prima Iohannis IIII⁰. In ewangelio hodierno agetur de cena, cum dicitur: homo quidam fecit cenam etc. Ad quam cenam id est vitam eternam .... (Cités: Aristoteles, Senica, Basilius, Iohannes Nider).

33. Fol. 141 V. a: *Tercia dominica post festum sancte Trinitatis*. Karissimi. Humiliamini sub potenti manu Dei .... Prima Petri IIII⁰. In verbis premissis beatus Petrus princeps apostolorum monet omnes homines .... (Cité: Nicolaus Iaur.)

34. Fol. 143 V. a: *Quarta dominica*. Fratres. Estimo quod non sunt .... Ad Romanos VIII⁰. Augustinus: Humana condicio ex prevaricacione primorum parentum facta est fragilis .... (Cité: Boecius; Iohannes Nider doctor sacre scripture vel theologye; magister sententiarum).

35. Fol. 146 V. b: *Quinta dominica*. Karissimi. Omnes unanimes in oratione estote .... Prima Petri III⁰. Illud quod iustificat homines in hac vita, est ieiunium, elemosina et oracio ..... (Cité: Henricus de Hassia; Eusebius in ecclesiastica historia et Damianus libro sententiarum suarum; Albertus Magnus de virtutibus.

35. Fol. 149 R. b: *Dominica sexta*. Fratres. Quicunque baptizati sumus ..... Ad Romanos VI⁰. In presenti epistola hortatur nos apostolus ad vite nostre emendacionem .... (Cité: in horolegia sapientie).

37. Fol. 152 R. a: *Dominica septima*. Fratres. Humanum dico.... Ad Romanos VIII⁰. Caro enim nostra in principio nostre creacionis fuit fortis et sana ....

38. Fol. 154 R. b: *Octava dominica*. Fratres. Debitores sumus .... Ad Romanos VIII. In epistola hodierna apostolus Paulus hortatur nos ad mortificacionem carnis ....

39. Fol. 156 V. b: *Nona dominica post Trinitatem*. Fratres. Non sumus concupiscentes malorum ..... Prima ad Corinthios IIIo. Nos videmus ad sensum quod, quando ex aliquo facto aliquibus male contingit .... (Cité: Archbaldus).

40. Fol. 160 R. a: *Decima dominica*. Fratres. Scitis quoniam cum gentes essetis .... Prima ad Corinthios XII⁰. In epistola hodierna apostolus Paulus instruit nos quod omnes gratie .... (Cité: Henricus de Hassia super genesi; Raymundus.)

41. Fol. 162 V. b: *Undecima dominica*. Fratres. Notum vobis facio .... Prima ad Corinthios III⁰. Verba istius epistole scripsit apostolus Paulus Corintis quibus prius predicaverat ....

42. Fol. 165 R. b: *Sequitur de dominica duodecima*. Fratres.

Fiduciam talem habemus.... II^a ad Corinthios III₀. Hic apostolus ostendit confidendum esse in Deo... (Cité: Damascenus).

43. Fol. 168 R. a: *Tridecima dominica* Fratres. Abrahe dicte, sunt promissiones.... Ad Gallatas III°. Apostolus ex corde salutem nostram siciens.... (Cité: Holgot; Raymundus; Wilhelmus)

44. Fcl. 170 V. a: *Quarta decima dominica post Trinitatem.* Fratres. Spiritu ambulate.... Ad Gallatas V^o. In epistola hodierna apostolus invitat nos ad vitam spiritualem....

45. Fol. 173 V. a: *Quinta decima dominica.* Fratres. Si vivimus spiritu..... Ad Gallatas V^o. Duo sunt enim ab omnibus hominibus sollicite inquirenda....

46. Fol. 176 V. a: *Decima sexta dominica.* Fratres. Obsecro vos ne deficiatis.... Ad Ephesios III°. In epistola hodierna docet nos apostolus qualiter....

47. Fol. 179 R. b: *Decima septima dominica.* Fratres. Obsecro vos ego.... Ad Ephesios IIII°. Hec verba hodierna epistole scripsit beatus apostolus Paulus Rome existens in carcere....

48. Fol. 182 R. b: *Octava decima dominica.* Fratres. Gratias ago Deo meo.... Prima ad Corinthios primo. Hec verba dixit apostolus Corintis qui ad fidem Christi....

49. Fol. 184 V. a: *Nona decima.* Fratres. Renovamini spiritu..... Ad Ephesios IIII°. Hic apostolus inducit nos ad renovacionem spiritus que fieri debet in presenti....

50. Fol. 187 R. b: *Dominica vicesima.* Fratres. Videte quomodo caute ambuletis.... Ad Ephesios V^o capitulo. Apostolus Paulus consiliorum Dei sciens quod infinite sunt delicie celestis patrie....

51. Fol. 191 V. b: *De eadem epistola.* Ad Ephesios V^o. In verbis istis hortatur nos apostolus ad obedienciam que est mater et origo omnis boni.... (Cités: Cesarius; Innocencius de vilitate condicionis humane; Hugo de claustro anime; Ciprianus).

52. Fol. 194 R. b: *Vicesima prima dominica post Trinitatem.* Fratres. Confortamini in Domino..... Ad Ephesios VI°. Bernardus: In mundo isto quasi in stadio positi sumus.... (Cités: Bonaventura; Elucidarius; Wilhelmus et Cassianus in collationibus patrum; in cronica Hermanni; sanctus Thomas; Wilhelmus Parisiensis in libro universo).

53. Fol. 197 R. a: *Vicesima secunda dominica.* Fratres. Confidimus in Domino Iesu..... Ad Philipenses primo. Hanc epistolam scripsit sanctus Paulus Philipensibus qui bonam vitam inchoaverunt....

54. Fol. 199 V. b: *Vicesima quarta (sic) dominica post Trinitatem.* Fratres. Imitatores mei estote.... Ad Ephesios III°. Nos

ad oculum videmus quod qui vult ambulare per aliquam viam.....
(Cité: Hugo de sancto Victore et de claustro anime).

55. Fol. 202 R. b: *Dominica vicesima quarta.* Fratres. Non cessamus pro vobis orantes.... Ad Colonicenses I⁰. Nos videmus ad sensum quod amicus acceptus apud aliquem regem....

56. Fol. 204 R. b: *Sequitur de dominica XXV.* Ecce dies veniunt.... Ieremie XXVII. Wilhelmus Ludinensis dicit quod aliquod magnum debet fieri, solent inde homines multum loqui....
(Explicit): Ultimo nota exemplum de muliere que vidit penas mariti sui in inferno, quomodo postmodum se ipsam afflixit. Hoc quere in prumptuario exemplorum Discipuli p. LVIII. Item persone que viderunt purgatorium et penam animarum in purgatorio, qualiter postmodum se ipsas hic in presenti afflixerunt, hoc quere in prumptuario exemplorum Discipuli p. LXXV. Item qui elegit sibi duo milia annorum in purgatorio, hoc quere ibidem p. LXXXII⁰ etc.

Et sic est finis huius libri. Deo gratias.

Expliciunt sermones epistolarum Discipuli dominicales, scripta per me Petrum Stolpart de Wilcz, investitum ecclesie parrochialis de Helczingen Leodiensis dyocesis precise in vigilia beatissime ac gloriosissime virginis Marie assumpcionis, circa meridiem, hora pulsacionis campane, in anno Domini millesimo CCCC⁰LXVII. — Legentes seu studentes orant Deum pro scriptore unum pater noster cum salutacione angelica scilicet ave Maria.
      Amen.
  Amen.   Amen.
    Amen.
Iesus laudetur ac in eternum benedicetur.

Fol. 208 le copiste avait commencé un autre ouvrage par les mots: Summe sacerdos, sans en écrire cependant la suite.

Fol. 209 Verso, d'une main du XVIᵉ siècle:
  O preclara stella maris,
  Virgo mater singularis....
avec la notation musicale.

Nº 131

(ancien numéro 44).

Manuscrit sur parchemin du XIIIe siècle. — 353 feuillets à 2 colonnes à 41 lignes. — H.: 283 mm.; L.: 206 mm.

Provient d'Orval. Fol. 1: Bibliothecæ Aureævallis (XVIIIe siècle). — N 4. — Fol. 353: Liber beate Marie Aureevallis; qui eum abstulerit, anathema sit (XVIe siècle). — M. SS. d. 11.

Le manuscrit renferme:

I. Fol. 1—299: *Liber de proprietatibus rerum*. Fol. 1: *Incipit liber de proprietatibus rerum. Liber primus de Deo. Incipit prohemium de proprietatibus rerum.* Cum proprietates rerum sequantur substantias secundum distinctionem et ordinem substantiarum....... — Fol. 1 V. a: *Incipit liber de proprietatibus rerum editus a fratre* .... 1) *de ordine fratrum minorum.* De proprietatibus et naturis rerum tam spiritualium quam corporalium...... — Fol. 4 V. a: *Incipit liber II de angelis.* De proprietatibus angelicis divino adiutorio aliqua in medium prolatum, primo incipiendum est ab eisdem in generali .... — Fol. 11 R. b: *Incipit liber tercius de anima.* Adiuvante Iesu Christo in precedentibus aliquas proprietates de substantia penitus incorporea .... — Fol. 19 V. a: *Incipit liber quartus de elementis.* De humani itaque corporis et parcium eius proprietatibus tractaturi, ab elementaribus qualitatibus et humoribus ex quibus corpus constat, est primitus inchoandum. — Fol. 27 R. a: *Incipit V. liber de membris hominis.* Dictis de proprietatibus humorum restat aliqua dicere de dispositione membrorum que ex predictis humoribus componuntur, et primo de proprietatibus in genere, deinde de singulis in specie. — Fol. 53 V. a: *Incipit liber sextus.* Dicto de proprietatibus partium hominis in speciali, restat dicere de proprietatibus eiusdem in speciali et in generali, secundum etatis varietatem et secundum sexus distinctionem....... — Fol. 63 V. a: *Incipit liber VII. (de infirmitatibus.)* Postquam complevimus auxiliante Deo tractatum de illorum proprietatibus que hominum naturam perficiunt et custodiunt, dicendum est de hiis que contra naturam sibi accidunt eiusque naturam destruunt et corrumpunt. — Fol. 84 R. a: *Incipit liber octavus.* Postquam auxiliante Deo tractatum de divinis nominibus, de angelorum proprietatibus, necnon de homine et eius partibus ac naturalibus et ipsius condiciones complevimus, restat ud ad proprietates mundi.......

---

1) Le nom est effacé.

manus apponamus..... — Fol. 99 V. a: *Incipit liber nonus de tempore.* Postquam autem diximus de proprietatibus celi et eius partium de quibus sacra pagina facit mensionem, dicendum est sub brevi compendio de eius effectu, scilicet de motu et mensura motus id est de proprietatibus temporis et partium eius. — Fol. 107 R. a: *Incipit liber X de materia et eius proprietatibus.* Completo tractatu de proprietatibus temporis et partium eius, agendum est de inferioribus et materialibus creaturis, de elementis scilicet et eorum que ex elementis materialiter componuntur.... — Fol. 110 R. a: *Incipit liber de aëre undecimus.* Aër est dictus quod ferat ignem et ab aqua feratur, ut dicit Ysidorus..... — Fol. 116 R. a: *Incipit liber XII de avibus.* Expedito tractatu de proprietatibus aëris et eorum que in aëro generantur, restat dicere aliqua de hiis que pertinent ad eius decentiam et ornatum, ut in ipsis sicut in aliis creaturis magnalia extollantur. Ad ornatum autem aëris pertinent aves et volatilia.... — Fol. 126 V. a: *Incipit liber XIII. de aquis.* Descriptis ignis et aëris proprietatibus restat ut de aquarum effectibus quantum spectat ad hoc opusculum, nunc dicamus aliqua. Dicitur autem aqua quasi equa, quia..... — Fol. 135 R. a: *Incipit XIIII liber (de montibus).* Postquam divini cooperante gratia completus est tractatus de proprietatibus corporis supini luminosi, scilicet celi, et corporis intermedii, lucidi, perspicui et dyaphani, scilicet ignei, aërei et aquei, ultimo dicendum est de proprietatibus corporis infimi et opaci et hoc tam in generali quam in speciali. Corpus autem infimum et extremum est ipsa terra...... — Fol. 142 V. b: *Incipit liber XV de orbe.* Orbis autem, ut dicit Ysidorus libro XV, tripharie est divisus, nam una pars Asya..... — Fol. 162 V. b: *Incipit liber XVI (de ornatu terre).* Descriptis proprietatibus terre et parcium eius in generali restat adiuvante Domino aliqua hic inserere de eius ornatu in speciali. Eorum autem que ornant terram, quedam sunt simpliciter inanimata..... — Fol. 174 V. b: *Incipit XVII. liber de plantis.* Postquam adiuvante Deo completus est liber vel tractatus de proprietatibus rerum que in terra intrinsecus generantur, scilicet de lapidibus et gemmis ac metallis et aliis que nascuntur in terre venis, dicendum est breviter de arboribus et herbis et fructibus ac seminibus.... — Fol. 222 R. a: *Incipit liber XVIII. de animalibus.* Completo tractatu de terre ornatu quoad mineralium et vegetabilium proprietates quarum fit mencio in scriptura divina, ultimo de proprietatibus rerum sensibilium et precipue animalium est tractandum..... — Fol. 226 V. b: *Incipit liber XVIII (sic) (de animalibus).* Descriptis animalium proprietatibus et naturis in generali, restat cooperante Dei gratia quorundam animalium et reptilium recitare proprietates in singulari et hoc per ordinem alphabeti. — Fol. 263 V. b: *Incipit liber XIX de colore in generali.* Descriptis proprietatibus rerum spiritualium et corporalium tam simplicium quam commixtarum, prout ad manus nostras pervenire potuerunt, nunc postremo de quibusdam accidentibus corporalium rerum substantias concomitantibus, cooperante nobis divina gratia, est hic attendendum, primo de colore, secundo de odore, tercio de sapore, ultimo de liquore ..... — Fol. 294 V. b: Auctores de quorum scriptis sunt hec tracta, sunt isti: Augustinus, Adamancius, Ambrosius, Haymo, Anselmus, Basilius, Beda, Bernardus, Cyprianus, Esicius, Eusebius, Crisostomus, Damasus, Damassenus, Crisyologus, Elpitrus, Fulgentius, Gregorius, Gilbertus, Ieronimus, Ysidorus, Innocentius, Leo papa, Michael Scotus, Nazarenus, Origenes, Orosius, Petrus Senensis, Pan, Patritius, Rabanus, Robertus Lincolnensis, Ricardus de Sancto Victore, Simon Tornacensis, Stephanus Sta . . . . Inter prophanos autem hii sunt auctores: Arum (?), Avicenna, Averrois, Algazel, Appollonius, Alfredus anglicus, Hali medicus, Aselepedes magus, Boetius, Cicero, Cato, Cipio Affricanus, Constantinus medicus, Demostenes, Dyascorides, Demoter, Donatus grammaticus, Eraclitus, Epicinus, Euclides, Egidius medicus Fisologus, Galienus medicus, Iorat Caldeus, Yparcus, Iuvenalis, Iohannicius, Kalixtus Grecus, Su . . . Ateniensis, Lencippus, Macrobius, Mercurius, Misellat astrologus, Ninus delphinus, Ovidius, Oribosius medicus, Papias, Plato, Platearius medicus, Plancus, Persicus, Plinius iunior, Priscianus, Pictagoras Sanus, Plotinus, Rasus, Rufus medicus, Salustius, Salernitatis practicus, s'us Philippus, Solinus, Simonides, Trimegistus, Theophrastus, Litus li. Becus, Tullius, Teophilus Deurinus, Tholomeus, Varro, Virgilio, Hugutio Pisanus, Willermus Conches, Ypocras et Eno, Zoroastes magus. Istorum et multorum aliorum in istis libellis in diversis locis summatim et breviter recitantur ut patere potest diligentius intuenti.

Explicit, expliciat; ludere scriptor eat.

Suit un index alphabétique des matières traitées: Albana, lib. XIII c. X. Abissus, li. XIII c. XIX. Abestero, li. XVI c. XI..... Zodiacus, li. VIII c. IX. Zucarum, li. XVII c. CLXXXII.

Fol. 299 V. et 300 en blanc.

II. Fol. 301—353: *Incipit prologus de preparatione cordis.* Preparate corda vestra Domino. Verba sunt Samuelis in libro regum. Loquitur Dominus predicatoribus per Ysaiam, dicens ...... *(Explicit,* fol. 353 R. a): securitas eterne possessionis que in eo et per habebuntur. *Explicit liber de doctrina bona. Incipiunt capitula de*

doctrina bona. Quod septem cordis instructiones sunt. Capitulum I
.... De cordis siccione. *Capitulum LI. Expliciunt capitula de doctrina.*

III. Fol. 353 Verso, d'une main de la fin du XIVe siècle: Médecine pour eschuer la boce qui vient de la épydimie. Primier preneis de la sauge et de la fuelle de rosier, de la fuelle de sugnons, de gengibre blanc, de la scabiouse et IX grains de genoivre, et broies tout emsemble destrempeit de blanc vin, et vous en desiuneis jusques à IX jours. C'est chose esprouvée.

Item médicine pour garir de la boce qui en est entichiet en quelque lieu que ce soit. Preneis dou triacle et de la graine de ceveneit et broies emsemble et metteis sus la boce; si garirait. Et qui n'ait de se, prengne de la rue et dou vin aigre et metteis sus la boce.

Le manuscrit se compose de 29 cahiers, non côtés, de 12 feuillets, mais munis de réclames, plus 5 feuillets. En tête de chaque Verso se trouve inscrit à l'encre rouge le titre du livre: de deo, de angelis etc.; au Recto la même mention revient avec l'ajoute: liber I, liber II etc. Sous ces rubriques se trouve encore le numéro d'ordre du livre, I, II, III, IV, V; cependant à partir du livre V, fol. 50, le copiste avait ajouté une unité de trop qui est grattée jusqu'au fol. 63; fol. 64—106, correspondant au huitième livre, le numéro d'ordre est gratté complètement; à partir de là le chiffre est toujours élevé de deux unités de trop, le livre 9 est donc côté XII, 10—XIII, 11—XIIII, 12—XIIII, 13—XV, 14—XVI, 15—XVII, 16—XVIII, 17—XVIII, 18—XX et XXI; 19—XXII, et à partir du fol. 271 (de odoribus) XXIII, et XXIIII à partir du fol. 289. — Le traité de doctrina cordis est côté XXV. — Les rubriques indiquant le contenu des livres, inscrites en haut des pages, manquent à partir du fol. 270 V.

Initiales en or et en couleurs, aux fol. 1 (I), 1 V. (D), 4 V. (D), 11 (A), 19 V. (D), 27 (D), 49 V. (D), 59 (D), 63 V. (P), 84 (P), 99 V. (P), 107 (C), 110 (A), 116 (E), 126 V. (D), 135 (P), 142 V. (O), 162 V. (D), 174 V. (P), 222 (C), 226 V. (D), 263 V. (D), 270 V. (P), 284 (A) et 301 (P).

N° 132

(ancien numéro 48).

Manuscrit sur papier du XVe siècle. — 189 feuillets, côtés 1—88, 88bis, 89—188. — H.: 298 mm.; L.: 213 mm.

Provient d'Echternach. Fol. 11: Codex monasterii sancti Willibrordi Epternacensis. D 14. — A 14. Continet manuale Augustini qui dicitur liber de salute anime sancte; item librum confessorum seu confitencium cuiusdam; item viridarium consolacionis et tractatum de eucharistia etc.; tractatum perpulchrum ex diversorum patrum sententiis collectum etc. et alia.

Fol. 1—10 en blanc.

Le manuscrit renferme:

I. Fol. 12—15 V. (à 2 colonnes à 54 lignes): S. Augustin, de salute anime: Quoniam in medio laqueorum positi sumus..... — Fol. 15 V. a: Explicit liber beati Augustini de salute anime. Deo gratias.

II. Fol. 15 V. b—21 R. b (à 2 colonnes à 36 lignes): Traité de penitentia, sans titre: Quoniam circa confessiones animarum pericula sunt et quandoque difficultates emergunt, et ideo ad honorem Dei sanctique Nicholai ac fratrum utilitatem et confitencium salutem tractatum brevem de confessione compilavi, sub certis titulis singula que circa confessionem requiruntur, concludens ubi facilius qui velit valeat invenire. Cuius tractatus sunt hee rubrice: Quo tempore incipiat confessio..... — Fol. 16 R. a: Quo tempore inceperit confessio et d.... hac V sunt opiniones.... — Fol. 21 R. b: Explicit summa de penitenciis.

Fol. 21 V. et 22 en blanc.

III. Fol. 23—26 V. a (à 2 colonnes à 46 lignes), traité de Henri de Hagenstein, intitulé: Pictura moderne vanitatis. Il commence: Reverendo domino ac genere preclaro domino Iohanni de Ebersteyn, canonico ecclesie Magunciensis, suus ubique clericus humillimus Heinricus Haghensteyn dictus de Hassia, post mundana celestia, post Marte sollicitudinem Marie sororis requiem.... (Explicit, fol. 26 V. a):

  Culmina virtutum teneas, felix eris inde,
  Hec non preteriunt cecum, sed ad ethera vadunt,
  Explicit hic nichili que pandit epistola mundum,
  Orbis edens facinus miserum variosque labores.

Fol. 26 V. b, en blanc.

IV. Fol. 27 R. a—39 R. b, (à deux colonnes à 50 ou 51 lignes); traité expliquant les noms des dignitaires romains, les noms indiquant les différents degrés de parenté, des expressions usitées en jurisprudence etc. Il commence : Exactis a romana civitate regibus constituti sunt duo consules; ideo sunt dicti quia plurimum reipublice consulebant ..... (Explicit): inter que si quis aliam dicat dictionem sic notam ut non exageret exponere, ut sciat necessarium introducendis quod supervacuum est provectis. Explicit.

V. Fol. 39 V. a—40 V. a (à 2 colonnes à 54 lignes) : Expositio titulorum, divisée en 5 chapitres correspondant à autant de livres. L'ouvrage, sans titre, commence : Constitutio est ius relatum, in scriptis redactum. Consultatio est in qua de iure alieno papa respondit ..... — *(Explicit):* Regula dicitur compendiosa diffinitio rerum universitatem complectens.
Sic tibi cunctorum pateat sensus titulorum.

VI. Fol. 41 R. a—46 R. a (à deux colonnes à 49 lignes); traité sur la manière dont le clergé doit se comporter. Il commence : Clericus itaque duplici ornatus esse ornamento interiori videlicet atque exteriori. Ornamentum interius inprimis consistit virtutibus ..... (Fol. 42 V. a): Hec igitur prescripta extant clericis atque sacerdotibus universis omni nisu et conatu, totis viribus facienda ac ymitanda; que vero sequuntur, per omnem modum penitus cavenda atque evitanda ..... *(Explicit):* quam quidem consideracionem atque congnicionem nobis veraciter tribuat Iesus Christus, Marie virginis filius qui est benedictus in seculorum secula. Amen.

VII. Fol. 46 R. b—47 V. a (à 2 colonnes à 58 lignes), petit traité sur l'interdit : (C)irca materiam interdicti est sciendum quod interdictum ..... *(Explicit):* Idem dico et invoco de privilegiis, ut privilegia et ibi quando interdictum, suspendi possunt et quando non, et tantum de isto.

VIII. Fol. 47 R. a—55 R. a (à 2 colonnes à 46 lignes), traité connu sous le nom de Viridarium consolacionis : Quoniam, ut apostolus Petrus ait, spiritu affati sancto locuti sunt sancti Dei homines ..... (Explicit): ad quam nos perducat Ihesus Christus, Marie filius et Dei patris unigenitus. Amen. Explicit viridarium consolacionis. *Explicit viridarium consolacionis.*

IX. Fol. 55 R. a et R. b, petit traité sur la nécessité de la confession orale : (Q)uo iure tenemur ad confessionem. Et primo videtur quod non iure naturali, quia ius naturale est idem apud omnes ..... (Explicit): Poterat ergo sine confessione absolvere propter predicta; nos autem hec non possumus, nisi plagam peccati per confessionem cognoscamus.

X. Fol. 55 V. a—57 V b (à 2 colonnes à 49 lignes), traité sur la nécessité d'observer les heures canoniques pour les prières: Septies in die laudem tibi dixi ..... Quamvis Deus semper et omni tempore sit laudandus a nobis et benedicendus, congruis tamen horis ab ecclesia ordinatis ...... (*Explicit*): Et sicut Iacob servivit pro Rachel 7 annis et ipsam optinuit, sic qui devote 7 horas canonicas cotidie Deo persolvit, vitam eternam habebit, quam nobis concedat pater et filius et Spiritus sanctus. Amen. *Explicit et cetera.*

XI. Fol. 58 R. a—59 V. a (à 2 colonnes à 51 lignes), traité, sans titre, „de periculis evenientibus circa sacramentum eucharistie", commençant: Periculis autem seu defectibus circa eukaristie sacramentum evenientibus, sacerdoti celebranti missam dupliciter potest occurri ..... (*Explicit*): Illa autem animalia in quibus species sacramentales inveniuntur, ut mures vel huiusmodi, si commode potest fieri, sunt comburenda, cinere in sacrario recondito, sicut de rasura dictum est supra. Explicit tractatus de periculis evenientibus circa venerabile sacramentum eukaristie.

XII. Fol. 59 V. b—62 R. b (à 2 colonnes à 52 lignes), traité sur la division du temps sous le point de vue de la théologie: Universum tempus presentis vite in quatuor distinguitur, scilicet in tempus deviacionis, renovacionis sive revocacionis, reconsiliacionis et peregrinacionis. Tempus enim deviacionis fuit ab Adam, postquam se a Deo deviavit, et duravit usque ad Moysen ..... (*Explicit*): sed omnia in momento, in hictu oculi peraguntur. *Explicit.*

XIII. Fol. 62 V. a—64 R. b (à 2 colonnes à 55 lignes), traité sur la différence entre les lois et les canons: Notandum primo quod secundum canones ponunt (?) appellandam sententiam, secundum leges non ..... Expliciunt differentie inter leges et canones.

XIV. Fol. 64 R. b (32 lignes): Nota quare non dicimur ita bene Iesuani a Iesu, sicut christiani ab hoc nomine Christus ......

XV. Fol. 64 V. a—89 R. a (à 2 colonnes à 61 lignes), traité de Joffridus, chanoine de S. Séverin, sur la prééminence de l'église romaine, sur les prélats, les prédicateurs etc., tiré des décrétales et écrits de Pelagius, Anacletus, Leo papa, Nicolaus papa, Gregorius, Ambrosius, Ieronimus, Marcellus papa, Iohannes Crisostomus, Innocencius, Augustinus, Gelasius, Symmachus etc. Il commence: Ceterarum ecclesiarum primatum obtinet sancta romana ecclesia. Omnes (episcopos) sive patriarche in cuiuslibet apicem sive metropoleon primatus aut episcopatuum cathedras vel ecclesiarum cuiuscunque ordinis dignitatem instituit romana ecclesia; illam vero solus ille fundavit qui supra petram fidei mox nascentis erexit...... Les autres subdivisions de ce traité sont: (fol. 64 V. b): Ecclesia dicitur multis modis; est enim ecclesia triumphans scilicet celestis.... De prelatis et rectoribus ecclesiarum. De predicatoribus et doctoribus. De arrogancia doctorum. De iure naturali et divino et de ignorancia juris. Quid sit ius naturale. Distinctio legis. Quid est mos. Quid sit lex. De consuetudine. Quod sacris canonibus magis obediendum est quam legibus. De iusticia et iudicio. Quod singula officiis singulis convertantur. De immunitate ecclesiarum et clericorum. De monachis. De gula et continencia. De oratione. De elemosina. De dileccione Dei et proximi. De caritate. De fide. De misericordia Dei et hominum. De correccione qualiter sit facienda. De castitate et pudicicia. Quod humanum est peccare. Quot malis committitur omne peccatum. Quod occulto Dei iudicio mali obdurantur. De infirmitate corporis et anime et que peccata imputantur. De libero arbitrio. Quod nullus est sine peccato. Quod mali semper bonos persequuntur. De malis tollerandis. Quod cessante causa cessat effectus. Quod malorum societas non maculat aliquem, si eorum viciis non consentit. Quod tibi non vis fieri, aliis ne feceris. De ypocritis et superbis. De unitate ecclesie. De pace et concordia. De duobus malis maius malum vitandum. De murmuracionibus et detractacionibus. De homicidio. De consciencia. De mendacio fugiendo. De verbis ociosis. Quid est licitum vel illicitum iuramentum. Quod omnia cum deliberacione sunt facienda. Quod quilibet debet esse in suo contentus. Quod non solventes decimas multa incommoda paciuntur. De usura. De maledictis et maledictione. De nupciis. De subiectione mulieris. De illegitimis. De virtute illegitimorum. De futuris scienciis demonum. De suggestione. De aqua sacramentali seu baptismo et aqua benedicta. Quibus modis committitur sacrilegium. Quod homo per anathema et excommunicacionem separatur a Christo. Quod clericis, non laicis res ecclesie sunt committende. Quod unius testis responsio non sufficit. Quod omne rarum est carum. De penis. Que contra leges et canones fiunt, pro infectis habende (*sic*) sunt. De sortilegiis et divinacionibus. Debemus a sacris repellere iniuriam, si valemus. Quod non debemus turbari, cum videmus malos prosperari et bonos mala pati. Non sunt aliqua nobis committenda delicta que........ convertant. Quod de aliquibus male acquisitis bonum fieri non potest. De furtis et rapinis. De rebus ecclesie non alienandis. De symonia. De votis. De verborum significacione. De commutatione. De offertorio. De ingratitudine. De adulatoribus. De confessione et contricione. De satisfactione. De penetenciis. De remissionibus. De satisfactione. De permissione peccandi. De domo Dei. De prescripcione. De privilegiis. De nomine sacramenti. De oblacionibus. De oblacione altaris. De communione Cristi. De esu corporis Christi. De curis huius seculi. — A la fin, fol. 88bis V. b : De fine operis. Verum quia scriptum est: omnia quecumque faciatis, aut in verbo aut in opere........... virtus cuius michi fratri Ioffrido canonico monasterii sancti Severini premonstratensis ordinis concessit, presens opusculum, breve corpore, viribus tamen amplum ad optatum finem adduci, sub cuius honore et nomine sub compendio de corpore decretorum ex auctoritatibus sanctorum patrum sparsis per loca diversa sumptum est et feliciter auspice consummatum, velud de mari magno et spacioso rivulus dirivatus, et (sic = ut) a simplicioribus digeratur facilius et memorie libencius commendetur, et ut exterior et interior homo qui fatigabatur in multis, in istis paucis salubriter et feliciter recreatur (sic) ad honorem et laudem summe et individue Trinitatis, patris et filii et Spiritus sancti, regnantes nunc et per omnia secula seculorum. Amen.

XVI. Fol. 90 R. b—94 V. b (à deux colonnes à 54—55 lignes), somme sur le dixième livre des décrétales, commençant : Christi nomen invocans ipsi et reverendissimi patris mei domini Bononiensis archidiaconi qui divinam permutatus potenciam de iure nullo fecit aliquem de con. di. et revera et ad utilitatem mei meorumque scolarium et omnium eciam in utroque iure studencium, ego imperitus doctor decretorum summam brevissimam super decimo decretalium compilavi,.......... Compilator quia satis tractavit de hiis que pertinent ad clericos, in tercio huius voluminis tractaturus de sacro coniugio quod pertinet ad laycos .... Le traité finit, fol. 92 R. b : Hec breviter pro summa decimi libri decretalium nec erit.... casum in ipso libro aut summa non comprehensum, duobus exceptis ad matrimonium non facientibus, de cond. ap. c. II et IIII, faciunt enim ad secundam partem rubrice et non ad propositum. Unde quidquid dicant, vide per Io. An.

Le copiste fait alors suivre un traité de Johannes Andreæ sur la lecture de l'arbre généalogique: (C)irca lecturam arboris diversis olim diversum modum tenentibus, Iohannes de Deo Hispanus lecture ipsius arboris novum modum assumens, per suas metricas regulas ipsius intellectum nisus fuit aperire, et propter multitudinem regularum et versuum obscuritatem aliquibus notum ignotum aliis, ignotum ignotus reddidit. Attendens igitur Io. An. inter decretorum doctores minimus et indignus invencionem arboris ex eo fuisse ut habentibus materiam consanguinitatis et affinitatis ignotam et habentibus notam, ex inspectione oculorum notissima fieret, antiquorum scripta revolvi et prout expedire credidi, compilavi. Primo querens ad utramque arborem ..... *J* (*Explicit*): Et sic misero suis (*sic*) caritas se descendit vel protendit, in qua universi fideles et precipue studentes continue perseverent, per graciam eius qui est benedictus in secula seculorum. Amen.

XVII. Fol. 95 R. a—100 V. b (à deux colonnes à 55 lignes), court traité sur le droit canon, commençant: Verborum superficie penitus resecata, de talento credito vobis relinquo, socii, margaritam ut qui stomacho lacessante non possunt vigilias cruciboli sustinere, presens opusculum amplectantur et sic precincti cingulo iuris canonici in momento mereantur nancisci quod per multa tempora sine magno labore non poterant adipisci. De iure naturali. Quot modis ius naturale accipiatur, tractatur ..... — Les autres chapitres de ce traité sont intitulés: Quis possit facere constitucionem et quid iuris de ea sit. De consuetudine. De excommunicacione et quid iuris de ea sit. De promocione clericorum. Qui possit promovere ad sacros ordines. De postulacione. De eleccione. Utrum quis possit habere plures ecclesias. De honestate clericorum. De prebendis. De renunciacione. De rescriptis. De recusacione. De procuratoribus. De excepcionibus et dilacionibus. De accusacionibus. De prescripcionibus. De decimis. De probacionibus et reprobationibus testium. De iureiurando. De infamacione et purgacione. De symonia. De sepulturis. De testamentis. De alienacione rerum ecclesiasticarum. De iure patronatus. De homicidio et criminibus. De hereticis. De venacione et histrionibus. De sentenciis et execucione earum. De appellacionibus. De monachis. De voto. De sponsalibus. ¡De frigidis et maleficiatis. Que sit forma conficiendi. De baptismo. De ieiuniis. De penitenciis et remissionibus. De ecclesiis consecrandis. — (*Explicit*): Item, quantum extendatur privilegium immunitatis et utrum ipso iure sint excommunicati transgressores, c. q. omnis et c. sicut. Explicit. Deo gratias.

XVIII. Fol. 100 V. b—101 V. b, petit traité sur la triple manière de l'élection des prélats: Ad intelligenciam decretalis quia propter exempla de electione, notabis quod secundum quosdam tres sunt forme electionis posite in decretali. Prima dicitur forma scrutinii, secunda dicitur forma compromissi, tercia dicitur forma inspiracionis ..... (*Explicit*): De tercia forma inspiracionis non est multum curandum, quia illa raro occurrit, scilicet talis inspiracio quia raro sunt in discordia.

XIX. Fol. 101 V. b—104 V. a (à deux colonnes à 49 lignes), courte explication d'un grand nombre de mots du droit canon: In verberacione quatuor considerantur; persona verberantis, in hac tria: dignitas, D.LXXXVI non liceat; animus, D.XLV, et qui emendat in principio ..... (*Explicit*): Beneficium malum. XXXVI, q. II nullus autem. Deo gracias.

XX. Fol. 104 V. a—b, court traité sur la manière d'étudier le droit canon: Nota modum studendi in iure canonico. Circa textum debes considerare tria .... (*Explicit*): sed nunquam pro textu, tunc ad textum textuales expedias circa textum. Deo gratias.

XXI. Fol. 104 V. b—105 V. a (à deux colonnes à 43 lignes), examen de la question: Questio utrum imperium dependet ab ecclesia.

XXII. Fol. 106—187 R. (à une colonne à 58 lignes, d'une autre moin), traité de Guillaume de Gulpen sur le quatrième livre des décrétales, intitulé Reportatura. Il commence: Incipiunt quedam reportata bona et utilia super quarto libro decretalium, et sequitur rubrica de sponsalibus et matrimoniis. Iste liber continuatur ad precedentem hoc modo; postquam satis tractavimus ea que spectant ad clericos, ad ea que spectant ad laycos, stylum vertamus secundum Goffridum. Et de materia huius libri prosequitur Gracianus in decretali a XXVII causa usque ad finem causarum, tractatu de penitencia interposito .... Hec omnia hic non prosequor, sed si ea velitis videre, videatis per Innocentium in c. Iuvenis I. e ti et plenius in summa Io. An quam compilavit. De Francia. Ut melius ingrediamur materiam, videamus.... — (*Explicit*): Explicit reportatura Wilhelmi de Gulpen super quarto libro decretalium.

XXIII. En bas du fol. 159 V. le même copiste a écrit:
Lambertus Petro scidit genitalia retro
Cultello tetro, solo remanente veretro.
Au fol. 188, d'une troisième main du XVe siècle:
Eltzgyn, woltu myt myr gayn,
Ich keysen dych tzo eyme wyve.

Wolt du myr van haverstro
Spynnen kleyne syde,
So weyr myr ever wol,
By der simerlyche weyr myr wol.
   Sal ich dyr van haverstro
Spynnen kleyne syde,
So saltu myr van groynen lyndenlouf
Ein par kleyder suyden,
So weyr myr ever wol.
   Sal ich dyr van groynen lyndenlouf
Spynnen kleyne syde *(sic)*,
So saltu myr de scheren hollen
Al mytten in deym Ryne,
So weyr myr ever wol.
   Sal ich dyr de scheren hollen
Al mytten in deym Ryne,
So saltu myr den molenstyn
Al durch de wolcken dryngen.
So weyr wir ever wol.
   Sal ich dyr.

N° 133.

(ancien numéro 40).

Manuscrit sur papier de la fin du XVe siècle. — 192 feuillets, aux fol. 1—17 à 2 colonnes à 30 ou 31 lignes, aux fol. 21—192 à une colonne à 34 lignes. — H.: 295 mm.; L.: 203 mm.

Provient d'Echternach: Fol. 1: Codex monasterii sancti Willibrordi Epternacensis. K 21. Continet titulos utriusque iuris et de contentis in toto decreto et decretalibus.

Contenu:

I. Fol. 1–17: *Institucionum rubrice.* Liste alphabétique des rubriques des *institutionum, digesti novi, codicis, trium librorum autenticorum, inforciati;* suivent alors, fol. 13 V., les rubriques *decime collacionis;* fol. 14 V.: *Tituli primi libri;* fol. 15 R. b: *Tituli secundi libri;* fol. 15 V. a: *Tituli tercii libri;* fol. 16 R. a: *Tituli quarti libri;* fol. 16 V. a: *Tituli quarti libri secundum lecturam Hostiensem que ponitur post secundum librum in hoc volumine.*

Fol. 17 V.—20, en blanc.

II. Fol. 21—25, petit traité sur les abréviations employées dans les ouvrages traitant du droit et sur les différents ouvrages constituant le droit canon et civil. Il commence: Ut legentibus et studere volentibus summe et glose iuris facilius constare poterit breviature tam in iure canonico quam civili, est advertendum quod ..... — Il finit: Quintus determinat de accusacionibus et criminibus diversis et penis eorum. Versus:

> Pars prior officium creat ecclesieque ministros,
> Altera dat testes et cetera iudiciorum;
> Tercia de rebus et vita presbiterorum;
> Dans thorum quinta mulierumque decet ea *(sic)*
> Ultima de viciis tractat et de penis eorum.

Hii sunt duodecim tituli tocius iuris canonici et civilis. Et in illis libris sunt multe difficultates, breviature difficiles et diverse que tanguntur in alphabeto presenti ut predictum est in principio huius opusculi. Et sic est finis.

Fol. 26—30 en blanc.

III. Fol. 31—33, vers sur les tituli decretalium; chaque mot est expliqué au-dessus de la ligne par la reproduction intégrale du titre auquel il se rapporte. Ils commencent:

> Summum constitue rescriptum consue postul.
> Electus translata usuque renuncio supplen.

IV. Fol. 33 V.—42 V., ouvrage indiquant toutes les distinctions des décrets et les questions qui y sont traitées; il commence: Corpus iuris dividitur in ius canonicum et civile; ius autem canonicum dividitur in decretales et decreta ..... (*Explicit*): In V^{ta} de confirmacione et ieiunio. Et sic terminatur liber iste in tribus titulis in Spiritu sancto. Explicit igitur libellus in quo continentur sub paucis verbis omnes distinctiones, cause decretorum, omnes questiones et cuiuslibet questionis solucio regulariter determinata.

V. Fol. 43—192: Explication des décrétales, précédée d'une petite notice sur leur division et origine: Ius canonicum dividitur in decretales et decretum. Decretales dividuntur in quinque libros .... — L'explication du premier livre commence, fol. 44: Rubrica de summa Trinitate et fide catholica. Firmiter. Pater et filius et Spiritus sanctus una unione non collectiva nec similaria sunt una essencia, substancia sive natura que nec est generans nec generata nec procedens, quia illi actus non attribuuntur substancie, sed persone, nec per hoc constituitur in trinitate qua trinitas. Contrarium vero sencientes heretici sunt censendi, nisi ab errore huiusmodi resipiscant vel correctioni ecclesie se submittant. Item ista predicta magis possunt intelligi casus c. dampnamus, in quo reprobat duos errores. Item hic habetur quomodo Deus simul ab inicio temporis creavit utramque creacionem angelicam et mundanam et deinde humanam, quasi communem ex utraque. Item hic habentur plures articuli fidei. Item una est ecclesia extra quam nemo solvatur. Item de baptismo. Item lapsus post baptismum per penitentiam reparatur, sed de ista materia plura vide in libris sentenciarum. Sequitur rubrica de constitucionibus. — Fol. 81: *Explicit primus decretalium. Incipit secundus.* — Le troisième livre commence fol. 104 V. — Fol. 142 V.: *Sequitur quartus liber decretalium.* — Fol. 159 V.: *Sequitur quintus liber decretalium.*

N° 134

(ancien numéro 5).

Manuscrit sur papier du commencement du XVIe siècle. — 218 feuillets à deux colonnes à 39 lignes. — H.: 282 mm.; L.: 212 mm.

Provient d'Orval. — Fol. 1: Bibliothecae Aureaevallis (XVIIIe siècle). — N 4. — Fol. 218: M. SS. d. 12.

Contenu:

I. Fol. 1—211 V.: Expositio domini Ioannis cardinalis sancti Sixti qui vulgo nuncupatur a Turrecremata in regulam sancti patris Benedicti (titre d'une main du XVIIIe siècle). — Avant l'ouvrage proprement dit, la lettre par laquelle le religieux Arsène demande au cardinal l'explication de la règle de S. Benoît. Elle commence: Reverendissimo in Christo patri et domino domino Iohanni cardinali sancti Sixti, Arsenius monachus. Cum superioribus diebus.... Elle finit: Deum pro te summis assiduisque precibus rogitabunt. Vale. Florencie, duodecimo kl. aprilis 1442. — Suit l'ouvrage proprement dit, commençant: Responsio domini cardinalis. Accepi litteras, dilectissime frater, domine Arseni, ... Après cet ouvrage suit, fol. 208 V. b—211 V. b: Tabula capitulorum precedentis operis.......... A la fin: Et sic est finis, sit laus et gloria trinis.

II. Fol. 212—218, à deux colonnes à 42 lignes, d'une autre main du XVIe siècle, quatre sermons:

a) Sermo in indutione novicii ad constantiam incitativus. Donec desinam, non accedam.... Iob libro vicesimo quinto capitulo quinto. Hiis, carissime frater, sentenciis colligere poteris quam bonum, quam eciam salutare sit bono principio......

b) Incipit sermo in vestitura religiosorum. Ite et vos in vineam meam. Math. XX., et in ewangelio dominice currentis. In Christo perdilecte frater, cui datum est ceteris pre multis noscere misterium regni qui te sua vocavit gracia singulari ad locum istum et montem sanctum Dei.....

c) Incipit sermo in receptione noviciorum. Venite ad me omnes qui laboratis..... Dilecte frater, novit Dei clementia qui te in admirabile lumen suum vocavit quam persepe humana fragillitas.....

d) Incipit sermo in professione de obediencia. Dilecte in Christo frater, iam admissus ad ordinis professionem, iam deliberata volens mente mundo renunciare ..... (*Explicit*): usque ad mortem quem sequi non servire, sed regnare est hic in presenti per graciam et postmodum cum ipso per gloriam, ad quam nos perducat qui vivit et regnat.

N° 135

(ancien numéro 29).

Manuscrit sar parchemin du Xe siècle. — 208 feuillets à deux colonnes, côtés 1—66, 66bis, 67—116, 116bis, 117—206. — H.: 278 mm.; L.: 228 mm.

Provient d'Orval; Fol. 1: Liber sante Marie de Aure(avalle) (XIIe siècle). — N 3. — Fol. 206 V.: M. SS. d. 11.

Contenu:

I. Fol. 1 V.—169, à deux colonnes à 31 lignes, l'ouvrage de Smaragdus, abbé de S. Michel, expliquant les épîtres et les évangiles pour les dimanches et les fêtes. Il commence: *Incipit praefatio*. Cernens in ecclesia plurimos divinarum scripturarum misticos sagaciter perquirere sensus earumque typicos velle decere fructus, hunc ex multis allegoriarum floribus plenum curavimus colligere librum . . . . — Fol. 1 V. b: *Praemium*. Quaeritur quaere (sic) post evangelia voluit apostolus ad singulas ęcclesias epistolas distinare . . . . . — Fol. 2 V. a: *In vigilia nativitatis* Domini ad nonam. Lectio epistole beati Pauli ad Romanos. Epistola grecę latine supermissa dicitur. Epi enim grece latine super dicitur, stola missa . . . . . (Explicit, fol. 169 V. b): Dei ergo omnipotentis iugiter et suppliciter misericordiam depraecemur, ut nobis fidem rectam et intellectum sibi placitum caritatemque perfectam ad exercenda bona opera concedat, quod ipse praestare dignetur qui cum patre et Spiritu sancto vivit et regnat Deus per omnia secula seculorum. Amen.

II. Fol. 169 V. b—173 V. b: *Incipiunt questiones Orosii et responsiones sancti Agustini episcopi*. Lectio sancti evangelii secundum Iohannem. In illo tempore . . . . Cum cuncta sacra eloquia dominicis plena sunt preceptis, quid est quod . . . . . (*Explicit*): Certe henim persecutionis tempore erubescere poterant fideles.

Ce traité est écrit d'une autre main, également du Xe siècle, à 38 lignes par page; cependant la dernière ligne d'en bas de chaque page est enlevée par la reliure.

La première partie du manuscrit, comprenant 175 feuillets, se compose de 21 quaternions complets, côtés au recto de chaque premier feuillet (le 18e cahier a 10 feuillets): T. III, Q. IIII, Q. V, S. VI, Q. VII, Q. VIII, X, XI, XII, XIII, XIIII, XV, XVI, XVII, XVIIII (et à la fin du même cahier, d'une autre main Q. XVIIII), XX, XXI, XXII; le cahier côté XXIII ne compte que 5 feuillets.

III. Fol. 174—206, à deux colonnes à 57 lignes, d'une main du XIIIe siècle, un ouvrage expliquant les décrets de Gratien.

Il commence: Navem sancti pro torace iusticiam et pro galea iudicium erit. Lumen . . . . . inexpugnabilem equitatem. Ad locum certum deducet eos Dominus. Hec enim est armatura Dei, omnis armatura fortium hii sunt mille clipei . . . . . Fol. 181 R. a commence une seconde partie du même ouvrage: Dictum est distinctionibus XCIX de primatibus et divisione provinciarum. Additur quod in una provincia § Y. XVI. Q. III 1. iubemus, duo metropolitani esse non debent, nec etiam propter preceptum imperatoris, licet provinciam unam in duas dividat, ... Explicito tractatu de ecclesiasticis officiis, agitur modo tractim de ecclesiasticis causis, tandem in sacramentorum explanatione finem operi positurus. Hunc autem medium de negociis tractatum in XXXVI partitiones distinguit quas dicimus causas ..... Le manuscrit, incomplet à la fin, s'arrête avec la cause XXXVI, quaestio I, par ces mots : Ecclesia etiam secundum legem raptorem ad eam confugientem non defendit, Y. aut. col. III, de mandatis princi.

En bas du fol. 5 R., une main du XIIIe siècle a écrit cette formule : Talis iudex vel decanus universis subditis suis salutem in Domino. Cum vadia crucesignatorum in parrochiis vestris aliquando contra insticiam capiantur et ipsi crucesignati vel alie ecclesiastice persone indebite molestentur, cum in aliquas exactiones indebitas nullatenus teneantur, vobis mandamus quatenus moneatis dominos sub quorum existunt iurisdicione, diligenter moneatis ut vadia dictorum hominum eis restituantur, et nisi moniti desisterint, eos excommunicetis et loca ubi vadia vel res vel corpora ipsorum detenta fuerint, tamdiu subiciatis interdicto, donec eis sue res fuerint restitute vel eorum corpora liberata, et nos de ...... (Le reste, une douzaine de mots à peu près, a été gratté soigneusement).

Aux fol. 174 et suivants, une main du XIIIe siécle a écrit en marge un assez grand nombre de notices sur le droit; en voici un exemple : Prohibicio large et stricte dicitur. Stricta prohibicio facit transgressionem, et ita est mortale peccatum. Larga vero comprehendit etiam venialia esse prohibita. Similiter et preceptum potest dici. — Mos : quandoque non est iuris et secundum hoc **est pars**, consuetudo totum; quandoque mos dicitur hominis qualitas, uti ebrietas et similia; quandoque ipse actus dicitur, et secundum hoc in duabus significacionibus accipitur, cum dicitur mos trahi de moribus, id est ius trahi de actibus hominis frequentibus.

N° 136.

Manuscrit sur parchemin du commencement du XVIe siècle (1511). — 126 feuillets à 2 colonnes à 31 lignes. — H.: 276 mm.; L.: 208 mm.

Provient d'Echternach. Fol. 1 R.: .... monasterii s. Willibrordi in Epternaco. — Fol. 126 V.: Codex monasterii sancti Willibrordi in Epternaco.

Contenu:

I. Fol. 1 V.—3 R. a: *Exorcismus salis et aque.* Adiutorium nostrum in nomine Domini, qui fecit etc. Exorciso te, creatura salis ......

II. Fol. 3 R. b—5 V. b: *De periculis contingentibus circa sacramentum eucharistie et de remediis eorundem secundum decreta, ex dictis sancte Thome de Aquino.* Primum periculum est quod si sacerdos morte vel gravi infirmitate preoccupetur, antequam missam finiat ..... (*Explicit*): Thomas tamen in III parte tenet quod debet aliam hostiam ponere et consecrare et sumere, quia preceptum de perceptione sacramenti maioris est ponderis quam preceptum quod a ieiuniis sumatur. Deo gratias.

III. Fol. 5 V. b—10 V. b: Martyrologium. Lectio martyrologii recitatur ..... (Préceptes pour la lecture du martyrologe suivis du dernier chapitre à lire aux primes). — Fol. 7—10 une main du XVIIIe siècle a ajouté: supplementum in quo reperiuntur festa mobilia in martyrologio omissa.

IV. Fol. 11 V. a, note sur la confection du présent volume, écrite en entier à l'encre rouge: Sub venerando domino Thoma, abbate Maximinensi, pro monasterio Epthernacensi, cui preerat tunc reverendus pater ac dominus dominus Ruperthus de Monreall, abbas ac Epthernacensium dominus, scriptus est presens liber in cenobio Maximinensi ex fraterne dilectionis affectu per humilem fratrem et indignum sacerdotem fratrem Vincentium Coci de Cochme, et completus anno dominice incarnationis millesimo quingentesimo undecimo, sexto nonarum octobrium, reformationis autem huius monasterii anno decimo quinto; cuius anni quinto kl. maii inclite recordationis gratiosissimus Trevirorum archiepiscopus Iacobus ex Badensibus comes in Colonia Agrippinensi nequam hoc seculum reliquit, atque illi concordantissime in Treverica metropoli electus acclamatione plebis quoque reverendissimus dominus Richardus Griphenclae subrogatur, Iulius papa 2ᵘˢ .... (Suivent deux ou trois mots grattés).

V. Fol. 12—43 V. a: Martyrologe de S. Jérôme, précédé de la lettre de Chromatius et Eliodore à S. Jérôme, suivie de la réponse de celui-ci. A la fin: *Laus omnipotenti*.

VI. Fol. 43 V. b—48 R. b: Evangile pour le jour de la Cène: *In Cena Domini. Ad mandatum*. Ante diem autem festum pasche ..... A la fin: *Laus omnipotenti*.
   Abluit omnipotens hominum vestigia pronus,
   Alter ut alterius sic lavet ultro pedes.

VII. Fol. 48 V. a—79 V. a, Règle de S. Benoît: *Incipit prologus regule eximii patris Benedicti abbatis*. Ausculta, o fili, precepta ..... Fol. 50 R. b: *Explicit prologus regule beati Benedicti abbatis. Incipiunt capitula*. ..... Fol. 50 V. b: *Expliciunt capitula. Capitulum primum. De generibus monachorum*. Monachorum quatuor esse genera ..... — Fol. 79 V. a: *Explicit regula beatissimi patris nostri Benedicti abbatis eximii de vita monachorum. 1511*.

VIII. Fol. 79 V. a—82 R. b: Prières et cérémonies lors de la prise d'habit des religieux de S. Benoît: *Peticio noviciorum ad fratres pro habitu ordinis*. Charissime pater vel frater, rogo vos .... (*Explicit*): *Post hec osculatur eum dominus abbas et reliqui*.

IX. Fol. 83—126, à une colonne, obituaire d'Echternach, écrit de la même main que les feuillets 11—82, avec des ajoutes postérieures allant jusqu'à l'année 1794; il a été publié intégralement par M. Peters dans les publications de la section historique de l'Institut de Luxembourg, t. XXVIII, p. 140—173.

Des initiales se trouvent aux fol. 12 (D), 48 V. (A) et 50 V. (M); celle-ci, en or et en couleurs, comme les précédentes, est ornée en outre de deux écussons; à gauche les armes d'Echternach: d'or à une aigle de sable éployée à deux têtes, à droite celles de Robert de Monréal: d'or à 7 losanges de sable, 4 et 3.

N° 137

(ancien numéro 43).

Manuscrit sur parchemin du XIIIe et XIVe siècle; 241 feuillets côtés I—LXIX, LXXX—LXXXIX, LXXX, LXXXXI—CCXXV, CCXXXI—CCLII, sans lacune entre les feuillets côtés 69 et 80, mais avec une lacune de 5 feuillets entre fol. 225 et 231; à 22 lignes par page. — H.: 252 mm.; L.: 163 mm.

Provient d'Echternach.

Evangéliaire pour l'année, commençant: In die palmarum, ad benedictionem palmarum. — Le premier feuillet est copié deux fois, une fois d'une main du XIIIe siècle et une autre fois d'une main du XIVe siècle; il en est de même du 6e feuillet; les anciens feuillets se trouvent en tête du manuscrit et sont séparés de ceux qui suivent par un feuillet laissé en blanc.

Fol. 216 V., une main du XIVe siècle a ajouté quatre légendes:

1) Femina quedam ex multa devotione sepe communicare solita erat, que quanto plus cibum celestem cepit appetere, tanto magis corporalem cepit fastidire . . . .

2) Quidam miles nobilis coram imperatore Frederico innocenter accusatus, contra fortissimum militem singulare duellum compromisit . . . .

3) In civitate Bunnensi inclusa quedam erat religiosa satis et devota. Hec cum nocte quadam rimulis cellule sue splendorem nimium cerneret . . . . .

4) Canonicus quidam nobilis pastor erat cuiusdam ecclesie cuius **vicarium** sciens habere pecuniam, cogitabat qualiter aliquid extorqueret, sciensque eum illeteratum . . . . .

N° 138.

Manuscrit sur parchemin de la fin du XIe ou du commencement du XIIe siècle. — 172 feuillets à deux colonnes à 65 ou 66 lignes. — H.: 520 mm.; L.: 350 mm.

No 138.

Appartenait à l'abbaye d'Orval. Fol. 172: Liber beate Marie Aureevallis. Qui eum abstulerit, anathema sit. Cependant il ne provient pas directement de cette bibliothèque; il appartenait longtemps à M. de Neunheuser, vicaire-général à Luxembourg; après la mort de celui-ci, arrivée en 1831, il fut acquis pour la bibliothèque, par M. Clasen, bibliothécaire, au prix minime de 12 florins.

Le manuscrit renferme une copie de l'histoire naturelle de Pline, écrite d'une seule main, mais copiée sur deux manuscrits différents; le premier de ces originaux auquel notre manuscrit a emprunté la préface et les 32 premiers livres, présentait des lacunes dans le texte; à tous ces endroits le copiste de notre exemplaire avait laissé des espaces blancs, dans la prévision, sans doute, qu'un jour il pourrait combler ces lacunes à l'aide d'un autre original plus complet. C'est ce qui a eu lieu effectivement; les blancs laissés ont été remplis et l'ouvrage a été en outre complété par l'adjonction des livres 33—36. Le 37e livre manque.

Les passages intercalés pour compléter les 32 premiers livres comprennent les paragraphes suivants:

Livre 21. — § 161 jusqu'à la fin du livre.
Livre 22. — § 1—65.
Livre 23. — § 37—55 et le § 66.
Livre 24. — § 1—7.
Livre 25. — § 117—141.
Livre 26. — § 64—84.
Livre 28. — § 74—79 et 119—182.
Livre 30. — § 107—119.
Livre 31. — § 49—62.
Livre 32. — § 149 jusqu'à la fin du livre.

Pour remplir les lacunes, le copiste a dû nécessairement serrer son écriture, pour que l'espace réservé fût en tout cas suffisant. Il a si bien pris cette précaution qu'à presque chaque intervalle laissé d'abord en blanc, il a eu de la place de reste; il reste donc toujours des espaces blancs, aux fol. 106, 110, 112, 122, 125 et 145. Le copiste a eu une seule fois trop peu de place; c'était au fol. 133 R. b; en marge il a inscrit la note suivante: quod hic per neglegentiam interceptum est, require in fine libri sub tali signo +. Le passage omis comprend le chap. 7, 13 du livre 28 depuis: multa diximus de hac violentia, jusqu'au chap. 9, 49 du même livre: medetur dentibus; il se trouve transcrit au recto du fol. 171 et se termine fol. 172 Verso.

Les différentes parties, copiées des deux originaux, bien qu'écrites de la même main, se reconnaissent à première vue par la couleur de l'encre employée; les passages intercalés pour remplir les lacunes laissées par le premier original, sont écrits d'une encre plus pâle, et les grandes initiales mêmes qui se trouvent aux commencements des livres 22 et 24 sont moins bien faites, tracées seulement en couleurs, tandis que celles qui se trouvent en tête des autres livres, sont en or et en couleurs.

Les initiales marquant le commencement de chaque livre, se trouvent fol. 1, 9, 12, 16, 21, 27, 33, 39, 44, 49, 56, 59, 62, 65, 69, 74, 81, 89, 93, 100, 105, 109, 114, 118, 123, 128, 131, 135, 139, 143, 147, 151, 155, 160 et 165.

Le manuscrit a été décrit in extenso par M. Namur, bibliothécaire, dans une notice insérée dans les Bulletins de l'Académie Royale de Belgique (2e série, tome XI), sous le titre: Sur un manuscrit de Plinii Historia naturalis, de la fin du onzième siècle, conservé à la bibliothèque de l'athénée de Luxembourg; 1860. — M. Michel, professeur à Luxembourg, a publié les variantes d'une partie de notre manuscrit, dans le programme de l'Athénée de Luxembourg pour l'année scolaire 1864—1865, sous le titre de: Le manuscrit de Pline le Naturaliste conservé à la Bibliothèque de l'Athénée de Luxembourg (50 pages in 4º); il y a collationné les passages suivants: Livre 21, § 92 jusqu'à la fin du livre; livre 22, § 1—30; livre 23, § 22—27; livre 24, en entier; livre 25, § 70—90; livre 26, § 39—51; livre 28, § 21—49; livre 30, § 33—40 et livre 31, § 28—33.

Il est également parlé de notre manuscrit par M. Waitz dans le *Philologus*, VII, 3, p. 569, et dans le huitième volume, p. 21, de *l'Archiv für ältere deutsche Geschichtskunde*, ainsi que par M. L. von Jan, dans les „Sitzungsberichte der k. bayerischen Akademie der Wissenschaften zu München", 1862, Bd. 1, p. 227. Or tandis que M. Waitz est d'avis que le manuscrit de Luxembourg pourrait être utilisé avec fruit pour une édition de Pline, M. Jan qui ne connaissait que le travail de M. Namur, est d'un avis contraire. Cependant, les passages copiés du second original présentent un grand nombre de bonnes leçons et paraissent avoir une grande affinité avec le codex rescriptus de Bamberg. J'ai collationné tout le manuscrit; ma collation est à la disposition de quiconque veut s'occuper de l'Histoire naturelle de Pline.

N⁰ 139

(ancien numéro 18).

Manuscrit sur parchemin du XIII⁰ siècle. — 279 feuillets à 2 colonnes à 54 lignes. — H.: 420 mm.; L.: 256 mm.

Provient d'Echternach. Fol. 1: Codex sancti Willibrordi Epternacensis cenobii. K XI. (22.) Continet decretum Graciani nigri monachi cum modica glosa (XVI⁰ siècle). — Fol. 3, en bas: Iste codex pertinet ad monasterium S. Willibrordi in Epternaco (XIV⁰ siècle).

Contenu:

I. Les décrets de Gratien, précédés, fol. 1 V. et 2 R., d'un index des chapitres et accompagnés, tantôt sur les marges latérales, tantôt sur les quatres côtés du texte, d'explications marginales. Le texte commence: Humanum genus duobus regnatur, naturali videlicet iure et moribus. Ius naturale est quod in lege et evangelio continetur.... L'ouvrage est divisé en deux parties, la première, comprenant 99 distinctions, semble incomplète à la fin: elle se termine, fol. 65 V. b, par les mots suivants du chapitre: *Non vocentur primates nisi qui primas sedes tenent:* .... Reliqui metropolitani nominentur, qui alias metropoles tenent. Item ex concilio Africano. *Princeps vel summus.* — Fol. 66 commence la seconde partie, comprenant 36 *causae* subdivisées chacune en deux ou plusieurs *quaestiones*. Elle commence: Quidam habens filium obtulit eum divitissimo cenobio.... — Cette seconde partie est incomplète; il y a une lacune, probablement d'un cahier de huit feuillets, entre les fol. 145 et 146; fol. 145 finit par les mots suivants de la causa XV. du chapitre intitulé: *Lese maiestatis et publicorum iuditiorum et symonie accusatio equaliter preponatur:* legibus enim soli cantores et lectores, canonibus autem acoliti uxores ducere possunt; quamvis igitur sacris canonibus; la réclame en bas de la page porte: submoventur. — Fol. 146 commence avec la fin de la quaestio I et la quaestio II de la causa XVIII: canones quod acquirere poterit, restituat. *Quaestio II.* Secundam vero questionem terminat..... — La troisième partie commence au Verso du fol. 254: *De consecratione ecclesiarum* .... — Fol. 279 V. a—281 R. a, un index des matières traitées.

Initiales aux fol. 2 V., 66, 83, 98, 104, 106, 108, 110 V., 115, 118, 120 V., 123, 138, 141 V., 144 V., 148, 149, 151, 153, 159, 177,

186, 189, 195, 201 V., 205, 206, 208 V., 210 V., 218 V., 245 V., 246 V., 253 V. et 254 V.

II. Au Verso du fol. 281 des vers donnant la succession des papes jusqu'à l'année 1208:

    Si vis pontifices romane discere sedis,
    Carminibus nostris perlectis scire valebis.
    Primo papatus Petrus est in sede locatus;
    Qui consederunt, Linus Cletusque fuerunt.
5. His Clemens iunctus simili fuit ordine functus.
    Disputat hinc mundus, sit quartus sitne secundus.
    Hinc Anacletus presidet et hinc Evaristus.
    Hinc Alexander successit, in ordine Sixtus.
    Hos iuxta positus Thelesphorus cum et Yginus.
10. Additur Anicius seu presul nomine Pius,
    Sother et Eleuther quibus est Victor quoque mixtus,
    Quos Zepherinus habet comites martirque Kalixtus,
    Urbanus turbe Christi prelatus in urbe.
    Post hos papatus successit in arce locatus
15. Hinc Pontianus, hinc Antheros, hinc Fabianus,
    Cornelius, Lucius, Stephanus Sixtusque secundus.
    Hos rutilans iuxta Dionisi sede venusti
    Felix, Romanus cui iungitur Euticianus.
    His comites Gaius seu Marcellinus habentur,
20. Marcellus necnon Eusebius annumerentur.
    Melciades etiam, post quem Silvester haberi
    Te dominus papam decrevit in ordine cleri.
    Marcus cui Iulius succedit Liberiusque,
    Felix et Damasus, cleri speculumque decusque.
25. Exule Liberio Felix in sede locatur
    Martiriumque subit, cum Liberius revocatur,
    Quare Liberii Damasus successor habetur,
    Sicut Iheronimi cronica narrante docetur.
    Post ea Syricium numeramus Anastasiumque,
30. Hinc, Innocenti, te qui comitaris utrumque.
    Post Zosimum vero Bonifacius enumeratur.
    Hinc Celestinus cum Sixto consociatur.
    Hos autem iuxta Leo, vir doctissimus, exstat,
    Eloquium cuius quantus fuerit, manifestat.
35. Hylarus hinc et Simplicius Felixque sequuntur,
    Post quos Gelasius Anastasiusque leguntur. 1)

---

1) En marge: Hic Mercurius deest.

No 139.

Symachus, Hormisda rutilant presulque Iohannes
Quos sequitur Felix, Bonifacius atque Iohannes.
Agapitum cum Silverio tecumque, Vigili,
40. Pelagium legimus papali sede potiri.
Hos meriti magni pape premitto Iohanni,
Papam post istum papam numero Benedictum,
Pelagium Rome prelatum postea prome,
Hinc tu, Gregori, conformans cuncta decori,
45. Ecclesię Christi sola (?) lucerna fuisti.
Post te Blerenum civem lego Sabinianum,
Hinc Bonifacius et Bonifacius annumerentur.
Deusdedit et quintus Bonifacius his socientur.
Honorium cum Severiano, teque Iohannes
50. Dicunt, predictos celestes scribimus amnes.
Post hos Theodoro Martinum consociemus,
De quo quid fuerit, per grecos iassus habemus.
Additur Eugenius, presul quoque Vitalianus,
Adeodatum cum Domno suscipiamus.
55. Scribitur hinc Agatho, siculę regionis alumnus
Et copulatur ei prudens Leo papa secundus.
His adiungatur Benedictus sive Iohannes,
Et Conon tecum, Sergi, sextusque Iohannes.
Hinc alio papa gavisa est Roma Iohanne,
60. Et te, Sisinni, genito genitore Iohanne.
Post Constantinum Gregorius alter habetur,
Tercius his etiam Gregorius associetur.
Hinc Zacharias, Stephanus Paulusque notentur,
Hinc Constantinus, Stephanus quoque connumerentur.
65. Post Adrianum Leo tercius esse videtur,
Post Stephanum quartum Paschalis presul habetur.
Eugenius vero papę subscribitur isti
Cuius successor tu, Valentine, fuisti.
Gregorius quartus et Sergius et Leo quartus,
70. Pontificem dictum post quos legimus Benedictum.
Hinc, Nicholae, tuo tua gaudet Roma decore,
Cuius Adrianus post mortem fulsit honore;
Octavi viguit post hos doctrina Iohannis
A quo Marinus perpaucis prefuit annis.
75. Presulibus presul subnectitur his Adrianus
Et Stephanus quintus; genuit pater hunc Adrianus.
Postea Formosum legimus kathedram tenuisse,
Inde Bonifacium papatum promeruisse.

Post Stephanum sextum Romanum perlege tandem
80. Et post Theodorum nonum subnecte Iohannem.
Hinc, Benedicte pater, ut tecum connumeretur,
Dentulo *(sic)* Damasi Christoforus associetur.
Sergius hinc rutilans Anastasio copulatur
Et Lando vivens modicum super astra levatur.
85. Omnibus his tandem decimum coniunge Iohannem.
Et Leo cum Stephano precedit papa Iohannes,
Cui Leo seu Stephanus succedunt dogmate grandes
Necnon Martinus, Agapitus atque Iohannes.
Presulibus quintus coniungitur his Benedictus,
90. Cui Leo iungatur, Iohannes et Benedictus,
Et Domnus necnon Bonifacius et Benedictus.
Et quartumdecimum post istos scribe Iohannem.
Et quintumdecimum post istos scribe Iohannem.
Gregorium quintum prius et post scribe Iohannem.
95. Post quem Silvestrum prius et post scribe Iohannem.
Hinc etiam nonumdecimum subscribe Iohannem.
Sergius hinc quartus subnectitur et Benedictus.
Restat vicesimus Iohannes seu Benedictus.
Hunc nonumdecimum depromunt scriptum Iohannem,
100. Quod cur eveniat, dabit hoc cognoscere carmen;
Quendam Iohannem si Mercurium vocitamus,
Istum vicesimum nonumdecimum numeramus.
Silvester cum Gregorio Clemensque secundus,
Cum Damaso rutilat Leo post Victorque secundus.
105. Stephanus hinc nonus necnon decimus Benedictus.
Et succedit eis Nicholaus in ordine mixtus.
Alter Alexander cum Gregorio copulatur.
Victor et Urbanus cum Paschali comitantur.
Gelasium mundo concessit post ea Christus,
110. Cui decedenti succedit papa Kalixtus.
Honorius kathedram post omnes hos decoravit.
Hinc, Innocenti, te papam Roma vocavit.
Post Celestinus cęlesti dogmate functus
Crismate letitię fit pre consortibus unctus.
115. Lucius hinc mundi cupiens obsistere morbis
Est raptus, tali quia dignus non fuit orbis.
Tercius Eugenius clero dum tolleret Adę
Costam, maiori ruit in meretricia clade.
Post Anastasius successit et hinc Adrianus.
120. His succedit Alexander pacemque reformat,

Scismaque destruit Augustoque reconciliatur.
Lucius hunc sequitur, post hunc, Urbane, subintras.
. . . .
Hinc Celestinus, post Innocentius urbi
125. Presedit, sub quo rex corruit ense Philippus.
Post M bis CC *(sic)* que bis quartus dum foret annus
Ex insperato successit ei pius Oddo.

Le vers 123, rappelant le pontificat de Grégoire VIII et de Clément III, est effacé presque complètement; il ne reste que des traces de quelques lettres. Les quatre vers suivants, 124—127, bien qu'écrits de la même main, le sont d'une autre encre.

N° 140

(ancien numéro 19).

Manuscrit sur parchemin du XIVe siècle. — 198 feuillets, à 2 colonnes à 48 lignes pour le texte des décrétales et à 110—111 lignes pour le commentaire. — H.: 408 mm.; L.: 248 mm.

Provient d'Echternach. Fol. 1: K 12. Codex monasterii sancti Willibrordi Epternacensis. Continet quasdam glosas in marginibus, constitutiones sive decretales in quinque libris digestas et novas constituciones Innocencii quarti pape in concilio Lugdunensi (XVIe siècle in.)

Contenu:
I. Fol. 1 V., sur cinq colonnes, index des décrétales de Grégoire IX.

II. Fol. 2—181, les décrétales de Grégoire IX accompagnées d'un commentaire très-étendu, écrit en marge; les décrétales commencent fol. 2 V.: *Incipit prohemium decretalium.* Gregorius episcopus ..... scolaribus Bononie comorantibus .... Rex pacificus ...
— Fol. 3 R. a: Incipit liber decretalium. De fide catholica et summa Trinitate. Innocentius III in concilio generali. Firmiter credimus.....
— Le commentaire commence: In principio huius libri quinque sunt principaliter prenotanda, videlicet que sit intentio, que materia, que

utilitas, cui parti philosophie subponitur, quis modus agendi et quis libri titulus. Intentio domini Gregorii in hac presenti compilatione fuit diversas constitutiones et decretales, epistolas predecessorum suorum in diversa dispersas volumina, seu compilationes que difficultatem studentibus ingerebant, in unam compilationem resecatis superfluis ad utilitatem legentium ac studentium reducere, prout in eiusdem domini Gregorii constitutione evidentius declaratur ..... — Le deuxième livre des décrétales commence au fol. 47 R. a: *Incipit liber secundus. De iudiciis.* De quo vult Deo. Ex concilio Affricano. Centuriensi episcopo ..... — Fol. 92 V.: Explicit liber secundus. Isto finito sit laus et gloria Christo.

Fol. 93: *Incipit liber III. De vita et honestate clericorum.* Ex concilio Maguntino. Ut laici secus altare .... — Entre les feuillets 100 et 101, lacune, à partir de la fin du chapitre VII: *De institucionibus*, jusqu'à la fin du chapitre XXXIV; fol. 101 R. b, commence le chapitre XXXV: De statu monachorum *et canonicorum regularium.* — Fol. 117 V. a: *Explicit liber III. Incipit liber IIII. De sponsalibus et matrimonio.* Ex concilio Triburiensi. De Francia quidam ..... — Fol. 134 R. a: *Incipit liber V. De accusationibus, inquisitionibus et denunciationibus.* Felix papa. Si legitimus .... — Fol. 181 V. a: Explicit liber quintus.

II. Fol. 182—188 R. b, commencement des décrétales d'Innocent IV; en haut de la page:
Adsit principio virgo Maria mea. Amen.
L'ouvrage commence: *Innocencius IIII in concilio lugdunensi.* (C)um in multis iuris articulis .... (La bulle par laquelle Innocent IV avait adressé ces décrétales aux universités de Bologne et de Paris, n'est pas reproduite dans notre manuscrit à sa place ordinaire, elle se trouve fol. 185.)

Schulte, Die Dekretalen zwischen den „Decretales Gregorii IV" und „Liber VI Bonifacii VIII", ihre Sammlung und Verarbeitung ausserhalb des Liber VI und im Liber VI (Wiener Sitzungsberichte, Bd. 55, p. 701 ss.), donne, p. 705—708 les titres des décrétales de cette collection; notre manuscrit renferme les décrétales citées par Schulte sous les numéros 1, 2, 3, 4, 5, 6, 8, (9 manque; en marge: Officii nostri debitum; require de offitio legati), et 10, celle-ci finissant par les mots: nec suffraganeorum Remensis ecclesie subortos ipsorum deligationem suscipere. Après une lacune de plusieurs feuillets, fol. 183, la fin du numéro 32, commençant: solis corporum, sed mortem procurent et animarum....; les numéros 33, 34, 35, 46, 37, 38, 39, 40, 41 et 42. — Après le n° 41, fol. 185 V. a, la bulle d'Innocent IV adressée au chancelier de l'université de Paris (Innocentius episcopus servus servorum Dei dilecto filio cancellario Parisiensi salutem et apostolicam benedictionem. Ad expediendos nodos ....), par laquelle il fait connaître ses décrétales authentiques; elle finit par les mots: absque mandato sedis apostolice speciali. — Après le numéro 42 suivent les numéros 23 et 24. — Fol. 188 R. b: Expliciunt constitutiones nove Innocentii IIII.

Le fol. 182 sans commentaire.

III. Fol. 188 R. b—196 V. a: *Incipiunt constitutiones Gregorii decimi edite in generali concilio Lugdunensi*. En tête de ce recueil la bulle par laquelle Grégoire X transmet les décrétales à l'université de Paris: Gregorius episcopus servus servorum Dei dilectis filiis universitati magistrorum et scolarium Parisiensium salutem et apostolicam benedictionem. Cum nuper in generali concilio Lugdunensi et post 1) quasdam constitutiones super certis articulis duxerimus promulgandas, universitati vestre per apostolica scripta mandamus, quamvis *(sic)* eis quas sub bulla nostra vobis transmittimus, uti velitis amodo tam in indiciis quam in scolis, ipsas sub suis titulis, prout super eis exprimitur, inseri facientes. Gregorius X. in generali concilio Lugdunensi.

Ce recueil est divisé, comme suit:

a) *De summa Trinitate et fide catholica.* 1. Fideli ac devota professione. (En marge: primo decr. VI).

b) *De electione et electi potestate.* 2. Ubi periculum, maius intenditur. 3. Et circa electiones, postulationes et provisiones.
3. Avaricie cecitas et dampnande ambitionis improbitas.
5. Quam sit ecclesiis ipsarum dispendiosa vacatio.
6. Perpetue sanctionis oraculo declaramus.
7. Nulli licere decrevimus, postquam.
8. Si forte inter cetera que obiciuntur.
9. Sciant cuncti qui clericos vel qualibet *(sic)*.
10. Licet canon a felicis recordationis Alexander papa III.
11. Nemo deinceps parrochialem ecclesiam.

c) *De temporibus ordinationum et qualitate ordinandorum.* 12. Nos cui clericos parrochie aliene.

d) *De bigamis.* 13. Altercationis antique dubium.

e) *De officio iudicis.* 14. Si canonici a divinis cessare voluerunt. 15. Ordinarii locorum suorum subditos.

f) *De postulando.* 16. Properandum nobis visum est.

g) *De hiis que metu ve causa (sic) fiunt.* 17. Gregorius X. in generali concilio Lugdunensi. Absolutionis beneficium.

1) et post, effacé.

h) *De prebendis et dignitatibus.* 18. Statutum felicis recordationis Clementis pape IIII.

i) *De rebus ecclesiasticis alienandis vel non alienandis.* 19. Hoc consultissimo prohibemus.

j) *De religiosis domibus ubi episcopo sunt subiecte.* 20. Religionum diversitatem nimiam, ne confusionem induceret.

k) *De censibus et exactionibus et procurationibus.* 21. Exigit perversorum audacia.

l) *De immunitate ecclesiastica.* 22. Decet domum Domini.

m) *De usuris.* 23. Usurarum voraginem que animas devorat. 24. Quamquam usurarii manifesti.

n) *De iniuriis et dampno dato.* 25. Etsi pignorationes quas vulgaris elocutio represalias nominat.

26. Quicumque pro eo quod in reges.

o) *De sentencia excommunicationis.* 27. Constitutionem felicis recordationis Innocentii pape IIII.

28. Statuimus quoque ut inter monitiones.

29. Presenti generali declaramus edicto.

Fol. 196 V. a: Expliciunt constitutiones nove Gregorii decimi.

Les décrétales de Grégoire X sont, comme les parties précédentes, pourvues d'un ample commentaire. Celui-ci commence: *Fideli.* Hoc dicit quod Spiritus sanctus procedit ex patre et filio tamquam ex uno principio et una spiratione; sic tenet et profitetur et docet sacrosancta romana iuris omnium fidelium et magistra; et sentencia ortodoxarum (sic) patrum et doctorum tam latinorum quam grecorum dampnat omnes qui negare presumpserunt seu negaverunt. Fatemur quod quicquid romana ecclesia fatetur et predicat de fide catholica, hoc a fidelibus est tenendum et credendum firmiter, indubitanter, fideliter et devote ut XXVII. di. huic sede, XXIX q. I quotiens; I de dap. et eius maiores; XXIX q. I quoniam vetus, et C. de fi. ca. Inter claras, § suscepimus. Tenet enim, profitetur et docet romana ecclesia . . . .

IV. Fol. 196 V. a—198 V. a. Constitutions du pape Urbain IV.

1. *De concessione prebende et ecclesie non vacantis.* Urbanus.... dilectis filiis decano, thesaurario ac officiali Ebroicensibus, salutem etc. Significaverunt nobis dilecti filii abbas et conventus monasterii sancti Stephani de Cadomo . . . .

2. *De reliquiis et venerationibus sanctorum.* Urbanus . . . . . venerabilibus fratribus patriarchis, archiepiscopis, episcopis et dilectis filiis abbatibus etc. Salutem et apostolicam benedictionem. Transi-

turus de mundo ad patrem dominus noster Iesus Christus... (Institution de la fête Dieu).

V. Fol. 197 V. a—b: *Incipiunt constitutiones Clementis IIII.*

a) *De temporibus ordinationum.* Clemens... ad perpetuam rei memoriam. Sepe accidisse percepimus quod nulli (*sic*) clerici in suis partibus vinculo excommunicationis astricti...

b) *De prebendis et dignitatibus.* Licet ecclesiarum dignitatum aliorumque beneficiorum ecclesiasticorum..... Incomplète à la fin, elle finit par ces mots: Nos itaque laudabilem reputantes huiusmodi consuetudinem et eam auctoritate apostolica confirmantes ac nichilominus; en bas de la page la réclame: volentes ipsam in.

De petites miniatures se trouvent aux fol. 2 V., 3, 47, 93, 117 V. et 134.

N° 141

(ancien numéro 17).

Manuscrit sur papier, daté de 1455 à 1463. — 337 feuillets à 2 colonnes à 55 lignes. — H.: 408 mm.; L.: 293 mm.

Provient d'Echternach. Fol. 1, de la même main que les côtes des autres manuscrits d'Echternach, écrites au seizième siècle: Summam continet fratris Iohannis Theutonici ordinis predicatorum que dicitur Iohannina vel summa confessorum in tres partes divisa, et tractatum de matrimoniis quasi pro quarta parte operis.

Contenu:

Fol. 1—297, la somme de Iohannes Theutonicus. En tête de l'ouvrage se trouve la note suivante: Nota quod Lector iste Iohannes ante compilacionem huius summe confessorum fecerat tabulam super summam Raymundi, apparatum eius, verificacionem quoque seu declaracionem plurium que in ipsa summa et glosa ipsius habentur, necnon et quendam libellum specialem de questionibus casualibus, cui libello hunc prologum proposuit. Et quia de prioribus hiis opusculis mencio fit in sequenti prologo, ideo ad intellectum illius perlegi hunc illi iudicavit preponendum. *Prologus fratris Iohannis Lectoris in priorem libellum questionum casualium.* Quoniam dubiorum nova cottidie difficultas emergit ..... (Explicit): De hiis vero lectione libelli melius quam verbis lector poterit informari. Explicit. Incipit *prologus eiusdem fratris Iohannis in summa confessorum.* Saluti animarum et proximorum utilitati secundum ordinis mei professionem fraterna caritate semper proficere cupiens .... A la fin de ce prologue, fol. 1 V. b—2 V. a, index des titres de tout l'ouvrage. — Fol. 2 V. a commence le premier livre, sans rubrique, quoique celle-ci se trouve indiquée à la marge inférieure par ces mots: Explicit. Incipit summa confessorum compilata a fratre Iohanne Lectore ordinis fratrum predicatorum. Tytulus primus: Quoniam inter ecclesiastica crimina symonica heresis optinet primum locum .... — Fol. 56 V. a b: *Explicit prima pars. Incipit secunda pars huius operis. De homicidio. Titulus primus.* In prima parte dictum est de quibusdam criminibus que principaliter in Deum committuntur. In hac secunda parte de hiis que in proximum specialiter comittuntur, agendum est et primo de homicidio. — Fol. 112 R. b: *Incipit tercia pars huius operis de qualitate ordinandorum. Tytulus primus.* Expeditis per Dei graciam duabus partibus restat ut de tercia prosequamur inquirentes in primis. *Questio. Quales debeant esse prelati* ...... — Fol. 254 V. b: *Explicit 3ª pars tractatus de penitentia, et per consequens 3ª pars huius summe. Incipit tractari de matrimonio quasi 4^{ti} libri huius summe.* Quoniam in foro penitenciali circa matrimonium frequenter dubitaciones, immo et interdum quasi perplexitates occurrunt, ad honorem Dei et animarum salutem post tres libros premissos de penitentia tractatum de matrimonio quasi quartum librum subieci ordine titulorum quem felicis recordationis pater noster frater Raymundus in suo de matrimonio tractatu tenuit, ut in libris antecedentibus prosequendo...... Fol. 283 V. a: *Isti sunt paragraphi summe fratris Raymundi per numerum secundum quem ut plurimum in hac summa confessorum sit assignacio, in parvis tamen tytulis non semper assignantur hi paragraphi. De symonia tytulus primus I.* Quoniam, ut ait Ieronimus. II. Quoniam inter crimina etc. — Fol. 288 V. a, ajoute à l'ouvrage précédent, tirée des décrétales nouvellement publiées par Boniface VIII: *Incipiunt statuta summe confessorum e VI^{to} decretalium addita, quantum pertinere videtur ad materiam eiusdem summe ac sub eisdem tytulis et numero questionum. Prologus.* Ne libri de summa confessorum iam scripta erant (sic), apposicione statutorum a domino Bonifacio summo pontifice nuper in suo sexto libro decretalium collectorum et de novo editorum construerentur, ac fructus ex eorum noticia proveniens negligenter (sic), presertim cum huiusmodi sine suo vel illarum aliorum periculo confessor ignorare non possit, utile iudicavi in fine ipsius summe sub tytulis eiusdem summe et eodem ut plurimum questionum numero in quibus incidunt, de ipsis statutis tantum apponere quantum sufficere videbitur ad noticiam confessorum. — Fol. 297 V. b: Explicit compendiosa collectio quorumdam statutorum ex sexto decretalium addita in summa confessorum. Deo gracias. Et cetera. *Per me Iohannem Franck de Epternaco presbiterum anno Domini 1463.*

Fol. 297 V. b—337, index alphabétique des matières contenues dans la *summa confessorum*, précédé de : *Prologus tabule.* In hac tabula ubicumque fit simpliciter libri vel questionis aut remissionis assignacio, intelligendum est de ipsa summa, ut cum dicitur libro tali, questione tali vel ibidem. De addicionibus autem quas de sexto libro decretalium collectas in fine summe in speciali tractatu sub eisdem tytulis et frequenter sub numero earundem questionum addidi, sic fit assignacio: in addicionibus libro tali vel tytulo tali, questioni tali; hic in addit. e. t. vel in addicionibus e. q., vel in addicionibus ibidem; sed quod postea sequitur in simplici assignacione, querendum est in summa . . . . — Fol. 298 R. a: *Incipit tabula super summa confessorum.* Abbas. Utrum unus abbas possit presidere in diversis monasteriis, l. I, ti. VII de apostatis, q. XXV, § Utrum aliquis. — Fol. 337 V. : Explicit tabula super summam confessorum anno Domini 1455 per me Iohannem Franck de Epternaco in vigilia sancte Lucie. — La table a, par conséquent, été terminée avant l'ouvrage proprement dit.

N° 142

(ancien numéro 20).

Manuscrit sur parchemin du XIVe siècle. — 181 feuillets à deux et souvent à trois colonnes, à 42 lignes. — H.: 366 mm.; L.: 261 mm.

Provient d'Orval. Fol. 1: Bibliothecæ Aureævallis (XVIIIe siècle). — N I. — Fol. 175 R.: *Liber sancte Marie Aureevallis. Qui eum abstulerit, anathema sit.* (XIVe siècle). — M. SS. 2. d. *(sic).*

Le manuscrit renferme les commentaires de Pierre le Chantre de Paris sur le Lévitique, les Nombres et le Deutéronome, avec le texte de ces livres.

I. Fol. 1—98 V. b: *Incipiunt capitula libri Levitici*. I. Que sit forma holocausti faciendi et de pecoribus et volatilibus..... — Fol. 1 R. b: *Incipit prologus*. Ezechiel.... — Fol. 1 V. b: *Incipit Leviticus*. Vocavit autem. Coniunctione continuativa vel copulativa.... Incomplet à la fin, ce commentaire finit, fol. 98 V. b, avec les mots suivants du chap. XXVI du texte du Lévitique: Ambulabo inter vos (réclame: et ero vester Deus), et du commentaire: Tritura, id est, tanta erit copia messium ut earum tritura continuetur usque ad vindemias et impediat (réclame: eas).

II. Fol. 99—146 V. b: *Incipit liber Numeri*. Multiplicabo semen tuum sicut stellas celi et sicut arenam maris etc. Secundum littere superficiem videtur Abrahe promissum semen eius adeo multiplicandum..... (Explicit, fol. 146 V. b): Narravit Moyses. Agitur hic de votis abstinentie.

III. Fol. 147—181 R. b: *Incipit Elleadabarim qui Deuteromium dicitur*. Fasciculus mirre michi dilectus. Tria solent in mirra notari, scilicet quod habet amaritudinem.... *(Explicit)*: Non egredietur sacerdos ad plangendum mortuum et non contaminabitur sanctificatio eius, quia oleum sanctum unctionis est super eum. *Explicit glosa Petri cantoris Parisiensis super Deuteronomium.*

Le manuscrit comprend 22 cahiers entiers de 8 feuillets (sauf que le cahier côté XII en a 10), côtés en chiffres romains, écrits à l'encre rouge, à la fin de chaque cahier, I, II .... XXII, plus 3 feuillets; le feuillet 180 porte encore en bas du Verso la côte XXIII.

N° 143

(ancien numéro 74).

Manuscrit sur parchemin de la fin du XIIIe siècle. — 154 feuillets à 2 colonnes à 43 lignes. — H.: 364 mm.: L.: 255 mm.

Provient d'Orval. Fol. 1: Bibliothecæ Aureævallis (XVIIIe siècle.) — N 4. — Fol. 154 V.: Liber sancte Marie Aureevallis; qui eum abstulerit, anatema sit (XIVe siècle). — M. S.S. S. 3.

Contient un recueil des ouvrages de Hugon de S. Victor:

I. Fol. 1—23 R. a: *Didascalicon Hugonis* (de Sancto Victore) *de studio legendi. Primus liber. De origine artium.* Que precipue res sunt quibus quisque ad scientiam instituitur, videlicet lectio et meditatio . . . . — Fol. 4 R. b: *Liber secundus de discretione artium.* Phylosophia est amor sapientie . . . . — Fol. 8 V. b: *Tercius liber de ordine et modo legendi et disciplina.* Philosophia dividitur in theoricam, practicam, mechanicam, logicam . . . . . — Fol. 12 V. b: *Liber IIII. De studio divinarum scripturarum.* Scripture que vel de Deo . . . . . — Fol. 16 R. b: *Liber quintus de quibusdam sacre scripture proprietatibus et modo legendi.* Non debet onerosum esse studioso lectori . . . . . — Fol. 19 R. b: *Liber VI. Quomodo legenda sit scriptura sacra querentibus scientiam in eo.* Quo tibi, lector, ordinem et modum propono . . . . — Fol. 23 R. a: *Explicit Didascalicon magistri Hugonis.*

II. Fol. 23 R. a—52 V. a, autre ouvrage du même auteur: *De archa Noe pro archa sapientie cum archa ecclesie et archa matris gratie.* Cum sederem aliquando in conventu fratrum . . . . . . — Fol. 29 R. b: *Incipit liber secundus.* Quod dicere volumus de archa sapientie . . . . — Fol. 33 R. a: *Explicit liber II. Incipit liber tercius.* In fine precedentis libri per similitudinem cuiusdam arboris . . . — Fol. 44 V. b, derniers mots: domum Dei in te edificatam esse leteris. Suit une lacune de 21 lignes laissées en blanc. — Fol. 45 R. a: *Ultimus est liber iste de archa.* Primum in planicie ubi archam depingere volo . . . . (Fol. 46 V. b et 47 R. a, les noms des papes continués jusqu'à Victor, Urbanus, Paschalis, Gelasius, Calixtus, Honorius [= Honorius II, 1124—1130]; après la liste des papes un blanc de 4 lignes et demie, laissé sans doute pour inscrire les successeurs d'Honorius II). — (Explicit, fol. 52 V. a): Hec de arche nostre figuratione diximus ut si cui libeat decorem domus Domini et mirabilia eius quorum non est numerus, intueri, hoc interim exemplari affectum suum provocet. Sit Deus benedictus per cuncta secula seculorum. Amen.

Les quatorze dernières lignes du fol. 52 V. a, et la seconde colonne du même feuillet sont laissées en blanc.

III. Fol. 53—62 R. b: *Incipit liber de tribus diebus pro ea que in meditatione constat speculatio rerum, ipsius lectione secunda.* Verbum bonum et vita sapiens que mundum fecit . . . .

(*Explicit*, fol. 62 R. b): *Octavus pertinet ad resurrectionem. Explicit de tribus diebus.*

IV. Fol. 62 R. b: *Incipit tractatus de sapientia Christo et sapientia Christi.* Prudenti ac religioso verbi divini inter ceteros et pre ceteris scrutatori G. Hugo peccator. Aliquotiens accidisse comperi.... — Le traité lui-même commence Fol. 62 V. b: *Incipit tractatus.* Queritis de anima Christi..... — Fol. 66 R. a: sic tamen ut interim unusquisque in sensu suo humiliter abundare studeat, non arroganter presumere. *Finit liber de sapientia Christo et sapientia Christi.*

V. Fol. 66 R. a: *De cibo Emmanuelis.* De cibo Emmanuelis magna questio est, quare butirum et mel comederit....... (*Explicit*, fol. 67 R. b): et futura in qua dolor non est, appetenda per dominum nostrum.

VI. Fol. 67 V. a—69 V. a: *Incipit prologus de laude karitatis.* Servo Christi Petro Hugo gustare et videre quantum suavis est Deus..... *Explicit prologus de laude. Incipit tractatus.* Cum multos iam laudatores caritas habuisse cognoscatur..... (*Explicit*, fol. 69 V. a): et mansionem in nobis facere qui cum eodem patre et Spiritu sancto vivit et regnat Deus per omnia secula seculorum. Amen.

VII. Fol. 69 V. a—70 V. a: *Incipit de substantia dilectionis.* Cotidianum de dilectione sermonem serimus, ne forte scintillet...... (*Explicit*, fol. 70 V. a): omne quod agitur, non ordinata caritas est, sed inordinata cupiditas.

VIII. Fol. 70 V. a—83 R. b: *De vanitate rerum mundanarum. Didimus.* O munde immunde, quare dileximus te? Hic est ergo...... (*Explicit*, fol. 82 R. b): sed sic animus ad usum temporis preparetur, ut tamen ad mutabilitatem temporis non mutetur.

IX. Fol. 83 R. b—92 R. b: *De virginitate beate Marie.* Sancto pontifici G., Hugo servus vestre beatitudinis. Narrastis michi de beate Marie virginitate questionem vobis..... Valete. *Explicit prologus.* — (Fol. 83 V.): *Incipit liber.* De incorrupta virginitate matris Iesu hoc fides pia et pietas fideliter confitetur..... (*Explicit*): quia quantomagis mundum fugiendo Deo appropinquare incipimus, tanto magis in unum congregamur.

X. Fol. 92 R. b—95 V. b: Ouvrage intitulé de virtute orandi. — *Incipit prologus.* Domno et patri Theomaro, Hugo. Munusculum hoc dilectionis mee ea vos precor benignitate suscipite..... De *virtute orandi.* Quo studio, quo affectu a nobis orandus sit Deus..... *(Explicit)*: et gratissimum Deo sacrificium in ara cordis adoletur. Explicit.

XI. Fol. 95 V. b—96 R. b: *Oracio peccatoris.* Audite, peccatores, orantem, et discite qualiter vos pro peccatis vestris orare debeatis.... *(Explicit)*: miserere mei, Deus, secundum magnam misericordiam tuam.

XII. Fol. 96 R. b—104 V. a: *Incipit dialogus magistri Hugonis de Sancto Victore Parisiensi super Genesim. Discipulus.* Quid factum est prius quam mundus fieret? Magister. Solus Deus. D. Quamdiu prius fuit? M. Ab eterno..... Fol. 104 V. a: Hoc Dei iudicio relinquendum michi videtur. *Explicit dialogus magistri H. de creatione mundi.*

XIII. Fol. 104 V. a—154 V. a: *Incipit prologus eiusdem in libro ecclesiastes.* Que de libro Salomonis qui Ecclesiastes dicitur, nuper vobis coram disserui..... — Fol. 104 V. b: *Explicit prologus. Incipit tractatus eiusdem.* Verbo ecclesiastes: filii David, regis Ierusalem. Titulus est libri iste in quo breviter et qualitas exprimitur sequentis operis et pariter persona commendatur auctoris..... *(Explicit, fol. 154 V. a)*: et utrum hec ipsa aliis post se profutura sunt ignorant.

Le manuscrit comprend 19 cahiers: 18 quaternions côtés à la fin de chacun d'eux I, II, III, IV, ... XVII, XVIII, et un cahier de 10 feuillets.

N° 144

(ancien numéro 8).

Manuscrit sur parchemin de la fin du XIIIe siècle. — 437 feuillets à 2 colonnes à 52 lignes. — H.: 350 mm.; L.: 242 mm.

Provient d'Orval. Fol. 1: Bibliothecæ Aureævallis (XVIIIe siècle). — N I. — Fol. 437: Liber sancte Marie Aureevallis Cist, ordinis Treverensis diocesis. Qui eum abstulerit, anathema sit (XIVe siècle). — M. SS. S. 3.

En tête du premier feuillet une main du XVIIIe siècle a écrit: De iure ac legibus. — Le manuscrit renferme en réalité un commentaire très-étendu, anonyme et sans titre, sur les décrétales de Gratien commençant: Ad decorem sponse id est ecclesie, post legem naturalem secuta est Mosayca, dein prophetica, postea evangelica, exinde apostolica, demum ut gloria ipsose plenius claresceret, subsecuta est lex canonica, multiplicem in se canonum sive decretorum continens varietatem non adversam vel contrariam, set consonam et decoram. — La première partie du commentaire comprend 101 *distinctiones*, pour lesquelles le numéro d'ordre est inscrit, en marge, au commencement de chacune d'elles, et en bas de chaque page, sauf qu'assez souvent ces chiffres ont disparu lors de la reliure.

Fol. 148 R. a commence la seconde partie du commentaire: Quidam etc. Tria sunt circa ecclesiastice condicionis religio monetur, misteria offitiorum, negotia rerum, sacramenta spiritualia. In primis Deo famulamur et posterioribus proximis, in ultimis nobismet ipsis consulimus ad salutem, ut per obsequia Domino exhibita stipendia eterna consequamur, ut per absolutiones litium proximorum animos pacificemus, ut per fidem sacramentorum veniamus ad intelligentiam occultorum; in officiis ergo spes, in negotiis caritas, in sacramentis fides exercetur. Hec tria attendens magister Gracianus operis sui seriem hanc conformitatem digessit. Nam cum prima parte de gradibus et officiis clericorum egerit, et in novissimo de sacramentis dixerit, hanc mediam diversorum negociorum causis multiplicibus occupavit, et quia negotia ecclesiastica alia sunt criminalia, alia civilia, cumque criminalia civilibus preponantur, recte in prioribus VI causas premittit de criminibus, ostendens quomodo accusari, quomodo excipi et qualiter debeat quis condempnari, et quoniam crimen symonie magis spernit et detestatur ecclesia, ab hoc crimine sumit exordium. Agit itaque in presenti causa de spiritualibus, ostendens multipliciter spiritualia non esse vendenda et in venditione eorum gratiam non posse conferri. Tractat similiter de hereticis, docens quomodo sacramenta hereticorum quando sunt vera, quando falsa, quando efficatia, quando inania; qualiter heretici debeant reconciliari, si ad ecclesiam redierint. Quia autem magister longe hic de simoniacis interserit tractatum, ad maiorem evidentiam sequentium videamus quid sit symonia et unde dicatur, et quot modis contrahatur et qua pena simoniaci condempnentur et quomodo relevandi. Simonia est studiosa cupiditas vendendi vel emendi spirituale..... — Fol. 160 R. a suit la *Causa II*: Quidam episcopus etc. In superiori causa crimen simonie docuit esse condempnandum et puniendum; sed quia crimina sine ordine iudicario puniri non debent..... *(Explicit)*: fol. 186 R. a: Qui crimen. V. penam, id est simili illi pene quam intulit, quantum in se est, id est inferiore voluit prescripta, id est per epistolam missam, et ita non est contrarium. — Fol. 186 R. a suit, comme toujours sans titre, la *causa III*: Quidam episcopus. In superiori causa magister incepit tractare de ordine iudiciario; ut ergo plenior noticia de eo habeatur, subnectit aliam causam in qua plenius de eo tractatur, ostendens quomodo fieri debeat restitutio, et que dilationes sunt dande ante exordium cause et post, et quales testes sint admittendi et quod reus non est producendus extra provinciam, et qualis debeat esse iudex, et quomodo debeat iudicare, et quot iudices sufficiant ad condempnationem episcopi, et qualiter in abscente vox accusationis vel testificationis non debet admitti, et quod defitiens in primo capite ad sequentia non est admittendus; ad alterum ostendit quomodo accusatus potest vertere accusationem in suum accusatorem .... — Fol. 200 V. b), commencement de la *quarta causa*: (En marge: causa IIII): Quidam vir. Eorum qui ab accusatione repelluntur, alii repelluntur propter excommunicationem, alii ob aliud. De illis qui ob aliud repelluntur, in superiori causa tractatum est. Nunc autem in hac causa subicit de illis qui propter excommunicationem repelluntur; adicit et in qua etate quis admittatur vel non admittatur ad testimonium, qua occasione interserit legalem tractatum de testibus; adnectit etiam de expectatoriis induciis, terminans causas in ea questione an qualis prohiberetur ab accusatione in propriis causis ad accusationem admittuntur *(sic)*. Ut autem ad hec etc. De prima. Hic intitulatur prima questio, scilicet an in excommunicatione constitutus valeat accusare..... — Fol. 204 V. a: *(Causa quinta)*. In infamiam. Eorum qui actitant manifeste de quibus dictum est in superioribus causis, quidam occulte et clandestine, de quibus magister in hac questione persequitur; adiungit etiam induciis tam citatoriis quam preparatoriis et qualiter iudicium episcoporum debeat; adnectit etiam de aliorum crimina iudicantibus et de calumpniantibus. Ut autem ad hec etc. De prima. Hic intitulatur prima questio, scilicet qua debeat pena puniri qui famosum libellum occulte composuit..... — Fol. 208 R. a: Causa VI. Quo. Generaliter inferioribus causis magister perdocuit, quod criminosi infames nec sunt recipiendi in accusationem vel testimonium; sed quia quedam crimina sunt excepta in quibus quilibet infamis et criminosus admittatur, ut crimen lese maiestatis, crimen perduellionis, crimen hereseos, crimen symonie, crimen sacrilegii, crimen fraudati census vel annone, et inter hec crimen simonie magis in ecclesia frequentatur, ideo magister adnectit hanc causam ut ostendat quod in crimine simonie quilibet infamis vel criminosus admittitur ad accusationem; subiungat (*sic*) etiam quod soli episcopo super alienum crimen credendum non est, et quod nulli liceat expetere iudicium alieni iudicis et quedam alia supponit. Ut autem ad hec etc. Quod autem. Hic intitulatur . . . . — Fol. 214 V. a: (*Causa septima*). *Quidam episcopus*. In superioribus causis tractatum est, qualiter episcopus ratione criminis condempnatur et deponatur (*sic*), quo casu alius eo vivente potest superordinari; inde sumpta occasione, magister adnectit causam in qua ostendit in quibus causis mutaciones episcoporum et clericorum fieri possint et cuius auctoritate non debeant; interponit etiam de quibusdam generibus persecutionum. Ut autem ad hec etc. Quodam. Hic intitulatur...... — Fol. 222 V. a: Causa octava. — Fol. 226 R. a: Causa IX. — Fol. 229 V. a: Causa X. — Fol. 234 V. a: Causa XI. — Fol. 249 R. a: Causa XII. — Fol. 264 V. a: Causa XIII. — Fol. 268 V. b: Causa XIIII. — Fol. 273 V. b: Causa XV. — Fol. 280 V. a: Causa XVI. — Fol. 308 R. a: Causa XVII. — Fol. 313 R. b: Causa XVIII. — Fol. 315 V. a: Causa XIX. — Fol. 317 R. b: Causa XX. — Fol. 319 R. b: Causa XXI. — Fol. 321 V. a: Causa XXII. — Fol. 329 R. b: Causa XXIII.

Le prologue du commentaire pour cette cause se trouve à la fin de la page, dont cependant les quatre dernières lignes sont laissées en blanc, ainsi que le Verso du même feuillet; les gloses mêmes n'occupent que cinq lignes. Fol. 330 R. a, une autre main reprend le même prologue, mais dans d'autres termes; je mettrai en regard les deux prologues, et le commencement des commentaires.

Quidam episcopi. Dictum erat in causa precedenti quod clericus non est cogendus ad quia advocandum (*sic*); sed quia videtur quod nullus esset cogendus ad bonum, supponit hanc causam in qua dicitur hereticos ad fidem catholicam debere cogi; ostenditur etiam que bella sint iusta et que iniusta, et quibus liceat militare et quibus non. Prohibetur etiam clericis cause sanguinis interesse. Ad hec omnia premittit dema. unde elicit quales qua re pre e militare. (*sic*) Primum sit ad hoc distingendum ex qualitate

Quidam episcopi, etc. Quoniam in ultima questione superioris cause reprehensi sunt illi qui ad deierandum alios cogunt, ne per hoc putaretur nullos ad bonum esse cogendos, ideo convenienter aliam causam scilicet de hereticis apponit, ostendens quod heretici ut ad fidem catholicam redeant, armis sunt compellendi, ubi etiam de bellis interserit, que bella sint iusta aperiens, et quando militare peccatum sit, et qualiter vindicta inferenda et iniuria sotiorum armis propulsanda. Concludit in fine de

No 144.

persone et ex certa auctoritate; imperatoris exercitatione militantis peccatum est vel non peccatum; clericis enim in nullo casu licet propria persona militare, laicisque licet, si eis a maiori sit preceptum, ut I e. docti., dummodo iusta causa subsit, ut patrie defensio, hereticorum impugnatio et ea intentione ut pax acquiratur et in necessitate; nisi hec omnia occurrant, non est iustum. Sciendum tamen quod secundum canones nec laicis licet iniuriam repercutiendo repellere. Magister allegat pro utraque parte questionis et primo quod sit peccatum per multa exempla in prima parte, et dicit quod a se non debet quis iniuriam repellendo .... ad locum illum. *Item cum Petro.* Ab hinc usque ad finem, quod nec a proximo quod. *Uterque.* id est iniuriam repellere a se vel a socio. *In maxillam.* Hec duo exempla intelligenda sunt quantum ad preparationem cordis, non quantum ad ostensionem corporis. Si enim perculisset te aliquis in una maxilla, ei offeres aliam, potius esset suspicio ypocrisis quam virtutis ostensio, sed sic expone: prebe alteram, id est hanc habeas preparationem in corde, ut si expedierit ad defensionem iusticie, paratus sis etiam ad ulterius.

clericis quibus non licet arma movere, nec sanguinis iudicium agiture. Ut autem hec omnia etc.

(Questio I). Quod autem militare alienum videatur. Breviter considerandum quibus militare liceat . . . . .

Fol. 335 V. a: (Causa XXIV). — Fol. 340 R. a: (Causa XXV). — Fol. 341 R. b: (Causa XXVI); laissée incomplète, fol. 341 V. b, elle trouve sa suite au Recto, seconde colonne, du dernier feuillet; une autre main a ajouté du reste au bas du fol. 341: Residium quere in fine huius voluminis. — Fol. 342 R. a: Causa (XXVII). — Fol. 357 V. b: (Causa XXVIII). — Fol. 363 V. b: (Causa XXIX). — Fol. 365 R. b: (Causa XXX). — Fol. 372 V. a: (Causa XXXI).

— Fol. 377 V. a: (Causa XXXII). — Fol. 395 R. b : Causa XXXIII). — Fol. 405 R. b: (Causa XXXIV). — Fol. 406 V. b: (Causa XXXV). — Fol. 422 V. b : (Causa XXXVI), Ce chapitre finit fol. 423 V. b par les mots : Explicit de matrimonio. Deo gratias.

Fol. 424, le commentaire sur la troisième partie des décrets de Gratien, intitulée, en haut de la page: *De consecratione*. Il commence: De ecclesiarum consecracione..Iure canonico tripliciter regitur ecclesia et informatur, ut diximus in principio libri. Docetur siquidem in officiis, instruitur in negociis, illustratur in sacramentis. Post tractatum itaque negociorum et ordinum, de sacramentis convenienter interserit quorum species quadriformiter propagantur.....

N° 145

(ancien numéro 98).

Manuscrit sur parchemin de la fin du XIIIe siècle. — 239 feuillets à 2 colonnes à 50 lignes. — H.: 350 mm.; L.: 239 mm.

Provient d'Orval. Fol. 1: Bibliothecæ Aureævallis (XVIIIe siècle). — N I. — Fol 239 : M. SS. S. 3.

Commentaire sur les épîtres de Saint-Paul. Le texte des épîtres est entremêlé à celui du commentaire, mais il est écrit en plus gros caractères, sur 2, 3, 4 ou plusieurs lignes, occupant toujours la moitié de la colonne dans le sens de la largeur. Le commentaire commence: Principia rerum requirenda sunt prius ut earum notitia plenior possit haberi. Tunc enim demum........

Les épîtres se suivent dans l'ordre suivant :
Ad Romanos; fol. 2 R. a—63 V. b.
Ad Corinthios prima; fol. 64 R. a—110 R. a.
Ad Corinthios secunda: fol. 110 R. a—131 R. b.
Ad Galatas; fol. 131 R. b—147 V. b.
Ad Ephesios; fol. 148 R. a—160 R. b.
Ad Philippenses; fol. 160 V. a—169 V. b.
Ad Colossenses; fol. 169 V. b—178 R. a.
Ad Thessalonicenses prima; fol. 178 R. a—184 R. a.
Ad Thessalonicenses secunda; fol. 184 R. b—188 R. b.

Ad Timotheum prima; fol. 188 R. b—198 R, a.
Ad Timotheum secunda; fol. 198 R. a—203 V. a.
Ad Titum; fol. 203 V. a—206 V. b.
Ad Philemonem; fol. 206 V. b—207 V. b.
Ad Hebræos; fol. 208 R. a—239 V. a.

Une autre main à peu près contemporaine a corrigé entre les lignes plusiurs; mots c'est à cela sans doute que se rapportent les mots: lectus, emendatus que nous trouvons à la fin de presque tous les quaternions, aux fol. 16, 24, 40, 87, 95, 103, 111, 119, 127, 135, 143, 151, 159, 167, 175, 183, 191, 199, 205, 215, 223 et 231. La marge inférieure des deux derniers feuillets est enlevée, de sorte que cette note y a disparu.

Le manuscrit comprenait originairement 30 quaternions complets; aujourd'hui il manque, mais sans lacune dans le texte, le dernier feuillet du 8ᵉ cahier, entre les fol. 63 et 64, de sorte qu'à partir de ce feuillet 64 les côtes des quaternions se trouvent toujours sur des feuillets côtés d'un chiffre impair. Les quaternions étaient côtés de I à XIX, et puis de nouveau de I à XI; sont conservées les côtes suivantes: I, II, III, IIII, V, VI, VII, IX, X, XI, XII, XIII, XIIII, XV, XVI, XVII, XVIII, XIX (fol. 151); IX (fol. 223); X (fol. 231). — Des initiales très-belles en or et en couleurs se trouvent au commencement de chaque épître.

Nº 146

(ancien numéro 16).

Manuscrit sur parchemin de la fin du XIVᵉ siècle. — 413 feuillets à 2 colonnes à 56 lignes. — H.: 368 mm.; L.: 242 mm.

Provient d'Echternach. Fol. 1: N 1. Continet Iohannem Ianuensem, id est catholicon vocabularium. Codex S. Willibrordi (XVIᵉ siècle).

Le manuscrit renferme l'ouvrage indiqué ci-dessus, commençant: Prosodia quedam pars grammatice nuncupatur, partes siquidem grammatice sunt quatuor, scilicet orthographia, ethimologia, dyasintastica et prosodia.... — Après le fol. 48 il y a une lacune;

ce feuillet finit par les mots suivants du chapitre: *De verbis tertie coniugationis*: Sciendum tamen quod eius frequentativum cuso, sas, est ex quo composita incuso, sas, et recuso, sas, et excuso, sas, accuso, sas. Strido ... facit stridi. A do quoque verbo quod simplex prime est coniugationis, composita cum prepositione (en réclame: tercie sunt). — Fol. 49 commence par les mots: cum Brutus a Roma abierat. Inveniuntur etiam quedam appellativa supradictam rationem observantia, ut militie, tiam, tia; domi, um, mo; humi, mum, mo; et etiam adde ruris, rus, rure ....

L'ouvrage comprend les parties suivantes:

a) Fol. 1: (de orthographia).

Fol. 8 R. a: Incipit pars de accentu post orthographiam.

Fol. 19 R. b: Explicit secunda pars. Incipit tercia pars de ethimologia.

Fol. 53 R. b: Explicit tercia pars. Incipit quarta de viciis et figuris.

Fol. 64 V. a: Explicit prima pars catholiconis, continens quatuor partes grammatice, scilicet orthographiam, prosodiam, ethimologiam cum dyasintastica simul. Suit, sans titre, la cinquième partie, formant le répertoire alphabétique des mots, que frequenter inveniuntur in biblia et in dictis sanctorum et poëtarum, commençant par le mot: Aalma. — Fol. 65—72 sont d'une autre main, du XVe siècle, sans lacune entre les parties qui précèdent et suivent ce cahier. — La lettre A comprend les feuillets 64—92 V. b; B (Baal), commence fol. 92 V. b; C (Caath), fol. 101 V. a; D (Dalcoiamior), fol. 144 R. b; E, fol. 160 R. a; F, fol. 178 R. b; G, fol. 200 V. a; A (Habel), fol. 210 R. a; I, fol. 217 V. a; K, fol. 238 V. b; L, fol. 239 R. a; M, fol. 257 V. b; N, fol. 285 R. a; O, fol. 297 V. a; P, fol. 311 R. a; Q, fol. 360 R. b; R, fol. 364 R. a; S, fol. 370 R. a; T, fol. 388 R. a; V, fol. 399 R. a; X, fol. 412 R. b; Y, fol. 412 V. b, et Z, fol. 413 R. a—V. a. — Suit alors l'épilogue: Immensas omnipotenti Deo patri et filio et Spiritui sancto graciarum referimus acciones qui nostrum catholicon ex multis et diversis doctorum texturis elaboratum atque contextum licet per multa annorum curricula in millesimo ducentesimo octogesimo sexto anno Domini, nonis marcii, ad finem usque perduxit; pro quo mihi hoc solum admodum necessarium a vobis humiliter deposco, fratres et domini mei, in quantum peccatores fratres mei, in quantum iusti domini mei, quatinus pro me peccatore filocalo tum ad Dominum preces porrigere velitis, ut vestrarum precum interventu omnium a Deo precepta venia peccatorum ad terram apricam, ad terram elisiam, id est extra lesionem positam, ad paradisi videlicet gaudia una vobiscum valeam pervenire, ubi regnat examussim dominus noster Iesus Christus Dei filius benedictus; in cuius nomine flectitur omne genu celestium, terrestrium et infernorum, cui est honor et gloria, magnitudo et magnificiencia, virtus et potestas, regnum et imperium in secula seculorum. Amen.

No 147.

Manuscrit sur papier du XVIIIe siècle. — 194 feuillets à 29 lignes par page. — H.: 186 mm.; L.: 117 mm.

Donné en 1855 par M. Schmitz, élève de l'Athénée de Luxembourg.

Contenu:

I. Fol. 1—63 : Règlement ou ordre de marche d'un bataillon : Dès qu'un régiment ou un bataillon en garnison ou qui a été logé dans le quartier, a reçue ordre de marche . . . . . . — Etablissement d'un camp.

Fol. 64 et 65 en blanc.

II. Fol. 66—134, d'une autre main : Coppie d'un rescrit d'un supreme conseil aulique de guerre, datée de Vienne le 10 sept. 1768 : Les rescrits arrivés du conseil aulicque de guerre . . . . .

Fol. 135 et 136 en blanc.

III. Fol. 137—157, de la même main : remarques sur les observations faites dans le camp de l'an 1768 : Comme les drapaux fixent le centre d'un bataillon, et que leur longueur passe de beaucoup la hauteur des armes de tout le bataillon . . . . . . *(Explicit)*: par la formation en fronte. Fin des corrections.

Fol 158—162 en blanc.

IV. Fol. 163—186, d'une troisième main : les divers commandements militaires pour le déploiement des troupes et les manœuvres. Les avertissements et les commandements sont en allemand; les explications sont en français.

V. Fol. 187—188, 2 chansons françaises : 4 strophes de 10 vers :
    a) Une ouvrierre à la journée
        Qui coud par-ci, qui coud par-là.

b) L'amitié seulle te séduit,
   Au nom d'amant tu te mets en colerre.
(Trois strophes de 8 vers).

N° 148.

Manuscrit sur papier du XVIIIe siècle. — 418 pages qui se suivent dans l'ordre suivant: 1—20, 353—418, 21—352, à 13 ou 14 lignes par page. — H.: 172 mm.; L.: 102 mm.

Provenance non indiquée.
Livre de prière écrit en allemand, commençant: Morgensübung. Der erste theil, wan du des morgens erwaches, so.... — Pages 412—418: Register derjenigen gebeeter welche in diesem buch zu finden seynd.

N° 149.

Manuscrit sur papier du commencement du XIXe siècle. — 142 pages à 16 ou 17 lignes. — H.: 169 mm.; L.: 100 mm.

Provenance inconnue.
Contenu:
Le vademecum du médecin ou précis de médecine pratique; extrait des ouvrages des plus célèbres médecins, traduit de l'anglais. — L'ouvrage commence: Fièvre inflammatoire. Les symptômes ordinaires de cette fièvre sont.....

Page 120, table du contenu du précédent ouvrage.

Pages 121—142, d'une autre main, recueil de recettes de médecine.

N° 150.

Manuscrit sur papier du XVIIIe siècle. — 261 + 215 pages à 36 lignes par page. — H.: 171 mm.; L.: 102 mm.

Provenance inconnue. A en juger d'une liste de noms inscrite sur le feuillet de garde, et parmi lesquels se trouvent des noms d'habitants d'Imbringen, d'Altlinster et de Junglinster, le manuscrit semble avoir appartenu à un habitant, peut-être à un curé de Junglinster.

Titre: Tractatus speculativo-practicus de duobus sacramentis difficilioribus et fusioribus, scilicet de pœnitentia et matrimonio.

Le manuscrit renferme en effet deux traités:

I. Pages 1—261: Dissertatio I de pœnitentia. 1. Pœnitentia secundum etymologiam idem est ac pœnatenentia. Pœnitentia vero alia est virtus, sacramentum alia.

II. Pages 1—215: Dissertatio I de matrimonii præambulonibus (sic) sive sponsalibus. Sponsalia derivantur a verbo spondeo, et ideo immissio spontanea ac sponsalia fere idem sunt.

N° 151.

Manuscrit sur papier, écrit en 1771 et 1772. — 67 feuillets non numérotés et 126 pages, à 12 ou 13 lignes par page. — H.: 105 mm.; L.: 170 mm.

Provenance inconnue.

Sur le feuillet de garde: Hic liber carminum a reverendo P. professore Recke dictatorum est Iacobi Laconparte, majoris poëtices candidati, 1771 et 72.

Recueil de poésies latines:

I. Fol. 1: Iudicium particulare. Personæ: Iudex, angelus custos, cosmofilus et diabolus:

Cosmofilus: Sic est, indulge genio, dum suppetit ætas,
    Sulcantesque cutem rugas generosa iuventus
    Submovet, atque trium patiuntur iura sororum
    Luce frui, lætosque favent provivere soles.

(306 vers).

II. Fol. 25: Titulus. Hierosolyma per Titum eversa (454 vers):
  Ultio cui similem non retro lapsa recensent
  Sæcula, Iessiadum qua spes firmissima, gentis

Hebraeae decus eximium, Chananitidos ora
Gloria, qua pietatis honos, sacra Pergama celsis
Aemula sideribus versa e radicibus imis....

(Explicit): Hic finis Solymae. Sic ira aequissima divum
Has evertit opes urbemque a culmine sternit,
Quae necuit dominum vitae auctoremque salutis.
Finis coronat opus. 1772.

III. Fol. 42 : Epopoeia. S. Martinianus propudiosae mulieris lenocinia generoso in ignem saltu elidit (358 vers).

Non ego cantabo subversae incendia Troiae,
Non ignes quibus ignoto delusus in hoste
Cantabo, intrepidae mulctavit Scaevola dextrae....

(Explicit): Corpus humi sternens contundit pectora palmis,
Et veniam poscens superosque hominesque nefandum.

IV. Fol. 53 : Titulus carminis epici. Sydrach, Missach, Abdenacho tres pueri ignita fornace illaesi. (292 vers):

Prodigium caeleste canam quod prisca tulere
Saecula et attonitum divino robore mundum
Reddidit, ut superum virtutem clarius orbi
Explicet in specimen fidei......

(Explicit): Iamque ardent tanto meritas pro munere grates
Dicere, mox duplices tollunt cum lumine palmas,
Atque Dei laudes uno simul ore canebant.

La seconde partie du manuscrit renferme de petites pièces de poésie :

1. Page 1 : Vinum fugiendum (16 vers) :
Quamvis Falerno nectare dulcius
Et quale nunquam protulerit Rhodos.

2. Page 2 : Vota clientis Mariani (28 vers) :
Insigne mundi praesidium, decus!
Blandum et levamen rebus in asperis!

3. P. 4 : Beatissima Maria in templo praesentata (28 vers) :
Quae rarioris prodigii mihi
Se scena pandit? Virgo tenerrima.

4. P. 6 : Vota S. Stanislai mortem exoptantis (24 vers) :
O larva, verna pulchrior iride,
O umbra, puro sydere clarior.

5. P. 8 : Aut poenitendum, aut aeternum ardendum (16 vers) :
Ergone flammis noxa perennibus
Arsura Orco est? Ergo relinquimur.

6. P. 9 : Virum fortem adversa probant (28 vers) :
>Quem fortiori pectore praeditum
>Vocabis? an qui iactitat Herculis.

7. P. 11 : Celsae turres graviore casu decidunt (32 vers) :
>Audaciori pectoris impetu
>Periculosas cum Phaëton patris.

8. P. 13 : Invectiva in avarum (12 vers) :
>Avare gurges insatiabili
>Ardore cæci pectoris impetu.

9. P. 14 : Dirae in peccatorem (20 vers) :
>Quid lentus aether pigra tonitrua,
>Quid mugientum fulmina nubium.

10. P. 16 : Absque labore nichil (24 vers).
>Labore vendit Juppiter omnia,
>Sudore constat laurea prodigo.

11. P. 17 : Dirae in amarum (48 vers) :
>Quae tetra pestis conspicuo sedens
>Throno superbit, quem penes excubat.

12. P. 20 : Adolescentes pericula innocentiae caute declinent (36 vers) :
>Quo te malignus proripit impetus,
>Insane? Syrtes heu fuge noxias.

13. Page 23 : Religio christiana pressa, nunquam oppressa (52 vers) :
>Infame monstrum! fac *(sic)* Stygiis male
>Ructata flammis, sulphure Tanari.

14. P. 26 : Non est pax impiis (20 vers) :
>Vides ut aeger fluctuet, auxia
>Quem mens patrati criminis arguit.

15. P. 27 : Adolescens salutis suae pericula accusat (28 vers) :
>O magne mundi rector et omnium·
>Quos astra norunt, numina coelitum.

16. Page 30 : Studiosus relictis Musis Dianae se consecrat (24 vers) :
>Valete, Musae; Melpomene, tuum
>Suspendo plectrum, laurigeri novem.

17. P. 32 : Contemno luxum (16 vers) :
>Fastigiatae magnificentiae
>Aedis recedat; nauseo regias.

18. P. 33 : Interpone tuis interdum gaudia curis (72 vers) :
>Non semper axis nubibus horridus
>Immugientum murmura fulminum,

19. P. 38: Dirae in Iudaeos Christum crucifigentes (64 vers):
>Quid machinaris, gens Acherontica!
>Vah! quid cruentis acta furoribus.

20. P. 43: Dirae in Iudam Christi proditorem (48 vers):
>I perduellis! rumpere, rumpere!
>Suspensa trunco visura Tanari.

21. P. 46: De Christo resurgenti (44 vers):
>Cessate, luctus, cedite, tristia
>Perterrefactis nubila mentibus.

22. P. 49: De diversis hominum studiis (40 vers):
>Dura et fugaci mobilius noto
>Diversa vulgus consilia appetit.

23. P. 52: Nonnisi certanti digna corona cedit (20 vers):
>Solare, Pallas, taedia! praemium
>Sudore foedis crinibus aptius.

24. P. 54: Voluptas iuventuti inimica (60 vers):
>Inhospitalis tutius Ismari
>Moraris alto culmine, tutius.

25. P. 58: De gloriosa Christi ascensione (56 vers):
>Quascunque gentes sol habitabilis
>In orbe lustrat, seu veniat recens.

26. P. 62: Repleti sunt omnes Spiritu sancto (60 vers):
>A glorioso Regis in aethera
>Christi triumpho iam novies polo.

27. P. 67: Contemptus mundi in S. Aloysio etiamnum iuvene (48 vers):
>Heroa virtus se tenero statim
>Ab ungue prodit; vivida nobili.

28. P. 70: Quis ascendet in montem Domini innocens manibus et mundo corde? (52 vers):
>Argenteorum patria syderum,
>Amata divis regia! Quis tuum.

29. P. 74: Amor scientiarum et laboris in S. Aloysio (148 vers):
>Sic est. Emuntur cuncta laboribus,
>Formicam cernas ut gravidis cibis.

30. P. 85: Ad beatissimam Virginem Elisabeth visitantem (24 vers):
>I, curre, Virgo, praecipiti gradu
>Praerupta saxis, per iuga montium.

31. P. 87: Epinicion Estheri triumphanti decantatur (32 vers):
>I, fama, centum garrula cornibus,
>Et magna magnae nomina feminae.

32. P. 90: Quae pretiosa sunt, labore constant (60 vers):
   Quod sumptuosum est et pretio valet,
   Nunquam minuto tempore nascitur.
33. P. 95: Religio persecutionum victrix (44 vers).
   Qualis superbo vertice fluctibus
   Elata rupes belligerantibus.
34. P. 98—105: Vota Philippo persolvuntur (87 vers):
   Audite, Parcae; stamina ducite
   Aurata vitae non variabilis . . . . .
(Explicit): Vivito tot menses felix, quot charus ab ortV
   In terram iecit Phœbus radios, quot et hortI
   Vnquam faecundo pepererunt lilia partV
   Aut nituere rosis, rutilant de nocte quot astrA,
   Tot, Philippe, fluant tibi voto tempora. FiaT.
P. 106—126 en blanc.

Nº 152.

Manuscrit sur papier de 1790. — 40 pages à 26—27 lignes par page. — H.: 186 mm.; L.: 122 mm.

Provenance inconnue.

Titre: D. M. Iosephi secundi imperatoris Romani S. — Dem Geist Josephs des zweiten römischen Kaisers geweiht MDCCXC.

Petit ouvrage en latin et en allemand, en l'honneur de Joseph II, par Daniel Jenisch, "Prediger in Berlin".

Le texte latin commence: In spem summarum inter homines rerum genitus; le texte allemand: Zur Hofnung des höchsten Glücks unter den Sterblichen geboren, früh schon sinnend, was seiner würdig sey. — A la fin: Veritati hoc monumentum sine ira et studio dedicavit Dan. Jenisch. — Der Wahrheit errichtete dieses Denkmal ohne Hass und ohne Vorliebe, Daniel Jenisch, Prediger in Berlin.

En bas du titre, d'une autre main: A Monsieur premier lieutenant d'Huller.

N⁰ 153.

Manuscrit sur papier du commencement du XIXe siècle. — 7 cahiers de 16 resp. 10, 17, 16, 16, 16 et 16 feuillets. — H.: 170 mm.; L.: 120 mm.

Recueil de chansons fait par M. Maeisz.
Premier cahier: Bergmannslied.
        Ich fahr' in tiefe Schachten ein.
Second cahier: 1. Der Doktor Eysenbart.
2. La volière: Petits et grands, accourez tous,
        Venez visiter ma volière.
3. La chaumière: Pour gouter le parfait bonheur.
4. Le retour de la sentinelle:
        L'aube riante annonçait le matin.
Troisième cahier:
1. Es kann ja nicht immer so bleiben.
2. Wer niemals einen Rausch hat gehabt.
3. Lasset die Politikäre sprechen.
4. Die Zeiten, Brüder, sind nicht mehr.
5. Wie schön ist's doch auf Gottes Welt.
6. Schon haben viel Dichter, die lange verblichen.
7. Die Erde ist so gross umher.
8. Wo lehrt sich Weisheit besser.
9. Auf dieser Welt ist so schön das Leben.
10. Freut euch des Lebens.
11. Kaffechen, Kaffechen, du himmlischer Trank.
12. Tyroler sand ofta so lustig und froh.
13. Wenn i in der Fruah aufstah.
14. Der Reiche lebt nicht sorgenlos.
15. Je n'aimais pas le tabac beaucoup.
Quatrième cahier:
1. Quand le Tout-puissant fit la terre.
2. Le lendemain d'une ribotte.
3. L'ivrogne, par Voltaire: Aussitôt que la lumière.
4. Lasst uns, ihr Brüder, Weisheit erhöhn.
5. Denkfreiheit: Die Gedanken sind frey.
6. Le refrain du Provincial. Paroles de M. Schrobilgen, musique de Cornely: A Paris tout plaisir abonde.
        Quel plaisir de vivre à Paris.
7. Schön ist das Leben.

8. Was frag ich viel nach Geld und Gut.

Cinquième cahier:

1. Weit entfernt von dir, in Regionen.
2. Wie schön kömmt dort mit freundlich hellem Blicke.
3. Millionen Welten kreisen.
4. Alles schläft den Todesschlummer.
5. Arm und klein ist meine Hütte.
6. Mainzer Freiheitslied: Dort ziehen die Sklaven in Schaaren.
7. Ein anderes: Wir sammeln uns in frohe Chöre.
8. Hymne an die Freude, von Schiller: Freude, schöner Götterfunken.
9. Der arme Mann, von Schubart: Gott, wie lange muss ich darben.
10. Die Feyerabendstunde schlägt.
11. Gütig hüllt mit Finsternissen.

Sixième cahier:

1. Pour le plus bel empire.
2. Venez, venez dans mon parterre.
3. Comment goûter quelque repos.
4. Plaignés un vieillard éperdu.
5. Weint, ach weint, ihr süssen Herrchen.
6. Près du jardin un jeune troubadour.
7. Pourquoi faut-il ici-bas que la peine.
8. Pourquoi faut-il que l'aimable folie.

Septième cahier, intitulé Chansons érotiques:

1. Freundin sanfter Herzenstriebe.
2. Es war einmal ein Gärtner.
3. Ein armer Fischer bin ich zwar.
4. Die Liebe macht das Leben süss.
5. Mich fliehen alle Freuden.
6. Schön ist das Leben bei frohen Reizen.
7. Bei Männern, welche Liebe fühlen.
8. Ein Mädchen oder Weibchen.
9. Mir träumt, ich wär ein Vögelein.
10. Alles liebt und paart sich wieder.
11. Mein Mädchen ist nicht adelich.
12. Mädchen, lernt den Amor kennen.
13. Wenn sie mich nur von weitem sieht.
14. Vom weit entfernten Schweizerland.
15. Aimer est une belle chose.
16. Schöne Minka, ich muss scheiden.
17. Pour ranimer le sentiment.

18. Il est trop tard pour qu'amour nous engage.
19. Sans être belle, on est aimable.
20. Le point du jour à nos bosquets.
21. Vergiss mein nicht, o Theure, die ich meine.

N° 154.

Manuscrit sur papier de 1852—53. — 154 pages à 21 ou 22 lignes. — H.: 180 mm.; L.: 105 mm.

Provient de la bibliothèque de M. Maeisz.

Titre: Aphorismen, religiöse und philosophische; aus den Schriften der grössten Denker der Neuzeit zur Auflösung der wichtigsten Fragen der Menschheit zu eigenem Trost und Belehrung gesammelt im Winter 1852—53. Recueil écrit par M. Maeisz, renfermant des extraits, en prose et en vers, de différents auteurs allemands.

N° 155.

Manuscrit sur papier de la fin du XVIIIe siècle. — 112—152 pages, à 23 lignes par page. — H.: 180 mm.; L.: 105 mm.

Don de M. Schaan de Bettembourg.
Contenu:

I. Des prétentions des puissances de l'Europe, par Mr Schœpflin: L'homme, dit Mr Schœpflin, est né pour la société qui est un assemblage de plusieurs personnes . . . . . .

II. Histoire des traités de paix, par M. de Schœpflin, professeur du droit public à Strasbourg. Discours préliminaire. La guerre, quoi qu'en dise Hobbes, est pour l'humanité un état forcé . . . .

Comme dans l'ouvrage précédent, l'auteur procède aussi dans celui par demandes et réponses, formant ainsi une espèce de catéchisme. Il commence par le „traité de Troies en Champagne entre „la France et l'Angleterre, le 21 may 1420", et finit par le „traité

„d'Aix-la-Chapelle entre la France et ses alliés, et la maison d'Au-
„triche et ses alliés, conclu en 1748."

Nº 156.

Manuscrit sur papier de la fin du XVIIIe siècle. — 69 + 68 pages à 24 lignes. — H.: 166 mm.; L.: 184 mm.

Contenu:
I. Anmerckungen über die in denen österreichischen Lagern anno 1768 gemachte Beobachtung, [durch Schreiber, lieutenant im 41. Linieninfanterieregiment, damals 1794 genannt Bender und in Luxemburg garnisonirend] 1): Nachdem in denen Lagern die Fahnen die Mittel-Punckt des Battaillons ausmachen . . . .

II. Beobachtung, welche bey denen im Jahr 1769 abgehaltenen Lagern denen in Böhmen und Mähren K. K. regimentern von der Infanteri anzumerken befunden worden: Arenberg und Badiani sind in denen Schwenckungen am meisten zurück. Die Schwenkungen geschehen bey denen meisten regimentern nicht nach der vorgeschriebenen arth . . . . .

1) Les mots entre crochets ont été ajoutés plus tard, par une autre main.

Nº 157.

Manuscrit sur papier de 1760. — 148 pages à 16 lignes. — H.: 155 mm.; L.: 97 mm.

Don de Mr Léon de la Fontaine, avocat, 1849; provient de la bibliothèque de Rossignon, avocat au conseil provincial de Luxembourg.
Titre: Andachtsübungen eines christen vor die morgens-, abendszeit, heylige messe, beicht und communion, mehrentheils aus denen psalmen David gezogen vom pater F. P. S. I. — MDCCLX.

No 158.

Manuscrit sur papier de 1605. — 230 feuillets à 29 lignes. — H.: 146 mm.; L.: 95 mm.

Provenance inconnue. — Feuillet de garde, en haut: Ex libris Iohannis Jacobi Boshe, 1638.

Contenu:

I. Fol. 8—54: Quid et quotuplex sit astronomia? Propositio prima. Cum scientiae quae mathematicae appellantur, a certitudine demonstrationum circa quantitatem occupentur . . . . *(Explicit):* Finis tractatus rerum astronomicarum impositus a reverendo patre Guilhelmo Baer, anno a Christo nato millesimo sexcentesimo quinto, mense iulio finito, Coloniae Agrippinę.

II. Fol. 55—71: De herologiis. Praeludium primum. Quid sit horologium et qui de illo scripserint. Horologium, si vocem spectes, est ratio cognoscendi horas . . . — Fol. 171: Finis tractatus de horologiis impositus anno Domini 1605, 22. augusti, Coloniae.

III. Fol. 76—85: Traité d'arithmétique, intitulé: Arithmeticæ quædam species, traitant de l'addition, de la soustraction etc.

IV. Fol. 90—126: In Euclidis elementa commentariolus. Etsi geometria earum scientiarum in quas universa mathesis dividitur.... — Fol. 126: Finis mathematicarum lectionum anno Domini 1606.

V. Fol. 136—229: Explanatio elementorum doctrinæ christianae. Quod olim varii philosophi ipsi quos vocant platonici, pythagorei, academici . . . . .

Fol. 1—7, 72—75, 86—89 et 127—135 en blanc.

No 159.

Manuscrit sur papier. — 67 feuillets. — H.: 142 mm.; L.: 105 mm.

Provenance inconnue.

Manuscrit arabe. Suivant une note collée sur la couverture du manuscrit, ce serait une grammaire de la langue arabe par Al-Cafia.

N° 160.

Manuscrit sur papier, écrit en 1588. — 146 pages à 23 lignes. — H.: 152 mm.; L.: 98 mm.

Provient de l'abbaye de Münster à Luxembourg. Fol. 1: Codex monasterii b. Marię Munsteriensis,

Titre: Ioannis Tritthemii abbatis Spanheimensis, ordinis sancti Benedicti, de observantia Bursfeldensi, liber lugubris de statu et ruina monastici ordinis, omnibus religiosis ac devotis viris non minus utilis quam iucundus. — A la fin, page 146: Scriptus presens liber per manus fratris E. B. cenobitae monasterii beatae Mariae Munsteriensis in Luxemburgo ex quodam vetusto codice impresso eiusdem monasterii, cui simul compacti plerique libelli fuerunt et in bibliotheca antiqua monasterii notati sub littera L. undecimo; 8ª ianuarii 1588.

N° 161.

Manuscrit sur papier du commencement du XVIII° siècle. — 316 pages à 17 lignes. — H.: 100 mm.; L.: 82 mm.

Provenance inconnue.

Livre de prières, intitulé: *Lob Gottes*, besteht in morgens- und abends-, mess-, beicht und communiongebetern, wie auch zu der h. dreyfaltigkeit, marianische wochen tagzeiten und anderen nothwendigen gebeten zum täglichen gebrauch.

N° 162.

Manuscrit sur papier du commencement du XIX° siècle. — 38 feuillets. — H.: 213 mm.; L.: 133 mm.

Provenance non indiquée.

Titre: Predigtregister folgender Predigbücher: 1. Stunden der Andacht, 8 Bände; 2. Greilings predigtversuche ..... — Le registre est dressé dans l'ordre alphabétique des matières.

N° 163.

Recueil de devoirs sur des sujets de philosophie, donnés aux cours supérieurs de l'Athénée de Luxembourg pendant les années 1841—1842, 1842—1843 etc. jusqu'en 1867—1868, par M. Engling, professeur de philosophie à l'Athénée de Luxembourg. — 28 volumes; H.: 200 mm.; L.: 160—163 mm.

Don de M. Engling, professeur à Luxembourg.

N° 164.

Manuscrit sur papier de 1747. — 600 pages à 33 lignes. — H.: 222 mm.; L.: 170 mm.

Provient du couvent des Recollets à Luxembourg.

Cours de philosophie donné à l'ancien collège des Jésuites à Luxembourg. Il commence: De laudibus philosophiae dicere supervacuum est. Non indiget laudibus nostris...., — A la fin p. 583: Finis institutionem idealium die 27 maii anno 1747. — Page 590—594, index du contenu.

Page 585—586: Catalogus librorum R. P. Eust. Bous s. theol. licentiati quos habeo in cella nostra. — En marge, la même main a écrit: N B: in cella R. P. Lemmer est cista cum epistolis etc. R. P. Bous; item in vestiaria habetur alia cum scriptis etc.

Le manuscrit a été écrit par Eustache Bous, qui a écrit sur le feuillet de garde: Sum ex libris f. Eustachii Bous, ordinis prædicatorum Luxemburgi.

N° 165.

Manuscrit sur papier, écrit vers 1820 par l'abbé J. M. Kleyr. — Dix cahiers reliés en un volume de 62, resp. 60, 66, 66, 64, 64, 60, 60, 62 et 62 pages. — H.: 193 mm.; L.: 160 mm.

Don de M. l'abbé Kleyr de Neumühl, 1857.

No 165.

Titre: Antiquitates Romanae; dictées de G. L. Mahne, professeur à l'université de Gand de 1815—1830. — L'ouvrage commence: Profacium. Vocabulum antiquitas primum significat tempus antiquum, saeculum prius, deinde etiam sumitur pro historia rerum antiquarum.... Il est divisé, comme suit:

Pars prima. De rebus sacris. — Caput primum. De diis. Caput 2. De sacerdotibus. Pontifex maximus. Caput tertium. De collegio augurum. Decemviri et quindecemviri. Flamines. Septemviri epularum. Salii. Luperci. Fratres arvales. Feciales. Virgines vestales. Aruspices. Curiones. Ministri sacerdotum. Ludii. Popa et victimarius. Sacra supellex. — Caput tertium. De divino cultu. § 1. De adoratione. § 2. De supplicationibus. § 3. De sacrificiis. — Caput 4. De tempore sacris tractandis destinato. § 3. Menses. § 4. Dies. — De ludis. § 1. De ludis circensibus. § 2. De ludis scenicis. Tragœdia. § 3. De muneribus. Venationes. — Caput quintum. De locis sacris.

Pars secunda. De rebus civilibus. Profacium. Caput primum. De statu hominum civili. § 1. De hominibus liberis. § 2. De servis. § 3. De manumissione. — Caput secundum. De diverso iure eorum qui in orbe romano habitarunt. § 1. De iure civitatis. § 2. De divisione huius iuris. § 3. Ius civitatis privatum. § 4. De iure Latii. § 5. De iure italico. § 6. De iure provinciali. — Caput tertium. De divisione civium ratione patrimonii. — Caput quartum. De divisione civium ratione ordinum. § 1. De ordine senatorio. § 2. De ordine equestri. § 3. De ordine plebeio. — Caput quintum. De discrimine civium ratione dignitatis. § 1. De significatione vocabuli magistratus. § 2. De regibus. § 3. De interrege et interregno. § 4. De consulibus. § 5. De praetoribus. § 6. De censoribus. § 7. De aedilibus. § 8. De quaestoribus. § 9. De tribunis plebis. § 10. De aliis magistratibus minoribus ordinariis. § 11. De magistratibus extraordinariis et speciatim de dictatoribus. § 12. De magistris equitum. § 13. De decemviris. § 14. De tribunis militum consulari potestate. § 15. De novis magistratibus sub Caesaribus. § 16. De praefecto praetorio. § 17. De præfacto urbi. § 18. De praefectura aerarii militaris. § 19. De praefecto aerario. § 20. De differentia aerarii et fisci. § 21. De curatoribus viarum. § 22. De cura alvei Tiberini. § 23. De legato consulari sive principis. § 24. De procuratoribus Caesaris. § 25. De quaestoribus principis. § 26. De praefecto classi. § 27. De aliis minoribus magistratibus. § 28. De magistratibus posterioris aevi. § 29. De magistratuum ministris. — Caput sextum. § 1. De comitiis. § 2. De comitiis curiatis. § 3. De comitiis tributis. § 4. De comitiis centuriatis. § 5. De solennitatibus tempore comitiorum peragendis. — Caput septimum. De legibus et iure civili. § 3. De plebiscitis.

§ 4. De senatus consulto. § 5. De magistratuum edictis. § 6. De responsis prudentum. — Caput octavum. De iudicibus. Iudicia privata.

Pars tercia. De re Romanorum militari. Caput primum. De militibus et diversis militum generibus. — Caput secundum. De militum ducibus. — Caput tertium. De agmine, castris et acie. — Caput quartum. De armis militaribus. § 1. De armis corpus tegentibus. § 2. De armis quibus utuntur ad laedendum. § 3. De premiis militum. § 4. De pœnis militaribus.

Appendix de re maritima et navali Romanorum.

Pars quarta. De rebus Romanorum domesticis. Caput primum. De re vestiaria. De diversis togæ generibus. — Caput secundum. De re pecuniaria. — Caput tertium. De conviviorum ratione. — Caput quartum. De ritibus nuptiarum. — Caput quintum. De ritibus funebribus.

Nº 166.

Manuscrit sur papier de 1820. — Cinq cahiers de 60, resp. 60, 60, 62 et 72 pages, reliés en un volume. — H.: 184 mm.; L.: 160 mm.

Don de M. l'abbé Kleyr, 1857.

Antiquitates Græcæ. Cours de M. G. L. Mahne, professeur à l'université de Gand, écrit par l'abbé J. M. Kleyr. Il commence :

Brevis descriptio Graeciae antiquae. Graeci pro locorum varietate vel in ipsa Graecia vel in insulis vel in coloniis habitarunt...... L'ouvrage est divisé comme suit :

Pars prior. Aetas prima, ab initio ad Homerum. Caput I. De rebus ante Orpheum. § 1. De initiis studii sapientiae. § 2. De claris hac aetate viris et sapientiae magistris. — Caput secundum. Ab Orpheo ad Homerum. — Aetas secunda. Ab Homero ad septem sapientes Graeciae. Poëtae cyclici. Archilogus. Tyrtaeus. Terpander Lesbius. Pittachus. Bias. Cleobulus. Chilon. Myson. — Caput secundum. De aliis huius aetatis sapientibus. Aesopus. Epimenides. Pheresydes. — Caput tertium. De philosophis atque philosophorum sectis. § 1. De origine vocabuli philosophi. § 2. De philosophiae definitione secundum veteres. § 3. Definitio philosophiae. § 5. De philosophia contemplativa. § 6. De philosophia activa. § 7. De philosophia pulchri. § 8. De philosophorum sectis quæ hac ætate floruerunt. — Caput quartum. De secta ionica. § 1. De Thalete. Anaximander. Anaximenes. Anaxagoras. Archelaus. Democritus. — Caput quintum. De schola Italica sive Pythagorica. § 1. Pythagoras. § 2. De successione scholae Pythagoricae. § 3. De Pythagoreis qui deinceps floruerunt. — Caput sextum. De schola Eleatica. — Caput septimum. De arte medica, eius principe Hippocrate. — Caput octavum. De poëtis. Alcman. Stesichorus. Alcaeus. Ibicus. Anacreon. Simonides. Bacchilides. De reliquis in eodem genere lyrico poëtis. De gnomicis. De tragicis. De comicis. De hystoricis. — De eloquentia. § 1. De eloquentiae et rhetorices differentia. § 2. De sophistae nomine et officio.

Aetatis primae pars 4^a. Caput I. De philosophia. De Socraticis. De Platone et academicis. De Aristotele et peripatheticis. De cynicis. De stoicis. De Cyrenaicis. De Epicureis. De Megaricis. De Eliacis. De scepticis. — De poëtis. De historicis. De grammaticis sive criticis. De mathematicis novi generis. De claris mathematicis. De medicis.

Pars posterior. Ab Augusto usque ad renatas literas. Aetas prima. Ab Augusto usque ad renatas literas. Aetas prima. Ab Augusto ad Constantinum magnum. — Saeculum quartum, ... ab anno 306 ad annum 395. — Saeculum quintum, a partitione imperii... ad obitum Iustiniani et exitum imperii. — A Iustiniani obitu anno 565 ad finem huius saeculi. — Saeculum septimum, octavum, nonum, decimum, undecimum, duodecimum, 13, 14, 15^m.

Nᵇ 167.

Manuscrit sur papier du commencement du XIXᵉ siècle. — 30 + 354 pages. — H.: 201 mm.; L.: 147 mm.

Provenance inconnue.

Recueil de recettes de médecine, précédé d'un index (sur 30 pages numérotées à part.) *Incipit*: Des poids et mesures. Livre, poid. ff. libra. La livre des modernes .... *explicit*: trente-deux onces de sucre fin.

Nº 168.

Manuscrit sur papier de 1778–1779. — 276 + 148 pages à 22 lignes. — H.: 190 mm.; L.: 122 mm.

Provenance inconnue.
Contenu: I. P. 1—276: Tractatus logices ad usus academicos philosophiae auditorum in celeberrima universitate Lovaniensi et exceptus a Nicolao Waken Hubertensi, anno 1778 in Porco. *Incipit*: Prolegomenon in logicam. Mentem sive animam... A la fin: Finis logicae. 1779, 17. mai. Ad usum Waken.

II. P. 1—148: Ab eruditissimo d. domino Fortune. Quaestiones circa logicam, in repetitione. 1778. Series prima. I. Ostende maximam esse utilitatem, imo necessitatem logicam addiscendi ante omnes alias scientias..... A la fin: Finis. Ad usum N. Waken Hubertensis.

Nº 168ª.

Manuscrit sur papier de 1779. — 246 + 96 pages à 24 lignes. — H.: 191 mm.; L.: 121 mm.

Provenance inconnue.
Contenu: I. P. 1—246: Metaphisica quam dictante venerabili viro domino Gerard, artium doctore et philosophiae professore primario, scripsit Nicolaus Waken ex S. Huberti in paedagogio apri. 1779. *Incipit*: Metaphisica est scientia et notiones maxime universales........

Après le titre un feuillet intercalé, portant dans un cartouche circulaire un porc passant à droite avec la légende: VIVAT PORCVS. Un peu plus bas: Institutiones metaphisicae. En bas: Ad usum Waken.

II. P. 1—96: Quaestiones in ontologiam, datae Lovanii anno 1779, in Porco. (En haut de la page: Datae a venerabili viro domino Gerard, artium doctore et philosophiae professore primario). Waken Porcensis. Quot et quae sunt metaphisicae partes?....

N° 169.

Manuscrit sur papier de 1847. — 88 pages à 17 lignes. — H.: 202 mm.; L.: 172 mm.

Histoire du comte de Mansfeld, seigneur de Heldrungen etc., prince du st. empire, chevalier de la toison d'or, maréchal des armées du roi, gouverneur et capitaine général de la ville et province de Luxembourg et comté de Chiny, par Schannat. Luxembourg chez André Chevalier, imprimeur et marchand libraire. 1707. — Copie faite en février 1847. — *Incipit*: Préface. Ce n'est pas la démangeaison.... (*Explicit*) où elles sont aujourd'hui.

N° 170.

Manuscrit autographe sur papier de 1775 ou 1776. — 10 + 148 pages à 29 lignes. — H.: 201 mm.; L.: 165 mm.

Titre: Settegast Anton-Frantz: Der gute Hirt, welcher aus nützlicher und vollständiger einsehung der in allen und jeden kranckheiten sich hervorthuenden zufällen und zeichen, welche hoffnung zur genesung oder entfernte, nahe, auch nächste todsgefahr verkünden, bey angehender vorsichtig, bei erschwärzender lebensmacht treulich zu machen dienstlich belehret wird, zum behuef des heiligen seeleneifers deren seelsorgern beschrieben und herausgegeben von Anton Franz Settegast, der artzeneykunst offentlichen lehrern auf der hohen schule zu Trier. — Dédié à Willibrord Witman, abbé de S. Maximin à Trèves. La préface commence: Hochwürdiger, hochwohlgebohrner herr, herr! Dass ich gegenwärtiges wercklein euer hochwürden zu dediciren anverlangen.... — L'ouvrage finit par les vers suivants tracés par l'auteur:

    Alhier faulet alle herlichkeit,
    Und stincket all hoch- und schönheit.
    Ihr läuse, hier schmauset,
    Ihr mäuse, hier mauset,
    Ihr schaabe, hier sturmet,
    Ihr würme, hier wurmet,
    Ihr schlange, hier thronet,

Ihr krötten. beywohnet,
Ein herlich gastmaal
Ist hier für all
Gog, Magog zur speiss,
Liegen euch hier preis.
            Ende.
         O. A. M. D. G.

A la dernière page: Permitto imprimi Treviris, 10ma aprilis 1776. C. Beissel von Gimnich, vicarius generalis.

N° 171.

Manuscrit sur papier de 1831 et 1832. — 442 pages à 34 lignes. — H.: 208 mm.; L.: 130 mm.

Don de M. l'abbé Kleyr.

Titre: Institutiones philosophicæ, ad usum seminarii Tornacensis, dictatæ a domino professore J. B. Blervacq, præsbitero, scriptæ autem a Petro Alberto Fourmentain ex Givry, annis 1831 et 1832. — Page 429: 10. augusti 1832. Deo gratias. Ad majorem Dei virginisque Mariæ gloriam. Petrus Albertus Fourmentain ex Givry, Tornaci. — La philosophie toute entière, dit Paschal, ne vaut pas une heure d'étude. — Page 430—434, index materiarum in hac philosophia contentarum. — P. 434 le copiste répète la même phrase de la page 429: La philosophie toute entière, dit Paschal, ne vaut pas une heure d'étude; et ajoute entre parenthèses: approuvé. — P. 435—438: Compositiones omnes in philosophia datæ per annum scholasticum 1831—1832 in seminario Tornacensi.

N° 172.

Manuscrit sur papier de 1781. — 6 volumes. — H.: 220 mm.; L.: 178 mm.

Don de M. Clomes, profeseur à Luxembourg.

I. Annotationes ad institutiones iuris ecclesiastici, editas ab Antonio Schmidt, I. U. D., ss. can. prof. etc. tomus primus. Heidelbergae 1781. — J. G. Kettels, juris eccles. auditor (pastor in Gœsdorf, vita functus 1814)1) (4 cahiers, paginés 1—160, 161—332, 333—444, 545—794.

II. Tomus secundus. — 2 cahiers, paginés 1—318, 319—548.

1) Les mots entre parenthèses sont ajoutés de la main de M. Clomes.

N° 173.

Manuscrit sur papier du XVII° siècle. — 244 feuillets à 22 lignes. — H.: 201 mm.; L.: 147 mm.

Provient d'Orval: Fol. 6ª: Orval. N 8; x u 2. — Fol. 244: M. SS. S. 8.

Titre: Thesoro evangelico de la perfeccion monastica en que se ponen las admirables vidas y gloriosos transitos de los monges y mongas que en los desiertos de Castilla, Asturias, Leon y Galicia viven segun la regula de N. P. S. Benito y instituto de Cister., y otros casos raros y milagrosos que en estos tiempos han sucedido, por el muy R^{do} p. fray Chrysostomo Enriquez, prior electo del sacro conventu y milicia de Calatrava, de la orden de Cister., monge de la misma congregacion y hijo del real monasterio de S. Maria de Huerta.

Le titre est placé après le 6° feuillet. Sous le titre une autre main a placé le millésime 1623. L'ouvrage commence: Capitulo primero, en que se da brebe relacion de los desiertos de Espana, en que . . . . . . Il finit: vino el principio de su eterno descanso.

N° 174.

Manuscrit sur papier du XVIII° siècle. — 156 pages à 16 lignes. — H.: 215 mm.; L.: 180 mm.

Titre: Fidelis Belga, seu Hispano-Belgium restauratum sub regimine Maximiliani Emmanuelis, D. G. utriusque Bavariae ducis

invictissimi, sac. Rom. imp. electoris etc. etc. Prodesse regi et legi.
— Coloniae Agrippinae, typis Deodati Sœvolæ. 1690.

L'ouvrage commence: Serenissime princeps. Amore et zelo quibus in obsequium celsitudinis vestrae electoralis.... — Il finit: Si mundus vos odit, scitote quia me priorem vobis odio habuit, nec esse servum supra magistrum. Finis.

Provenance inconnue.

Nº 175.

Manuscrit sur papier de la fin du XVIIIe siècle. — 30 pages à 29 lignes. — H.: 215 mm.; L.: 174 mm.

Titre: Matinées du roi de Prusse. 1e matinée. Origine de notre maison. Dans le tems des désordres...... *(Explicit):* du second principe de la politique d'état. S'allier pour son avantage est une maxime. — Incomplet à la fin.

Provenance inconnue.

Nº 156.

(ancien numéro 1478).

Manuscrit sur papier de la fin du XVIIe siècle. — 2 volumes de 380 resp. 460 pages. — H.: 171 mm.; L.: 235 mm.

Recueil de chants d'église, mis en musique.

Le premier volume est incomplet au commencement; l'index des chants d'église y renfermés commence par la lettre O. Le recueil même commence par: Assurge, assurge velociter. Il finit par: O gloriosa domina, excelsa super sidera...

Le second volume contient, en tête du volume, l'index complet du contenu. Le recueil commence: Veni, veni, creator, creator spiritu; il finit par: Audi, filia, audi, filia, et vide, vide, vide, et inclina aurem tuam.

Provenance inconnue.

Nº 177.

Manuscrit sur papier de 1781. — 228 pages à 23 lignes. — H.: 218 mm.; L.: 182 mm.

Cahier d'étudiant, écrit par H. I. Brosius. Il commence: **Prolegomenon in philosophiam (sapientiae studium). I. Sapientiam, id est rerum divinarum et humanarum causarumque** . . . . — Page 19: Prolegomenon in logicam. — Page 21: Pars prima logicæ. — P. 111: Pars secunda logicæ. — P. 223: Index in logicam — A la fin, p. 227: Finis coronat opus. H. I. Brosius, 1781.

Don de M. Léon de la Fontaine. 1849.

Nº 178.

(ancien numéro 2067).

Manuscrit sur papier du XVIIIe siècle. — 118 pages à 24 ou 25 lignes. — H.: 217 mm.; L.: 180 mm.

Titre: **Exercitia spiritualia seu recessus hebdomadum quatuor, authore S. Ignatio, societatis Iesu fundatore.** — L'ouvrage commence: Paulus papa IIIIus. Ad perpetuam rei memoriam. **Pastoralis officii cura** . . . . — P. 113—117: Brevis index eorum quae hoc libro continentur. A la fin: Finis. O. A. M. D. G.

Provenance inconnue.

Nº 179.

Manuscrit sur papier de 1774—6. — 263 feuillets à 28 lignes. — H.: 219 mm.; L.: 181 mm.

Contenu:

I. Fol. 7—109: Logica. Haec logica dictata a R. D. D. Jos. Havelange ex Dieupart, scripta vero ab eius auditore I. I. Redingh Luxemburgensi anno 1775. Elle commence: **Logica rationalis. Præ-**

mittuntur quædam de definitione phylosophiæ et triplici cognitione humana. — Fol. 109 V.: Logicæ finis. Hanc logicam incepimus 4. ianuarii medio nonæ matutinae, finivimus autem 8. maii hora 3. pomeridiana 1775. Finis coronat opus.

II. Fol. 116—181: Logica sermocinalis. — Fol. 115 V.: Arbor Phorphirii. — A la fin, fol. 181: Huic logicæ initium impositum est 4. octobris medio nonæ matutinæ, finis autem 22. decembris hora tertia pomeridiana. 1774.

III. Fol. 187—189: Quæstiones et responsiones deductæ ex logica sermocinali.

IV. Fol. 193—233: Ethica. Præfatio in ethicam seu philosophiam moralem. Inter varias philosophiæ partes..... — Fol. 233 V.: Ethicam incepimus 23. februarii medio tertiae pomeridianae, finivimus vero 8. maii 1776.

V. Fol. 239—241: Methaphysica seu theodicea. Theodiscea disserit de Deo, prout insito cuique nostrum lumine attingi potest.... — Cette partie est incomplète; elle ne va que jusqu'au milieu du fol. 241 Recto.

Les feuillets 2—5, 110—115, 182—186, 190—192, 234—238 et 242—263 sont en blanc.

Fol. 1: Si fortuna ferat perdatur ut iste libellus,
    Inventus proprio restituatur hero.
  Si possessorem cupias cognoscere libri,
    Inferius legito, nomen habetur ibi.
I. I. Redingh, Luxemburgensis, philosophiæ auditor 1775.

Fol. 6 V.: Materies premit ingenium premiturque labore,
    In vires etenim cuncta laboris eunt.
  Ardua sint quamvis celebris primordia formæ,
    Depellit tenebras logica, mentis iter.
  Quidni præceptis imbutam logica mentem
    Reddat, gens hominum rusticus omnis erit.
  Eloquium non ipsa docet, sed vincere gentem
    Edocet adversam consiliumque dare.
  Ora, disce, stude, canta, semperque labora,
    Ingenium frustra est, si labor ipse deest.
  Colles Bernardus, montes Benedictus amabat,
    Oppida Franciscus, celebres Ignatius urbes.
Don de M. A. Namur, professeur, 1846.

N° 180

(ancien numéro 5333).

Manuscrit sur papier de 1770. — 255 feuillets à 27 lignes. — H.: 200 mm.; L.: 160 mm.

Titre: Logica cui adiecta ethica, a Iohanne-Baptista Hot, Hanno-Montano A. B. F. pædagogii Falconensis alumno, scripta 1770.

I. Fol. 1—10: Philosophiæ prolegomena. Priusquam singulas philosophiæ partes seorsim tradamus.... — Fol. 11—106: Proëmium in logicam. Deus ter optimus, maximus, hominem ad imaginem..... — Fol. 106 V.: Tractatum hunc finiit Iohannes Baptista Hot, Hannomontanus, paedagogii Falconensis alumnus hac 23. augusti 1770, dictante doctissimo et eruditissimo D. D. Heylen, sacrae theologiae licentiato et philosophiae professore primario. Volitat super omnia falco. — Fol. 108—189: Pars secunda logices seu logica sermocinalis. — A la fin: Huiusce tractatus finis hac nona ianuarii 1770. Hot, Montensis.

II. Fol. 192—255: Ethica seu philosophia moralis. Inter varias philosophiae partes merito.... — A la fin: Huic tractatui finem imposuit 11. maii anni 1770 I. B. Hot, Hannomontanus, dictante doctissimo et eruditissimo domino D. Heylen, sacrae theologiae licentiato et philosophiae professore primario.

Don de Mad. Collart de Dommeldange, 1851.

N° 181.

Manuscrit sur papier de 1764. — 208 pages à 26 lignes. — H.: 218 mm.; L.: 182 mm.

Titre: Haec dialectica dictata est a reverendo reverendo admodum patre Iacoby, scripta vero ab eius discipulo Francisco-Eugenio Rossignon, ex Mellier, 1764. — Page 1: Methodus contrahendarum vocum. Anima—aa. — Animus—ans........ (*Explicit*, page 208): Ite, meae, quondam carum pecus, ite, capellae, ite, inquam, charissimi filii, vivite diu felices et mei memores. Faxit Deus optimus maximus ut omnia mea dicta et dictata hucusque de pietate et virtute, de morum integritate et honestate, de artibus liberalibus ita vobis prosint, ut post peractam honeste et feliciter hanc vitam serius ad beatam aeternitatem vos perducant. Ego sicut fui, ita ero, quamdiu hunc spiritum traham, vestrum memor in sanctissimis sacrificiis meis, ut nulla dies mihi sano et vivo memoriam vestri oblitura sit. Unum tamen est illud supremum quod vos monitos velim, ut nempe haec tanquam extremam a me vobis datam tesseram in papiro, id imo pectori inscriptam vobiscum semper vivum feratis dicta, his versibus expressa:

> Fide Deo, diffide tibi, fac propria, castas
> Funde preces, paucis utere, magna fuge.
> Multa audi, dic pauca, tace abdita, disce minori
> Parcere, maiori cedere, ferre pareus.
> Tolle moras, mirare nichil, contemne caduca,
> Disce pati, Christo vivere, disce mori.
> Finis.
> O. A. M. D. G.

Don de M. Léon de la Fontaine, 1849.

N° 182.

Manuscrit sur papier de c. 1776. — 368 pages à 33 lignes. — H.: 217 mm.; L.: 175 mm.

Titre: Exercitii anmerckungen, welche nach denen A° 1766 bishero vorgewesenen exercierlaagern in Böhmen und Mähren, auch sonsten noch wan und von weme herausgegeben worden, nach denen abschnitten des exercitii zusammengesetzt.

En tête du 2ᵉ feuillet: J. de Cirou, Oberlieutenant von Bender; sans doute le nom de celui qui vers 1780 possédait le manuscrit.

(Incipit, P. 3): Regimentsbefehl, den 1. Mai 774. Diese Anwendungen, so theils von S. Excell. dem Herrn Kriegspræsidenten Gr. von Lacy selbsten. — A la fin du manuscrit, un index du contenu.

N° 183.

Manuscrit sur papier de 1781. — VI ; 470 pages à 24 lignes. — H.: 218 mm.; L.: 180 mm.

Titre: Metaphysica dictata a domino Ioanne Aegidio Bailly, Leodio, in collegio regio Luxemburgensi philosophiae professore, tum in universitate Lovaniensi bacalaureo formato, scripta a suo dicipulo (sic) Petro Haas, philosophiae auditore, anno 1781. — Au verso du titre: Lectori benevolo. Haec universa metaphysica scripta ingenti studio ac labore decerpta sunt ex illustrissimi Sigismundi Storchenau, in academia Vindibonensi log- et metaphysicae professoris institutionibus tumque ex aliis eruditissimis viris quorum nomina saepe occurrunt, ab eruditissimo domino Bailly log- et metaphysicae collegii regii luxemburgensis perquam dignissimo professore; quodque utilissimum et ad suorum discipulorum captum conduci sibi videbatur, id ex praedicto authore depromsit, difficilimaque suo indefesso studio explicavit. Si forsan, o mi lector benevole, tibi praedictum authorem comparare velis, haec est libri inscriptio: Sigismundi Storchenau . . . . . . Institutiones . . . . .

L'ouvrage commence: Prolegomenon in metaphisicam. Metaphisica nomen ducit a vocibus grecis . . . . — Page 463—470, index du contenu.

Don de M. Clomes, professeur à l'Athénée de Luxembourg, 1846.

N° 184.

Manuscrit sur papier de 1781. — 24 + 204 + 196 pages à 26 lignes. — H.: 215 mm.; L.: 178 mm.

Titre: J. Aegidii Bailly Leodii in collegio regio Luxemburgensi logices et metaphysices professoris publ. ord. Institutiones logicae et ethicae. Luxemburgi, ex libris P. Haas, pilosophiae candidati MDCCLXXXII.

Sur le premier feuillet de garde: Benjamin Francklins grabschrift. — Un peu plus bas: Sorite de Cyrano de Bergerac. L'Europe est la plus belle partie du monde . . . . . . donc je suis le plus bel homme du monde.

Fol. 2: Indiculus authorum qui in hanc materiam optime concinarunt: Cartesius, Antonius Genuensis..... Buffon.

L'ouvrage commence, page 1: Prolegomenon in philosophiam. § 1. Philosophiam, sapientiae studium; sapientiam vero rerum divinarum et humanarum causarumque.... — Page 22: Adolescentibus philosophis, Ioannes Aegidius Bailly, eorum professor. Prodeunt, optimae spei adolescentes, elementa artis logico-criticae, quae vobis magno cum labore et assiduo studio comparavi, postquam intellexi, studiose ea a vobis expeti, quamobrem publica ex privatis facio, quae maxime in rem vestram communem fient; prius vero quam ad huius lectionem libelli aggredimini, ad indefessum studium vos exhortor...... — P. 23: Index rerum in hoc volumine contentorum.

Seconde partie, page 1: Prolegomenon in logicam. § 1. Nos facultate cognoscendi pollere per experientiam cognoscimus.... P. 204: Finis logicae realis de domino Bailly Leodio et philosophiæ professore dictatae. Finis coronat opus. Luxemburgi, in scholis philosophicis. Finita a me P. Haas 12. ianuarii 1781, hora tercia pomeridiana.

Troisième partie, page 1: Phylosophia moralis seu ethica. Quaestio præliminaris de definitione, obiecto et divisione ethices. Disciplina quam Greci ethicam appellarunt.... — Pages 197—8: Ethicae index.

Don de M. Clomes, professeur à l'Athénée de Luxembourg, 1846.

Nº 185.

Manuscrit sur papier de 1727. — 294 feuillets à 30 lignes par page. — H.: 200 mm.; L.: 154 mm.

Titre: Tractatus theologici in tertiam partem divi Thomae a quaestione 60ª. Tractatus primus. De sacramentis in genere. Sacramentum generalissime et vivocis *(sic)* nichil aliud videbitur significare quam.... Fol. 212: Finis coronat opus.

  Non iacet in molli veneranda scientia lecto,
   Illa sed assiduo parta labore venit.

Fol. 217: Tractatus theologici in secundam partem divi Thomae. Exposuimus anno superiore quae tradit sanctus Thomas primis 20 quaestionibus huius partis; nunc omissis pre more scholasticorum quae de passionibus, habitibus et virtutibus subiungit, usque ad 17. quaestionem reliquas huius partis quaestiones hoc anno amplectemur duplici tractatu, quorum primus erit de peccatis de quibus S. Thomas a quaestione 72 ad 89. inclusive, secundus de gratia quam materiam 6 ultimis quaestionibus comprehendit. Tractatus primus. De peccatis. Dividetur hic tractatus in quinque disputationes; prima erit de peccato in genere.... — A la fin: Finis. Hic tractatus pertinet ad d. Iosephum Didier, scriptus vero est a Nicolao Hagen, anno 1727, 23ª ianuarii.

En haut du premier feuillet, le nom d'un des anciens possesseurs du volume: Lamberty.

Don de M. Léon de la Fontaine, avocat, 1849.

N° 186.

Manuscrit sur papier de 1817. — 328 pages à 38 lignes. — H.: 220 mm.; L.: 172 mm.

Cahiers de métaphysique: Metaphysica (Grundwissenschaft) nomen antiquis philosophis ignotum, primum ab Aristotelis interpretibus inventum fuisse dicitur... — A la fin: Finis 25. iunii 1817, intra Trevirim.

Écrit par M. Eyschen, curé à Bourscheid; son nom est inscrit en haut de la première page.

Don de M. Engling, professeur à l'Athénée de Luxembourg, 1859.

N° 187

(ancien numéro 134).

Manuscrit sur papier de la fin du XVIIᵉ siècle. — 196 feuillets à 21 lignes. — H.: 203 mm.; L.: 156 mm.

Histoire des évêques de Metz, Verdun et Toul, divisée en 4 chapitres:

Fol. 1: Caput I. De provincialium ecclesiarum episcopis atque imprimis Metensi. Provincialium metropolitanae nostrae....

Fol. 3 : Caput II. Episcoporum ecclesiae Metensis aut Mediomatricum catalogus. Mediomatricorum seu Mediomatricum , ... Continue l'histoire de ces évêques jusqu'à Georges d'Aubusson de la Feuillade, 1669.

Fol. 82 : Caput III. De episcopis Virdunensibus. In Virdunensium antistitum rebus .... L'auteur mentionne en dernier lieu François de Lorraine († 1661) comme décédé récemment : Cuius tamen nuper defuncti administrationem virtutesque minus nunc quidem michi exploratas aliorum calamis posteritati commendandas relinquo.

Fol. 138 : Caput IV. Episcoporum Tullensis ecclesiae catalogus. Tullensium rebus nil poterit esse nudius, etiam postquam Francisci Rosierii, archidiaconi eius ecclesiae, stemmata decerpseram, et metropolis ipsius copia sublevatus ad auctoritatis publicae fidem multa revocaram, cum opportune se dedit Carolus Mambourgius, homo veteris memoriae cupidissimus, qui et in summo istic collegio nobili praeditus sacerdotio, ac rerum divinarum iuxta ac humanarum studiis egregie excultus, utilem posteris ac probabilem in multis navarit operam. Leuci vero, ... L'auteur nomme encore André du Saussay, comme vivant septuagénaire († 1675 octogénaire).

N° 188.

Trois volumes sur papier du XVIIIe siècle.

a) 71 feuillets écrits seulement au verso des feuillets. — H. : 213 mm.; L. : 170 mm.

Titre : Ad titulum digestorum de legatis libr. 30, tit. 1, 2, 3. (Incipit) : Quid est legatum ? R. Est donatio quaedam a defuncto relicta et ab haerede praestanda ....

b) 64 feuillets, écrits seulement au recto ; même format et même écriture que le précédent volume.

Titre : Ad librum 46. digestorum, tit. 1 de fideiussoribus ; tit. 2 de novationibus et delegationibus ; tit. 3 de solutionibus et liberationibus. *(Incipit)* **:** Fideiussio est contractus verbis initus quo quis pro alio accessorie se obligat ......

c) 44 feuillets, écrits des 2 côtés ; même format et même écriture.

Ad librum 35. digestorum tit. primus de conditionibus et demonstrationibus: Conditio definitur casus incertus in quem confertur et a quo dependet dispositio.

Don de M. Léon de Lafontaine, avocat, 1849.

N° 189.

Manuscrit sur papier de la fin du XVIIIe siècle. — 128 pages à 19 lignes. — H.: 191 mm.; L.: 166 mm.

Titre: Rêve d'un moine sur la méthode de s'appliquer à l'étude selon toute la partie de l'esprit, sans intéresser sa santé: C'est déjà un ancien rêve que je m'avise de raconter ici; mais le sujet est si important . . . . . (*Explicit*): La cinquième précaution consiste à entretenir. A la première page a signé, postérieurement, N. Pastoret.

Incomplet à la fin, où plusieurs feuillets sont arrachés; manquent en outre les pages 3—8 et 19—22.

N° 190.

Manuscrit sur papier de 1770. — 140 pages à 30 lignes. — H.: 208 mm.; L.: 162 mm.

Titre: Nouveau règlement militaire, 1770. — Il commence: Chapitre premier. Concernant le commun. Le devoir principal de celui-ci consiste en ce qu'il suive au pied de la lettre les ordonnances militaires . . .

A la dernière page: Appartient au premier lieutenant Menu du régiment de Kaunitz.

Don de M. Schmitz, élève de l'Athénée de Luxembourg, 1855.

N° 191.

Manuscrit sur papier de la fin du XVIIIe siècle. — 138 pages à 29 lignes. — H.: 217 mm.; L.: 172 mm.

Titre: Vocabulaire des mots françois usités dans les arts et sciences et des mots burlesques. Il commence: Adouber, accommoder; se dit au jeu des dames, des échecs, du tritrac. C'est toucher une pièce seulement, pour la mieux ranger ou placer. — (*Explicit*, p. 133) Zoophites, s. m. Corps naturels qui tiennent de l'animal et de la plante, comme l'éponge. — P. 134—138: Façons de parler proverbiales, mots bas, comiques, burlesques ou de peu d'usage: Abasourdir, abrutir quelqu'un à force de crier. S'accagnarder, mener une vie feinéante au jeu et au vin.... Cette partie finit: Ne faire que fourgonner dans le four, remuer la braise sans cesse. Franc-Gaulois, s., qui vit à l'antique. A la franche marguerite, à la franquette, bonnement et simplement.

D'après une notice de M. Namur, ancien bibliothécaire, ce manuscrit serait de la main de M. Namur, mort curé à Wolcrange en 1780, à l'âge de 80 ans.

N° 192.

Manuscrit sur papier de 1827. — 188 pages à 29 ou 30 lignes. — H.: 198 mm.; H.: 160 mm.

Titre: Codex philosophiae, de logica potissimum. Il commence: Prolegomena ad logicam. § 1. Antequam logicam pertrectemus, ad duo praesertim attendamus momenta necesse est... — A la fin: Possessor huius codicis est Reisch G. de et ex Michelau, anno scriptionis 1827.

Don de M. Engling, professeur à l'Athénée de Luxembourg, 1858.

N° 193.

Manuscrit sur papier de la fin du XVIIIe siècle. — 131 feuillets à 35 lignes par page. — H.: 217 mm.; L.: 168 mm.

Cours de métaphysique et d'éthique, dicté probablement dans le collége des Jésuites à Luxembourg. *Inc*: a) Metaphysica. Auditores.... Dum praelectionum mearum de metaphisica initium facio .... b) Ethica rationalis. Cum hesterno ipso die effluxit annus ex quo Lovanii habito doctoris munere fungens eo praesertim consilio ut philosophiae provinciam in hac etiam terra excolam,......

Le titre porte : Seberi metaphisica et ethica.

Don de M. Engling, professeur.

N⁰ 194.

Manuscrit sur papier du XIX⁰ siècle. — 74 pages à 36 ou 37 lignes. — H.: 188 mm.; L.: 162 mm.

Cours d'ontologie, écrit par M. J. M. Kleyr sous la dictée de M. Rassmann, professeur à l'université de Gand. Il commence : Introductio. Metaphysicam tractaturi quae ut omnium scientiarum ...... *(Explicit)*: patefactam aut revelatam credit.

Don de M. l'abbé Kleyr.

N⁰ 195.

Manuscrit sur papier du XVIII⁰ siècle. — LXXXII + 362 pages à 41 lignes. — H.: 210 mm.; L.: 176 mm.

Cahiers de propédeutique et de logique.

Première partie : Introductio ad philosophiam. Cum experientia constet eos qui rebus philosophicis operam dare inciperunt.....

Seconde partie, traitant de la logique.

Feuillet de garde :

>Si possessorem cupias agnoscere libri,
>Inspice quod sequitur, nomen habetur ibi.
>Possidet hunc Petrus Gras summo iure libellum
>>Anno Domini millesimo octingentesimo decimo.

Provenance inconnue.

Nº 196.

Manuscrit sur papier du XVIIIᵉ siècle. — 413 pages à 27 lignes. — H.: 201 mm.; L.: 170 mm.

Copie d'un ouvrage imprimé, intitulé: Erster theil eines entwurfes der anfangsgrunde der artzeneywissenschaft, in sich begriefend die physiologiam experimentalem oder die lehre von dem nutzen der theile des menschlichen cörpers, durch verschiedene anatomische, chymische und physische erfahrungen bestätiget, zum gebrauch seiner herren auditorum aus des Bœrhavens, Hallers, Bohnii, Bergers und anderer gelehrten männer schriften zusammengetragen von Johann Philip Grauel professore. Argentinae, anno domini M.D.CCXLVIII, mensis decembris. Il commence: Lineæ primæ. Collegii institutionum medicarum. Prolegomena. § 1. Die Medizin ist eine wissenschaft, welche lehret .... — Page 410 ss.: index des chapitres.

Feuillet de garde: Sum ex libris Franc. Ioseph Hofmeister, pharmacopol., 1791.

Nº 197.

Manuscrit sur papier de la fin du XVIIIᵉ siècle. — 96 feuillets à 25 lignes par page. — H.: 204 mm.; L.: 170 mm.

Titre: Quaestiones de iure civili. *(Incipit)*: Titulus primus. De iure et iustitia. Quid est iustitia? Est constans et perpetua voluntas ius suum cuique tribuendi .....

Don de M. Léon de Lafontaine, avocat, 1849.

Nº 198.

Manuscrit sur papier de 1824. — Trois volumes de 86 resp. 81 et 90 feuillets. — H.: 201 mm.; L.: 169 mm.

Cahiers de devoirs français, hollandais et latins pour la classe de troisième au collége de Gand, 1824.

Provient de la bibl. de M. Kleyr.

No 199.

Recueil, en partie seulement manuscrit, du XVIIe—XVIIIe siècle. — 501 feuillets. — H.: 202 mm.; L.: 155 mm.

Feuillet de garde: Biblioth. collegii societatis Iesu Luxemburgensis.

Contenu :

1.[1] — Fol. 1—2 : Notes sur l'établissement des Jésuites à Luxembourg. 1583—1600: Anno Domini MDLXXXIII, Gregorio XIII pontifice maximo, Rudolpho imp. Rom. semper augusto, Philippo Secundo Hispaniarum, Henrico Tertio Galliarum regibus.....

2. — Fol. 6—10 : Notes sur les pièces de théatre jouées par les élèves des Jésuites à Luxembourg: 1604. Syntaxistae exhibuerunt Theodosii imperatoris Arcadium filium institutum ab Arsenio ..... — (1604) kal. martiis: carmen de presbytero ferente viscera ad templum Lauretanum. Mense iunio: descripta vita S. Ioannis Baptiste ad imitationem Virgili..... Suivent d'autres indications sur celles jouées de 1605 à 1615.

* 3. — Fol. 12—15[2]): [P. Nidrum]. Tragédie des deux prédictions de Daniel accomplies en la personne de Nabugodonosor. (Trois feuillets, à la fin): Fin de la tragédie exhibée par les escolliers du College de la Compaignie de Jesus à Luxembourg le XVe Septembre l'an 1616. — Sans lieu ni date d'impression.

4. — Fol. 16: Note sur les drames joués en 1617 et 1618: 1617: Drama. Creatio primi hominis in area plausum tulit. — 1618: Drama. Heraclius seu exaltatio crucis.

* 5. — Fol. 17—19: Le roule de la providence divine sur le patriarche Joseph, mis en theatre par la Jeunesse du College de la Compagnie de Jesus à Luxembourg, le 12 Septembre 1619. — Imprimé à Luxembourg, chez Hubert Reulant. 1619. — Quatre feuillets. A la fin: *Sensuiura la distribution des prix à la liberalité de Monsieur le Reuerend, M. Henri Stirpenich, pasteur à Keurich et Stirpenich, Licentié en la sainte Theologie. Fin.*

* 6. — Fol. 20—23: Kurtzer Inhalt der vmbköhrung Göttlicher fürsehung Uber den Patriarchen Joseph: Von der Jugent des

---

[1]) Les ouvrages imprimés sont marqués d'un astérisque.

[2]) En haut du titre des pièces imprimées se trouve très-souvent le nom de l'auteur de la pièce, inscrit par le compilateur de ce recueil. Là où ce nom se trouve, je le mets en tête du titre, entre crochets.

Collegii der Geselschafft Iesu zu Lützemburg, in offentlichem schauspiel jedermänniglichen furgestellt, den 12. September vmb ein vhr. Gedrückt zu Lützemburg, bey Hupricht Reuland, im Jar 1619. — Quatre feuillets. A la fin: Hierauff wird die aussteilung der praemien erfolgen auss freygebigkeit des Ehrwurdigen vnd hochgelehrten Herrn H. Henrici Stirpenich, der H. Schrifft Licentiaten vnnd in Kœrich vnd Stirpenich Pfarherrn. Endt.

* 7. — Fol. 26—27: Tragicomédie. Ermenigilde, Roy en Espaigne, occis povr la foy Catholicque par le commandement de son Pere Livigilde, hereticque Arien l'An de grace 586. Represen-[tée par] la Ieunesse du College de la Compaignie de Iesus, à Luxembourg Le   de nouemb. 1620. Ceste Histoire est descritte par S. Gregoire le Grand, Pape, en ses Dialogues, lib. 3 cap. 31 et aultres bons Autheurs. Imprimé à Luxembourg, par Hubert Reulant, l'An 1620. — Deux feuillets.

8. — Fol. 28: 1621. Drama. S. Iulianus mart. Antiochenus. Mecoen.: D. Iacobus Amblaviensis, pastor in Berg.

9. — Fol. 29: 1622. Drama. S. Ignatius Loyola, Antilutherus. — 1623. Mecoenas. R. D. abbas in Tholeya.

* 10. — Fol. 30—33: Tragedie dressée à l'antiqve. Qui sera representée le 14. de Septembre 1623 par les Estudians du College de la Compaignie de Iesvs à Luxembourg à deux heures apres midy. Les Noms Des Personages Qvi Seront icy Representes et des Estudiants qui les representeront. Il y a en ceste Tragedie six Principaux Personages.

Andronicus Tyran.	Henricus Moulin d'Iuoy.
Alexius Comnenus Empereur de l'oriant aage de 12. ans.	Clemens Migette, aage d'onze ans, de la grande ville.
Alexius Protosebastus.	Ioannes Migette.
Isaacius Angelus.	Henricus Bolender ex Sirck.
Hagiochristophorita Capitaine des gardes d'Andronicus.	Renatus de Custine, de Germange.
Vn aultre Prefect d'Andronicus.	Adam Neunheuser, Luxemburg.

A Luxembourg, De l'Imprimerie de Hubert Revlandt, l'An 1623. — Quatre feuillets.

11. — Fol. 34: 1624. Drama. Medardo-Godardus. Hoc anno sacellum suburbanum a PP. nostris excitatum. Non dubito applausisse Musas. Sed heu! Temporis invidia? Nil reperio.

* 12. — Fol. 35—36: Comedie A l'Antique. Qvi se doibt representer par les Escoliers du College de la Compaignie de Iesus, à Luxembourg. Le 12. de Septembre, 1624. enuiron les deux heures apres midy. — **Deux feuillets.** — **Sans lieu ni date d'impression.**

* 13. — Fol. 38—41: [P. Jolliet] Mavrice emperevr, Tragedie. Qui sera representee le 11 de Septembre 1625. par les Estudians du College de la Compagnie de Iesus à Luxembourg..... A Luxembourg, De l'Imprimerie de Hvbert Revlandt, 1625. — Quatre feuillets.

14. — Fol. 42: 1626. Sub anni finem drama nullum exhibetur ob classes dimissas inde a pentecoste, peste grassante.

* 15. — Fol. 43—44: Sarcophile. Drame dressé en forme de Tragœdie, representé par la Ieunesse du College de la Compagnie de Iesus, à Luxembourg, le   de Mars 1626. — Deux feuillets. Sans lieu ni date d'impression.

16. — Fol. 45: 1627. IV Nonas Ianuarias classes iterum apertae, quas pestis anni superioris clauserat. Drama exhibitum: S. Adrianus.

* 17. — Fol. 46—49: Pastorelle dediée a Tres-Illvstre et excellent seignevr Monseignevr Messire Christophre, conte et seignevr d'Ostfrise, d'Emden, baron de Rvmpst, seigneur d'Esens, Stedensdorf, Wittmvnd, Boom, Heyndonck, Rvysbrovck, Willebrouck, Spontin, Villers, Sire Nicol, etc. Cheualier de la Toison d'or. Dv conseil de gverre, et Colonnel d'vn Regiment d'Infanterie Haultallemande pour le seruice de sa Majesté Catholique, capitaine des archers de la garde de la Serenissime Infante, govvernevr et capitaine general des Pays, Duché de Luxembourg, et conté de Chiny. Representée par la Ieunesse du College de la Compagnie de Iesus à Luxembourg. Pour sa bien-venue, et joyeuse entrée au Gouuernement du pays. Le 28 d'auril 1627. à trois heures apres midy. — Quatre feuillets. Sans lieu ni date d'impression.

18. — Fol. 50: 1628. Mecoenas Lamberti exhibiti est ...... Ill. dominus comes Emdanus, gubernator.

* 19. — Fol. 51—58: Lambertiade. Tragicomedie en laqvelle seront mis svr le theatre les plus beaux traicts de la vie, et mort du glorieux S. Lambert Euesque de Mastricht, et de Liege, par les escholiers dv college de la Compagnie de Iesvs à Luxembourg: en la sale dudit College, le 12. Septembre 1628. A Lvxembourg. Chez Hvbert Revlandt, l'An M.DC.XXVIII. — Huit feuillets, dont le dernier en blanc.

20. — Fol. 69: 1629. XIII. Septembris. Drama: Erminigildus a patre ariano occisus magno animorum metu, praesentibus illustrissimo comite ab Emden, gubernatore, cum coniuge et comitissa de Ritberg. Mecoenas illustris D. baro Ioannes Carolus a Schönberg; dedit in expensas 30 pattacones.

* 21. — Fol. 70—75: Tableav De la vie humaine ov se voit

l'instabilité et reuolution des choses mondaines. Sera representé et dedié à Messeignevrs les Estats dv dvché de Lvxembovrg et comté de Chiny. En la Sale des Escholes du College de la Compagnie de Iesvs à Luxembourg le 3e de Feburier, 1629. A Luxembourg, chez Hvbert Revlandt, l'An M.DC.XXIX. — Six feuillets.

22. — Fol. 76: 1630. Mecoenas R. D. Petrus Fisch, abbas Epternacensis.

* 23. — Fol. 77—78: Leon l'Armenien. Tragedie Representée à Luxembourg le 12. de Septemb. 1630. par la Ieunesse du College de la Compagnie de Iesus. Dediee A tres reverend et tres digne Prelat et Seigneur Monsieur Pierre Fisch Abbé du Monastere Imperial de S. Willibrorde et Seigneur d'Epternach, par la liberalité duquel les prix seront distribuez a la dicte Ieunesse. — Deux feuillets; sans lieu ni date d'impression.

24. — Fol. 79: 1631. Comœdia antiquo more. Meccenas illustrissimus D. comes Ioannes a Wiltz pro theatro et praemiis dedit supra sexaginta pattacones. — 1632. Mecoenas nobilis dominus Sebastianus van Tynet, capitaneus, dominus in Hollenfeltz, consiliarius marchionum Badensium.

* 25. — Fol. 80—83: [P. de Landre.] Comedie sacree de la vie et mort bien-hevrevse de S. Alexis. Representee par les Escholiers du College de la Compagnie de Iesus à Luxembourg, En la sale dudit College le 12. Septembre 1632. A deux heures apres midy. Imprimé à Luxembourg, chez Hubert Reuland l'An 1632. — Quatre feuillets.

26. — Fol. 84: 1633. Mecoenas praenobilis dominus a Gonterstorff, dominus in Erpeldingen.

* 27. — Fol. 85—88: [P. Christophori Wiltheim.] Iovinian. Tragicomedie. Representée par la Ieunesse du College de la Compagnie de Iesvs à Luxembourg apres midy à deux heures le 12. de Septembre 1633. A laqvelle les prix seront distribuez par la liberalité de Monsievr Gvillavme Bernard de Gonterstorff, Seigneur d'Erpeldingen etc. Imprimé à Luxembourg, chez Hubert Reulandt l'An 1633. — Quatre feuillets.

28. — Fol. 89: 1634. Praeter duas actiones adiunctas rhetor duas declamationes dedit, alteram de adolescente qui mortui caput ad convivium invitarat, alteram de Trebellio qui filium apostatam praelio vicit, cum ei ante regno tradito in eremum secessisset postque eundem excaecari iussit.

* 29. — Fol. 90—93: Amyntas. Pastorelle gratvlatoire dedie à Son Excellence Monseignevr Iean Charles comte de Schonbvrg etc. dv Conseil d'Estat de sa Majesté Imperiale et son Ambassadeur

Ordinaire aupres de sa Majesté Catholique, etc. Sur son heureux voyage d'Allemagne en Espagne. Par la Ieunesse du College de la Compagnie de Iesvs à Luxembourg, le 17. de May 1634. — A Luxembourg, chez Hubert Reulandt, l'An 1634. — Quatre feuillets, dont le dernier est en blanc.

* 30. — Fol. 94—97: [P. Pottier.] Mavrice. Tragedie qui sera representee le 12. de Septembre 1634 par les Escoliers du College de la Compagnie de Iesus à Luxembourg, à deux heures apres midy. Les prix seront distribvez par la liberalité de Monsievr Monsievr Francois d'Alamont, Seignevr de Nevville, Prevtin etc., prevost et capitaine de Lvxembovrg. Imprimé à Luxembourg chez Hubert Reulandt, l'An 1634. — Quatre feuillets.

31. — Fol. 98: 1635. (sans autre indication).

32. — Fol. 99: 1636. Scholarum silentium, ob grassantem luem. — 1637: Musae exulant, at vertente anno mense octobri revocatae. Dialogus exhibitus in quo certabant Plautus et Terentius et uterque est condemnatus. Mecoenas tenuis P. rector. — Fol. 100: 1638. Drama Vellius Lusitanus nauta Xaverii beneficio feliciter moriens. Mecoenas R. D. Franciscus Blanchart, pastor in Feillen. Poëta vero omnium illustrissimus R. P. Alexander Wiltheim cuius rara et exquisita antiquitatis omnis et historiae praesertim luxemburgensis scientia aeternam memoriam meretur. Hunc Chiffletii, Sirmondi omnesque aevi sui principes admirati sunt et coluerunt; eius monumenta relicta vide huius libri initio inter reliquos ex hoc collegio scriptores. 1)

* 33. — Fol. 101: [P. Alexandri Wiltheim.] Vellio, comedie Representée par les Escoliers du College de la Compagnie de Iesvs à Luxembourg le 9. Septembre 1638. — Un feuillet; sans lieu ni date d'impression.

34. — Fol. 102: 1639. Drama. S. Sigismundus, Burgundiæ rex, Sigerium filium occidens et pœnitens. Mecoenas, generosus et praenobilis dominus Carolus ab Oureu, praepositus Luxemburgensis. — Fol. 103: 1640. Annus saecularis societatis. Editi sunt maximi ludi saeculares. Comœdia Aristophanica. Argumenta. Apologia pro Societate adversus tria hominum genera maxime nobis infesta, puta malos, aemulos, ignaros nostri instituti. Midas fatuus iudex Societatem condemnat ad falcem temporis, sed Iesus rex saeculorum suae clienti auxilium e cœlo fert. Mecoenas excell. baro Ioannes de Beck.

* 35. — Fol. 104—105: [P. Colsonii.] Alexis, noble Romain. Serat representée par la Jeunesse du College de la Compagnie de Jesvs à Luxembourg le 13. de Septembre 1641. Les prix seront

---

1) Cette partie du volume manque.

distribve de la liberalité de M. Theodore Saudt, Curé de la Paroisse de S. Nicolas et Doyen à Luxembourg. — Imprimé à Treues, chez Hubert Reulandt, l'An 1641. — Deux feuillets.

* 36. — Fol. 107—110: [P. Hodaige.] Election de David au govvernement dv pevple d'Israël, praticquée par la Prouidence diuine: representee et dediee à S. Ex^ce Monseigneur le Baron de Beck, maistre de camp general des armées de Sa Ma^té, Govverneur et Capitaine general du Duché de Luxembourg et Comté de Chiny, etc. A l'heureuse entrée de son gouuernement le   de Mars 1642. Par la jevnesse dv college de la Compagnie de Iesvs à Luxembourg. Imprimé à Treue, chez Hubert Reulandt, l'An 1642. — 4 feuillets.

* 37. — Fol. 111—114: [M. Van Souten.] S. Adrian martyr. Tragi-comedie Dediée à Monsieur Monsieur d'Vwens, conseiller dv conseil provincial dv Duché de Luxembourg, etc. Par l'insigne liberalité duquel les prix seront distribuez à la Ieunesse du College de la Compagnie de Iesvs à Luxembourg. Représentée par ladite Ieunesse le 12. de Septembre MDCXLII. Imprimé à Treue, chez Hubert Reulandt, l'an 1642. — Quatre feuillets.

* 38. — Fol. 116—117: [P. de Maisier.] Theodose pénitent. Dedié à Son Excellence Monseignevr Iean Baron de Beck, dv conseil de gverre de Sa Maiesté Cat. et mareschal de camp general povr sadite Majesté ez Pays-Bas, gouverneur et capitaine general dv pays duché de Luxembourg et comté de Chiny, etc. representé par les Rhetoriciens du College de la Comp. de Iesvs à Luxembourg, en la grande Sale des escoles, le 22 Ian. 1643, à 2 heures après midy. — Deux feuillets.

39. — Fol. 118: 1644. Nihil reperi. — 1645: Drama, Rufinus.

* 40. — Fol. 119—120: [P. Godemart]. Le traistre et ambitieux Rufin attrapé en ses pieges et la pieté du ievne emperevr Arcade délivrée d'icevx. Tragedie Representée par la Ieunesse du College de la Compagnie de Iesvs à Luxembourg, en la Sale dudit College le 13. de Septembre 1645. Dediée à Monsievr Monsievr Iean de Reichling dv conseil de guerre, colonel d'un régiment de haults Allemans pour le seruice de sa Maiesté, et Commandant dans la Prouince de Luxembourg. De l'insigne liberalité duquel les prix seront distribuez. Imprimé à Treue, chez Hubert Reulandt, l'An 1645. — Deux feuillets.

* 41. — Fol. 122—125: [M. Mauch.] S. Stanislas evesqve de Cracow Attaqué par la Calomnie des viuans, Defendu par le tesmoignage d'un Mort resuscité à l'instance de ses prieres. Action tragiqve dediee a l'illustrissime seignevr Monseignevr Dom Alonso, marqvis de Strozzi, Sergeant General de Bataille, du Conseil de

Guerre de sa Maiesté Catholique et Gouuerneur de ses Armes, au Pais, et Duché de Luxembourg, et Comté de Chiny, etc. Par l'insigne liberalité duquel les prix seront distribuez. Elle s'exhibera par la Ieunesse du College de la Compagnie de Iesvs à Luxembourg en la Sale dudit College sur les heures apres midy le 13. de Sept. 1646. Imprimé à Treue, chez Hubert Reulandt, l'An 1646. — Quatre feuillets.

* 42. — Fol. 127—128: [M. Bergerot.] Naboth. Tragedie Representée par la Jeunesse du College de la Compagnie de Iesvs à Luxembourg en la sale dudit College, le 12. de Septembre, 1647. Dediée à Monsievr Monsievr Iacques de Colbrant, lievtenant colonel dv regiment de Son Excellence le Baron de Beck, etc. De l'insigne liberalité duquel les prix seront distribuez. A Namur, Chez Iean van Milst Impr. juré, ruë du President. — Deux feuillets.

* 43. — Fol. 130—131: [M. Bergerot.] L'antechrist. Tragedie representée par les Escoliers du College de la Compagnie de Iesvs à Luxembourg, en la Sale dudit College le 10. Septembre 1648. — A Namur, Chez Iean van Milst Imprimeur, ruë du President. 1648. — Deux feuillets.

* 44. — Fol. 133—134: Crisis ethica de virtvtibus Philippi II Hispaniarvm et Indiarvm regis. Habita a ivventute collegii societatis Iesv Lvxembvrgi XIII. Septemb. A. C. MDCXLIX. Sub auspiciis illustrissimi et excellentissimi domini D. Philippi Francisci de Croy, dvcis de Havre et de Croy, eqvitis velleris avrei ac dvcatvs lvxembvrgensis et comitatus Chimacensis Gubernatoris etc. Ex cuius liberalitate distribuentur Præmia. Typis Huberti Reulandt Anno 1649. — Deux feuillets.

* 45. — Fol. 135—137: Sybilla Cumana. Comédie aristophaniqve Dediée à l'Excellence de Monseigneur Messire Philippe Francois de Croy duc d'Havré et de Croy . . . . Pour sa bien-venuë audit gouvernement en May 1649. Par la Ieunesse du College de la Compagnie de Iesus. A Namur, Chez Iean van Milst Imprimeur. — Trois feuillets.

* 46. — Fol. 139—140: Sentence autant iniuste, que precipitée de Lyderic premier forestier de Flandres contre Ioseramne son filz Aisné. Drame tragique Dedié A Monsievr Wiltheim Seigneur de Waldtbredmus, Gondringen, Cheualier, Tresorier des Chartres, President du Conseil Prouincial du Roy ez Pays Duché de Luxembourg, et Comté de Chiny, etc. De la liberalité duquel les prix seront distribuez. Representé par la Ieunesse du College de la Compagnie de Iesus à Luxembourg, Le (12) de Septembre 1650. — Imprimé à Treue, chez Hubert Reulandt, l'an 1650. — 2 feuillets.

47. — Fol. 141 : 1651. Præfectus R. P. Alexander Wilthemius quo actore ac procuratore statua Angelo Custodi erecta haud procul a sacello beatae Virginis, et solemnis ad eam studiosorum supplicatio primum ducta.

* 48. — Fol. 142—143 : [P. Rectani.] La Conversion de S. Bernard gentilhomme bovrgvignon, Dediée à Monsieur Monsr Gaspar du Bostz Moulin, Cheualier, Colonel, Seigneur d'Esch sur la Sure : De l'insigne liberalité duquel les prix se distribueront à la Ieunesse du College de la Compagnie de Iesvs à Luxembourg. Sera representée le 12. de Septemb. 1651. Imprimé à Treue, chez Hubert Reulandt. — Deux feuillets.

49. — Fol. 144 : 1652. Musarum Coloniensium concentum Luxemburgensi Barbilo misimus ob singularem Agricii in nostram bibliothecam munificentiam.

* 50. — Fol. 145—152 : Reverendissimo et gratioso domino D. Agricio, imperialis monasterii S. Maximini abbati, Dum sacris ritibus initiandus Coloniam Agrippinam proficeretur nomine Collegii Luxemburgensis Societatis Iesv accinebat Alexander Wilthemivs eiusdem Societatis Sacerdos, et T. M. Anno M.DC.LII. Namurci, typis Ioannis Godefrin Typogr. jurat. — Huit feuillets, dont le dernier en blanc.

* 51. — Fol. 153—160 : Felix mitra ab Illustrissimo ac Reverendissimo Domino Joseph Maria Sanfelicio archiepiscopo Consentino, ad Rheni, aliasque inferioris Germaniæ partes, cum potestate Legati de latere nuntio apostolico, etc. felicissime collata. Reverendissimo in Christo Patri ac Domino D. Agritio Antiquissimæ Imperialis Abbatiæ S. Maximini Ordinis S. Benedicti juxtà Muros Trevirenses Archimandritæ longè meritissimo. Quem ante annos prope XXX. Treviris elegit. Nunc Roma confirmavit. Colonia Agrippina consecravit. Musa denique extemporanea collegii societatis Iesv Coloniæ Ipso inaugurationis die Nonis Iulii. Anno M.DC.LII. promptâ, sed propera congratulatione salvtavit. Coloniae Agrippinæ, Typis Wilhelmi Friessemii Typographi et Bibliopolae Coloniensis Anno 1652. — Huit feuillets.

* 52. — Fol. 161—162 : [M. Robaut.] Marie Consolatrice des affligez asyle des Pais-Bas, Dediée à Monseigneur Don Francisco Sanchez Pardo, du Conseil de guerre de sa Majesté, Capitaine d'une Compagnie de Cheuaux, Lieutenant general de la Cauallerie, Sergeant General de bataille en ses armées, Gouuerneur et Capitaine general du Duché de Luxembourg, et Comté de Chiny, etc. Par l'insigne liberalité duquel le prix *(sic)* seront distribues. Le 12. de

Septembre 1652. Imprimé à Treue, chez Hubert Reulandt. — Deux feuillets.

* 53. — Fol. 163—166 : Parthenophile. Comedie dediee à Messire le Tres-Reverend et Tres noble Seignevr Rene de Gveldre, baron d'Arsen, seignevr de Tvrnich et de Bacheim etc. Chevalier de l'ordre tevtoniqve et commandatevr ez maisons de Meinsidel et de Lvxembovrg. De l'insigne liberalité duquel les prix seront distribuez à la Ieunesse du College de la Compagnie de Jesus à Luxembourg. Sera representée le 12. de Septembre 1653. Imprimé a Treues chez Hubert Reulandt, 1653. — Quatre feuillets.

* 54. — Fol. 168—171 : [P. Hughelot.] — *Même comédie que celle qui précède,* et même impression, sauf qu'au verso du titre se trouvent les armes de René de Gueldre.

55. — Fol. 172 : 1654. Prima a R. P. Martino Du Cygne rhethore Luxemburgensi data tragœdia cuius postmodum viri monumenta ipsa Gallia nasutissima respexit et venerata est. Hic vir annos duodecim Luxemburgi docuit rhetoricam, teste R. P. Ioan. Bapt. Gobin eius discipulo quem nostra ætate vidimus adhuc. Eius opera vide initio huius libri. — Eodem anno abeunte duce Havræo, provinciæ gubernatore, excipitur alter excell^{mus} princeps Chimacensis .... Drama: Iosue sive Idea gubernatoris, a M. Ioanne Ludling exhibitum. Sub idem tempus serenissimus dux Wirtembergæ Ulricus in aula collegii dramate exceptus fuit. Drama: Stella.

* 56. — Fol. 173—176 : [P. Du Cygne.] Crispus le chaste et le vaillant. Tragédie dediee à Messire François Gaspar Adrien, baron de Schellart, d'Obendorff, et Fançon, Haultvouyer Hereditair de Choris, Seigneur de Gremptin, Muggenhusen, Tuersen, Regh, Heystorff, etc. Par la liberalité duquel les prix seront distribuez. Representée par la Jeunesse du College de la Compagnie de Iesvs à Luxembourg, le (10) de Septembre 1654. Imprimé à Treue, chez Hubert Reulandt. — Quatre feuillets.

* 57. — Fol. 178—179 : [P. Du Cygne.] Lovys le Debonnaire emperevr delivré du pvrgatoire. Dedié à Monsievr Monsievr Dominic Kevrcher venerable doyen de la Chrestienté et pastevr de la ville d'Arlon. Par la liberalité duquel les prix seront distribuez. Representé par la Ieunesse du College de la Compagnie de Iesvs à Luxembourg, le (13.) de Septembre 1655. Imprimé à Treues, chez Hubert Reulandt 1655. — Deux feuillets.

* 58. — Fol. 180—181 : [M. Ioannis Ludling.] Iosve govverneur et capitaine general du peuple de Dieu. Représenté en Theatre et dedié à Son Exellence Monseignevr Philippe Croy, Chimay, d'Aremberg, ... govvernevr et capitaine general du Pays

Duché de Luxembourg et comté de Chiny etc. Par la Ieunesse des Escholles de la Compagnie de Iesvs à Luxembourg enuiron les 2. heures apres midy le 21 d'Apuril 1555. *(A la fin)*: Imprimé à Treues par Hubert Reulandt, Imprimeur de Son Eminence Electorale 1655. — Deux feuillets.

* 59. — Fol. 183—190: Le balet de la Brvne, Dancé chez Son Excellence Monsievr le Prince de Chimay, etc. à Luxembourg, le dernier jour de Carnaval L'An 1656. — Sans lieu ni date d'impression. — Huit feuillets.

* 60. — Fol. 191—192: [P. Du Cygne.] Thomas Morus. Tragedie dediée à Son Excellence Monseignevr Philippe Croy, Chimay, d'Aremberg, ... Par la munificence duquel les prix seront distribués. Representee par les Escoliers du College de la Compagnie de Iesus à Luxembourg le   de Septembre 1656. sur les deux heures apres midy. —. Sans lieu ni date d'impression. — Deux feuillets.

* 61. — Fol. 193—194: [P. Du Cygne.] Fernandes Espagnol rendv a son pere, et a la Foy Catholique. Comedie dedic à Monsievr, Monsievr Gvilliavme de Lymosin, seignevr de Rovssi, dv conseil de gverre, colonel povr le service dv roy et Gouverneur de la Ville d'Arlon, etc. .... l'vnzième de Septembre, 1657. Imprimé à Treves par Hubert Reulandt, 1657. — Deux feuillets.

* 62. — Fol. 196—202: Gubernatores luciliburgenses. — Sans lieu ni date d'impression. Quatre feuillets. Sur le titre: opus eruditissimi et .... viri ...... Alexandri Wilthemii e Societate Iesu. Une main du commencement du XVIIIᵉ siècle a ajouté les gouverneurs postérieurs à 1654 jusqu'en 1716.

63. — Fol. 203: 1658. R. P. Alexander Wiltheim versum obtulit D. Paschasio recens inaugurato abbati Epternacensi. — 1659. XVIII februarii P. Ioannes Binsfeld comœdiam exhibuit *Amicus* quam scripserat R. P. Alexander Wiltheim tum rector collegii. Dubium quæ anno 1658 a patre Du Cygne tragœdia edita; alii Henricum VIII Angliæ regem vel Thomam Morum, alii Cainam tragœdiam a P. Ioanne Binsfeldt, patris Du Cygne collegam. Hoc eodem anno tragicomœdia 26. februarii Ephœbus S. Elisabethae Lusitanæ a P. Martino du Cygne tanto (applausu) 1) ut iterum postridie, puta 27 februarii exhiberi debuerit rogatu principis Chimacensis.

* 64. — Fol. 204—205: [P. Du Cygne.] Pvnition effroyable à cavse d'vn bien mal acqvis. Tragœdie. Dediée à .... Richard Paschase, abbé dv monastere imperial de S. Willibrorde. seigneur

---

1) J'ai suppléé ce mot qui manque.

d'Epternach etc..... le dixiesme Septembre 1659. — Imprimé à Treve chez Hubert Reulandt. — Deux feuillets.

* 65. — Fol. 207—208: [Godart.] S. Laurent martyr. Dedié à .... Clavde de Genetaire, dv conseil de gverre de sa Maiesté, colonel d'vn regiment d'infanterie allemande ..... le 10. Septembre 1660 .... Imprimé à Treves, chez Hubert Reulandt 1660. — Deux feuillets.

66. — Fol. 209: 1661. XXIII februarii, Boethius a rhetoribus in scenam datus. — XIX maii datum a poëtis drama parabolicum.

* 67. — Fol. 210—211: [P. Du Cygne rhetor.] Discorde fraternelle. Tragedie qui sera representée .... à Luxembourg le 12. Sept. à 2. heures apres midi. Dediée à .... Jean Contzemius, ... pasteur de Steinsel, venerable doyen de chrestienneté ez quartiers de Mersche ...... Imprimé à Treves chez Hubert Reulandt, l'An M.DC.LXI. — Deux feuillets.

68. — Fol. 212: 1662. XV. februarii. Tragicomœdia a rhetore data: Mali corvi malum ovum, sive familia in qua filius patrem verberare solebat. — Hoc anno theatrum stabile erectum est in aula collegii, rectore P. Ioanne Baptista de Florbeque, Belga, agente P. Du Cygne rhetore, patrocinante P. Alexandro Wiltheim.

* 69. — Fol. 213—214: [P. Du Cygne.] Conradin. Tragédie composé par les rhetoriciens, dediée à Monsieur le venerable prestre M. Jean Holinger, bachelier es droits, confesseur des religieuses de la congregation de N. Dame en la ville de Luxembourg ...... le (13) Septembre. 1662 .... Imprimé à Treve, chez Christophore Guiliaume Reulandt. — Deux feuillets.

70. — Fol. 215: 1663. XXI ianuarii P. Du Cygne dedit in scenam Pauperem veste donatum, comœdiam.

* 71. — Fol. 216—217: [P. Du Cygne.] S. Vite martyr. Tragédie, dediée à Messire Christophe Albert baron d'Argenteau, seigneur de la Grange, Fontoy, Sterpenich, Auuiller, d'Autel etc........ le   sept. 1663. Imprimé A Treves chez Christophre Guiliaume Reulandt, l'an 1663. — Deux feuillets.

72. — Fol. 218: [P. Wormelding.] Cœcus. Tragi-comœdia.

73. — Fol. 220: 1664. Præcedentis tragicomœdiæ ἐπόχην non inveni, (at in antiquo scolaslogo eam hoc loco recensitam reperio). — XX februarii repræsentavit P. Du Cygne comœdiam Lytrum. — XI. septembris M. Iacobus Waver tragœdiam habuit Angelinum. Mecœnas illustris d. d. Franc. Philippus de Faing, comes de Hasfelt, vicecomes de Hoyen, baro de Jamoigne etc., capitaneus, praepositus forestarius comitatus Chiniacensis et Estallae, gubernator Floren-

villae, senatori equestri in consilio ducatus luxemburgensis et statuum eiusdem deputato.

74. — Fol. 221—222 : [P. C. Veydert.] Consortium, Drama. — A la fin : Dabitur a syntaxianis 16 iulii et anno 1664.

* 75. — Fol. 224—225 : [M. Waver.] Angeliu. Comedie Dans laquelle est représenté le soing et l'amour des Anges Gardiens pour le salut des hommes. Dediée à Messire Philippes François seigneur du Faing ...... le (10) Septembre 1664. Imprimé à Treve, chez Christophore Guiliaume Reulandt. — Deux feuillets.

76. — Fol. 226 : 1665 mense februario M. Duthier exhibuit Balthasarem; adeo placuit ut princeps Chimacensis eandem postridie in aula sua agi (petierit), id quod et accidit.

* 77. — Fol. 227—228 : [M. Ioannes Duthier.] Celse ou Tableau de la Force et Constance chrestienne. Tragedie dediée à Monsieur M. Jean Matthieu d'Arnoult, conseiller de Sa Maiesté Catholique en son conseil provincial du duché de Luxembourg, seigneur de Schengen, etc. ..... le 10. Septemb. 1665. Imprimé à Tréves chez Christophore Guillaume Reulandt, l'An M.DC.LXV. — Deux feuillets.

78. — Fol. 229 : Votum ad sanctum Ignatium pro Luxemburgensibus :

   Inusitatis cultibus aemula
   Luxburgh templi limina Loiolæ
   Plebs ornat et flexis benignos
   Poplitibus superat, fatigat.

Sept strophes ; à la fin : Anno salutis 1665.

79. — Fol. 230 : 1666 : M. Thomas Desprets. XXV februarii dedit Plautianum tragœdiam ; idem II septembris Philippum Bonum, ducem Burgundiæ, quam Vanitatem mundi inscripsit.

* 80. — Fol. 231—232 : [M. Thomas Desprets.] La vanité des grandeurs du monde. Comedie dediée à Monsieur M. Thomas Marschant, eschevin de la ville de Luxembourg, maistre des forges, etc. .... le 2. de Septembre 1666 .... Imprimé à Treves chez Christophore Guilaume Reulandt. — Deux feuillets.

81. — Fol. 233 : 1667, XIV februarii M. Desprets exhibuit Gonzalvam Sylveriam Societatis Iesu martyrem. Actio remigialis habita non fuit ob bella inter utramque coronam, sed sub finem brevis dramatis a M. Desprets scripti præmia distribuit R. P. Franciscus Flamen, rector. — 1668, XI februarii M. Iohannes Sonius dedit in scenam Ioannem Calybitam ; idem sub anni finem Pergentinum et Laurentinum.

* 82. — Fol. 233—237: [M. Sonius, provinciæ Rheni inferioris.] Les cavaliers Pergentin et Lavrentin. Tragedie dediée à ...... Erneste Alexandre Dominic comte de Beaumont .... commandant dans la ville de Luxembourg......... le 10 de Sept. 1668. A Trevez, chez Christophore Guilaume Reulandt. — Quatre feuillets.

83. — Fol. 238: 1669, XXVII februarii P. Ioannes Baptista Coutelier dedit Sigericum tragœdiam. Hoc anno scholastici bis applauserunt feliciter R. D. Wilibrordo Cuno, neoabbati Munsteriensi, primum in convivio in monasterio celebrato, subin domi nostrae inter epulas, quibus aderat R. D. Philippus de la Neuveforge, abbas Epternacensis, cum fratre qui post Bruxellis regius consiliarius fuit.

* 84. — Fol. 239—242: [Exhibuit P. Coutelier.] Absalon, Tragedie dediée à Monsieur Jean Neunheyser, capitaine d'infanterie pour le roy, Lieutenant Prevost, et Eschevin de la Ville et Prevosté de Luxembourg, et Intendant de l'Hostel de son Excel^{ce} Monseigneur le Prince de Chimay etc..... le   Sept. 1669. Imprimé à Treve, chez Christoph. Guillaume Reuland. — Quatre feuillets.

* 85. — Fol. 243—246: [P. Coutelier.] La Princesse resuscitée. Tragi-comedie, dediée à Monseigneur ..... Charles de Bentzeradt, Abbé d'Orval ..... Le 10. Septembre 1670. — Sans lieu ni date d'impression. — Quatre feuillets.

* 86. — Fol. 247—250: [P. De Waha, rector collegii, author.] Francois de Borgia converti. Tragedie qui donne l'ouverture a la solemnité de la Canonization de ce Saint en la Ville de Luxembourg. Dediée a Son Excellence Monseigneur Jean Dominique Zuniga et Fonseca, comte de Monterey, gouverneur des Pays-Bas. Receue au nom de son excellence par Monsieur de Lounignies, general de bataille des armées de sa Majesté. Imprimé à Treve, chez Christ. Guil. Reuland. (1671). — Quatre feuillets in-folio.

87. — Fol. 251: 1672. XXV februarii M. Adamus Fisch exhibuit Villicum iniquitatis, comœdiam. Dedicata fuit excell. comitissæ de Monterey, argumento impresso.

* 88. — Fol. 252—253: Sapores ou la superbe domtée par un stratageme du ciel. Tragedie dediée à Monsieur M. Wolffgang Henry baron de Metternich, seigneur de Bourscheidt, Brouch, Dodembourg, et Ackersteinach etc........ Le (12) de Septembre M.DC. LXXII .... Imprimé à Treve, chez Christ. Guilaume Reulandt. — Deux feuillets.

89. — Fol. 254: 1673, VIII februarii M. Franciscus Ewin tragicomœdiam videndam dedit Gelasium; idem Conradinum, Mecoenate magistratu.

90. — Fol. 255—258: Conradin. Tragedie dediée à Messieurs Messieurs les Hauts justiciers, Eschevins et Gens du Magistrat de Luxembourg, M. Cuno Francois de Cornerout, sindic; M. Jean Deutsch, Justicier; M. Theodore Meys, M. Thomas Marchant, M. Olivier Schutz, M. Jean Neunheuser, M. Pierre Jolliot, M. Jean Osburg, M. Jean Guillaume Putz, Eschevius; M. Jean Paul Mannart, Clercque Juré . . . . Le 11 et 12 Septembre 1673.

91. Fol. 259: 1674, III februarii M. Albertus Bourlart theatro dedit Alexandrum Carbonarium, comœdiam, idem Cunegondem.

* 92. — Fol. 260—263: [M. Bourlart.] Cunegonde imperatrice et comtesse de Lvxembovrg. Tragedie dediée à Monsievr Mr Iean Strenge, secretaire dv roy et Greffier dv Conseil Provincial de Luxombourg . . . . . le 10 et le 11 de Septembre . . . . A Liege, Chez Guillaume Ouwerx, sur la place des P.P. Jesuites, à Saint Ignace, 1674. — Quatre feuillets.

* 93. — Fol. 264: Maria afflictorum consolatrici Luciliburgensis civitatis tutelari, studiis feliciter absolutis, anathema consecrant rhetores Luciliburgenses collegii Societatis Iesu. 1674 (Le texte même manque).

94. — Fol. 265: 1675, XI februarii, M. Ignatius Martini exhibuit Mutos tragicomœdiam.

* 95. — Fol. 266—267: [P. Calmes.] Le charmant Amphion, reparatevr de Lvxembovrg. Dedié à Son Excellence Monseignevr Jean Charles Chretien de Landas et de Lovvegnies . . . . . Gouverneur et Capitaine General du Duché de Luxembourg et Comté de Chiny . . . . le 4 Avril 1675. — Sans lieu ni date d'impression. — Deux feuillets.

* 96. — Fol. 268—271 [M. Daniels.] Maximvs Fabivs. Tragedie dediée à Son Excellence Monseignevr Don Carlos de Jovx et de Watteville, marquis de Conflans . . . . Gouverneur et Capitaine General du pays Duché de Luxembourg et Comté de Chiny . . . . le 10. et le 11. de Septemb. . . . . 1676. — Sans lieu ni date d'impression; quatre feuillets; au verso du titre les armes du gouverneur.

* 97. — Fol. 272—273: [M. Ignatius Martini.] La Foy triomphante de l'idolatrie et de l'aveuglement en la personne de Clodoalde prince de Danemarck. Tragi-comédie, ... le 10. et 11. Septembre . . . . 1675. Dediée à Monsieur M. Raphael de Lohinel, ... Commandant de la Ville de Luxembourg. — Sans lieu ni date d'impression; deux feuillets.

98. — Fol. 274: 1676, XII februarii M. Antonius Daniels scenam ornavit Consule Comœdo; idem Fabium.

99. — Fol. 275: [Turlon.] Descriptio statuae s. Michaelis:
Te rubens canam. Sed opus quid inutile tento?
Non mihi, si lingue centum sint oraque centum.
Quarante et un vers.

100. — Fol. 276: [Michael Turlon.] Descriptio sacelli:
Stat vetus et multos incidua sylva per annos,
Arboreis umbrosa comis; hanc frondibus ilex.
Trente-six vers.

101. — Fol. 277: [Ioannes Mattheus Jacquet 1676.] Descriptio statuæ beatæ Virginis:
Est nemus umbrosum prærupta quod undique claudit
Sylva (vocant Tempè), nulla violata securi.
Soixante-deux vers.

* 102. — Fol. 278—281: La même pièce que le n⁰ 96.

103. — Fol. 282: 1677. Hoc eodem anno in quadragesima Henricus ab Anethan, suffraganeus Trevirensis, episcopus Hierapolitanus, brevi actiuncula a P. Adamo Fisch poëta exceptus. — VI. septembris M. Leonardus Campo Anthemium tragœdiam fecit, at breviter sine apparatu et musica, ob belli et morborum grassationes; datæ duntaxat imagines.

* 104. — Fol. 283—286: [M. Daniels.][1] Bela. Tragedie dediée à .... Ernest Alexandre Dominiqve Croy, Chimay, Arenberg, prince de Chimay ...., Gouverneur et Capitaine General dv dvché de Lvxembovrg, et dv comte de Chiny .... le 25. et le 26. de Fevr..... 1677. — A la fin: Imprimé à Treves, chez Christoff Guilaume Reuland. — Quatre feuillets.

105. — Fol 287: 1678, in anticineralibus vacavit theatrum ob belli strepitus. — VI septembris M. Franciscus Pottier rhetor Theodorum martyrem repræsentavit, at citra omnem pompam. R. P. Franciscus Bellegambe rector Mecoenas. — 1679, VIII februarii P. Michael Calmes praefectus scholarum exhibuit Martinalia, tragicomœdia. Hoc anno habita amplissima supplicatio ad B. V. cui par nec fuit nec erit. Ita annales. Vide annales domus. — XIII decembris M. Gregorius de Ballonfeaux excepit in refugio Epternacensi Ludovicum de la Neuveforge, consilii privati consiliarium.

* 106. — Fol. 288—291: [M. Carolus Reyphius.] S. Jean Damascene, le portrait de la protection de la tres sainte Vierge Mere de Dieu, dedié à Messeigneurs ..... les Depvtez Ordinaires des Trois Etats du Pays, Duché de Luxembourg et Comté de Chiny.

---

[1] Une autre main a mis: M. Leonardus Campo, e provincia Rheni inferioris.

..... le (6) et (7) de Septembre 1679 ..... A Metz, chez Nicolas Antoine .... M.DC.LXXIX. — Quatre feuillets.

107. — Fol. 292: 1680, XXVIII februarii M. Petrus Forceville exhibet Iovem Phanaticum; idem post Guilelmum etc.

* 108. — Fol. 293: [M. Forceville.] Guilielmus Aquitanus..... 10 (7) Septembris 1680. — Sans date ni lieu d'impression; un feuillet.

109. — Fol. 294: 1681, XXIII februarii M. Ignatius Vandermander dedit Theodorum tragœdiam; XIV. maii M. Caspar Durecq poëta exhibuit Fidei triumphum seu martyres quosdam Hispanos; XII. augusti dimissi scholastici passu excell. D. gubernatoris ob irruptiones Gallorum, et hoc ex capite etiam Musae remigiales quieverunt. — 1682. Semestris actio nulla cantante Gallo, sed M. Franciscus Platel rhetor in aulae plano Luxemburgum afflictum exhibuit dramation, nec data praemia; obvii externi admissi. Post pascha M. Andreas Carlier poëta exhibuit S. Macentium martyrem tragœdiam, et data praemia. — X. et XI. septembris M. Ioannes Hannotte syntaxista (nam rhetoris duae tragœdiae oblatae a consultis reiectae sunt) Calvinum thaumaturgam. Collegium Mecoenatis vices supplevit et libris et imaginibus.

* 110. — Fol. 295—296: [P. Cambier.] Le miracle de Calvin. Tragicomedie .... le 10. et 11. Septembre ..... 1682 ..... Imprimé a Treves, chez C. G. Reuland. — Deux feuillets.

111. — Fol. 297: 1683, XXVI februarii M. Ioannes Hannotte poëta comœdiam dedit Mendacem.

* 112. — Fol. 298: [P. Ignatius L'Hermitte.] Le fourbe découvert. Comedie .... le   de fevrier .... (A la fin): A Liege, chez Henry Hoyoux .... 1683. — Un feuillet.

* 112bis. — Fol. 299—302: [M. Nicolaus Le Gœul, rhetor.] Quint Ciceron, vice-roy d'Asie et generale des trouppes romaines aux Pays-Bas. Tragédie, dediée a .... Jean Frederic baron d'Autel .... commissaire generale du pays duché de Luxembourg et comté de Chiny .... le 10. et 11. de Septembre, ... 1683. A Liege, Chez Henry Hoyoux .... — Quatre feuillets.

113. — Fol. 303: 1684, dimissi scholastici kal. septembris sine dramate, post renuntiationem decem primorum. — 1685. Annales negant ullum drama exhibitum aut praemia data, at argumentum annexum docet certiora.

* 114. — Fol. 304—305: P. [Philibertus Castille.] Castella, comœdia ..... 19. junii ..... Leodii, ex typographia Henrici Hoyoux .... 1685. — Deux feuillets.

115. — Fol. 306: Feuillet in-folio, contenant dans un cartouche circulaire, avec la superscription Logogriphus les vers suivants:
    Res sim parva licet, medio tamen audior axe,
    Pontificesque sequor, reliquis et fratribus adsum.
    Dum formant aciem lęvique incedere campo
    Cognuntur, plantae michi sunt et brachia passa.
    Sed careo collo, desunt quoque caetera membra.
Ioannes Wilhelmus D. Ballonffeaux, Luxemburgensis, poëta, MDCLXXXVI.

116. — Fol. 307: 1686, ob bellorum tempestatem siluerunt Musae; attamen M. Carolus Modeste modestam et brevam actiunculam mane exhibuit et fuere evocati ad praemia. Eodem anno MDCLXXXVI absolutum aedificium regium liberalitate Ludovici Magni et primum philosophia ex eius voluntate et pensione annua doceri incepta est. Cal. octobris studiorum instauratio; praefectus P. Ioannes Duthier; professor logices primus P. Leonardus Destesche qui iam Duaci septennio Aristotelem explicarat; rhetor M. Nicolaus Kleffer; [poëta M. Augustinus Bourlaeus (qui in anticineralibus anni 1689); syntaxista M. Franc. Weydert; grammaticus Stephanus Petit; figurista M. Servatius Cuvelier. Philosophiae ortus et natales.

117. — Fol. 308: 1687. Interdicuntur theatra ob bella in bacchanalibus. — VI. et VII. septembris drama, Themistocles tragœdia, poëta D. Burlaeus Augustinus, cuius non libri, sed liberi exstant, et liberi liberorum et qui nascuntur ab illis. Mecoenates domini iudices et scabini Luxemburgenses. — Circa pentecosten huius anni logici ex aula gymnasii solemniter in scholam introducuntur, profante intendente provinciae, procuratore generali aliisque, rectore R. P. Roberto D'Assignies, PP. et collegii. Drama breve exhibitum et plura emblemata in laudem regis, marchionis de Louvoy, et domini intendentis. Ecce chronicon:
    LVDoVICVs MagnVs strVXIt.
Idem aedificio novo inscriptum erat. — Calendis octobris instauratio studiorum. Praefectus . . . .

118. — Fol. 309: 1688. M. Augustinus Bourlaeus Manlium Torquatum.

* 119. — Fol. 310—311: [Monsieur Burlaeus, congedié.] Manlius. Tragédie . . . . le 23. Février. 1688 . . . . . . A Luxembourg, Chez André Chevalier . . . . 1688. — Deux feuillets.

* 120. — Fol. 312—315: [M. Franciscus Weydert, magnus poëta.] Alphonse. Tragedie dediée à Monsieur Mr Willibrord Hotton, reverendissime abbé de . . . . de S. Clement Willibrord . . . . le

6. Septembre sur les deux heures aprés midy pour les Dames, et le 7. pour les Messieurs à la méme heure. A Luxembourg, Chez André Chevalier..... M.DC.LXXXVIII. — Quatre feuillets.

121. — Fol. 316: 1689, kal. octobris studiorum instauratio .... Notandum primum anni huius in physica ubique et semper fuisse Petrum Wiltz Arlunensem quo authore admiranda illa Hilariani ordinis machina surrexit. — VII. septembris P. Henricus Counet rhetor in scenam dedit Godefridum Bullonium mane et minus solemniter.

* 122. — Fol. 317—318: [M. Stephanus Petit, collegii Luxemburgensis restaurator, exstructor demum et rector a me declaratus anno 1717.] Isaac. Tragedie Représentée..... le (18) Février 1689... — A la fin: A Luxembourg, chez André Chevalier... 1689. — Deux feuillets.

123. — Fol. 319: 1690, III februarii M. Stephanus Petit rhetor in scenam produxit Bacquevillium comœdiam.

124. — Fol. 320—321: [P. Hubertus Bernier.] Justinien. Tragedie Représentée .... le 6 Septembre 1690 pour les Dames, le 7. pour les Messieurs. — Sans lieu ni date d'impression. — Deux feuillets.

* 125. — Fol. 323—324: [M. Ioan. Bapt. Bataille.] Aretas. Tragedie dediée à .... Willibrord Hotton, ... abbé .... de S. Clement Willibrord ..... Pour le feliciter sur son heureux retour après une fâcheuse captivité. Représentée ... le 5. Septembre ...., pour les Dames; et le 6. pour les Messieurs .... A Luxembourg, chez André Chevalier .... M.DC.XCI. — Deux feuillets.

* 126. — Fol. 326—327: [1692. P. Jean Bapt. Cubonde, rhetor.] Tite. Tragedie Représentée .... le 5. de Septembre ...... pour les Dames, et le 6. pour les Messieurs .... — Sans lieu ni date d'impression. — Deux feuillets.

127. — Fol. 328: 1693. Remigiali actione spectatus est S. Theonus martyr, authore M. Ioanne de Grave rhetore.

* 128: — Fol. 329—330: [M. Ioannes Speyer.] Vatadono. Tragedie Représentée .... le 28. Janvier .... 1693. — Sans lieu ni date d'impression. — Deux feuillets.

* 129. — Fol. 332—333: [M. Ioannes Speyer.] Le libertin penitent. Comedie Représentée .... le 17. de Fevrier .... 1694..... A Luxembourg, Chez Paul Barbier, ... M.DC.XCIV. — Deux feuillets.

* 130. — Fol. 334—337: [M. Franciscus Hardy.] Pharamond. Tragedie Représentée .... le 6. Septembre 1694 .... pour les Femmes seulement, et le 7. pour les Hommes ..... — A la fin:

A Luxembourg, Chez Paul Barbier . . . . 1694. — Quatre feuillets.

131. — Fol. 338 : 1694. Beatus Stanislaus Kostka divino amore flagrat. Ode Horatiana : Quid hoc ? Amor solvit pharetram . . . . . .

132. — Fol. 339—340 : [P. Hubert Viellevoye.] Opilio. Drama. Dabitur a figuristis . . . . die 28ª iunii hora sesquisecunda pomeridiana 1696.

* 133. — Fol. 341—342 : [M. Ioannes Daffe.] Le tresor. Comedie Représentée . . . . . le dernier de Fevrier 1696. — A la fin : A Luxembourg, Chés Paul Barbier . . . . M.DC.XCVI. — Deux feuillets.

* 134. — Fol. 343—346 : [P. Laurentius Gobart, rhetor.] David persecuté de Saül, Tragedie dediée à Messieurs Mrs les conseiller du roy, maire haut-justicier hereditaire, et échevins hauts-justiciers de la ville de Luxembourg et lieux en dépendans . . . . . Représentée . . . . le 5. Septembre . . . pour les Dames, et le 6. pour les Messieurs . . . A Luxembourg. Chés Paul Barbier, ... M.DC.XCVI. — Quatre feuillets.

* 135. — Fol. 347—354 : Instructio pro magistris literarum humaniorum societatis Jesu a Provinciâ Gallo-Belgicâ in Comitiis Provincialibus Anni 1696. postulata, de mandato patris Thyrsi Gonzales confecta, Juxta Decretum X. Congregationis Generalis XIV. — A la fin : Insulis, Typis Joannis-Baptistae de Moitemont . . . . . 1701. — Huit feuillets, dont le dernier en blanc.

* 136. — Fol. 355 : Catalogus librorum quorum usus est in Scholis humanioribus Collegii Societatis Jesu Luxemburgi. Luxemburgi, Venduntur, apud Andream Chevalier, Regis, Civitatis, et Collegii Societatis Jesu, Typographum Bibliopolamque ordinarium. — Sans date. — Un feuillet in-folio.

* 137. — Fol. 357—358 : [M. Ioannes Daffe rhetor.] S. Pelage martyr, Tragedie Representée . . . . . . le 5. de Septembre pour les Dames, et le 6. pour les Messieurs . . . . . A Luxembourg, Chés Paul Barbier . . . . M.DC.XCVII. — Deux feuillets.

* 138. — Fol. 360—361 : [P. Philippus Lacroix.] S. Hermenegilde martyr. Representé . . . . le Jeudy 6. du mois pour les Dames, et Vendredy suivant pour les Messieurs (1698). — Sans lieu ni date d'impression. — Deux feuillets.

* 139. — Fol. 362—365 : [P. Petrus Wiltz.] Titus. Tragedie dediée a Son Excellence Monseigneur le Comte d'Autel, du conseil de guerre du roy, et general de bataille de ses armées . . . . . Representée . . . le 3. Septembre . . . . pour les Dames, et le 4. pour les Messieurs . . . . — A la fin : A Luxembourg, Chés André Chevalier, ... M.DC.XCVIII. — Quatre feuillets ; sur le titre les armes du comte d'Autel.

* 140. — Fol. 366: Excellentissimo domino D. Francisco Bernardo de Quiros, ordinis sancti Jacobi equiti, regii supremique Castellae consilii senatori, suae Majestatis Catholicae pro pace per Europam in Ryswick stabilienda, cum plena ac primaria potestate legato. Urbis ac provinciae Luxemburgicae assertori pacifico etc. Accinebat Collegium Societatis Jesu Luxemburgi Anno 1698.
Astra favent: plaudat Luxburgae Belgica Nymphae:
Vulgus, io! festâ voce, triumphe, canat.
Vingt-deux distiques. — Un feuillet petit in-folio, sans lieu ni date d'impression.

* 141. — Fol. 367—368: (Poésies latines en l'honneur de D. François-Bernard de Quiros.) Le premier et le quatrième feuillet manquent.

* 142. — Fol. 371—372: Codrus. Tragedie. Réprésentée....... le 25. Février 1699....... A la fin: A Luxembourg, Chés André Chevalier, Imprimeur et Marchand-Libraire. — Deux feuillets.

* 143. — Fol. 375—376: [M. Carolus Havelange.] Sigeric. Tragedie, Représentée .... le Lundi 31. du mois de Janvier (1700). — Sans lieu ni date d'impression. — Deux feuillets.

* 144. — Fol. 379—382: [M. Christophorus Feltz.] Crispus. Tragedie dediée a Messire Christophle d'Arnould, Chevalier, seigneur de Differdange et de Bubange, Président du Conseil Provincial de Sa Majesté au Duché de Luxembourg et Comté de Chiny .... Representée .... le 5. Septembre .... pour les Dames seulement, et le sixiéme pour les Messieurs ... A Luxembourg, Chés André Chevalier, ... M.DCCI. — Quatre feuillets.

* 145. — Fol. 383—386: [M. Carolus Havelange.] Flavius. Tragedie, Representée .... le cinquieme Septembre .... pour les Dames seulement: Et le sixieme pour les Messieurs ..... A Luxembourg, Chez André Chevalier, ... M.DCCII. — Quatre feuillets.

* 146. — Fol. 387—388: [M. Maes.] Le recouvrement heureux, Comédie, Representée .... le vingt-deuxiéme de Fevrier 1702.... — A la fin: A Luxembourg, chez André Chevalier ... 1702. — Deux feuillets.

147. — Fol. 390: 1703. Annus saecularis academiae. V. et VI. septembris M. Alexius Mahy rhetor Eleazarum exhibuit.

* 148. — Fol. 391: Die 16. Octobris Instauratio Studiorum ...... Luxemburgi, Apud Andream Chevalier .... 1703. — Un feuillet.

* 149. — Fol. 392—393: [P. Ioannes Henry Tornacensis, magister poëseos.] Mesa roy des Moabites, Tragedie Representée ....

le 16. de Février 1703 … A la fin: A Luxembourg, Chez André Chevalier, … 1703. — Deux feuillets.

150. — Fol. 394: 1704, XXXI ianuarii M. Anselmus Battelet poëta Antigonum tragœdiam spectandum dedit.

* 151. — Fol. 395—398: [M. Nicolaus Deslionne.] Alcibiade, Tragedie dediée à Monsieur M. Theodore Scholer, reverendissime abbé et seigneur du trés-celebre et trés-ancien monastere de N. Dame de Munster. … Représentée … le 4. de Septembre … pour les Dames, et le 5. pour les Messieurs … A Luxembourg, Chez André Chevalier … M.DCC.IV. — Quatre feuillets.

152. Fol. 399: 1705, V et VI septembris M. Laurentius Daffe rhetor Brutum et Tiberium tragœdiam dat.

* 153. — Fol. 400—401: (Bela, roi de Hongrie; dediée au comte d'Autel.) — Le titre et le quatrième feuillet manquent.

154. — Fol. 402: Chronogramme sur le comte d'Autel.

* 155. — Fol. 403—406: [M. Viellevoye, poëta.] Nerva, Tragedie, dediée à Son Excellence Monseigneur le Comte d'Autel … Répresentée … le 18. de Fevrier … pour les Dames: Et le 20. pour les Messieurs … A Luxembourg, Chez André Chevalier. Imprimeur, etc. — Quatre feuillets.

* 156. — Fol. 408—409: [M. Carolus Meys poëta.] Alusianus. Tragedie Representée … le   de Fevrier 1706 … — A la fin: A Luxembourg, Chez André Chevalier … 1706. — Deux feuillets.

* 157. — Fol. 410: Solemnis studiorum inauguratio … die 23. Octobris … Luxemburgi, Apud Jacobum Ferry, … Anno 1706. — Un feuillet.

* 158. — Fol. 412—413: [M. Ioanne Cram, ex provincia Rheni inferioris.] Demetrius. Tragedie. Représentée … le 4. de Mars 1707. — A la fin: A Luxembourg, Chez André Chevalier … 1707. — Deux feuillets.

* 159. — Fol. 414—417: [M. Carolus Meys rhetor.] Jahiel. Tragedie, Representée … le 5ᵉ de Septembre … pour les Dames seulement: Et le 6ᵉ pour les Messieurs … A Luxembourg, Chez Jacques Ferry … M.DCC.VII. — Quatre feuillets.

* 160. — Fol. 419—420: [M. Theodor Reuter poëta.] Theodore. Tragedie. Representée … le 15. de Fevrier 1708 … — A la fin: A Luxembourg, Chez Jacques Ferry, … 1708. — Deux feuillets.

* 161. — Fol. 421—424: [M. Franciscus Le Blanc.] Quintulus. Tragedie, dediée au trés reverend pere en Dieu Dom. Estienne Henrion, abbé … de Notre Dame d'Orval … Representée … le 4. de Septembre … pour les Dames seulement, et le

5. pour les Messieurs. A Luxembourg, Chez Jacques Ferry, ... M.DCC.VIII. — Quatre feuillets.

* 162. — Fol. 426—427: [P. Ioannes Magoteau poëta.] Adonias. Tragedie, Representée ... le 8. Fevrier 1709. — A la fin: A Luxembourg, Chez J. Ferry ..... 1709. — Deux feuillets.

* 163. — Fol. 428—429: [M. Theodorus Reuter rhetor.] Iosias, Tragedie, Representée ..... le 26. d'août 1709 .... — A la fin: A Luxembourg, Chez Jacques Ferry ...... M.DCC.IX. — Deux feuillets.

* 164. — Fol. 431—432: [M. Simon Vincre, poëta.] Annibal. Tragedie Representée ..... le 28. Fevrier 1710 .... — A la fin: A Luxembourg, chez Jacques Ferry .... 1710. — Deux feuillets.

* 165. — Fol. 433—434: [P. Magoteau.] Poésie française (le titre manque), dédiée: A Messieurs les bourgeois de la Congregation de Notre-Dame, sous le Titre de la Purification, pour la Solemnité de leur Jubilé:

Siecle cent fois heureux, et digne de mémoire,
Qui vient nous retracer un éclat de la gloire.

A la fin: A Luxembourg, Chez Jacques Ferry, ... 1710. — Deux feuillets.

* 166. — Fol. 435—436: [P. Ioannes Magoteau.] Regulus. Tragedie, Representée .... le 3. de Septembre 1710 .... — A la fin: A Luxembourg, Chés Jacques Ferry, ... 1710. — Deux feuillets.

167. — Fol. 437: 1711. Actio remigialis exhibita non est instis de causis.

* 168. — Fol. 438—439: [M. Bernardus Mahy.] Philippe le Bon, Comedie. Representée ... le 13. de Fevrier .... A Luxembourg, Chez Jacques Ferry, ... M.DCC.XI. — Deux feuillets.

* 169. — Fol. 440—441: [P. Ioannes Magoteau.] Daphnis. Drama pastoritium in adventu illustrissimi et reverendissimi domini D. Ioannis Mathiæ ab Eyss, episcopi Rosmensis .... Exibitum Luxemburgi in collegio Societatis Jesu. — Luxemburgi, apud Jacobum Ferry, ... M.DCC.XI. — Deux feuillets.

* 170. — Fol. 442—450: Serenissimo electori Maximiliano Emmanueli, utriusque Bavariae duci, Belgii principi, etc. Comiti Palatino ad Rhenum, archi-dapifero, electori et vicario sancti Romani imperii, etc. Societatis Iesu Templum die Sancti Ignatii honoris et pietatis causa adeunti. Luxemburgi, Apud Jacobum Ferry, ... M.DCC.XI. — Recueil de petites pièces en vers, en latin, en français et en allemand, dont deux attribuées au Père Lacroix et à Bernard Mahy. — Neuf feuillets.

* 171. — Fol. 451—452: [M. Andreas Casbach, poëta; signa postea deserivit]. Abdolomine roy de Sidon, Representé .... le 5. Fevrier 1712 ...... A Luxembourg, Chez Jacques Ferry, ... 1712. — Deux feuillets.

* 172. — Fol. 453—456: [M. Jacques Pollet rhetor.] L'orgueilleux confondu. Comedie Representée .... le 5. de Septembre 1712 ..... pour les Dames seulement; et le 6. .... pour les Messieurs. A Luxembourg, Chez Jacques Ferry .... M.DCC.XII. — Quatre feuillets.

* 173. — Fol. 457—458: [P. Ioannes Magoteau, poëta.] Salomon ou le prince pacifique. Tragedie, Representée .... le 22. de Fevrier 1713 .... pour les Dames seulement, et le 23. pour les Messieurs .... — A la fin: A Luxembourg, Chez Jacques Ferry, ... 1713. — Deux feuillets.

* 174. — Fol. 459—462: [M. Remigius Collet, rhetor.] Fabius Tragédie et l'Ecole des mondains Comedie, représentées .... le 1. de Septembre 1713 ..... pour les Dames seulement; et le 2. ..... pour les Messieurs. A Luxembourg, Chez Jacques Ferry ...... M.DCC.XIII. — Quatre feuillets.

* 175. — Fol. 464—465: [M. Clemens Agarant, poëta.] Daniel ou le triomphe de la religion. Tragedie. Representée .... le 9. de Fevrier 1714 .... — A la fin: A Luxembourg, Chez Jacques Ferry .... 1714. — Deux feuillets.

* 176. — Fol. 466—469: [P. Ioannes Magoteau, rhetor.] David persecuté par son fils, Tragedie, Representée ..... le 3. de Septembre 1714 .... pour les Dames seulement; et le 4. .... pour les Messieurs .... A Luxembourg, Chez Jacques Ferry .... M.DCC.XIV. — Quatre feuillets.

* 177. — Fol. 471—472: [M. Carolus Prevot, poëta.] Dom Quixote, Comedie, Representée .... le 1. Mars 1715 .... A la fin: A Luxembourg, Chez J. Ferry .... 1715. — Deux feuillets.

* 178. — Fol. 473—476: [M. Clemens Agarant, rhetor.] Joseph, Tragedie, dediée à Monsieur M. Herman Mertz, reverendissime abbé Des Chanoines Reguliers de l'Ordre de Premontré au trés-celebre Monastere de Wadgass .... Representée .... le 30. Août 1715 .... pour les Dames seulement, et le 31. .... pour les Messieurs. (Armes de l'abbé de Wadgassen avec la divise: Fulget et ornat). A Luxembourg, Chez Jacques Ferry .... 1715. — Quatre feuillets.

179. — Fol. 477: 1716. Praefectus P. Franciscus Havelange. Magister rhetorices Carolus Prevot; poëta Theodorus Puriselli; syntaxista Clemens Agarant, grammaticus Iosephus Hartzheim; figurarum Georgius Kuborn. — Post pascha, syntaxistae Plutonis

in inferno iudicium; grammatici: Coecus qui inhiantes thesauris suis fallit, dum ipse falli videtur; figuristæ. Exhortante P. Carolo Meys, academia nato archiduci applausit.

* 180. — Fol. 478—479: [M. Theodorus Puriselli, e provincia Rheni inferioris.] David puni de sa vanité. Tragedie, Representée ... le 21. de Fevrier 1716 .... — A Luxembourg, Chez J. Ferry, ... 1716. — Deux feuillets.

* 181. — Fol. 480—485: Vœux et felicitations Faites à leurs Majestez Imperiales et Catholiques Charles VI. et Elizabeth Christine, Au sujet de la Naissance tant desirée du Serenissime Prince Leopold Jean etc. Archiduc d'Autriche, prince des Asturies, etc. Par les Peres du College de la Compagnie de Jesus à Luxembourg. A Luxembourg, Chez Jacques Ferry, ... 1716. — Six feuillets.

* 182. — Fol. 486—489: [M. Carolus Prevôt, rhetor.] David et Jonathas. Tragedie, Dediée à Monsieur M. de Ballonffeaux, seigneur de la Madelaine, Bohr, Linay etc .... Representée .... le 31. d'Août 1716..... pour les Dames seulement, et le premier de Septembre .... pour les Messieurs. A Luxembourg, Chez Jacques Ferry ..... (sans date). — Quatre feuillets.

183. — Fol. 490: 1717. Præfectus P. Jacobus Henry. Magister rhetorices Theodor Puriselli, poëtices Clemens Agarant, syntaxis Iosephus Hartzheim, grammatices Georgius Kuborn, figurarum Carolus Prevôt. Post pascha exhibetur a syntaxistis comœdia: Fures qui inserta clam noctu scheda mane aliquid ædibus surripiunt, ut accusati vicissim accusare possint et scheda supposititia sibi argentum alienum arrogare. — A Grammaticis. — A figuristis: Aesopus Xanthum promisso exsolvens. — Circa anni initium academia coniunctis viribus applausit homagio Luxemburgensi quod Gronsfeldius gubernator imperatoris nomine excepit.

* 184. — Fol. 491—494: [M. Clemens Agarant, poëta.] Idomenée. Tragedie, Dediée à Son Excellence Monseigneur M. Jean-François, comte de Bronchorst Gronsfelt, et Eberstein .... Gouverneur et Capitaine General du Pays Duché de Luxembourg et Comté de Chiny. Representée .... le 5. Février 1717 ..... pour les Dames, et le 6. .... pour les Messieurs. A Luxembourg, Chez Jacques Ferry : ... 1717. — Quatre feuillets.

* 185. — Fol. 495—498: [M. Theodorus Puriselli, rhetor, e provincia Rheni inferioris.] Jonathas Machabée. Tragedie. Dediée à Monsieur M. Benoist Ferting, reverendissime abbé .... de N. Dame de Munster ..... Representée .... le 30. Aoust .... pour les Dames, et le 31. pour les Messieurs .... A Luxembourg, Chez Jacques Ferry ..... 1717. — Quatre feuillets.

* 186. — Fol. 500—501: [M. Iosephus Hartzheim, poëta, provinciæ Rheni inferioris.] Belisaire. Tragedie. Representée .... le 25. de Fevrier 1718 .... — A la fin: A Luxembourg, Chez Jacques Ferry, ... 1718. — Deux feuillets.

Le contenu de ce volume a fait l'objet d'une dissertation insérée par M. Muller, professeur, dans le programme de l'Athénée Royal-Grand-Ducal de Luxembourg, de 1837—38, sous le titre: Chronique de l'ancien collége de Luxembourg, de 1603 à 1714 (p. 3—31). Il a donné de multiples extraits des notes manuscrites, ainsi que des pièces de théatre écrites en vers, mais il n'a donné ni les titres de celles-ci ni les noms des auteurs.

N° 200.

Manuscrit sur papier de la fin du XVIIIe siècle. — 100 feuillets à 32 lignes par page. — H.: 217 mm.; L.: 172 mm.

Titre, au dos de la reliure: Quæstions du droit canon. *Incipit*: Quid est ius canonicum? R. Quod a Christo ecclesiae institutore, ipsa ecclesia eiusque rectoribus ad salutem animarum constitutum est.

De la même main que le ms. 197.

Don de M. Léon de la Fontaine, avocat, 1849.

N° 201.

Manuscrit sur papier du XVIIIe siècle. — 1208 pages à 35 ou 36 lignes. — H.: 192 mm.: L.: 122 mm.

Titre: Dictionnaire œconomique, contenant divers moyens d'augmenter et conserver sa santé avec plusieurs remèdes assurés et éprouvés pour un très-grand nombre de maladies et beaucoup de beaux secrets pour parvenir à une longue et heureuse vieillesse, par M. *de Noël Chomel*, prêtre, curé de la paroisse de S. Vincent de la ville de Lyon. A Lyon MDCCIX. *Incipit*: Aage; pour parvenir à un grand âge. 1er moyen. Une famille de Londres en Angleterre se sert des pillules de Macrobes . . . . — Cette partie de l'ouvrage va jusqu'à la page 1179; suit alors, p. 1181 — 1208 un petit traité d'arithmétique.

Provenance inconnue.

N° 202.

Manuscrit sur papier de 1789. — Deux volumes de 350 resp. 384 feuillets, à 25 lignes par page. — H.: 226 mm.; L.: 179 mm.

Vol. I: Cours de philosophie, en latin, écrit en 1789 par Aug. Bockoltz d'Arlon, sous la dictée du professeur Halle de Transine au collége de Luxembourg. *Incipit:* Prolegomena in philosophiam. Ea scientia quæ philosophia dicitur, apud veteres sapientia audiebat.

A la première page: Ad me Augustinum Bocholtz Arlunensem logicum anno 1789, die 7mo septembris, sub cursu R. d. domini artium doctoris et philosophiæ professoris Halle ex Transine.

Vol. II: 384 feuillets, plus 35 planches dessinées à la main:

a) Ethica seu philosophia moralis. Prolegomenon. De fine et natura scientiae moralis. Explicanda ea philosophiæ pars quæ . . . .

b) Physica. Prolegomenon in physicam. *Incipit:* Physica quae et philosophia naturalis audit . . . . . . Contient encore des traités de mechanica, de gravitate corporum terrestrium, de aëre, de optica, . . .

Don de M. Ensch, receveur à Redange, (parent du dit Bocholtz) 1864.

N° 203.

Manuscrit sur papier du XVIIIe siècle. — 62 feuillets à 28 lignes par page. — H.: 240 mm.; L.: 195 mm.

Traité de droit canonique: Liber 3., titulus 38. — De iure patronatus. De iure patronatus agitur tam de iure civili quam canonico, sed diversa significatione, nam in iure patronatus . . .

Don de M. Léon de la Fontaine, avocat, 1849.

Nº 204.

Manuscrit sur papier du XIXᵉ siècle. — 480 pages à 26 lignes. — H.: 283 mm.; L.: 170 mm.

Recueil de poésies allemandes sur la nature, sur Dieu, sur l'autre vie, des chansons et *raria,* en tout 292 pièces, de divers auteurs, écrit par M. Maeysz.

Don de M. Maeysz, 1867.

Nº 205.

Manuscrit sur papier de 1802. — 55 feuillets, à 15 lignes par page. — H.: 222 mm.; L.: 141 mm.

Titre : Leben und reisbeschreibung von mir Iohann Peter Mäyss in allerhand begebenheiten und zufälle, in glück und unglück, in freud und traurigkeit und in wie vielerley dodtesgefahren ich unterworfen wahre, wie es hier weiters zu ersehen ist. *Incipit:* Anno 1744, den 31. May, auf dreyfaldigkeit sontage 4 uhr morgens bin ich gebohren worden und in der pfarr des alten S. Peter in Strasbourg getauft worden .... — A la fin : Geschrieben im land der freyheit im zehnten Jahr der Francken republick, und die zahl nach Christi geburt 1802.

Suit, sur deux pages : Neuigkeiten welche währender kriegszeit sich zugetragen haben; habe sie in versen verfasset :

Die kleine gränzfestungsstadt Landau
Hat mehr kummer als ein alte frau.....

Nº 206.

Manuscrit sur papier de la fin du XVIIIᵉ siècle. — 156 pages à 22 lignes, et 18 planches dessinées à la main. — H.: 230 mm.; L.: 186 mm.

Titre : L'usage des globes céleste et terrestre et des sphères suivant les différens sistèmes du monde. *Incipit:* Traité de sphère.

Par le mot de sphère l'on entend la manière de partager le monde en plusieurs parties .... — *(Explicit)*: Une seconde est la soixantième partie d'une seconde *(sic)*.

Provenance inconnue.

N° 207.

Manuscrit sur papier de c. 1780. — 142 feuillets à 26 ou 28 lignes par page. — H.: 227 mm.; L.: 183 mm.

Contient:

I. Fol. 1—103: Questions et remarques curieuses et intéressantes propres à faire connaître l'origine, les usages, les mœurs et les loix des François etc. Chap. I. Des différentes espèces de gouvernement. D. Combien y-a-t-il de sortes de gouvernemens? R. Il y en a de trois sortes ...

II. Fol. 106—142: „Lettres adressées au fils aîné de Mr Paris de la Montagne par trois de ses oncles qui de concert avec le père vouloient en faire le premier commerçant de l'Europe et du monde entier ...... C'est Mr de Lasalle, directeur des vivres, qui a trouvé ces mémoires dans les papiers de Mr Durand, son beau-frère, qui me les a communiqué". La première de ces lettres est de Mr Paris l'aîné; la troisième, dd. Mont St. Père, 1. nov. 1729, de Mr du Vernai.

Provenance inconnue.

N° 208.

Manuscrit sur papier de 1639. — 2 feuillets plus 114 pages à 26 lignes. — H.: 229 mm.; L.: 189 mm.

Titre: Res Munsterienses ad^m R. in Christo patri ac domino d. Henrico Suynen, abbati et domino in Munster ceterisque rr. pp. Munsteriensibus, offerebant Mm. soc. Iesu Luxemburgi a. C. MDCXXXIX. — C'est l'histoire de l'abbaye de Münster, d'après Bertels et les archives de l'abbaye. *Incipit:* Admodum reverende domine,

miraberis fortasse cur ad te tuosque de rebus ipsis Munsteriensibus....
— A la fin du volume: Lucas Niederkorn scripsit.

N° 209.

Manuscrit sur papier du XVIII° siècle. — Deux volumes de 87, resp. 97 feuillets, à 26 lignes par page. — H.: 233 mm.; L.: 182 mm.

Vol. I. Titre: Philosophiæ pars 2. philosophia naturalis seu phisica. *(Incipit):* Phisica quam hic Deo duce agredimur, est rerum naturalium cognitio per causas et effectus... *(Explicit):* haberi ventum turbineum, quando vehementior ventus in alium debiliorem transversim (incomplet à la fin).

Vol. II. Titre: Philosophiae naturalis pars tertia, seu metaphisica. *(Incipit):* Haec tertia philosophiae pars metaphisica seu philosophia transnaturalis dicitur, quia supra naturam assurgens....

Don de M. Léon de la Fontaine, avocat, 1849.

N° 210.

Manuscrit sur papier de 1774. — 126 pages à 30—36 lignes. — H.: 224 mm.; L.: 182 mm.

Titre: Themata sintaxeos data a reverendo in Christo patre Gralignez, scripta vero ab ipsius discipulo Ioanne Nicolao Tilliard, Bastonaco, in collegio societatis Iesu Luxemburgi, anno salutis M.D.CCLXXIV. *(Incipit):* Primum thema. L'étude de la sintaxe a principalement trois choses pour objet.... — Pages 125 et 126: Finem thematibus his imposui XV. augusti anni pacis 1774. Ioannes Nicolaus Tilliard.

Don de M. Léon de la Fontaine, avocat, 1849.

N⁰ 211.

Manuscrit sur papier de 1768—69. — 154 feuillets à 26 lignes par page. — H.: 230 mm.; L.: 182 mm.

Titre: Logice tum speculativa tum practica, tradita a R. P. Celestino de Trox, Luxemburgensi, in aula collegii societatis Iesu; ad usum Laurentii d'Ennershausen ex Nidersgejen, anno 1768, tum 1769 finita die 8ᵛᵃ februarii. — *(Incipit):* Cursus philosophicus ad scolarum usum accomodatus. Pars prima seu logica: Cursus philosophicus quatuor complectitur partes . . . .

Don de M. Léon de la Fontaine, avocat, 1849.

N⁰ 212.

Manuscrit sur papier du commencement du XVIIIᵉ siècle. — 55 feuillets à 22 lignes par page. — H.: 213 mm.; L.: 168 mm.

Titre: Dernière partie des mathématiques dictée et composée par le sieur du Telloy, maistre des mathématiques à l'accademie royale à Luneville. 1713. — *(Incipit):* Les mathématiques. Definition. Les mathematiques sont des sciences qui nous apprenent à . . . . . — Fol. 25 V.: Fortification. Définition de la fortification. La fortification est l'art de bien fortifier et attaquer une place . . . — *(Explicit):* le parapet doit etre de 3 toises et demy, le rempart de 7 ou 8 toises. Fin de la fortification irrégulière.

Au-dessus du titre: Aerarii philosophorum societatis Iesu Luxemburgi.

N⁰ 213.

Manuscrit sur papier de 1765. — 239 feuillets à 30 lignes par page. — H.: 227 mm.; L.: 184 mm.

Cahier de philosophie. Titre: Hæc philosophia rationalis dictata est a r. p. Henry e s. I., scripta ab eiusdem discipulo Eugenio

Rossignon ex Mellier 1765. *(Incipit)*: Prælectio prima. De natura, obiecto et proprietatibus logicæ. § primus. Quid et quotuplex sit logica . . . . . A la fin: Logica finita octava maii 1765 sub reverendo patre Henry, logices professore, Luxemburgi, scripta a Fr. E. Rossignon ex Mellier 1765.

Don de M. Léon de la Fontaine, 1849.

N° 214.

Manuscrit sur papier, de 1732. — 337 feuillets à 30—31 lignes par page. — H.: 221 mm.; L.: 171 mm.

Cahiers de logique. — Titre: Hæc logica dictata est a R. P. Rocho Heymans, scripta vero a me Ioanne Rossignon eius discipulo anno 1732. Luxemburgi. — *(Incipit)*: Philosophia naturalis sive logica. Proëmium. Philosophia, si vim ac ethimologiam nominis spectes, nil aliud est quam . . . . — Incomplet à la fin.

Don de M. Léon de la Fontaine, avocat, 1849.

N° 215.

Manuscrit sur papier, de 1774. — 160 pages à 22 lignes par page. — H.: 221 mm.; L.: 183 mm.

Titre: Carmina data a reverendo in Christo domino **Magnery**, poëseos professore meritissimo in aula collegii Theresiani Luxburgi, anno 1774. — C'est un recueil des devoirs de poésie faits par les élèves en 1774.

Fol. 2: Bastona me genuit, Luxburgum docmate claro
　　　　Excoluit mentem docta suada meam. —

Pages 159—160: Finem carminibus his imposuimus hodie XXIV augusti anni salutis MDCCLXXIV. Ioannes Nicolaus Tilliard, poëseos alumnus, Bastoniensis, in collegio luxemburgensi anno 1774.

Don de M. Léon de la Fontaine, avocat, 1849.

Nº 216.

Manuscrit sur papier, de 1743 et 1744. — 165 feuillets à 35 lignes par page. — H.: 225 mm.; L.: 175 mm.

Cahiers de logique. Au fol. 1: Hanc logicam tradidit R. P. Helm, phylosophiae professor, scripsit vero ipsius discipulus Antonius Hames ex Garnich, anno Domini 1744. — (*Incipit*, fol. 2): Commentarius in universam Aristotelis phylosophiam. Phylosophia seu scientia est rerum divinarum humanarumque, quantum assequi humana mens lumine naturali potest.... — A la fin: A R. P. Helm philosophiæ professore logica hæc tradita fuit anno 1743, secunda octobris incepta et est absoluta 22. maii anno 1744, scripsit vero ipsius discipulus Antonius Hames ex Garnich.

Don de M. Petry de Roodt, en 1846, alors élève de l'Athénée à Luxembourg, maintenant juge de paix à Grevenmacher.

Nº 217.

Manuscrit sur papier, du XVIIIe siècle (1740?) — 280 feuillets à 28 lignes par page. — H.: 226 mm.; L.: 168 mm.

Titre, au dos de la reliure: Tractatus de sacramentis. Il commence: Nota: Vox latina sacramentum, græce misterium, variis modis accipitur..... *Explicit*: sacramenta autem ad nostram iustificacionem quam in nobis stabilem efficiat sanctus dominus summus sacerdos et sacramentorum author. — La même main, à ce qu'il paraît, a ajouté: 1740.

Provenance inconnue.

Nº 218.

Manuscrit sur papier, de 1776. — 156 pages à 34 lignes. — H.: 222 mm.; L.: 177 mm.

Titre: Metaphisica seu theologia naturalis data a domino domino Ioanne Baptista Halle, logices professore, scripta vero ab eius discipulo Ioanne Evrardo Tillard Bastoniensi anno pacis 1776, in collegio Theresiano, 23 aprilis, Luxemburgi. — L'ouvrage commence: Philosophiae universae pars secunda seu methaphisica. Methaphisica est scientia quae notiones maxime universales in examen vocando . . . . . — *(Explicit)*: a quibus originem habuerunt, sed haec ad ius phisicum pertinent. Methaphisicae finem posuimus 22ª iulii anni pacis 1776. J. E. Tillard domini discipulus Halle.

Don de M. Léon de la Fontaine, avocat, 1849.

Nº 219.

Manuscrit sur papier de 1775—76. — 260 pages à 25 lignes. — H.: 222 mm.; L.: 177 mm.

Titre: Logica rationalis data a reverendo necnon exactissimo logices professore in collegio Theresiano Luxemburgi anno 1775. — Un peu plus bas: Tradebatur Luxemburgi a D.D. Halle ex Transinne, logices professore observantissimo, 24. novembris anni MDCCLXXV. — Au verso du titre:

Quisquis amas dictis Tillard corrodere famam,
Aspicere hoc vetitum noveris esse tibi.

L'ouvrage commence: Prolegomena in logicam rationalem. Philosophia iuxta vim nominis est amor sapientiae, philosophus ergo . . . . |*(Explicit)*: non docemus, ut periti videamur, sed ut eos praesertim instituamus qui documentis magis indigent. Finem huic tractatui posuimus vigesima quarta maii anni 1776. Ioannes Evrardus Tilliard, Bastoniensis, philosophie operam navans Luxburgi sub disciplina D.D. Halle ex Transinne 27ª maii M.D.CC.L.XXVI.

Don de M. Léon de la Fontaine, avocat, 1849.

Nº 220.

Manuscrit sur papier de 1775—1776. — Deux feuillets, plus 188 pages à 27 lignes. — H.: 222 mm.; L.: 177 mm.

Titre: Logica sermocinalis dictata a reverendo domino Halle, logices professore, scripta vero ab eius alumno Ioanne Nicolao Tilliard Bastoniensi. Dabam Luxemburgi in aula collegii regii 3. octobris 1775. — Le titre est suivi d'un „index huius tractatus". L'ouvrage commence: Praefaciuncula in logicam sermocinalem. Logica generatim sumpta est ars bene dicendi seu bene cogitandi . . . . *(Explicit):* etenim circomstantiae quibus vestiri solent, indicant in quo sensu sint accipiendae. Finem huic tractatui imposuimus 15. novembris anni 1775.

Don de M. Léon de la Fontaine, avocat, 1849.

Nº 221.

Manuscrit sur papier, du XVIIIe siècle. — 333 feuillets à 30—31 lignes par page. — H.: 215 mm.; L.: 180 mm.

Feuillet de garde: Sum ex libris Ioannis Baptistae Leonardy ex Thommen anno reparatae salutis millesimo septingentesimo septuagesimo nono (nunc ad me spectat, Kalbusch, parochus 1833). — Donné à la bibliothèque par M. Nicolas Gaasch, aide-bibliothécaire, actuellement curé à Itzig.

Le volume renferme le cours de philosophie du professeur Halle, commençant: Praefatio in logicam sermocinalem. Logica generatim sumpta est ars bene dicendi seu bene cogitandi... — Fol. 71: Logica realis. — Fol. 213: Prolegomenon in metaphisicam . . . . .

Nº 222.

Manuscrit sur papier de 1781—1782. — 232 + 192 pages à 14—16 lignes. — H.: 197 mm.; L.: 161 mm.

Titre, en tête de la première partie: Elite de poësie ou portefeuille d'un homme de goût recueilli par Cyp. Merjai 1781. C'est un recueil de pièces en vers de plusieurs auteurs: p. 2: Odes d'Anacréon, traduites en vers françois par M. de la Fosse; p. 16: Poësie fugitive. Sonnet de Malleville sur la belle matineuse; p. 18: Madrigal de Mr l'abbé Cotin. Vers à Iris par Peraut . . . . . — La seconde partie du volume porte le titre suivant: Melange ou recueil choisi de plusieurs epigrammes accompagné de quelques autres pieces satyriques, 1782.

Don de M. de la Fontaine, avocat, 1833.

Nº 223.

Manuscrit sur papier, de 1770. — 4 + 340 feuillets, à 20—24 lignes par page. — H.: 302 mm.; L.: 216 mm.

Titre: Traité des charges publiques par Messire Gossuin comte de Wynants, conseiller du souverain conseil de Brabant et ensuite du conseil supreme des Païs-Bas etc. Consulere patriae summa virtus. Ex Seneca in Octavia. 1770. — L'ouvrage commence: Préface. Quoique la connaissance des règles en matières des charges publiques soit très-importante et très-nécessaire..... *(Explicit)*: Ce qui se dit du payement principal, at aussi lieu à l'égard de l'amende lorsque l'instruction en décerne contre les contraventeurs. Voyés les....

Relié en parchemin; sur chaque plat de la reliure un écusson écartelé: aux 1 et 4 d'or à une aigle éployée à deux têtes de...., au 2. de sable à un homme nu de face d'argent, au 3. de sable à un pigeon contourné; l'écu est entouré de deux branches de laurier et sommé d'une mitre entre une crosse et une épée.

Nº 224.

Manuscrit sur papier, du commencement du XVIIIᵉ siècle. — 539 pages côtées 1—240, 341—639, plus 34 feuillets laissés en blanc. — H.: 309 mm.; L.: 200 mm.

Titre: L'art héraldique ou du blason. Le blason n'a commencé qu'à l'occasion des expéditions militaires des François, et les véritables armoiries n'ont esté universellement héréditaires que sous les rois de la troisième lignée.....

Le manuscrit est en grande partie de la main du notaire Pierret; son nom se trouve inscrit au feuillet de garde: F. Pierret nots. 1720. — Fol. 1: N. Pierret, greffier de la gruerie de Rodemach 1738. — Antonii Ungeschickt 1764.

N° 225.

Manuscrit sur papier, de la fin du XVIIIᵉ siècle. — 12 + 185 feuillets à 29 ou 30 lignes par page. — H.: 302 mm.; L.: 202 mm.

Titre: Recueil des pièces concernant le regiment de la calotte depuis l'année 1718 jusqu'à présent. (En bas du titre: Wauthier). — Les feuillets 1—12 de la première partie contiennent le titre et l'index; l'ouvrage même embrasse les feuillets 1—174 de la seconde partie dans laquelle les feuillets 175—185 sont laissés en blanc.

N° 226.

Manuscrit sur papier, du XVIIᵉ siècle. — 144 + 18 feuillets à 41 lignes par page. — H.: 309 mm.; L.: 200 mm.

Copie d'une partie de l'ouvrage de Brower, intitulé: Antiquitatum et annalium Trevirensium libri XXV. Notre copie en renferme: fol. 1: Annalium Trevirensium liber decimus septimus. Ottone ex rebus humanis subtracto.... — Fol. 34: Annalium Trevirensium liber decimus octavus (remplacé par: vigesimus): Quae nostram patrumque ætatem sæcula sunt antegressa.... — Fol. 79: Annalium Trevirensium liber decimus nonus. Ut in cursu parum secundo rectores.... — Fol. 117: Annalium Trevirensium liber vigesimus. Quod Maximilianus Caesar literis.... — Fol. 134 V.: Annalium Trevirensium liber vigesimus primus. Iacobo morte extincto gubernacula Trevirensis ecclesiae...... capit Ioannes a Schönenburgh. — (*Explicit*): vitia nesciamus, cœlum cogitemus et aeternitatem.

Feuillet de garde: Ioannes Osburgh Augustae Trevirorum scabinus et secretarius verus possessor 1651.

Provenance inconnue.

N° 227.

Manuscrit sur papier de 1614—1629. — 17 feuillets plus 828 pages. — H.: 312 mm.; L.: 206 mm.

No 227.

Titre, inscrit en haut du 2e feuillet: Liber recessuum annalium capitulorum unionis Bursfeldensis descriptus et compilatus iussu reverendi domini Petri Roberti ab Andagio, s. [theologiæ licentiati, abbatis monasterii beatæ Mariæ Munsteriensis prope Luxemburgum, ordinis sancti Benedicti, prælibatæ unionis, per manus quorundam fratrum religiosorum ipsius cœnobii anno christianæ salutis 1614. — En dessous du titre se trouve un ex-libris imprimé de Pierre Roberti.

Les chapitres dont les résolutions sont transcrites dans ce volume, sont les suivants:

Page 1: In Nurenberga, anno 1459. — P. 3: In Reinhuysen, anno 1461. — P. 12: In Erfordia, anno 1462. — P. 17: In Erfordia, 1466. — P. 19: In Erfordia, anno 1467. — P. 21: In Erfordia, anno 1468. — P. 25: Apud Moguntiam, anno 1469. — P. 30: In sancto Mathia, 1470. — P. 36: In Erfordia, anno 1472. — P. 40: In s. Michaële Hildeshem, anno 1473. — P. 46: In s. Michaële Hildesheimensi, anno 1474. — P. 50: In Erfordia, 1489. — P. 56: Apud Bambergam, 1476. — P. 60: In Reinhuysen, 1477. — P. 63: In Abdinckhoven Paderborne, 1478. — P. 67: In Erfordia, 1479. — P. 71: In Erfordia, 1480. — P. 74: In Erfordia, 1481. — P. 80: Apud Moguntiam, 1482. — P. 85: In Erfordia, 1483. — P. 89: In Erfordia, 1484. — P. 92: In Erfordia, 1485. — P. 98: In Colonia apud S. Martinum, 1487. — P. 102: In Erfordia, 1488. — P. 108: In Erfordia, 1491. — P. 114: In Erfordia, 1492. — P. 120: In Colonia apud S. Martinum, 1493. — P. 127: In Erfordia, 1494. — P. 137: Apud Moguntiam, 1495. — P. 144: In Reinsborn, 1496. — P. 152: In Erfordia, 1497. — P. 161: Apud S. Martinum Coloniæ, 1498. — P. 166: In Reinertzborn, 1499. — P. 171: In Erfordia, 1500. — P. 177: In S. Panthaleone Coloniæ, 1501. — P. 183: In Erfordia, 1502. — P. 188: Apud S. Iacobum Moguntiæ, 1503. — P. 194: In Bursfeldia, 1504. — P. 199: In Bursfeldia, 1505. — P. 206: In S. Iacobo Moguntiæ, 1506. — P. 217: In Bursfeldio, 1507. — P. 224: In Seligenstadio, 1508. — P. 234: In Reinertzborn, 1509. — P. 241: In Bursfeldia, 1510. — P. 260: In Bruweiler prope Coloniam, 1511. — P. 270: In Bursfeldia, 1512. — P. 278: In S. Iacobo prope Moguntiam, 1513. — P. 284: In Bursfeldia, 1514. — P. 293: In Reinartzborn, 1515. — P. 300: In S. Panthaleone, 1516. — P. 309: In Seligenstat, 1517. — P. 316: In Bursfeldia, 1518. — P. 325: In Egmunda, 1519. — P. 332: In Erfordia, 1520. — P. 340: Apud S. Martinum Coloniæ, 1521. — P. 346: Apud Moguntiam, 1522. — P. 352: In Bursfeldia, 1523. — P. 356: In Werdena, 1524. — P. 361: In Abdinckhoven in civitate Paderbornensi, 1526. — P. 365: In Monasterio s. Iacobi apostoli extra muros Moguntinenses, 1528. — P. 370: In S. Iacobo prope Moguntiam, 1529. — P. 376: In S. Panthaleone Coloniæ, 1530. — P. 384: In S. Iacobo prope Moguntiam, 1531. — P. 390: In Abdinckhoven Paderbornae, 1532. — P. 395: In Werdena, 1533. — P. 400: In S. Iacobo Moguntiæ, 1534. — P. 405: In Abdinckhoven, 1535. — P. 410: In S. Laurentio in Oesbruck, 1536. — P. 415: In S. Panthaleone, 1537. — P. 419: In Bursfeldia, 1538. — P. 425: In Abdinckhoven Paderbornae, 1539. — P. 430: In S. Panthaleone, 1540. — P. 433: Apud S. Iacobum in Moguntia, 1541. — P. 438: In monasterio S. Lutgeri in Werdena, 1542. — P. 441: Anno millesimo quingentesimo quadragesimo tertio annale capitulum non est celebratum, sed per praesidentem suspensum et diffinitores, eo quod caesarea maiestas venit cum ingenti multitudine Hispanorum et aliorum militum adversus ducem Iuliacensem, Clivensem et Gelrensem, quique eo tempore rebellem inimicum exhibuit se caesareae maiestati. — P. 442: Apud S. Martinum Coloniae, 1544. — P. 144: In monasterio sancti Mathiae prope Treverim, 1545. — P. 448: In monasterio S. Panthaleonis Agrippinae Coloniae, 1546. — P. 450: In monasterio S. Lutgeri in Verdena, 1547. — P. 453: In monasterio S. Laurentii in Oesbruck, 1548. — P. 457: In imperiali cœnobio Corbeia, 1549. — P. 460: In monasterio divi Iacobi prope Moguntiam, 1550. — P. 463: In monasterio Lacensi prope Andernacum, 1551. — P. 466: Agrippinae Coloniae in monasterio sancti percelebri divi Panthaleonis, 1552. — P. 470: In Affliginensi monasterio, 1553. — P. 473: In Werdena in imperiali monasterio, 1554. — P. 478: In monasterio Gladbachcensi, 1555. — P. 483: In monasterio SS. Cosmae et Damiani atque Iusti Simeonis in Leisborn, 1556. — P. 486: In monasterio sane perquam magnifico divi Pauli apostoli in civitate Traiectensi, 1557. — P. 492: In monasterio divi Panthaleonis apud Agrippinam Coloniam, 1558. — P. 497: Capitulum 59 desideratur. In monasterio perquam celebri divo apostolo Iacobo sacro prope Moguntiam, 1560. — P. 503: In monasterio divi Nicolai in Bruveiler, 1561. — P. 508: Capitulum anni 62. desideratur. In monasterio imperiali divi Lutgeri in Verdena, 1563. — P. 516: In insigni monasterio divo Mathiae sacro prope Treverim, 1564. — P. 523: In monasterio S. Viti in Gladbach, 1565. — P. 529: In monasterio multis nominibus magnificentissimo Affliginiensi Belgiae seu Brabantiae, 1566. — P. 535: Anno Domini 1567 capitulum annale non fuit servatum. In percelebri monasterio divi Iacobi prope muros Moguntiales, 1568. — P. 543: In monasterio ... Corbeiensi, 1569. — P. 549: In celebri monasterio divi Nicolai Bruveilerensi, 1570. — P. 554: In vetusto celeberrimoque sanctorum Marcellini et Petri monasterio in Seligenstat, 1571. — P. 563: In celebri [monasterio Abdinckovensi, 1574. — P. 570: Coloniae Agrippinae in celeberrimo monasterio divi Panthaleonis, 1575. — P. 582: In insigni monasterio Leisbornensi, 1578. — P. 588: In imperiali et exempto famosissimoque monasterio Corbeiensi, 1582. — P. 595: In monasterio S. Iacobi apostoli iuxta muros archiepiscopalis et electoralis civitatis Moguntinae, 1596. — P. 603: In monasterio divi Gothardi episcopi iuxta muros episcopalis civitatis Hildesheimensis, 1597. — P. 611: In monasterio S. Panthaleonis in civitate Coloniensi, 1598. — P. 619: In monasterio ss. Marcellini et Petri in civitate Seligenstadensi, 1599. — P. 626: In monasterio ss. Petri et Pauli Paderbornae, 1600. — P. 632: Anno 1601 non fuit servatum capitulum ob bellicos tumultus. — P. 633: In monasterio montis S. Iacobi prope Moguntiam, 1602. — P. 639: In monasterio S. Panthaleonis Coloniae Ubiorum, 1603. — P. 645: In regali monasterio ss. Petri et Pauli apostolorum Erfordiæ 1604. — P. 654: In archiepiscopali civitate Confluentina in aula reverendi domini abbatis Lacensis, 1605. — P. 669: Recessum capituli annalis unionis Bursfeldensis in Seligenstat anno 1607 celebrati vide infra fol. 739. In monasterio ss. apostolorum Petri et Pauli in Abdinckhoff intra civitatem Paderbornensem, 1608. — P. 687: In monasterio S. Mathiae apostoli, 1611. — P. 702: In monasterio S. Martini maioris Coloniensi, 1612. — P. 721: In monasterio S. Iacobi in Monte specioso (apud Moguntiam), 1613. — P. 730: In aula domini Lacensis Andernaci, 1614. — P. 739: In monasterio ss. Marcellini et Petri martyrum intra Seligenstadium, 1607. — P. 750: In monasterio regali ss. apostolorum Petri et Pauli in civitate Erffodiensi, 1615. — P. 760: In imperiali monasterio s. Ludgeri intra Verdenam, 1617. — P. 769: In monasterio ss. Marcellini et Petri Seligenstadiensi, 1619. — P. 778—788 en blanc. — P. 789: Confluentiae, in aula reverendi domini abbatis Lacensis, 1625. — P. 802: Coloniae in sancto Pantaleone, 1626. — P. 819—831: In monasterio S. Matthiae prope Treviros, 1629.

N° 228.

(ancien numéro 36).

Manuscrit sur papier du XVIe siècle. — 267 feuillets à 32 lignes par page, cotés 1—42, 44—76, 79—85, 87, 92—113, 118—146, 152—

153, 161—163, 168—174, 177—182, 186—211, 214—222, 224, 230—235, 238—244, 248—253, 256—264, 266, 269—285, 287—294, 301—302, 307—318, 321—325, 336—341. — H.: 292 mm.; L.: 206 mm.

Fol. 1, en haut de la page: Sum Eucharii Flenick, ex venerabili domino domino Mathia Sarburch, officialis ac decani collegiate ecclesie S. Symeonis successione hereditaria (XVIIe siècle). — Un peu plus bas, d'une main du XVIIIe siècle: Sum fratrum praedicatorum Luxemburgensium.

Contenu:

I. — Fol. 1—42: Incipit summa actionum a domino Placentino conditarum. (C)um essem Mantue ibique iuris prudentie precepta pluribus auditoribus traderem attentius..... (*Explicit*): pro qualitate negotii et actionis genere.

II. — Fol. 44—59: Incipit libellus de exceptionibus qui dicitur Actor et Reus. (En marge: Huius operis meminit Iohannes Andree in addicionibus speculi in prologo seu prohemio, fol. 3). Quidam litteras impetravit sub tali forma..... (*Explicit*, fol. 59 V.): Et hec de exceptionibus et replicationibus suffitiant. Explicit.

III. — Fol. 60—73: Sequitur quidam ordo iudiciorum metricus.
Iudicii seriem si forte scire laboras,
Iudicis, actoris nomina scribe, rei.
En tête de chacune des pages suivantes, deux vers, annotés, en-dessous, par les passages des livres de droit qui s'y rapportent; à partir du fol. 64, il y a sur chaque page deux fois deux vers.

IV. — Fol. 74—75 V.: Quedam singularia. Dominus Gwido de Zuraria dicit quod qui centum leges in C. et ff. incertas (sic) bene sciret sentencialiter ac eas notaverit, poterit in legibus esse securus et valore reputabitur et pro optissimo iudice habebitur; et de hiis centum sunt septem specialissime pro iudiciario processu.... (Suit l'indication sommaire de ces cent lois). — (*Explicit*): De re iudiciaria l. admo. pio et l. quidam consulebat. Expliciunt.

V. — Fol. 75 V.—76: Sequuntur quinquaginta constitutiones que post primam compilacionem codicis sunt superaddite: L. septimus. C. de sacro.......

VI. — Fol. 79—96: De iudicis potestate. Omnia que iure scripta taxata, non iudicis arbitrio relinquuntur.... Suivent des extraits concernant les attributions et les devoirs du juge.

VII. — Fol. 97—111: Circa practicam iudiciariam. Nota quod quando producis instrumentum, potes petere illud tibi restitui, retenta copia apud notarium....

VIII. — Fol. 111 V.: Aurea doctrina circa libellorum formationem. Considerans quod propter ineptam petitionem ..... *(Explicit)*: Et sic utilius est actori ponere generalia quam specialia in libello.

IX. — Fol. 112—117: Utrum in causa matrimonialia parti semiplene probanti et pro matrimonio instanti possit iudex differre iuramentum in supplementum probacionis. Circa hanc arduam questionem videndus et legendus est Alexander de Neuo .... cuius scripta de verbo ad verbum in quarto articulo hec sunt: Venio ad quartum casum .... *(Explicit)*: et conditio persone hoc suadeat, ut in c. f. in f.

X. — Fol. 118: Notariorum errores et defectus. Baldus dicit in consilio V exordiente, viso testamento Bartholucii ..... *(Explicit)*: et que aliquando per eos non intelliguntur. — Fol. 119 V.: Circa notariorum examen. — Fol. 120: Circa notariatus officium.

XI. — Fol. 123-146: Iudicialis practica. Iudicium est actus trium personarum, scilicet iudicis, rei et actoris ....

XII. — Fol. 152—153: De nunciis curiarum iudicialium. De nuntiorum citationibus, relationibus et commissionibus vide Bartholomeum in l. quo nomine ff. ad legem ....

XIII. — Fol. 161—163: De procuratoribus. In procuratore requiritur etas XXX annorum ....

XIV. — Fol. 168—170 V.: Modus vacandi beneficiorum. Primus modus vacandi est: Si quis possidet beneficium curatum et postquam contingat ipsum assequi aliud curatum ...... *(Explicit)*: tunc post mensem conferre potest et sic valet. Vacandi beneficiorum modus finit feliciter. A. R.

XV. — Fol. 170 V.: Modus acceptandi. Primo impetrans habeat nomina beneficiorum in sua collatione ...... *(Explicit)*: conficiat unum vel plura publicum vel publica instrumentum vel instrumenta. Acceptandi beneficiorum modus finit feliciter.

XVI. — Fol. 171: Forma presentandi ad canonicatum et prebendam: „Iohannes Cunonis de Bœtzbach, canonicus cappitularis et custos ecclesie collegiate sancti Symeonis intra muros Treverenses", présente à ce chapitre, pour la prébende devenue vacante par la mort de Richard Graman, „artium et utriusque iuris doctoris", le clerc Mathias Wechholder de Boichtzbach, du diocèse de Mayence, sous la date de: 1513, ipsa die sancti Huperti que fuit tercia mensis novembris.

XVII. — Fol. 171: Tenor presentationis: „Nicolaus Wickman,

canonicus regularis ac plebanus ecclesie s. Laurencii Erfordensis", présente pour un autel, devenu vacant par la mort de Hermann Ebra, le maître ès arts Jean Dreber. — Sans date.

XVIII. — Fol. 171 V.: Forma institucionis sive investiture: Investiture de l'église S. Laurent à Erfurt, devenue vacante par la résignation de maître Eichhorn, pour Nicolas Wochman, chanoine régulier du couvent des Augustins à Erfurt, présenté par Gunther Topstet, prévôt de ce couvent. — Sans date.

XIX. — Fol. 172: Forma proclamacionis: pour Conrad Balck, maître ès arts, présenté pour un autel de l'église S. Laurent à Erfurt. — Sans date.

XX. — Fol. 173 V.: Que requiruntur ad probandum quasi possessionem iuris patronatus: Ad probandum quasi possessionem iuris patronatus non sufficit quod isto unico actu . . . .

XXI. — Fol. 174: Ordo terminorum substancialium in causis observari solitus secundum stilum Romane curie, et primo in beneficialibus: in prima instancia, ad dicendum contra commissionem....

XXII. — Fol. 177—182: Ordo iudiciarius per modum memorialem compilatus. Aut litigant actores coram iudice ordinario aut coram delegato . . . . .

XXIII. — Fol. 186—187: Excommunicacio. (En marge: Ex c. post cessionem Anthonii de Rosel de probacionibus). Constitucio procuratoris excommunicati nulla est ipso iure et omnia gesta per eum nulla sunt, eciam si absolvatur. Excommunicatus non potest esse procurator . . . .

XXIV. — Fol. 194—211: Consuetudo quando derogat legi et sit forcior lege (En marge: ex lectura Cardinalis de consuetudine, c. cum tanto, q. XIII). Quod consuetudo derogat legi, procedit quando . . . .

XXV. — Fol. 214—215: Modus procedendi in reconvencione. De modo procedendi in ipsa reconvencione et glosa nostra circa principium dicit quod proposita peticione . . . .

XXVI. — Fol. 216—270: Reconventio. (En marge: Ex lectura Anthonii de Rosellis). Quando fieri debeat reconvencio . . . . . — Extraits du même auteur Antoine de Rosellis.

XXVII. — Fol. 271—341: Doctoralia interrogatoria Egidii Bononiensis, maximi doctoris practici: Queratur a testibus productis contra N. super quolibet articulo sui dicti . . . .

XXVIII. — Vers la fin du volume se trouvent plusieurs sentences, devant servir, à ce qu'il paraît, de formulaires pour d'autres sentences analogues.

Ce sont:

a) Fol. 308 V.: Sententia lata inter illustrem Philippum lantgravium Hassiae et generosum Guilhelmum comitem a Nassau. Iudices Guilhelmus episcopus Argentinensis, Hugo episcopus Constantiensis, Christophorus episcopus Augustensis. (En marge: publicata in Tubingen sabbato post dominicam Cantate, nona die maii 1523).

b) Fol. 309: Forma interlocutorie cuiusdam super legittimacionem personarum.

c) Fol. 313: Forma sententie diffinitive super possessione iurium capelle, filie cuiusdam matris ecclesie.

d) Fol. 313 V.: Sententia diffinitiva per quam restituitur spoliatus.

e) Fol. 314: Forma sentencie in qua processus habitus coram iudice prime instancie retractatur et promittitur in negocio principali coram iudice ad quem procedendum fore (sic).

f) Fol 314 V.: Forma sententie in causa beneficiali et precipue super iure presentandi. (Johannes Drebir de Northusen, c. Conradum Bolken de Oyrenberg, de perpetua vicaria ad altare s. Wentzelai .... in ecclesia parrochiali S. Laurentii Erffordensi).

g) Fol. 315: Forma cuiusdam sentencie late in beneficialibus in curia Romana. (Cure d'Ormüntz).

h) Fol. 315: Alia forma in causa beneficiali. (Nicolaus Gilmanni, c. Michaelem Kesten; capella Thyll).

i) Fol. 316: Forma sentencie in causa testamentaria.

j) Fol. 317: Forma sententie pro actore in causa spoliacionis certarum pensionum sibi subtractarum in quarum possessione seu quasi fuit, et eciam de retardatis pensionibus. (Autel de S. Barbe dans une église de Minden).

k) Fol. 316 V.: Alia forma unius sentencie in accione ypotecaria.

l) Fol. 316 V.: Sententia in causa iniuriarum et eciam de restituendo spolium.

m) Fol. 317: Abbati sublata et interdicta est administracio sui monasterii propter dilapidacionem bonorum monasterii valoris ultra duorum milium florenorum que bona non convertit in usum et utilitatem monasterii (Sentence portée contre W., abbé de Mettlach).

n) Fol. 317 V.: Sententia appellationis in causa iniuriarum realium ubi diffinitur fuisse male pronunciatum. (Inter Ellam de Colonia actricem ex una, necnon scultetum, iusticiarios et communitatem oppidi Gaucebecheluchen Magunt. diocesis, velut reos, partibus ex altera).

o) Fol. 317 V.: Sententia in causa desertionis appellationis cause predescripte.

p) Fol. 318 V.: Sententia in Romana curia lata. (Inter Ludolphum Potter, clericum Padebunensis diocesis ex una et quendam Iacobum Mertloch, assertum clericum, adversarium intrusum de et super canonicatu et prebenda ecclesie S. Castoris in Confluencia).

q) Fol. 318 V.: Super canonisatione beneficii et sequestratione fructuum. (Arnoldus Golder, c. Jacobum Clinge; de perpetua vicaria ad altare beate Marie virginis situm in parochiali ecclesia in Emps, Treverensis diocesis).

r) Fol. 321—325: Informacio cuiusdam libelli in testamento, ubi fuerunt facte substituciones de fidei commissariis et est satis difficilis casus. — Sententia in causa supradictorum articulorum. (Inter Wal. Swartzenberg, actorem, ex una, et honestam dominam Meckelam, relictam quondam Alberti Swartzenberger, ream, partibus ex altera).

s) Fol. 333: Sentencia pro matrimonio et contra sponsalia prius contracta. (Inter Agnetem . . . et Martinum de Revenich . . . . .; sponsalia de futuro antea inter dictum Martinum et quandam Alheydim, filiam Idgine de Broich, contracta, fuisse et esse dissoluta).

t) Fol. 338: Sentencia pro sponsalicio contractu: (Inter Petrum de Vichten et Schennetam de Schandel).

u) Fol. 338 V.: Interlocutoria in causa matrimoniali super impotencia coëundi etc.

v) Fol. 339: Interlocutoria in causa maleficii seu impotencie (Solichs Henrich et Agneta filia Heimonis Erchwyn de Daden).

w) Fol. 339 V.: Forma sentencie diffinitive in causa matrimoniali ubi puella non probat matrimonium neque reus confitetur, fatetur tamen reus quod defloravit eam, et sententia fertur et datur, quod eligat inter tria unum, scilicet quod ducet eam in uxorem, aut dotet eam aut ingrediatur monasterium. (Hentzo Leymscheyt. et Gertrudis).

N° 229.

(ancien numéro 138).

Manuscrit sur papier de 1593. — 252 feuillets à 40 lignes, côtés 1—39, 124—336. — H.: 311 mm.; L.: 200 mm.

Feuillet de garde: *Anno 1593, die 21 iunii.* — *Commentaria eximii d. Guilielmi Estii, regii ordinariique apud Duacenses professoris in secundum Petri Lombardi librum.* (Une autre main a écrit en haut de la même page: Duaco recepi die 18 mensis i... a⁰ 1602).

Fol. 1: *Duaci. Anno 93, 21 Iunii. In librum secundum sententiarum praefatio. Cum sacra doctrina circa res eas versetur* quae divinitus sunt nobis revelatae, primo quidem libro ea sunt explicata....

Après le fol. 39 il y a une grande lacune; le texte recommence au fol. 124.

Fol. 164: Ad maiorem Dei ter optimi maximi gloriam finem huic tractatui de angelis foeliciter imposuit exc. D. M. N. D. Guilhelmus Estius, ordinarius regiusque ad Duacenses professor, necnon b. Petri ecclesię canonicus ac seminarii regii ibidem pręses vigilantissimus, 15. die mensis iunii a⁰ 94. Huius diei nocte bis falso ad arma pulsatum exercitii causa fuit. Hęc scripsi existens regis alumnus Duaci. — Fol. 306: Finem huic distinctioni (scilicet 23.) imposuit exc. D. M. N. Estius 29. aprilis anno 95 in universitate Duacena. — Fol. 317: Hic desunt reliqua pertinentia ad hunc librum secundum sententiarum; ecce revocar ad patriam, tamen invitus.

Fol. 318—322 et 326—328 en blanc.

Fol. 323—325: Tituli in secundum librum sententiarum.

Fol. 329—336: In secundum sententiarum tabula scripturarum veteris testamenti.

N⁰ 230.

Manuscrit sur papier du commencement du XVII⁰ siècle. — 357 feuillets à 25 lignes par page. — H.: 310 mm.; L.: 200 mm.

Provient probablement d'Echternach, comme le prouve la similitude de reliure et des annotations avec le n⁰ 232.

Le manuscrit porte pour titre au dos de la reliure: Explanatio in epistolam S. Pauli. — C'est le commentaire de François Richardot, évêque d'Arras, sur quelques épîtres de S. Paul. En haut du fol. 1 se trouve la notice: Vide originale sub finem libri D.

Il est donc probable que non seulement cette copie, mais encore le manuscrit autographe de l'auteur se trouvait à Echternach.

Contenu:

I. Fol. 1—92: In epistolam ad Corinthios priorem. Quid illud? Contentiones inter vos sunt, hoc autem dico ..... In philosophorum scholas superbia ut in iudaismo quoque sectas invexerat .....

Fol. 92 V.—98 V. en blanc.

II. Fol. 99—187: In caput XI prioris ad Corynthios. Quid habet mysterii quod inquit apostolus, omnis viri caput Christus ...... (En tête de ce feuillet, de la même main qu'en haut du fol. 1: Vide originale libro E). — Suivent alors les commentaires sur les chapitres 12 à 15 de la même lettre.

III. Fol. 187 V.—282: In secundam Corinthiorum epistolam. Quid sibi vult apostolus dicens: Nolumus vos ignorare, fratres .... Scripserat apostolus Corinthum se profecturum, id enim statuerat .... (A la fin, fol. 282, de nouveau de la même main qu'au fol. 1: Vide originale libro E).

Fol. 282 V.—287, en blanc.

IV. Fol. 288—326: Ex Corinthiorum epistola priore. Apostolus capite primo prioris ad Corinthios cum se missum ad evangelii ministerium dixisset, addidit, non in sapientia verbi ...... (Au commencement et à la fin de cette partie, de la même main qu'au fol. 1: Vide originale libro C).

Fol 327—330, en blanc.

V. Fol. 331—344: In epistolam ad Galathas. Controversia de legis ceremoniis aut conservandis aut antiquatis progressum evangelii plurimum intervertebat .... (Au commencement et à la fin: Vide originale in fine libri E). — Suivent alors de petits commentaires, détachés sans doute du commentaire principal sur le chap. 9 de la seconde lettre aux Corinthiens (f. 345), sur le 3e et 4e chapitre de la lettre aux Galates (f. 345 V.), sur le 4e chapitre de celle aux Ephésiens (f. 349—350).

Fol. 351—357 en blanc.

Tout le manuscrit a été corrigé par une autre main contemporaine qui pourrait bien être celle de l'auteur même, ou du moins celle de son frère Pierre Richardot, abbé d'Echternach.

N° 231.

Manuscrit sur papier, de 1735. — 144 pages. — H.: 320 mm.; L.: 300 mm.

Titre: Antiphonæ et responsoria quæ cantantur in primis nocturnæ feriarum in cœna Domini, in parasceve et sabbato sancto. Anno Domini M.D.CC.XXXV.

Les antiennes et les répons indiqués sur le titre vont de la première page à la page 29; une autre main qui a soigné beaucoup moins l'écriture et les notes, ajoute ensuite, page 30: Vespre des morts; p. 40: in nativitate Domini; p. 44: in circumcisione Domini; p. 45: in epiphania Domini; p. 47: dominica resurrectionis; p. 51: in ascensione Domini; p. 53: in festo pentecostes; p. 56: in festo ss. Trinitatis; p. 57: in festo corporis Christi; p. 58: commemoratio dedicationis ecclesiæ; p. 60: in conceptione b. M. Virginis; p. 63: in festo S. P. Benedicti abbatis; p. 64: In festo annonciationis b. Mariæ virginis; p. 65: in nativitate S. Ioannis Baptistæ; etc. etc. — A partir de la p. 86 commencent les antiennes pour les vêpres.

N° 232.

(ancien numéro 135).

Manuscrit sur papier du commencement du XVIIe siècle. — 15 feuillets non numérotés et 259 feuillets, côtés 1—129, 129bis, 130—210, 221—239, 239bis, 240—264, 264bis, 265—266. — H.: 315 mm.; L.: 210 mm.

Provient d'Echternach. Sur le feuillet de garde: Bibliothecæ Epternacensis, M.DC.XII.

En haut du même feuillet: Francisci Richar[doti], episcopi Atreba[tensis] in epistolam B. Pauli ad Romanos. — En dessous: Liber [Petri Richardotis abbatis monasterii Epternacensis] 1) examinatus per R. P. Ambrosium Societatis Iesu, in collegio Trevirensi sacræ theologiæ doctorem et professorem eximium, anno Domini 1612. — Au milieu du feuillet un cachet aux armes de l'évêque François Richardot. — En dessous du cachet la note suivante: Hic Franciscus episcopus Atrebatensis sua industria cum auctoritate

---

1) Ce passage est effacé.

serenissimorum principum Duacenam erexit universitatem, et in ea primus docuit theologiam. Is quoque in concilio Tridentino cum stupore omnium peroravit et plures libros scripsit.

Avant le feuillet de garde, sur quatre feuillets in-folio, l'index des matières traitées dans les manuscrits n° 230 et 232.

Derrière le feuillet de garde un avis motivé sur le présent ouvrage, par Henricus Wer, collegii Trevirensis Societatis sacerdos; au feuillet suivant un avis semblable, en copie seulement, de Paulus Boudot, sacræ theologiæ doctor Sorbonicus, canonicus et archidiaconus ecclesiae Metropolitanae Cameracensis et serenissimorum Belgii principum concionator ordinarius, daté: Cameraci die trigesima augusti anno Domini M.DC.XV.

L'ouvrage proprement dit commence, au fol. 1: Quam apposite Paulus, ut probet ex fide esse iustificationem, adducit prophetae Abacuc testimonium: Iustus ex fide vivet. Felicitate rebusque gestis Nabugodonozori stupor omnium animos pervaserat..... (En haut de ce feuillet: Vide originale initio libri C.)

N° 233.

Manuscrit sur papier de la fin du XV° siècle (1496?) — 146 feuillets à deux colonnes de 38 lignes. — H.: 265 mm.; L.: 203 mm.

Provient de la bibliothèque de feu le professeur Clomes.
Contenu:

I. Fol. 1 R. a: *Sentencia ex libro retractacionum beati Augustini Ypponensis episcopi. Septem libros de septem libris divinarum scripturarum* .... — *Incipit liber beati Augustini Ypponensis episcopi de locucionibus libri Genesis. Locuciones scripturarum que* .... — Fol. 8 R. b: *Explicit liber beati Augustini de locucionibus libri Genesis.*

II. Fol. 8 R. b: *Incipit liber eiusdem de locucionibus libri Exodi. Et invalescebant valde* ... — Fol. 14 V. a: *Explicit liber Augustini de locucionibus libri Exodi.*

III. Fol. 14 V. a: *Incipit liber eiusdem de locucionibus libri Levitici. De leproso cum loqueretur* ..... — Fol. 15 V. a: *Explicit liber Augustini de locucionibus libri Levitici.*

IV. Fol. 15 V. b: *Incipit liber eiusdem de locucionibus libri Numeri.* Et vobiscum erunt .... — Fol. 19 V. a: *Explicit liber beati Augustini episcopi de locucionibus libri Numeri.*

V. Fol. 19 V. a: *Incipit liber eiusdem de locucionibus libri Deuteronomii.* Usque ad flumen ...., — Fol. 22 R. b: *Explicit liber beati Augustini episcopi de locucionibus Deuteronomii.*

VI. Fol. 22 R. b: *Incipit liber eiusdem de locucionibus libri Iesu filii Naue.* Vos autem transibitis .... — Fol. 23 V. b: *Explicit liber Augustini de locucionibus libri Iesu Naue.*

VII. Fol. 23 V. b: *Incipit liber Augustini de locucionibus libri Iudicum.* Et factum est, postquam ... — Fol. 25 V. a: *Explicit liber beati Augustini Ypponensis episcopi de locucionibus libri Iudicum.*

VIII. Fol. 25 V. a: *Sententia ex libro retractationum beati Augustini Ypponensis episcopi.* Eodem tempore scripsi etiam libros questionum ...... — Fol. 26 R. b: *Incipit liber beati Augustini Ypponensis episcopi de questionibus libri Genesis. Capitulum primum.* Cum scripturas sanctas que appellantur ... — Fol. 46 R. a: *Explicit liber beati Augustini Ypponensis episcopi de questionibus libri Genesis.*

IX. Fol. 46: *Incipit liber eiusdem de quaestionibus libri Exodi.* Et obstetricum mendacio ..... — Fol. 74 V. a: *Explicit beati Augustini liber de questionibus libri Exodi.*

X. Fol. 74 V. a: *Incipit liber beati Augustini Ypponensis episcopi de questionibus libri Levitici.* Si autem animo peccaverit....

XI. Fol. 90 V. a: *Incipit liber beati Augustini Ypponensis episcopi de questionibus libri Numeri.* Quid est quod singulos .... — *Explicit liber beati Augustini de questionibus libri Numeri.*

XII. Fol. 101 V. a: *Incipit liber eiusdem de questionibus libri Deuteronomii.* In eo quod commemorat ...... — Fol. 111 V. a: *Explicit liber beati Augustini de questionibus libri Deuteronomii.*

XIII. Fol. 111 V. a: *Incipit liber eiusdem de questionibus libri Iesu Naue.* Dominus dicit Iesu Naue .... — Fol. 118 R. a: *Explicit liber beati Augustini de questionibus libri Iosue.*

XIV. Fol. 118 R. a: *Incipit liber eiusdem de questionibus libri Iudicum.* In fine libri Iesu Naue .... — Fol. 118 R. a commence, vers la fin du chap. 55, une autre écriture. A la fin, fol. 129 V. a: *Finiunt questiones divi patris Aurelii Augustini Yponensis episcopi per me fratrem Augustinum Frisonem, canonicum regularem apud sanctum Leonardum in Basilea, anno 1499, Tyburcii.*

Fol. 130—132 en blanc.

XV. Fol. 133, à une colonne: *Incipit sermo sancti Augustini episcopi de evangelica questione id est de spiritu blasphemie.* Magna questio est de recenti evangelica lectione.... — *(Explicit,* fol. 138 V): et vobis loquendo ministraremus. *Explicit.*

XVI. Fol. 138 V: *Incipit liber sancti Fulgencii episcopi de predestinacione ad Moniminem filium suum.* Littere tue, fili karissime... — *(Explicit,* fol. 145): temperies distincta librorum. Amen.

A la fin du texte: Codex monasterii in Spanhem. 1496. Io. Tritemius abbas scripsit manu propria. — Ensuite, d'une autre main: Librum hunc propria Tritemii manu descriptum, non modo ex præfato ipsius testimonio, sed et ex alio quodam librorum ab eodem tum compositorum, tum descriptorum indiculo manuscripto ac in Heydelbergensi bibliotheca recondito constat, uti complures eum antehac relegentes mihi fidem fecere. Verum, cum supiasignata ipsius manus a charactere libri scripti nonnichil discrepet, in iuventute ab eodem exaratum fuisse oportet. Igitur pie credulus, amore viri tam famosi librum gratanter acceptans, reverendo admodum doctissimoque domino Petro Roberti, cœnobii Munsteriensis apud Romanduos abbati, utpote eiusdem cum Tritemio ordinis præsidi ac ss. theologiæ licentiato etc. transmittere volui loco xenii, aº 622. — Iohannes Nicolaus a Kinsweiler, cognomento Schlabartius, canonicus regularis Clusanus, s. m. p.

Fol. 145 V. et 146 en blanc.

Nº 234.

Manuscrit sur papier, de 1765. — 160 feuillets à 30 lignes par page. — H.: 270 mm.; L.: 184 mm.

Don de M. Léon de la Fontaine, avocat, 1849.

Titre: Hæc philosophia naturalis dictata est a R. P. Henry e soc. Iesu, scripta ab eiusdem discipulo Francisco Eugenio Rossignon anno Domini 1765. *(Incipit,* fol. 3): Philosophiæ pars secunda seu metaphisica. Hæc philosophiæ pars sic dicta quod.... — A la fin: Metaphisica finita sexta augusti anni millesimi septingentesimi sexagesimi quinti. 1765.

N° 235

(ancien numéro 33).

Manuscrit sur papier du XIXe siècle. — 93 feuillets à 30 lignes par page, dont fol. 56—93 en blanc. — H.: 297 mm.; L.: 233 mm.

Titre: Catalogue alphabétique des plantes indigènes trouvées dans le Grand-Duché de Luxembourg, par M. François Tinant.

N° 236

(ancien numéro 163).

Manuscrit sur papier, de 1519. — 172 feuillets à 34 lignes par page. — H.: 275 mm.; L.: 192 mm.

Provient de la bibliothèque de feu le professeur Clomes.
Titre: Francisci Wiler de observantia minorum Crutznacensis Lignum pomiferum. Cosmographia. Directorium confessorum.

Contenu:
I. Fol. 2: *Epistola fratris Francisci Wiler, ordinis minorum de observancia, ad dominum Ioannem Trittemium, abbatem Spanheinensem, cui subiectum dedicat opus quod prenotatur: Lignum pomiferum beate Marie virginis.* Reverendo in Christo patri domino Ioanni Trittemio ..... Vale. Datum mill. quadringentesimo nonagesimo quarto. *Iucipit liber qui prenotatur. Lignum pomiferum celestis paradysi beate Marie semper virginis, editus per fratrem Franciscum Wiler, lectorem ordinis sancti Francisci, ad Ioannem Trittemium abbatem Spanhemensem.* Pia mens Christi miserata labores, totum vite ipsius cursum ...... (*Explicit*, fol. 61 V.): Nec enim aliud habeo aut melius quod locupletibus donem, pauper ingenio, rerum inops. Amen, in benedicte Virginis nomine.

II. Fol. 62—64, à 2 colonnes: *Incipit cursus septem gaudiorum in modum corone satis diligens, rithmo ab eodem fratre Francisco in laudem Virginis compositus.*

        Gaude, virgo gloriosa,
        Supra solem speciosa,
        Lunam luce supergressa,

Stellis celi es expressa
Et firmamenti gloria. *Ave Maria.*

Soixante strophes. — Vient ensuite: *Sequitur laudismus cum nomine auctoris eiusdem fratris:*

Fias nobis recreamen,
Reis, mater, fer iuvamen,
A peccatis liberamen,
Nobis pietatis flamen
Conferri para inclitum.

Dix strophes.

III. Fol. 65: *Incipit epistola fratris Francisci Wiler, ordinis et observancie minorum, nomine fratris Alberthi Morder dictata, de immaculata concepcione virginis Marie:* Salutem plurimam dicit. Certissimum esse constat et veterum sentencia probatum ..... (*Explicit*, fol. 69 V.): Iterum vale. Ex Cruetzenach, kl. ianuarii, anno nostre salutis partusque virginei M°CCCC°LXXX°. — *Scriptum per fratrem Nicolaum, !suffraganeum episcopi Panthomorani.* Explicit epistola fratris Francisci Wiler ordinis minorum in persona fratris Alberthi Morder dictata, super inclitissima concepcione virginis Marie contra quendam Petrum Morder, artium ac medicine doctorem, consanguineum fratris Alberthi supradicti, Liptzensis gymnasii incolam.

Fol. 70—71 en blanc.

Fol. 72, le commencement du traité suivant, jusqu'aux mots: quia non solum venerorum male altrix terra partem habet spacii, verum eciam, remplissant une colonne et deux lignes.

IV. Fol. 73—83 V. a, à deux colonnes: *In nomine Dei summi. Incipit cosmographia feliciter cum itineribus suis et portubus ex factis Romanorum et consulum nominibus diversis, sine quo nemo prudentum esse potest.* Lectionum pervigili cura comperimus, senatum populumque rhomanum tocius mundi dominos ...... — (*Explicit*): ex eterna urbe Rhoma inicium sumens que caput est orbis et domina senatus. Explicit feliciter descriptio tocius orbis triperti (*sic*). Anno Domini M.D.

V. Fol. 84—109 V. b, à deux colonnes: *Incipit itinerarium provinciarum Anthonini Pii augusti, et primo de provincia Affrica:* A Tinge Mauritanie, id est ubi Bacauates et Macenites barbari morantur ..... (*Explicit*): Suprascripte insule in mari vacare (*sic*) solite erant. Has Apollo cum ligavit et stabiles fecit. Explicit itinerarium Anthonii Pii imperatoris augustissimi de situ tocius orbis. Anno Domini M°D°, 14 kl. aprilis. Amen.

VI. Fol. 110—115 R. b, à deux colonnes : *Incipit liber iunioris philosophi in quo continetur ordo tocius mundi. Et primo ponitur prologus autoris.* Post omnes admoniciones quas tibi commendavi de studio vite tue, karissime fili, incipiens nunc volo tibi exponere hystorias plurimas . . . . *(Explicit)* : In primis ergo Rhodum ponamus in qua civitas maxima fuit. Explicit liber iunioris philosophi de ordine tocius mundi, anno Domini M.D., IX kal. aprilis.

Fol. 115 V.—117 en blanc.

VII. Fol. 118—137, à une colonne : *Incipit directorium confessorum pro errante consciencia fratris Francisci Wiler, ordinis minorum, ad peticionem fratris Alberti Latronis eiusdem ordinis noviciorum institutoris in conventu Creutzenacensi. Anno 1490.* Domine, quid multiplicati sunt qui tribulant me; multi insurgunt adversum me . . . . . *(Explicit)* : omni scrupulo postposito cum observanciis supramemoratis et aget secure et diriget fructuose.

Fol. 138—141, en blanc.

VIII. Fol. 142—172, à une colonne : *Epistola fratris Iohannis Heydekyn de Sonsbeck, canonici sancti Augustini in Kyrssgarten prope Wormaciam, ad dominum Ioannem Tritemium abbatem Spanhemensem, cui subiectum dedicat opusculum.* Venerabili in Christo patri domino Ioanni Tritemio abbati Spanhemensi viro doctissimo omniumque doctorum amicissimo . . . . . Ex Kirssgarten, 14. kalendas septembris, anno Domini millesimo CCCCXCVII. *Incipit dialogus fratris Iohannis Heydekyn de Sonsbeck de amore et inquisicione vere sapiencie.* Sequitur. Ideota quidam sapientes quosque et doctos honorari cernens pariter et vocari . . . . . . *(Explicit)* : Quam si plenius intelligere cupitis, ad scolam aliquando venite, et ibi quantum potero exponam. Finis libelli de amore sapiencie fratris Iohannis Heydekini scripti per R. P. D. Adamum, episcopum Pantimorensis ecclesie, anno Domini M.D., decimo nono kalendas februarii, in civitate Morensi.

N° 237

(ancien numéro 144).

Manuscrit sur papier, du XVII° siècle. — 75 feuillets à 28 lignes par page. — H.: 268 mm.; L.: 168 mm.

Provient de l'abbaye de Munster. Fol. 1: Ex libris Eustachii Wiltheim (XVIIe siècle). — Monasterii B. Mariæ Munster. Codex recuperatus a morte domini consiliarii filii præfati domini per fratrem Romanum, abbatem novi cœnobii 13. aprilis 1708.

Titre: Recueil de l'histoire de l'abbaye de Nostre Dame de Luxembourg, dite vulgairement Munster, fait par le R. P. P. Benoist, religieux de S. Vanne de Verdun, à l'instance et prière de Mons. Henry Suynen, très-digne abbé dudit Munster. 1)

(*Incipit*): Cette célèbre abbaye qui a l'honneur d'estre sous le titre de Nostre Dame et qui est appellée vulgairement Münster..... — Fol. 65 V.: S'ensuyt le catalogue des abbéz de Munster. Quoyque j'ay desja sy-dessus dans la narre de ceste histoire fait mention de tous et chacun les abbéz de ceste maison..... — Fol. 71 V.: Copies des titres et chartes principales dont on a usé et fait mention dans l'histoire cy-dessus. (Ces titres ne sont qu'au nombre de quatre).

---

1) Henri Suynen devint abbé de Munster en 1636.

N° 238.

Cinq volumes manuscrits sur papier, du XVIIIe siècle. — H.: 222 mm.; L.: 180 mm.

Provenance inconnue.

Vol. I. 275 feuillets à 27 lignes par page. — En haut du fol. 1: Ex libris Ioannis Iosephi Ungeschick, anno Domini 1769 ex Heffingen sacerdotis.

Titre: Tractatus theologici de pœnitentia et reliquis sacramentis. Hanc materiam in sua summa pertractare agressus fuerat sanctus Thomas, sed morte preoccupatus opus inchoatum non potuit perficere..... — Fol. 240 V.: Tractatus secundus. De extrema unctione disputatio prima. De natura extremæ unctionis. Dubium primum. An sit verum novæ legis sacramentum? Respondeo et dico primo: extrema unctio de qua hic, definiri potest sacramentum..... — Fol. 246 V.: Tractatus tertius et disputatio unica de sacramento ordinis. Dubium primum. Quid et quotuplex sit ordo? Dico primo dupliciter hic sacramenti ordo, primo pro certo quodam gradu seu statu clericorum..... — Fol. 258 V.: Tractatus quartus. De sacramento matrimonii. Prænotanda. Nota primo: matrimonium dupliciter considerari potest . . . . . . (*Explicit*, fol. 275 V.): Plura quæ invitus prætermitto, temporis coarctatus angustiis, apud Lacroix, Taberna aliosve probatos authores vide. Quæcumque autem hoc anno et prioribus tradidi, omni prorsus animi demissione ac obedientia subiicio ecclesiae et summi pontificis iudicio.

Vol. II. 492 pages, à 27 lignes.

En haut du fol. 1 : Ex libris Ioannis Iosephi Ungeschick sacerdotis ex Heffingen anno 1769.

Titre: Tractatus theologici de iustitia et religione. Tractatus primus. De iusticia. Disputatio prima. De iustitia, iure variisque iuris speciebus. Quæstio prima. Quid et quotuplex iustitia et ius? Iustitiæ nomen quintuplex accipitur presertim, primo pro complexione omnium virtutum . . . . — Page 450 : Tractatus secundus de religione. Religio hic est virtus, quia Deo tamquam primo omnium proprio cultus debitus exhibetur . . . . (*Explicit*, page 492): Hæc et omnia quæ hoc anno a me dictata sunt, lubens ecclesiæ iudicio submitto. Anno 1764, 14. augusti.

Vol. III. 176 feuillets, à 27 lignes par page.

En haut du premier feuillet: Ex libris Ioannis Iosephi Ungeschick sacerdotis ex Heffingen anno 1769.

Fol. 1: Tractatus theologicus de Deo uno et trino in primam partem divi Thomæ. Principem aggredimur totius theologiæ tractatum, cuius duæ partes erunt, prima de Deo ut unus est, secunda de Deo ut trinus est in personis . . . . . . (*Explicit*): Plura de hoc ineffabili et augustissimo religionis nostræ mysterio vide apud probatos authores. Quæcumque hoc anno a nobis dictata sunt, ea qua par reverentia sedis apostolice iudicio subiecta esse volumus. 1764.

Vol. IV. 240 feuillets, à 27 lignes par page.

En haut du premier feuillet: Ex libris Ioannis Iosephi Ungeschick sacerdotis ex Heffingen anno 1769.

Fol. 1: Tractatus theologici in secundam secundæ divi Thomæ. De virtutibus theologicis. Virtus est qualitas qua recte vivitur et qua nemo . . . . — Fol. 1 V.: Tractatus primus. De fide illiusque obiecto . . . . . — Fol. 218: Tractatus secundus. De spe theologica. Nota primo: spes similiter interdum . . . . — Fol. 225: Tractatus tertius. De charitate theologica. Quæstio prima. Quid sit charitas et quotuplex illa sit? Dico primo vox illa charitas similiter . . . . — (*Explicit*, fol. 239 V.): Quæ a me hoc anno dictata sunt, ea sicut et alia præcedentibus annis dictata ecclesiæ iudicio ex animo plane subiicio.

Vol. V.: 243 feuillets, à 27 lignes par page.

En haut du fol. 1 V.: Ex libris Ioannis Iosephi Ungeschick sacerdotis ex Heffingen anno 1769.

Fol. 1: Tractatus theologicus primus. De peccatis et gratia. Disputatio prima. De natura peccati. Quæstio prima. Quid et quotuplex sit peccatum? Nota primo peccatum varie..... — Fol. 136 V.: Tractatus secundus. De gratia. Pelagiani et semipelagiani ut illæsam servarent hominis libertatem...... (*Explicit*, fol. 243 V.): Haec et cætera omnia quæ a me hactenus dictata sunt, ecclesiae iudicio libenter et ex animo subiicio.

Nº 239.

15 Volumes, en petite partie manuscrits, formés en 1760. — H.: 340 mm.; L.: 222 mm.

Titre: Dictionnarium heraldico genealogicum, in hunc ordinem et usum redactum ab Antonio Ungeschickt, ab anno 1760.

L'ouvrage est arrangé dans un ordre alphabétique, de manière qu'il y avait primitivement un volume par lettre; maintenant plusieurs lettres, telles que I et K, N, O et P, Q et R, T, U et V, W et Z sont réunies en un seul volume.

Il n'est pas manuscrit, ou du moins il ne l'est qu'en petite partie; il est composé, en effet, pour la majeure partie, de découpures faites dans des ouvrages héraldiques imprimés, offrant les armoiries de plusieurs milliers de familles ou villes, entremêlées quelquefois de portraits, ou bien d'armoiries dessinées et coloriées à la main. Les armoiries imprimées sont tirées entre autres des ouvrages suivants:

a) Declaratio et demonstratio omnium patricii loci atque ordinis familiarum, quæ in laudatissima Augustæ Vindelicorum civitate ab Annis Quingentis et amplius, quam hominum quisquam vel meminisse vel investigare possit, quę successu temporis abolitę ad octo usque sunt. Item illarum quæ recens in locum istarum, quæ antiquatae fuerant, subrogatae, et ad patriciam dignitatem evectae sunt. Hinc earum etiam personarum, quibus Invictissimus et Maximus Caesar Carolus V. tertio Augusti, Anni proximi elapsi, nempe M.D.XLVIII, cum Aristocratiam hic instauraret, gubernacula reipub. hoc est, Senatus et Iudicii, omniumque functionum administrationem commisit. Una cum cuiusque familiae, tum personae lectae insigni, galeaque, seu signo, in quib. venerandae vetustatis decorum tam in vestibus, quam in armis diligentissime servatum est. Cum Ro. Caes. Ma. gratia et Privilegio, ne quis intra Decennium hoc Exemplar imprimendo sequatur M. D. L.

b) Commentarius ad edictum 14. Decembris 1661.

c) Catalogue des tres illustres ducz et connestables de France, depuis le Roy Clotaire premier du nom, iusques à tres puissant, tres magnanime et tres victorieux Roy de France, Henry deuxieme. A Paris, de l'imprimerie de Michel de Vascosan, M.D.LV. Par privilege du Roy.

d) Catalogue des tres illustres grands maistres de France, depuis le roy Clotaire deuxieme du nom, iusques à .... Henry deuxieme. A Paris, de l'imprimerie de Michel de Vascosan. M.D.LV.

e) Catalogue des nobles admiraulx de France, depuis le roy Philippes de Valois, iusques à .... Henry deuxieme. A Paris, De l'imprimerie de Michel de Vascosan. M.D.LV.

f) Catalogue des tres illustres chanceliers de France, depuis le roy Clotaire premier du nom, iusques à .... Henry deuxieme. A Paris, De l'imprimerie de Michel Vascosan. M.D.LV.

g) Catalogue des illustres mareschaulx de France, depuis le roy Clovis deuxieme du nom, iusques à .... Henry deuxieme. A Paris, De l'imprimerie de Michel de Vascosan. M.D.LV.

h) Catalogue des prevostz de Paris depuis le roy S. Loys, iusques à ... Henry deuxieme. A Paris, De l'imprimerie de Michel de Vascosan. M.D.LV.

i) Catalogue des tres illustres admiraulx de France, depuis le roy Clotaire deuxieme du nom, iusques à .... Henry III. A Paris, Par Federic Morel, Imprimeur du Roy. M.D.LXXXVIII.

j) Catalogue des tres illustres chanceliers de France, depuis le roy Clotaire deuxieme du nom, iusques à .... Henri III. A Paris, Par Federic Morel, Imprimeur du roy. M.D.LXXXVIII.

k) Catalogue des tres illustres marechaulx de France, depuis le roy Clotaire deuxieme du nom iusques à .... Henri III. A Paris, Par Federic Morel, Imprimeur du Roy. M.D.LXXXVIII. (Il ressort de plusieurs notices inscrites au verso du titre de cet ouvrage, [Vol. F, fol. 42], que celui-ci a appartenu en 1711 à Arnould de Lambermont, bourgeois de Venlo; en 1727 à Antoine-Joseph de Lambermont, bourgeois de Navagne, et qu'il fut acquis par Ungeschück en 1763).

m) Catalogue des prevosts de Paris depuis le roy Sainct Loys, iusques à ... Henry III. A Paris, Par Federic Morel Imprimeur du Roy. M.D.LXXXVIII.

n) Le simple crayon, utile et curieux, de la noblesse des duchés de Lorraine et Bar et des eveschés de Metz, Toul et Verdun...... Par le Sieur Mathieu Husson L'Escossois .... M.DC.LXXIV.

o) Pinacotheca insignium quibus academiæ per universam Europam celeberrimae earumque singulæ facultates, societates item literariae ut et viri singularis doctrinæ laude conspicui ac denique notarii cæsarei publici iurati usi sunt et adhunc utuntur, curiosis intuentium oculis exposita per Fridericum Roth=Scholzium, Herrenstadio Silesium. — Augustae Vindelicorum, A. O. R. MDCCXLI.

q) Inscriptions, symboles et devises au sujet de l'inauguration de Sa Majesté la Reine de Hongrie et de Boheme etc. etc. etc. Et qui doivent servir à la Decoration du Feu d'Artifice â Tournay le 18 Mai 1744. — A Tournay, Chez Nicolaus Jovenau, Imprimeur de Messieurs du Magistrat. 1744.

r) Der Durchläuchtigen Welt zum fünfftenmahl neu-vermehrter und verbesserter Geschichts-, Geschlechts- und Wappen-Calender auf das Jahr ... 1727, mit der kurtz-verfassten Frantzösischen Historie fast auf alle Tage. Nürnberg, In Verlegung Christoph Weigels seel. Wittwe. Gedruckt bey Lorenz Bieling.

s) Die Durchläuchtige Welt, Oder Kurtzgefaszte Genealogische, Historische und Politische Beschreibung meist aller jetztlebenden Durchläuchtigen Hohen Personen, sonderlich in Europa ., ... Hamburg, bey Benjamin Schillern, Buchhändlern im Dohm, 1704.

Le volume A compte 85 feuillets et 375 découpures. — Nous y remarquons:

1. Fol. 9 V.: Portrait de Clemens XI Albani pont. max. creatus die XXIII novemb. M.D.CC., denatus die XIX Mart. MDCCXXI. (sans nom d'artiste).

2. Fol. 28: Armes coloriées avec la souscription: Haec in sui bonam memoriam scribebat Patavii Antenoris Franciscus de Andreis Tharsia Hungarus, X. ian. 1585.

3. Fol. 31 V.: Portrait d'Innocent XIII.

Volume B. — 150 feuillets; 792 armoiries. — Nous y remarquons:

4. Fol. 30: Armes coloriées de „M^r. de Saint-Baussant, sous-lieutenant du régiment de Saxe-Gotha, 1764; lieutenant 1769."

5. Fol. 34: Portrait de „Carolus Albertus elector Bavariae".

6. Fol. 66: Armes coloriées de: Iacobus Biorno in Steinholt, Danus; Patavii; 1586.

7. Fol. 73: Armes coloriées, sur parchemin, de Blanchefort, découpées d'un arbre généalogique.

8. Fol. 77: Armes coloriées de „Mr de Blois, lieutenant au régiment de Saxe-Gotha, 1768", avec la devise: „Je maintiendrai par le fer et le feu".

9. Fol. 88: Armes coloriées de Bortfeld, découpées d'un album, sans souscription.

10. Fol. 103: Armes coloriées de Bournay; d'un arbre généalogique.

11. Fol. 106: Armes coloriées de „von Boynenburg, 1585".

12. Fol. 129: Portrait de „Georgius rex Magnae Britanniae, Princeps Ord. Periscelidis S. Georgii".

13. Fol. 147: Armes coloriées de „Margareta Sibilla von Busbach, sponsa Ioannis von Arnoult".

14. Fol. 149: Armes coloriées de „de Buyle, capitaine au régiment de Saxe-Gotha, 1766".

Volume C. — 98 feuillets; 501 armoiries. — Nous y remarquons:

15. Fol. 51 V.: Armes coloriées de Coclé, tirées d'un arbre généalogique.

16. Fol. 71: Portrait de „Odoarde de Courtenay, conte de Devenshire".

17. Fol. 74: „Effigies vera reverendissimi D^{ni} Thomae Cranmeri, archiepiscopi Cantuarensis".

18. Fol. 81: Armes coloriées de „Excellentissimus ac reverendissimus Ignatius Crivelli, archiepiscopus Caesareae, episcopus solio pontificio assistens in Burgundia ac Belgia apud serenissimum Lotharingiae principem Carolum Belgii Austriaci gubernatorem, nuntius apostolicus etc. etc. etc. 1745".

19. Fol. 83: „Vera effigies Thomae Cromwell Essexiae, equitis Periscelidis".

Vol. D. — 44 feuillets; 206 armoiries. — Nous y remarquons:

20. Fol. 12 V.: Armes coloriées de Melchior de Dernbach, avec cette souscription: „Nobili omnique virtutum genere prestanti iu-„veni domino Alexandro a Themar, amicitiae et memoriae ergo, „scribebat haec lubens Melchior a Derenbach, dictus Grauell. Actum „Romae, 17. Augusti anno ut supra (1574)".

21. Fol. 27: Armes coloriées de la famille von Dohnen (endommagées), datées de 1595.

22. Fol. 29 V.: Armes coloriées, surmontées du millésime 1594, de Charles-Guillaume burgrave de Dohna: „Haec scripsit memoriae

„ergo Carolus Guilhelmus Burgravius a Dona, in comitiis Ratis-„bonensibus, 30. augusti anno ut supra".

23. Fol. 36: Armes coloriées de Bernhardin Dräxler de Neuhaus; au-dessus: „1586. Quicquid habet ortum, finem timet; ibimus omnes, „ibimus". Sous les armoiries: „Haec memoriae perpetuaeque amicitiae „ergo ergo scribebat Bernhardinus Dräxler in Neuhaus iunior, erudito „et virtute praedito iuveni Iohanni Tämlero etc. Patavii Antenoris, „7. die septembris. Anno ut supra".

24. Fol. 39: Portrait de „Giovanni Dudley duca de Northumberland".

25. Ibid.: Portrait de „Robertus Dudleyus Liceswieasis comes".

Vol. E. — 54 feuillets; 322 armoiries. — Nous y remarquons:
26. Fol. 9: Armes coloriées de Jean-Ulrich d'Eggenberg. En-dessous: „1587. Hanns Ulrich von Eggenberg zu Eggenberg und „Herberstorp, geschrieben in Padua den 3. Ianuarii anno ut supra".

27. Fol. 28: Portrait de l'empereur Charles VI.
28. Fol. 29: Portrait de l'empereur Charles VII.
29. Fol. 47: Armes coloriées de „Paulus von Eybestewaldt, 1585".

Vol. F. — 67 feuillets; 317 armoiries. — Nous y remarquons:
30. Fol. 24 V.: Armes coloriées de „Reinhard Gerhard von Fontaine, 1612".

31. Fol. 25: Ex-libris de Benoît Fortin, abbé de Munster à Luxembourg.

32. Fol. 46: Portrait de Louis XV, roi de France.

Vol. G. — 60 feuillets; 360 armoiries. — Nous y remarquons:
33. Fol. 2: Armes coloriées, surmontées du millésime 1576, de Wolf-Diederich Gaissberg in Vallensyns; au verso les armes de Ruodolff Krell von Stauffen, également avec le millesime 1576.

34. Fol. 8: „Effigies Stephani Gardineri episcopi Wintoniensis".

35. Fol. 16: Armes coloriées d'Ernreich de Gera: „1588. Dis „schrib ich Ernreich von Gera zue Michelstetten, zue gueter ge-„dechtnus den 26. tag novembr. anno supra 88, in Venedig."

36. Fol. 17: Armes coloriées de „Georgius Wilhelmus baro de „Gersdorff, capitaneus regiminis de Saxe-Gotha, 1767".

37. Fol. 19: Armes coloriées de Zacharias Geizcofler: „Amicitiae „et memoriae ergo H. M. L. P. Zacharias Geizcofler in Gailenbach, „Pragae Boëmiae, 7. decembris 1595".

38. Fol. 39 V.: „Effigies Ianae Graiae Henrici VIII proueptis ex sorore".

39. Fol. 42: Armes coloriées de Christophe de Groyssen; en haut: „1585. Vil köpf, viel sin"; en bas: Christoph von Groyssen „zu Waldt. Padua, 21. martii Anno ut supra".

40. Fol. 52: Armes coloriées de Wolfgang-Nicolaus Gruenthaler. En haut: 1585. En bas:„ Wolfg: Nicolaus Gruenthaler in Cremseckh „scribebam in mei memoriam Patavii Antenoris, mense augusto, anno „epochae christianae M.D.LXXXV".

41. Fol. 55: Armes coloriées de Baudouin de Gültlingen, 1577.

42. Fol. 57: Armes coloriées de Herman Mülphort. En haut: „A. S. P. 1602. Gott und dein will ich ewig sein". En bas: „Dis „schrieb ich Herman Mulphort, derzeit wonhaft zu Warzenkhurch „meinem fr. hochvertrauten lieben herrn schwegern und gevedern „Hansen Tämler, derzeit pfleger zu Neuhaus, zu guetter gedechtnus „den 2. tag mey ut supra. Herman Mülphort". — Au verso: „Ihs. „1585. Rebus angustis animosus, atque
„Fortis appare; sapienter idem
„Contrahes vento nimium secundo
„Turgida vela.
„Perpetuae recordationis ac indissolubilis fraternitatis ergo „scribebat Maximilianus Falkendler N. erudito omnique virtutum „genere ornatissimo iuveni domino Ioanni Tamlero, Patavii Ante„noris, 17. cal. . . . ."

Volume H. — 95 feuillets; 596 armoiries. Nous y remarquons:

43. Fol. 5 V.: Armoiries coloriées. En haut: 1585. En bas: „Haec scribebat David Aspan ab Hag Patavii Antenoris die „23. augusti anno ut supra.

44. Fol. 11: Armes coloriées: „Hans Reinhardt Grave zu Hanaw „und herr zu Lichtenberg etc. geschrieben den 6. decembris 1588".

45. Fol. 25: Armes coloriées d'„Arnolda-Elisabetha von Hausen „sponsa Philippi Christophori von Metzenhausen".

46. Fol. 31: Armes coloriées; en haut, 1586; en bas: „Ioannes „Weippertus ab Helmstat".

47. Fol. 33: Armes coloriées de Hembyze, tirées d'un arbre généalogique.

48. Fol. 41: Heraldica opera Ioannis Tamler penicillo bene peracta et facta, a benevolis parentibus et amicis subscripta, cum anno, mense et die, nempe ab anno 1584, ad annum 1637 inclusive. — C'est la liste des armes peintes dans l'album de Jean Tamler, et incorporées par Antoine Ungeschuck dans son diction-

naire. — Comme cependant une bonne partie de ces armes manque à présent dans le recueil d'Ungeschück, je donnerai la liste telle qu'elle a été dressée par celui-ci: Ainkirn, Ioannes Georgius, 1588. 1) *Andreis, Franciscus,* 1585. *Aspan, David,* 1585. Bappenheim, Maximilianus, 1586. Beck, Marcus et Ioachim, 1586. Berliching Burdeherd, 1595. *Bierno, Iacobus,* 1586. Dona, Carolus Wilhelmus, 1594. Dohnen, Abraham, 1596. *Dohnen, Wilhelmus,* 1595. *Draexler, Bernartinus,* 1586. *Eggenperg, Ioannes Ulricus,* 1587. Egk, Volcardus, 1584. Eppingen, Hechlius, 1588. Ferenberger, Carolus Ludovicus, 1585. Frierwirtt, Udalricus, 1585. *Geizcofler, Zacharias,* 1595. Gleispach, Casparus, 1584. *Groyssen, Christophorus,* 1585. *Gruenthaler, Wolfgangus,* 1585. *Gülphort, Hermannus,* 1602. 2) *Hanau, Ioannes Reinhardus,* 1588. Herberstein, Hannibal, 1588. Herberstein, Leonardus, 1586. *Hoffman, Ioannes Adamus,* 1595. Hoffkirch, Ioannes Adamus, 1586. *Hohenwort, Iohannes Basilius,* 1594. Karlewitz, Rudolfus, 1585. Kestendorf, Henricus, 1585. *Kharianer, Georgius Andreas,* 1586. *Khisel, Ioannes Iacobus,* 1586. Khuen, Ferdinandus, 1585. *Kolupeck, Nemrott,* 1588. *Landschad, Ioannes,* 1586. *Langenmantel, Matthaeus,* 1586. *Leysser, Christophorus,* 1588. *Lofenstein, Wolfgangus Sigismundus,* 1585. Maenhart, Ioannes - Christophorus, 1596. Mansfeld, Wilhelmus, 1585. Mayern, Christianus, 1596. *Miltitz, Ernestus Wilhelmus,* 1594. *Nutz, Ioannes,* 1593. *Nutz, Tobias,* 1637. *Pösch, Ioannes-Franciscus,* 1586. *Prändel, Se.,* 1606. *Regal, Honorius,* 1584. *Rindschadt, Dittmarus,* 1585. *Riz, Emeranus,* 1585. Romrodt, Sebastianus, 1585. *Rosenberger, Carolus,* 1585. *Rotenwasser, Mathias,* 1585. *Rottal, Georgius Christophorus,* 1586. *Saurau, Honorius,* 1586. Schratt, Ioannes Adam, 1604. Schratt, Maximilianus, 1584. Starhemberg, Reinhard, 1586. Stainer, Ioannes Andreas, 1600. *Stosch,* 1585. Stubenberg, Fridericus, 1584. Stubenberg, Georgius-Sigismundus, 1584. Tamler, Iohan Reichard, 1648. Tollingerin, Barbara, uxor Prändl, 1606. Volckenstorff, Wilhelmus, 1585. Wolckringen, Christophorus Franciscus, 1585. Zappl, Georgius, 1584. Zwigkel, Bartholomeus Georgius, 1586.

49. Fol. 60: Armes coloriées; en haut: „1594. Star salto". En bas: „Hans-Basilius von Hohenwort zu Messenpach. Geschriben zu „Praag, den 12. april ut supra".

50. Fol. 63: Armes coloriées; en haut: „1588. Aqua lontana

---

1) Nous avons imprimé en italiques les noms des personnages dont les armes sont conservées dans le recueil d'Ungeschück.
2) C'est Mülphort, et non Gülphort qu'il faut lire.

„non spegne fuoco vicino". En bas: „Seifridt Hoffman liber baro. „Patavii, 13. octobris anno ut supra".

51. Fol. 172: Armes coloriées; en haut: „1595. Spes mea est „Christus. Virtutis laus omnis in actione consistit." En bas: „Io-„hannes Adamus Hoffman liber baro in Grünputzel et Strechau „scripsit Pragae 29. iunii anno ut supra".

52. Fol. 88: Portrait de „Caterina Howard regina d'Inghilterra".

53. Fol. 88: Portrait de „Thomas Howardus, Nortforlciensis dux".

Volume I K. — 82 feuillets; 441 armoiries. Nous y remarquons:
54. Fol. 28 V.: Armes coloriées de Diepold von Ehingen, 1575.
55. Fol. 50: Armes coloriées; en haut, 1586. En bas: „Hec „scribebat Georgius Andreas Kharianer in Vigacen, memorie causa, „Patavii Anno 86 mense octobri".
56. Fol. 50 V.: Armes coloriées; en haut: Khisel, 1586. En bas: „Ioannes Iacobus Khisel in Khaltenprun scripsit haec Patavii „Antenoris 29 septembris anno ut supra".
57. Fol. 52: Armes coloriées des Kilburger; en bas: „Hec pa-„rentum suorum insignia depingi curavit frater Livinius Hebberecht, „religiosus Trunchiniensis iuxta Gandavum; honesto ac erudito „iuveni domino Mathiae Kilburger in perpetuae amicitiae signum po-„suit die 29. martii 1594".
58. Fol. 59: Armes coloriées; en haut: 1585; en bas: „Scripsi „Nemrott Kholnpeck, die 19. aug. Patavii a. 85".
59. Fol. 75: Armes coloriées; en bas: „1594. Consultissimo „doctissimoque viro domino Mathiæ Kilberger a Nerenhausen lycen-„tiato, iuri dum operam navaret Duaci, scribebat Petrus Kraus Epter-„nacensis 3ª decembris aº 94".

Vol. L. — 182 feuillets; 638 armoiries. — Nous y remarquons
60. Fol. 9 V.: Armes coloriées de Hohenlandberg, avec le millésime 1669.
61. Fol. 10 V.: Armes coloriées; en haut 1586; en bas: „Hans „Landschad von Steinach scripsit Patavii 4. die augusti".
62. Fol. 13: Armes coloriées; en haut 1586; en bas: „Mathæus „Langenmantel ab R hæc reliquit amico suo Padoae 20. decembri „anno ut supra".
63. Fol. 30: Armes coloriées d'Elias Lemker: „Dem ernvesten „herren Mathies Kilberger, der rechten doctor und licentiato etc. „schreib ich Elias Lemcker dis zu freundlichem gedechtnus zu „Tryer, den 2. martii anno 1601".

64. Fol. 37 : Armes coloriées, tirées d'un arbre généalogique, de Lestrieux.

65. Fol. 40 : Armes coloriées: „1588. Christoforo Leysser in „Holtperg e Kransegk cio scrisse per buona memoria in Padova alli „5. di decembre l'anno ut supra".

66. Fol. 42 : Armes coloriées de B. von Liechtenstein, avec le millésime 1575.

67. Fol. 49 V. : Armes coloriées de Ioannes Bernardus von Linden.

68. Fol. 51 V. : Armes coloriées, tirées d'un arbre généalogique, de Limermont.

69. Fol. 62 V. : Armes coloriées; en haut, 1585. En bas: „Hæc „animi benevolentiae ergo scribebat Wolfgangus Sigismundus baro „in Lofenstein, Patavii die 20. ianuarii".

70. Fol. 91 : Armes coloriées de Loysiel, avec le millésime 1565.

71. Fol. 107—113 : „Table alphabétique faite par Antoine Un„geschickt depuis 1760, et a commencé à dresser le dictionnaire „héraldique de la noblesse du duché de Luxembourg etc. extraite „du nobiliaire des Pays-Bas et du comté de Bourgogne, par M. „D**** S. D. H. à Louvain, 1760, avec approbation. — Plus tiré „du theatre de la noblesse de Flandre et d'Arthois et autres pro„vinces de Sa Majesté Catholique etc. Par J. Le Roux, roy d'armes „etc. à Lille, 1708 etc. etc. etc. — Plus tiré de la Tablette héral„dique en 9 feuilles, gravée par F. Harrewyn, 1738, plus 1755, à „Bruxelles".

72. Fol. 114—175 : Noblesse du duché de Luxembourg et comté de Chiny, distinguée en maisons de nom et d'armes, et [en des familles militaires et nobles. — Cette partie du recueil contient, outre la description des armes, encore des détails généalogiques sur les différentes familles.

Volume M. — 115 feuillets; 435 armoiries. — Nous y remarquons :

73. Fol. 4 : Armes coloriées du comte de Maigret, sous-lieutenant au régiment de Blonquette, 1764.

74. Fol. 31 : Armes coloriées de Maréchal, colonel des places, 1765.

75. Fol. 74 V. : Armes coloriées de Philippe - Christophe de Metzenhausen.

76. Fol. 80 : Armes coloriées d'Ernest-Guillaume Miltitz, 1585.

Volume N, O, P. — 128 feuillets; 833 armoiries. — Nous y remarquons :

77. Fol. 10 V.: Armes coloriées de Neuneck, avec le millésime 1569. — Au verso celles de Volmarus ab Ow: 1575, B. S. W. — Volmarus ab Ow scribebat haec amicitiae ac memoriae ergo die 15 februarii.

78. Fol. 13: Armes coloriées de Newhausen, avec le millésime 1567, et, au Verso, celles de Stolzingen, avec le même millésime.

79. Fol. 19 V.: Armes coloriées; en bas: „Nobilis quem sua „nobilitat virtus. Cornelius Nobelaer".

80. Fol. 25: Armes coloriées; en haut: „Deo et fortune com-„mitto". — En bas: „Hans Schütz, Röm. Khay. Oest. Verweser zu „Haalstatt; Prag, den lesten octobris anno 1593". — A côté des armes, d'une autre main:

„Il mondo è fatto à scale;
„Chi le scende e chi le sale.

„Haec memoriae ergo reliqui infrascripti olim charissimi parentis „nunc superstes filius Tobias Nutz a Geisernburg, consiliarius Cae-„sariensis et quaestor Austriae superioris anno 1637". Au Verso: „R. 1590. Fac facienda et spera auxilium a Deo. Zu freundlicher „und gueter gedechtnus schrib dis zu Oberwelz den 16. septembris „anno ut supra Z. Puttner von Kunitz, Röm. Kay. Maj. diener".

81. Fol. 48. — Armes coloriées, tirées d'un arbre généalogique, de la famille Overwalle.

82. Fol. 60: „Effigies Matthei Parkeri archiepiscopi Cantua-„riensis".

83. Fol. 98 V.: Effigies Reginaldi Poli cardinalis.

84. Fol. 102 V.: Portrait de „Augustus rex Poloniae, Princeps „Ordinis Aquilae albae".

85. Fol. 108 V.: Portrait de „Iohannes V. Rex Portugalliae, „Magnus Magister Equitum Avisiorum".

86. Fol. 110: Armes coloriées; en haut 1586. B. G. B. En bas: „Hans Frantz Posch etc. geschriben zu Padoua meinem lieben „bruederen Hansen Tämler zur freindlicher gedechtnus den 29. sep-„tember".

87. Fol. 111 V.: Armes coloriées, tirées d'un arbre généalogique, de la famille de Pouillon, de Pouillon-Coclé et de Pouillon-Hembyze.

88. Fol. 113: Armes coloriées; en haut: 16(B)06. Vive ut vivas. En bas: „Meinem freundlichen geliebten Vettern Iohann Tämbler, „der zeit phlögern der herschaft Neuhaus im Enstal, schrib dises „zu langwieriger gedechtnus, zu Eperting, 15. februari anno ut „supra. Se. Pranntl". — Au verso: 16 V 37. Nasci. Pati. Mori. „Dieses wird geschriben aus schwägerlicher lieb und immer wah-

„runder freundlicher gueter gedechtnus, dem edlen und vesten „Iohanni Tämlero etc. Geschehen Prestpurg den 20. octobris anno „ut supra. Iohann-Bapt. Küffner v. Kuny (?), der elter, Röm. Kay. „Maj. hofdiener".

Volume Q R. — 83 feuillets; 409 armoiries. — Nous y remarquons:

89. Fol. 24 V.: Armes coloriées de la famille de Reischach, avec le millésime 1569; au verso celles de Tschenz von M... burg, sans millésime.

90. Fol. 31 V.: Armes coloriées; en haut le millésime 1584; en bas: „Haec scribebat Honorius Regall in Kränichsfeldt, Patavii „Antenoris, 15. die octobris anno ut supra".

91. Fol. 41 V.: „Effigies Nicolai Ridelaei episcopi Londinensis".

92. Fol. 46 V.: Armes coloriées; en bas: „1585. Dietmarus „Rindtschadt scripsit Patavii, 27. ian. anno ut supra".

93. Fol. 47 V.: Armes coloriées; en haut: 1585. En bas: „Emeranus Riz in Grueb, reverendissimi atque illustrissimi archi-„episcopi Salispurgensis etc. consiliarius aulicus scribebat Patavii „5. aprilis ut supra".

94. Fol. 65: Armes coloriées; en haut: 1585. En bas: „Ami-„citiae ergo scribebat... Carolus Rosenberger a Rosenegg, Patavii „Antenoris, mense novembri anno ut supra".

95. Fol. 68 V.: Armes coloriées. En haut: 1585. En bas: „Hæc „benevolentiae, amoris et memoriae causa scribebat Mathias von „Rotenwasser, Patavii Antenoris, anno MDXXCV, 10. cal. octobris".

96. Fol. 71 V.: Armes coloriées. En haut: Audaces fortuna iuvat, 1586. — En bas: „Hæc scripsit amicitiae causa Georgius „Christophorus a Rottall".

97. Fol. 71 V.: Armes coloriées de Rottenstein, avec le millésime 1569.

98. Fol. 81 V.: Portrait de „Catharina Alexiowna, czara et „autokrator Russorum, Princeps Equitum S. Andreae".

Volume S. — 165 feuillets; 893 armoiries. — Nous y remarquons:

99. Fol. 24 V.: Portrait de „Victor Amadeus II rex Sardiniae „et Cypri, Dux Sabaudiae et Monferrati, Princeps Equitum Annun-„tiationis".

100. Fol. 26: Armes coloriées; en haut: 1586. En bas: „Hono-„rius a Saurau Erasmi filius Hindmarchicus memoriae lubens erexit „monumentum Patavii, anno 86, in fine anni temporisque ultimi". —

Au dos d'autres armes coloriées; en bas: „1600. Peter Christoff „Braunfalck zu Neuhaus".

101. Fol. 50: Armes coloriées de Hans-Ulrich von Schillingair, avec le millésime 1576; au verso celles de Maus Fetzer von und zu Ockenhausen, sans millésime.

102. Fol. 85: Portrait de „Fridericus rex Sueciae, Princeps Equi- „tum Seraphinorum".

103. Fol. 92: Armes coloriées; en bas: 1569. In sui memoriam scripsit Caspar a Seidlitz, etc. eua... Hetrureio die 24. ian.. — Au verso, sans date, celles de „Georg Cstammer".

104. Fol 92 V.: Portrait de „Thomas a Seimour, ammiraglio „d'Inghilterra".

105. Fol. 105: Armes coloriées; en haut, 1569. En bas: „No- „bilitate ac eruditione prestanti viro domino Alexandro Wernhero „a Themar amicitiae ergo scripsit Albertus a Sigesdorf Senis Etru- „riae, 5. maii; insignia adpingi curavit".

106. Fol. 114: Portrait d'„Edwardus Seimerus, Somerseti dux".

107. Fol. 130: Armes coloriées. En bas: „Consultissimo doctis- „simoque D. I. U. L. Mathiae Kilburger Biedburgio in perpetuam „memoriam haec insignia F. Lambertus Stalms, religiosus Sancti „Petri Gandensis, posuit: ... 3. decembris 1594".

108. Fol. 139 V.: Armes coloriées. En bas: „Francisca von „Stein-Callenfeltz, coniux Ioannis-Henrici Zandt von Merll".

109. Fol. 141 V.: Armes coloriées. En haut: 1588; en bas: „Maximilianus Heritsch (Ungeschickt lit Steritsch) in Thurn et „Pagkhenstain etc. scribebat haec Patavii Antenoris mense decem- „bris anno prenominato".

110. Fol. 151 V.: Armes coloriées, tirées de l'album de Tämler, de von Stosch, avec le millésime 1585.

Vol. T, U, V. — 101 feuillets; 557 armoiries. — Nous y re- marquons:

111. Fol. 1 V.: Armes coloriées; en haut: J'espère en ta fin". En bas: „Haec in perpetuam sui memoriam consultissimo doctis- „simoque V. I. V. Licentiato Matthiae Kilburger pingi curabat Va- „lentinus Taffin Audomarensis F. V. L. Anno 1594, 3. decembris, „Duaci'.

112. Fol. 2: Armes coloriées de „Tamler, lieutenant-colonel „d'artillerie I., 1761, à Luxembourg".

113. Fol. 30: Armes coloriées; en haut: „CIƆ IƆ (Y) LXX. — „VVV. Felice e sempre mai che si contenta". En bas: „Nobili ac „ornatissimo iuveni domino Alexandro à Themar amicitiae ac me-

„moriae ergo scripsit Ioannis Georgius a Fraunberg, Senis, VIII.
„Cal. septembris anni 1570". — Au verso : „1570. Varia dona Dei.
„Amicus in necessitate cognoscendus. Nobilitate, eruditione ac vir-
„tute praeclaro adolescenti domino Alexandro a Themar, in sui
„memoriam scribebat haec Burchardus a Fraunberg, Senis, VII. Ca-
„lendas octobris". — Suit, d'une autre main : „1572. Initium sapien-
„tiae timor Domini. Nobilitate, eruditione ac virtute praeclaro ado-
„lescenti domino Alexandro a Themar, in sui memoriam scribebat
„haec Christophorus Guilhelmus a Fraunberg, Romae, 12. calen-
„das . . . . ."

114. Fol. 34 : Armes coloriées de la famille de Trevil, tirées d'un arbre généalogique.

115. Fol. 57 V. : Armes coloriées; en bas : „1765. Le baron „d'Uchtritz, l'aîné, au régiment de Blonquotte".

116. Fol. 73 : Armes coloriées; en bas : „Comte de Velasco, „lieutenant au régiment de Salm, 1768".

117. Fol. 95 : Armes coloriées; en bas : „Ponebat haec claris-„simo consultissimoque V. I. V. licentiato Duaci in perpetuam sui „memoriam Iohannes Voet, Aldennardensis, sacerdos etc., anno 1594, „18. novembris".

Volume W, X, Y, Z. — 99 feuillets; 490 armoiries. — Nous y remarquons :

118. Fol. 25 : Armes coloriées de Weittingen.

119. Fol. 29 : Armes coloriées; en haut : G. G. G. N. En bas : „1576. Paulus Welser von Stepp . . ."

120. Fol. 35 : Armes coloriées de Wernaw, avec le millésime 1575. — Au Verso celles de Georges et Pierre von Gettingen.

121. Fol. 36 : Armes coloriées; en bas : „1596. Ornato consulto-„que D. et N. L. Mathiae Kilburger Bietenburgio amicitiae ergo „posuit Heinrich Werner zu Werneck".

122. Fol. 43 : Armes coloriées. En haut : „1575. B. D. R. Am-„brosius Widman von Mieringen". — En bas : „1575. B. D. L. Ha. „Phi. Widman von Mieringen. — 1575. E. D. W. Ha. Christ. „Widman von Mieringen".

123. Fol. 48 : Armes coloriées de la famille Willems, tirées d'un arbre généalogique.

124. Fol. 49 : Armes coloriées; en haut, 1594. En bas : „Ornato „consultoque domino domino Mathiae a Nerenhausen amicitiae erga „hoc monumentum ponebat Melchior Wilthem, Sancto-Vitensis, cum „Duaci iuri operam navaret, anno 1594, pridie kalend. decembris".

125. Fol. 51 : Armes coloriées de Jost Heinrich von Witdtstein, avec le millésime 1576.

126. Fol. 92 : Armes coloriées; en haut: H. G. (1569) A. W. En bas: „Frantz Lenhart van Zolverren. Datum Valesein den „10. maius 1569". — Au verso, celles de „Baltasar von Corst zu „Valesin, ein Tiroller".

N⁰ 240.

Manuscrit sur papier, de 1805 à 1810. — **25 tomes.** — **H. :** 320 mm.; **L. :** 210 mm.

Donné en 1833, en partie en 1847, par M. de la Fontaine avocat.

Tome I, fol. 1—91 : (Titre) : Voyages curieux et utiles, composés par Pierre Alexandre Cyprien Merjai à Luxembourg MDCCCV. Comme manuscrit original en XXV. volumes. *(Incipit)*: Comme j'ai toujours aimé les arts et les sciences, que ma jeunesse évaporée a été la source de mes malheurs . . . . (Fol. 2—4), table du contenu des 25 volumes. — Fol. 4 V. : Voyages littéraires, curieux et fidelles composés par le citoyen Pierre Alexandre Cyprien Merjai, ancien bachelier en droits de la célèbre université de Louvain, et comme homme de lois du département des Forêts, domicilié en la ville de Luxembourg. Comme copie sur les manuscrits originaux commencé le 17 du mois de juin de l'année de notre grace 1805. — Fol. 5 : De la bibliothèque du citoyen Pierre - Alexandre - Cyprien Merjai, comme ancien bachelier en droits de la célèbre université de Louvain en Brabant. Iᵉʳᵉ partie. Comme manuscrit original.

Patria si virtus toto fuit indita mundo,
Quondam nulla tibi laus modo minor erit.

Etant jeune, mon père me dicta cette fable qui me servira pour ma préface . . . (Les préfaces s'étendent jusqu'au Verso du fol. 42).

Fol. 43 : De la maison de Mansfeld. Histoire précise de l'illustre comte Pierre-Ernest de Mansfeld, seigneur de Heldrungen, prince du S. Empire Romain, chevalier militaire de l'ordre de la Toison d'or, maréchal des armées du roi d'Espagne, **mort** comme gouverneur et capitaine général de la ville et province de Luxembourg et du comté de Chiny. Composée en réalité par le citoyen

Pierre-Alexandre-Cyprien Merjai, comme membre du collége royal de philosophie à Luxembourg en l'an du seigneur 1780. — Cette histoire que je vais vous transcrire ici, est une des plus belles de son siècle ....

Tome II, fol. 93—183: *(Incipit):* En secondes noces le comte de Mansfeld épousa Marie de Montmorency ... — Fol. 106: Idée et description réelle et générale du magnifique palais du comte de Mansfeld, situé au faubourg de Clausen près de la ville de Luxembourg, composée par le citoyen P. A. Cyprien Merjai à Luxembourg 1781. *(Incipit):* Cher lecteur, avant que je vous fasse les descriptions de nos merveilles et de nos ruines ....

Fol. 143: Voyages littéraires, fidelles et curieux faits et exposés par Pierre Alexandre Cyprien Merjai. Avant-propos. Comme je suis né à Luxembourg le 2 du mois de février de l'année 1760, je vous dirai ...... — Fol. 148: 1ère lettre. De Trèves, ce 1er septembre 1782. Très cher ami. Ainsi, cher ami, il faut vous vouer les traits de ma plume qui va vous donner une description exacte de toutes mes courses vagabondes .....

Fol. 151: Deuxième lettre. De Trèves, ce 4 septembre 1782. Très cher ami. Le lendemain de mon arrivée qui était le 3 de septembre .....

Fol. 159 V.: 3ème lettre. De Trèves, ce 12 septembre 1782. Très cher ami. Il faut que je vous commence ici par l'abbaye impériale de S. Maximin, située hors de la porte de S. Siméon ..... (fol. 163 V.: Description de S. Paulin; fol. 165 V.: (Description du caveau de S. Paulin près de la ville de Trèves).

Fol. 170 V.: 4ème lettre. De Trèves, ce 15 septembre 1782. Très cher ami. Il faut maintenant que je vous parle de l'ancienne collégiale de S. Siméon ...... (fol. 174 V.: Eglise S. Mathias; fol. 176 V.: Eglise des frères Mineurs; fol. 177 V.: Eglise de S. Martin).

Fol. 179: 5ème lettre. De Trèves, ce 19 septembre 1782. Très cher ami. Voici ma dernière lettre que je vous écris de mon ancienne métropole ...

Fol. 180: 6ème lettre. De Mayence, ce 26 septembre 1782. Très cher ami. Il faut vous faire ici la description de notre route que nous prîmes de Trèves, pour aller à Mayence ...

Tome III (faisant suite immédiatement au dernier feuillet du tome II). — Fol. 184—275. — Fol. 189 V.: 7ème lettre. De Mayence, ce 29 septembre 1782. Très cher ami. Avant que je vous commence ma lettre, il faut que....

Fol. 196 V.: 8ème lettre. De Mayence, ce 2 octobre 1782. Très cher ami. Cherchons maintenant les plaisirs qu'on goûte à Mayence...

Fol. 205 V.: 9ème lettre. De Mannheim, ce 6 octobre 1782. Très cher ami. Enfin je suis à Mannheim, et je suis dans une des plus belles villes de l'Europe...

Fol. 226: 10ème lettre. De Mannheim, ce 10 octobre 1782. Très cher ami. Comme je n'ai pas oublié la comédie ou son spectacle en son siège de Boxburg....

Fol. 233 V.: 11ème lettre. De Mannheim, ce 20 octobre 1782. Très cher ami. Comme je vous avois promis de faire la description du beau monument qui se trouve sur le grand marché à Mannheim...

Fol. 242 V.: 12ème lettre. De Mannheim, ce 27 octobre 1782. Très cher ami. Je commence par vous donner la fin de l'histoire de mon Liégeois....

Fol. 250 V.: 13ème lettre. De Mannheim, ce 31 octobre 1782. Très cher ami. Il faut donc que je vous continue de parler de ce beau palais....

Fol. 262: 14ème lettre. De Mannheim, ce 7 novembre 1782. Très cher ami. Comme ma plume est donc retaillée, il faut vous dire....

Fol. 272: 15ème lettre. De Mannheim, ce 14 novembre 1782. Très cher ami. Comme je vous ai pleinement exposé les plaisirs que j'ai goûtés au Voxhall....

Tome IV. — Fol. 276—363.

Fol. 282 V.: 16ème lettre. De Mannheim, ce 21 novembre 1782. Très cher ami. Pour commencer celle-ci, il faut vous dire que...

Fol. 294: 17ème lettre. De Mannheim, ce 28 novembre 1782. Très cher ami. Comme je ne doute pas d'un moment que....

Fol. 302: 18ème lettre. De Mannheim, ce 4 décembre 1782. Très cher ami. Vous êtes donc peut-être étonné que je ne vous parle pas....

Fol 313 V.: 19ème lettre. De Mannheim, ce 12 décembre 1782. Très cher ami. Je commence celle-ci pour vous donner la fin de mon blocus....

Fol. 318: 20ème lettre. De Mannheim, ce 19 décembre 1782. Très cher ami. Il faut cependant vous dire que je fus deux jours entiers....

Fol. 323 V.: 21ème lettre. De Mannheim, ce 31 décembre 1782. Très cher ami. Comme voici ma dernière lettre de l'année, je vous l'escris ...

Fol 329 V.: 22ème lettre. De Mannheim, ce 7 janvier 1783. Très cher ami. Comme nous voici dans l'année 1783, il est de mon devoir de continuer ....

Fol. 332: 23ème lettre. De Mannheim, ce 16 janvier 1783. Très cher ami. Comme je vous ai conté que j'avois eu la bêtise de montrer ....

Fol. 335: 24ème lettre. De Mannheim, ce 23 janvier 1783. Très cher ami. Pour commencer celle-ci, je vous dirai que nous avons eu une fête ....

Fol. 340: 25ème lettre. De Mannheim, ce 3 février 1783. Très cher ami. Comme il ne faut pas toujours vous parler ni de Vénus ni de Bacchus ....

Fol. 346 V.: 26ème lettre. De Mannheim, ce 13 février 1783. Très cher ami. C'est dans celle-ci que vous trouverez que je ne suis pas négligent ....

Fol. 356 V.: 17ème lettre. De Mannheim, ce 24 février 1783. Très cher ami. Il faut vous dire pour le commencement de celle-ci que M. R*** ....

Fol. 359 V.: 28ème lettre. De Mannheim, ce 6 mars 1783. Très cher ami. Nous voilà enfin arrivé dans un temps où l'on doit mettre toutes les folies de côté ...

Tome V. — Fol. 364—454.

Fol. 373: 29ème lettre. De Mannheim, ce 12 mars 1783. Très cher ami. Comme nous sommes dans le carême, il faut donc vous dire .....

Fol. 376: 30ème lettre. De Mannheim, ce 23 mars 1783. Très cher ami. Comme ma chère amie et son bon papa m'avoient engagé d'aller voir Heydelberg, ...

Fol. 383 V.: 31ème lettre. De Mannheim, ce 1er avril 1783. Très cher ami. Comme celle-ci est plutôt une description qu'une lettre ....

Fol. 402 V.: 32ème lettre. De Mannheim, ce 6 avril 1783. Très cher ami. Cher ami, il faut vous dire que celle-ci ne regarde plus la ville de Mannheim ......

Fol. 406: 33ème lettre. De Mannheim, ce 17 avril 1783. Très cher ami. Je commence celle-ci par vous donner la réponse de mon père ...

Fol. 408: 34ème lettre. De Mannheim, ce 24 avril 1783. Très

chor ami. Comme je crois que je vous ai parlé du père Christian Mayers . . .

Fol. 414 : 35ème lettre. De Mannheim, ce 4 mai 1783. Très cher ami, Comme nous voilà dans le beau mois de mai qui semble . . . .

Fol. 427 : 36ème lettre. De Mannheim, ce 12 mai 1783. Très cher ami. Il faut que je vous conte une aventure singulière . . .

Fol. 430 V. : 37ème lettre. De Mannheim, ce 16 mai 1783. Très cher ami, Comme celle-ci est ma dernière, car je pars dimanche prochain . . . . pour Turin . . . . . .

Fol. 432 : De Mannheim, ce 1er septembre 1783. Très cher ami. Avant que de vous commencer cette lettre qui n'est pas en soi une lettre ordinaire, mais plutôt un journal, je vous dirai qu'il va contenir une relation exacte de tout ce que j'ai vu depuis mon départ du 18 du mois de mai de Mannheim jusqu'à mon retour dans la même ville fixé au 14 du mois d'août . . . .

Tome VI. — Fol. 455—547 (Suite du journal sur le voyage à Turin).

Tome VII. — Fol. 548—634 (Suite du même journal).

Tome VIII. — Fol. 635—725 (Suite du même journal).

Tome IX. — Fol. 726—816 (Suite du même journal).

Tome X. — Fol. 817—909 (Suite du même journal, jusqu'à la date du 4 octobre).

Tome XI. — Fol. 910—992. — Fol. 917 ss. : De la ville de Deux-Ponts. — Fol. 924 : De la ville de Sarbruck. — Fol. 926 V. : De la ville de S. Avold.

Fol. 964 V. : 38ème lettre. De Louvain, ce 23 novembre 1783. Cher ami. Comme j'espère que celle-ci vous trouvera en bonne santé, ...

Fol. 973 : 39ème lettre. De Louvain, ce 30 novembre 1783. Cher ami. A présent il est bon que je vous parle de nos célèbres docteurs . . .

Fol. 978 : 40ème lettre. De Louvain, ce 14 décembre 1783. Cher ami. Cette lettre que je vais vous écrire, vous offrira un tableau singulier . . .

Fol. 986 : 41ème lettre. De Louvain, ce 31 décembre 1783. Cher ami. Comme nous voici au dernier jour de l'an . . . .

Tome XII. — Fol. 993—1068. Fol. 994 : 42ème lettre. De Louvain, ce 25 janvier 1785. Cher ami. Comme il y a donc 25 jours que je ne vous ai plus écrit . . . . .

Fol. 998 : 43ème lettre. De Louvain, ce 8 février 1784. Cher ami, Je vais vous commencer celle-ci par vous communiquer....

Fol. 1001 V. : 44ème lettre. De Louvain, ce 4 de mars 1784. Cher ami. Cette lettre que je vous écris, sera toute intéressante....

Fol. 1004 V. : 45ème lettre. De Louvain, ce 28 mars 1784. Cher ami. Il faut que je vous conte une petite histoire...

Fol. 1008 : 46ème lettre. De Louvain, ce 13 avril 1784. Cher ami. C'est dans ces momens que je commence à respirer un air.....

Fol. 1011 V : 47ème lettre. De Louvain, ce 1er de mai 1784. Cher ami. La première chose que je vais vous communiquer....

Fol. 1017 : 48ème lettre. De Louvain, ce 16 mai 1784. Cher ami. C'est dans les plus vives inquiétudes que je vous écris celle-ci....

Fol. 1021 V. : 49ème lettre. De Louvain, ce 23 mai 1784. Cher ami. Avant que de vous tracer une seule ligne, voici la réponse de mon père...

Fol. 1025 : 50ème lettre. De Louvain, ce 6 juin 1784. Cher ami. La première chose que j'ai à vous communiquer, c'est de vous dire...

Fol. 1027 : 51ème lettre. De Louvain, ce 17 juin 1784. Cher ami. Le temps est changé, cher ami, il est à un beau passable....

Fol. 1030 V. : 52ème lettre. De Louvain, ce 11 juillet 1784. Cher ami. Celle-ci est pour vous informer de la plus triste nouvelle...

Fol. 1032 : 53ème lettre. De Louvain, ce 22 juillet 1784. Cher ami. Si la foudre ou mieux la colère du ciel est tombée sur moi,....

Fol. 1038 : 54ème lettre. De Louvain, ce 5 août 1704. Cher ami. Enfin, cher ami, je suis revenu de Malines le 3 de ce mois...

Fol. 1047 : 55ème lettre. De Louvain, ce 20 août 1784. Cher ami. Pour vous continuer mes démarches sur ma demoiselle de Malines....

Fol. 1049 V. : 56ème lettre. De Louvain, ce 9 septembre 1784. Cher ami, Comme je suis toujours attentif à vous écrire les affaires....

Fol. 1053 : Description de la ville de Louvain, composée par Pierre-Alexandre-Cyprien Merjai, domicilié en cette ville comme étudiant en droits au collège de Luxembourg. Cher ami, Comme je vous ai promis une fidelle description d'une ville....

Tome XIII. — Fol. 1069—1148 : Suite de la description de Louvain.

Tome XIV. — Fol. 1149—1233.

Fol. 1149—1159 : Suite de la description de Louvain.

Fol. 1160—1193 : Des lieux remarquables qui sont aux environs de la ville de Louvain. De l'abbaye de Vlierbeeck, occupée par des religieux bénédictins .... — Fol. 1163 : De l'ancienne abbaye du Parc. — Fol. 1169 : Du monastère S. Enclos. — Fol. 1186 : Du château d'Hever ou d'Heverlé. — Fol. 1188 : Du monastère et prieuré de Terbanck supprimé en 1783. — Fol. 1191 : Du prieuré de Bethléem.

Fol. 1194—1233 : Description de la ville de Bruxelles composée par Pierre-Alexandre-Cyprien Merjai, comme étudiant en droits en l'université de Louvain.

Tome XV. — Fol. 1234—1314.

Fol. 1234—1284 : Suite de la description de Bruxelles.

Fol. 1285—1314 : Des lieux remarquables des environs de la ville de Bruxelles. De l'abbaye de Forêt. — Fol. 1297 V.: De l'abbaye de la Cambre.

Tome XVI. — Fol. 1315—1394.

Fol. 1318 : De la forêt de Soigne. — Fol. 1320 : Du château de plaisance de Leurs Altesses Royales situé près du village de Laecken.

Fol. 1327 : A présent je vais vous donner une fidelle description de la ville de Malines par les fréquens voyages que j'y fis depuis les années 1784, 1785, 1786 jusqu'au commencement de 1787.

Fol. 1367 : De la ville d'Anvers.

Tome XVII. — Fol. 1395—1472.

Fol. 1367—1425 : (Suite de la description d'Anvers).
Fol. 1425 : De la petite ville de Montaigu.
Fol. 1426 V.: De la ville d'Arschot.
Fol. 1435 : De la ville de Tirlemont.
Fol. 1438 V.: De la ville de S. Tron.
Fol. 1448 : De l'abbaye de Val-Duc.
Fol. 1455 : De la ville d'Arlon.
Fol. 1460 V.: De l'abbaye de Clairfontaine.
Fol. 1464 : De la célèbre abbaye d'Orval de l'ordre de Citeaux.

Tome XVIII. — Fol. 1473—1556.

Fol. 1473—1500 : (Suite de la description d'Orval).
Fol. 1500 : De N. D. d'Avioth.
Fol. 1504 V.: **De la ville de Mouzon.**

Fol. 1507 V.: De la ville d'Yvoy-Carignan.

Fol. 1508 V.: De la noble abbaye de Tifferdange.

Fol. 1518: De la ville de Namur. La description de cette ville que je vais vous faire, cher ami, est de l'année 1787 où j'eus le temps d'examiner ce qu'il y a de curieux.

Fol. 1549 V.: De la ville de Huy.

Tome XIX. — Fol. 1557—1642.

Fol. 1563: De la ville de Liège.

Fol. 1609 V.: Des bains de Chauxfontaines, bâtis en 1744.

Fol. 1614 V.: La ville de Halle (Hal).

Fol. 1615 V.: La ville d'Enghien.

Fol. 1616: La ville d'Ath.

Fol. 1617 V.: La ville de Leuze.

Fol. 1618: La ville de Tournay.

Fol. 1622 V.: La ville de Lille.

Fol. 1626 V.: La ville de Bergues S. Winox.

Fol. 1627: La ville de Calais.

Fol. 1630: La ville de Londres.

Tome XX. — Fol. 1643—1732.

Fol. 1653: Voyage de Luxembourg à Liège et Spa, fait par Pierre-Alexandre-Cyprien Merjai, comme membre du collège royal de philosophie à Luxembourg. Ce voyage que je fis, cher ami, au mois de septembre de l'année 1781 . . .

Fol. 1699: Histoire véritable de M^r le baron de * * *. Un jour, dans la saison de l'été, que je voyageois . . . . .

Tome XXI. — Fol. 1733—1814.

Fol. 1746: Continuation des différens voyages que j'ai faits dans ma patrie et dans les pays circonvoisins avec des remarques sur les objets dignes de mémoire dont une partie est plongée aujourd'hui dans les plus affreuses ruines.

Fol. 1749: De la ville de Longwy.

Fol. 1754: De la ville de Vianden.

Fol. 1758: Du château d'Ansembourg et du prieuré de Marienthal.

Fol. 1797: Notes sur les familles des seigneurs d'Ansembourg, de Hollenfeltz et de Raville lesquelles ont été citées ci-devant.

Fol. 1802: De la célèbre abbaye de S. Hubert aux Ardennes, ordre de S. Benoit, et de celle de S. Remi de l'ordre de Cîteaux au pays de Liège.

Tome XXII. — Fol. 1815—1894.
Fol. 1816 : De la ville de Rochefort.
Fol. 1819 : De la célèbre abbaye de S. Hubert, ordre de S. Benoit.
Fol. 1833 : De l'ancienne et célèbre abbaye d'Epternach.
Fol. 1854 V. : (Note sur les frères Gilson d'Orval, sur Florenville, Virton, Habay-la-Neuve).
Fol. 1858 V. : De la ville de Thionville.

Tome XXIII. — Fol. 1895—1975.
Fol. 1896 : De la ville de Metz.
Fol. 1959 V. : De la célèbre abbaye de Gorze.
Fol. 1968 : Description fidelle de la belle maison de plaisance de la cour palatine, appellée Schwetzingen, située à **trois lieues** de la ville de Mannheim, comme elle existait après l'année 1783.

Tome XXIV. — Fol. 1976—2056.
Fol. 1978 : De la ville de Luxembourg, capitale du duché de ce nom.
Fol. 1982 : De l'église paroissiale de S. Nicolas.
Fol. 1985 : De la paroisse de S. Michel, occupée par les religieux dominicains.
Fol. 1988 : Du monastère des Recollets.
Fol. 2007 : Du monastère du S. Esprit, occupé par des filles de S. Claire dites Urbanistes.
Fol. 2020 : De l'ancienne abbaye de Munster occupée par des religieux de l'ordre de S. Benoit.
Fol. 2029 : Du collège des RR. PP. Jésuites.
Fol. 2041 V. : Du monastère de la Congrégation occupé par des chanoinesses régulières de l'ordre de S. Augustin.
Fol. 2051 V. : Du monastère des Capucins.
Fol. 2055 : De l'hôpital de S. Jean.
Fol. 2056 : De la paroisse de S. Ulric.

Tome XXV. — Fol. 2057—2143.
Fol. 2071 : De l'hôtel de ville.
Fol. 2075 V. : De l'hôtel du conseil.
Fol. 2076 : De l'hôtel des gouverneurs.
Fol. 2082 V. : De l'hôpital militaire.
Fol. 2091 : Inauguration de Joseph II à Luxembourg.
Fol. 2092 : Inauguration de François II.
Fol. 2093 : De la chapelle de N. D. de Consolation.
Fol. 2108 : Processions votives de la ville de Luxembourg.

Fol. 2108 V.: Du conseil provinicial; du magistrat de la ville; des Etats.

Fol. 2113: De l'abbaye de Bonnevoye.

Fol. 2121: Des privilèges de la ville de Luxembourg.

Fol. 2128: Relation du blocus de la ville de Luxembourg . . . 1794 et 95.

L'ouvrage est écrit en entier de la main de l'auteur; fils d'un pensionnaire des Etats de Luxembourg, il mourut en 1822. Ses écrits sont importants surtout pour la topographie de la ville de Luxembourg.

N° 241.

Manuscrit sur papier, du XVIIIe siècle. — 6 tomes. — H.: 390 mm.; L.: 248 mm.

L'auteur de cet ouvrage est Lambert-Joseph baron Marchant d'Ansembourg, créé comte Marchant-d'Ansembourg par lettres patentes du premier octobre 1749. Né en 1705, il mourut en 1768. Passionné pour l'archéologie, il avait réuni un médailler magnifique qui aurait compté, dit-on, 15000 pièces; il avait cherché à acquérir toutes les collections particulières qu'il trouvait à vendre, et avait ainsi acquis entre autres les médailles et monnaies collectionnées par les frères Wiltheim. Malheureusement son cabinet renfermait aussi beaucoup de pièces fausses, coulées sur l'antique ou contrefaites, de sorte qu'on ne peut consulter son ouvrage qu'avec beaucoup de circonspection. Outre le catalogue même, il avait encore réuni, dans quatre volumes in-folio, les dessins représentant les médailles romaines qu'il possédait; ce recueil se trouve à la bibliothèque de la section historique de l'Institut. L'auteur se vit ruiné sur les fins de ses jours; sa belle bibliothèque fut vendue aux enchères, mais on ne sait pas ce qu'est devenu son médailler.

Tome I: 6 feuillets plus 334 pages. Contenu:

Fol. 1—6: Index paginarum tomi primi.

Pages 1—334: (Catalogue des médailles romaines impériales; les médailles sont réparties sur les différents règnes, comme suit):
P. 1: Cneius Pompeius Magnus. — P. 3: Sextus Pompeius. — P. 5: Caesar. — P. 12: Marcus Brutus et Cassius. — P. 13: Marcus Lepidus. — P. 18: M. Antonius. — P. 25: Caesarion Caesaris filius.

— P. 26: Accia. — P. 27: Augustus. — P. 104: Livia. — P. 106: Marcellus; M. Vipsanius Agrippa. — P. 112: Caius Agrippa et Iulia Augusti filia. — P. 115: Lucius Cæsar. — P. 116: Tiberius Claudius Nero. — P. 180: Iulia Augusti filia. — P. 183: Drusus. — P. 187: Tiberius et Drusus gemelli. — P. 188: Nero Claudius Drusus. — P. 191: Antonia. — P. 192: Germanicus. — P. 201: Agrippina. — P. 204: Nero et Drusus Cæsares. — P. 206: Caius Germanici et Agrippinæ filius. — P. 219: Tiberius Claudius, Germanici frater. — P. 224: Tiberius Claudius Augustus. — P. 240: Valeria Messalina. — P. 241: Iulia Agrippina. — P. 243: Nero. — P. 289: Galba. — P. 298: Otho. — P. 301: Vitellius. — P. 308: Flavius Vespasianus. — P. 332: Flavia Domitilla.

Tome II. — 4 feuillets, plus les pages 335—708.

Fol. 1—4: Index paginarum tomi secundi.

P. 335: Titus Vespasianus. — P. 360: Iulia Sabina. — P. 362: Domitianus. — P. 404: Domitia. — P. 406: Nerva. — P. 418: Traianus. — P. 488: Plotina. — P. 490: Marciana. — P. 492: Matidia. — P. 493: Hadrianus. — P. 607: Iulia Sabina. — P. 613: Antinous. — P. 614: L. Aelius Cæsar. — P. 620: Antoninus Pius. — P. 696: Faustina Antonini uxor.

Tome III. — 336 pages.

Sont traitées dans ce volume les médailles des empereurs suivants: P. 1: M. Aur. Val. Maximianus. — P. 83: Flavius Iulius Constantius Chlorus. — P. 115: Flavia Iulia Helena. — P. 117: Theodora. — P. 119: Galerius Valerius Maximianus. — P. 151: Galeria Valeria. — P. 152: Fl. Valerius Severus. — P. 159: C. Galerius Valerius Maximinus. — P. 182: M. Aurelius Valerius Maxentius. — P. 194: C. Valerius Licinianus Licinius. — P. 213: C. Fl. Valerius Licin. Licinius Licinii augusti filius. — P. 218: Fl. Valerius Constantinus Magnus. — P. 323: Fausta. — P. 327: Constantinopolis. — P. 331: Urbs Roma. — P. 335: Populus Romanus.

Tome IV. — 362 pages.

P. 1: Marcus Opelius Aurelius Severus Macrinus. — P. 14: Diadumenianus. — P. 23: Elagabalus. — P. 50: Iulia Cornelia Paula. — P. 53: Iulia Aquilia Severa. — P. 57: Annia Faustina. — P. 60: Soæmias. — P. 64: Iulia Mæsa. — P. 69: M. Aurelius Alexander Severus. — P. 113: Orbiana. — P. 115: Iulia Mamæa. — P. 122: Maximinus. — P. 133: Paulina. — P. 134: Maximus.

— P. 137: Gordianus Africanus. — P. 140: Gordianus Africanus iunior. — P. 142: Balbinus. — P. 144: Pupienus. — P. 147: Gordianus tertius. — P. 176: Tranquillina. — P. 179: Marcus Iulius Philippus. — P. 208: Otacilia Severa. — P. 212: Philippus filius. — P. 221: Marinus. — P. 223: Quintus Traianus Decius. — P. 233: Herennia Etruscilla. — P. 236: Herennius Etruscus Messius Decius. — P. 241: Hostilianus. — P. 247: Trebonianus Gallus. — P. 256: Caius Vibius Volusianus. — P. 265: Aemilianus. — P. 268: Valerianus. — P. 285: Salonina. — P. 295: Valerianus iunior. — P. 300: Cornelia Supera. — P. 302: Saloninus. — P. 305: Gallienus. — P. 358: Mariniana.

Tome V. — 354 pages.

P. 1: Postumus. — P. 2: Claudius Gothicus. — P. 52: C. Pesuvius Tetricus pater. — P. 83: Tetricus filius. — P. 95: L. Domitius Aurelianus. — P. 113: Severina. — P. 119: Tacitus. — P. 131: Vabalatus. — P. 145: Victorinus. — P. 153: Victorinus iunior. — P. 156: Florianus. — P. 161: Quintillus. — P. 168: Marius. — P. 171: Lælianus. — P. 173: Probus. — P. 225: Carus. — P. 237: Magnia Urbica. — P. 241: Carinus. — P. 258: Numerianus. — P. 269: Diocletianus. — P. 347: Carausius. — P. 350: Allectus.

Tome VI. — 396 pages.

P. 1: Flavius Magnus Maximus. — P. 12: Fl. Victor. — P. 17: Theodosius. — P. 33: Aelia Flaccilla. — P. 35: Eugenius. — P. 39: Arcadius. — P. 69: Honorius. — P. 91: Constans. — P. 92: Alaricus. — P. 96: Attalus. — P. 99: Iovinus. — P. 103: Theodosius iunior. — P. 118: Ioannes. — P. 121: Valentinianus III. — P. 147: Attila. — P. 150: Marcianus. — P. 155: Pulcheria. — P. 157: Petronius Maximus. — P. 189: Anastasius. — P. 198: Iustinus. — P. 209: Iustinianus. — P. 232: Iustinus iunior. — P. 246: Tiberius Constantinus. — P. 249: Mauricius. — P. 273: Phocas. — P. 304: Heraclius. — P. 328: Constantinus III. — P. 329: Heracleonas. — P. 333: Constans II.

N° 242.

15 volumes sur papier, de 1738. — H.: 390 mm.; L.: 248 mm.

La Collection porte le titre de: Mélanges historiques.

Vol. I. Fol. 1—195.

Fol. 1: Tomus primus. Miscellanea historica. Series numismatum antiquorum tam Græcorum quam Romanorum cum elencho gemmarum, statuarum aliarumque id genus antiquitatum quæ non minori sumpto quam labore summo congessit Lambertus Iosephus liber baro de Marchant et d'Ansembourg, toparcha in Ansembourg, Elle, Siebenborn, Kœrich, Useldingen, Kaler, Olm etc. Hoc opus incoatum decima septima novembris anno millesimo septingentesimo trigesimo octavo. (En-bas, un ex-libris aux armes de l'auteur).

Fol. 2: Epitome historiae Romanae cum vitis imperatorum seu cæsarum ac eorum iconibus et numismatibus. Stemma Pompeiiorum ex Plinio et nummis antiquis. — Ce volume comprend l'histoire des Romains depuis le premier triumvirat jusqu'au règne de Tibère; la seconde moitié du volume est remplie par une longue dissertation sur l'année de la passion de Jésus-Christ.

Vol. II. — Fol. 1—240.

Fol. 1: Nero et Drusus caesares, Germanici et Agrippinæ filii Nero et Drusus cæsares, Germanici et Agrippinæ filii, Tiberii nepotes et C. Cæsaris Augusti fratres a Tiberio avo Sejani insidiis in ædia (sic) necati .... — Ce volume comprend l'histoire romaine depuis Néron jusqu'à Vespasien; après avoir donné des extraits des auteurs classiques, l'auteur ajoute, pour chaque année du règne, la description et souvent l'interprétation des médailles de sa collection.

Vol. III. — Fol. 1—243.

Ce volume comprend l'histoire romaine depuis le règne de Titus: fol. 1: Titus. — Fol. 39: Iulia Sabina Titi filia. — Fol. 41 V.: Domitianus — Fol. 96 V.: Domitia Longina. — Fol. 100: Vespasianus iunior. — Fol. 102 V.: Nerva. — Fol. 117 V.: Series romanorum pontificum primi sæculi a divo Petro usque ad divum Anacletum. — Fol. 122 V.: Reflexiones historicæ supra sæculum primum. — Fol. 143: Traianus. — Fol. 233: Plotina. — Fol. 237: Marciana. — Fol. 239: Matidia. — Fol. 239 V.: Hadrianus.

Vol. IV. — Fol. 1—330.

Ce volume comprend la suite de l'histoire d'Adrien, ensuite, fol. 77: Iulia Sabina. — Fol. 84: Antinous. — Fol. 87: L. Aelius Cæsar. — Fol. 96: Antoninus Pius. — Fol. 162 V.: Faustina Antonini Pii uxor. — Fol. 173: Marcus Annius Antoninus. — Fol. 174: Marcus Aurelius. — Fol. 236: Faustina iunior. — Fol. 250: Lucius Verus. — Fol. 277 V.: Lucilla, Lucii Veri uxor. — Fol. 284 V.: Avidius Cassius. — Fol. 285 V.: Commodus.

Vol. V. 1) — Fol. 1—237.

Contenu: l'histoire des empereurs romains, éclairée par les médailles. — Fol. 1: Théodose le jeune. — Fol. 12: Eudoxie, épouse de Théodose le jeune. — Fol. 16: Iohannes Italiae tyrannus. — Fol. 19: Valentinianus III. — Fol. 30: Eudoxia Valentiniani uxor. — Fol. 32: Iusta Grata Honoria. — Fol. 34: Suite des rois Goths du cinquième siècle: Sigeric, Vallia, Théodoric I, Thorismond, Théodoric II, Evaric. — Fol. 38 V.: Suite des rois des Vandales du Vᵉ siècle. — Fol. 45 V.: Histoire des rois des Suèves en Espagne jusqu'à l'extinction des rois des Suèves. — Fol. 50: Histoire des anciens rois des Bourguignons jusqu'à l'extinction de ce royaume. — Fol. 59: Attila, roi des Huns. (Comme médailles d'Attila l'auteur décrit les médailles gauloises à la légende ATEVLA—VLATOS). — Fol. 63 V.: Marcien. — Fol. 68 V.: Aelia Pulcheria. — Fol. 70 V.: Petronius Maximus. — Fol. 72: Mæcilius Avitus. — Fol. 74: Maiorianus. — Fol. 76: Leo. — Fol. 84 V.: Flavius Livius Severus. — Fol. 86: Beorgor, roi des Alains. — Fol. 87: Procopius Anthemius. — Fol. 89: Ricimère, Goth. — Fol. 90: Flavius Olybrius. — Fol. 90 V.: Flavius Glycerius. — Fol. 91: Leo iunior. — Fol. 92: Flavius Zeno Isauricus. — Fol. 97 V.: Flavius Iulius Nepos. — Fol. 98 V.: Flavius Basiliscus. — Fol. 101: Romulus Augustulus. — Fol. 102: Odoacre. — Fol. 103 V.: Théodoric, roi des Ostrogoths. — Fol. 106: Anastasius. — Fol. 115 V.: Flavius Anicius Iustinus. — Fol. 125: Athalaricus Theodorici nepos. — Fol. 126 V.: Amalazonte, fille de Théodoric. — Fol. 127: Theodatus rex Italiae. — Fol. 128: Amalaric ou Amaury, roi des Visigoths. — Fol. 130: Justinien empereur, premier de ce nom. — Fol. 148: Theodora Iustiniani uxor. — Fol. 149 V.: Witiges Gothorum in Italia rex. — Fol. 153: Ildobaldus Gothorum in Italia rex. — Fol. 154: Totilas Baduilla Gothorum in Italia rex. — Fol. 159: Teias, roi des Ostrogoths en Italie. — Fol. 160: Theudis Visigothorum rex in

---

1) Ce volume devrait être le volume XIII.

Hispania. — Fol. 163: Flavius Valerius Iustinus iunior. — Fol. 170: Sophia Iustini iunioris uxor. — Fol. 171: Le commencement du règne des Lombards en Italie. — Fol. 174 V.: Liuva et Lewigilde, rois des Wisigoths en Espagne. — Fol. 178: Tiberius Constantinus. — Fol. 182: Tibère Maurice, empereur en Orient. — Fol. 209 V.: Flavius Theodosius. — Fol. 210: Phocas. — Fol. 225: Autarit, roi des Lombards. — Fol. 227 V.: Agilufe, roi des Lombards. — Fol. 229 V.: Suite des rois Wisigoths en Espagne. — Fol. 236 V.: Héraclius empereur.

Vol. VI. 1) — 266 feuillets.

Suite de l'histoire d'Héraclius, fol. 1–52. — Fol. 53: Chaianus Abarum rex. — Fol. 61 V.: Mahomet et les califes Abubaikre et Omar. — Fol. 71: Suite des rois lombards. Adrevalde ou Aderevalde ou Adalvalde; Ariovalde; Rotharis. — Fol. 75: Constantinus III. — Fol. 77 V.: Heracleonas empereur. — Fol. 79 V.: Constans II Constantini III filius. — Fol. 104: Suite des califes musulmans: Othman, Ali et Moavia. — Fol. 109 V.: Suite des rois lombards: Rodoalde, Aripert, Godobert, Grimoald. — Fol. 115: Suite des rois de France: Clotaire III, Childeric II, Dagobert. — Fol. 116: Constantinus Pogonatus. — Fol. 133: Suite des califes musulmans: Yézid, Moavia II, Marvan I, Abdallah fils de Moavia I, Abdallah fils de Zoubeir, Abdelmelic fils de Morvan. — Fol. 139 V.: Suite des rois lombards: Pertharit, Cunibert. — Fol. 142: Suite des rois d'Espagne: Vamba. — Fol. 152 V.: Suite des rois de France: Thierri ou Théodoric, roi de Bourgogne et de Neustrie; Clovis III et Childebert II; Dagobert II. — Fol. 156: Justinien II, empereur; Léonce, Tibère III, Philippus Bardanes, Anthemius seu Anastasius secundus, Theodosius III, Leo Isaurus Iconomachus. — Fol. 213 V.: Suite des califes musulmans: Oulit ou Oualide, Soliman, Omar, Yésid II, Hicham ou Heschiam. — Fol. 217: Suite des rois lombards: Luithbert, Ragimbert, Aribert II ou Garibert, Luithprand. — Fol. 221: Suite des rois d'Espagne: Erwigius, Egica, Vitissa, Rodericus. — Fol. 263 V.: Constantin IV; Constantin Copronyme.

Vol. VII. — 169 feuillets.

Contenu: Fol. 1: Suite des empereurs d'occident depuis l'année 1273 jusqu'à nos jours. — Fol. 37: Les princes souverains d'Allemagne et ce que chacun y possède: Mayence, Worms, Spire, Würzbourg, Augsbourg, Eichstätt, Bamberg, Constance, Paderborn, Coire,

---

1) Ce volume devrait être coté volume XIV.

Verden, Halberstadt, Trèves, Metz, Toul, Verdun, Cologne, Liège, Osnabrück, Münster, Utrecht, Minden. L'électeur de Bavière; ducs de Neubourg, ducs de Deux-Ponts, ducs de Birkenfeld. L'électeur palatin. La maison de Saxe. Electeur de Brandenbourg. Maison de Brunswick et de Lunebourg. Evêques de Brandenbourg. Archevêques de Saltzbourg.

Vol. VIII. — 148 feuillets.

Le volume renferme la suite du volume précédent: Evêchés de Gurck, Brixen, Freising, Bâle; l'ordre Teutonique; la maison de Juliers et celle de Berg; les ducs de Clèves et Gueldre; la Poméranie. — Fol. 27—57: Les rois de France. — Fol. 56—71: Les rois d'Espagne. — Fol. 71 V.: Succession chronologique et généalogique des derniers ducs de Bourgogne. — Fol. 103: Les souverains du Brabant. — Fol. 105: Numismata comitum et ducum Brabantiæ. — Fol. 110 V.: Duché de Limbourg. — Fol. 112 V.—148: Du duché de Luxembourg. Cette partie de l'ouvrage renferme une liste alphabétique des personnages marquants du Luxembourg et la série des comtes et ducs.

Vol. IX. — 231 feuillets.

Fol. 1: Seculum III. Quinam pontifices ecclesiæ præfuere? — Fol. 7: Reflexiones historicæ in seculum tertium. — Fol. 12: Sancti martyres hoc tertio sæculo ex sexu masculino et viri principes romanam fidem amplexi. — Fol. 14 V.: DD. martyres notiores ex sexu fæmineo sæculi tertii. — Fol. 19: Concile d'Elvire. — Fol. 27: Maximianus Herculeus. — Fol. 95: Flavius Iulius Constantius cognomento Chlorus. — Fol. 129 V.: Flavia Iulia Helena. — Fol 134: Theodora altera Constantii uxor. — Fol. 147: Galerius Valerius Maximinianus. — Fol. 165: Galeria Valeria. — Fol. 166: Flavius Valerius Severus. — Fol. 170: C. Galerius Valerius Maximinus. — Fol. 196 V.: Maximianus iunior augustus. — Fol. 197 V.: Maxentius. — Fol. 210 V.: M. Aurelius Romulus Cæsar. — Fol. 211 V.: Alexander Africæ tyrannus. — Fol. 213: Nigrinianus. — Fol. 213 V.: Constantin le Grand.

Vol. X. — 244 feuillets.

Fol. 1—30 V.: Suite de l'histoire de Constantin le Grand. — Fol. 30 V.: Licinius. — Fol. 40: Licinius iunior. — Fol. 42: Martinianus. — Fol. 42 V.: Constantin le Grand. — Fol. 118: Minervina prima Constantini Magni uxor. — Fol. 118 V.: Fausta. —

Fol. 120: Constantinus iunior. — Fol. 135 V.: Crispus. — Fol. 151 V.: Constantinus iunior. — Fol. 168: Delmatius. — Fol. 170 V.: Hannibalianus. — Fol. 172: Flavius Iulius Constans. — Fol. 195: Nepotianus. — Fol. 197: Magnentius. — Fol. 209: Decentius. — Fol. 218: Vetranio. — Fol. 221: Constantius Gallus. — Fol. 229: Sylvanus. — Fol. 229 V.: Flavius Iulius Constantius.

Vol. XI. — 208 feuillets.
Fol. 1: (Suite de l'histoire de Constance II). — Fol. 66: Iulianus cognomento Apostata. — [Fol. 106 V.: Helena Iuliani uxor. — Fol. 108: Iovianus. — Fol. 115 V.: Flavius Valentinianus. — Fol. 147 V.: Iustina, secunda Valentiniani uxor. — Fol. 148: Valens. — Fol. 173 V.: Albia Dominica. — Fol. 175: Procopius. — Fol. 176 V.: Gratianus.

Vol. XII. — 224 feuillets.
Fol. 1: (Suite de l'histoire de Gratien). — Fol. 7: Flavia Maxima Constantia, Gratiani uxor. — Fol. 7 V.: Valentinianus iunior. — Fol. 23 V.: Magnus Maximus. — Fol. 33: Flavius Victor. — Fol. 35 V.: Fl. Theodosius Magnus. — Fol. 89: Aelia Flaccilla, Theodosii uxor prima. — Fol. 90: Galla Placidia Theodosii uxor secunda. — Fol. 90 V.: Fl. Eugenius. — Fol. 94 V.: Fl. Arcadius. — Fol. 124 V.: Flavius Honorius. — Fol. 214: Alaric, roi des Goths. — Fol. 219 V.: Priscus Attalus. — Fol. 221 V.: Iovinus. — Fol. 223 V.: Fl. Constantius Augustus, Valentiniani III pater.

Vol. XIII. — 246 feuillets.
Fol. 1: Tetricus Cæsar et postea augustus, Tetrici prioris filius. — Fol. 6 V.: Aurelianus. — Fol. 18: Severina. — Fol. 21 V.: Vabalatus. — Fol. 28 V.: Zenobia. — Fol. 41: Odenatus Palmyrenorum rex. — Fol. 42: Herodes seu Herodianus Odenati filius. — Fol. 43: Herennianus et Timolaus. — Fol. 46: Tacitus. — Fol. 56 V.: Macrianus. — Fol. 60 V.: Quietus. — Fol. 61 V.: Lollianus. — Fol. 62: T. Cornelius Celsus. — Fol. 62 V.: Ti. Cestius Alexander Aemilianus. — Fol. 64: Sextus Iulius Saturninus. — Fol. 65: Nigrinianus. — Fol. 66 V.: M. Victorinus pater. — Fol. 72: Victorinus iunior. — Fol. 85: De XXX falso dictis tyrannis. — Fol. 91: Florianus. — Fol. 94: Quintillus. — Fol. 99: Marius. — Fol. 102: Laelianus. — (Fol. 105: Gallienus). — Fol. 106: Probus. — Fol. 139 V.: Carus. — Fol. 148: Magnia Urbica. — Fol. 150 V.: Carinus. — Fol. 160 V.: Numerianus. — Fol. 169: Diocletianus. — Fol. 235: Carausius. — Fol. 243 V.: Allectus.

Vol. XIV. — 159 feuillets.

Fol. 1: Valerianus. — Fol. 13 V.: Salonina. — Fol. 19 V.: Valerianus iunior. — Fol. 23: Cornelia Supera. — Fol. 26: Publius Cornelius Saloninus Valerianus. — Fol. 30: Gallienus. — Fol. 84: Mariniana. — Fol. 89: Postumus. — Fol. 117 V.: Claudius Gothicus. — Fol. 140: C. Pesuvius Tetricus.

Vol. XV. — 188 feuillets.

Fol. 1: Iulia Maesa. — Fol. 1 V.: Extrait de l'histoire ecclésiastique touchant Macrin, Elagabale et Alexandre Sévère. — Fol. 9: Severus Alexander. — Fol. 46: Orbiana. — Fol. 47: Iulia Mamæa. — Fol. 54 V.: Iulius Maximinus. — Fol. 64 V.: Paulina. — Fol. 65 V.: Iulius Verus Maximus. — Fol. 69: Gordianus Africanus. — Fol. 73: Balbinus. — Fol. 75: Pupienus. — Fol. 78: Gordianus. — Fol. 99 V.: Tranquillina. — Fol. 102: Philippus senior. — Fol. 131 V.: Otacilia Severa. — Fol. 133 V.: Philippus filius. — Fol. 138: Marinus. — Fol. 139: Pacatianus. — Fol. 140 V.: Caius Messius Quintus Traianus Decius. — Fol. 156 V.: Etruscilla. — Fol. 158 V.: Herennius Etruscus. — Fol. 162: Hostilianus. — Fol. 169: Trebonianus Gallus. — Fol. 174 V.: Volusianus. — Fol. 178: Aemilianus. — Fol. 181 V.: Valerianus.

Nº 243.

Deux volumes sur papier, du XVIIIᵉ siècle. — H.: 310 mm.; L.: 220 mm.

Donné par Mʳ de la Fontaine, en 1833.

Tome I. — 248 feuillets.

Titre: Series numismatum antiquorum tam græcorum quam romanorum cum elencho gemmarum, statuarum aliarumque id genus antiquitatum quæ non minori sumptu quam labore summo congessit Lambertus Iosephus liber baro de Marchant et d'Ansembourg.

Cet ouvrage n'est que la reproduction de celui qui précède. Le premier volume embrasse l'histoire de Rome depuis Pompée jusqu'à Agrippine.

Tome II. — 217 feuillets.

Catalogue des médailles romaines de Pompée à Léon l'Isaurien, conservées dans le cabinet de Lambert-Joseph, baron de Marchant et d'Ansembourg.

N° 244.

Volume sur papier, du XVIIIe siècle. — 292 pages. — H.: 320 mm.; L.: 215 mm.

Copie de la seconde partie de l'ouvrage d'Alexandre Wiltheim, intitulé : Luciliburgum Romanum. — *(Incipit)*: Luciliburgensium romanorum pars II. Liber sextus. De monimentis romanis provinciae ..... — Page 155: Liber septimus. Castra romana et castella. — Page 193: Liber octavus. De villis Romanorum.

La copie est assez correcte, mais toutes les figures qui se trouvent dans le manuscrit original de Wiltheim, ne sont pas reproduites.

N° 245.

Manuscrit sur papier, du XVIIIe siècle. — 233 feuillets. — H.: 320 mm.; L.: 220 mm.

Donné en 1833 par Mr de la Fontaine.

Recueil d'ordonnances, surtout sur les métiers de Luxembourg. Ce sont:

1. Fol. 1: Règlement pour le métier des chapeliers compris dans le corps du métier des drapiers de la ville de Luxembourg, accordé par Charles VI, à Bruxelles, le 20 mars 1738.

2. Fol. 11 : Privilèges du métier des drapiers, accordés par Wenceslas I, duc de Luxembourg, le 10 juillet 1379.

3. Fol. 17: Institution de la foire annuelle à Luxembourg par Jean l'Aveugle, roi de Bohême et comte de Luxembourg, le vingt octobre 1340.

4. Fol. 19 V.: Manière dont le métier des drapiers exerce la jurisdiction à la foire de Luxembourg.

5. Fol. 23: „Copia confirmation der privilegien des wullenwebersambts zu Lutzemburg", par Charles Quint, à Luxembourg, le 12 mars 1546.

6. Fol. 33: Ordonnance du gouverneur et capitaine-général des Pays-Bas, pour favoriser la draperie, datée de Bruxelles, 30 août 1661.

7. Fol. 37: Ordnung des Beckeramts binnen der stadt Lutzemburg, durch richter und schäffen derselbigen erneuret, gehöhet und ratificirt am zwanzigsten decembris XV^C neunzig vier.

8. Fol. 52: Ordonnance pour le métier des boulangers dans la ville de Luxembourg, renouvelée et ratifiée par les justiciers et échevins d'icelle le 20 décembre 1594.

9. Fol. 64: „Schneiderambtsordnung der statt Lutzenburg", par le justicier et les échevins de la ville de Luxembourg, du 16 mai 1593.

10. Fol. 76: „Der kesseler privilegium", accordé au métier des chaudronniers par Wenceslas I, duc de Luxembourg, le 2 mai 1377.

11. Fol. 78: Confirmation des privilèges et des statuts du métier S. Eloi à Luxembourg, par Charles VI, à Bruxelles, le 21 octobre 1738.

12. Fol. 90: Privilèges des bouchers de la ville de Luxembourg, par Philippe le Bon, duc de Bourgogne, le 8 décembre 1462.

13. Fol. 96: Confirmation des privilèges et franchises du métier des bouchers de la ville de Luxembourg, par Maximilien et Marie, ducs de Luxembourg, le 15 octobre 1480, avec insertion de la confirmation accordée par l'empereur Sigismond en 1430.

14. Fol. 113: Privilegia und pollicey des krämerambts der statt Lutzenburg sambt confirmationen Maximiliani und Mariæ seeliger gedachtnus herzog von Oestereich und Lutzemburg (dd. 15 septembre 1480) und weyland Wenceslai von Böheimb, auch hertzogen von Lutzenburg etc. (dd. 10 juillet 1377) und letzlich weiland des römischen Kaisers Caroli Quinti (dd. 27 septembre 1529). — Suit, fol. 129 V., la confirmation de ces privilèges par Charles-Quint, le 27 septembre 1529, en français.

15. Fol. 135: „Privilège et police du métier des tanneurs et „cordonniers de cette ville de Luxembourg, ensemble les lettres „d'aggréation et confirmation des sérénissimes archiducs etc. ensui-„vante" (dd. 7 octobre 1480), par Philippe III, le 29 mai 1593.

16. Fol. 146 V.: Règlement du métier des tanneurs et cordon-

niers de la ville de Luxembourg, émané du justicier et des échevins de Luxembourg, le 16 août 1590.

17. Fol. 157 : Confirmation des privilèges du métier des tanneurs et cordonniers de la ville de Luxembourg, par Albert et Isabelle, le 31 janvier 1612.

18. Fol. 160 : „Privilegien und polizey des schmidtsambts der „statt Lutzenburg, mit confirmation des marggrafen zu Baden, „grafen zu Spanheim etc., gubernator dieses lands Lutzenburg" (dd. 1495).

19. Fol. 172 : „Ordnung und polizey des beltzerambts der statt „Lutzenburg", sans date.

20. Fol. 180 : Règlement du métier S. Thibaut à Luxembourg.

21. Fol. 192 : Copie des privilèges du métier ou confrairie de S. Nicolas ou des journaliers de la ville Luxembourg, du 7 juin 1711.

23. Fol. 196 : Règlement de la confrairie de S. Sebastien érigée à Luxembourg l'an 1625. — (Fol. 208) : Confirmation de cette confrérie par Charles VI, le 28 février 1739.

23. Fol. 220 : Copie de „l'arche et la loy de Beaumont", en 158 articles.

Nº 246.

Quatre volumes sur papier, du XIXe siècle. — In-folio, de formats différents.

Vol. 1 : 22 feuillets.

Notes de M. Clomes, professeur à Luxembourg, sur l'acquisition de livres pour sa bibliothèque, sur les livres donnés en prix aux élèves de l'athénée en 1834, sur les gouverneurs du pays de Lu-Luxembourg et sur les présidents du conseil provincial. — Toutes ces notes sont sans grand intérêt.

Vol. II. — 101 feuillets.

Fol. 1—4, 8—13 : Listes des hommes remarquables du Luxembourg, tirées de plusieurs auteurs, tels que Dom Calmet, Vander Mælen, Bertholet etc.

Fol. 5 : Notes sur les agrandissements successifs du pays de Luxembourg. — Fol. 5 V. : Ville de Luxembourg. — Fol. 6 : Couvents. — Fol. 14 : Liste des forges et hauts-fourneaux. — Fol. 15 :

Division du pays. — Fol. 17: Couvents. — Fol. 21: Chaussées romaines. — Fol. 22: Antiquités romaines. — Fol. 22 V.: Origine du peuple luxembourgeois. — Fol. 23 V.: Extraits de Dewez. — Fol. 26: Extraits de Schayes. — Fol. 33: Histoire ancienne de Luxembourg, d'après Bertholet. — Fol. 37: Liste généalogique des comtes de Luxembourg, d'après Dewez. — Fol. 40: Maisons nobles de Luxembourg. — Fol. 41: Hommes célèbres de Luxembourg, d'après le dictionnaire historique du père de Feller. — Fol. 46: Berühmte Luxemburger nach der Trierischen Kronik, 1822 u. 1823. — Fol. 48: Genealogische Nachrichten über die Familie der Wiltheime. — Fol. 52: Ständische Verfassung in dem Herzogthum Luxemburg (d'après la Trierische Kronik, 1819). — Fol. 53: Notes sur Altrier, Concionacum, le monument d'Igel. — Fol. 60—80: Extraits du Luciliburgum romanum d'Alex. Wiltheim. — Fol. 90: Affaires religieuses du Luxembourg.

Vol. III. — 10 feuillets.

Fol. 1: Copie d'une lettre d'indulgence accordée à l'église d'Useldange, l'an 1300 sous le pontificat de Boniface VIII. — Fol. 1 V.: Liste d'ouvrages imprimés à Luxembourg. — Fol. 3: Liste des recteurs du collège des Jésuites à Luxembourg. — Fol. 4—10, en blanc.

Vol. IV. — 52 feuillets.

Fol. 2—5: Liste des hommes illustres du duché de Luxembourg, extraite de la bibliothèque lorraine de Dom Calmet.

N° 247.

Manuscrit sur papier, du XIXe siècle. — 31 feuillets, côtés 10—40. — H.: 320 mm.; L.: 230 mm.

Notes de Mr Clomes, professeur, sur les endroits, villes et villages remarquables dans l'histoire du Luxembourg; elles commencent par celles sur Arlon. — Fol. 26 commencent des notes sur les personnages marquants luxembourgeois.

N° 248.

Manuscrit sur papier, du XIXe siècle. — 10 feuillets. — H.: 390 mm.; L.: 230 mm.

Notes de Mr Clomes sur le grand-duché de Luxembourg. Fol. 1: Liste des auteurs qui ont traité l'histoire de ce pays ou de ses princes. — Suivent les chapitres dans lesquels l'auteur avait divisé son ouvrage; cependant il n'a donné que les entêtes des chapitres, à l'exception de celui sur les produits du pays dans lequel il énumère ceux-ci.

N° 249.

Manuscrit sur papier, du XIXe siècle. — 52 feuillets. — H.: 390 mm.; L.: 230 mm.

Notes de Mr Clomes sur les compositions des élèves de l'Athénée de Luxembourg, exprimées seulement en chiffres.

N° 250.

Manuscrit sur papier, du XVIIIe siècle. — 27 feuillets. — H.: 380 mm.; L.: 230 mm.

Titre: Viri illustres aut sanguine aut patria luxemburgenses qui patriam foris gloria illustrarunt, domi publicis affecere beneficiis, 1° ecclesiastici; 2° clari bello; 3° clari pace. *(Incipit)*: Ecclesiastici. Sanctus Cunibertus archiepiscopus Coloniensis filius comitis Crallo seu Crallensis in Remich ad Mosellam . . . .

N° 251.

Manuscrit sur papier de 1839. — 11 feuillets. — H.: 380 mm.; L.: 230 mm.

Copie du manuscrit précédent, n° 250, faite par Mr Clomes.

N° 252.

Manuscrit sur papier, du XIXe siècle. — 10 feuillets, dont fol. 4 V.—10 en blanc. — H.: 390 mm.; L.: 230 mm.

Titre: „Noms des villes et des villages qui avant la révolution française appartenaient au Grand-Duché de Luxembourg". Les noms sont cités dans l'ordre alphabétique. Écrit par Mr Clomes. La liste ne s'étend que jusqu'au commencement de la lettre G.

N° 253.

Manuscrit sur papier, de 1780. — 6 + 333 feuillets. — H.: 353 mm.; L.: 235 mm.

Titre au dos de la reliure: „Compte de recette de la province de Luxembourg".

Première partie, fol. 1—6: Table et répertoire des chapitres et matières contenues dans le présent compte de l'année 1780.

Seconde partie, fol. 1: Compte dix-huitième que rend Jean-Baptiste Leonardy, receveur au quartier de Luxembourg et apartenances d'icelui, à ce constitué par commission du 29e janvier 1763 donnée en la ville de Bruxelles, dont copie autentique a été rendue au compte de 1763, ce faisant et rendant compte tant en argent, vins, grains, cire, chapons et gelines qu'en autres parties pour un an entier commencé le 1er janvier mille sept cent quatre-vingt et finissant le dernier décembre de la même année, et ce en livres du prix de quarante gros monnoye de Luxembourg la livre, ou bien en florins de vingt pattards pièce, au lieu qu'il se faisait du passé en florins d'or du Rhin des Electeurs ou autre monnoye évaluée; et au regard des grains ils se renseignent par maldres, contenant le maldre dix stiers et le stier quatre bichets, et le vin par foudres ou charrées de six aimes chacune, l'aime contenant quatre *ehmers*, l'*ehmer* six stiers et le stier quatre pots, faisant les vingt-quatre stiers une aime, comme d'ancienneté a été observé en la ville de Luxembourg et autres lieux dépendans de cette recette.

Le compte comprend les chapitres suivants:

Fol. 2 V.: Recette des rentes héritables échéantes par chacun an en la ville de Luxembourg au terme de may et Noël.

Fol. 3 V.: Autre recette des rentes héritables et non muables en la ville de Luxembourg et ès environs sur plusieurs héritages et maisons.

Fol. 22 V.: Autre recette des rentes et menus cens de la ville de Luxembourg.

Fol. 33: Autre recette de quelques parties données en arrentement par la France.

Fol. 34: Autre recette en fiefs sous la recette de Luxembourg.

Fol. 35: Autre recette des droits qui se baillent et s'entrent au dernier coup de baguette.

Fol. 37: Autre recette (les étocs à bouchers; le droit qui se lève au jour de la fête de Luxembourg, le *schabermontag*, le jour du *neumark* et des cendres; places à étaler marchandises sur l'avant-place de la chancellerie; le droit du dépôt à la balance).

Fol. 38: Autre recette des moulins de Sa Majesté à l'entour et en la prévôté de Luxembourg.

Fol. 40: Autre recette des profits des bois du Grünenwald et Scheidt vendus par cordes comme de coutume.

Fol. 41 V.: Autre recette de la coupe des saulx sur la rivière d'Alzette.

Fol. 42: Autre recette des amendes échues audit bois et forêt.

Fol. 43: Autre recette d'autres profits du Grunenwald et Scheidt.

Fol. 47: Autre recette des grasses chaires.

Fol. 47 V.: Autre recette des amendes échues dans la ville de Luxembourg raportées par les justicier et échevins dudit Luxembourg et maîtres des métiers en icelle.

Fol. 51 V.: Macheren le Comte.
Fol. 58 V.: Remich.
Fol. 72 V.: Diekirch.
Fol. 78 V.: Lintgen.
Fol. 83 V.: Steinsel.
Fol. 91: Dondelingen et Kobstal.
Fol. 94 V.: Oberkerschen.
Fol. 96: Niederkerschen.
Fol. 97 V.: Bettembourg.
Fol. 99 V.: Clémency.
Fol. 102: Esch sur l'Alzette.
Fol. 107 V.: Bettingen.
Fol. 113 V.: Dahlem.

Fol. 115 V.: Hollerich.
Fol. 121: Sandweiler.
Fol. 122: Schütringen.
Fol. 123: Monderich.
Fol. 124 V.: Autre recette des gardes, comprises celle qu'on faisoit ci-devant à la recette de Thionville.
Fol. 125 V.: Autre recette en deniers provenans de plusieurs censes et gagnages ès environs de la ville de Luxembourg qui appartiennent à Sa Majesté.
Fol. 131 V.: Autre recette des rentes héritables échues à la S. Remy 1780.
Fol. 138: Eysenbrouck.
Fol. 138 V.: Anwen.
Fol. 140 V.: Schouweiller.
Fol. 141: Autre recette des rentes muables et voueries et deniers en la prévôté de Luxembourg et ailleurs.
Fol. 148 V.: Autre recette en deniers provenans d'anciens biens ci-devant appartenans au nommé Weier battard.
Fol. 151 V.: Marange et Puttelange.
Fol. 152 V.: Beuren.
Fol. 155: Autre recette de l'échange faite des terres communes avec le duc de Lorraine.
Fol. 157 V.: Autre recette de l'échange fait avec le roi de France par la convention du 16 mai 1769.
Fol. 160 V.: Vocheren.
Fol. 161 V.: Athus.
Fol. 163: Rodange.
Fol. 164 V.: Autre recette extraordinaire des mayeries de Bastogne, Sandweiler, Schüttringen, Petingen, Bettembourg, Puttelange, Kehlen, Clémency, Lintgen et Steinsel.
Fol. 167 V.: Autre recette provenantes de la ferme du droit de potasse.
Fol. 167 V.: Autre recette extraordinaire pour deniers reçus ponr le pâturage du bois de Grunenwald.
Fol. 168: Autre recette provenante des bâtimens du parcque, de la fontaine roiale etc. à Luxembourg.
Fol. 172 V.: Autre recette du produit des bois domaniaux.
Fol. 178: Autre recette extraordinaire des deniers reçus pour le dixième du prix provenant des bois communaux du domaine de Luxembourg.
Fol. 188 V.: Autre recette en différens actes et octrois qui

ont été accordés tant par le conseil des finances que par la chambre des comptes.

Fol. 206: Autre recette pour droit d'amortissement.

Fol. 207: Autre recette des biens confisqués.

Fol. 208 V.: Autre recette des rentes, obligations et billets provenans de la succession du prêtre Tello selon le mémoire qui a été envoyé par le conseil des finances le 9 mars 1751 à cette recette, afin de faire les devoirs et poursuites nécessaires pour le recouvrement de ce qui est dû à S. M. de cette succession.

Fol. 209: Autre recette des argents reçus pour deniers de secours.

Fol. 210: Autre recette en argent provenant des grains et autres espèces renseignées en nature.

Fol. 212: Autre recette à cause du prix d'estimation de la diminution des meules du département de Luxembourg à la sortie des meuniers et autres moins-values, détériorations des bâtiments domaniaux et autres parties par les fermiers sortans.

Somme totale de la recette: 66064 lb. 6 s. 5¹/² d.

Fol. 213: Dépense. (Rentes aux établissements religieux).

Fol. 220: Autre dépense en gages d'officiers.

Fol. 226: Autre dépense concernant les vins domaniaux du présent compte.

Fol. 228: Autre dépense faite pour l'entretien de la maison domaniale où le conseil de Luxembourg tient ses séances.

Fol. 228: Autre dépense pour la confection de l'inventaire des chartres à Luxembourg.

Fol. 229: Autre dépense pour différents voiages faits pour le service.

Fol. 231: Autre dépense faite ensuite des ordres.

Fol. 233: Autre dépense faite aux bois domaniaux.

Fol. 235 V.: Autre dépense des argents remis à la recette générale de S. M. à Bruxelles.

Fol. 238: Compte huitième que rend Jean-Baptiste Leonardy, commis à la recette des biens des ci-devant Jésuites, soit de la domination de S. M. ou étrangers situés dans le canton allemand de la province de Luxembourg, transmise à la recette particulière des domaines . . . . .

N° 253bis.

Manuscrit sur papier, de 1786. — 5 + 277 + 46 feuillets. — H.: 353 mm.; L.: 235 mm.

Première partie, fol. 1—5: Table et répertoire des chapitres et matières contenus dans le présent compte de l'année 1786.

Deuxième partie: Compte des domaines au quartier de Luxembourg pour l'année 1786, commençant au 1er novembre 1785 et finissant au dernier octobre 1786. — Compte vingt-quatrième que rend Jean-Baptiste Leonardy, receveur au quartier de Luxembourg ..... — Ce compte est divisé comme suit:

Fol. 2 V.: Chapitre 1er. Recette des forêts et bois tant en coupes qu'en glandées, pâturages et autres produits.

Fol. 39: Chapitre 2ème. Autre recette de terres, prairies et étangs.

Fol. 58 V.: Chapitre 3ème. Des moulins, maisons et fours loués ou arrentés temporairement.

Fol. 68 V.: Chapitre quatrième. Autre recette des dîmes et terrages.

Fol. 76 V.: Cinquième chapitre. Autre recette des rentes, cens seigneuriaux, reconnoissances et arrentemens perpétuels.

Fol. 184 V.: Sixième chapitre. Autre recette des revenus en grains, plomb, calamine et vins.

Fol. 223: Chapitre septième. Autre recette des droits de chasse, de pêche et autres revenus domaniaux de diverses espèces.

Fol. 228: Chapitre huitième. Autre recette des amendes, confiscations, épaves et autres parties casuelles et extraordinaires.

Fol. 240 V.: Chapitre neuvième. Autre recette en argent provenant des grains et autres espèces renseignées en nature.

Somme totale de la recette: 51953 livres 19 sols 11 deniers.

Fol. 242 V.: Dépense. Chapitre premier. Des validations, modérations et autres non-valeurs.

Fol. 251 V.: Chapitre deuxième. Autre dépense productive d'entretien et d'exploitation.

Fol. 253: Chapitre troisième. Autre dépense pour les frais de régie, gages fixes et tantième du rendant.

Fol. 268: Autre dépense des paiemens faits en déduction.

Fol. 270 V.: Autre dépense des cordes et fagots livrés pour **le chauffage de la garnison de Luxembourg et frais faits.**

Nos 253bis et 254.

Troisième partie, fol. 1: Compte des biens du séminaire de Luxembourg commençant au 1er novembre 1785 et finissant au dernier octobre 1786. — Comte quatorzième que rend Jean-Baptiste Leonardy, commis à la recette générale des biens du séminaire des écoliers à Luxembourg.... Somme totale de la recette: 2889 lb. 18 s. 2⁷/₁₀ d.

Fol. 40: Dépense.... Somme totale de la dépense: 2013 lb. 11 s. 11 d.

N° 254.

Quatre volumes sur papier, du XVIII° siècle. — H.: 338 mm.; L.: 215 mm.

Donnés en 1829 par M. Léon de la Fontaine, avocat.
Traités sur le droit romain.

Vol. I, 405 pages: Page 1: *(Incipit):* Lib. I. Tit. tertius. De legibus et longa consuetudine. Lex a Papiniano definitur ... comune præceptum virorum prudentum consultum debitorum quae sponte et ignorantia contrahuntur....

Page 4: Lib. II tit. primus. De iurisdictione.
Page 8: Lib. 2, tit. 14. De pactis.
Page 12: Lib. 2, tit. 15. De transactionibus.
Page 21: Lib. 6, tit. 13. De commodato.
Page 24: De pignoratitia actione.
Page 28: Lib. 14, tit. 2. Ad legem Rhodiam de iactu.
Page 30: Ad senatusconsultum Macedonianum.
Page 34: Lib. 16, tit. primus. Ad senatus consultum Velleianum.
Page 39: Lib. 6. tit. secundus. De compensationibus.
Page 44: Lib. 13, tit. 6: Depositi vel contra. — De deposito sequestrario.
Page 48: Lib. 17, tit. primus. Mandati vel contra.
Page 51: Lib. 17, tit. 2: De societate. — De societate universali.
P. 57: Lib. 18, tit. 1: De contrahenda emptione.
P. 60: Eiusdem libri titulus secundus. De in diem addictione. — De lege commissaria.
P. 64 Eiusdem libri tit. 4: De haereditate vel actione vendita.

P. 68: Eiusdem libri tit. 5: De rescindenda venditione.

P. 74: Eiusdem libri tit. 5: De retractu. — De retractu gentilitio.

P. 80: Lib. 19, tit. 2. De locato conducto.

P. 87: Lib. 29, tit. 2: De acquirenda vel emittenda haereditate.

P. 89: Lib. 30, 31, 32. Summarium de legatis et fideicommissis.

P. 90: Lib. 41, tit. 2: De acquirenda vel amittenda possessione.

P. 96: Lib. 42, tit. 1. De re iudicata et sententiarum effectu.

P. 107: Lib. 45, tit. primus. De verborum obligationibus.

P. 115: Lib. 46, tit. primus. De fideiussoribus et mandatariis.

P. 120: Lib. 46, tit. 6. De solutionibus et liberationibus.

P. 125: De confusione.

P. 128: Lib. 46, tit. 4. De acceptilatione.

P. 132: Lib. 19, tit. 2. Locati conducti.

P. 146: Lib. 19, tit. 3. De æstimatoria. De rerum permutatione.

P. 149: Lib. 19, tit. 5. De præscriptis verbis et in factum actionibus.

P. 150: Lib. 21, tit. primus. De adititio edicto et redhibitione et quanti minoris.

P. 155: Lib. 21, tit. 2. De evictionibus et dupla stipulatione.

P. 167: Lib. 21, tit. 3. De exceptione rei venditae et traditæ.

P. 168: Lib. 22, tit. 3. De probationibus et præsumptionibus.

P. 172: Tit. 6. De iuris et facti ignorantia.

P. 174: Lib. 23, tit. 3. De iure dotium.

P. 183: Lib. 23, tit. 4. De pactis dotalibus. De fundo dotali.

P. 185: Lib. 24, tit. 1. De donationibus inter virum et uxorem.

P. 191: Lib. 25, tit. 1. De impensis in res dotales factis.

P. 192: Tit. 3. De agnoscendis et alendis liberis.

P. 194: Lib. 6, tit. 1. De rei vindicatione.

P. 235: Lib. 5, tit. 3. De hæreditatis petitione.

P. 297: De Publiciana.[1]

P. 304: De obligationibus.

P. 305: De litterarum obligationibus. Exceptio non numeratæ pecuniae. (p. 307): De mutuo. (p. 309): De interesse.

P. 317: Lib. 19, tit. 5. De donationibus.

P. 321: Lib. 13, tit. 6. De commodato.

P. 333: De culpa quæ præstanda est in omni contractu.

P. 343: De pignoratitia actione.

P. 348: Lib. 14, tit. primus. De exercitatoria actione et institoria.

P. 353: Lib. 37, tit. 5. De collatione.

P. 363: De obligationibus et actionibus.

P. 403: De donatione inter virum et uxorem.

Vol. II. — 352 pages, plus 57 feuillets en blanc. — H.: 373 mm.; L.: 240 mm.

Recueil de dissertations sur le droit romain, pareil au recueil précédent. Il commence: De iudiciorum præparatoriis. In omni iudicio tres personæ sunt spectandæ . . . .

Vol. III. — 236 + 50 + 30 feuillets. — H.: 319 mm.; L.: 203 mm.

Recueil identique au volume I qui semble n'être que la copie du volume III; les parties traitées fol. 1—236 (vol. III) correspondent aux pages 1—361 du vol. I; fol. 1—50 de la seconde partie du volume III aux pages 363—405.

La troisième partie du volume qui n'est pas reproduite dans le premier volume, renferme (fol 1): Reflectiones pro Anna-Maria Keyaerts appellante contra Ioannem Thielium inthimatum. Amplissime domine iudex. Inter cetera facta atrocissima quæ ut in hac lite adversus inthimatum . . — *(Explicit)*: Condignas crimini pœnas in supremo Brabantiæ consilio expectat inthimatus, ubi ad onus eius officio fiscali actio extraordinaria iam intentata est. C. Rorbert, I. U. doctor et legum antecessor primarius. — Une partie des articles composant cet avis, sont rédigés en flamand, les autres en latin.

Fol. 7: Ad lib. 6, tit. 3 iuncta l. 2. Cod. de iure emphyteutico.

Fol. 19: Liber 43, titulus 18. De superficiebus.

Fol. 21—29: Avis de jurisconsultes sur la **légitimation d'enfants naturels**: Nos infra scripti 1) omnino adhæremus resolutioni facultatis iuridicæ Gottingensis, nobis in hunc finem communicatæ ut sententiam nostram super casu ibidem proposito (quem hic repetere inutile visum est) scripto declararemus; tantum aliqua addenda censuimus ad maiorem explicationem famosi capituli 6. X. *qui filii sint legitimi*, in quo totus cardo legitimationis adulterinorum vertitur . . . . *(Explicit)*: Ita resolutum Lovanii 3. martii 1769.

Vol. IV. — 23 feuillets plus 276 pages, cotées 1—252, 335—358. — H.: 338 mm.; L.: 212 mm.

Recueil semblable à celui des volumes précédents.

Fol. 1: Lib. 41, tit. 3. De usucapionibus et usurpationibus, secundum omnes . . . tam iuris canonici quam civilis.

---

1) Il n'y a pas de signatures à la fin.

Page 1: De edendo. Quid est edere? Respondetur: est copiam describendi facere vel in libello complecti et dare vel dictare...

Page 4: Lib. 2, tit. 14. De pactis.

Page 36: Lib. 2, tit. 15. De transactionibus.

P. 52: De negotiis gestis.

P. 65: Libri 21 titulus secundus. De evictionibus et duplae stipulationibus.

P. 119: De restitutione in integrum.

P. 127: Quod metus causa.

P. 138: De dolo malo.

P. 152: Lib. 4, tit. 5. De minoribus.

P. 203: Libri 7, tit. primus. De usufructu.

P. 229: Lib. 13, tit. 4. De eo quod certo loco dari oportet.

N° 255.

Manuscrit sur parchemin, du commencement du XVIII° siècle. — 1114 pages. — H.: 337 mm.; L.: 239 mm.

Titre: Recueil d'articles nouveaux qui ne se trouvent point dans la neuvième édition de 1702 du dictionnaire historique de M. Morery. — P. 1: Journal historique contenant ce qui s'est passé de plus remarquable, tant dans les Etats, que dans la République des lettres de l'Europe, et d'autres lieux considérables du monde, depuis l'événement de Philippe V, duc d'Anjou, à la couronne d'empereur sur la fin de l'année 1700, que d'autres choses curieuses et historiques omises dans la 9° édition du dictionnaire historique de M. Moreri. Le tout mis par articles séparés, avec une table des matières y contenues.

P. 921: Continuation de l'histoire universelle depuis l'année 1700. (continuée jussu'à l'année 1702).

P. 1065—1114: Table des noms contenus en ce journal.

Le manuscrit est écrit en entier de la main du notaire Pierret de Luxembourg, auteur d'une histoire manuscrite du duché de Luxembourg.

Nº 256.

Trois volumes sur papier, de c. 1830, renfermant le catalogue des ouvrages imprimés conservés dans la bibliothèque de Luxembourg.

Nº 257.

Trois volumes manuscrits du XIXᵉ siècle. — H.: 282 mm.; L.: 218 mm.

Vol. I (18 feuillets). Titre: Catalogue alphabétique des incunables (dressé par M. Namur, bibliothécaire).

Vol. II (151 feuillets): Catalogue descriptif et explicatif des éditions incunables de la bibliothèque de l'athénée de Luxembourg par le Dr A. Namur, professeur bibliothécaire au dit établissement. Iʳᵉ partie. Ouvrages publiés dès l'origine de l'imprimerie jusque 1500 inclusivement.

Vol. III (228 feuillets): IIᵉᵐᵉ partie. Incunables du commencement du XVIᵉ siècle.

Nº 258.

Manuscrit sur papier, de 1758. — Deux volumes, ayant le même contenu, le premier de 2 feuillets, 198 pages, plus 18 feuillets; le second de 2 feuillets, 226 pages, plus 20 feuillets. — H.: 378 mm.; L.: 283 mm.

Titre: Antiphonale Cisterciense. M.DCC.XXXXXVIII. Au-dessous du titre des armoiries surmontées d'une couronne et d'une crosse. L'écu porte: de .... à trois bandes accompagnées chacune d'une canette, au franc-quartier de ...... à 3 fasces.

L'antiphonaire commence par le premier dimanche de l'Avent. — Page 177: Officium defunctorum.

Troisième volume: Antiphonale cisterciense. — **76 feuillets.** — H.: 346 mm.; L.: 227 mm.

Le texte commence par La décollation de Saint Jean-Baptiste.

N° 259.

Manuscrit sur papier, de 1717. — Un feuillet, plus 414 pages. — H. 518 mm.; L.: 366 mm.

Titre: Graduale romano-franciscanum ad usum conventus Dickiriensis fratrum minorum Recoll. provinciæ Flandriæ. Scripsit F. Philippus Jonnart, provinciae eiusdem alumnus sub V. A. P. F. Daniele Kuborn, guardiano dignissimo aº 1717.

N° 260.

Manuscrit sur papier, du XVIIe siècle. — Un feuillet, plus 312+26 pages. — H.: 416 mm.; L.: 248 mm.

Sans titre. Antiphonaire.
Sans indication de provenance.

N° 261.

Manuscrit sur papier du XVIIIe siècle. — 320 pages. — H.: 382 mm.; L.: 247 mm.

Sans titre. Antiphonaire.
Sans indication de provenance.

N° 262.

Liasse de papiers, du XIXe siècle, concernant M. Clomes, professeur de l'athénée à Luxembourg. Ce sont les différents arrêtés royaux grands ducaux qui le concernent, et des notes sur l'athénée et l'école normale.

FRAGMENTS DE MANUSCRITS.

N° 1. — Fragment d'un obituaire d'Echternach, du XIIIe siècle. (Au milieu du Verso: Codex monasterii sancti Willibrordi in Epternaco). — Un feuillet, dont le recto a beaucoup souffert. — H.: 210 mm.; L.: 150 mm.

Recto, ligne 1: O. Richuvinus pbr et conversus nostrę congregationis . . . . . .

2. . . . . et Adaelbertus pbr et m. de Prumia . . . .

3. . . . . O. Ige.pirch laica et Wichmudus pbr. et m. Prumiensis . . . . . .

4. . . . cenobii . . . . Ezelo conversus . . . .

5: . . . . tinus comes (?) nostrę . . . . pbr. et m. sci N . . . .

6: . . . . pbr. et m. de . ui . . .

7: . . . . . kl. O. Reginherus diaconus et monachus Prumiensis cenobii . . . . .

8: . . . et Fridericus pbr. . . . . sac. scti Gorgoni . . .

9: *VIIII kl.* O. Albertus pr. et m. Stabulensis cenobii . . .

10: *VIII kl.* O. Stephanus pbr. et abbas Prumiensis cenobii et Hild . . . .

11 . . . . et Reginbaldus diaconus et mon . . . .

13: . . . enchis et Hern . . . . et Rupertus diaconus et m. s. Ferrucii. O . . . .

14: *(VII) kl.* O. . . . . . . monachus. et subdiaconus scti. Maximini . . . . .

15: . . . . sci. Maximini et Stephanus conversus et diaconus s. Gorgonii . . .

16: *(VI) kl.* . . . .

17: . . Iohannes laicus et . . . .

Verso, ligne 1: Maximini, et Godefridus pbr. et m. Corbeiensis cenobii.

2: ... los s. Huperti, et Rainerus sac. et m. Sancti Martini, et Wazol'.

3: .... cherzo et .. bus de Sancto Syxto, et Hazzocho prbr. et m. ...... r ..

4: .... monialis sanctę Marię, et Adelo pr. et m. nostrę congregationis.

5: ... ia laica et Hildiburch ... et Ai .. sac. et m. sancti Michahelis.

6: .... *le dies XXXI vel XXVIIII.*

7: O. Lampertus prbr. et monachus de Wizenburh, et Sickernus conver ...

8: ... de sancto Maximino et Bern .. h conversus sancti Luitwini et Baldewinus (9) ..... sancti Cornelii.

10: O. Rupertus pbr. et m. Stabulensis cœnobii et Arnuldus Spirensis.

11: ... o ordinatus et Ruotholfus laicus.

12: O. Agabtus (?) pbr. et m. sancti Maximini et Arnoldus pbr. et m. sancti Eucharii et (13) .... pbr. et m. s. Ferr[uci]i.

14: Reineger laicus et Ruotholfus subdiaconus m. Prumiensis cęnobii et Bertolfus (15) ... Tabuleio (?) Sicmundus laicus.

16: Reginbertus .... et abbas sancti Ferrucii et m. sancti Maximini, et Gisalbertus dux et Eberhart.

N° 2. — Testament de Pierre dit Slamere, de Liége, dd. 1260, septembre. Vidimus, incomplet à la marge gauche et à la fin. — H.: 250 mm.; L.: 202 mm.

.... fa Leodiensis .... universis presentem paginam inspecturis eternam in Domino salutem. Noverit universitas vestra nos vidisse testamentum [Petri dicti] (2) Ssrameri et uxoris eius non cancellatum, non abolitum nec in aliqua sui parte viciatum, scriptum in hys verbis. In nomine p[atr]is et (3) [filii et] Spiritus sancti. Amen. Ego Petrus dictus Srameris, oppidanus Hoyensis, compos mei et sane mentis, rebus meis existentibus in mea potesta[te], de con- (4) [sensu et] voluntate uxoris mee Marie testamentum meum facio et ordino de bonis meis mobilibus et immobilibus in hunc modum. In prim[is] lego (5) [in pu]ram elemosinam heredibus Iohannis filii mei qui de suo corpore fuerint procreati, L^a marchas leodiensium perci[p]iendas super IIII[or] [bon]uaria [terr]e iacen- (6 [tia in te]rritorio de Messe, que terra feodum est movens a domino Leodiensi episcopo; quarum L^a marcharum mamburnos constituo probos viros qui [circa?] pau- (7) [peres] Hoyenses fuerint provisores, quousque heredes filii mei iam dicti pervenerint ad etatem legitimam. Si aliquem eorum vel aliquos ante legitim[am etat]em (8) [mori co]ntigerit, ei vel eis qui superstites fuerint, tota cedet dicta pecunia. Si autem omnes obierint ante etatem legitimam, ipsa pecunia totaliter in usus in (9) [... pau]perum Hoyensium reponetur. Lego similiter in puram elemosinam LX^a marchas dividendas equaliter inter heredes qui de corpore Marie filie mee fuerint egres (10) si, [que dicte] LX^a marche percipientur super allodium et terram censualem et tres modos spelte apud Messe, que omnia acquisivi iure hereditario possidenda. Que LX^a (11) [marche] reponentur in custodia et mamburnio bonorum virorum qui ad hoc electi fuerint per gardianum fratrum minorum Hoyensium, et executores istius testamenti (12) [ordino], si dicti heredes ad annos discretionis pervenerint; qui si ante dictos annos obierint, tota iam dicta pecunia ad usus predictorum pauperum revertetur, nisi quis (13) ... vel aliqui superstites remanserint, quibus ipsa pecunia de iure succedere teneatur. Preterea lego in puram elemosinam Maguine, filis mee, [L?] mar- (14) [chas quas] percipiet super IIII^or modios spelte et dimidium vel circiter quam speltam acquisivimus apud Thiehange hereditarie possidendam. Item lego [XX] mar- (15) [chas] ad opus et subsidium hospitalis quod fieri debet a probis viris oppidi Hoyensis, percipiendas super hereditatem quam acquisivi titulo legitime emptionis (16) .. a . sancto Remigio; residuum vero quod ultra ac supra iam dictas XX marchas, relinquo in elemosinam predictis pauperibus; quod si dictum hospitale aliquo (17) [tempo]re fundari contingat, iam dicta .... Item lego V solidos et dimidium annui census quos habeo super unam domum in Chien (18) .... conventus .... sancte Crucis II solidos, luminare sancti Dyonisii in Hoyo IIII^or den .; sacerdoti ibidem celebrans VI d. (19) .... singulis annis in die qua continget anniversarium meum et anniversarium uxoris mee celebrari, percipi ut. Preterea aliquod residuum hereditatis .... (20) .... quod infra obitum [meum] remanserit assignandum, relinquo in elemosinam, totaliter dividendum in tres partes, quarum Maguina, filia mea, partem unam (21) .... reliquas duas partes possidebunt, et in hoc .... turos prefate mei ... pauperum pro ..... quo (22) .. [me] dietatem ...... ex nobis mox .... etate mori contigerit, ... dicte portionis .. ad sepedictos pauperes revertentur possidende. In (23) [super d]e voluntate et assensu uxoris mee lego octoginta marchas Christi pauperibus erogandas in obitu illius qui prius e nobis duobus morietur, ita quod (24) [non m]oriens habebit

X marchas de eadem pecunia quas ad voluntatem suam distribuet consanguineis suis pauperibus et egenis; de residuo autem (25) [preter dic]tas X marchas civibus restituantur forestam meam *(sic)* ubicumque probabiliter fuerint inventa, que decem marche si non sufficiant ad dictam restitu (26) [tionem], residium recipiatur de promptioribus bonis meis. Si vero ipsis ad plenum restitutis aliquid supercreverit de dictis decem marchis, per executores (27) [meos] ipsum pauperibus erogetur. Item lego X marchas debilibus et infirmis, beguinabus et reclusis pauperibus et ab is religiosis distribuendas per (28) .... trum que mittentur pro orationibus fidelium requirendis, ubicumque a fidelibus manibus meis fuerit ordinatum. Item lego X marchas paupe[ribus] (29) [et] egrotis iacentibus in villa Hoyensi et circa, erogandas bona fide sine acceptione personarum. Item lego VI marchas de quibus cuilibet sacerdoti et (30) recluse in villa Hoyensi et circa tria denarii tribuantur; residuum vero cedat in usus pauperum beginarum in villa Hoyensi et circa con- (31 [sistent]ium. Preterea lego fratribus minoribus de Hoyo X marchas in suis pitantiis et aliis sibi necessariis, et tres marchas lego ad opus corum ecclesie (32), ... arii sive claustri. Item lego fratribus minoribus Leodiensibus XX sol.; fratribus minoribus de Dinanto, de Nammuco, de Nivella, de Sancto Trudone, cuilibet eorum con (33) [ventuum] X. solidos. Item lego fratribus predicatoribus de Leodio C solidos Leodiensium. Item lego domibus leprosorum Hoyensi, de Solires, de Wanze, de Marche, de Ba (34) ..... g, sancti Victoris et fratrum crucesignatorum Hoyensium cuilibet conventui X solidos. Item lego conventibus de Veteri-Vineto, de Roberto Monte, de Valle (55) ......, de Pace Dei, de Argenton, de Sancto Remigio cuilibet conventui [. solidos]. Item lego parrochiano meo . solidos et leprosis de Hussial V solidos [......]osi (36) ..... de dictis octoginta marchis que non assignavi certis locis vel personis per *(sic)* infra obitum meum assignabo, do et committo fidelibus manibus (37) [meis d]istribuenda Christi pauperibus et piis locis, prout secundum Deum et bonam conscientiam viderint faciendum. Huius autem testamenti mei fideles manus (38) [et execu]tores constituo dominum priorem Novi Monasterii prope Hoyum et bonos viros provisores mense pauperum Hoyensis. Qui si omnes simul b ..... (39) ... odis interesse non potuerint, unus vel duo eorum ea nichilhominus exequantur et utantur in omnibus consilio gardiani fratrum minorum Hoyensium (40) [vel h]orum quos dictus gardianus decreverit eligendos. Salvo mihi semper iure addendi, cum voluero, et substituendi, mutandi et or[dinandi]. (41) Et ut hoc testamentum meum perpetuum robur optineat, presenti pagine sigilla domini abbatis Novi Mon[asterii . . . .] (42) et gardiani supradicti appendi feci in . . . . et efficax testimonium veritatis. Actum et datum [anno Domini] MoCCoLXo . . . . (43) [mense] septembri. Nos autem in favorem . . . entorum dictum testamentum corroboramus et conf[irmamus] . . . .

N° 3. — Grande feuille en parchemin, écrite seulement d'un côté, et coupée en deux, pour être collée dans la couverture d'un volume. Ecriture du XV° siècle fin.

     Rechtverdicheit.
  Richter algemein, geistlich
  Wereltlich, gross ind cleyn
  Ind al mysschen arm ind rich,
  Treet heran ind sehet an mich,
5. Rechtverdicheit is der nam myn.
  Al man ich gern be . . wuld syn,
  Wiewol nu leider in [uns]en dagen
  . . wenig mynschen ich behagen
  . . richter ind konflude int gemein
10. . . . arm sy achten syn so cleyn
  . . . Gode van hemel sye geclaicht
  . . . umbe die werelt wirt sere geplaicht.
  . . . . in so vrisch, so wert, so gross
  . . . werden ich gelaissen bloss.
15. . . . myn alde vrunt sin al doit
  Die mich neit lassen in solchen noit.
  Ich inweiss nu wat sagen,
  Den heiden plaich baz zo behagen
  Dan ich nu den kirsten do.
20. Och ach richter mirket herzo,
  Insiet myn figure ind ire verstant,
  Ind richt darna ur stede ind lant.
  Ir sult die bes gedyen uf erden
  Und ewiger vreuden deilhaftig werden.
25. Zum ersten mal ich einre iunffrauwen syn
  Gleichen, die unbeflecht sal sin.
  Also sulden die richte all
  Mich unbeflecht warden wal,
  Mich neit beflecken mit gelde of gaven,

30. Mit gunst, mit beden, mit vrunde of magen,
    Mer ganz ind rein mich halden sulden,
    Wanne sye ordeil sprechen wulden,
    Sonder gelt ind gaven nu richten bess
    Dan codices, iusticia ind bede digest.
35. Ein gyrich hercz richt nummir recht,
    Dat spricht pais Leo clar ind slecht.
    Och gunst ind anxt mir richten vorwar
    Dann decret, clementin ind decretail.
    Man oerdelt nue neit na meinen leren,
40. Recht of myn buche nu verloren weren.
    Ysaias der helige prophete clair
    Van sulchen richtern schrift offenbair,
    Da ewige we der ewige doyt
    Bye uch die wisset quoit ver goit,
45. Den schuldigen ir quitet umb die gave,
    Dem rechten ir nempt sin ave.
    Dye sint all Pylatus genossen,
    Dy Cristum dorch unschoult wold verlosen,
    Mit gunst ind anxt des keisers van Rœm
50. Dede yn achterlaissen des rechtes croiu;
    Darumb er selver ellendich starff
    In al dat lant so jemerlich verdarf.
    Zcum andermail mirck myn gesicht
    Do neit wreet mer ernst, stait is ins licht,
55. Domit ich den richtern geve zo verstain
    Dat sie sich sullen int middel hain
    . . . . noch auch nit sere gemein
    . . . . ernst ind slecht, sin groiss ind clein
    . . . ch off . . . . . . of mage
60. . . . . na nemans vrage
    . . . . slecht dat recht laiss strichen
    . . . . viant, arme of richen
    . . . . , . . geben see
    . . . . nummermee.

Col. 2. 65. Dicz Moises lere ind sin syn
    Deutronomy in deme begyn.
    Mir leider it geit alsus neit zo,
    Der arm des rechten wird selden vro.
    Recht nu dem spinwebe geluchet wirt,
70. Da der grosser vogel durch yyrt,

Ader die mügen bliven darynne stechen,
Sus wirt der arm allzyt gewerechen.
Die richen ind grossin kommen wol qwit,
Ach arm, ditz dat recht recht van diesse zyt.
75. Ein richter vrœm nam selver dat leven
Umb ein missedaet syme liebsten neven;
Alss he up syme doitbette laigt,
Want dat an sinen dinern gebrach,
Darna begert hee bericht zu werden
80. Mit Gode, ye he schede van der erden,
Der priester weggede em zo gev[en]
Dat sacrament, he en bichde irs . . . . . en
Denselven mort he sprach . . . . .
Want ich enhain des rouwen gein.
85. Rechtverticheit hain ich gemeint verwar.
Der priester ging hin, als er qwam dar.
Der kranck wiedder rief van stundt
Ind liess in sichen in sinen mundt;
Unss heren lichnam he had da ynne
90. Von Gode untfangen in syme synne.
Der priester wairt so seer erviert.
Got hait reichtverdicheit geeiret.
Der priester besaich sin cyborie zo hant,
Dat heilige sacrament he neit envant.
95. Och, hetten nue die richter all
Solchen grunt, so stoend it wal.
Myn gulden antzlit zo dirdem mal
Anmirckt, want glich als al metail
Dat golt in allen over geit,
100. So bin ich der doechenden volkomenheit.
Ich geven allre mallich dat syn,
Gode, mir selven, deme nesten mein.
Gotz gebot voran zo halden,
Dyn sele in doytsunden neit lass erkalden,
105. Dyn oversten ere in gehorsamheit,
Dyme nesten do neit eynich leit;
In koufmanschaff ind in allen sachen
Saltu den dink na rechte machen.
Ditz rechtverdicheit, ind wer dit deit,
110. Der hait alre doencheide selicheit.
Herumb ist gulden dat antzlit myn,
Want golt wilt allet dat werste sin,

Der cristener ind heidenscher lerer vil
Haint sust beschriven myn geczyl.
115. Under deme Ambrosius, ein wau yn,
Spricht ind schrift: alsulchen sin
Eins kirsten rechtverdicheit hoeret zo,
Dat yderman geburt, also em do;
Eins ander goit wil neit legeren,
120. Gemein nuecz vur eygen wil keren.
Dese rechtverdicheit geit al man an.
Och leider wiss nu mich sulchen man,
Want sulch reichtverdicheite bricht up erden,
Herumb wir seer geplaget werden,
125. Mit krige, mit durer czeit, darzo
Mit sterfden; propheten schrivent so.
 Zcum vierden mirkt myn gulden croin,
Bi der ich uch zo wiessen doin
Dye ewicheit na diessem leven,
130. Als Got al man na verdienste wil geven
Ewige vreude of hellengrunt;
Col. 3. Dat dindt dye sye is voint.
Den rechten richtern ist bereit
Alre genoechten ewycheit.
135. Den valschen richtern anstaende is
Gruwelich pyn, des syt gewiss.
Up ewicheit der pinen zo dencken,
Deit die richtere dat recht neit sencken.
Ein richter bekommert Gotz stad up erden;
140. Enricht hee da neit na rechten werden,
He verczoernt Goit usser maissen vil.
He wirt darna under duvel czyl.
Dy rechte richtere wil Got wol lonen,
Mit freuden ind glorien er sy cronyn.
145. In einre Stadt, Vienna genant,
Da wart gegraven dief int sant,
Umb eins huis fundament zo lagen.
Wonder hoert dat ich uch sagen.
Da wart gevunden ein dodenheuft groit,
150. Alre verdort, doch was it roit
Umb den munt die lippen allein.
Der buschof wart geroifen darzo,
He beswoir mit Gode dat heuft also,

No 3.

     Dat it solde sagen, wie it were.
155. It antwert em och: liever here,
     Eins heidenschen heuftrichters ich bin
     Van deser stadt, want sye was myn.
     Nachtan valsch ordel en weiss ich ne
     Nach loegen nach valsch gezcuig ich ye
160. Wedder mynen nesten ye gesprach;
     Darumb biss hude up dessen dach
     In mynen lippen myn sele ist bleven,
     Ind inmach neit scheiden van desen leven
     Sonder douf. Der bueschof vro
165. Deufde dat heuft sere balde do.
     Die lippen vervelen gleich als stoff.
     Rechtverdicheit hait alsulch loff.
     Ir richtere, woldt ir sus doin,
     Ir krichet van Gode denselven loin.
170. Myn s .. en wilt vur ougen hain
     Das .... zo verstain
     Dat ein yeclich richter sye
     Vredich ym mode ind zcorns vrye.
     Zcorn ha .... iled van mœd,
175. Underscheidet dat quoit neit vur [dem] goed.
     Dese punten hindern recht gericht
     Dat schrift der poete cath ... cht.
     It was ein furste groiss ind rich,
     Der hait ein richter under sich,
180. Die quolichen ordelde manichwerf;
     Umb vreidichs moides ind vastin bederf
     Der furste yn levendich villen liess
     Des richters son ind ordelde mit rast,
     Of he muest hain denselven last.
185. Wer auch noch alsulche maneer,
     Die richter wissen nicht drey vur vere.
     Ach leider hass, zcorn, unvrede, unmoiss
     Mindern recht ind schaden groiss.
     Zcum sesten mirckt den richlichen staf,
190. Da ich uch nue vil duden af.
     Der staf beczeichent die richtliche macht,
     Damit zo twingen zo rechtverdiger acht.
     Der richter die understen drengen sal,
     Umb Gotz gebode zo halden wal,

195. Zo strafen sonde, schande ind allet quoit.
Gotz mynne ind vorte is alre doit.
Man list nicht quoit umb Goedes ere,
Mer mynschlich turnit nue vordert mee.
Versumen die oversten dan dit up erden,
200. Sy sullen mit in geplaget werden
In zeytlicher ind ewiger pyntlicheit.
Och mircket, ir heren, Heli leit,
Daevan geschreven steit vur wair
In der konige buch offenbair.
205. Dat he erstarf yn gehem doit,
Syn kinder bliven in strides noit;
Al Israhel ind Gotz arcke darzo
Wurden yemerlichen erslagen van den heiden do;
Die Got gesat, umb recht zo done,
210. Si quolichen leften ind andere neit schulden,
Darumb muesten sye alle den jamer dulden.
Zeum lesten ich hain ein wage in der hant;
Dabey den richteren sye bekant,
Dat sye ansprach sollen ind antwert wigen;
215. Sy recht in lands gewonheit bliven recht.
Up beiden seiden die wage sy glich.
Die gezuge ind reden ernstlich besich,
Dat ordel neit zo seer verhaest,
Mer even wich die sache mit saess.
220. All ding na bescheidenheit anmirck wal,
Van rechten recht och nummer enval.
Ein riech man begerde in synem moedt
Zo gelden syns nesten garden goet.
He enwolde es neit verkeufen sin leven,
225. So wat he darumb hett gegeven.
Der reiche beit, das he gestarf,
Mit gelde he czwen valsch amptlude warf.
Col. 4. He lis upgraven des doden graf,
Vur den amptluden deme doden [gaf]
230. Eynen budel mit gelde ind sprach:
Ir amptlude, siet ind mirckt herzo,
Dat ich bezalen ind gelden den gar[den do].
He besaiss ind angriff in aen ward.
Des doden mans kint ind ouch sin [art]
235. Beclaichten sich dis mit ernsten kys....
Des koufs die amptlude stonden in...

No 3.

Deme lantheren claethed dat wif i . . . .
Deme heren czivelde zo hant hie an . . . .
He liess antasten die czwen amptm . . . .
240. Dem ersten er rief allein zcu sich.
He sprach: Din paternoster up sprich.
Als dat he vur eme hat gedain,
Den andern liess he bei sich gain.
Nu sprach he: Sage mir die warheit,
245. Want ich weiss dach die wahrheit, . . .
Din gesell dat gescheft hait ussges . . . .
So weirlich he dat paternoster ae . . .
Da wart he alregar untstalt,
Den ganczen gront mit ein verczalt.
250. He sprach: Genade des lives myn.
Mer nein, ee moest gedodet sin.
He liess sye beide levendich begraven.
Sus suld man dergelich begaden.
 Hie is beschriven rechtverdicheit.
255. Ich getruwe, it ensal sin neman [leit].
Nachtan hain ich die wairheit gesa[cht].
Rychtere ind all lude, nempt diss ac[ht].
In ganczer truwen, dit is der ganck.
Combt herby ind gaidt aen waenc[k].
260. Up rechtverdicheit wult ir sachen . . .
Och weren al richtere engele gese . . . .
Diessem bylde glyche hude,
Ein yeclich deme andern dede recht,
Nement deme andern quoit en dech[t].
265. Doch want it sus neit leider engeit,
Ach armer, ir darumb ovel steit.
Liver here, erbarm dich dyss.
Giff all mann . . doin dat rechtverdicheit.
 Eyn ende . orsem van eyme anbegynne
270. *Dar mirck gwisse wisheit ynne*
   Hovardicheit.

. . . .
. . . .
Over . . . Ich wyl genoich doen [myme ly]ve,
Ich en achte neit, wa die siele blyve.
275. *Meissicheit.* Na maissen sal man leven
Ind Goede alle zyt die ere geven.
Der zorn. Ich wyl mich wrechen, blyve ich . . .

Al solde ich buwen der hellen grun[t].
Vreydsamheit. Man sall dem moede wederstain,
280. Bis eme der zorn is vergain.
Mistroist. Och wye sall mynre nmmer r....
Synt myn Got ummer vergessen.
Hoffen. Got is genedich ind goet.
Hoffen senftet mir den moet.
285. *Unkuisscheit.* Id sweyrt mich ussenmaissen,
Solde ich unkuisscheit laissen.
Reynicheit. Kuisscheit ind reynicheit
Is vur Gode eyn edel cleyt.
Avegunst. Id is mir pyn ind altzyt leyt,
290. Dat id yemantz wail geit.
Rechtverdicheit. Warum solde ich dem goitz verg[unnen],
Dem id Got selver wail wolde gun[nen].
De mynne der werelt. O ich wolde dat id alle de werelt
[krege,
Wanne ich goeder werck plege.
295. *De mynne des hemels.* Goede werck ind die heymelych
Die mynt Got in syme ewigen rych.
*Ich prysen id in mynem moede,
Da dat begyn ind ende kompt zo [goede].*

N° 4. — Fragments de Térence. Cinq feuillets, hauts primitivement de 273 et larges de 211 mm., mais qui ont perdu, lors du découpage, en hauteur, deux lignes de texte. L'écriture est du XIIe siècle. J'ai indiqué les passages reproduits sur ces fragments d'après l'édition Tauchnitz.

Fol. 1: L'Eunuque, Acte III, scène 5, vers 27—66.
Leta vero ad se abducit domum, commendat
Virginem. *Ant.* Cui? Tibine? *Che.* Mihi. *Am.* Satis tuto
Tamen. *Che.* Edicit ne vir quisquam ad eam adeat.
Acte IV, scène 1, vers 1—6, finissant par:
Ut hominem invitet, id faciebat retinendi.
Fol. 2: L'Eunuque, acte IV, scène I, vers 8:
Invitat tristis: mansit. Ibi illa cum illo
Sermonem incipit. Miles vero, sibi putans
Adductum ante oculos emulum, voluit
Contra facere huic egre. Heus, inquit, puer,
Pamphilam accerse, ut delectet hic nos. Illa exclamat:

Suivent le reste de la première scène, la deuxième, et le premier vers de la troisième:
Ubi illum ego scelerosum misera atque impium.

Le second vers, se trouvant au verso du même feuillet, est en grande partie enlevé; la seconde ligne de cette page commence par:
Versor. *Py.* Quin etiam insuper scelus, postquam
Ludificatus est virginem, vestem omnem
Misere descidit, tum illam capillo conscidit.

La page termine par le vers 23 de la troisième scène:
Num siet. *Phe.* Iam faxo scies. *Dor.* Perii, obsecro tam infandum
Facinus, mea tu, ne audivi quidem. *Pyt.* At pol ego amatores.

Fol. 3: L'Eunuque, acte IV, scène 6, vers 21—32:
Est; minus potens, quam tu, minus notus, minus amicorum
Hic habens. *Cre.* Scio istuc; sed tu quo cavere possis,
Stultum amittere est. Malo ego nos prospicere . . . .

Scène 7, vers 1—30, finissant par:
Cave[si]s; nescis cui maledicas nunc viro.
Cre. Non[tu] hinc abis? Scin tu ut tibi res sese habeat.

Les premières lignes du verso de ce feuillet sont devenues illisibles.

Fol. 4: L'Eunuque, acte IV, scène 7, vers 32—46:
Miseret tui me, qui hunc tantum hominem
Facias inimicum tibi. *Cre.* Diminuam ego capud tibi
Hodie nisi abis. *Gna.* Ain vero, can[is]? Sicin]e agis? *Tra.*

Acte 5, scène I, vers 1—6.

Le verso est illisible; il ne contient que des traces de l'ancienne écriture, assez cependant pour voir que le texte embrassait le reste de la première scène et les vers 1—11 de la seconde scène du 5e acte.

Fol. 5, fragments de l'Andria de Térence, composés de deux étroites bandes de parchemin; le texte est incomplet à la fin des vers au recto, et au commencement des vers au verso; il comprend la 1re scène du quatrième acte, commençant par le vers 37:
Suadere, orare, usque ad [eo, donec perpulit].
Ch. Quis homo istuc? *Ph.* D[avos. *Ch.* Davos?]
Interturbat. *Char.* Qu[amobrem? *Pa.* Nescio]
Nisi mihi Deos fuisse iratos . . . . .

Le recto finit par le dernier vers de cette scène:
Nihil ad te. *Dav.* Quero.

Le reste de ce vers (on lit encore le mot dabo) se trouve au verso, ainsi que les vers 1—20 de la deuxième scène, finissant par : [*Pa.* Scio quid conere. *Da.* Hoc] ego tibi profecto effectum reddam..

N⁰ 5. — Feuillet in-folio, coupé en deux dans le sens de la largeur, à deux colonnes, à 49 lignes par colonne (primitivement à 50 lignes). — Écriture du commencement du XIII⁰ siècle. — H.: 300 mm.; L.: 200 mm.

La première colonne du Recto et du Verso a souffert; le commencement de chaque vers y manque.

Le feuillet renferme un fragment du premier livre des métamorphoses d'Ovide, savoir :

Fol. R. a : les vers 209—257.
Fol. R. b : les vers 260—308.
Fol. V. a : les vers 311—360.
Fol. V. b : les vers 363—411.

N⁰ 6. — Fragment d'un obituaire; un feuillet, incomplet à droite et en bas. — H.: 218 mm.; L.: 169 mm.

Les notes les plus anciennes sont inscrites d'une main du commencement du XIV⁰ siècle; d'autres mains également du XIV⁰ siècle ont fait des ajoutes. Je donne en italiques les passages qui ne sont pas de la première main :

Recto: Aprilis. A. IX kl. Georgii martiris. — O. Iacobus Muehteler. *Ita dicta Ysinhuetin et R . . . . et Iohannes maritus eius.* O. Soror Hadin de Horburch. O. Helewich Iungin et Iohannes et Mezza filie eius. Item Walherus Iunge et uxor sua Katerina. *Obiit frowe Clor Gretin, juncher Rudolfes frouwe von Ber . . .*

B. VIII kl. O. dominus Sigebertus lantgravius Alsacie. Heinricus scolaris filius dicte Ackermennin. *O. Katherina Durrin.*

C. VII kl. Marci ewangeliste. O. Wernherus dictus Caute de Ansolzhein. *Obiit Hanman Schuffelin. Der hat geben XVI guldin an die nuwe sacrastie umb ein ewige jorgetzit.*

D. VI kl. . . . pape et martiris. Marcellini pape et martiris. — O. Richina Ansorgin de Turenkein. — *Katerina dicta Gouschin. — Gertrudis uxor panificis de Teinheim.*

E. V. kl. O. nobilis domina Richenza de Rapolzstein. Fridericus villicus de Teinhein. Rudolfus dictus Iosman cum Mehtildi uxore sua ibidem.

F. IIII kl. Vitalis martiris. O. Nycolaus filius thelonearii. Dominus Cunzemannus miles zem Ruste. Gisela institrix filia Ansorge.

G. III kl. Petri sacerdotis et martiris de ordine predicatorum. O. dominus Albertus rex Romanorum anno Domini M°CCC°VIII°. — *O. soror Hymelina de qua fratres bonam habuerunt elemosinam.*

A. II kl. O. Dietherus scultetus de Wilr iuxta Girsberg.

Le verso renferme quatre notes écrites d'une main de la fin du XIVe siècle sur des anniversaires:

Jorgezit sullent wie begon Lienhart Schultzheis von Anzelheim und siner hussfrowen und aller siner kind, dovon han wir II sester korns ewenklichen ..... — Ein jorgezit ... Schultz Hemmelin und siner forderen ..... — Ein jorgezit .... Clewin Kutteler und siner forderen ...

No 7. — Deux feuillets sur papier; XVe siècle. — H.: 300 mm L.: 202 mm.

Fragments d'un registre aux revenus de l'abbaye de Munster.

Fol. 1 R. (21 lignes). Decimi porci. — Note sur les porcs des dimes de Waldbredimus, Bous, Euschringen, Rodt, Xivry-le-Franc, Warnach et Fauvillers, Salmen, Hunstorf. — En bas, une notice sur le relaissement des dimes de Xivry-le-Franc: Chiverey. Zoe wissen das Johan Edelman van Chyvercy haet bestonden onseren zeende daselbsten mit sienen zoebehoere dry jare lang nae einander volgende sonder middel, ywen jaer vour IX Riensche gulden in golde oder gelczwertes, und dy zoe lieveren und zoe beczalen alle jare in onseren cloister in sienen freisen, geluck und soirgen und kosten zoe Sint-Remeysmisse, und das eirste jacre sal aengaen nu zoe Sint Johansmisse neest kommende nac datum die bestenteniss. Und dis geschach zoe Luccemburg in onsere ebtie octava epiphania Domini anno XXXIIII etc., more Treverensis, also das der vorss. Johan sal beczaelen alle recht usser der vorss. kirchen aen onseren schade, ussgenomen bereitschof zoe dem elter.

Fol. 1 V, suite de la note précédente sur les porcs à livrer par les censiers du couvent à „Etzenagel, Buerrel, Silva, Roedghen, Priesche, „Sentzich, Rodenborn, Schruckenschure, Merren, Schiffeldingen et „curia sancti Pirmini" (Onze lignes).

Fol. 2 R.: Census de diversis. Primo ortus Schaeffdriesche, IIII sol. Trev. (Solvit). — Hencz Calenbrender van Gonderingen, III s. . . . . . . (18 lignes).

Fol. 2 V.: Cera: . . . . . . Reckingen omni anno, XVII pont waess . . . (Incomplet à la marge gauche; en tout 18 lignes).

Nos 8 et 9.

No 8. — 2 feuillets, ayant formé une charte de l'année 1423; découpés au milieu dans le sens de la hauteur, les deux feuillets laissent au milieu une lacune assez considérable. Les deux feuillets ont une hauteur de 294 mm. et, chacun, une largeur de 210 mm.

Document par lequel Pierre de Huben, abbé et le couvent de S. Willibrord reconnaissent devoir à Lise von me Hayne, demeurant à Neuerbourg, et à Poisgin et Jean de Neuerbourg, ses fils, 300 fl. du Rhin, pour lesquels ils leur assignent une rente annuelle de 20 fl.

No 9. — 4 feuillets, à 22 lignes par page. — Xe siècle. — H.: 230 mm.; L.: 168 mm.

Fragments d'un ouvrage de médecine, sans suite entre eux, et en partie illisibles. Le premier feuillet traite du cancer:
Primo quando viderit cau...... cancerosis vulneribus.....
Le recto est illisible en grande partie; voici le texte du verso: esse sancta Trinitas. Te invocamus, exaudi nos. Tu, domine Iesu, salvator noster, et sanctum nomen tuum petimus ad patrem et Spiritum sanctum, ut servis tuis et ancillas tuas qui infirmitates abuerunt aut libidine corporum, id sunt septuaginta et duas passiones ab omni incursu demonum iubeas se mundare et omnem infirmitatem qua ingescit aut in animam aut in corpore erum medicinam tuam iubeas sanare. Tu, domine, dixisti: non est opus sanus medicus, set egrotis, et dignatus es dicere: non veni vocare iustos, set peccatores. Tu deus verus et tu solus bonus cum patre et Spiritu sancto mediator Dei et ominum et propiciatio peccatis nostris, Iesu Christe, fili Davit secundum carnem in fine seculorum, filii Dei vivus et omnipotens, ab omnipotente genitus ante secula, semper es factor primi seculi cum Spiritu sancto, mitte omnes sanctos angelos adque arcangelos, mite sanctum arcangelum Gabriel, sanctum Michahel, sanctum Rafael, ut adsint et defendant et tuae tuetuntur ominem quem plasmasti, cui animam tuam dedisti et sanguinem tuum pro ipssum fundere dignatus fuisti. Protegant illum, inluminent vigilantem, dormientem ab omni infestacionem cangro et canccroci ita retdant quietum adque securum, ut nullam deinceps in eum vermibus potestatem non abeat, pars iniquam nec ingredi presummat, nec odie non rema.

Le fol. 2 traite de artetica gutta. — Fol. 3: De illis cui oculos oscuruntur. — Fol. 4: De narium morbis et de vertigine. Ce chapitre commence: Ozenis et pulipis uno eodemque mudo cura et diligentia est adhibenda, si confringendo prius capitis reumatismum et post rasuram emplastrum diaciteon aut barbara inponendum, et de cocleis hoc similem adiutorium est.

No 10. — Feuillet sur parchemin, du XIIIe siècle; moitié inférieure d'un feuillet de grand format, à deux colonnes, à 40 lignes par colonne. — Actuellement H.: 172 mm.; L.: 262 mm.

Contenu: Deuxième satyre d'Horace, du 1er livre, vers 115—131 (le commencement des 4 premiers vers manque). — 3e satyre du même livre, vers 20—35:
    Nullane habes vicia? immo alia et fortasse minora.
Même satyre, vers 59—75:
    Insidias nullique malo latus obdit apertum.
Même satyre, vers 99—115:
    Cum prorepserunt primis animalia....
Derniers vers:
    Hec vincet racio hoc tantundem ut peccet idemque.

No 11. — Un feuillet, incomplet d'un côté, à deux colonnes à 43 lignes. — Xe siècle. — H.: 364 mm.; L.: 253 mm.

Fragment du Deutéronome, chap. 17, vers 6—chap. XX, vers 13, divisé en leçons, comprenant les leçons LXXVII—LXXXVIIII.
Il commence: testimonium; manus testium prima interficiet eum, et manus reliqua populi extrema mittetur, ut auferas malum de medio tui. — Il finit: Cumque tradiderit dominus deus tuus illam in manus tua, percuties omne quod in ea. — En haut du recto: Liber; en haut du verso: Deutronomii.

No 12. — Trois fragments d'une copie d'actes des amans de Metz, incomplets à la marge gauche et en bas, de la fin du XIVe siècle.

Contenu: a) Le doyen et le chapitre de la grande église de Metz déclarent relaisser à ...... „la maixeure et lou meix da-

„reire que fut ledit . . . . . — C'est escris fuit [fait . . . . . .] M.CCC. et LXXVIII ans. Jehan Paipperelz l'escript de l'airche Joffroy d'Ex.

b) Les mêmes déclarent consentir à ce que Collignon . . . . . tienne „la maixeure et lou meix darier que fut Jehan Potdewain „lou bollengier", moyennant un cens de 12 deniers et de 4 chapons; les biens relaissés sont situés au ban de „Roppeney". — Cist escris fuit fait lou VII . . . . MCCC et LXXVIII ans. Jehan Paipperelz l'escript de l'airche Joffrois d'Ex.

c) Les mêmes relaissent à Gillequin . . . . . plusieurs masures et meix sis au ban de Roppeney. — Cist escrit fuit fait lou VIIe jours de janvier quant il ot à milliaires MCCC et LXXVIII ans. Jehans Paipperelz l'escript de l'airche Joffroy d'Ex.

d) Haidouwis de la Bairre de Chapponruie acquitte pour toujours à Jacques de . . . ., chancelier de la grande église de Metz, la masure „que fuit maixon que cist en Chopponrue". — Cist escris fuit fait lou samedi devant feste S. Jehan Baptiste quant il ot à milliaire MCCC et LXXVI ans. Jehans Paipperel l'escrit de l'airche Joffroy d'Ex.

e) „Caitherine le femme Arnoult Berniscop de Chapponruis que „fuit" acquitte à sire [Jacques de] . . . ., chanoine et petit chancelier de la grande église de Metz une masure. — Cist écris fut fait . . . . quant il ot à milliaire MCCC et LXXVI ans. Jehans Paipperel l'esc ipt.

No 13. — Deux feuillets, à deux colonnes à 41 lignes, d'une écriture du XIVe siècle in., renfermant des extraits d'un traité „de fide". — H.: 277 mm.; L.: 175 mm.

Fol. 1: citur credulitas que per rationes est secundum diversitates rationum, debet diversificari, sed non sic est in fide. C. IIII. Hoc quia natura hominum una et eadem est opud omnes, ergo et naturalia hominum una et eadem debent esse apud omnes . . . . . . (*Explicit*, seconde colonne du Verso): cum enim anima ponitur, homo desinit esse; qui vero non est, se reficere non potest in nomine etiam Christi; ceci sunt.

Fol. 2: cere instrumentum ad secandum eligit materiam duram, si enim mollis esset, pocius cederet quam secaret, in materia vero dura acquirit formam acutam . . . . (*Explicit*, seconde colonne du Verso): Item hic modus cognoscendi laude dignus est; non est **virtuosum videre lucidum, sic nec credere quod manifeste probabile** est; sed virtuosum est et laude dignum credere Deo in hiis que sensus vel ratio videtur.

N° 14. — Deux feuillets, mutilés à la marge droite et en haut, mais tenant ensemble. — XIVe siècle. — Deux colonnes par page, actuellement à 37 lignes; les colonnes 2 et 3, 6 et 7 ont perdu un tiers de leur largeur. — H.: 195 mm.; L.: 138 mm.

Fragment d'un ouvrage de théologie, commençant: et hunc iusto iudicio cadere etiam in alia peccata permittit. Novit decipientem quia in manu operum suorum dimissum: hunc ut ad peiora proruat, deserit, sicut scriptum est: Qui nocet, noceat adhuc, et qui in sordibus est, sordescat. (*Explicit*, col. 8): Quomodo autem dicitur, non resurget, cum scriptum sit: omnes quidem resurgemus, sed non omnes in mut (sic). Sed subiuncta sententia indicat que discretio premissa lateat. Nam subditur: donec atteratur celum, non e vigilibus etc. Liquet enim.

N° 15. — Quatre feuillets, réunis deux à deux, les deux premiers formant l'intérieur d'un des cahiers du manuscrit auquel ils appartenaient primitivement. — Écriture du XIIIe siècle. — Chaque feuillet à deux colonnes à 44 lignes. — H.: 325 mm.: L.: 224 mm.

Fragments d'un commentaire sur le premier livre d'Esdras, chap. I.

Fol. 1 R. a: regno, electos suos qui erant dispersi, ab eius tirannide revocatos . . . . . (Retour des Israëlites de la captivité de Babylone). — Fol. 1 V. b, à la fin: Nos ergo debemus suscipere huiusmodi ut cooperatores simus veritatis. Quam ob rem nunc dicitur quod hii qui ascendebant (fol. 2 R. a) ad edificandam domum Domini, adiuvari deberent largitione pecuniarum ab amicis suis..,

Fol. 3 a: Commentaire sur le premier livre des Macchabées, chap. XIII. In senioribus possumus accipere prophetas, apostolos et doctores sancte ecclesie qui auditores suos consiliis iuvant et sermonibus roborant iuvenes . . . . Fol. 4 V. b: *(Explicit): Et suscepit Symon et placuit ut summo sacerdotio fungeretur et esset dux et princeps gentis Iudeorum et sacerdotum et pre omnibus esset. Et scripturam istam dixerunt ponere in tabulis ereis et ponere eas in peribulo sanctorum in loco celebri* et cetera. Peribulus grece dicitur murus atrii domus Domini qui totum templum per quadrum ambiebat in circuitu, sicut beatus Iheronimus in expositione Ihezechielis prophete in libro tercio decimo ostendit. In loco ergo celebri atrii interioris domus Domini ponebantur tabula ereę in quibus confirmatum fuerat per scripturam.

Fol. 4 R. a: Commentaire sur le premier livre des Machabées, chap. XV et XVI. Ducuntur filii Israël, filii Sem fuerant quondam in orbis divisione sortiti quas deinceps per vim atque potentiam posteritas Chani pervasionis iniquitate possedit... — (*Explicit*, fol. 4 V. b): Cum autem tempora gentium complebuntur et ipsarum plenitudo ad fidem subintraverit, tunc omnis Israhel hoc est omnis Christi ecclesia ex utroque videlicet populo salutari confessione per fidem, spem et karitatem Christi munere salva erit. *Ptolomeus filius Aboli.*

N° 16. — Un feuillet de parchemin, à une colonne à 34 lignes. — Écriture du XIV° siècle. — H.: 148 mm.; L.: 98 mm.

Fragment d'un recueil de petites homilies. Le texte commence: laudavit quem multum amavit. Unde cuius pulchritudinem sol et luna mirantur. Item per mortem bona erat plenissimum signum amoris. Io. Maiorem caritatem nemo habet etc. — La première homilie complète est sur le texte: Prudentes virgines etc. Nota quod omnes virgines sunt bone que per mentis integritatem id est per fidem incorruptam soli Deo placere student. — La seconde homilie: Videns Iesus turbas. Nota tres turbas quas vidit Iesus; prima peccatorum .... — L'homilie suivante est incomplète à la fin: Gaudent in colis anime....; elle finit: ve vobis qui saturati estis quia esurietis.

N° 17. — Deux feuillets de parchemin réunis; mutilés en bas où une partie du texte manque. — Écriture du XIII° ou XIV° siècle. — H.: 194 mm.; L.: 140 mm.

Comme la partie inférieure du texte manque, il m'est impossible de dire lequel des feuillets est le premier; d'autant plus que je n'ai à ma disposition aucun ouvrage qui me permette d'identifier notre fragment. Le feuillet 1 (c'est à dire celui que je prends pour tel) commence: g .... por rey Mays .... tiu a Beyna sa madre antello contrariaua muyto ela e o conde don Pedro de Lara. Mays os da tira teendo se coo ..... et ajudando muyto de ytou da tierra ao conde don Pedro. Et cercou sa madre mas tourres de Leon et teendo a carcada .... — Fol. 2, ligne 15, commence un chapitre avec l'entête écrit à l'encre rouge: *Como el rey don... de Arango lidou coos castelanos et os venceu.* Conta a estoria que des que se pararon en aquel logar pararon suas ases et os castelanos...

Nº 18. — Fragment d'un commentaire sur les décrétales. — Dix feuillets sur parchemin, à deux colonnes à 48 lignes. — Écriture du XVᵉ siècle. — H.: 260 mm.; L.: 190 mm.

Les dix feuillets, réunis deux à deux, appartenaient au même manuscrit, mais leur contenu ne forme pas un tout continu; chacun des feuillets au contraire renferme un fragment à part du traité principal, non réuni aux autres. Un de ces feuillets, portant en haut la note: De testibus et acc.... commence: inferri, quod autem periurus non sit infamis aut male excipiam, cum prepositio illum non includeret.....